제2판

위기관리학

이 재 은

도서출판 대영문화사

제2판 머리말

위기관리학은 제학문적 접근법에 기반을 둔 융·복합 학문이다. 동시에 위기관리학은 다양한 인류 사회 공동체의 안전을 위한 가치와 철학에 기반을 둔 학문이다. 자칫하면 사람들은 위기관리를 현 상황에서의 문제점이나 난처한 상황을 빠져나가는 임기응변이나 전술로 생각할 수 있다. 하지만 위기관리는 지역사회, 국가사회, 국제사회, 인류사회가 지니는 인류 공동체의 보편적 가치를 존중하고 구현하기 위해 노력하는 과정이어야 한다.

인류사회의 보편적 가치인 인간 생명에 대한 존중, 인간의 존엄성에 대한 존중, 인간의 근본적 권리를 존중하고 구현하기 위한 다양한 노력을 체계화하고, 구현하기 위한 이론적 기반을 제공하는 학문이 위기관리학이다.

위기관리학은 단순히 인류사회에서 나타나는 다양한 위기, 즉 전통적인 군사적 안보를 위협하는 위기, 자연재난이나 인적재난과 같은 재난 위기, 우리의 일상생활에서의 안전을 위협하는 생활안전 위기, 국가 생존성 보장의 핵심이 되는 기능, 시설, 시스템을 위협하는 핵심기반 마비 위기를 설명하고 서술하는 학문이 아니다. 오히려 다양한 위기가 발생하는 원인을 규명하고, 이를 어떻게 관리하는 것이 효율적인지 하는 법칙과 규칙을 찾는 데 초점을 둔다. 따라서 위기관리학(Crisisonomy)은 인류의 보편적 가치를 위협하는 다양한 위기의 본질과 원인을 과학적으로 규명하고, 위기를 관리하기 위한 규칙과 법칙을 찾는 학문이다.

우리 사회는 과거와는 비교할 수 없을 정도로 경제적으로 발전해 왔고, 과학기술에 기반 한 문명이 그 어느 사회와 비교해도 뒤지지 않을 정도로 첨단화되고 고도화되었다. 더욱이 최근에는 제4차 산업혁명 시대의 도래와 함께 최첨단 정보통신 기술은 물론 인공지능 산업의 발달로 사회 곳곳이 하나의 시스템으로 연결되고 있다. 이는 인공지능 기술 자체가 인류사회에 대해 위기로 다가올 수 있는 사회가 되었다는 점과 동시에 어느 한 지점에서의 시스템 다운이 전 사회적 위기를 불러올 수 있는 위험성을 지니게 되었다는 점을 깊이 인식해야 한다.

과학기술의 고도화, 산업의 첨단화, 경제의 산업화, 사회의 인공지능화 현상이 일반화된 새로운 사회의 모든 위험을 중앙정부의 어느 한 기관이나 조직이 관리할 수 없는 상황에 이르렀다. 대형 복합 건물이나 초고층 건물, 최첨단 산업단지, 인공지능 산업, 고밀도의 주거 및 유통 단지의 안전을 확보하기 위해서는 해당 시설이나 지역을 관리하는 개별 조직이나 기관의 위기관리시스템이 사회에 내장되어 정상적으로 작동되는 것이 필요하다.

이 책은 초판과는 달리 전체 내용을 4편으로 구성하였다. 제1편은 이 책의 이념적 기초로서 위기관리학의 의의와 학문적 발전, 위기관리학의 연구 관점과 접근법, 정부 위기관리 서비스의 주요 내용을 다루고 있다.

제2편에서는 새로운 안보 개념인 포괄적 안보에 기초하여 환경의 변화에 따른 위기관리 전략, 포괄적 안보와 국가위기 유형, 국가위기의 종류, 국가위기관리의 영역, 통합위기관리시스템을 다루고 있다.

제3편에서는 위기관리의 과정을 살펴보고 있다. 위기가 발생하기 이전의 예방 단계와 대비 단계, 그리고 위기가 실제로 발생한 이후의 대응 단계와 복구 단계의 의의와 중요성, 활용 기법이나 기능 등을 다루고 있다.

제4편에서는 위기관리를 하는 데 있어서 기반이 되는 체계들을 살펴보고 있다. 위기관리와 지방정부, 위기관리 거버넌스, 위기관리 커뮤니케이션, 위기관리와 이재민 구호, 위기관리 법·제도와 관련된 체계가 마련되어 있을 때 비로소 효과적인 위기관리가 가능하기 때문이다.

인류사회의 안전을 확보하기 위해서는 무엇보다도 위기관리에 대한 학문적 논의가 체계적으로 이루어지는 것이 필요하다. 위기관리의 학문적 체계화를 위해서는 다음과 같은 몇 가지 전제가 필요하다. 첫째, 위기관리에 대한 과학적 접근을 통해 위기 발생의 원인과 결과를 찾는 한편, 이를 예방, 대비하고 대응, 복구하는 노력을 기울이는 것이 필요하다. 둘째, 위기관리에 대한 현장 중심 접근이 필요하다. 위기가 발생하는 원인과 문제점을 책상 위에서 혹은 책이나 논문에서 찾는 것도 필요하지만, 현실적인 해결 방안을 마련하기 위해서는 현장에서 나타나는 문제점을 찾기 위한 노력이 필요하다. 셋째, 지역사회 중심의 위기관리 접근법이 필요하다. 모든 위기는 지방정부 관할 범위에서 발생한다. 지방정부는 각각 나름대로의 지리적, 자연적, 문화적, 산업적, 인구사회학적 특성을 지니고 있다. 중앙정부가 내리는 천편일률적인 방식으로는 각 지역에서 발생하는 다양한 유형의 위기를 모두 예방, 대비, 대응, 복구하는 데 한계가 나타나기 때문이다. 넷째, 위기관리의 학문적 체계화는 융·복합적 접근법이 필요하다. 위기는 그 본질적 속성상 하나의 학문 연구에 의해서만 관리하는 것이 불가능하다. 위기 발생의 원인 분석은 물론 예방, 대비, 대응, 복구, 결과 예측 등의 내용은 다양한 학문 분야가 결합되어 함께 연구하는 것이 필요하다. 이를 위해서는 행정학, 심리학, 경제학, 소비자학, 법학, 경영학, 산업공학, 안전공학, 신문방송학, 생화학, 미생물학, 통계학, 의학, 간호학, 보건학, 도시공학, 토목공학, 건축공학, 수의학, 주거환경학, 사회복지학, 정치외교학, 종교학, 미학, 문학, 민속학 등 거의 모든 학문 분야가 위기관리학과 함께해야 한다.

이 책은 지난 번 초판과 비교해 봤을 때, 책 전반에 걸쳐 대대적인 수정과 보완이 이루어졌다. 전체적으로 표현의 일관성을 유지하고 수정하였음은 물론이고 저자가 강조하고자 하는 내용들과 사례들을 곳곳에 추가 보완하였다. 이와 더불어 장과 절의 내용의 재편이 이루어진 한편, 기존의 3편 체제를 총 4편 체제로 수정하였다. 또한 기존에 있던 위기관리 연습·훈련과 위기관리 정보시스템 내용을 삭제하는 대신에 위기관리에서의 지방정부 역할을 강조하기 위한 장을 새로 포함하였다.

『위기관리학』 제2판을 내면서 알게 된 사실은 처음으로 책을 써서 초판을 내는 것도 어렵지만, 이를 수정하고 보완하여 개정판을 내는 일도 결코 쉽지 않다는 것이다. 기존의 내용을 모두 읽고 문제점을 찾아야 하는 한편, 그 내용을 수정하고 보완하는 일은 분명히 처음 책을 쓰는 일 못지않게 어려웠다. 제2판이 출판될 수 있도록 독려해주신 대영문화사의 임춘환 사장님과 원고 교정 및 편집에 정성을 다해주신 편집부 여러분께 진심으로 감사하다는 말씀을 드린다. 더불어 연구와 교육에 바쁜 일정에도 불구하고 정성껏 원고를 읽고 수정 · 보완하는 데 도움을 주신 류상일 교수, 김유호 교수, 이주호 교수, 박대우 박사, 변성수 박사, 조성 박사, 권설아 박사, 이예종 팀장, 김아연 팀장, 김가희 팀장에게 감사의 뜻을 표한다.

그리고 무엇보다도 지금까지 변함없이 위기관리학의 학문적 발전과 체계화를 위해 함께 같은 길을 걸어가고 있는 동료 선 · 후배 학자 및 전문가들께 진심으로 깊은 감사의 말씀을 드린다.

2018년 7월

저 자 씀

초판 머리말

위기관리는 인류 역사이자 인류 문명의 기원이다. 또한 위기관리는 인간의 존엄성을 구현하고 인간 생명에 대한 존중을 위한 학문이다. 그럼에도 불구하고 최근까지 종합학문이자 복합학문으로서의 위기관리학의 필요성에 대한 인식과 진지한 논의가 이루어지지 못해 왔다. 개별 학문 분야별로 축적된 지혜와 지식, 그리고 이론이 담론의 과정을 거쳐 종합학문으로서의 위기관리학으로 승화되지 못했던 것이다.

위기관리에 대한 사회의 관심이나 학계의 지원이 거의 없었음에도 그동안 다양한 학문 분야의 많은 연구자들이 위기관리 연구를 진행해 온 것은 정말로 어렵고 힘든 일이었음에 틀림없다. 정말로 위기관리를 연구해 온 학자들의 소명의식이 없었다면 불가능했을 일이었다고 확신한다. 그러한 노력들이 어느 정도 축적된 지금에 와서는 그렇게 많은 연구자들이 어려움을 겪으면서 진행해 온 각종 연구들을 하나로 묶어 내는 작업이 필요하다고 생각했다.

더욱이 2000년대 들어온 이후 우리나라는 물론 전 세계적으로도 군사적 안보 위기, 재난 위기, 핵심기반 위기, 생활 위기, 그리고 신종 위기 등이 빈번하게 발생해 왔다. 앞으로도 우리는 언제 또 어디서, 무슨 위기가 발생하게 될는지 예측할 수 없는 불확실한 상황에 놓여 있게 될 것이다. 인류의 생존과 번영의 토대가 되는 위기관리에 대한 학문적 연구의 필요성이 그 어느 때보다 절실한 실정이다.

이러한 배경 하에서 이 책은 그동안 국내·외에서 진지하게 논의되어 온 선행연구들을 체계적인 연구의 틀을 기반으로 현실 문제를 해결하고 미래 방향을 제시하기 위한 학문적 틀을 제공하고자 의도하였다. 첫째, 이 책에서의 위기는 국가위기를 의미한다. 용어 자체에 한정하여 살펴보면 개인보다는 전체 사회의 안전에 중점을 두는 것처럼 보일 수 있지만, 사실은 사회를 구성하는 각 개인의 안전이 무엇보다도 우선시된다는 점을 미리 말한다. 즉, 여기서의 국가위기는 국가를 구성하는 국민, 영토, 주권, 핵심기반의 안전보장을 위협하는 상황이나 상태라고 이해한다. 국민의 안전보장을 위협하는 요소, 영토와 주권의 안전보장을 위협하는 요소, 핵심기반의 안전보장을 위협하는 요소 모두가 국가위기인 것이다.

둘째, 이 책에서의 위기는 포괄적 안보 개념에 입각한다. 2001년 9·11 테러 이전에는 전통적인 군사적 안보 개념이 위기관리의 지도 이념이었다. 그러나 안보를 위협하는 것이 군사적 위기뿐만 아니라 재난이나 전염병, 대규모 실업 등도 국가 안보를 위협할 수 있다고 인식하였기 때문에 군사적 안보 개념으로부터 포괄적 안보 개념으로 전환하였다. 이에 이 책에서는 군사적 안보뿐만 아니라 경제 안보, 환경 안보, 인간 안보 개념을 포함하는 포괄적 안보 개념 하에서 위기관리를 논의하고 있다.

셋째, 이 책에서의 위기관리는 위기가 발생하기 이전과 발생한 이후의 조치들을 포함하는 과정론의 입장을 따른다. 따라서 이 책에서는 위기가 발생하기 전의 예방 단계, 대비 단계, 그리고 위기가 발생한 후의 대응 단계와 복구 단계를 모두 포함하는 개념으로서의 위기관리를 의미한다.

넷째, 이 책에서는 위기관리 거버넌스를 전제로 한다. 오늘날 현대 사회에 와서는 정부 혼자서 모든 정책을 결정하고 집행하는 것이 불가능하다. 위기관리는 시민, NGO, 지방정부, 기업, 중앙정부, 글로벌 사회의 적극적인 참여와 협력이 없는 경우에는 성공할 가능성이 매우 낮다. 이들 모두가 위기관리의 궁극적인 주체이자 수혜자이기 때문이다.

이 책은 크게 3편으로 구성되어 있다. 제1편은 이 책의 이념적 기초이자 이론적 논의의 도입 부분이다. 여기서는 위기관리학의 의의와 학문적 발전, 위기관리학의 가치와 이념, 국가 안보와 위기관리, 환경의 변화와 통합위기관리, 위기관리 연구의 제접근법, 위기관리 거버넌스를 포괄적으로 다루고 각각에 대한 이론적 논의들을 살펴보고 있다.

제2편에서는 앞서 말한 위기관리의 과정을 살펴보고 있다. 위기가 발생하기 이전의 예방 단계와 대비 단계, 그리고 위기가 발생한 이후의 대응 단계와 복구 단계의 의의와 중요성, 활용 기법이나 기능 등을 다루고 있다.

제3편에서는 위기관리 기능과 활동을 실제적으로 구성하고 있는 체계들을 다루고 있다. 여기서는 위기관리 커뮤니케이션, 위기관리 연습 및 훈련 체계, 위기관리 구호 체계, 위기관리 법·제도 체계, 위기관리 정보시스템에 대해 살펴보고 있다.

위기관리를 연구하기 시작한지 20년이 되었다. 20년 전인 1991년 1월 어느 날, 은사이신 김형렬(金炯烈) 교수님의 석사논문 연구 주제를 보름 내에 제출하라는 말씀은 당시 대학원 입학을 얼마 남겨두지 않은 내게 얼마나 깊은 고민을 안겨주었는지 모른다. 그 고민의 와중인 1991년 1월 내게 커다란 충격을 주었던 것은 걸프전쟁이었다. 수많은 사람들이 전쟁의 소용돌이 속에서 죽어나갔고, 불쌍한 아이들이 부모의 죽음 앞에서 눈물을 흘리고 있었다. 아무리 훌륭한 사상과 이념, 그리고 그 어떤 명분도 아무 죄 없는 선량한 시민들을 죽음으로 몰아서는 안 된다는 생각이 들었다. 어떻게 하면 어려움에 처한 사람을 지켜줄 수 있을까? 이 질문이 곧 위기관리라는 이름으로, 석사논문의 연구 주제로 지도교수님께 제출되었고, 앞으로 평생을 위기관리 분야 연구에 매진하라는 말씀을 따른지 벌써 20년이 되었다.

이 책은 위기관리학의 학문적 체계화를 위한 첫 발걸음이다. 새로운 이념과 시각을 지닌 새로운 논의가 계속 이어지길 희망한다. 풍성한 연구와 담론이야말로 위기관리학의 학문적 발전에 필요조건이기 때문이다.

마지막으로 저자는 이 책이 출간될 수 있게 해 주신 대영문화사의 임춘환 사장님과 원고 교정과 편집에 정성을 다해주신 편집부 여러분께 진심으로 감사의 말씀을 드린다. 더불어 바쁜 연구 일정에도 불구하고 성심성의껏 원고를 수정·보완하는 데 도움을 주신 원광대학교 양기근 교수님과 대불대학교 류상일 교수,

소방방재청 조종묵 박사, 그리고 변성수 박사, 박대우 박사, 이주호 박사, 석사과정의 김지은 원생에게도 감사의 뜻을 표한다.

그리고 이 자리를 빌려 지금까지도 변함없는 애정과 신뢰로 지도해 주고 계시는 김형렬 교수님께 진심으로 감사의 말씀을 올립니다.

2012년 1월
저 자 씀

차 례

제2판 머리말 / 3
초판 머리말 / 7

제 1 편 위기관리 연구의 기초

제1장 위기관리학의 의의 21

제1절 위기관리의 개념과 기원 21
제2절 위기관리의 기원 26
제3절 위기관리의 가치와 성격 29
1. 위기관리의 이념적 가치 / 29
2. 위기관리와 민주주의 / 33
3. 위기관리의 일반적 성격 / 36

제2장 위기관리학의 학문적 발전과 특징 40

제1절 위기관리학의 학문적 발전의 필요성 40
제2절 위기관리학의 학문적 발전의 장애 요인 44
제3절 위기관리학의 학문적 연구 동향 48
제4절 위기관리학의 학문적 특징 58
제5절 위기관리의 제학문적 성격 62

제3장 위기관리학의 연구 관점과 접근법 65

제1절 학문별 위기관리 연구 관점 65

1. 심리학 관점 / 66
2. 사회학 관점 / 69
3. 정치학 관점 / 70
4. 경제학 관점 / 74
5. 행정학 관점 / 76

제2절 위기관리 정책집행 접근법 79

1. 하향식 접근법 / 80
2. 상향식 접근법 / 81
3. 상황적 접근법 / 82

제3절 위기관리정책의 연구 접근법 83

1. 행정제도 접근법 / 84
2. 인지학습 접근법 / 87
3. 의사결정 접근법 / 89
4. 집행과정 접근법 / 91
5. 집행구조 접근법 / 94

제4장 정부 위기관리 서비스와 불확실성 101

제1절 시장 실패와 정부의 위기관리 서비스 101

1. 시장 실패의 유형과 정부 개입 / 101
2. 위기관리 정부 실패 가능성 / 106
3. 공공재의 특성과 유형 / 107
4. 공공재의 공급 수준 / 110

제2절 불확실성 하에서의 위기관리 역량 112

1. 예방 투자의 회피 성향과 위기관리정책 의사결정 / 112
2. 행정 역량과 참여 · 자율 역량 / 115

제2편 포괄적 안보와 위기관리

제5장 환경의 변화와 위기관리 전략 ······ 121

제1절 미래 환경의 변화 ······ 121
1. 국제 환경 / 121
2. 정치 환경 / 123
3. 경제 환경 / 124
4. 사회 · 문화 환경 / 126
5. 자연 환경 / 126

제2절 안보 환경의 변화와 미래 사회 위기 ······ 127
1. 안보 환경의 변화 / 127
2. 미래 사회와 위기 / 131

제3절 환경의 불확실성과 위기관리 ······ 135
1. 환경의 불확실성 / 135
2. 미래 사회의 위기관리 / 136

제4절 위기관리의 전략과 과정 ······ 140
1. 위기관리 전략 / 140
2. 위기관리의 과정 / 144

제6장 포괄적 안보와 국가위기 유형 ······ 152

제1절 국가 안보의 의의 ······ 152
제2절 포괄적 안보의 개념 ······ 156
제3절 국가위기 유형 ······ 161

제7장 국가위기의 종류 ······ 166

제1절 국민생활안전 위기 ······ 166
1. 국민생활안전 위기의 의의 / 166
2. 일상적 위해와 국민생활안전 위기 / 168
3. 국민생활안전 위기 영역의 분류 / 172

제2절 재난 위기 ······ 175
1. 자연재난 위기 / 176
2. 인적재난 위기 / 178

제3절 전통적 군사 안보 위기 ······ 181
1. 전통적 군사 안보 위기의 의의 / 181
2. 테러리즘의 유형 / 184
3. 대테러리즘의 특성과 유형 / 189

제4절 국가핵심기반 위기 ······ 191
1. 국가핵심기반 위기의 의의와 보호 조치 / 191
2. 국가핵심기반 위기관리 체계 / 197
3. 국가핵심기반 위기의 유형 / 198

제8장 국가위기관리의 영역 ······ 204

제1절 국가위기 ······ 204
제2절 국가위기와 국가위기관리 ······ 208
제3절 국가위기관리의 영역 ······ 210
제4절 위기관리의 의의와 성격 ······ 216
1. 위기의 종류와 특징 / 216
2. 위기관리의 성격 / 219

제9장 통합위기관리시스템 ······ 223

제1절 통합위기관리시스템의 의의 ······ 223
1. 통합위기관리시스템의 개관 / 223
2. 통합위기관리시스템의 의미 / 225
3. 통합위기관리시스템의 이념적 가치와 목표 / 228

제2절 통합위기관리시스템의 구성 요소 ······ 230
제3절 통합위기관리시스템의 효율화 변수 ······ 233
제4절 총체적 위기관리 모형 ······ 239

제3편 위기관리 과정

제10장 예방 단계 ······ 245

제1절 의 의 ······ 245

제2절 예방 단계의 중요성 ······ 248

제3절 예방 단계에서의 활용 기법 ······ 253

1. 예방 정책 / 254
2. 건축물 보호 / 259
3. 구조적 보호시설물 건설 / 261
4. 자연자원 보호 / 263
5. 주민 계몽 및 홍보 / 264

제11장 대비 단계 ······ 268

제1절 의 의 ······ 268

제2절 대비 단계의 중요성 ······ 271

제3절 대비 단계에서의 활용 기법 ······ 274

1. 위기관리 교육 및 훈련 / 274
2. 대피소의 지정과 대피계획 수립 / 278
3. 자원봉사자의 역할 / 281
4. 위기관리 기관 평가 / 282
5. 위기관리 계획 수립과 지방정부 간 상호 협력 / 284

제12장 대응 단계 ······ 288

제1절 의 의 ······ 288

제2절 대응 단계의 중요성과 활동 ······ 291

1. 대응 단계의 중요성 / 291
2. 대응 단계의 활동 / 292

제3절 대응 단계에서의 기능 ······ 297

1. 위기 경보 기능 / 297
2. 소개 기능 / 298

3. 응급의료 서비스 기능 / 299
4. 탐색 · 구조 기능 / 300
5. 질서유지 기능 / 301
6. 긴급피해복구 기능 / 301

제13장 복구 단계 ······ 302

제1절 의 의 ······ 302
제2절 복구 단계의 중요성과 활동 ······ 305
제3절 복구계획 ······ 308
제4절 복구에서 고려할 사항 ······ 310

제4편 위기관리 체계

제14장 위기관리와 지방정부 ······ 317

제1절 의 의 ······ 317
제2절 위기관리에서 지방정부의 역할 ······ 320
제3절 지방정부의 위기관리와 현황 분석 ······ 324
1. 지방정부 위기관리의 이론적 검토 / 324
2. 지방정부의 위기관리 현황 / 328

제4절 지방정부의 바람직한 위기관리 역할 ······ 332

제15장 위기관리 거버넌스 ······ 338

제1절 위기관리정책과 다조직적 관계 ······ 338
1. 위기관리정책의 특징 / 338
2. 위기관리 정책결정의 의의 / 341
3. 위기관리의 다조직적 관계 / 344

제2절 거버넌스와 위기관리 ······ 347
1. 거버넌스의 의의 / 347

2. 위기관리 거버넌스의 흐름 / 348

제3절 위기관리 거버넌스와 네트워크 ········ 351
1. 위기관리 거버넌스의 의미 / 351
2. 위기관리 거버넌스의 네트워크 / 353
3. 지방정부의 위기관리 거버넌스 네트워크 / 362

제4절 위기관리 거버넌스의 추진 전략 ········ 364
1. 기본 방향과 정책목표 / 364
2. 위기관리 거버넌스의 정책목표별 추진 전략 / 365
3. 위기관리 거버넌스 네트워크 참여조직 / 367

제16장 위기관리 커뮤니케이션 ········ 372

제1절 의 의 ········ 372
제2절 위기관리와 커뮤니케이션 ········ 375
제3절 귀인 이론 ········ 379
제4절 이미지 회복 이론 ········ 382
제5절 위기관리 커뮤니케이션 전략 ········ 384

제17장 위기관리와 이재민 구호 ········ 387

제1절 의 의 ········ 387
제2절 이재민 구호 체계 ········ 389
1. 민 · 관 협력 체계 / 389
2. 구호물자 전달 체계 / 392
3. 이재민 구호 교육 체계 / 393
4. 현장긴급대응 체계 / 394
5. 의연금 모금 · 배분 체계 / 396

제18장 위기관리 법 · 제도 ········ 400

제1절 의 의 ········ 400
제2절 위기관리 법 · 제도의 이념적 정향성과 원칙 ········ 402
1. 위기관리의 이념적 정향성 / 402

2. 위기관리 법제화 추진의 원칙 / 404
3. 위기관리 법·제도의 주요 내용 / 407

참고문헌 / 412
찾아보기 / 436

제 1 편

위기관리 연구의 기초

제 1 장 위기관리학의 의의
제 2 장 위기관리학의 학문적 발전과 특징
제 3 장 위기관리학의 연구 관점과 접근법
제 4 장 정부 위기관리 서비스와 불확실성

제 1 장

위기관리학의 의의

제 1 절 위기관리의 개념과 기원

위기관리는 “인간의 존엄성을 존중하고 구현하기 위해 노력하는 과정”이다. 위기관리학(Crisisonomy)은 “인간은 태어난 그 자체로서 존중받아야 한다”는 가치를 학문적 논의의 출발점으로 삼는다. 인간의 생명과 건강을 위협하거나 안전을 해칠 수 있는 모든 위기 요인을 관리하는 것은 국가, 공동체뿐만 아니라 우리 자신의 사명이자 소명이다. 그렇게 할 때 비로소 우리 자신이 존중받을 수 있다는 것을 인식해야 한다. 따라서 위기관리학은 인간의 존엄성(human dignity) 구현을 학문적 지표로 삼는다.

개인은 물론이고 조직, 사회, 국가와 같은 공동체가 존재하는 이유는 궁극적으로 인간의 존엄성, 인간의 생명, 인간의 근본적 권리에 대한 존중이라는 인류사회가 추구하는 보편적 가치를 구현하는 데 있다. 인간은 안전권(safety right)이

보장된 상태에서만 미래의 희망을 꿈꿀 수 있고, 이를 달성하기 위한 노력을 기울일 수 있다. 위기관리는 인간의 기본권인 안전권을 보장하기 위한 노력의 과정을 말한다.

지우프리다(Giuffrida, 1985: 2)와 시글러(Cigler, 1988: 5)는 위기관리를 위기로부터 국민의 생명과 재산을 보호하고 위험을 극복하기 위한 사업계획을 집행하는 일상화된 과정이라고 정의하고 있다. 그리고 피켓과 블록(Pickett & Block, 1991: 263)은 위기관리를 위기 발생을 예방하고 위협을 최소화시키며, 이미 발생한 위기에 대해서는 신속하고 효과적으로 대응하고, 가능한 빠르게 정상 상태로의 복귀를 돕는 것이라고 정의하였다.

쿰스(Coombs, 1999)는 위기관리를 위기 상황에 대응하고 위기에 의해서 야기되는 실제적인 피해를 줄이는 활동으로 광범위하게 정의하면서, 위기관리가 네 가지 요소, 즉 예방, 준비, 실행, 학습으로 이루어져 있다고 보았다. 이와는 달리 위기관리를 조직에 부정적인 영향을 주는 사건들의 위험성과 불안 요인을 감소시키고 조직이 능동적으로 대처할 수 있도록 하는 전략적인 계획(Fearn－Banks, 1996)으로 정의할 수 있다. 또한 리틀존(Littlejohn, 1983)은 비상사태를 피하기 위해 노력하고, 위기 발생에 대비하여 계획하고, 필요할 때 그것을 실행에 옮기는 다각적인 조직 차원의 노력을 위기관리로 보았다. 이와 동시에 그는 조직에 영향을 줄 수 있는 위기 상황을 파악하고(identifying), 예방(preventing)하며 극복(coping)하려는 전체적인 조직 차원의 장기적인 노력을 위기관리라고 정의하였다. 이처럼 조직의 관점에서 살펴보면, 위기관리란 위기 상황에 대해 체계적으로 대응하는 조직의 활동이라고 할 수 있다. 즉, 위기관리는 위기가 발생했을 때 대응하는 것을 포함하여 위기가 진행하는 모든 단계에 대해 대응하는 것이다. 또한 위기관리는 조직 전체 차원에서 고려하는 요인들, 즉 조직 문화, 조직 구조 등과도 연결되어 있으며, 장기적이고 일관성 있는 조직의 활동을 의미한다(김영욱, 2004: 81－82).

관리적(management) 관점에서 위기관리를 정의하면 "위기가 발생하기 전에는 위기를 예방, 대비하고 위기가 발생한 후에는 대응, 복구하기 위하여 필요한 자원을 기획, 조정, 통제하는 과정"이라고 정의할 수 있다. 하지만 여기서는 위기관리를 각각의 개인, 조직, 기업, NGO 등의 측면에서 다루는 것이 아니라 이들을 포함하는 국가(state)의 측면에서 접근한다. 그리고 국가의 관점에서 위기관리를 살펴보기 위해서는 먼저 국가위기의 개념을 살펴보는 것이 필요하다. 그리고 국가위기는 안보(security)의 관점과 개념을 이해할 때 비로소 국가위기의 개념을 충분하게 이해하는 것이 가능하게 된다.

포괄적 안보(comprehensive security)[1]는 2001년 9월 11일 뉴욕에서 발생한 9·11 테러 이후 발전된 안보 개념으로서, 구소련의 붕괴 이전에 지녔던 전통적인 군사적 안보(military security) 개념이 확장된 것이다. 즉, 국가의 안보를 위협하는 요소를 과거에는 전쟁, 국지분쟁, 핵무기 개발, 대량살상무기(WMD) 개발, 테러리즘 등과 같은 군사적인 무력 충돌이나 무력 공격에만 국한하였다. 그러나 9·11 테러 발생 이후에 국가 안보는 군사적인 측면뿐만 아니라 경제적, 환경적, 인간적 측면에서 다양한 위기로부터 위협받을 수 있다는 점이 확인되었다. 이처럼 다양한 위협 요소들을 안보 위협 요소로 포함하는 새로운 안보 개념이 바로 포괄적 안보 개념이다. 포괄적 안보 개념 하에서의 국가위기는 군사적 위기뿐만 아니라 비군사적인 위기까지도 포함한다.

국가위기(national crisis)의 개념을 이해하기 위해서는 먼저 국가를 구성하는 주요 요소들로는 어떤 것들이 있는지를 파악해야 한다. 그리고 국가를 구성하는 주요 요소들의 안전보장이 위협받는 상태가 바로 국가위기라는 점을 인식하는 것이 필요하다.

국가를 만들고 유지하는 데 필요한 요소로는 국민, 영토, 주권, 핵심기반이 있다. 따라서 국가를 형성하고 유지하며 발전시키는 데 있어서 필요한 국민, 영토, 주권, 핵심기반의 안전보장을 위협하는 것이 국가위기다. 이러한 관점에서 국가위기는 "국가를 구성하는 국민, 영토, 주권, 핵심기반의 안보에 중대한 위해가 가해질 가능성이 있거나 가해지고 있는 상태"라고 정의할 수 있다. 구체적으로 살펴보면, 국가위기는 국가를 구성하는 국민의 생명, 건강, 재산, 국가의 영토와 주권, 그리고 국가를 구성하는 정치·경제·사회·문화 체계의 핵심 요소나 가치에 중대한 위해가 가해질 가능성이 있거나 가해지고 있는 상태라고 정의할 수 있다(이재은, 2006: 20).

이 같은 정의에 따르면, 국가위기는 국민의 안전보장을 위협하는 재난 위기

1) 포괄적 안보 개념에 관해서는 이재은(2006: 19-20; 2008: 106-108)을 참조.

와 국민생활안전 위기, 영토와 주권 안보를 위협하는 전통적 군사 안보 위기, 핵심기반 안보를 위협하는 국가핵심기반 위기로 분류할 수 있다.

이러한 논의를 기반으로 하여 여기서는 관리적 관점에서 위기관리를 "국가위기를 효과적으로 예방·대비하고 발생 시에는 효율적으로 대응·복구하기 위하여, 국가가 가용자원을 기획·조정·통제하는 과정"이라고 정의한다(이재은, 2006: 22).[2] 이러한 정의에는 다음 요소들이 포함되어 있다.

첫째, 위기관리의 주체는 국가로서 중앙행정기관은 물론 각급 지방정부 등의 위기관리 주관기관, 유관기관, 실무기관 등이 모두 포함된다. 그리고 국가위기관리에 있어서 국가는 민간부문의 기업과 시민사회단체와의 거버넌스 구축을 통해 협력적 연계 활동을 전개한다. 포괄적 안보 개념 하에서의 국가위기 개념을 바탕으로 하는 국가위기관리를 위해서는 다양한 주체들이 모두 위기관리 과정에 참여한다. 즉, 국가위기관리를 수행하는 주체로는 국가뿐만 아니라 개인, 조직, 기업 등 사회구성원 및 구성 요소들이 모두 포함되며, 이들 모두가 국가위기관리의 정책 행위자(policy actor)가 된다. 개인 위기관리의 주체는 한 사람 한 사람이 모두 자신에게 발생할 위기를 관리해야 한다. 기업 위기관리는 세계 경기 변동에 따른 위협 요소나 국가 정책의 변화, 경쟁 기업의 신제품 개발 등 다양한 위기에 대처하기 위하여 노력하는 기업이 위기관리의 주체가 되는 것이다. 그리고 오늘날에는 재난이 한 국가에만 피해를 주는 것이 아니라 그 파급효과는 국제적으로 영향을 주기 때문에 외국 정부나 국제조직도 국가위기관리의 주체가 된다.

둘째, 위기관리는 국가위기가 사전에 발생하지 않도록 예방하고, 만일 위기가 발생하는 경우에는 그 피해를 최소화하기 위해 완화하며, 위기 발생 시를 대비하여 인력과 물자, 장비 등을 준비한다. 그리고 위기 발생 시 신속하고 효율적으로 대응하고 복구함으로써 피해를 최소화 및/또는 회복시키는 것을 목표로 설정한다.

셋째, 위기관리를 효과적으로 수행하기 위해서는 다양한 자원들이 요구된다. 이러한 위기관리 자원으로는 예방, 대비, 대응, 복구에 전문성을 갖고 활동할 수

---

2) 관리적 관점에서의 정의와는 달리 국가위기관리기본지침(2004.7.12)에서는 국가위기관리를 국가위기를 사전에 예방하고 발생에 대비하며 위기 발생 시에는 효과적인 대응 및 복구를 통하여 그 피해와 영향을 최소화함으로써, 조기에 위기 이전상태로 복귀시키고자 하는 제반 활동이라고 정의하고 있다.

있는 인적자원이 있다. 그리고 효율적인 대응을 위해 사전에 준비하는 대비 단계와 실제적인 대응 활동을 하는 데 필요한 물적자원이나 시설자원이 있다. 이들 유형자원과는 달리 직접 눈에 보이지 않지만 위기 상황에서 정확한 판단을 하는 데 도움을 주는 정보자원을 확보하는 것이 필요하다. 예컨대, 태풍, 가뭄, 폭염, 대설, 한파 등과 같은 자연재난을 관리하기 위해서는 정확한 기상 정보가 요구된다. 2016년 여름의 경우 7월 후반에 나타난 무더위가 8월 후반까지 이어지면서 폭염과 열대야가 계속되었다. 당시 기상청이 발표한 기상 정보가 맞지 않아 국민들이 더 큰 무더위와 열대야의 고통 속에서 하루하루를 참아야 했고, 정부에 대한 신뢰가 떨어졌다. 이와 함께 조직구성원이나 사회구성원들이 위기관리의 중요성을 인식하고 위기의 예방과 대비, 신속하고 효율적인 대응을 가능하게 해주는 안전문화자원을 구축하는 것이 필요하다.

넷째, 위기관리를 위해 국가는 중앙 부처, 지방정부, 공공기관 등 각급 조직으로 하여금 수준별, 기능별, 지역별 특성에 맞는 위기관리 계획을 수립하게 할 수 있다. 그리고 국가경제에 미치는 영향이 큰 민간 기업이나 국민의 생명이나 건강에 많은 영향을 줄 수 있는 기업에 대해 위기관리 계획이나 매뉴얼 작성 등을 하게 하는 것이 필요하다.

다섯째, 위기관리의 조직화는 국가위기관리 계획을 구체적으로 실무에서 추진하기 위하여 권위의 배분과 작업의 분할을 통해 업무수행이 잘 조정되도록 공식기구를 설치 · 조정 · 개편할 수 있다. 그리고 이와 함께 민간 기업이나 비정부조직(NGO)과의 협업체계 구축을 통해 위기관리 조직화를 도모하는 것이 요구된다.

여섯째, 효율적인 국가위기관리를 위하여 국가는 각급 정부 부처, 지방정부, 공공기관 등과 함께 민간 기업 영역의 위기관리 담당 조직의 성과를 측정하고 평가함으로써 관리하는 것이 가능하다. 이는 평가를 실시함으로써 책임을 묻고 처벌이나 불이익을 주기 위한 것보다는 평가를 통해 부족한 부분을 보완하고 다른 조직의 우수 사례를 도입하게 하는 데 주안점이 있는 것이다.

제 2 절 위기관리의 기원

인류 역사는 곧 위기관리 역사다. 더불어 위기관리는 인류 역사와 함께하는 동시에 인류 문명의 기원이라고 할 수 있다. 인류는 처음 지구상에 모습을 드러냈을 때부터 추위와 배고픔, 외부의 적이나 맹수의 위협과 같은 각종 위기로부터 자기 자신과 가족, 씨족이나 부족과 같은 공동체를 보호하기 위한 위기관리 노력을 기울여왔다. 이러한 맥락에서 인류 역사는 곧 위기관리 역사라고 말할 수 있다.

또한 인류 문명 역시 홍수나 가뭄과 같은 자연재난이나 외적의 침입과 같은 군사적 위기로부터 공동체 사회가 애써 일구어 놓은 농작물이나 구성원의 생명과 재산을 보호하기 위한 위기관리 노력의 산물이다. 이는 인류 문명의 기원은 무엇인가라는 질문에 대한 답이 될 수 있다. 우리는 그동안 인류의 생존과 번영의 상징인 문명이 어디에서 발생했는지, 그리고 인류의 가장 위대한 문명은 태동하게 된 배경은 무엇인가에 대해 관심을 가져왔다. 하지만 보다 근본적인 것은 인류 문명이 왜 발생하게 되었는지 하는 인류 문명의 태동 원인이나 인류 문명의 발전의 계기가 무엇인지에 대해서는 소홀히 해 왔다.

오늘날 중국의 황하강 유역의 황하 문명, 인도 인더스강 유역의 인더스 문명, 이라크의 티그리스강과 유프라테스강[3] 사이의 메소포타미아 문명, 그리고 나일강 하구의 이집트 문명으로 대표되는 인류의 4대 문명의 공통점은 다음과 같다.

첫째, 4대 문명 모두 큰 강과 비옥한 토지에서 발생하였다. 고대 문명의 발상지가 모두 큰 강의 유역에서 발생할 수 있었던 것은 인간의 생활과 하천이 서로 밀접한 관계가 있기 때문이다. 큰 강의 유역일수록 땅이 기름져서 곡식을 재배할 수 있고, 물고기를 잡아 생활하거나 교통 · 수송이 가능하다는 이점이 있다.

---

3) 티그리스강과 유프라테스강은 오늘날 이라크 지역의 주요한 강이다. 강력한 아시리아 제국과 바빌로니아 제국은 이들 두 강 일대를 중심으로 성장하였으며, 이 지역을 그리스어로 '두 강 사이'라는 뜻인 메소포타미아라고 부른다. 티그리스강과 유프라테스강은 풍부한 물과 기름진 땅을 제공하였다. 인류 최초의 문명은 이 두 강 사이의 '비옥한 초승달 지대'로 알려진 삼각형 모양의 지역에서 시작되었으며, 관개에 의한 방식으로 농업 생산이 활발하게 이루어지고 도시 문명이 일찍부터 만들어졌다.

둘째, 이들 4대 문명의 발원지는 기후가 따뜻하기 때문에 사람들이 모여 살기에 적합한 곳이었다. 큰 강의 유역에 있는 많은 논과 밭에서 작물을 키우기 위해서는 농경지에 물을 공급할 수 있는 수로가 필요하다. 적절한 때 비가 내리면 농작물을 재배하는 데 어려움이 없지만 가뭄이 드는 경우에는 인근의 강으로부터 물을 공급할 수 있는 인공수로가 필요하다. 또한 지속적인 물 공급을 위해서는 많은 비가 내릴 때 물을 저장할 수 있는 저수지를 만들고, 이 물을 지속적으로 논이나 밭에 공급하기 위한 관개수로를 정비해야 한다. 이처럼 비가 많이 내리는 호우와 홍수에 대비하여 둑이나 저수지를 만들고, 가뭄에 대비한 관개수로를 정비하는 것과 같은 재난 예방을 위한 위기관리의 기반 위에서 문명의 발생이 가능했던 것이다.

셋째, 하천이 넘치지 않도록 둑을 만들고 가뭄에 대비하여 저수지를 만들어 물을 저장하며 논이나 밭에 지속적으로 물을 공급하기 위해 관개수로를 정비하기 위해서는 측성의 난위를 만들고 도량형을 개발할 필요가 있었다. 도량형은 길이, 부피, 무게, 그리고 이를 측정하는 도구인 자(尺), 되(升), 저울(衡) 등을 말한다. 이것은 인간의 공동생활을 유지하기 위한 중요한 기준이었기 때문에 이를 제도화할 필요가 있었던 것이다. 이러한 도량형은 정확하게 언제부터 시작되었는지 파악하기는 어렵지만, 인류가 수와 양의 개념을 병행하여 사용한 것은 인간의 필요와 지혜에서 비롯되었을 것이며 그것은 갑자기 사용된 것이 아니고, 선사시대부터 대단히 오랜 기간 서서히 준비되었을 것이다.

넷째, 인류 문명은 둑을 쌓아 저수지를 만드는 등의 관개사업 위에서 성립되어 발달하였지만, 이러한 관개사업을 하는 데는 강력한 지도자와 대량의 노동력이 필요하였다. 따라서 치수사업을 위한 강력한 지도자가 등장하게 되었으며, 관개수로의 정비에 의하여 풍부한 식량 생산과 공급이 가능하게 되었고, 거주지와 인구가 더욱 확대되어 도시 문명이 발달하게 되었다. 특히, 문명의 발달은 잉여생산물을 저장, 보관해 놓게 해주었다. 이를 빼앗으려는 외부 이민족의 침략이나 전쟁과 같은 군사적인 위기 상황이 발생하게 됨에 따라 공동체의 지도자는 성을 쌓거나 무기를 개발하는 등의 공동체 위기관리 노력이 이루어졌다.

인류 역사는 곧 위기관리의 역사이고 인류 문명의 탄생은 위기관리의 필요성으로부터 나온다는 점에 대해 살펴보았다. 지금까지 살펴본 고대 위기관리의 역사와는 달리, 오늘날의 현대 위기관리의 역사는 제2차 세계대전으로부터 시작되었다고 말할 수 있다.

제1차 세계대전 이후, 전통적으로 왕조를 중심으로 해 온 유럽의 지배세력이 퇴조하고, 세계경제 대공황으로부터 벗어나기 위한 노력의 과정에서 민족주의 대신에 민주주의와 전체주의의 대립이 상업과 산업, 경제 문제 해결을 위한 노력이 달리 나타나게 되었다. 즉, 제1차 세계대전 이후, 미국이 세계 경제의 중심국가로 떠올랐지만, 경제 대공황이 발생하게 되면서 각 나라는 서로의 방법으로 다르게 대응했던 것이다.

이러한 대응 방법 중의 하나가 미국은 뉴딜정책, 영국이나 프랑스는 식민지를 활용한 경제성장 정책, 그리고 독일, 이탈리아, 일본은 전체주의 체제 구축을 통해 식민지 확보를 통한 대외팽창 정책을 펼쳤다. 즉, 이탈리아에서는 파시즘, 독일에서는 나치즘, 일본에서는 신체제 운동[4]이 등장하였다.

제1차 세계대전 이후, 전반적인 위기 단계에 돌입하게 된 자본주의 세계는 1929년부터 1933년까지 나타난 세계경제 대공황을 통해 불균등한 국제대립이 가속화되었던 것이다. 이 과정에서 나타난 열강들 사이의 블록화와 폐쇄경제적인 경향은 자본주의 기초가 약한 독일, 이탈리아, 일본 등에게 심각한 경제적 타격을 주게 되었다. 이를 극복하는 과정에서 나타난 제2차 세계대전은 미국, 영국, 프랑스, 소련으로 대표되는 연합국과 독일, 이탈리아, 일본으로 대표되는 전체주의 국가들로 구성된 추축국 사이의 군사적 무력 충돌로 확대되었다.

이후 1945년 제2차 세계대전에서 승리한 연합국은 다시 미국, 영국, 프랑스로 대표되는 자본주의 진영과 구소련을 중심으로 하는 공산주의 진영으로 나뉘었고, 이후 구소련이 붕괴되는 1991년까지 동서냉전의 시대가 이어졌다. 이후 1992년부터 오늘날에 이르기까지 미국을 중심으로 하는 세계질서의 재편이 이어졌고, 미국이 세계 평화와 질서를 유지하는 버팀목으로 자리 잡게 되면서 정치, 경제, 사회, 문화, 과학, 기술 등 모든 분야에서 미국을 중심으로 하는 질서가 마련되었다.

---

4) 1940년 6월, 고노에 후미마로(近衛文麿) 전 수상을 중심으로 기존의 정치력을 잃은 정당을 없애고, 독일의 나치당이나 소련의 공산당처럼 일국 일당제의 강력한 전체주의적 국민 조직을 만들자는 '신체제 운동(新體制運動)'의 성명이 나오자 각 정당과 단체가 앞다투어 해산하고, 신체제 참가 의사를 표시하였다(네이버 지식백과).

하지만 2001년 9월 11일 뉴욕에서 9·11 테러가 발생한 이후, 미국을 포함하여 전 세계 많은 국가들이 포괄적 안보를 새로운 안보 개념으로 채택하였다. 이러한 포괄적 안보 개념은 기존의 전통적인 군사 안보 개념과 더불어 경제 안보, 환경 안보, 인간 안보를 포괄하고 있다. 이러한 안보 개념을 기반으로 하여 국가 안보를 위협하는 국가위기의 유형과 종류 또한 기존의 군사적 위기뿐만 아니라 재난 위기, 국가핵심기반 마비 위기, 국민생활안전 위기 등도 국가위기에 포함되었다. 이 같은 새로운 안보 개념의 채택을 통한 국가위기관리 영역의 확대가 이루어진 계기가 제2차 세계대전으로부터 만들어진 것이다.

제 3 절 위기관리의 가치와 성격

1 위기관리의 이념적 가치

위기관리시스템을 효율적으로 가동하기 위해서는 무엇보다도 먼저 위기관리의 이념적 가치를 정립해야 한다. 위기관리의 이념적 가치는 일반 국민은 물론이고 위기관리 전문가나 활동가, 위기관리 조직이 바람직한 신념 체계로 받아들여야 하는 규범을 의미한다. 위기관리의 이념적 가치는 인류의 보편적 가치인 인간 생명, 인간의 존엄성, 인간의 근본적 권리를 존중하고 구현하는 것이다.

첫째, 위기관리는 이념적 가치로서 인간 생명에 대한 존중(respect for the life)을 지녀야 한다. 인류 역사와 우주를 통틀어 단 하나밖에 존재하지 않는 인간의 생명은 다른 어느 것과도 바꿀 수 없는 가장 소중한 것이기 때문이다. 한 개인의 생명이 존중되지 않고서는 가족, 사회, 국가 등 다른 어떠한 사회적 구성체들의 존재도 의미가 없다. 따라서 국가는 물론 개인, 집단, 조직도 위기 상황에서 개인의 생명을 보존하고 유지할 수 있도록 최선을 다하는 것이 필요하다. 인간 생명의 존중이 요구되는 것은 일상생활에서뿐만 아니라 전쟁, 폭동, 시위, 태풍,

홍수, 집중호우, 폭발, 붕괴 등과 같은 위기가 발생한 상황에서도 마찬가지다. 위기 상황에서 인간 생명의 존중을 확보하기 위한 위기관리가 이루어져야 한다.

둘째, 어떤 상황에서도 인간으로 존재한다는 사실 하나만으로도 인간의 기본적인 권리들이 보장되어야 한다는 이념적 가치인 인간의 존엄성에 대한 존중(respect for the human dignity)이 있다. 인간의 존엄성은 일상생활에서뿐만 아니라 위기 상황에서 조차도 인간으로서 누려야 하는 생명권, 안전권, 자유권, 평등권, 행복추구권 등 인간의 기본적인 권리들이 보장될 때 구현되는 것이다. 특히, 인간의 존엄성은 모든 학문 분야에 있어서 가장 기본이 되는 전제다. 라스웰(Lasswell, 1951: 14-15)은 정책과학이란 궁극적으로 인간의 존엄성을 증진시키는 것을 목적으로 하는 학문이라고 주장하면서, 이를 위해 여러 분야의 학자들이 공동으로 노력하고 협력해야 할 필요가 있다는 것을 강조한다(김형렬, 2000: 16-17). 우리나라 헌법에서도 모든 국민은 인간으로서의 존엄과 가치를 가지며, 행복을 추구할 권리를 가지며, 국가는 개인이 가지는 불가침의 기본적 인권을 확인하고 이를 보장할 의무를 진다고 규정하고 있다(헌법 제10조). 인간의 존엄성 문제는 평상시와는 달리 위기 상황에서 잊어버리거나 놓치기 쉽다. 또한 인간의 존엄성은 살아있는 사람에 대해서 뿐만 아니라 사망한 사람에 대한 존중을 포함한다. 재난이나 사고 등으로 인해 사망한 경우에도 사망한 사람이 지녔던 뜻과 의도를 존중해야 함은 물론 시신의 처리에 있어서도 존엄성을 보장해야 한다.

셋째, 위기관리는 자유권, 평등권, 행복추구권, 사회적 형평성, 안전권과 같은 인간의 근본적 권리를 존중(respect for the human basic right)하는 것을 이념적 가치로 삼는다. 위기관리를 하는 이유는 무엇인가? 개인, 조직, 기업, 국가는 어떤 다양한 위기에 빠지더라도 자신과 구성원들이 최소한의 인간적 삶을 영위하고 기본적 권리를 향유할 수 있도록 해주기 위해 위기를 예방, 대비, 대응, 복구하는 활동을 하는 것이다. 위기를 관리한다는 명분으로 구성원의 권리를 제한하는 것은 진정한 위기관리가 될 수 없으며 오히려 또 다른 위기를 초래하는 것이다. 결국 위기관리는 어떠한 위기 상황이 닥치더라도 인간이 지니는 권리를 보장받기 위한 조치인 것이며, 국가는 인간이 마땅히 누려야 할 근본적 권리를 지켜줄 최종적인 책임을 져야 한다.

특히, 위기 상황에서는 사회적 형평성(social equity)을 중요한 이념적 가치로 삼아야 한다. 사회적 형평성 개념은 평등의 의미를 지니고 있으며, 평등은 절차상에서 편파성이 없는 공정한 것(impartiality)을 의미한다. 모든 사람들이 사회에서 정실이나 편견 없이 공정하게 대접을 받는 상태를 평등이라고 할 수 있다(Beauchamp & Pinkard, 1983: 105; 김형렬, 2000: 99). 평등의 일환인 사회적 형평성은 인간은 자신의 독특한 인격과 존엄성을 가지고 있기 때문에 사회적으로 불평등한 대우를 받지 않을 권리를 지닌다. 사회적 형평성은 복지정책과 사회적 약자의 보호, 기회의 균등 등을 그 요소로 지닌다. 그러므로 안전이라는 사회적 가치의 배분 과정에서 사회·경제적 낙후자, 장애인, 고령자, 재난피해자 등에 대해 소극적으로 차별을 금지하는 것이 아니라 보다 적극적으로 도움을 주어 안전한 삶을 보장해 주어야 한다. 재난은 수많은 목숨을 앗아가고 셀 수 없이 많은 이들에게 부상을 입히며 이주민을 양산하는데, 그 정도가 부유한 나라에서보다 가난한 나라에서 훨씬 더 심하다(존 C. 머터, 2016: 53). 2016년 10월 12일 국제재해경감사무국(UNISDR)은 1996~2015년 사이에 발생한 7,000여 건의 자연재난의 피해를 집계한 결과, 이 기간 동안 자연재난으로 인해 발생한 135만 명의 사망자 중 90%가 중·저소득 국가에 집중되었고, 이 기간 동안 가장 큰 희생을 치렀던 자연재난은 2010년 22만 여 명이 사망한 아이티 지진이었다고 밝혔다(http://news.zum.com, 2016.10.13).

재난피해자는 재난으로 인해 피해를 당하기 전에는 아무런 문제없이 기본적인 생활을 영위해 왔으나, 자신의 어떤 책임도 없이 불의의 재난을 당함으로써 가족구성원이 죽거나 다치고 또 사회적, 경제적 약자로 전락하였기 때문에 사회적 차원에서 대책을 마련해 주어야 한다.

이상과 같이 위기관리가 바람직한 신념 체계로 받아들여야 하는 규범인 이념적 가치와 함께 위기관리 과정에서 채택해야 하는 목표 가치, 즉 효율성, 효과성, 민주성이 있다.

첫째, 효율성(efficiency)은 일반적으로 투입에 대한 산출의 비율 혹은 비용과 효과의 비율로 정의한다. 일정한 투입으로 최대의 산출을 내거나 일정한 산출을 최소의 투입으로 달성하는 것을 의미한다. 효율이란 일정한 수준의 효과를 산출하기 위하여 요구되는 양을 가리킨다. 이때 효과는 화폐적 비용이라는 측면에서 측정된다. 효율은 산출물이나 서비스 단위에 대한 비용을 산정하거나 비용 단위에 대한 재화나 용역의 양을 계산하면 결정될 수 있다(Dunn, 1981: 232; 박우서 · 안용식 · 이왕재 외, 2001: 84). 좋은 정부는 목표를 달성하는 데만 만족해서는 안 된다. 문제 해결의 적시성을 놓쳐 그 효과가 반감된다면 국민의 세금을 낭비하는 결과를 초래하기 쉽기 때문이다. 따라서 위기관리시스템은 효율성 확보를 통해 위기관리시스템의 구축 및 운용에 투입되는 비용을 줄여 목표를 달성하거나 주어진 자원으로 최대성과를 달성하는 것이 필요하다(이도형, 2004: 135).

위기관리는 효율적으로 이루어져야 한다. 위기 발생 이후의 위기관리는 비효율적이고 비생산적인 것이다. 그러므로 위기 발생 이후보다는 위기 발생 이전에 예방과 대비를 통해 위기 발생 자체를 막고, 피할 수 없는 경우에는 피해를 최소화시키는 방안을 모색하는 것이 요구된다. 따라서 위기관리는 그 자체가 국가적인 경제적 · 재정적 손실을 막고 국제적 경쟁력을 강화하기 위한 선결과제인 것이며, 하나의 산업 영역으로 육성하는 것이 필요하다. 선진국이 될수록, 민주주의가 정착될수록, 산업화와 도시화가 진행되면 될수록 위기관리의 중요성과 필요성에 대한 공감대 형성이 중요한 의미를 지닌다. 이를 위해서는 위기 발생 이전의 예방 · 대비에 대한 사회 각 부문의 적극적인 투자와 위기 발생 이후의 대응, 복구의 상호 연계 및 적정 투자를 통해 위기관리시스템의 효율화를 추구하는 것이 요구된다.

둘째, 일반적으로 효과성(effectiveness)은 목표 달성의 정도를 말한다. 따라서 위기관리에서의 효과성은 위기관리시스템이 설정하고 있는 목표의 달성 정도를 의미한다. 효과성은 목표 지향적인 성격을 지니므로 위기관리의 효과성 확보를 위해서는 달성해야 할 목표를 설정하고 목표 달성 정도를 측정할 수 있는 지표를 개발하는 것이 필요하다. 위기관리를 통해 달성하려는 목표를 사전적, 계획적, 의도적으로 설정하고 이를 달성하기 위한 최대의 관심을 둔다. 효과성의 개념 속에는 효율성 또는 능률성의 개념과는 달리 비용 내지 투입의 개념이 들어가 있지 않다. 다시 말하면, 효과성의 개념에서는 비용이 얼마가 드느냐 하는 투입의 문제에 관심을 갖는 것이 아니라, 정해진 목표를 얼마나 달성했느냐 하는 데에만 관심을 갖는다.

셋째, 민주성(democracy)은 위기관리시스템이 민주주의 원리에 충실해야 한다는 것을 의미한다. 국민을 위한 시스템으로서 참여 · 자율 · 분권화 등의 민주적 절차의 정당성을 확보하고, 위기관리시스템의 구축과 운용에 있어서 국민 의사가 우선하고 국민을 위한 위기관리 서비스를 제공하며 국민에게 책임을 지는 위기관리시스템을 의미한다. 또한 위기관리시스템의 내부 운영도 민주적인 특성을 지녀야 한다. 민주성을 확보하기 위해서는 시민 참여, 대응성, 공정성, 투명성을 지녀야 한다(박우서 · 안용식 · 이왕재 외, 2001: 87). 시민 참여는 위기관리시스템의 구축 및 운용에 시민사회가 참여해야 한다는 것을 의미한다. 대응성은 국민들이 소망하고 요구하는 다양한 의사들이 위기관리시스템의 운용에 반영되어야 함을 말한다. 공정성은 위기관리시스템의 운용에 있어서 관련 대상자들이 동등한 대우를 받도록 절차적 민주성을 보장해주는 것이다. 투명성은 위기관리시스템의 민주적 운용에 있어서 핵심적인 요소의 하나로 반부패 청렴성과 통합성, 공개성을 함축하는 개념이다.

2 위기관리와 민주주의

위기관리학은 각종 위기의 본질과 원인을 찾는 동시에 이를 극복하고 관리하기 위한 규칙과 법칙을 찾아 인류의 보편적 가치인 인간 생명, 인간의 존엄성, 인간의 근본적 권리를 존중하고 구현하기 위한 학문이라고 정의할 수 있다. 과거부터 현재까지 동일하거나 유사한 종류의 위기가 계속해서 발생해왔지만 오늘날 현대 사회에 와서 위기관리가 더욱더 중요하게 된 이유는 무엇 때문인가? 민주주의 시대의 도래가 그 이유다.

민주주의는 국가의 주권이 국민에게 있고 국민을 위하여 정치를 행하는 제도, 또는 그러한 정치를 지향하는 사상을 말한다. 민주주의는 군주제나 독재체제, 귀족제와 같은 신분주의에 대응하는 뜻으로서, '국민의 지배'를 의미하는 것으로 이해할 수 있다. '국민의 지배'라는 의미에서 민주주의는 모든 국민이 다수결의 원칙 아래 정치적 결정에 직접 권한을 행사하는 정부형태를 지니고 있기 때문에 국민의 지지를 얻지 못하면 정권을 놓치게 된다.

안전은 사회적, 경제적, 정치적 지위와 밀접한 관계를 지니고 있다. 심지어 안전은 계급별로 분리되어 논의될 수 있다. 우리의 안전이 아닌 그들만의 안전이 별도로 있을 수 있다는 것이다.

과거 군주제나 귀족제 등의 신분사회에서는 사회적 지위에 따라 경제적 불평등이 당연시되었다. 물론 오늘날에도 경제적 불평등에 따라 사회적 지위가 결정되기도 하지만 말이다. 어찌되었든 사회적 지위와 경제적 평등성은 과거부터 오늘날까지 선후(先後)만 바뀔 뿐이지 그 본질적인 관계의 긴밀성은 동일한 것으로 볼 수 있다. 유럽의 봉건시대나 아시아의 왕조시대는 철저한 신분사회를 특징으로 한다. 정치적 권력에 기반을 둔 신분사회에서는 언제나 군주나 귀족 계급은 높은 계급의 지위를 갖고 많은 부를 누리며 상대적으로 안전한 지역에서 행복한 삶을 영위하는 것이 일반적인 현상이다. 왕족이나 귀족 계급에 속한 사람들은 자신들의 현재 상태를 빼앗길 수 있는 위협적인 상황을 가장 두려워했고 자신들의 안위를 지킬 수 있는 위기관리시스템을 구축하는 데 많은 돈과 인력을 기울였다. 집을 짓는 경우에도 홍수나 태풍과 같은 자연재난으로부터 안전한 지역을 선택하였다. 예를 들면, 강이나 하천이 범람하더라도 피해를 입지 않을 지리적 위치의 언덕에 집을 지었다. 또한 전염병이나 질병으로부터 벗어나기 위해 하수구나 시궁창, 쓰레기장, 공동묘지로부터 멀리 떨어져 있는 곳에 생활주거지와 논, 밭을 두었다.

이와는 달리 평민이나 노예, 노비 계급은 상대적으로 안전이 취약한 저지대, 강이나 하천 주변 지역에서 생활하는 한편, 각종 재난이나 전염병 등의 위기에 대한 노출 정도가 심하였다.

이러한 맥락에서 군주와 귀족 계급은 군사적 위협이나 반란, 전쟁, 자연재난, 전염병 등 자신의 생명과 재산, 건강, 안전에 영향을 미칠 수 있는 위기에 대해서는 사전 예방 및 대비, 사후 대응 및 복구 등의 관리 체계를 갖추고 대처하였음을 알 수 있다. 그러나 군주제나 귀족제, 독재 체제 하에서 평민이나 노비 등의 하층 계급의 생명과 건강, 재산 및 안전의 보호에 대해서는 커다란 중요성이 부여되지 않은 동시에 주요 관심사가 아니었다. 그러나 이제 정치 체제가 절대 군주제나 귀족제로부터 민주주의로 전환되면서 일반 국민의 안전에 대한 국가의 관심과 중요성이 더하여진 것으로 이해할 수 있다.

민주주의와 위기관리의 관계를 살펴보면 다음과 같은 논의를 찾을 수 있다.

첫째, 국민은 1인 1표의 보통 선거권을 통하여 절대 권한을 행사할 수 있어야 한다. 이로부터 국가가 국민의 생명과 재산을 보호하기 위하여 최선을 다하는 근원적 힘이 나온다. 왕이나 귀족뿐만 아니라 일반 국민도 동일한 1인 1표의 권한을 갖고 있기 때문에 안전권 보장은 모든 사람이 누려야 할 기본적 권리인 것이다.

둘째, 민주주의 이념 하에서 국가는 국민이 지니는 인간의 존엄성(human dignity)을 보장하기 위해 최선을 다하여야 한다. 인간으로서의 존엄성은 평상시뿐만 아니라 위기 발생 시 생존과 사후 어느 경우에도 보장되어야 한다. 이를 위해 국가는 국민 한 사람 한 사람이 지니는 소중한 생명과 재산, 건강을 지켜줘야 하는 한편, 위기관리를 수단적, 기능적, 도구적 가치로 보기보다는 인간의 존엄성을 존중하고 구현하기 위해 노력하는 목적적, 이념적, 적극적 가치로 봐야 한다.

셋째, 국가는 다양한 위기로부터 생존 위협을 받는 국민들이 안전하게 살 수 있는 권리를 보장해 주어야 한다. 전쟁, 재난, 빈곤, 범죄, 사건・사고로부터 안전하게 삶을 영위할 수 있는 기본권을 안전권(safety right)으로 설정하고 이를 보장하기 위해 최선을 다해야 한다. 일상생활 속에서 국민이 안전권을 최대한으로 누릴 수 있도록 하는 한편, 동시에 국민의 안전권 침해를 최소화할 수 있는 제도적 기반을 마련해 줄 때 민주주의의 기반이 만들어진다는 것을 전제로 삼아야 한다.

넷째, 국가는 모든 국민의 자유권을 보장하여야 하는데, 이 자유권에는 언론・출판・결사의 자유가 포함되며 적법절차 없이 국민을 체포・구금할 수 없다. 다만, 위기 및 재난 상황에서 자신은 물론 타인의 생명과 재산을 보호하고 국가의 경제・사회적 안위를 보장하기 위한 부득이한 경우에만 제한될 수 있음을 밝혀야 한다. 그 경우에도 위기 상황에서 국민의 기본권인 자유권을 제약하는 경우에는 제약 조건을 엄격하고도 명확하게 규정해야 한다.

민주주의는 공공의 선을 추구한다. 민주주의의 보편적 지표는 우리가 이상으로 하는 민주주의 이념으로서 그 공통점은 앞서 살펴본 바와 같이 인간의 존엄성, 국민 주권주의, 법 앞에서의 평등, 참여 민주주의 등이 그것이며, 이러한 이념은 안전을 기반으로 할 때 구현될 수 있다는 점을 명심해야 한다.

3 위기관리의 일반적 성격

관리적 차원에서의 위기에 대한 연구는 1980년대 이전까지만 해도 거의 없었다(Mushkatel & Weschler, 1985: 49). 그 후 1980년대 들어서서 위기의 발생 빈도가 증가하고 위기 결과나 위기 영향의 심각성에 대한 인식이 증대하는 한편, 위기를 관리할 수 있다는 인식이 커짐에 따라 위기관리에 대한 관심이 증가하였다. 우리나라는 1990년대 중반 이후 위기관리 체계 확립의 필요성과 시급성에 대한 인식을 높여주는 여러 가지 재난 사고들이 집중적으로 발생함에 따라 연구가 시작되었다고 볼 수 있다.[5)]

지금까지 위기관리는 각각의 위기 유형이 지니는 특성에 입각하여 위기관리 방법을 모색하는 것으로 이해되어 왔다. 그리고 위기관리에 대한 연구 경향 역시 위기 유형별로 자연재난, 인적재난, 사회재난, 생활안전 위기가 지니는 특성에 따르고 있다. 그렇기 때문에 1980년대 중반까지의 대부분 연구는 주로 자연재난을 대상으로 해 온 반면에(Zimmerman, 1985: 29), 인적재난과 사회재난에 대한 연구는 상당히 경시되어 왔었다.

그러나 도시가 점점 더 복잡해지고 대형화되는 도시화, 산업화, 고밀도화, 첨단화 추세에 따라 위기 역시 인적재난이나 사회재난의 발생이 증가하고 있다. 엄밀한 의미에서 국민의 안전권(safety right)을 보장하기 위해서는 자연재난뿐만 아니라 인적재난, 사회재난, 생활안전 위기 모두에 대한 위기관리 노력이 필요하다. 특히, 국가는 민간부문이 관리할 수 없는 부분을 관리해야 할 책무를 지니기 때문에, 국가위기관리의 책임과 필요성이 제기된다(Waldo, 1980: 185-186). 따라서 국가위기관리는 국가를 구성하고 유지하며 존립하는 데 필수적인 요소들인 국민, 영토, 주권, 핵심기반의 안전을 보장하기 위해 노력해야 한다. 국가가 성립하고 유지하며 발전하기 위해서는 무엇보다도 구성 요소인 국민의 안전을 위협

5) 한국에서 관리적 차원에서 위기에 대한 사회적 관심이 증가하게 된 것은 다음과 같은 일련의 사건들이 계속해서 발생한 때문으로 볼 수 있다. 즉, 1994년 10월 21일 성수대교 붕괴, 1994년 10월 24일 충주호 유람선 침몰, 1994년 12월 8일 서울 아현동 도시가스 폭발, 1995년 4월 28일 대구 지하철 공사장 도시가스 폭발, 1995년 6월 29일 서울 삼풍백화점 붕괴 등 각종 대형 인재의 잇따른 발생으로 체계적인 위기관리의 필요성 및 중요성이 사회에 인식되었기 때문이다.

하는 요소인 생활안전 위기와 재난 위기를 관리해야 한다. 그리고 국가 성립의 두 요소인 영토와 주권의 안전을 위협하는 전통적 군사안보 위기를 예방하고 대비하며 대응, 복구하는 것이 필수적이다. 또한 국가 존립 및 유지에 중요한 기능과 역할을 수행하는 금융, 교통·수송, 전력, 정보통신, 주요 산업단지, 에너지, 원자력, 댐, 공중보건, 공공질서와 같은 핵심기반의 안전을 보장하기 위한 노력을 기울여야 한다.

국가위기관리 관점에서 정부의 가장 기본적이고 중요한 임무는 국민의 생명과 재산을 보호하는 것이므로, 위기관리[6]는 "위기로부터 국민의 생명과 재산을 보호해주고 위험을 극복하기 위한 사업계획을 집행하는 일상화된 과정"(Giuffrida, 1985: 2; Cigler, 1988: 5)이라고 정의할 수 있다.

개인, 기업, 조직, 사회, 국가의 모든 차원에서 위기관리가 지니고 있는 보편적이고 일반적인 성격을 살펴보면 다음과 같다.

첫째, 위기관리는 그 책임에 있어서 보편성과 일반성을 지닌다. 우리나라 헌법에 따르면 모든 국민은 인간으로서의 존엄과 가치를 지니며 행복을 추구할 권리를 가지고 있다(헌법 제10조). 그리고 헌법에서 국가는 재해를 예방하고 그 위험으로부터 국민을 보호하기 위하여 노력하여야 한다고 규정함으로써 국가위기관리의 책임을 분명하게 밝히고 있다(헌법 제34조 제6항). 헌법은 분명히 국가위기관리의 책임을 지적하고 있다. 하지만 국가뿐만 아니라 사회유지 기능을 수행하는 기업이나 개인도 위기관리의 책무로부터 자유롭지 못하다. 위기 발생으로 인한 사회적 손실과 피해 결과는 결국 사회구성원 전체의 부담으로 되돌아오기 때문이다. 따라서 기업이나 개인 역시 사회적 비용 부담을 공유해야 할 책임을

6) 위기관리(emergency management)는 재난관리(disaster management), 위험관리(risk management), 우발사건관리(contingency management) 등의 유사 용어와 혼용되고 있다. 이 같은 현상에 대해 광의의 위기관리 개념은 첫째, 국제정치와 사회경제에서의 불예측사태에 대처하기 위한 정책과 대응책, 둘째, 국가안전보장상의 위기, 셋째, 국가의 존망과 국가 간 분쟁에 직결되는 것뿐만 아니라 경제불안(석유 위기, 통화 위기, 식량 위기, 재정 위기 등)과 사회불안(대형 재난, 대형 사고, 비행기 납치, 파괴활동, 흉악범죄 등)까지도 포함하며, 이들 모두에 대한 대응책에 대해 위기관리 용어를 사용하는 것이 가능하지만, 공·사 기업의 보전 내지 유지라는 관점에서 행해지는 위험관리와 위기관리는 구별해야 한다는 주장이 있다(龜井利明, 1989: 22-23). 그리고 라일리(Reilly, 1987: 79-88)에 의하면, 위기관리는 위기로 인해 발생한 불확실성과 변화를 극복하기 위한 사전 준비적 의미를 지니면서 위기 발생 이전의 준비과정을 다루는 위기 준비(crisis readiness) 개념까지도 포함하고 있다.

지고 있는 한편, 사회적 손실 비용을 발생시킬 수 있는 요인을 사전에 예방한다는 차원에서 그 책무를 수행해야 한다. 그러므로 위기관리는 공공부문뿐만 아니라 민간부문과 개인에게까지도 합당한 책임을 부담시킬 수 있는 보편성과 일반성을 지닌다.

둘째, 위기관리는 공공관리적 성격을 지닌다. 비록 위기가 발생하게 된 원인이 개인이나 기업의 사소한 실수, 무지, 부주의에 있다 할지라도, 그것이 미치는 영향은 수많은 사람들의 생명, 신체, 재산이나 기업, 국제사회에까지 이르는 경우가 많다. 따라서 오늘날에는 위기관리의 책임이 국가에 대해서 뿐만 아니라 개인, 기업에 대해서도 요구되며, 특히 최근에는 기업의 사회적 역할이 강조되면서 위기관리에 대한 기업의 사회적 책임 이행이 강조되고 있다(조재형, 1995: 24). 위기가 발생하게 된 원인과 책임의 소재에 관계없이 위기가 미치는 영향은 지역사회나 국가, 국제사회에까지 확산될 수 있기 때문에 위기관리의 공공관리적 성격이 강조된다.

셋째, 현대 사회에서는 위기관리의 일상화가 요구된다. 현대 사회는 기능의 복잡성과 전문성으로 인해 사회 일부의 기능 마비가 사회 전체적인 기능 마비를 가져와 결국 사회에 심각한 결과를 야기한다. 예를 들면, 1994년 3월 10일 오후 4시 30분 서울 동대문에서 종로 5가 사이의 지하철 통신구에서 화재가 발생하여 190미터 가량 구간이 소실되었다. 이로 인해 시내 및 시외 전화, 이동 전화, 무선 호출, 팩시밀리, PC 통신뿐만 아니라, 방송사의 라디오 송출망과 은행의 온라인망이 마비되어 시민들의 일상생활이 마비된 것은 물론, 국가경제 활동에도 큰 피해를 준 사례가 있다(최윤희, 1994: 205−217). 그러므로 위기관리에 대한 일상적이고도 지속적인 관심과 주의를 기울이는 것이 필요하다. 그렇지 않을 경우에는 대형 인명사고가 언제든지 발생할 수 있기 때문에, 위기관리는 우리의 일상생활과 더불어 존재해야 한다.

넷째, 위기관리는 인간 생명의 존엄성에 대한 존중을 전제가치로 삼는다. 사회를 구성하는 사람들은 서로 다른 가치관을 지니고 살아간다. 가치관의 상이성은 정책 개발과 집행에 영향을 주는 것이기 때문에, 가치 기반이야말로 정책 개발이나 정책 변동에 있어서 가장 포괄적이고 가장 강력한 요소가 된다(Tropman & Dluhy, 1976: 151). 예를 들면, 인간을 둘러싸고 있는 모든 일들을 운명 결정론적인 종교적 관점에서 보는지 혹은 주체적 인간관으로서의 진화론적 관점에서 보는지에 따라 위기가 발생하기 이전의 예방 관리를 중요시하느냐 아니면 위기가 발생한 이후의 대응이나 복구 관리를 중요시하느냐가 결정될 수 있다(황윤원, 1989: 151－152). 하지만 인간 생명의 존중이라는 가치를 소중히 여기는 국가나 조직은 위기 발생 전후 관리 모두를 소홀히 해서는 안 된다.

제 2 장

위기관리학의 학문적 발전과 특징

제 1 절 위기관리학의 학문적 발전의 필요성

위기관리학(Crisisonomy)은 인류의 보편적 가치를 위협하는 위기의 본질과 원인을 규명하고 위기관리의 규칙과 법칙을 찾는 학문이다. 이러한 정의는 위기관리가 인간의 존엄성을 존중하고 구현하기 위해 노력하는 과정이라는 정의에 기반을 둔 것이다. 이 세상에 단 하나밖에 없는 소중한 한 사람 한 사람의 인간이 지니고 있는 생명, 존엄성, 권리를 보호하고 인류 공동체의 안전과 행복을 지키기 위한 학문인 위기관리는 과학적인 연구에 기반을 두는 것이 필요하다. 또한, 위기가 발생하는 원인을 찾고 그 결과로 어떤 결과가 발생하는지 둘 사이의 인과적 관계를 규명하고 이를 관리하기 위한 규칙과 법칙을 찾는 것이야말로 위기관리학의 목표이자 연구 과정이라고 할 수 있다.

이러한 과학적 연구와 법칙을 찾는 과정을 강조하는 위기관리학의 의미를 강조하기 위해 영문 표현 또한 Crisisonomy(크라이시사노미)를 사용하고 있다. 이와 같은 이유로 재난관리학을 의미하는 영문 표현도 Disastronomy(디재스트로노미)를 사용한다. 여기서는 Crisisonomy는 위기관리학, Disastronomy는 재난관리학을 의미한다. 아직까지 위기관리와 재난관리를 연구해 온 연구자들에게는 위기관리와 재난관리 연구를 체계화하고, 연구 결과를 집적할 수 있는 학문 분야를 표현할 수 있는 전문적인 용어가 없어 위기관리학과 재난관리학을 하나의 새로운 학문으로 발전시키는 데 많은 어려움이 있었다.

학문을 의미하는 전문적인 용어를 학자들이 함께 사용하는 이점이 있다. 첫째, 학문적 논의의 깊이를 더하고 연구와 관련 학자들 사이의 이해와 설명의 속도를 높여주어 효율적인 담론을 가능하게 해준다.

둘째, 전문적인 학문 명칭을 갖는다는 것은 해당 학문 영역에서 연구와 교육 활동을 수행하는 학계 및 실무 전문가들로 하여금 연구와 교육을 해야 하는 이유와 목적, 방법에 대한 인식을 공유하고, 미래 연구의 필요성에 대한 의견을 바탕으로 지속적인 논의를 가능하게 해준다.

셋째, 하나의 학문 분야에서 효과적인 연구를 수행하고 바람직한 정책대안을 도출하기 위해서는 해당 학문 분야의 학자 및 실무 전문가들 사이에 합의가 이루어진 일치된 용어를 사용하는 것이 필요하다. 서로 다른 용어와 개념을 갖고 담론의 장을 만드는 것은 매우 비효율적이며 의견의 일치를 보기도 어렵기 때문이다.

따라서 위기의 원인을 분석하고 설명하며 위기관리의 규칙과 법칙을 발견하고자 하는 과학적 연구로서의 위기관리학(Crisisonomy)의 용어가 설정된 후에는 위기관리학 영역에서 사용하는 용어들을 정리하는 것이 필요하다. 위기관리 전문가들 사이에 용어의 합의와 일치를 위해서는 먼저 학문 분야로서의 위기관리학이라는 용어를 정립하는 것이 선결 조건인 것이다.

영어에서 '학문'을 뜻하는 용어들은 대부분의 경우 접미어 −logy, −nomy, −phy, −ics 등을 사용하고 있다. 다양한 접미어들 중에서 접미어 −logy는 말하다(speak)와 설명하다(explain)의 의미를 지니고 있다. −logy는 원래 −λογία(−logia)로 끝나는 고대 그리스어에서 채택되어 사용된 접미어로서, 다양한 학문 명칭들, 예를 들면 Sociology(사회학), Archaeology(고고학), Biology(생물학),

Ecology(생태학), Geology(지질학), Psychology(심리학), Theology(신학) 등 많이 있는 것은 사실이다. 이와 함께 접미어 −nomy는 특정한 한 분야에 관한 규칙, 법칙, 지식의 체계를 의미하는 접미어다. 일정한 규칙, 법칙 등을 찾는 학문의 경우, 예를 들면 Astronomy(천문학), Agronomy(농업경제학), Taxonomy(분류학)와 같이 −nomy를 사용하는 것이 일반적이다. 그리고 천문학의 경우에는 애초에 Astrology를 사용하다가 이후에 천문학자들이 천체 움직임의 규칙성과 법칙을 발견하기 위해 연구하는 학문이라는 의미에서 학문 명칭을 Astronomy로 변경하기도 하였다.

따라서 여기서는 그리스어의 κριυω를 어원으로 하는 crisis와 함께 학문을 표기할 때 규칙성과 법칙을 발견하는 의미를 지닌 접미사 −nomy를 결합하여 Crisisonomy를 위기관리학이라고 명명한다. 이와 마찬가지로 재난을 의미하는 단어 disaster는 고대 그리스어의 경멸적인 의미인 “나쁘다”는 의미의 접두어 [Ancient Greek pejorative prefix δυσ−, (dus−) “bad”]와 별을 의미하는 [ἀστήρ (aster), “star”]가 결합되어 만들어졌다. 따라서 재난을 연구하고 재난관리의 법칙을 찾는 학문인 재난관리학은 disastro+nomy를 결합한 disastronomy라고 부른다(이재은, 2015).

위기관리학과 재난관리학은 위기와 재난의 본질과 원인을 찾는 동시에 이를 극복하고 관리하기 위한 규칙과 법칙을 찾아 인류의 보편적 가치인 인간 생명, 인간의 존엄성, 인간의 근본적 권리를 존중하고 구현하기 위한 학문을 말한다(이재은, 2015). 이러한 의미를 강조하기 위하여 여기서는 위기관리학을 나타내는 Crisisonomy와 재난관리학을 나타내는 Disastronomy를 사용한다.

위기관리학의 학문적 발전은 실무적 차원에서의 위기관리를 다루는 것만으로는 더 이상의 국가위기관리 발전이 어렵다는 판단으로부터 나온 것이다. 즉, 실무 전담공무원과 정부 중심의 논의만으로는 새로운 위기 영역의 예측이나 예상, 다가오는 피해 및 결과의 규모에 대한 이해 등이 어려운 동시에 거시적 차원의 정책시스템 변화 등의 논의가 나오기 어렵기 때문이다. 논의의 경쟁과 확산이야말로 모든 분야의 영역과 깊이를 더해 주는 최선의 방법이라고 볼 수 있다. 따라서 위기관리학의 학문적 발전은 많은 연구자와 실무자, 일반 국민, 각종 NGO 등이 함께 참여할 수 있는 장을 만들어주고, 학계와 학계, 학계와 실무계, 실무계와 실무계, 일반 국민과 학계와 실무계 등 모든 정책 참여자들이 함께 담론의 장을 만들 때 가능한 것으로 판단된다.

이러한 맥락에서 위기관리학의 학문적 발전은 다름 아니라 "사회의 구성원들이 안전한 사회를 만들기 위해 위기관리와 관련하여 학문적 차원에서 연구, 교육, 봉사할 수 있는 담론의 장을 만드는 것"이라고 정의할 수 있다.

위기관리학의 학문적 차원에서의 논의의 필요성은 다음과 같다. 첫째, 위기관리학의 학문적 발전은 인류의 안전과 행복의 기반이 된다. 특히, 인류의 보편적 가치인 인간 생명에 대한 존중, 인간의 존엄성에 대한 존중, 인간의 근본적 권리에 대한 존중을 구현하기 위해서는 위기관리를 통한 안전한 사회를 만드는 것이 필요조건이다.

둘째, 위기관리학의 학문적 발전은 선진화된 위기관리의 필수조건이다. 이론적으로 체계화되고 논리적으로 일관성이 있으며, 일반 국민과 전문가들이 공유할 수 있는 위기관리가 이루어질 때 비로소 안전한 사회(safe society) 건설이 가능하기 때문이다. 따라서 위기관리를 학문적으로 발전시키기 위한 방안을 다각적으로 모색하는 한편, 국가위기에 대한 개념 정의는 물론 위기관리의 의미와 영역에 대한 인식의 공유와 함께 위기관리학 연구가 꾸준히 이루어질 때 위기관리의 발전을 통한 선진화가 가능하다고 볼 수 있다.

셋째, 위기관리 선진국의 핵심은 일상적인 국가 기능과 비상적인 국가 기능이 균형과 조화를 이루는 것이다. 대부분의 조직은 규모가 커지고 고도화될수록 시스템의 연계성이 높아져서 작은 충격에도 큰 피해를 입게 된다. 따라서 대내·외적 충격을 어떻게 관리하고 대처하는가에 따라 조직의 경쟁력 유지 및 신용도가 결정된다. 이는 2003년 2월 18일 대구 지하철 참사나 2001년 9월 11일 미국 세계무역센터(WTC) 테러 붕괴 시 정보백업시스템을 갖춘 기업의 사례를 통해 확인할 수 있다. 따라서 어떤 조직이 선진화되기 위해서는 항상 일상적 기능을 보완하는 비상적 기능이 상시적으로 유지되어야 하며, 비상적 기능이 유사시 일상적 기능을 원활하게 대체할 수 있도록 적절한 투자와 주기적인 교육·훈련을 수행해야 한다. 선진국에서는 이러한 인식에 따라 위기관리 부문에 대한 투자와 행정조직 강화를 지속적으로 추진하고 있으며, 우리나라도 선진국으로 발돋움하기 위해서는 다른 무엇보다도 비상적 국가 기능의 유지·관리가 비용이라는 인식보다는 국가경쟁력의 핵심 요소로서 장기적으로 효과적인 투자라는 인식을 가지고 지원하여야 한다.

넷째, 위기관리학의 학문적 발전을 통한 선진화된 위기관리는 다른 국가에 대한 협력, 지원, 공조를 위한 가치가 크다. 첨단 위기관리와 행정 역량은 소수 국가만이 보유한 전략적 수단인 정보통신, 생명공학, 환경, 로봇, 해양, 심리 등 다양한 분야의 연구와 기술개발을 바탕으로 축적될 수 있는 것이다. 이를 통해 유사한 재난이나 위기 발생 시에 복구 사업 지원이나 공동체 복원 및 회복을 위한 국제 협력 과정에서 큰 기여를 할 수 있게 된다.

이와 함께 첨단 위기관리 능력을 선진사회형 시민봉사기구로서 유형화, 특성화하여 위기 발생으로부터 고통을 받고 있는 사람들과 국가에 대해 인도주의 정신을 가지고 제공함으로써, 우리나라의 국제적 위상을 높이거나 국가 간 관계증진에 전략적으로도 활용할 수 있는 수단으로 활용하는 것도 가능하다.

제 2 절 위기관리학의 학문적 발전의 장애 요인

이러한 위기관리학과 재난관리학을 학문적으로 발전시키는 데 장애가 되는 요인들이 있다. 그동안 우리나라는 많은 종류의 위기가 끊임없이 발생함에 따라 다양한 위기관리 경험을 지녔음에도 불구하고, 정작 위기에 대한 효율적인 대응 방법을 찾는데는 관심이 거의 없었다. 다만 위기가 발생하면, 사고 수습, 응급구호물자 보급, 관련자 처벌, 피해 복구, 향후 대처 방안의 반복적 제시 등으로 정부가 할 수 있는 모든 일을 다했다는 모습을 보여주어 왔을 뿐이다.

이 같은 현상이 발생하게 된 이유는 어느 정도 예측 가능하고 정부 주도가 가능한 환경에 익숙해 있는 정부의 정책결정 과정과 불확실하고 예측 불가능한 위기관리를 연계시키는 데 어려움이 있기 때문이다. 이러한 이유는 위기관리의 학문적 발전에도 장애 요인으로 작용한다. 즉, 위험이나 위기의 일상성과 다양성으로 말미암아 체계적이고 분석적인 접근이 힘들기 때문이다. 따라서 먼저 위기관리와 학문적 발전을 연계시키는 데 나타나는 어려움을 고찰해 보는 것이 필요하다.

첫째, 시간이 경과함에 따라 위기의 본질, 원인, 실체, 쟁점이 계속해서 변하기 때문에 이를 체계적으로 정리하기 어렵다. 학술 연구자들이 위기로 파악하고 관리하고자 하는 사건들이 시간의 흐름에 따라 변한다는 점이다. 예를 들면, 과거에는 기름유출 사건으로 인한 해양오염이나 환경오염은 국민이나 정책결정자, 학자에게 별다른 관심을 끌지 못하였으나, 2007년 허베이 스피리트호 유류 유출 사고는 환경에 대한 사회적 관심 고양으로 인해 생태계 파괴 재난과 인적재난 사고로 인식되었다. 또한 생태 환경의 복구, 재난피해자인 어업인에 대한 생계 지원, 국립 해양관광지로서의 관광자원의 복구, 기름 유출 원인 제공자의 손해 배상 문제 등 다양한 쟁점이 얽혀 있어 어느 것이 위기관리의 핵심 쟁점인지를 정리하고 파악하기가 어렵다.

둘째, 위기관리에 있어서 연구자들이 관리와 통제의 의미를 정하는 데 어려움이 있다. 일반적으로 관리라 함은 원상태로 복귀함으로써 위기를 통제하려는 정부의 노력을 일컫는 것이지만, 만일 위기가 체계에 대해 영속적인 영향을 지니는 경우에는, 원래 상태가 무엇인지를 밝히는 것 자체가 대단히 어려운 일이다. 따라서 위기를 관리한다는 것이 어느 정도 수준에서 행해져야 하는지를 정하기 힘들며, 또한 발생한 위기에 대해 대응하는 것이 관리인지, 발생 이전의 통제와 예방 조치를 관리라 하는지를 결정하기 어렵다. 이로 인해 학술 연구의 핵심 요소인 개념의 정의와 구분이 어렵다는 문제가 있다. 2014년 4월 세월호 침몰 참사의 예를 살펴보면, 선박의 침몰 위기를 관리하는 것이 침몰 이전의 안전 매뉴얼을 작성하고 준수하는 것, 차량의 고박 상태, 침몰 상황 하에서 승객의 대피 명령, 침몰 과정에서의 해경의 구조 조치 등 다양한 상황 중에서 어느 것을 주된 위기관리 활동으로 정의할 것인지를 구분하기가 어렵다.

셋째, 개인, 기업, 정부 활동의 어느 부분이 위기관리와 직접적으로 관련이 있는지를 결정하기가 어렵다. 사실상 위기관리 활동은 조직, 인사, 재무, 정책, 계획 등 다양한 분야에서 다양한 수준의 대상, 즉 개인, 지역사회, 중앙정부, 국제사회에 이르기까지 걸쳐 있다. 이들 모든 활동의 집합적인 행태가 위기관리에 영향을 미치고 있기 때문이다. 예를 들면, 교량의 붕괴라는 인적재난 위기가 발생한 경우, 새로운 공법을 사용한 것이 붕괴의 원인이 되었다면, 설계 단계에서의 모니터링 활동을 위기관리로 볼 수 있는지의 의문이 생기는 것이다. 또한 조직에서의 부정부패를 막기 위해 노력하는 활동이 인적재난 위기를 예방하기 위한 활동으로 볼 수 있는지 여부도 판단하기 쉽지 않은 문제다. 물론 부정부패 행위를 철저하게 막는 것이 위기 예방을 하는 데도 긍정적인 영향을 준다는 것은 분명하다. 그러나 일상적인 조직의 활동을 모두 위기관리 활동으로 분류하는 것이 쉽지 않은 한편, 위기관리를 위해서는 다양한 조직 활동이 정상적으로 이루어지는 것이 절대적으로 필요하기에 이를 제외하기도 어려운 것이 현실이다.

넷째, 개인, 기업, 정부가 위기를 관리하기 위해 무엇을 언제 할 수 있는가 하는 점이다. 실제로 조직이 위기에 대해 생각하고 해결책을 제시하며 자원을 동원하는 데 보낼 수 있는 시간을 확보하는 것은 위기 발생 이전이 아니라, 오히려 위기가 발생한 이후이기 때문이다. 위기 상황이 발생하기 이전보다는 위기가 실제로 발생한 이후에 비로소 조직이 위기관리나 위기 대응에 필요한 예산, 자원, 언론의 관심, 공중의 지지를 확보하는 것이 용이하다는 것이다. 이러한 맥락에서 위기 예방을 위한 조치나 정상 상태로의 복구, 대비 조치를 위한 자금을 확보하는 것 역시 위기 발생 이전보다는 이후가 보다 더 용이하다. 학술 연구를 통해서 사전에 예산을 확보하고 대비 조치를 취하며 신속한 대응과 원활한 복구 조치가 미리 마련되어야 하지만, 현실에서는 이 같은 학술 연구 결과가 반영되기 어렵다. 이로 말미암아 위기관리와 학문적 발전이 연계되기 어려운 것이다.

다섯째, 위기관리의 학문적 발전이 이루어지기 어려운 이유는 각 조직의 최고관리자가 위기에 대해 지니는 '흡연자 증후군(Smokers' Syndrome)' 증상에서도 나타난다. 흡연으로 인해 발생할 수 있는 각종 질병이나 폐암 등에 관한 일반적인 증거에도 불구하고 흡연자 본인은 자신이 암에 걸릴 수 있다는 사실을 결코 느끼지 못한다는 것이다. 이와 유사하게 우리들 주위에서 발생하는 각종 생활안전 위기, 재난 위기, 질병 위기에도 불구하고 대부분의 조직은 자신에게 발생할 수 있는 다양한 위기에 대처하기 위한 위기관리 계획(contingency plan)을 개발하려는 노력을 기울이지 않는다. 그리고 조직구성원들로 하여금 위기관리를 위한 훈련이나 교육, 연구를 실시하지 않고 있다는 사실에서도 위기관리의 학문적 발전의 연계가 힘들다는 것을 알 수 있다.

위기관리 연구는 순수 과학연구나 인문학 연구라기보다는 응용연구에 속한다. 따라서 위기관리 연구를 위한 기금 역시 정부의 위기관리정책 책임자, 지방정부의 장 등 위기관리 정책결정자의 인식과 필요성에 영향을 받게 된다. 민간기업의 경우에도 위기관리 연구는 최고경영자의 인식에 달려 있기는 정부부문과 마찬가지다.

그러나 현재까지는 기업이나 정부의 정책결정자들의 위기관리 연구의 중요성에 대한 인식 부족으로 인해 위기관리 학술 연구에 대한 지원이 거의 이루어지지 않고 있다. 오히려 단기적인 위기 대응을 위한 임시처방적인 연구나 정부기관이나 민간 기업의 해당 부서가 수행해야 하는 매뉴얼 작성, 위기관리 계획, 지침의 제정, 컨퍼런스나 기념식과 같은 일회성 행사 등을 위한 연구 수행이 이루어지고 있는 실정이다. 보다 장기적인 차원에서 해당 조직이나 부서의 업무와 관련하여 향후 발생할 수 있는 신종 위기, 조직구성원들의 행태 연구, 위기관리정책 개발, 조직이 운영하거나 보유하고 있는 시설이나 장비 점검, 글로벌 환경 변화에 관한 연구 등 다양한 분야의 연구가 축적될 필요가 있다.

예를 들면, 미국 워싱턴 D.C. 시장은 매년 재난뿐만 아니라 시 차원의 중요 행사(독립기념일, 국가적 운동 경기, 대규모 종교 행사 등)를 포함하여 연간 680여 개의 시정부 위기 상황(special events) 발생 시 시정부 위기관리센터(Emergency Management Center)에서 상황을 모니터링하였다. 9·11 테러 발생 시 뉴욕시장은 세계무역센터(WTC) 현장 본부에서 수 주일 동안 사고수습을 지휘하였다. 이러한 인식을 가진 정부 부서 책임자 및 지방정부의 장은 위기관리 연구의 지원에도 적극적이며 연방정부 또한 이러한 노력을 높이 평가하고 지원하고 있다.

학계도 지나치게 학문의 순수성을 강조하는 경향을 가지고 있으며, 제학문적 연구 접근법에 대한 인식이 미흡한 학계 풍토, 다양한 분야의 학계전문가가 공통의 주제를 가지고 함께 논의하는 방식에 익숙하지 않은 학술토론 환경, 이러한 학술토론 환경을 주도할 정부나 기업, 연구지원재단의 노력 미흡 또한 위기관리 연구자들의 학술연구 활성화에 장애 요인으로 작용하고 있다.

제 3 절 위기관리학의 학문적 연구 동향

우리나라에서 최근 들어 위기관리에 대한 학문적 논의와 연구가 많이 활성화되고는 있지만 아직까지도 제한적이며 미흡한 실정이다. 우리나라 대학의 경우, 기존의 소방, 경찰 등 일부 학과에서 재난관리를 중심으로 강의가 개설되어 있지만, 학과나 단과대학 수준으로 체계화되지 못했다. 사실 대학의 경우, 위기관리라는 개념에 대한 정확한 인식을 하지 못하고 있는 실정이라고 해도 과언이 아니다.

위기관리는 단일 학문 분야가 주도하기 어려운 제학문적 접근법(interdisciplinary approach)을 사용하는 연구 분야이다 보니, 학문의 순수성을 강조하는 국내학계의 관행과 위기관리 연구의 제학문성에 대한 정부의 인식 부족으로 말미암아 여러 다양한 학문 분야의 공동 연구를 통한 전문인력 양성 및 교육에 제약이 있다.

위기관리는 그동안 사회학, 행정학, 정치학, 언론학, 보건학, 소방학, 경찰학 등 각 학문 분야에서 학회의 분과위원회로 제한적인 활동을 수행해 왔다. 더욱이 위기관리는 학문적 분류 코드가 부재하여 다른 학문 분야의 하위 분야로 소수의 연구인력이 관심을 갖는 연구 분야로 인식되고 있는 실정이다.

그리고 9·11 테러 등 국제 테러리즘에 대한 관심 급증, 국가경제 고도화 및 기술발전에 따른 새로운 유형의 신종 위기 발생, 이익집단 간 갈등에 의한 위기 발생 등 최근의 위기관리와 관련된 환경 변화에 따라 관련 연구가 증가하고 있으나 아직 각 학문 분야 내에서 제한적 연구가 이루어지고 있다. 제학문적 연구나 다양한 각각의 위기 요인으로부터 시스템 회복 및 개선까지 전 과정을 상호 연계하는 연구는 이루어지지 못하고 있다.

위기관리에 관한 연구는 지구물리, 해양, 기상 등의 자연과학 분야, 건축, 토목, 통신, 정보 등의 공학 분야뿐만 아니라 사회과학, 인문학, 보건의료 등 폭넓은 분야의 다양한 관점에서 연구가 수행될 필요성이 있다. 각 분야에서의 연구결과를 타 분야에서 재평가하며, 공동연구를 수행하는 것과 같이 다각적 관점에서 종합적으로 추진하는 것이 바람직하다.

최근에 제학문적 연구를 수행하는 30여 개 학문 분야의 학자 및 전문가들이 학회를 창립하고 전문학술지를 발행해오고 있다. 이는 위기관리 분야에서 학술적 논의의 활성화와 제학문적 연구의 시작이라는 점에서 위기관리의 학문적 발전을 이루는 데 있어서 매우 고무적인 현상이다.

국내의 사회과학적 측면에서 위기관리에 대한 연구 경향은 다음과 같다. 먼저, 우리나라의 사회과학 분야에서 위기관리 분야에 관심을 갖고 연구를 수행하는 학문은 주로 행정학과 사회학이다. 행정학에서는 위기관리정책에 관한 연구, 사회학 분야에서는 일본 고베지진을 사례로 한 지진 재난관리 연구가 대표적이다. 이외에 사회과학 분야에서 개별 학자들에 의해 수행된 연구내용을 주된 관점별로 분류해 보면, 크게 네 가지, 즉, 행정제도, 인지학습, 의사결정, 그리고 집행과정 관점으로 구분하여 살펴볼 수 있다. 첫째, 행정제도 관점에서는 위기관리의 목표를 효과적으로 달성하기 위해서는 다른 무엇보다도 위기관리 행정 체계를 확립하는 것이 필요하다는 점을 강조한다. 둘째, 인지학습 관점에서는 위기관리를 위해서는 무엇보다도 조직구성원이나 정책결정자의 위기에 대한 인지도와 학습 능력을 파악하고 이를 교정해 나가는 노력이 필요하다고 강조한다. 셋째, 의사결정 관점에서는 효과적인 위기관리를 위해서는 위기관리 정책결정에 참여하는 조직이나 관료들이 보이는 행태에 초점을 두고 의사결정의 질을 높이는 것이 가장 중요하다는 입장을 보이는 것이다. 넷째, 집행과정 관점에서는 위기관리의 목표 달성은 궁극적으로 위기관리 과정에 달려 있다고 보는 입장으로서, 설정된 목표를 달성하기 위한 조직이나 체계의 노력들이 실제로 그 과정에서 적절성을 유지할 때 비로소 목표를 달성하는 것이 가능해진다고 주장한다.

이러한 국내의 위기관리에 관한 선행연구에 대한 검토를 통해서 알 수 있는 것은 아직도 위기관리 연구가 학문적 측면에서 체계적으로 발전이 이루어진 것이 아니라, 개별 연구자들의 개인적 성향과 선호도에 따라 연구가 이루어지고 있다는 것이다. 즉, 앞서 설명한 국내 선행연구의 분류 역시 주관적으로 분석한 것으로서, 접근법이나 관점에 관한 제학자 간의 체계적인 논의가 없는 실정이다.

학문 영역별로 위기관리에 관한 연구 동향을 분류해 보면 크게 심리학 관점, 사회학 관점, 정치학 관점, 그리고 행정학 관점으로 구분하는 것이 가능하다. 이들 연구 경향은 옳고 그름의 차원을 떠나 대상이 되는 사건이나 상황의 차이와 관점과 시각의 차이를 반영한 것으로 이해할 수 있다. 다만, 분명한 것은 향후 우리나라에서 위기관리의 학문 분야로서의 위치 설정을 위해서는 여러 학문적 관점에서 논의하는 것이 필요하다.

첫째, 위기관리에 대한 심리학 관점(psychological perspective)의 연구는 개인에 대해 초점을 둔다. 주로 위기관리와 관련하여 개인의 의사결정이 어떻게 이루어지는지 또는 위기에 대해 개인이 어떻게 대응하는지를 연구 대상으로 삼고 있다. 심리학 관점에서의 위기관리 연구는 다시 인지적 관점, 심리분석적 관점, 외상 후 스트레스 관점으로 구분하여 살펴볼 수 있다.

먼저, 인지적 관점에서의 위기 연구를 살펴보면, 개인에게 인지적 한계가 존재하고 있다는 기본 가정을 연구자들이 지니고 있다. 그렇기 때문에 이들 한계들을 개인이 극복하거나 최소화하는 것이 문제를 해결하는 방안이 된다고 주장하고 있다(Stubbart, 1987: 89－99; Smart & Vertinsky, 1977: 640－657; Weick, 1987: 112－127; Sethi, 1987: 101－110).

다음으로, 심리분석적 관점에서는 정신 건강과 무의식이 조직 위기를 창출하는 데 중요한 역할을 한다는 것을 기반으로 삼고 있다. 조직 관리자들이 조직의 내부 요소와 외부 요소들의 변화의 심각성을 인식하지 못한다는 것이 조직 위기의 원천이라는 것이다(Schwartz, 1987: 59－67; D'Aveni & MacMillan, 1990: 634－657).

마지막으로, 지금까지 위기를 심리학 관점에서 다루고 있는 연구들을 살펴봤지만, 이들 관점과는 약간 다른 외상 후 스트레스 관점이 있다. 인지적 관점이나 심리분석적 관점은 위기를 관리적인 차원에서 다루는 것으로 볼 수 있다. 외상 후 스트레스 관점은 개인이 위기로부터 갑작스럽게 받게 되는 정신적 압박감, 충격, 부정과 부적응을 중심으로 연구를 하였다. 특히, 개인이 경험하는 정신적 압박감, 충격, 부정과 부적응에 대처할 때 나타나는 문제에 초점을 두고, 주로 개별 재난희생자들의 심리적 경험에 대해 주의를 기울인다(Booth, 1991: 91－92).

둘째, 위기관리에 대한 사회학 관점(sociological perspective)의 연구는 여러 가지 위기들 중에서도, 특히 자연재난에 대응하는 지역사회와 집단에 대해 연구의 초점을 두었다. 사회학 관점에서는 주로 재난이 미치는 영향에 대한 조직화된 집단의 대응 방식을 기술하고 분석한다.

위기에 대한 지역사회나 공동체의 대응은 개인, 조직, 지역공동체, 사회 수준에서 분석할 수 있다. 예를 들면, 지역공동체 수준과 조직 수준을 연구의 대상으로 할 경우를 살펴보면, 웽거(Wenger, 1978: 17-47)는 지역공동체가 문제 해결의 실체가 될 수 있다는 점을 전제로 하여 재난에 대한 지역공동체의 대응을 연구하였다.

이와는 달리 다인즈(Dynes, 1970)는 재난 대응 조직을 연구할 때 조직의 과업과 구조를 기준으로 구분하고 있다. 또한 재난에 대한 대응을 강조하는 사회학 관점의 연구 중에는 위기관리 조직 구조를 예방, 대비, 대응, 복구 활동으로 구성된 과업과 지방정부·주정부·연방정부·민간조직으로 구성된 행위자로 구분하고, 자연재난과 인적재난 대응을 비교 연구하면서 소개 기능을 공통 기능으로 강조하는 경향도 있다. 위기에 대한 사회학 관점의 연구들은 주로 자연재난을 대상으로 하여 지역공동체 조직들의 대응 과정에서의 방법이나 영향을 대상으로 연구하고 있는 것으로 이해할 수 있다.

셋째, 위기관리에 대한 정치학 관점(political perspective)의 연구는 크게 둘로 나눠볼 수 있다. 국제 관계에서의 위기 연구와 국가 내부에서의 관료정치적 특성에 관한 연구가 그것이다. 먼저, 초기 연구는 주로 국가 간의 국제 관계에서 반복적으로 나타나고 있는 위기에 대한 관찰로부터 시작되었다(Herman, 1972: 61). 정치학 관점에서의 초기 연구들은 대부분 국제적인 위기 연구들로서 위기와 갈등이 실증적으로 매우 밀접하게 연결되어 있기는 하지만 개념적으로는 구분하였다(Brecher & James, 1988: 426-456). 국제적 위기는 국제적 갈등과 동의어가 아니라고 하면서 전자는 후자보다 쟁점에 한정된 것이며 초점의 폭이 좁다고 하는 점을 지적하고 있다. 그리고 이러한 맥락에서 위기관리란 위기의 시작으로부터 종결에 이르기까지 위기가 발전하는 것을 방지하거나 혹은 위기를 감소시키는데 도움을 주는 것이라고 설명한다.

이와는 달리 국가 내부에서의 위기관리 과정에서 나타나는 관료정치적인 특성에 초점을 두고 연구하는 경향이 있다(Rosenthal, 't Hart, & Kouzmin, 1991: 211-233). 첫째, 앨리슨(Graham T. Allison)은 1962년 10월 16일부터 28일까지 진행된 '쿠바 미사일 위기(Cuban Missile Crisis)'에 대한 케네디(John F. Kennedy) 행정부의 위기 대응에 대해 연구를 수행하였다(Allison, 1971). 이 연구는 위기관리 과정에서의 관료정치적 특성을 분석한 대표적인 연구다. 둘째, 헤렉(Gregory M. Hereck) 등은 위기가 진행하는 동안에 이루어지는 의사결정 과정과 위기 결과 사이에 의미 있는 상관관계가 있는지의 여부를 결정하기 위해 좋은 의사결정 절차가 결함 있는 의사결정 절차보다 더 바람직한 위기 결과를 산출한다는 가설을 탐구하였다(Herek, Janis, & Huth, 1971: 203−226). 셋째, 기존의 국제 위기관리에 관한 연구에 있어서는 위기와 협상을 보다 장기적으로 전개되는 맥락 속에서의 중요한 순간으로 보기보다는 각각의 일시적인 사건으로 표시해 왔다. 자트만(I. William Zartman)은 이러한 현상은 잘못된 것이라고 지적하면서, 위기는 전체 과정의 한 부분으로 이해하고 다루어야만 한다는 점을 강조하였다(Zartman, 1988).

이 같은 연구를 통해 국제 위기관리 연구에서는 위기와 위기관리에 대한 개념과 역할을 재정립하려는 시도를 하고 있다. 정치학 관점에서의 위기관리 연구의 대부분은 국제적 관계 속에서의 위기를 연구 대상으로 삼고 있다. 이와는 달리 일단의 학자들은 위기를 사회, 제도, 조직의 기본적인 이익과 구조에 대한 심각한 위협으로 보는 동시에 근본적인 가치와 규범까지도 위협받을 수 있다고 본다. 이들 연구는 자연재난과 기술재난, 시민소요, 테러행위, 첨예한 국제적 갈등과 핵위협 등을 위기 연구의 대상으로 하여 연구를 하고 있다.

넷째, 위기관리에 대한 행정학 관점(public administration perspective)에서의 연구는 시기적으로 다소 늦게 시작되었다. 1980년대 이전까지만 해도 위기관리 연구는 심리학, 사회학, 정치학 관점에서의 연구가 대부분이었고, 위기관리를 위한 정책과 행정에 대한 연구는 거의 없었다(Mushkatel & Weschler, 1985: 49). 그 후 1980년대에 들어서면서 위기 발생의 빈도가 증가하고 위기 결과와 영향의 심각성에 대한 인식이 커짐에 따라 행정학에서의 위기관리 연구도 증가해 왔다.

역사적으로 주요 재앙 사건들이 있을 경우 위기관리는 공중보건 조직이나 민방위 조직의 지원을 받는 법 집행 기능이나 소방의 기능으로만 인식되어 온 것이 사실이다. 그러다 보니 행정학에서는 위기관리를 행정학의 주류 활동 내의 것으로 고려하지 않았던 것이다. 그러나 연방정부 수준이든, 주정부 수준이든, 지방정부 수준이든 또는 정부 간 활동이든지 간에, 위기관리는 행정이나 행정학의 중심적인 활동이 되어야만 한다는 주장이 꾸준히 제기되어 왔다. 이와 함께 1980년대 중반 이후 미국행정학회(ASPA: American Society for Public Administration)에서는 위기관리(Emergency and Crisis Management) 분야를 미국행정학회의 20개 특별 관심 영역의 하나로 설정하였다.

자연재난과 인적재난이 주는 영향을 감소시키기 위해서는 통합적이고 총체적인 접근을 통해서 문제와 필요를 정의하는 것이 적절하다. 슈나이더(Saundra K. Schneider) 교수는 위기 상황에서 나타나는 위기 규범(emergent norm)과 관료 규범(bureaucratic norm) 사이의 격차(gap)의 크기를 살펴봄으로써 위기 대응 활동의 성공과 실패 여부를 판단할 수 있다고 하였다(Schneider, 1995). 위기 대응의 성공과 실패를 결정하는 것은 위기 상황에서 나타나는 재난희생자들의 집합적 행태와 공무원들의 관료적 절차 사이에서 발생하는 필연적인 격차의 규모에 달려 있다는 것이다. 행정학 관점에서는 상향식 과정을 따르는 정부 대응이 성공하기가 가장 쉽고, 혼돈되고 분열된 방식은 혼합된 대응으로 보이며, 하향식 유형을 따르는 대응은 일반적으로 완전한 실패로 나타난다는 점을 지적하였다.

9 · 11 테러와 위기관리

2001년 발생한 9 · 11 테러는 21세기형 새로운 위기에 대한 미국 정부의 취약성을 극명하게 보여주었다. 이러한 국경 안보 및 국가핵심기반 보호 실패라는 미국 정부의 취약성은 미국 국민에 대한 교육 · 홍보, 종합적 위협 요소에 대한 정보공유, 필수 위기대처자원(장비, 물품, 인력 등)의 배포와 같은 새로운 위기관리의 강화 문제가 사회의 핵심 주제로 대두되게 하였다.

DRC

미국에서는 사회과학 분야에 있어서 대표적인 재난연구기관인 Disaster Research Center(이하 'DRC')가 1963년 오하이오주립대학교(Ohio State University)에 최초로 설립되었다. 그 후 DRC는 1985년에 델라웨어대학교(University of Delaware)로 옮겨갔고, 현재까지도 재난관리 분야의 대표적인 연구기관으로 활동하고 있다. DRC는 주로 자연재난과 기술재난, 그리고 지역사회와 관련된 위기에 대한 집단 · 조직 · 지역사회의 준비, 대응, 복구 활동에 대해 연구하고 있다. DRC에서 활동하는 연구원들은 태풍, 홍수, 지진, 회오리, 유해화학물질 사고, 비행기 사고 등에 대해 체계적인 연구를 진행하고 있다. 또한 DRC의 활동 영역은 미국을 포함해서 멕시코, 캐나다, 일본, 터키 등 해외 국가들에게까지 확장되어 있다.

미국 대학에서의 위기관리학과

미국의 연방위기관리청은 날로 증가하는 각종 위기에 대비한 전문 위기관리 인력 양성을 위해 단계별 학부과정 학습모듈(prototype curriculum)을 개발하여 제공하고 있다. 또한 각 대학은 이러한 모듈을 받아들여 재난관리학과 또는 위기관리학과를 개설하여 4년제 과정으로 운영하고 있거나, 교양학부과정을 마치고 3, 4학년에서 전공과목을 이수함으로써 학위를 수여하는 학점은행식 운영을 하고 있다. 미국은 현재(2000년 기준), 재난관리학을 학사학위과정으로 운영하고 있는 대학은 5개 대학이 있으며, Associate Degree는 8개 대학, 그리고 위기 관련 대학원과정은 16개 대학에서 개설되어 운영되고 있다.

대학원과정의 경우 일부는 도시공학계열이거나 공과계열, 환경과 에너지 관련 분야이며, 심리학 분야에서도 재난심리학 전공을 두고 있다. 이 점은 위기가 제학문 간의 공조에 의해 관리되어짐을 증명하는 부분이기도 하다.

위기관리학과는 최근 들어 단독학과로 개설되기 시작했는데, Arkansas Technology University의 경우 위기행정관리학과(Emergency Administration and Management)를 개설하여 졸업이수단위를 124학점으로 하고, 이 중의 일부는 원격교육이 가능하도록 하고 있다. 주요 교육내용은 일반교양 교과목 37학점, EMI에서 제시한 Technical Specialty 18학점, Interdisciplinary Core 36학점으로 사회학 분야와 환경 분야 중에서 선택하도록 하고, 9학점의 선택과목, 9학점의 관련 기관 실습(Internship)과 Externship 15학점을 이수하도록 하고 있다. Technical Specialty는 EMI에서 제공하는 위기관리의 목적과 범위, 위험환경론, 재난기획, 재난사회학, 재난정치학, 재난대응, 지역사회방재론, 재난경제학, 재난관리기술발달론, 재난관리와 윤리, 재난구호와 극복, 재난관리 연구 및 분석 등을 포함하고 있다. 졸업 후 진로는 위기관리 능력을 갖추고 연방위기관리청, 산업체의 비상기획담당자 또는 안전관리자로서 일할 수 있으며, 소방 관련 업무, 그리고 UN, 적십자사 등의 구호단체 등에 취업할 수 있다.

University of North Texas의 경우 128학점을 졸업이수단위로 하고 있는데, 통합위기관리론이나 위해상황완화, 소수인구집단론, 집단행동론, 위기관리전산론, 리더십과 조직행태론 등의 교과목이 차별성을 띤다. Arizona State University의 경우 위기관리소방학과(Emergency Management and Fire Science)를 1998년에 개설하였으며, 교과과정 내에 많은 부분을 FEMA에서 제공하는 위기관리 교과목을 포함하고 있다. University of Tennessee at Chattanooga에서는 Bachelor of Science Degree in Human Services Management의 학위과정을 열고, 3, 4학년 과정에서 집중적으로 위기관리와 복구 등의 관련 과목을 운영하고 있다.

일본 대학에서의 위기관리 교육

일본의 위기관리의 학술적 발전과 관련된 실태와 관련하여 일본의 안전보장부회는 국가안전보장 및 위기관리에 관한 대학교육을 강화하기 위해 안전보장 과목을 대학교육에 도입하는 것을 요청하는 문서를 각 대학에 전달하였다.

安全保障部會作成第24號, 政府宛要請書通算99號

(대학교육에 안전보장과목 도입에 관한 요청)

요청의 취지

21세기를 맞이하는 일본의 평화와 안전보장에 있어 일본 헌법의 취지와 같이 일본이 국제사회에 공헌하고 명예 있는 지위를 획득해 나가는 것이 중요하다.

이를 위해 전후 50년 간의 의식을 변혁할 필요가 있다. 이에 정부는 우선 학교교육, 특히 대학 · 대학원 교육에 있어 안전보장 및 위기관리에 관한 과목을 설치하여 커리큘럼을 편성하고 이 문제를 적극적으로 가르치는 정책을 취해 줄 것을 다음과 같이 바라는 바입니다.

상세는 이하의 (요청의 내용 및 이유)를 살펴보기를 바라며, 그 요지 및 항목을 들면,

1. 국제사회의 분쟁해결에 기여하고 국가의 위기관리에 도움이 되는 인재를 육성하고자 한다.
2. 당면 목표로서 전국의 국공사립대학의 문과 · 이과를 불문하고, 안전보장이나 위기관리 관련 과목을 4과목 정도 필수과목으로서 선처해주기를 바란다.
3. 더욱이 전국의 대학에 안전보장학과 및 위기관리학과를 설치해주기를 바란다.
4. 안전보장 과목 및 위기관리 과목의 교원은 자위관, 경찰관, 해상보안관, 소방관 등의 OB를 활용해주기를 바란다.

연구소의 경우, 메이지(Meiji) 대학에 '위기관리연구센터(Research Center for Crisis and Contingency Management)'가 운영되고 있으며, 일본 내각부가 인증한 특정비영리활동법인으로 '일본위기관리학총연(日本危機管理學總硏)'이 있다.

지금까지 위기관리에 관한 학술 동향을 살펴보았다. 국내의 경우, 위기관리에 대한 학문적 연구가 최근 들어 활발하게 이루어지고 있다. 사회 각 분야에 걸쳐 생활안전, 재난관리, 국가핵심기반 분야 등의 기업, 공공기관, 정부기관과 대학 등에서 위기관리 전문가가 필요하지만, 아직도 위기관리의 학계 및 실무 전문가는 여전히 부족하다. 위기관리 전문가 양성이 국가의 체계적인 관심과 지원에 의해 이루어지는 것이 아니라, 연구자의 개인적 관심과 소명의식에 의존하고 있기 때문이다.

국내 위기관리 연구기관의 현황을 검토해보면, 전통적 안보, 재난, 국가핵심

기반 분야별 연구기관들이 상호 유기적으로 연계되어 위기관리 연구가 이루어지지 못하고 있다. 포괄적 안보 개념 하에서 각 연구기관이 개별적으로 분절되어 별도의 논의와 연구를 하기보다는 서로 긴밀한 연계성을 갖고 문제 해결을 위한 공동의 연구가 필요하다.

전통적인 군사 안보 위기와 재난 위기의 경우에는 정부의 국책 연구기관을 통해 연구가 이루어지고 있지만, 국가핵심기반 마비 위기, 국민생활안전 위기의 경우에는 전문연구기관을 운영하는 것이 필요하다.

법·제도적 측면에서 살펴보면 통합적이고 포괄적인 관점에서 위기관리를 학문적으로 발전시키려는 규정은 존재하지 않는다. 위기관리의 학문적 발전 전략을 제시하면 다음과 같다.

첫째, 위기관리를 학문적으로 발전시키기 위해 대학, 기업, 정부 부문별로 위기관리의 학문적 발전 방안을 수립하고, 각각의 유형별 위기 발생의 원인과 위기관리 규칙과 원칙을 마련하기 위한 노력을 기울여야 한다. 각각의 학문 분야별로 발생할 수 있는 위기를 파악하고 이를 예방, 대비, 대응, 복구할 수 있는 방안을 교육하고 연구함으로써 학문후속세대를 양성하기 위해 노력해야 한다. 각 학문 분야별 연구자들이 위기관리에 대한 이해도를 높이고, 위기관리학(Crisisonomy)의 학문적 체계화의 필요성을 인식해야 한다.

둘째, 대학, 학회, 연구소 등 학술기관 및 단체의 주도와 국가의 지원을 통해 대학 및 대학원의 정규 교육과정에서 위기관리 교육을 실시하는 것이 학문 발전에 기여한다. 학계의 새로운 학문 분야의 출현에 대한 수용, 국가의 위기관리 연구 진흥에 대한 지원, 대학의 학문후속세대 양성 노력이 함께 이루어질 때 위기관리의 학문적 발전이 가능하다.

셋째, 다양한 학문 분야별 연구자들의 위기관리에 대한 높은 이해도와 위기관리의 학문적 체계화 인식 제고, 그리고 노조, 언론, 시민사회단체의 위기관리시스템 구축 필요성 인식과 요구가 우리 사회 전반의 위기관리의 학문적 발전과 체계화를 이루는 데 중요한 역할을 한다. 체계적이고 학문적 발전을 이룬 위기관리는 기존의 미흡한 위기관리시스템, 낮은 수준의 전문성, 활용 가능성이 떨어지는 위기관리 지식이나 기술, 사회 각 분야 및 각 조직별 위기관리 전문가 부족 현상 등을 극복하기 위한 필수적인 요소다.

무엇보다도 정치, 경제, 사회, 문화, 군사, 산업 등 사회 전반에 걸쳐 위기 발생 가능성이 증가하고 있고, 그 피해 규모가 대규모화되고 있는 상황에 비추어 볼 때 위기관리의 학문적 체계화 작업이 필요하다. 이를 위해서는 학계의 자발적인 위기관리 학문 발전 노력, 기업 등 산업체의 위기관리 연구 필요성 인식 및 체계적인 근로자 안전관리 시스템 구축 노력, 대학의 새로운 학문 분야의 수용 및 학문후속세대 양성 체계 마련이 현시점에서의 주된 과제라고 할 수 있다.

이러한 맥락에서 시사점을 다음과 같이 도출할 수 있다. 첫째, 학자 및 실무 전문가의 위기관리 연구 협력을 통한 학문 발전, 국민에 대한 교육·홍보, 정보의 공유, 위기 대비 자원(인력, 장비, 물품 등)의 준비 노력을 갖추는 것이 필요하다.

둘째, 21세기 대규모 국가적 차원의 위기는 전통적인 전쟁이나 무기의 직접적 활용과 같은 군사적 안보 위기뿐만 아니라 기후 변화, 지구온난화, 재난, 생물테러, 전염병 등 비군사적 요인과 국가·민족·이익집단·지역 등에 의한 분쟁 및 갈등으로부터도 발생 가능하다. 국민생활안전 위기는 자살, 산업재해, 범죄, 교통사고 등 다양한 안전사고로부터 발생할 수 있다. 따라서 거시적 군사 안보 위기뿐만 아니라 비군사적 재난 위기나 생활안전 위기를 막기 위한 방안을 마련하는 것이 요구된다.

셋째, 학계의 연구 협력을 북돋을 수 있는 방안을 마련하는 것이 요구된다. 학술 세미나를 통한 위기의 원인과 대책, 위기관리 방안 및 정책에 대한 활발한 논의와 학문 교류는 궁극적으로 학문 발전과 위기관리에 도움이 될 수 있기 때문이다.

넷째, 위기관리학을 대학의 정규 학문 분야로 수용하고 학사, 석사, 박사 학위과정으로 운영하는 것이 필요하다. 특히, 대학원 학위과정의 경우에는 특정한 단일 학문의 성격을 지니기보다는 인문학, 사회과학, 공학, 이학, 의학, 법학 등의 제학문적 융·복합 학문의 성격을 지니는 것이 바람직하다.

다섯째, 위기관리학을 공부하고 연구한 후 위기관리 분야 취업을 통해 국가사회의 안전 및 위기관리 관련 직업에서 활동할 수 있도록 사회 전반의 위기관리 및 안전, 안보 시장 구축이 필요하다. 이를 위해 대학 및 교육 시장에서 다양한 분야의 위기관리 교과목 및 콘텐츠가 마련되어야 한다.

여섯째, 일본의 경우, 위기관리연구회 등과 같이 위기관리와 관련된 학회, 연구회, 연구소 등 대학 및 민간에서의 학술단체의 경쟁적 연구 분위기 조성이 요구된다. 일본의 경우에는 지방정부에서 위기관리실과 같은 부서가 있어 관련 업무를 직접 실무에서 수행하고 있다. 또한 학문적으로도 와세다(早稻田)대학이나 메이지(明治)대학처럼 위기관리연구소를 통해 활발한 학문적 발전 노력을 기울이는 대학이 있고, 교토(京都)대학 방재연구소는 재난관리 분야에서 세계적인 수준으로 인정받고 있다.

제 4 절 위기관리학의 학문적 특징

지금까지 생소한 분야인 신생학문인 위기관리학(Crisisonomy)의 학문적 체계화를 위해서 특징적 요소를 살펴보는 것이 필요하다. 이는 위기관리학의 학문적 체계화에 요구되는 특징적인 요소의 도출을 통해 향후 위기관리학의 학문적 체계화를 위한 일반화된 논의를 도출하는 것이 가능하기 때문이다.

위기관리학의 학문적 체계화는 다음과 같은 몇 가지 특징을 지닌다. 첫째, 위기관리학은 실천적 학문의 성격을 지닌다. 위기관리는 국가사회는 물론 지역사회가 공통적으로 직면하게 되는 현실문제를 해결하는 데 초점을 맞춘다. 현실의 문제를 해결하기 위해서 위기관리 연구자 및 전문가들은 미래에 닥쳐올 위기를 예견하고 당면한 문제를 정의하는데, 그 해결책은 순수한 학술적 이론이나 모형만으로 창출되기 어렵기 때문에 실증적 연구나 실무 전문가들과의 교류를 통해 아이디어를 찾고 발전시키기도 한다. 위기를 관리하기 위한 이상적인 방법과 현실적 수단 사이에는 늘 격차가 있다. 위기관리를 위한 정책, 계획, 현장에서 나타나는 이상과 현실 사이의 격차를 줄이고 이론과 실천을 조화시킬 수 있는 이론이나 모형을 추출하는 것이 필요하다. 이러한 귀납적 방법으로 연구자들이 발견한 새로운 이론이나 모형은 현실문제를 해결하는 데 많은 도움을 준다. 여기에서 강조되어야 할 것은 지식과 행동, 이론과 실천이 일치할 수 있도록 학자와 실무자

사이에 서로 이해와 협조가 있어야 한다는 것이다. 이를 위해서는 실무 전문가들도 연구사업에 참여할 수 있는 기회가 제공되어야 한다. 예를 들면, 실무 전문가들이 대학 또는 대학원에서 위기관리에 관한 강의를 담당하는 동시에 학계 전문가들 또한 위기관리정책의 수립이나 집행에 참여하는 것이 가능해야 한다. 이러한 교류는 학계와 실무계 사이의 관계가 일방향이 아니라 쌍방향으로 이루어진다는 것을 의미한다. 이러한 과정을 통해 실천적 학문의 성격을 지닌 위기관리학의 학문적 발전이 이루어질 수 있다.

둘째, 복잡·다양한 원인을 지닌 현실문제를 해결하는 데 초점을 두는 위기관리학은 제학문적 접근법(interdisciplinary approach)과 다학문적 접근법(multi-disciplinary approach)에 의존한다. 제학문적 접근법은 각 학문 또는 전공 분야가 독자성을 유지하면서 다른 학문 또는 전공 분야와 협조 관계를 이루어 어떤 문제를 공동으로 해결하는 방법을 말한다. 다학문적 접근법은 두 개 이상의 학문이 각각 그 독자성을 버리고 융합하여 새로운 학문 또는 전공 분야를 형성하여 어떤 문제를 해결하는 방법을 의미한다(김형렬, 2000).

예를 들면, 1984년 12월 2일 인도 보팔(Bhopal)시에 위치한 세계적인 다국적 기업의 하나인 유니온 카바이드(Union Carbide)사 공장에서 인체에 치명적인 유독가스가 누출되는 사고가 발생하였다. 유독가스 누출 사고 자체는 매우 단순한 하나의 사건으로 인식될 수도 있으나, 실제로는 보팔사건과 관련하여 많은 위기 쟁점들이 대단히 복잡하게 얽혀 있었다. 법적, 재정적, 기술적, 관리적, 정치적, 의사소통, 임상 치료 등 다양한 쟁점 요소들이 보팔사건과 직접적 혹은 간접적으로 연관되어 있었다. 이러한 위기 쟁점들을 파악하고 극복하기 위해서는 법학, 재정학, 경제학, 철학, 정치학, 사회학, 심리학, 언론학, 관리과학, 공학은 물론 인류학, 보건학, 종교 및/또는 신학 등의 다양한 전문 영역과 제학문 영역들이 필요하였다(Pauchant & Mitroff, 1990: 127). 과학기술의 발달과 더불어 위기관리 역시 좀 더 복잡하고 새로운 기술들을 요구하고 있으며, 종합적인 처방이 필요한 위기가 발생하고 있기 때문이다.

다학문적 접근법은 정치학과 경제학이 융합하여 정치경제학을 이루어 정치·경제 문제를 같은 시각에서 해결하려는 것이다. 이 같은 사례는 정치사회학, 사회인류학, 사회복지학, 범죄심리학 등에서도 찾아볼 수 있다. 위기관리학 역시 행정학, 사회학, 법학, 심리학, 의학, 도시공학, 도시계획학, 토목공학, 안전공학 등의 다학문적 접근법이 요구된다. 이 같은 현실에 비추어 보면 오늘날 발생하고 있는 복잡하고 다양한 위기를 관리하기 위해서는 제학문적 접근이 필수적으로 요구된다. 특히, 오늘날에는 과거와 달리 수많은 재앙적 사건들이 거의 매일 발생하고 있다. 방사능 물질 유출 사고, 유독성 화학물질 누출 사고, 환경 파괴 및 오염, 유괴 및 납치 사건, 비행기 납치 및 폭발, 공공 및 민간 부문의 파업 및 태업, 소비자 위해 식품 사고 등과 같은 신종 위기가 전 세계에 걸쳐서 일상적으로 발생한다. 새로운 유형의 문제를 해결하기 위한 새로운 방법을 찾기 위한 모색이 끊임없이 이루어져야 하며, 다양한 유형의 관리 방법뿐만 아니라 단일 위기에 대해서도 종합적이고 철저한 해결을 위하여 관련 제반 학문 분야의 종합적인 연구가 필요하다. 제학문적 접근법이나 다학문적 접근법이 현실문제를 해결하는 데 필요한 이유는 산업화된 사회에서 표출되는 갖가지 문제가 너무나 복잡·다양하여 어느 한 분야에만 의존해서 해결하기에는 한계가 있기 때문이다. 다양한 분야의 전문가들이 하나의 위기를 여러 시각에서 종합적으로 분석하여 공동으로 해결책을 모색하는 것이 효과적이다.[1)]

셋째, 위기관리 연구는 모든 분야의 개별 위기관리정책 과정에 적용될 수 있는 보편타당한 이론이나 모형을 정립하는 데 그 특징이 있다. 위기관리의 이론이나 모형은 안보위기관리정책, 자연재난관리정책, 인적재난관리정책, 국가핵심기반 재난관리정책, 생활안전정책 등과 같이 다양한 분야의 정책을 분석하는 데 적용될 수 있다. 다양한 분야의 위기관리정책에 활용될 원리나 모형을 개발하기 위해서는 무엇보다도 과학적 방법에 근거한 연구가 전제되어야 한다. 위기관리 연구자들은 어떤 문제의 원인을 분석하고 그 결과를 예측하기 위해서는 자연과학 방법이든 인문사회과학 방법이든 간에 모두 적절하게 사용할 것이다. 위기관리의 학문적 발전은 궁극적으로 인류의 복지 향상이나 인간의 존엄성 증진을 목표

1) 이와는 달리 쿼렌텔리(E. L. Quarantelli)와 다인즈(Russell R. Dynes)는 재난관리 영역에서 제학문적 입장을 취하는 것에 의해서 더 좋은 결과를 얻을 수 있거나 연구 결과의 응용이 더욱 손쉽게 이루어 질 수 있다고 보지 않는다는 입장을 보이고 있다. 이들은 그 근거로 첫째, 상이한 제반 학문들의 기여는 오히려 재난관리에서의 최소한의 공통 분모마저 감소시키며, 둘째, 제학문적 배경 하에서의 연구 결과물들은 실무적인 것으로 전환하는 것이 훨씬 더 어렵다고 한다 (Quarantelli & Dynes, 1977: 43-45).

로 삼고 있다는 것을 전제로 하기에 우리는 가치에 대한 연구를 도외시할 수는 없다. 과학적 방법은 몰가치적 성향을 지니기 때문에 과학적 방법보다는 가치분석을 더 중요시해야 한다.

위기관리학의 학문적 연구 주제

이러한 제학문적 혹은 복합학문적 특성을 감안할 때 향후 다음과 같은 연구 주제나 내용을 제시할 수 있다.

첫째, 인간 사회에 대한 깊이 있는 성찰을 기반으로 할 때, 인류와 함께 시작하고 인간 사회 발전의 촉진제 역할을 한 위기의 실체와 의미는 무엇인지에 대해 탐구해야 한다.

둘째, 정치적, 경제적, 사회적, 문화적, 자연적 체계와 관련된 위기에는 어떠한 것들이 있고, 이들은 어떤 특성을 지니고 있는지에 대한 실체적 사실을 확인해야 한다.

셋째, 인간 사회는 복잡·다양한 위기에 대해 어떤 철학적 관점에서 조망해 왔고, 어떤 방법론으로 대처하고 관리해 왔는지를 살펴봐야 한다.

넷째, 순수 기초학문으로서의 특성을 지니는 학문 분야와 사회 응용학문으로서의 특성을 지니는 학문 분야 각각에서 진행되어 온 위기에 대한 학술적 논의와 내용, 접근법, 그리고 방법론이 어떤 것이 있는지를 확인하고 이를 종합하고 정리해야 한다.

다섯째, 관리학문으로서의 위기관리학이 구성해야 할 연구의 영역과 관리 기법 및 기술 영역에 대한 학문적 탐색과 확인이 이루어져야 한다.

여섯째, 위기관리에 대한 학문적 논의가 선진 국가에서는 어떻게 진행되고 있고, 학문적 체계화는 어느 정도 진행되고 있는지에 대한 학술적 차원의 경향성 파악과 연구가 진행되어야 한다.

일곱째, 사회를 구성하고 있는 국가, 시장, 시민 사회 부문을 구성하는 단위 분야별로 위기관리학이 어떻게 응용될 수 있는지에 대해 논의해야 한다.

마지막으로, 이들 연구내용에 대한 종합적인 성찰과 학술적 담론을 통해 위기관리학 정립의 기반을 구축하고 그 방안을 모색해야 한다.

넷째, 위기관리 연구는 연계성에 역점을 둔다. 연계성은 시차적, 체계적, 정책적 관점에서의 긴밀한 관계를 의미한다. 시차적 연계성은 대체로 현재의 위기관리가 과거의 어떤 위기관리와 직·간접으로 관련되어 있다는 것을 전제로 한다. 그러므로 현재 표출되는 어떤 위기나 쟁점 혹은 문제는 과거의 어떤 사건이나 문제와 맥락을 같이하는 것으로 이해할 수 있다. 뿐만 아니라 현재의 위기관리는 미래 위기관리의 기초가 될 수 있다는 관점에서 과거, 현재, 미래의 시계열적 차원에서 이루어져야 할 것이다. 체계적 연계성이란 어느 한 체계에서 추진하는 위기관리는 동일 체계 내의 하위체계뿐만 아니라 다른 체계에도 직·간접으로 영향을 준다는 것을 의미한다. 정책적 연계성은 위기관리정책의 형성, 집행, 평가의 각 단계가 분리된 것이 아니고, 서로 연결·의존된 과정임을 의미한다. 위기관리정책의 평가과정은 결과에 대한 평가뿐만 아니라 형성 및 집행 과정에 대한 평가도 포함하기 때문에 평가 후에 제시되는 정보와 자료는 환류에 의해서 형성 및 집행 과정에 활용될 수 있다.

제 5 절 위기관리의 제학문적 성격

위기관리는 제학문적 성격을 지니고 있다. 위기관리는 위기 발생 영역과 피해 범위, 위기의 강도 등에 있어서 매우 다양하고 포괄적이기 때문에 단일 학문 분야의 지식이나 기술만으로는 위기 상황을 충분히 관리할 수 없다. 오히려 관련된 제학문 분야가 종합적이고 총체적으로 동원될 때 문제의 본질을 파악하고 해결 방안을 모색하는 것이 가능해진다.

오늘날에는 과거와 달리 수많은 재앙적 사건들, 즉 방사능 및 유독성 화학물질 유출 사고, 환경오염, 유괴 및 납치사건, 비행기 납치, 공공 및 민간부문의 파업 및 태업, 소비자 불매 운동, 대량 리콜 등과 같이 기업과 관련된 신종 위기들이 전 세계에 걸쳐서 발생하고 있다(Gladwin & Kumar, 1987: 23). 이에 따라 새로운 해결 방법의 모색이 끊임없이 이루어져야 하며 다양한 유형의 관리 방법뿐만 아니라 단일 위기에 대해서도 종합적이고 철저한 해결을 위하여 관련 제반 학문 분야의 연구가 필요하다 할 것이다.[2)]

위기관리의 성격을 기반으로 하여 제학문적 차원에서 위기 연구가 수행되어

2) 앤더슨과 매팅리(Anderson & Mattingly, 1991: 327－328)는 최근 재난 연구의 경향들을 소개하면서 오늘날의 두드러진 경향의 하나로 제학문적 연구의 증가와 함께 광범위한 사회과학 학도들의 참여를 들고 있다.

야 할 이유를 살펴보면 다음과 같다.

첫째, 환경의 불확실성과 과학기술의 전문성 · 복잡성 · 다양성이 가속적으로 진행하고 있고, 첨단화와 융 · 복합화가 일상화됨으로써 위기 발생의 범위, 영역, 대상이 크게 확대되었다. 급격한 과학기술의 발전과 급격한 사회 변화로 말미암아 사회구성원의 생명과 재산을 보호하고 조직의 목표를 달성하기 위해서는 위기관리에 대한 체계적인 연구가 그 어느 때보다도 필요한 시점이다.

우리나라는 지난 50여 년 동안 개발과 성장이라는 미명 하에 부실공사와 사고들을 발전의 당연한 부산물로 당연시해 온 경향이 있었고, 정부주도의 경제성장 제일주의를 유지해 왔다. 또한 6 · 25 전쟁 이후 정부뿐만 아니라 국민들 역시 일상생활의 안전보다는 군사적 안보의 중요성을 제1의 가치로 여겨, 그동안 비군사적인 위기관리의 중요성과 필요성에 대한 관심을 소홀히 해왔다. 그 결과 1990년대에 들어서 수많은 인적재난들을 경험했고, 2000년대 들어서는 새로운 국가핵심기반(critical infrastructure)의 마비 위기를 경험하고 있다. 더욱이 최근에는 과거에 생각하지도 못했던 새로운 유형의 재난들이 국민들의 생명과 재산을 위협하고 있다. 따라서 국민의 생명과 건강, 재산의 보호, 사회 기능의 유지, 국가 생존성 보장을 위해서라도 위기관리에 대한 체계적이고 심도 깊은 연구를 수행하고 전문가를 양성하는 것이 필요하다.

둘째, 지금까지 우리나라는 위기가 발생하는 경우 비합리적이고 감정적으로 대응을 하거나 또는 검찰의 사법적 처리가 위기관리의 전부인 듯 천편일률적인 대응을 해왔다. 위기가 발생하게 된 근본적인 원인을 규명하거나 위기가 미친 영향을 분석하는 데는 소홀히 한 한편, 지속적이고 구체적인 위기 대응 방안을 모색하는 등의 노력을 기울이는 데도 게을리해 왔다. 대부분의 경우 위기가 발생하면, 객관적인 원인을 규명하고 대응 방안을 모색하기보다는 주관적이거나 감정적인 결론을 통한 희생양(scapegoat) 찾기에 골몰함으로써 검찰 수사 진행과 사법부 판결에 의해 위기관리를 종결시키는 경향이 있어 왔다.[3] 이러한 경향으로 인해 위기관리의 규칙과 원칙을 찾기 위한 체계적이고 분석적인 연구가 이루어

3) 이것은 그간 우리 사회에서 위기가 발생할 때마다 위기에 대한 처리 방식을 개괄적으로 일반화시켜 기술해 놓은 것에 불과하다. 이러한 시각의 설정에는 언론의 위기 및/또는 재난 사건에 대한 보도 자세와 검찰 및 법원의 위기 사건 처리 방식으로부터 연유한 것이다. 또한 박광국(1997: 588)은 이것을 냄비식 사고로부터 연유한 것이라고 한다.

지지 않았으며 학습을 통한 위기관리의 지식과 경험이 축적되지 않았고, 유사 위기의 발생을 예방하거나 위기 발생 이후의 신속한 대응을 기대할 수 없었다. 따라서 무엇보다도 위기 발생의 객관적인 원인을 찾고, 위기관리에 관한 경험과 지식을 축적하며, 신속하고 체계적인 위기관리를 위한 연구가 필요하다.

셋째, 위기관리 능력을 강화하기 위하여 위기와 위기관리에 대한 연구를 지속적으로 수행하여야 한다. 개인, 조직, 사회, 국가 등 모든 체계들은 생존을 위하여 각종 위기에 대하여 보다 철저하게 준비를 해야 한다. 이를 위해서는 기본적으로 오류 가능성에 대한 자각 능력과 함께 예기치 못했던 사건을 처리할 수 있는 능력을 갖춰야 한다(Welch, 1989: 443). 언제, 어디서, 어떤 위기가 발생할 것인지, 그리고 그 영향은 어떤 것들이 있는지를 정확히 알 수 없기 때문에, 예상 가능하고 제기할 수 있는 모든 상황들을 다룰 수 있는 능력을 구비하는 것이 필요하다. 슈나이더(Schneider, 1992: 136−138)는 이런 상황에서 직접적인 위기 피해 상황은 차치하고라도, 재난 상황에서의 인간의 집단 행태(collective behavior) 문제, 재난에 대한 시민 대응의 불예측성 문제, 재난 상황에 대한 정부 관료제의 대응 규범과 시민 반응 규범의 차이를 극복하는 문제 등을 제시하고 있다. 그러므로 위기 상황의 발생뿐만 아니라 위기의 영향, 파급 효과, 위기 시 대응 방안, 시민 반응 등 각종 상황에 대처할 수 있는 능력을 함양하기 위해 위기관리에 대한 연구가 지속적으로 이루어져야 한다.

제 3 장

위기관리학의 연구 관점과 접근법

제 1 절 학문별 위기관리 연구 관점

위기는 그 자체로서 사회나 제도, 조직의 기초적인 이익과 구조에 대하여 심각한 위협을 가하는 동시에 사회의 근본적인 가치와 규범에 대해서도 위협이 된다(Rosenthal, 't Hart, & Kouzmin, 1991: 212). 따라서 위기 발생 이후보다는 위기가 발생하기 이전에 철저하게 준비하는 것이 보다 바람직하다(McLoughlin, 1985: 165).

위기가 진행되고 위기 상황이 전개되면서 개인과 조직이 행동하는 방법과 위기 발생 이후 개인과 조직이 대응하는 방법과 관련된 다섯 가지 연구 관점을 살펴보면 다음과 같다(Booth, 1993: 89–104). 첫째, 심리학 관점(psychological perspective)은 개인에 초점을 둔 것으로서 위기에 대해 개인이 대응하는 방법을 연구한다. 둘째, 정치학 관점(political perspective)은 정치 지도자들이 위기 상황을 어떻게 관리하는지를 연구한다. 셋째, 경제학 관점(economic perspective)은 조직에 대한 경제적 분석에 초점을 두면서 민간부문 영역에 있는 조직이 위기에 대해 지니는 잠재적 대응력의 지표를 제공해 주는 예측적 이론을 개발한다. 넷째, 사회학 관점(sociological perspective)은 가뭄, 지진, 화재 등과 같은 재난 위기에 대한 공동체의 대응 방법을 다룬다. 마지막으로, 행정학 관점(public administration perspective)은 자연재난, 인적재난과 같은 재난 위기 상황을 관리적 차원 또는 정책적 차원에서 다룬다.[1)]

이들 각각의 학문 분야별 관점은 해당 학문 분야의 연구에서 오랫동안 사용되어 오던 전통적인 분석 기법이나 방법을 사용하는 경향이 있다. ① 심리학 관점의 경우에는 대부분의 경우 면접(interview), 개인심층분석 기법(in-depth individual analytical techniques)을 주로 사용하고 있다. ② 사회학 관점은 주로 행위 접근법(action approach)과 설문조사(survey) 기법을 활용한다. ③ 정치학 관점에서는 게임이론과 협상이론, ④ 경제학 관점은 광범위한 이론 형성에 연계되어 있는 실증적 입증 자료들을 이용하는 경향이 있다. ⑤ 행정학 관점은 공공정책 쟁점으로서의 위기를 관리하기 위한 정책적 대안을 모색하기 위하여 위기관리에 관한 사례연구(case study)와 비교연구를 많이 하고 있으며, 설문조사 및 면접조사 방법을 활용한다.

1 심리학 관점

심리학 관점(psychological perspective)의 위기관리 연구는 개인에 초점을 두고 위기관리와 관련하여 개인의 의사결정이 어떻게 이루어지는지 또는 위기에 대해 개인이 어떻게 대응하는지를 주된 연구 대상으로 하고 있다. 심리학 관점의 위기관리 연구는 인지적 관점(Stubbart, 1987: 89-99; Smart & Vertinsky, 1977:

1) 이와는 달리 위기관리의 접근 방법으로 합리적 · 분석적 접근법, 전략연구 접근법, 의사결정 접근법, 사회심리학 접근법으로 구분하여 살펴보는 경우도 있다(이용필 외, 1992; 강제상 · 김재득, 1997: 152-156).

640−657; Weick, 1987: 112−127; Sethi, 1987: 101−110)과 심리분석적(psychoanalytic) 관점(Schwartz, 1987: 59−67; D'Aveni & MacMillan, 1990: 634−657)의 연구로 구분할 수 있다.[2)]

먼저, 인지적 관점의 연구에서는 인지적 한계가 개인에게 존재하고 있기 때문에 이들 한계들을 극복하거나 최소화하는 것이 문제 해결의 방안이 된다는 것을 기본 가정으로 삼고 있다. 다음으로, 심리분석적 관점에서는 정신 건강과 무의식이 조직 위기를 가져오는 데 중요한 역할을 한다는 것을 기반으로 삼고 있다. 조직 관리자들이 조직 내·외부 요소들의 변화의 심각성을 인식하지 못한다는 점을 조직 위기의 원천으로 지적한다(Pearson & Clair, 1998: 62).

이러한 심리학 관점은 개인이 급작스러운 위기인 스트레스나 정신적 충격(shock), 부정과 부적응(denial and maladjustment)에 대처할 때 갖게 되는 문제들에 대한 통찰력을 지니게 해준다. 캐플란(Caplan, 1970)은 개인에 대한 경험적·임상적 연구의 결과로 위기 진행 모형을 개발하였다(<표 3−1> 참조). 그는 위기 발전의 4단계를 확인하고, 개인은 제2단계에서 자신이 경험하고 있는 불안(anxiety), 스트레스, 두려움이나 죄의식 등과 싸우기 위한 대처 방안을 개발하기 시작한다고 한다(Lindsay, 1975). 이는 개인이 문제를 잊거나 정신적 부인(mental denial)을 함으로써 해당 문제를 외면 내지 회피하는 것을 의미한다.

표 3−1 캐플란의 위기 진행 모형

제1단계 위협 (threat)	제2단계 긴장 (strain)	제3단계 대처 반응 (coping response)	제4단계 장애 (disturbance)
위협적인 것으로 정의된 사건, 반응: 스트레스의 증가	개인 기능의 손상	새로운 해결 방안의 시도	장애, 좌절, 자아통제력 상실

자료: Caplan(1970); Booth(1993: 95).

2) 심리학 관점에서 위기를 다루고 있는 이들 관점 이외에도 외상 후 스트레스 관점(trauma stress perspective)을 들 수 있다. 이는 관리적 차원에서 위기를 다룬 인지적 관점이나 심리분석적 관점과는 달리 개인이 갑작스런 위기로부터의 정신적 압박감(stress), 충격(shock), 부정과 부적응(denial and maladaptation)에 대처할 때 갖게 되는 문제들에 대해 초점을 두는 것으로서 주로 개별 재난희생자들의 심리적 경험(victim's psychological experiences)에 대해 관심을 지니고 있다(Booth, 1993: 91−92).

이와 같은 반응은 문제를 긍정적으로 해결하는 데 아무런 역할도 하지 못한다. 제3단계에서 개인은 긴장의 증가로 인해 새로운 해결책을 시도하고 응급 문제－해결 기법(emergency problem－solving techniques)을 사용하도록 자극을 받는다. 이러한 기제들에서는 과거 경험의 범주에 있던 문제를 재정의(redefining)하고, 해당 문제에서 간과되고 있는 부분을 확인하며, 그리고 그 문제들을 과거에는 간과했거나 부적절한 것으로 봤을 수 있는 대처 기법들과 연계시키는 것이 포함된다(Lindsay, 1975).

그리고 문제의 몇몇 부분들을 무시하는 전략이 있다. 이는 문제를 몇 개의 부분으로 나누어서(compartmentalize) 보다 쉽게 관리할 수 있는 부분들에 대해 대처하는 것이다. 이와는 달리 단순히 문제를 포기할 수도 있다.

그러나 이 같은 부적합한 대응은 다음의 제4단계로 이어진다. 만일 제3단계의 새로운 해결 방안들 중 어느 것도 스트레스 감소나 문제 해결에 기여하지 못한다면, 스트레스는 개인으로 하여금 정신적 장애 상황으로까지 이르게 할 것이다. 이는 개인의 정상적인 대처 기제(coping mechanism)가 더 이상 작동하지 않기 때문이다. 이것이 바로 위기점(crisis point)이 된다. 이와 같은 위기점 단계에서 부적절한 대처 반응을 지니고 있는 것으로 생각되는 사람들에 대한 개입(intervention)은 긍정적 회복을 하는 데 도움을 줄 수 있다. 하지만 적절한 개입의 결여는 장기간 동안 부정적 방식으로 개인에게 영향을 주는 부적합한 대응을 하도록 만들 수 있다.

이처럼 심리학 관점을 대표하는 캐플란(G. Caplan)의 모형은 개인에게 있어서의 위기 상호작용의 모든 것을 말해 주고 있다는 점에서는 유용할 수 있으나, 정밀성이 결여되어 있고 다분히 서술적이라는 비판을 받고 있는 동시에 모형이 너무 애매모호해서 검증이 어렵다는 지적을 받고 있다. 캐플란 모형에 대한 가장 중요한 비판은 모형 자체가 항상적(homeostatic)이라는 것이다. 즉, 개인은 항상적 개념과 일치하게 행동을 하지 않으며, 개인은 변화하고 성장하며 발전 또는 학습 모형을 지닌다는 점을 반영하지 못한다는 것이다.

2 사회학 관점

위기관리에 대한 사회학 관점(sociological perspective)의 연구들은 여러 가지 위기들 중, 특히 자연재난에 대응하는 지역사회와 집단들에 대해 초점을 두고 있다. 사회학 관점은 주로 재난의 영향에 대한 조직화된 집단의 대응을 기술하고 분석하는 경향을 보인다. 지역사회나 집단 외부의 위기에 대한 사회적 대응은 네 가지 상이한 수준, 즉 개인 수준, 조직 수준, 지역공동체 수준, 사회 수준에서 분석하는데, 이 중에서 주로 지역공동체 수준과 조직 수준을 대상으로 연구하고 있다. 예를 들면, 웽거(Wenger, 1978: 17－47)는 지역공동체를 문제 해결의 실체로 볼 수 있음을 전제로 하여 재난에 대한 지역공동체의 대응을 연구하였다. 다인즈(Dynes, 1970)는 재난 대응 조직을 조직의 과업과 구조를 기준으로 구분하여 연구하였다. 결국 위기에 대한 사회학 관점의 연구들은 주로 자연재난을 대상으로 하여 지역공동체 조직의 대응 과정에서의 방법이나 영향을 대상으로 연구하고 있다.[3)]

사회학 관점은 지역사회와 집단들이 위기에 대응하는 방법에 초점을 두고 있으며, 주로 조직화된 집단에 대한 재난의 영향을 기술하고 분석하는 연구가 진행되어 왔다. 이러한 맥락에서 외부 위기에 대한 사회적 대응은 네 가지 상이한 수준인 개인 수준, 조직 수준, 지역공동체 수준, 사회 수준에서 분석될 수 있다. 초기에는 대부분 연구가 개인 수준에 집중되었으나, 그 후에는 조직 수준과 지역공동체 수준에서 연구가 이루어지고 있다.

아놀드(Arnold, 1980)의 경우에는 사회학 관점과 사회심리학 관점 모두를 대표하는 위기 해결 모형을 제시하고 있다(Booth, 1993: 102－103).

이 모형은 개인에 초점을 둔 것으로서 개인이 위기에 대응하는 방법을 구체적으로 살펴보고 있다. 위기에 대한 대응의 첫 번째 단계는 충격으로서 개인은

---

3) 재난에 대한 대응을 강조하는 사회적 관점의 제연구들 중 페리(Perry, 1985)는 자신의 저서인 *Comprehensive Emergency Management: Evacuating Threatened Populations*에서 위기관리의 구조를 완화, 준비, 대응, 복구 활동으로 구성된 과업(task)과 지방정부 · 주정부 · 연방정부 · 민간조직으로 구성된 행위자(actor)로 구분하여 자연재난과 인위재난에서의 대응을 비교연구하면서 소개(evacuation) 기능을 공통 기능으로 강조하고 있다.

표 3-2 위기 해결 모형

제1단계	제2단계	제3단계	제4단계
충격(shock)	방어적 은신 (defensive retreat)	긍정 (acknowledgement)	적응 (adaptation)

자료: Arnold(1980); Booth(1993: 103).

공포, 불안, 무력감, 혼돈, 괴로움, 적개심, 불신과 고통을 느끼게 된다. 이 같은 정서적 대응들은 매우 일상적인 것으로 고려된다. 두 번째 단계는 개인이 위기를 부인하거나 위기로부터 은신하는 것을 특징으로 지니는데, 이는 위기 이전에 이미 알고 있는 친숙하고 좋아하거나 안정적인 상황으로 돌아가려는 시도다. 이것은 종종 위기의 예기치 못하고 수용 불가능한 성질로 인해 개인이 대처할 수 없는 감정으로 유도되기 때문에 발생한다. 그 상황의 현실을 피하고 위기를 억제하려는 시도에 대한 반작용은 개인 수준뿐만 아니라 집단에서도 발견된다. 세 번째 단계는 그 상황의 현실에 직면할 수밖에 없다는 것을 인식하게 되는 전환점(turning point)이다. 개인은 변화의 현실을 수용하고 그것에 적응하든가 또는 현실을 부정하든가 해야만 한다. 마지막으로, 네 번째 단계는 적응 단계로서 개인은 위기 경험으로부터 다시 일어서고 학습하며, 새로운 대처 방법을 개발하기 시작한다.

3 정치학 관점

정치학 관점(political perspective)의 위기관리 연구는 크게 두 부분으로 나누어 살펴볼 수 있다. 초기 연구는 주로 국가 간의 국제 관계에서 반복적으로 나타나고 있는 위기에 대한 관찰로부터 시작되었다(Hermann, 1963: 61). 따라서 정치학 관점에서의 초기 위기관리 연구는 대부분 국제적인 위기에 관한 연구들로서 앨리슨(Allison, 1971), 헤렉, 자니스와 후스(Herek, Janis, & Huth, 1987), 자트만(Zartman, 1988), 브레허와 제임스(Brecher & James, 1988)[4] 등의 연구가 속한다.

이와는 달리 국가 내부에서의 재난관리 또는 위기관리 과정에서 나타나는 관료정치적인 특성에 초점을 두고 연구하는 경향이 있다. 이 같은 연구 경향의 대표적인 것으로는 로젠탈 외(Rosenthal et al., 1991)의 연구가 있다.

먼저, 국가 간의 국제 관계에서의 위기에 대한 연구를 살펴보면 다음과 같다. 앨리슨(Allison, 1971)은 1962년 10월 16일부터 28일까지 진행되었던 '쿠바 미사일 위기(Cuban missile crisis)'에 대한 케네디(John F. Kennedy) 행정부의 대응을 살펴보았다. 여기서 그는 국제적 위기를 세 가지 모형, 즉 합리적 행위자 모형, 조직 과정 모형, 정부정치 모형을 통해 분석하고 있다. 각각의 모형이 제시하는 함의는 다음과 같다.

첫째, 합리적 행위자 모형(rational actor model)을 통한 분석에서는 ① 미국과 소련과의 핵전쟁은 상호 간에 자살행위일 수 있기 때문에 어느 국가도 핵전쟁을 선택하지는 않을 것이며 따라서 핵전쟁의 가능성이 없다. ② 핵 균형 상태에서 미국은 핵전쟁으로까지 발전하지 않을 낮은 수준의 군사적 행위를 선택하게 된다. ③ 두 초강대국의 지도자들은 핵 위기를 관리할 수 있다는 점을 지적하였다.

둘째, 조직 과정 모형(organizational process model)은 미국이나 소련과 같은 강대국 사이의 핵 위기는 본질적으로 위험한 것이고, 그 상황에 대해 지도자들이 활용할 수 있는 정보는 사실(fact)뿐만 아니라 조직의 목표와 일상 과정을 반영하고 있다. 위기 상황에서 지도자가 취할 수 있는 대안은 바람직한 선택의 폭보다 훨씬 협소하고, 선택의 집행은 프로그램과 표준운영절차의 경직성을 나타내며, 조직 간의 조정은 지도자들이 기대하거나 요구하는 것에 훨씬 미치지 못한다. 따라서 위기 상황에서 조직이 자신에게 부여된 기능을 적절하게 수행할 수 있기 위해서는 위기가 발생하기 이전에 주요 조직에서 일상화된 과정을 구축해야 한다는 함의를 제공한다.

셋째, 정부정치 모형(governmental politics model)에서는 ① 위기관리 과정은

---

4) 브레허와 제임스(Brecher & James, 1988: 428-430)는 국제적인 위기의 관리에 초점을 두고 연구하면서 위기를 갈등(conflict)과 실증적으로 밀접하게 연관되어 있지만, 개념적으로는 구분된다고 하였다. 그들은 국제적 위기는 국제적 갈등과 동의어가 아니며, 전자는 후자보다 쟁점이 구체적인 것(issue-specific)으로서 초점의 폭이 좁다는 점을 지적하고 있다. 이러한 맥락에서 위기관리란 위기의 시작부터 종결에 이르기까지 위기가 발전하는 것을 방지하거나 혹은 위기를 감소시키는 데 도움을 주는 것이라고 할 수 있다.

애매모호하고 매우 위험하다. ② 미국 정부의 지도자들은 실제로 핵전쟁으로까지 발전할 가능성이 있는 조치들을 선택할 수 있다. ③ 내부 게임의 상호작용은 실제로 핵전쟁을 만들 수 있다. 이로 인해 정부정치 모형은 정치적 과정을 통해 문제를 해결하는 방안을 모색한다는 점을 밝히고 있다. 그리고 헤렉, 자니스와 후스(Herek, Janis, & Huth, 1987: 203-226)는 위기 진행 과정 동안의 의사결정 과정과 위기 결과 사이에 의미 있는 관계가 있는지의 여부를 찾고자 하였다. 좋은 의사결정 절차(high-quality decision-making procedures)가 결함 있는 의사결정 절차(defective decision-making procedures)보다 더 바람직한 위기 결과를 산출한다는 가설을 탐구하였다. 이를 위해 제2차 세계대전 이후 트루먼(Harry S Truman) 행정부로부터 닉슨(Richard Nixon) 행정부 기간 동안에 발생하였던 19개의 국제적 위기를 대상으로 하여 위기 진행 과정에서의 미국 대통령의 의사결정을 분석하였다. 연구 결과, 그들은 의사결정 과정의 질이 의사결정 결과와 관계가 있음을 밝히고 있다.

그리고 자트만(Zartman, 1988: 199-223)은 기존의 국제 위기관리에 관한 연구에서 위기와 협상을 보다 장기적으로 전개되는 맥락 속에서의 중요한 순간이라기보다는 각각의 일시적인 사건으로 현상을 표시해 온 것은 잘못이라고 지적하였다. 위기는 전체 과정의 부분으로 이해하고 다루어야만 한다는 것이다. 결국 그는 위기는 고립된 별개의 사건이 아니라 일련의 사건들의 산물이고, 위기관리는 사건의 전개 과정에 있어서 관련 당사자들의 이익과 권력에 대한 조작을 포함하고 있다는 개념적 틀에 더하여 위기의 역할에 대해 다음과 같은 결론을 도출하고 있다. 첫째, 위기는 갈등에 있어서 상대방의 일방적인 해결을 막거나 또는 곤경으로부터 벗어나려는 시도로부터 생겨나는 것이다. 둘째, 위기는 선택권을 제거하거나 곤경에 빠뜨리는 것에 의해 갈등 해결을 도와줄 수 있다. 셋째, 위기관리의 효력이 나타나기 위해서는 위기가 발생하는 시점에서 갈등관리 노력이 시작되어야 한다. 넷째, 현재의 위기뿐만 아니라 위기가 임박한 경우에도 갈등 해결의 기회가 무르익은 순간이다. 마지막으로, 제3자의 중재는 임박한 위기를 일시 정지시키고 갈등 해결을 촉구하는 데 있어서 보다 바람직하다. 이 같은 연구를 통해 그는 국제 위기관리에 있어서의 위기와 위기관리에 대한 개념과 역할을 재정립하려는 시도를 하였다.

이상과 같은 정치학 관점에서의 대부분 위기관리 연구들이 국제적 관계 속에서의 위기를 대상으로 하고 있는 반면에, 로젠탈, 하트와 코우즈민(Rosenthal, 't Hart, & Kouzmin, 1991: 212)은 위기를 사회와 제도, 조직의 기본적인 이익과 구조에 대한 심각한 위협으로 보는 동시에 근본적인 가치와 규범이 위협받을 수 있는 경우라고 보았다. 이들은 자연재난, 기술재난, 시민소요, 테러행위, 첨예한 국제적 갈등과 핵 위협 등을 연구 대상으로 하여 위기관리 연구를 수행하고 있다.

정치학 관점의 대부분 연구들은 국가 내부의 위기보다는 국가 간의 국제적 위기에 초점을 두고 있다(Herman, 1972; McClelland, 1972; Brecher, 1978). 국제적 차원에서의 위기관리에 관한 연구들은 강한 이론적 기반을 제공하지 못해 왔고, 바람직한 결과를 얻기 위해 어느 한 상황이나 개인을 다루는 수많은 명제들을 양산해 왔다. 국제적인 위기 상황에서의 의사결정에 대한 대부분의 연구는 개별 사례들을 다루고 일반화를 시키지는 못했다.

그러나 브레허(Brecher, 1978)의 위기 개념에 관한 연구는 사례들을 평가하는 기반이 된다. 하나의 위기를 분석할 때 연구자가 일곱 가지 요소를 조사하는 데 관심을 기울여야 한다는 것이다; 외부 및 내부의 위기 촉발 기제와 같은 위기의 원인, 위기의 위험성, 위기의 복잡성, 위기의 잠재적 강도, 시간적 차원, 의사소통 유형과 적절성, 잠재적 산출물이 그것이다. 위기 상황 하에서 의사결정자는 위 일곱 가지 요소와 더불어 평상시보다 많은 정보를 필요로 한다. 그는 연구 사례를 통해 의사결정자는 위협이 증가함에 따라 과거의 경험에 의존한다는 사실을 발견하였다. 위기 사례에 있어서 의사소통의 양이 증가하였고, 이와 함께 의사결정 단위의 규모는 더 작아진다는 사실을 알게 되었다. 그리고 위협의 증가에 따라 공식적 절차가 채택될 가능성은 더욱 감소하였다. 브레허 모형(Brecher model)은 위기를 대응으로 유도하는 촉발 사건(trigger events)의 문제로 인식하였다(Booth, 1993: 102). 여기에서 독립변수는 의사결정자의 심리적 환경에 대한 인상으로부터 나온 위기에 대한 지각(perception of crisis)이 되고,[5] 종속변수는 의사결정자의 선택이 된다.

국제적 관계 속에서 나타나는 위기에 초점을 둔 정치학 관점의 연구와 달리

5) 위기의 지각은 세 가지 요소, 위협(threat), 시간(time), 전쟁 가능성(probability of war)에 대한 지각으로 구성되어 있다.

로젠탈, 하트와 코우즈민(Rosenthal, 't Hart, & Kouzmin, 1991: 211−233)은 위기를 사회와 제도, 조직의 기본적인 이익과 구조에 대한 심각한 위협으로 보았다. 이와 동시에 위기는 근본적인 가치와 규범이 위협받을 수 있는 경우라고 하면서, 상이한 유형의 위기 상황은 지역공동체, 정치적 기관, 행정기관에 대해 중요한 영향을 주게 된다. 이들은 위기관리 과정에서 나타나는 관료정치적(bureau−political)인 특성이 나타나는 네 가지 원인을 제시하였다; 첫째, 위기 상황에서 조차도 정부기관과 공공기관은 권력과 명성의 서열 순위에 대한 관심을 잃지 않고 있다. 둘째, 위기 의사결정 과정에 참여하는 기관들은 위기 이후의 인력과 예산의 재배분을 냉정하게 기대하고 있다. 셋째, 함께 과업을 수행하지 않았던 기관들 사이의 경쟁과 대결이 여전히 이루어지고 있다. 넷째, 관련된 모든 기관들은 자신들이 위기 상황에서도 긍정적 기여를 할 수 있다고 확신한다. 이러한 네 가지 원인으로 인해 위기 상황에서도 관료정치가 무성할 수 있다는 것이다. 그들은 위기관리에 있어서 관료정치적 긴장과 경쟁은 종종 간과되는 경우가 있지만, 사실은 위기관리에서 중요한 요소라고 지적하였다. 위기 상황에서 관료들의 일상적인 경쟁과 갈등의 유형은 민주적 신뢰성을 일시적으로 포기한 것처럼 보일 수도 있지만 순기능도 지니고 있다. 위기관리에서의 관료정치의 첫 번째 순기능은 위기관리 기관과 관련 기관들을 시험하게 된다; 둘째, 편향된 사고와 집단 사고의 위험성을 방지할 수 있다. 셋째, 위기관리 과정이 관료정치적 경쟁을 통해 공개됨으로써 정부와 관료 개입의 질을 향상시킬 수 있다는 점이다.

4 경제학 관점

경제학 관점에서는 위기관리를 연구할 때 재정적·경제적 요인에 대한 것과 마찬가지로 정신적 압박감을 유도하는 요인에 대해서도 인식하는 것이 필요하다고 본다(Slatter, 1984). 부스(Booth, 1993)는 조직의 외부와 내부 요소들을 조직의 위기 취약성과 연결시키는 위기 경향성의 일반 모형을 설정하고 조직 위기에서 나타나는 세 가지 주요 변수들을 확인하였다(Booth, 1993: 93).

첫째, 환경의 특성이다. 시장, 생산자 또는 공급자의 관점에서 볼 때 환경의 급작스러운 변화는 기업에 문제를 야기시키고 기업을 위기에 대해 더욱 취약하게 만든다는 것이다. 둘째, 관리의 특성이다. 관리자의 개인적인 자질, 능력, 리더십 유형은 의사결정의 질과 위기에 대처할 수 있는 기업의 능력에 중요한 영향을 미친다. 셋째, 조직의 특성이다. 조직의 규모, 자원 기반, 구조, 계획과 통제 절차는 위기 상황 관리와 위기 상황 발생 가능성을 어떻게 보느냐에 영향을 준다.

다베니와 맥밀란(D'Aveni & MacMillan, 1990: 634－657)은 위기 상황에서 실패해서 도산한 기업 57개와 생존한 기업 57개를 비교한 후에 위기 대응 모형을 제시하였다; ① 위협－경직 대응 모형(threat－rigidity response model), ② 위기－부정 모형(crisis－denial model), ③ 환경－탐색 모형(environmental－scanning model).

첫째, 위협－경직 대응 모형은 위기가 잡음(noises)을 발생시키므로, 관리자의 관심을 위기의 영역으로부터 멀리 전환시킨다는 점에 주목한다. 그리고 위기에 대한 경직적인 대응은 과업 환경이나 학습 환경이 변하는 경우에는 매우 부적절한 것으로 밝혀진다. 개인, 집단, 그리고 조직은 위협 상황에서 고정되게 반응을 하는 일반적인 경향이 있는데, 이처럼 위협에 대해 반응의 경직성과 일관성을 보여주는 것은 환경의 변화에 대해 부정적인 대응을 가져온다.

둘째, 위기－부정 모형은 관리자들이 외부의 위기에 대한 대응에 있어서 관심의 초점을 변화시키지 않고 외부의 위기를 무시한다는 점을 지적한다. 외부의 위기를 일시적인 것이나 혹은 사소한 것으로 인식하였기 때문이다. 이는 관리자들이 과거에 기업을 성공적인 것으로 만들게 해주었던 내부 방법에 초점을 맞추었기 때문이다.

셋째, 환경－탐색 모형에서는 쟁점 사안의 중요성과 긴급성, 불확실성으로 말미암아 관리자들이 외부의 위기에 대해 보다 많은 관심을 기울일 것이라고 예측하고 있다. 생존한 기업의 대부분은 환경－탐색 모형에 입각하여 주변 환경에 대해 끊임없이 탐색하고 위협 요인이 될 것이 무엇인지를 찾고 대응해 왔다.

5 행정학 관점

1980년대 이전까지만 해도 위기관리 연구의 대부분은 심리학 관점, 사회학 관점, 정치학 관점에서의 연구들이었다. 반면에 위기관리를 위한 정책과 행정에 대한 연구는 거의 없었다(Mushkatel & Weschler, 1985: 49). 1980년대에 들어와서 위기 발생의 빈도가 증가하고 위기 결과와 영향의 심각성에 대한 인식이 크게 증대함으로써 행정학에서의 위기관리 연구도 증가했다.[6]

그동안 역사적으로 주요 재앙 사건들이 있을 경우 위기관리는 공중보건이나 민방위 조직의 지원을 받는 법 집행 기능이나 소방의 기능으로만 인식되어 왔고, 행정학에서는 위기관리를 행정학의 주류 활동으로 보지 않았다. 그러나 연방정부 수준이든, 주정부 수준이든, 지방정부 수준이든 또는 정부 간 활동이든지 간에, 위기관리는 행정이나 행정학의 중심적인 활동이 되어야만 한다는 주장이 있어 왔다(Petak, 1985: 3).[7] 따라서 자연재난과 인적재난의 피해를 감소시키기 위해서는 통합적이고 총체적인 접근을 통해서 문제와 필요를 정의하는 것이 적절하다.

1980년대에 이르러 본격적으로 위기관리를 연구하기 시작한 행정학 관점은 위기에 대한 정부의 정책적 관점과 관리적 측면에 관심을 두었고, 위기관리야말로 행정의 중심적 활동임을 강조하였다. 따라서 정부의 제1기능은 시민의 생명과 재산을 보호하는 것이라는 것을 전제로 삼았다(Giuffrida, 1985: 2).

행정학에서는 위기의 유형을 크게 두 가지, 자연재난과 인적 및 기술재난으로 분류하여 연구를 하고 있다. 이들 위기들을 관리하기 위해 시간의 흐름에 따라 네 가지 단계인 예방, 대비, 대응, 복구로 구분하여 관리 방식을 취하는 것이

---

6) 왈도(Waldo, 1980)는 자신의 저서인 *The Enterprise of Public Administration*에서 위기와 갈등을 동일 개념으로 보면서, 행정학은 그 기원으로부터 현재에 이르기까지 잠재적이고 실질적인 갈등 상황을 다루는 것을 행정학의 기능으로 해 왔다고 지적하였다. 또한 자신이 *Public Administration Review*의 편집장으로서 재난관리와 위기관리에 관한 심포지엄 구성을 시도했었다는 점을 밝히면서, 향후 위기관리 또는 갈등관리가 행정학의 중요한 분야라고 강조하면서 행정학 관점에서 위기관리 분야의 연구를 하는 것이 필요하다고 강조하였다.

7) 미국행정학회(ASPA: American Society for Public Administration)도 위기관리(Emergency and Crisis Management) 분야를 20개 특별 관심 영역의 하나로 규정하고 있다(ASPA, 1999).

효과적이라고 보았다(Petak, 1985; Clary, 1985; Hy & Waugh, 1990). 이들 위기관리의 단계들을 살펴보면 다음과 같다(Clary, 1985: 20).

첫째, 위기가 발생하기 이전의 완화/예방(pre-disaster mitigation/prevention) 단계다. 이는 위험한 사건의 영향을 완화시키거나 위험한 사건을 예방하기 위해 취해지는 조치로서 건물 부호화 작업(building codes)과 같은 구조적 조치로부터 공공 교육 등의 예를 들 수 있다.

둘째, 위기가 발생하기 이전의 대비(pre-disaster preparedness) 단계다. 여기서는 위기가 실제로 발생했을 때 필요한 조치를 취하는 대응 단계에 도움을 주기위해 위기 발생에 앞서서 준비하는 계획, 경보 체계 구축 등의 조치들이 포함된다.

셋째, 위기가 발생하고 있거나 발생한 직후의 대응(disaster response) 단계다. 위기가 발생하는 과정과 위기가 발생한 직후에 행해지는 각종 활동을 의미한다. 위기 대응 활동으로는 탐색·구조, 식량·의복·피난처 제공 등이 있다.

넷째, 위기 발생 이후의 복구(post-disaster recovery) 단계다. 복구 활동은 한 지역사회가 위기 발생 이전의 상태로 회복하는 장기간에 걸친 재건 활동으로, 최고 10년까지 지속될 수도 있다.

크렙스(Kreps, 1991: 30-54)는 위기관리 준비를 위한 조직화 관점에서, 위기관리 조직의 유형을 분류하여 이들 간의 관계를 살펴보았다. 그는 위기 문제를 일차적이고 직접적으로 다루어야만 하는 것은 지방정부 수준이라는 것을 전제로 하여 지방정부의 위기관리 기능 수행이 어떻게 이루어지는지를 연구하였다. 예를 들면, 가장 작은 규모의 경우에는 위기관리 역할을 자발적으로 수행하는 개인들이 나타난다. 하지만 지방정부의 규모가 커지면 커질수록 위기관리 기관의 단위 부서들이 점점 더 많아지고, 위기관리 활동의 조직적 특성이 보다 분명하게 나타난다는 것이다. 다시 말하면, 위기관리 부서를 갖고 있는 지방정부들 사이에는 조직의 위기관리 자율성 정도의 차이가 나타난다는 점을 확인하였다.

슈나이더(Schneider, 1995)는 자연재난을 관리할 때, 위기 규범(emergent norm)과 관료 규범(bureaucratic norm) 사이에 나타나는 격차를 통해 위기 대응 활동에 대한 성공과 실패를 확인하였다. 그녀는 위기 대응의 성공과 실패는 재난희생자의 집합적 행태와 공무원의 관료적 절차 사이의 필연적인 격차(inevitable gap)의 규모에 달려 있다고 주장하였다. 이 같은 격차 규모의 변화는 정책집행의 세 가지 유형에 상응한다고 보았다.

첫째, 위기 규범과 관료 규범 사이의 격차가 상대적으로 작을 경우에는 정부의 정책과 절차는 개인 행태에 대한 적절한 지침을 제공해준다. 그렇기 때문에 혼돈이나 지체의 현상은 거의 없고, 정부는 상대적으로 일상적이고 직접적인 방식으로 재난 상황에 대처할 수 있다. 또한 모든 위기관리 관련 공무원들은 이미 규정되어 있는 대로 자신의 책무를 수행하고 상호 협조함으로써 정부 활동은 의도된 바대로 정확하게 상향식(bottom up)으로 흐르게 된다.

둘째, 중간 정도 규모의 격차를 양산하는 재난의 경우, 관료 규범과 위기 규범의 격차는 서로 정확하게 일치하지는 않지만, 또한 전적으로 모순되는 것도 아니다. 그렇기 때문에 이것은 정부의 활동에 대한 명확한 지침을 주거나 지원을 하지는 않는 상황으로 유도한다. 정부의 각 수준에 있는 수많은 상이한 활동가들과 기관들은 필요한 활동을 할 수는 있다. 하지만 이들의 노력에 대한 조정은 거의 없으며, 어떤 수준의 정부가 다양한 구조 활동과 복구 활동에 대해 책임을 지는지를 정확하게 말하기는 어렵다. 결과적으로, 정부 활동은 혼돈 유형(confused pattern)을 보이게 된다.

셋째, 몇몇 재난 상황에서는 인간 행태의 관료적 절차와 유형들이 서로 완전히 상이하게 나타나 그 격차가 극히 커지게 된다. 따라서 이 같은 재난의 경우 정부는 단순하게 표준운영절차를 따를 수 없게 되는 한편, 기존의 정부 간 대응틀(response framework)로 재난 구조를 관리할 수도 없다. 따라서 지방정부와 주정부는 위기를 다룰 수 없게 되어 중앙정부가 전체 위기관리 노력에 개입하고 통제를 하게 된다. 정상적인 상향식 정부 간 대응 유형은 하향식 집행과정(top-down implementation process)으로 대체된다.

결론적으로, 슈나이더(Schneider, 1995)는 이 같은 논의를 통해 상향식 과정을 따르는 정부 대응이야말로 성공하기가 가장 쉽고, 혼돈되고 분열된 방식은 혼합된 대응으로 보이며, 하향식 유형을 따르는 대응은 일반적으로 완전한 실패로 인식된다는 점을 지적한다. 이들 세 가지 집행 유형을 활용하여 정부의 자연재난 구조 노력의 성공과 실패를 이해하기 위한 틀을 만들게 되었다.

제 2 절 위기관리 정책집행 접근법

1970년대부터 시작된 정책집행 연구에 대한 관심의 증대와 활성화 현상이 지니는 특징은 시기별로 달리 나타났다(Houston, 1998: 1093-1097). 초기 연구들은 효과적인 집행의 장애 요인에 초점을 둔 사례연구 위주였던 반면에, 1980년대 초의 연구들은 집행과정을 보다 이론적으로 이해하려는 노력을 보였고, 이는 하향식 접근법(top-down approach)과 상향식 접근법(bottom-up approach)으로 구분되어 논의되어 왔다. 그리고 1980년대 중반 이후 이들 접근법들을 통합하고 보다 완전한 이론을 개발하고자 하는 연구 노력이 꾸준히 있어 왔음에도 불구하고, 아직까지 구심점 있는 이론을 형성하지 못하고 있다는 비판이 제기되고 있다.

오늘날 정책집행은 주어진 목표를 달성하기 위한 단순한 활동으로서보다는 과정적이고 상호작용적인 측면에서 논의(Van Meter & Van Horn, 1975: 447; Brewer & deLeon, 1983: 256; Pressman & Wildavsky, 1979: 14-15; Alexander, 1985: 405-426)되어 온 한편, 지금까지의 집행연구는 대부분 조직 내에서 활동하는 개인이나 조직에 초점을 두고 진행되어 온 것으로 볼 수 있다(Yanow, 1993: 42).

'집행'이라는 용어는 '정책'이라는 대상을 지니는 것으로서, 목표의 설정과 이를 달성하기 위한 활동 간의 상호작용으로 이해될 수 있다[8](Pressman & Wildavsky, 1979: xxi). 이 같은 집행의 개념은 1980년대 초의 집행연구의 두 가지 접근법, 즉 하향식 접근법과 상향식 접근법에 따라 서로 상이한 관점에서 달리 규정될 수 있다.

8) 이와 함께 반 메터와 반 호른(Van Meter & Van Horn, 1975: 447)은 정책집행을 이미 이루어진 정책결정에서 제시된 목표를 달성하기 위해 공공 및 민간의 개인과 집단이 하는 일련의 활동으로, 브레어와 드론(Brewer & deLeon, 1983: 256)은 정책집행을 목적이나 목표, 수단을 포함하고 있는 공공정책에 대한 광범위한 진술을 구체적인 활동으로 전환시키는 복잡한 과정으로 보고 있다.

1 하향식 접근법

하향식 접근법은 전통적인 정치적 책임성에 기초하는 공공정책 과정에 대한 합리적·계층제적, 중앙집권적 관점을 가정으로 삼고 있다. 선출직 공무원들이 선거 과정을 통해 시민들에게 책임을 지는 합법적 정책결정자라고 보고 있다(Van Meter & Van Horn, 1975; Sabatier & Mazmanian 1980; O'Toole & Montjoy 1984). 하향식 접근법에서는 집행이 의회에서 통과된 법안이나 대통령 또는 임명직 관료들에 의해 결정된 정책으로부터 출발하고, 분명하고 일관된 목표의 설정이야말로 정책의 성패를 결정짓는 중요 요인이라는 것이다.

하향식 접근법은 정책목표를 논의의 출발점으로 삼고 있으며, 성공적인 정책집행에 영향을 미치는 요인들을 포함하는 이론적 준거 틀을 만드는 데 노력을 기울여 왔다(김병섭, 1988: 46－47). 이 접근법은 고전적 행정관을 바탕으로 구체적인 법령과 계획, 정책결정과 정책집행의 이원화, 단일방향적 집행과정, 그리고 집행의 비정치적이고 기술적인 성격 등을 강조하는 입장으로서 고위정책결정자 내지는 사업관리자들의 역할이 집행의 성공 여부를 좌우한다고 본다(박경효, 1990: 1011).

하향식 접근법의 관점에서 제시하는 특성들과 맥락을 같이하는 한국에서의 집행연구의 개념을 살펴보면 다음과 같다. 먼저, 정책집행은 집행인이 정책결정자 또는 법규에 의해 지시된 바대로 정책을 수행하는 것으로서, 소기의 정책목표를 달성할 때 이를 성공적 정책집행이라 규정할 수 있다(이승종, 1993: 86). 또한 집행의 국면은 복잡한 요소가 얽혀 있어 체계적인 분석이 필요하다는 점을 강조하는 경우, 정책집행을 정책이 효율적으로 이행되어 설정한 목표를 성취하는 것으로 본다(김광웅, 1975: 22). 그리고 박경효(1990: 1011)는 집행 자체가 정치과정의 중심적 부분이라기보다는 구체적으로 정해지고 합의된 사업목표를 실현하는 기술적 과정으로 파악된다는 점을 강조하고 있다.[9)]

9) 그럼에도 불구하고 박경효(1990: 1012)는 연구의 종합적 결론으로 정책의 성공적 집행을 위해서는 정책결정자가 자신의 통제 하에 있는 정책 수단 및 관련 자원의 확보와 더불어 하부 집행구조에 속해 있는 사업참여자들의 인식이나 행태를 이해하고 부응하여야 한다고 주장함으로써 하향식 접근법과 상향식 접근법을 적절하게 조화한 통합적 접근법에 대한 논의의 필요성을 제

2 상향식 접근법

상향식 접근법은 정책을 역동적이고 분권화된 과정의 결과로, 정책집행을 하나의 적응과정(adaptive process)으로 본다(Lipsky, 1971; Elmore, 1979; Hjern, 1982). 집행과정에서 관료들이 실질적인 자유재량권을 지니고 있고, 집행과정에 많은 조직이 포함되고, 정책결정자들이 집행의 어려움을 예상할 수 없기 때문에, 실질적으로 정책은 일선 관료들에 의해 수정될 기회가 많이 있다. 집행은 정도의 차이는 있으나 항상 정책을 결정하거나 수정을 하며(Lindblom, 1980: 65), 정책은 관료들과 고객에 의해 끊임없이 재정의되고 수정되기 때문에 정책의 형성과 집행 활동은 구분하기가 불분명해진다.

그렇기 때문에 상향식 접근법에서는 집행과정에 가장 큰 영향력을 행사하는 집단은 명목적인 통제만을 담당하는 정책결정권자가 아니라 정책문제 해결에 필요한 전문성과 지식을 지닌 일선집행자이므로 일선집행관료와 대상집단의 행태를 고찰하여야만 집행과정에 대한 정확한 이해가 가능하다.

또한 상향식 접근법에서는 분명하고 일관된 정책목표의 존재 가능성을 부인하고, 정책목표 대신 집행문제(implementation problem) 해결에 논의의 초점을 맞춘다. 한국에서 논의되는 정책집행의 개념을 상향식 접근법의 관점에서 살펴보면 다음과 같다. 먼저, 정책집행은 과정적 측면에서 상이한 수준에 있는 수많은 조직들 사이의 상호작용과 조정(김동현, 1984: 342), 또는 베버(Max Weber)적인 관료제를 통한 정부 결정의 하향적이고 일방적인 추진이라기보다는 특정 정책에 관해 이해관계가 있는 다양한 행위자들이 그 정책을 중심으로 상호작용하는 과정(김병준, 1984: 481; 김병준, 1985: 307)으로 파악된다.

기하고 있다.

3 상황적 접근법

상황적 접근법에서의 상황(situation)은 "특정 정책을 둘러싼 제환경적 요소들 중 집행과정에서 밀접한 연관성을 지니고 즉시적으로 문제 해결이 요구되는 조건의 조합"이라고 정의할 수 있다. 정치·경제·사회·문화 환경으로부터 제기되는 다양한 요소들을 모두 고려하는 것이 아니라 해당 정책에 영향을 미치는 제반 환경의 변수들 중에서 집행과 밀접한 관계를 지니고 있는 것으로서 즉시적으로 해결이 요구되는 조건의 조합을 의미한다. 위기관리에 대한 상황적 접근법은 "위기관리 정책목표를 달성하기 위하여 정책행위자들 간에 특정 상황 요소가 고려되는 상호작용의 과정"이라고 말할 수 있다. 상황적 접근법에서 활용할 수 있는 변수들은 다양한 정책 사례 또는 규범적·종합적 연구들을 통해 추출하는 것이 가능하다. 상황적 접근법에서 활용할 수 있는 변수를 집행환경, 집행기관, 기타로 유형화하여 살펴보면 다음과 같다.

첫째, 집행환경과 관련된 상황적 변수로는 정치적 환경, 경제적 환경, 사회적 환경, 문화적 환경을 들 수 있다. 하지만 이 같은 일반적인 환경 변수로부터 각 개별 연구에서 나타는 좀 더 구체적인 변수로는 위기관리 대상집단의 다양성, 상급기관의 지지 정도, 기술적 난점, 자원의 제약이나 확보 가능성, 최고통치권자의 의지나 국가적 수준에서 고위공무원·정치지도자, 이익집단 사이의 집행기관에 대한 지지 및 정치적 자원 등의 변수, 그리고 정책에 대한 시장조직의 부응과 국민의 바른 인식과 호응 변수 등이 있다.

둘째, 집행기관과 관련된 상황적 변수로는 집행기관의 기술적·관리적·정치적 역량, 집행기관과 대상집단 간 관계, 비정부조직 및 시민집단과의 연결관계, 행정계층 내에서의 집행기관 위상과 집행기관의 조직 구조 및 능력, 집행기관장의 리더십 변수, 그리고 정책집행에 대한 집행기관의 태도, 정책집행기구 간의 관계와 구조 변수, 집행의지 변수, 상급기관의 지지 등이 있다.

셋째, 기타 상황적 변수에서는 예산확보 변수와 할당된 예산의 적정성 및 적기 이용 가능성 변수, 주민의 정책수용 여부, 주민 참여 및 협상의 변수, 공정성의 문제, 타 부처와의 관계, 일반 시민·기업과의 관계, 최종 정책결정자와의 관계 등이 있다.

제3절 위기관리정책의 연구 접근법

위기에 관한 연구가 본격적으로 시작된 것은 1960년대 이후로서 이들 위기에 관한 연구 특성을 시기별로 개관해 보면 다음과 같다. 1960년대에 있어서의 위기 연구의 대부분은 특정한 실증적인 연구 결과를 산출하려는 경향을 지니고 있었다. 그리고 1970년대에 진행된 위기 연구는 이전의 연구 결과를 토대로 특정한 연구 결과들을 보다 일반적인 기술적인 모형(descriptive model)과 연계시키고 일반적인 설명 틀(explanatory framework)을 제시하려고 노력하였다(Booth, 1993: 89-90). 1980년대 중반에 이르러서는 비로소 정치 관리적 차원과 정책적 차원에서 위기를 연구하는 일단의 경향이 나타나고 있다.[10)]

위기에 관한 연구들을 연구 방법론 측면에서 살펴보면, 주로 사례연구(case study) 방법을 채택하는 경향이 대다수를 이루어 왔음을 알 수 있다(Sylves, 1990; Waugh, 1988; Blight, Nye, & Welch, 1987; Cigler, 1990; Smith & Jervis, 1990; Aron, 1990; Hy, 1990; Waugh & Sweeney, 1988). 계량적 방법을 사용한 연구(Drabek, 1985; Hannigan & Kueneman, 1978; Wright, 1978)가 있고, 비교 방법을 활용한 연구(Kasperson & Pijawka, 1985; Bolin & Trainer, 1978)가 있다.

이번에는 위기 대상에 관심을 둔 연구들을 살펴보자. 초기 위기 연구의 관심은 개인에 대한 것으로부터 시작되었다. 그 후 위기 연구의 대상은 점차 집단, 조직, 사회, 국가, 세계에 대한 것으로 점차 확장되어 왔다. 위기에 대한 이론적인 논의 역시 처음에는 위기 자체에 국한되어 활발하게 진행되었다. 그러다 보니 초기에는 위기에 대한 사람들의 인식, 위기가 갖는 의미, 위기의 성격, 위기의 영향,

10) 이러한 경향의 대표적인 예를 들면 다음과 같다. 미국행정학회(ASPA)는 1985년 1월 위기관리를 주제로 한 21편의 논문으로 *Public Administration Review*의 Special Issue를 발간하였다. 발간 목적은 행정학 내에서 위기관리의 지식기반을 강화하기 위한 프로그램을 개발함과 동시에 그 주제를 행정학 교육의 주류에 포함시키고자 함이었다(Bonser, 1985: 1).

위기의 파급 범위와 같이 위기 자체의 실체를 규명하거나 그 의미를 정의하려는 노력들이 많은 부분을 차지했다. 이런 논의가 진행되어 가면서 점차로 위기가 사회 집단이나 조직에 대해 미치는 영향, 위기 발생에 따른 집단이나 조직의 위기 대응 노력을 중심으로 활발한 논의가 이루어져 왔다.

최근에는 위기에 대한 정부 차원에서의 관리 노력이 주된 관심의 대상이 되고 있다. 이는 위기관리와 관련하여 새로운 틀이 만들어졌다는 것을 알려주는 것이다. 이제 위기는 관리의 객체가 되었으며, 공공부문 또는 정부부문이 위기관리의 주체로 인식하게 되었음을 의미한다. 과거에는 위기는 받아들여야만 하는 숙명의 대상으로 인식되어 오던 것이 이제는 위기를 관리할 수 있는 현상이자 존재로 인식의 전환이 이루어진 것이다.

이에 따라 위기는 인간의 과학기술과 노력 여하에 따라 피해를 예방하거나 줄일 수 있는 무엇인가로 정의된 것이다.

위기가 발생하기 전의 예방과 대비, 발생한 후의 대응과 복구 노력을 통해 위기로 인한 피해를 최소화시킬 수 있기 때문에 위기관리와 관련한 제도, 인식, 학습, 의사결정, 관리 기법, 집행 절차 등에 관한 많은 연구들이 있어 왔다. 이와 관련하여 국내·외에서 많은 연구들이 개별적으로 진행되어 왔다. 여기서는 이러한 연구들을 분석하고 분류하여 위기관리정책의 연구 접근법으로 네 가지를 설정하였다; 행정제도 접근법, 인지학습 접근법, 의사결정 접근법, 집행과정 접근법이 그것이다.

1 행정제도 접근법

행정제도 접근법은 위기관리정책의 목표를 효과적으로 달성하기 위해서 위기관리 행정제도의 역할과 기능을 강조하는 연구 경향을 의미한다(황윤원, 1989; 정윤수, 1994; 정흥수, 1994; 남궁근, 1995; 박동균, 1995; 박광국, 1997; Drabek, 1985). 행정제도 접근법의 특징을 살펴보면 다음과 같다.

첫째, 그동안 한국의 위험관리 행정은 사후 대책 차원에서 피해에 대한 금전적 보상에만 치중해왔다고 볼 수 있다. 이 같은 문제점을 극복하기 위해서는 위기관리 과정의 예방, 대비, 대응, 복구 국면을 포함하는 위험대비 행정의 일반적 체계, 위험대비 행정의 재정, 위험대비 행정을 위한 인사, 위험대비 행정의 정보를 분석변수로 설정하는 것이 필요하다. 또한 사후적인 위험처리 행정보다는 위험한 상태가 발생되지 않도록 사전에 위험을 방지하기 위한 위험대비 행정이 구축될 때 위기관리정책이 효과적일 수 있다(황윤원, 1989: 149－173).

둘째, 재난 발생 직후의 현장 구조 활동은 재난의 종류에 관계없이 유사한 성격을 지니는 것이기 때문에 통합 · 관리하는 것이 효율적(정윤수, 1994: 67－85)이라는 지적이다. 한국의 재난관리 체계는 3원화되어 있어서 모든 위기관리 단계에서의 업무를 통합 · 조정하는 강력한 기관이 존재하지 않는다는 비판이 제기되었다. 자연재난은 당시 건설교통부와 내무부가, 인적재난은 경찰, 소방 등 소관 부처별로, 전쟁이나 이에 준하는 사태는 군과 민방위가 각각 구난 책임을 맡고 있어 업무의 통합 · 조정이 원활하게 이루어지지 않고 있다는 것이다. 따라서 정윤수(1994)는 1990년대 중반에 한국의 긴급구조 체계의 효과성을 확보하기 위해 당시의 소방국을 소방청으로 독립시켜 긴급구조에 관련된 모든 업무를 총괄 · 조정하도록 하고, 전문인력의 확보, 훈련 및 구조 장비의 구입 등에 대한 적극적인 지원을 하는 것이 필요하다고 주장하였다. 이와 함께 다른 긴급구조 기관과의 유기적인 연결망 확립을 통한 긴급구조 활동의 실질적인 효과 극대화 노력이 요구된다는 정책을 제안하였다.

셋째, 한국의 자연재난관리정책의 실태와 문제점을 행정제도 관점에서 분석하면, 홍수재난이 발생하는 원인의 치유 방법을 공학적 접근 방식과 제도적 접근 방식으로 구분할 수 있다. 자연재난은 근본적으로 없애는 것은 불가능하지만, 재난 발생 시 신속하게 대응하고, 제도적으로나 기술적으로 재난 피해를 가중시키는 요소들을 제거하면 피해를 최소화할 수 있다. 따라서 자연재난으로 인한 피해를 최소화시키기 위한 예방과 재난 발생 시의 신속한 응급조치, 복구 체계의 구축이 무엇보다도 필요하다(정홍수, 1994: 51－67).

넷째, 한국의 재난관리 행정을 신제도론적 관점에서 살펴보면, 재난관리를 담당하는 행정체계의 기능적 성과에 있어서 차이를 초래하는 중요한 변수로 제도적 틀을 들 수 있다. 이 같은 제도적 틀의 구성 요소에는 주도적인 재난관리 기관의 위치와 역할, 참여기관들 간의 연계관계, 그리고 재난관리 과정이 있다(남궁근, 1995: 957-981). 이러한 맥락에서 1990년대 우리나라 재난관리 행정체계에서 나타나는 문제점을 다음과 같이 지적하였다; 첫째, 제도적 틀에서는 담당기구가 이원화되어 있다는 문제, 재난을 관리할 상설 주도기관이 없다는 문제, 규모와 전문성이 부족하다는 문제가 있다. 둘째, 재난관리를 위한 행정과정의 측면에서는 사후 대책에 치중함으로써 사전 예방 활동이 취약하다는 점을 들었다. 이러한 문제점들을 극복하기 위한 행정체계의 개선 방향으로는 제도적 틀의 측면에서 재난관리를 전담할 기구를 설치하고, 자연재난 및 인적재난을 관리하는 기능을 통합하는 것이 필요하며, 행정과정의 측면에서는 재난관리 단계별로 기능을 강화하는 방안을 제시하였다.

다섯째, 인적재난을 관리할 행정체계의 개선 방안을 조직관리적 관점에서 살펴보았다. 예를 들면, 박동균(1995)은 서울시 인적재난관리의 과정 중에서 예방과 대비과정에 중점을 두고 행정체계 개선 방안을 제시하였다; 첫째, 서울시의 위기관리 업무를 통합할 수 있는 조직의 필요성이 제기된다. 둘째, 위기관리 재정과 장비를 확보하는 것이 요구된다. 셋째, 인적재난 대비 훈련을 통한 개선 방안으로는 민방위 훈련의 내실화와 시민에 대한 교육이 필요하다는 점을 지적하였다.

여섯째, 한국에서는 재난방지 목표 달성에 필요한 각종 인적, 물적, 사회적 자원의 동원이 충분히 이루어지지 못하고 있는 한편, 조직 구조적 측면에 있어서도 현행 재난관리 기구가 조직 내 문제뿐만 아니라 조직 간 문제도 지니고 있다(박광국, 1997: 581-602). 조직 내에서 발생하고 있는 문제로는 관료제적 절차와 위기 규범 간의 괴리, 부서별 업무 분장의 불명확함, 재난 부서의 지나친 세분화로 인한 업무협조의 어려움 등이 있다. 조직 간에 발생하는 문제로는 중앙정부 부처 간의 수평적인 조정 문제와 지역의 다양성을 고려하지 않는 중앙정부의 획일적인 재난관리정책 시행으로 인한 수직적인 문제가 있다. 따라서 이 같은 문제를 해결하기 위한 다양한 정책의 개발뿐만 아니라 재난관리정책의 수립에 있어서 일선 재난담당 기관을 정책결정 과정에 적극 참여시켜야 하며, 정책집행 과정에서도 상당한 정도의 재량권을 허용해 주는 법적·제도적 장치를 마련해야 한다.

마지막으로, 행정제도 접근법의 관점에서 위기관리에 있어서의 정부 간 조정 능력을 제고하기 위한 전략이 필요하다. 드라벡(Drabek, 1985: 85－92)은 1978년부터 1980년까지 미국에서 발생한 여섯 개의 자연재난 사례를 대상으로 재난이 발생한 이후 대응 조직들의 탐색 · 구조 활동을 분석하여, 정부 간 조정을 강화하기 위한 전략을 제시하였다; 즉, 결과보다는 과정을 중시하는 지역재난관리 계획을 수립하고, 경보 체계의 기능과 책임을 미리 확인해야 하며, 기관 간 조정 활동을 하는 중심축으로서 위기운영센터(EOC: Emergency Operations Center)를 운영하고, 지역사회 재난 훈련을 실시하는 것이 필요하다는 점을 강조하였다. 특히, 재난 상황은 대응 조직이 기능을 수행하는 의사결정 환경을 변화시키기 때문에 다기관 의사결정 유형(multiagency decision－making styles)을 수립하는 것이 필요하다. 결국 위기 상황에서는 집권화 모형보다 조정 모형을 구조화하는 것이 바람직하며, 동시에 위기관리 행정 모형은 그 사회의 고유한 정치적 · 구조적 현실과 조화를 이루는 것이 바람직하다는 점을 강조하였다.

2 인지학습 접근법

인지학습 접근법은 위기관리정책의 목표를 효과적으로 달성하기 위해서는 무엇보다도 위기에 대한 조직구성원이나 정책결정자의 인지도와 학습 능력을 파악하고 이를 교정해나가는 노력이 필요하다고 강조하는 연구 경향을 의미한다(김영평 외, 1995; 이상팔, 1995; Smart & Vertinsky, 1977; Billings, Milburn, & Schaalman, 1980; Schwartz, 1987). 인지학습 접근법의 특징을 살펴보면 다음과 같다.

첫째, 위험에 대한 주관적 인지의 특성은 사회문화적 맥락에 따라 다르게 나타난다. 같은 위험이라 할지라도 위험이 지니는 성격이나 위험 발생의 사회문화적 맥락에 따라 상이한 인지 형태와 반응 양식을 가져온다. 위험에 대한 객관적 사실과 주관적 인지가 일치하지 않기 때문에 위험관리는 단순히 과학기술적인 차원만이 아니라 사회문화적 차원까지도 포함해야 한다. 기술 위험(technological risk)의 객관적 위험성과 주관적 위험 인지 사이의 차이로부터 발생하는 정책적 한계성을 극복하기 위해서는 기술 위험에 대한 국민의 인지 특성을 분석함으로써 위험관리를 위한 정책적 함의를 도출하는 것이 필요하다. 예를 들어, 한국인의 위험 인지에서 전문가와 일반 국민 사이에 차이가 있다는 것이 일반적인 특징이다(김영평 외, 1995: 935-954). 전문가들이 객관적으로 가장 위험성이 높은 것으로 보는 교통 분야를 일반 국민들은 위험성을 가장 낮게 평가하는 반면에, 전문가들이 객관적으로 위험성이 비교적 낮다고 평가하는 원자력 분야와 환경 분야를 국민들은 가장 위험한 분야로 인지하고 있다. 이 같은 분석을 통해, 국민들의 위험 인지에 근거하여 위기관리정책을 입안할 경우 정책에 대한 국민적 지지를 확보할 수는 있지만, 정책 효과성을 확보하기가 어렵다. 그러므로 위험 인지에만 기초하여 정책을 수립하거나 집행하는 것은 상당한 위험성을 지닐 수 있다.

둘째, 행위자들의 상호작용, 제도적 변수, 지역공동체의 내적 특성 등과 같은 변수는 주민의 원자력 폐기물 처분장 건설이라는 위험정책 수용에 영향을 주는 변수들이다. 과거에는 일반 국민이 위험에 대한 기술적 평가 자체만으로도 위험정책을 수용할 수 있는 충분한 조건이 되었지만 이제는 그렇지 않으며, 이와 동시에 주관적인 기준의 다양성으로 인하여 일반인이 위험에 대해 다양하게 반응한다. 구체적으로 살펴보면, 위험정책에 대한 정부의 참여와 보상제도, 원자력 시설에 대한 제도적 학습, 적절한 보상, 위험지식 등이 지역주민들의 위험정책에 대한 수용도를 높여준다고 볼 수 있다. 반면에, 보상 경험의 부재와 낮은 위험지식, 보상에 대한 비교 기준의 부재, 지역정치가의 반대 활동, 정책추진 기관과 지역주민 간의 위험 정보의 비대칭 등이 지역주민들의 위험정책 수용을 어렵게 한다. 따라서 지역주민의 위험정책 수용은 고정적이지 않고 상황에 따라 변하는 것이다(이상팔, 1995).

셋째, 위기 대응을 위한 의사결정은 인지적 차원에서 다섯 가지 병리 현상에 의해 제약을 받는다; 인지 과정의 협소, 정보의 왜곡, 집단 병리 현상, 프로그램의 경직성, 의사결정 준비의 결여(Smart & Vertinsky, 1977: 640-657). 이들 병리 현상을 극복하기 위해서는 무엇보다도 의사결정 과정에 투입되는 정보의 질을 높이고, 목표에 대한 신뢰성을 제고시키며, 의사결정 집단의 인지 능력을 고양시키는 것이 필요하다.

넷째, 조직이 위기 상황에 대응하는 의사결정 과정에서 개인이 위기를 인식하는 것은 다양한 방법으로 이루어진다. 조직의 주요 구성원이 위기를 인식하면,

그는 조직이 위기에 대응하기에 앞서서 자신의 위기 인식을 타인들과 함께 공유하고자 한다. 이러한 사건의 진행은 설득, 권력, 연합 형성, 협상과 같은 개인 간 과정을 포함하는 한편, 그와는 반대로 개인의 인식이 오히려 사회적 과정의 결과일 수도 있다. 그러므로 개인의 위기 인식은 사회적인 인식의 공유를 가져오거나 또는 사회적 인식의 공유로부터 나오는 것(Billings, Milburn, & Schaalman, 1980: 300－316)이다. 이러한 맥락에서 위기에 대한 새로운 인식을 이해하기 위해서는 발생 가능한 손실액, 손실 가능성, 시간 압력이라는 세 가지 독립변수를 활용하는 것이 필요하다. 가능한 손실액이 크고, 손실 가능성이 높으며, 시간의 압력이 증가할수록 위기 인식도의 증가와 신속한 위기 대응을 가져오게 되고, 추가적인 위기 인식 방법은 관리층에 대해 긴장을 주기 때문이다.

다섯째, 위기 발생의 원인을 조직구성원이 문제의 심각성을 제대로 이해하지 못하는 데서 찾아볼 수 있다. 인지학습 접근법의 관점에서 챌린저호가 폭발하게 된 원인을 찾기 위해 미국 항공우주국(NASA: National Aeronautics and Space Administration)을 대상으로 연구한 결과는 다음과 같다. 미국 항공우주국의 구성원들은 자신이 속해 있는 조직의 완벽성에 대한 과도한 신뢰, 자신과 자신이 속해 있는 조직은 결코 실수를 하지 않을 것이라는 생각을 지녔고, 이것이 인적재난을 가져오게 된 주요 원인으로 지적되고 있다(Schwartz, 1987: 59－67). 구체적으로 살펴보면, 미국 항공우주국이 챌린저호 폭발이라는 재난을 가져오게 된 주요 원인으로 세 가지가 있다; 첫째, 조직구성원들이 문제의 심각성을 제대로 인식하지 못하였다. 둘째, 문제점을 인지한 보고가 제대로 전달되지 못한 의사전달상의 문제가 있다. 셋째, 문제점을 시정조치할 수 있는 시행 능력이 없었다는 것이다. 이들 세 가지 요인들 중 첫 번째 요인이야말로 챌린저호 폭발 위기를 발생시킨 주된 이유로 지적되고 있다.

3 의사결정 접근법

의사결정 접근법은 위기관리정책의 목표를 효과적으로 달성하기 위해 위기 상황에서 의사결정에 참여하는 조직이나 관료들이 보이는 행태에 초점을 두고 위기 시 의사결정의 질을 고양시키기 위한 일단의 연구 경향을 의미한다(노화준, 1991; Sethi, 1987; Stubbart, 1987; Weick, 1987; Rosenthal, 't Hart, & Kouzmin, 1991). 의사결정 접근법의 특징은 다음과 같다.

첫째, 위기 상황의 발생은 정책결정자나 행정관리자에게는 특별한 중요성을 지닌다(노화준, 1991: 122−145); 첫째, 돌발적인 위기 상황이 발생하면 사회에서는 위기 발생의 책임을 관련된 정책결정자나 행정관리자에게 돌린다. 둘째, 위기 상황에 어떻게 대처하고 수습하느냐에 따라 정책결정자로서의 유능과 무능 여부가 결정된다. 셋째, 위기 상황에 대한 수습과 대처의 결과로서 정책결정자나 관리자로서의 영전, 승진, 생존 여부도 영향을 받는다. 이 같은 위기 상황 발생의 경로와 원인을 체계적으로 설명하기 위해서는 다수준우발상황분석(multi−level contingency analysis) 모형을 활용하는 것이 가능하다(Kouzmin & Jarman, 1989: 397−435).[11]

둘째, 조직의 위기는 세 가지 가정에 입각하여 살펴볼 수 있다; 첫째, 위기는 불확실성, 복잡성, 이익 갈등, 감정의 개입이라는 특징을 지니는 사악한 문제들이다. 둘째, 조직구성원들은 이 같은 위기의 특징으로 말미암아 위기 상황에서 정보처리 능력에 제한을 받는다. 셋째, 위기는 조직의 최고 집행자, 관리자, 운영자의 비합리적인 대응과 정보처리, 의사결정에서의 편견이나 여타의 제약점으로 인해 발생한다. 이들 세 가지 가정 하에서 효과적인 위기 대응의 네 단계를 살펴보면 다음과 같다(Stubbart, 1987: 89−99); 첫째, 모든 위기를 예상하고 계획하려고 하지 말아야 한다. 둘째, 위기 평가 팀을 구성한다. 셋째, 위기 대응 기술에 익숙해져야 한다. 넷째, 상황에 따라 유연하게 기술을 활용하는 것이 필요하다.

셋째, 조직이 보유하는 기술이 점점 복잡해질수록 그 조직은 사고에 더욱 더 취약해질 가능성이 크다. 예를 들면, 인도 보팔(Bhopal) 사고와 챌린저호(the Challenger) 사고, 스리마일 사고(Three Mile Island) 사례에서도 이 같은 내용을 확인할 수 있다. 복잡한 체계를 운영하고 관리하는 사람들이 그 체계에 의해 발생하는 문제들을 제대로 이해하지 못하고 예상하지 못하기 때문에 사고가 발생

11) 이후 계속된 코우즈민과 자만(Kouzmin & Jarman, 1989)의 자세한 내용은 자만과 코우즈민(Jarman & Kouzmin, 1991: 123−157; 1994: 119−130)을 참조할 것.

한다는 것이다(Weick, 1987: 112).[12)]

넷째, 행정의 관점에서 위기를 시간의 압박과 상당한 불확실성 하에서 중대한 의사결정을 촉구하는 것으로 규정할 수 있다. 전통적인 관점에 따르면, 위기 발생 시 정부기관들은 공동으로 위기에 대처하기 위해 효과적이고 조정된 활동을 수행하고, 만장일치를 만들기 위해 편협한 이해관계를 제쳐둔다. 그러나 이 같은 전통적인 견해는 보다 정교한 위기의 의미와 위기관리 의미와는 맞지 않는다. 위기관리에 대한 관료정치적인 의사결정 접근법의 필요성이 제기되고 있다. 위기관리 의사결정 과정에서 관료정치적(bureau-political)인 특성이 나타나는 원인을 살펴보면 다음과 같다(Rosenthal, 't Hart, & Kouzmin, 1991: 211-233); 첫째, 위기 상황에서도 정부기관과 공공기관은 권력과 명성의 서열 순위에 대한 관심을 잃지 않는다. 둘째, 위기 의사결정 과정에 참여하는 기관들은 위기 상황 이후의 인력과 예산의 재배분을 냉정하게 기대한다. 셋째, 위기 상황에서 함께 과업을 수행하지 않았었던 기관들 사이의 갈등과 대결이 있다. 넷째, 관련된 모든 기관은 자신이 위기 상황에서 긍정적 기여를 할 수 있다고 확신하기 때문에 관료정치적 의사결정 양태가 나타날 수 있다.

4 집행과정 접근법

집행과정 접근법은 위기관리정책의 효과성을 제고하기 위해서는 목표 달성을 위한 조직이나 체계의 노력이 실제 집행과정에서 적절성을 유지하는 것이 중요하다는 연구 경향성을 의미한다(김형렬, 1987; 정준금, 1995; Jackson, 1976; Schneider, 1992). 집행과정 접근법의 특징을 살펴보면 다음과 같다.

12) 새티(Sethi, 1987: 101-110) 역시 비슷한 시기에 발생한 일련의 위기 사고들, 즉 체르노빌(Chernobyl) 사고, 스리마일 사고, 챌린저호 사고, 멕시코시 가스폭발 사고 등을 연구하였다. 연구 결과 그는 이들 위기의 발생은 다름 아닌 인간과 기업의 실수로부터 비롯된 결과라는 점을 지적하고 있다. 새티(Sethi, 1987: 105)는 이 같은 연구의 수행을 통해 공장을 운영하는 경우에 있어서 잠재적인 위기를 최소화시킬 수 있는 방안의 하나로 중복적인 안전조치를 갖추는 것이 필요하다는 점을 지적하고 있다.

첫째, 정책 실패를 가져오는 제요인 중 하나로 위기를 설정하고, 위기가 정책 집행에 어떤 영향을 주는지를 살펴보고 그 대응 방안을 모색하는 것이 가능하다. 정책집행 과정에 영향을 주는 위기는 주기적 위기, 간헐적 위기, 새로운 위기로 구분할 수 있다. 그리고 위기관리의 네 단계인 예방, 대비, 대응, 복구 단계를 위기 상황에서의 정책집행 과정으로 보고, 정치 체계, 경제 체계, 사회·문화 체계별로 네 단계를 위한 구체적인 방안을 살펴볼 수 있다(김형렬, 1987: 65-87). 정치 체계에서 입법부는 예방과 대비, 행정부는 대비와 대응에 더 역점을 두고 있다. 경제 체계는 예방과 대비 단계, 사회·문화 체계는 주로 대응과 회복 단계에 영향을 준다. 그렇기 때문에 각 체계별로 제시된 방안을 토대로 조직의 최고 정책집행자는 위기관리를 위한 예방, 대비, 대응, 복구 단계별로 구체적인 대책을 마련할 것을 요구한다.

둘째, 사회적 위기의 발생으로 인해 특정 문제가 부각된 이후, 정부 위기 대응 정책의 결정과정, 내용, 집행과정을 분석함으로써 이에 영향을 미치는 요인들을 탐색해 볼 수 있다. 위기가 조성된 급박한 분위기에서는 적극적이든 소극적이든 기존의 정책보다 강화된 대안이 선택되는 경우가 많다. 그러나 이러한 결정만으로는 위기 상황이 해소된 것으로 간주하는 것이 매우 피상적이기 때문에, 위기 대응 정책의 집행과정을 살펴보는 것이 필요하다(정준금, 1995: 23-46). 예를 들면, 페놀오염 사건이 신속하게 정책 의제화가 된 배경은 두 가지, 즉 사회적 위기 자체가 미치는 직접적인 영향과 함께 상황적인 요소들을 지적할 수 있다. 여기서 상황적인 요소에는 공익 사회단체 활동의 증가와 언론의 강화된 사회적 역할, 전반적인 사회 민주화와 행정 민주화 경향 등이 그것이다. 하지만 위기관리정책의 집행은 제대로 이루어지지 못했다. 사건 발생 직후의 일시적인 예산 증가에도 불구하고 위기 요인을 제거하는 데 필요한 충분한 예산이 지속적으로 배정되지 못했기 때문에, 위기관리 정책집행이 계획대로 이루어지지 못하거나 관련 부처의 비협조로 새로운 기구나 조직의 신설, 확대가 시행되지 못했기 때문이다. 이 원인으로는 시간 경과에 따른 사회적 관심도의 변화를 들 수 있다. 위기관리 정책결정 과정에서는 사회적 관심의 고조로 인해 강력한 정책대안의 제시와 일시적인 자원 배분이 있었다. 그러나 정책집행 과정에서는 일정 시간이 경과하게 되어 위기에 대한 사회적 관심이 감소하였고, 자원 확보가 어려워졌기 때문이다. 이에 대한 대응 방안으로 시민단체 또는 공익단체의 적극적인 활동과 정책담당자들의 장기적인 관점에서의 노력이 필요하다는 점을 들 수 있다.

셋째, 그동안 위기관리 분야에서 공공정책의 역동성에 대한 연구가 많이 없었다. 이는 공공정책적 관점에서 위기관리 연구와 정책결정 연구를 연계시키는 데 있어서 다음과 같은 어려움이 나타났다(Jackson, 1976: 209-235); 첫째, 위기의 실체가 시간의 경과에 따라 변한다. 둘째, 위기를 관리하거나 통제한다는 것이 무엇을 의미하는지를 결정하는 데 어려움이 있다. 셋째, 정책결정의 어느 부분이 위기에 관련되는지를 결정하기가 어렵다. 넷째, 위기 대응 과정에서 정부가 할 수 있는 일이 무엇인지 불분명하다. 이 같은 어려움으로 인해 위기관리와 정책결정 연구가 연계되기 힘들다. 정상적인 상황이라면 집행부가 수행하는 역할은 수동적인 것으로부터 조정, 탄원을 거쳐 입법적인 산출로 발전하지만, 이 같은 단일 방향적인 도식은 위기 상황에서는 부적합한 것으로 나타났다. 다만, 대부분의 위기 상황에 있어서는 대응 절차가 유사하다는 특징이 나타났다.

넷째, 위기에 대한 정부 대응의 성공 여부는 위기 상황에서 사회적 상호작용을 지도하는 위기 규범과 정부 활동을 지배하는 관료 규범 사이의 격차 크기에 달려 있다. 격차 크기는 정부의 재난구조 노력이 성공했느냐 실패했느냐에 관한 공중 인식을 결정하는 요인이 된다. 정부 계획과 시민 행태 사이의 격차가 클 경우, 공중은 대응과정을 실패로 인식하고, 재난 상황이 정부의 예상과 합치할 경우에는 관료 규범과 위기 규범 사이의 격차가 상대적으로 작아지고 효과적으로 대처할 수 있게 된다(Schneider, 1992: 135-145). 이러한 맥락에서 다음의 함의를 찾을 수 있다; 첫째, 관료 규범과 위기 규범 사이의 격차 크기는 재난 상황에서의 정부 활동의 효과성을 설명해준다. 둘째, 재난 대응과정에서 대중 행태와 대응 기관 간의 상호작용에서 의사소통망의 중요성이 강조된다. 셋째, 재난 상황에서 관료들이 표준운영절차와 기존의 분업체계를 유지하는 것이 중요하다. 이는 재난 상황에서 지방공무원들이 대응과정에서 효과적인 역할 수행을 못하는 이유는 필요한 자원, 훈련, 경험이 결여되어 있기 때문이고, 특히 이에 대해 시간을 투자할 동기가 거의 없다는 점을 들 수 있다. 마지막으로, 관료구조 자체의 변화가 필요하고, 심각한 재난 상황에서 활용할 수 있는 특별 표준운영절차를 개발해야 한다.

지금까지 위기관리정책의 효과성 제고를 위한 네 가지 접근법을 살펴보았다. 행정제도 접근법은 위기관리 행정제도의 역할과 기능이 중요하다는 입장이다. 인지학습 접근법은 위기에 대한 조직구성원이나 정책결정자의 인지도와 학습 능력을 파악하고 이를 교정해나가는 노력이 필요하다는 함의를 준다. 의사결정 접근법은 조직이나 관료의 행태에 초점을 두고 위기 상황의 의사결정의 질을 높이는 것이 중요하다는 입장이다. 집행과정 접근법은 조직이나 체계의 노력이 집행과정에서 적절성을 유지할 때 목표 달성이 가능하다는 입장이다.

5 집행구조 접근법

집행과정에는 복잡성과 다양성, 통제와 조정, 갈등과 합의와 같은 쟁점들이 내재해 있어 정치적 맥락과 상호작용과 협상과정을 고려하는 것이 필요하다 (Barrett & Fudge, 1981: 29). 정부의 정책이나 사업은 조직이 집행하는 것이기 때문에, 집행을 한 조직의 문제로 개념화하는 것이 유용할 수도 있다(Montjoy & O'Toole, 1979: 465). 하지만 정부 정책은 효과적인 집행을 위해 둘 이상 기관이 집행과정에 참여하기 때문에 기관 간은 물론 정부 간의 협조와 조정의 문제가 발생하게 된다. 아니면 기관 간의 전문직업적 이해관계로 인해 조직 간 집행(inter-organizational implementation)이 이루어지기도 한다(O'Toole & Montjoy, 1984: 491). 사실 집행의 문제는 단지 복잡성의 문제일 뿐만 아니라 집행과정에서 조직 간의 이해관계와 조정의 문제까지 포함하는 것이므로, 집행연구에 있어서는 조직보다 집행구조를 분석 단위로 활용하는 것이 유용하다고 볼 수 있다. 이때 집행구조는 다수 조직의 하부집단들이 하나의 정책 프로그램을 집행하는 행정적 실체라고 정의할 수 있다.[13)]

그물 형태의 복잡한 조직(meshing organization) 구조인 집행구조는 정책집행에 대한 중앙의 전략적인 통제와 참여 조직에 대한 조정, 즉 통제와 조정의 중간

13) 집행구조 개념은 다음 문헌들로부터 나오고 있다(Porter, 1990: 26); Edwards(1984); Luke, Begun, & Pointer(1989); Mandell(1984); Mazmanian & Sabatier(1983); O'Toole(1986).

위치에서 특정한 정책 프로젝트의 수행을 목적으로 한다(Hjern & Porter, 1981: 216; Agranoff, 1990: 59-60).

집행구조는 정책 프로그램의 목표 달성을 자신들의 중요한 이익으로 간주하는 여러 조직구성원들의 부분 집합들로 구성되어 있기 때문에, 이들 행위자들에게 있어서 집행구조는 그들이 속해 있는 조직과 마찬가지로 목적의식적인 행위가 이루어지는 행정구조(administrative structure)다.[14]

집행구조 내의 각 하부집단에 있는 행위자들은 조직 논리성(organization rationale)과 프로그램 논리성(programme rationale)을 따른다. 따라서 조직 내의 개인은 조직 논리성에 따라 집행과정에서 자신이 원래 속해 있던 조직의 목표 달성을 위해 프로그램을 조정한다. 이와 동시에 개인은 프로그램 논리성에 따라 프로그램의 목표를 달성하기 위해 다수 조직의 활동을 조정하려고 노력하기도 한다. 집행구조 내의 어느 한 지점에 위치한 개인은 원래 속해 있던 조직과 과업 수행을 위한 프로그램 둘 다에 봉사해야 하는 역할 수행을 요구받는다. 그러므로 조직과는 별개의 것으로 구분되는 행정적 실체로서의 집행구조를 찾지 못하면, 프로그램 관리가 심각한 어려움에 봉착하게 될 것이다(Hjern & Porter, 1981: 216).

이러한 맥락에서 많은 공공 조직과 민간 조직의 하위부분들이 하나의 프로그램을 집행하기 위한 협조 틀 내에서 집행구조 접근법을 제시할 수 있다. 특히, 그동안의 집행연구에서 상호의존성 변수가 간과되어 왔음(O'Toole & Montjoy, 1984: 492)을 고려해 보면 집행구조 관점에서의 연구가 필요하다.

또한 프로그램을 관리하는 과정은 다음과 같은 요소들로 구성되어 관리된다. 프로그램 목표에 대한 분석을 통해 행정적 명제를 밝혀주고, 이 행정적 명제는 잠재적인 조직들의 연합체를 지적해 준다. 집행구조는 이 같은 조직 연합체로부터 형성되기 때문에 집행구조는 조직과는 다르다. 이는 집행구조가 많은 개별 조직의 하위부분들로 구성되어 있으며, 조직은 많은 프로그램들의 집합으로 구성되어 있기 때문이다.

---

14) 집행구조에 참여하는 개별 행위자는 공식적으로 집행 책임을 지는 조직에 속해 있지 않으므로 조직과 집행구조는 구분된다. 집행구조에서의 행위는 조직에서의 행위와 비교해 볼 때, 공식적 구조와 권위적 관계가 약하고, 그것이 존재하는 사회구조가 더욱 역동적이고 변화하는 것이며, 프로그램에의 참여 결정이 합의와 협상에 기반하고 있다는 차이점이 있다(Hjern & Porter, 1981: 216).

분석 단위로서의 집행구조는 프로그램을 집행하는 의도적 행위 단위를 확인하기 위해 개념화된 것이다.[15] 그리고 집행구조 내의 행위자와 조직은 다양한 목표와 동기를 지니고 있는 한편, 이들의 하위집단들은 집행구조 내에서 전문적인 역할을 수행한다. 예를 들면, 집행구조 내에는 정책결정, 계획과 정보, 자원의 제공, 중개와 조정, 서비스 제공, 평가를 위한 하부구조들이 존재하고 있다. 그러므로 집행구조를 분석 단위로, 그리고 행정적 실체로 받아들이는 경우에는, 그동안 조직 맥락에서 볼 때 변칙적이고 일탈적인 것으로 설명되어 온 행태와 제도를 설명할 수 있다.

위기관리정책의 집행은 위기에 통합된 대응을 하기 위해 동원 가능한 모든 자원과 노력을 제공하고 조정하는 것이다. 위기를 예방하고 위협을 최소화시키며, 예방이 가능하지 않은 경우에는 이미 발생한 위기에 신속하고 효과적으로 대응하며, 가능한 한 빠르게 정상 상태로의 복귀를 돕는 것이라고 할 수 있다(Pickett & Block, 1991: 263). 일반적으로 위기관리 정책집행의 주요 활동 주체로는 중앙정부, 지방정부, 민간부문으로 구분할 수 있다. 이들 중 어느 하나라도 위기관리정책의 집행에 참여하지 않을 경우에는 위기관리정책의 집행이 성공적으로 이루어질 수 없는 동시에 위기관리 목표 달성 역시 요원한 일이 되기 때문이다.

1) 중앙정부

위기관리정책을 집행하기 위해 필요한 자원을 가장 광범위하게 가지고 있고, 물리적 강제력과 합법적 권한으로 필요한 강력한 조치를 취할 수 있는 활동 주체는 중앙정부다. 중앙정부가 갖고 있는 자원 중에는 지방정부나 민간부문이 갖고 있지 못한 기술적 전문성을 요하는 자원이 포함되어 있다. 예를 들어, 중앙정부는 태풍, 홍수와 같은 자연재난을 예측하고 탐지할 수 있는 각종 장비와 전문인력은 물론 다양한 잠재적 위기 상황에 광범위하게 이용할 수 있는 장비와 시설도 보유하고 있다(Perry, 1985: 11).

중앙정부는 위기 발생 이후의 대응과 복구를 위한 막대한 재원을 보유하고

15) 집행구조는 참여구성원들에 의해 부분적으로 구성된 '현상학적 행정 단위(phenomenological administrative units)'로 볼 수 있다.

있기 때문에 지원기관으로서의 역할도 수행한다. 지방정부가 자연재난과 인적재난 중 해당 지역과 관련된 사안에 노력을 집중하는 경향이 있는 반면에, 중앙정부는 일부 지역에 국한된 각종 재난 사건은 물론 국가 전체에서 발생하는 모든 자연재난과 인적재난을 다룬다. 또한 중앙정부는 적의 침공으로 인한 전쟁이나 전국 또는 일부 지방의 안녕질서를 위태롭게 할 수 있는 민방위 사태로부터 주민의 생명과 재산을 보호하기 위하여 응급적인 방재, 구조, 복구, 군사 작전상 필요한 노력 지원 등 일체의 자위적 활동을 수행할 책임이 있어서 그 책무는 매우 크다고 볼 수 있다.

2) 지방정부

일상생활에서 발생하는 위기의 대부분은 지방정부 영역에서 발생한다. 지방정부야말로 위기관리 정책집행의 최일선에 있고, 시민들이 위기 대응의 일차적 역할을 할 것을 요구하기 때문에 위기 상황을 직접적으로 다루게 된다(Kreps, 1991: 30; 김영규, 1995: 207). 시민들은 위기 발생 시에 가장 먼저 자신이 살고 있는 지방정부가 위기에 시기적절하고 보다 잘 조정된, 그리고 포괄적인 대응을 해줄 것을 기대하고 또 의존한다(Hy & Waugh, 1990: 21).

그러므로 지방정부는 위기 발생을 억제하거나 예방을 하는 위기 예방과 실제 위기 발생 시를 대비하는 비상계획 수립이나 경보 체계 정비 혹은 설치와 같은 위기 대비 활동을 직접 실시하는 주체로서의 역할을 수행한다. 또한 지방정부는 위기 복구과정에서 재난의 직접적인 피해자면서 동시에 복구 주체로서 역할을 해야 한다. 이 과정에서 지방정부는 인접 지방정부와의 협조를 통해 위기관리에 필요한 인적·물적 자원을 조달하거나, 상급 지방정부나 중앙정부에 지원을 요청하기도 한다. 지방정부는 위기관리 정책집행의 전 과정에 걸쳐 일차적이고 실질적인 역할을 수행하는 주요 활동 주체다.

3) 민간부문

위기관리 정책집행 과정에서 활동하는 민간부문은 크게 두 가지로 구분해서 살펴볼 수 있다(Perry, 1985: 13). 첫째, 위기관리 국면에서 역할을 수행하기 위한 조직이다. 적십자(Red Cross), 구세군 재난구호팀(Salvation Army Disaster Relief Program), 민간 탐색구조 단체들이 이에 해당한다. 둘째, 평소에는 위기관리와 관계없는 일상 업무를 수행하다가 위기 발생 시에 위기관리에 필요한 장비나 전문성을 지니는 조직이 있다. 예를 들면, 대형 인적재난이 발생하는 경우 불도저나 굴삭기 등의 중장비를 운용하는 건축이나 건설 관련 기업이 있다. 이러한 민간부문 조직은 일부 지역에 국한된 것으로부터 전국적인 네트워크를 갖춘 것까지 광범위하게 확산되어 있다. 이들은 주로 위기 대응 및 위기 복구 단계에서 중요한 역할을 수행한다.

또한 위기 상황에서 민간 자원봉사자도 중요한 민간부문 자원이다. 민간 자원봉사자의 경우에는 종종 해결하기 어려운 딜레마 상황에 부닥치기도 한다. 예컨대, 민간 자원봉사단체들은 한편으로는 정부의 정규 구조 팀을 보완하고 도와줄 수 있다는 장점이 있다. 하지만 자원봉사자들의 활동이나 임무 부여, 통제 등의 문제와 관련하여 자원봉사자를 누가 통제하고 어떻게 명령을 하느냐 하는 지휘, 관리상의 문제, 과도하게 많은 자원봉사자의 도움을 조정하는 문제 등이 있다. 따라서 위기관리 정책집행구조에서는 민간부문에 대한 이해와 관리를 하는 것이 필요하다(Pijnenburg & Duin, 1991: 55; 중앙일보, 1995.7.21: 10).

이러한 민간부문에는 건설회사, 화학회사, 자원봉사자, 자원봉사조직 등이 포함된다(Gillespie, 1991: 71). 건설회사 중장비는 재난이 발생한 이후에 도로를 청소하는 경우 혹은 부서진 건물이나 시설물의 잔해를 제거하는 데 필수적인데, 그와 같은 장비를 운영하기 위해서는 전문적인 훈련이 요구된다. 따라서 위기 발생 이전에 이들 장비를 운영하는 건설회사와 협조 및 조정 노력을 기울이는 것이 필요하다. 또한 공공부문의 외부에 위치해 있으면서 효과적인 구조 지원 활동을 수행하는 집단들과 함께 위기관리 활동을 수행할 기회를 지닐 수 있는 연계 활동을 하는 것이 필요하다(Pickett & Block, 1991: 284). 특히, 비영리조직들(not-for-profit organizations)은 대부분 모든 지역의 재난 네트워크에 있어서 중심 활동가로 활동하고 있다.[16]

16) 이 중 적십자(The Red Cross)는 공공교육, 재난 대응 능력 평가, 지역 조정 등과 같은 역할을 수행하는 대표적인 민간부문 조직이다(Gillespie, 1991: 56).

위기 상황에서 활동하는 민간부문의 응급집단 유형을 살펴보면 다음과 같다(Stallings & Quarantelli, 1985: 94-95).

첫 번째 유형은 '피해평가 그룹(damage assessment groups)'이다. 이 그룹은 종종 공무원들에게 실제 재난으로 인한 피해의 정도와 피해 위치에 관한 정보를 제공한다. 이러한 기능을 수행하는 그룹으로는 재난 피해 영향 직후 탐색·구조 활동을 수행하는 집단, 피해 시설과 건물을 확인하거나 혹은 위기가 발생한 기간 이후에 실종자 명단을 작성하는 시민집단 등이 있다.

두 번째 유형은 '운영 그룹(operations groups)'이다. 예를 들면, 식량과 의복을 수집하여 재난희생자에게 분배하거나, 재난 발생 직후 거리의 잔해물들을 청소하거나 혹은 아마추어 무선 통신망(HAM)이나 시민 라디오망을 통해 지원 메시지를 전달하는 응급집단(emergency group)이 있다.

세 번째 유형은 매우 오랜 기간에 걸친 재앙적인 위기 상황에서 나타나는 것으로서, 임시적인 시민위원회의 형태를 띤 소위 '조정 그룹(coordination groups)'이다. 조정 그룹은 즉각적인 재난 평가나 운영 활동보다는 방향의 설정, 영역 분쟁의 해소, 지역 전체의 책임 부과와 같은 일에 보다 더 많은 관련성을 지니고 있다. 조정 그룹은 위기 발생 지역에서 세 가지 기능을 주로 수행한다; 첫째, 위기관리 쟁점과 관련된 시민의 주요 관심사를 확인하고 공표한다. 둘째, 위기관리 정책집행의 예방, 대비, 대응, 복구에 필요한 자원봉사 인력을 제공해 준다. 셋째, 민간 영역은 위기관리 정책집행 시의 문제점을 해결하는 데 필요한 물적 지원과 기술 지원을 해주고 있다(Perry, 1985: 14).

이들 민간 영역집단이 지니는 특성은 다음과 같다(Stallings & Quarantelli, 1985: 95). 첫째, 민간집단의 규모는 상당히 다양함에도 불구하고 대부분은 소수의 사람들로 구성되어 있기 때문에, 거의 언제나 우리(we-ness)라는 의식을 지니고 있다.

둘째, 민간집단은 구조적으로 획일적인 경향이 있어서 상하 간에 수평적 계층제를 지니고 있다.

셋째, 응급집단의 구조는 그들이 수행하는 과업과 밀접하게 연결되어 있다. 예를 들어, 만일 한 집단이 전화 구호 요청을 접수하는 일을 하면, 그 구조는 전화에 응답하는 사람과 접수된 정보를 대조하는 사람, 그리고 전체 운영 상황을 느슨하게 감독하는 한두 명의 사람들로 구성된다.

넷째, 많은 응급시민집단은 몇 시간 혹은 며칠 동안 단기간만 존재한다는 특성을 지닌다.

제 4 장

정부 위기관리 서비스와 불확실성

제 1 절 시장 실패와 정부의 위기관리 서비스

1 시장 실패의 유형과 정부 개입

시장의 실패(market failure)란 시장 메커니즘으로는 효율적인 자원 배분이 이루어질 수 없는 경우를 의미한다. 자원 배분의 효율성이라는 이상적인 결과는 완전경쟁을 전제로 한다. 이러한 완전경쟁이 전제되지 않는다면 시장에 의한 자원 배분이 효율성을 가진다는 명제가 무너질 수밖에 없다(최병선, 1998: 66). 이것을 시장의 실패라고 하고 완전경쟁이 이루어지지 못하게 만드는 요인을 시장 실패 요인이라고 한다. 이러한 시장 실패 현상이 나타나게 되는 원인에는 불완전경쟁, 정보의 불충분성, 공공재, 외부효과, 불완전한 시장, 실업 등이 있다(Stiglitz, 1986:

84–93). 그러나 이들 다양한 원인 중에서 국민의 생명과 재산, 건강을 보호하기 위한 서비스를 시장보다는 정부가 제공하는 직접적인 이유로는 외부효과의 존재, 공공재, 불완전한 정보를 들 수 있다(이재은 외, 2006: 33–34). 그리고 위기관리 서비스 제공 시장이 존재하지 않는 것도 이유가 된다. 이들 이유로 말미암아 정부는 위기관리 서비스를 시장 기능에 맡기기 보다는 규제나 직접적인 활동을 통해 수행하는 이유를 살펴보면 다음과 같다.

첫째, 외부효과(externalities)란 어떤 경제 활동과 관련하여 다른 사람에게 의도하지 않은 혜택이나 손해를 가져다 주면서도 이에 대한 대가를 받지도 않고 비용을 지불하지도 않는 상태를 말한다(김동건 외, 1986: 96). 외부효과가 존재하는 경우, 시장은 효율적으로 자원을 배분하는 데 실패한다. 외부효과는 다른 사람에게 혜택을 주면서도 대가를 받지 못하는 외부경제(external economy) 혹은 이로운 외부효과(positive externalities)가 있다. 만일에 내가 집 앞에 아름다운 정원을 가꾼다면, 내 이웃들은 아름다운 정원을 바라봄으로써 혜택을 얻을 것이다. 그리고 사과 과수원은 양봉업자에게 이로운 외부효과를 줄 수 있으며, 기울어져 가는 이웃한 집을 재건축하는 사람은 자신의 이웃에게 이로운 외부효과를 제공하는 것이다(Stiglitz, 1986: 88). 이와는 달리 다른 사람에게 손해를 입히면서도 대가를 지불하지 않는 외부비경제(external diseconomy) 혹은 해로운 외부효과(negative externalities)가 있다. 예를 들어, 어떤 공장이 폐수를 배출함으로써 하천이나 바다를 오염시켰다고 가정하자. 하천이나 바다가 오염되면 물고기를 양식하는 사람들의 소득이 줄어들 수밖에 없지만, 폐수를 배출한 공장은 그에 대해 어떠한 대가도 지불하지 않는 해로운 외부효과를 주는 것이다(하연섭, 1997: 78–79). 그리고 건설회사가 안전한 건축물을 만들 때 그것이 어느 정도 안전한 것인지 혹은 어떤 공법을 사용해야 안전한지 등에 대한 기술적인 기준이나 건축 공법이 완전하지 않는 상태 때문에 또는 건축과정상의 실수나 비용절감 시도 하에서 신기술 적용으로 인해 건축물이 붕괴되어 사상자가 발생했다면 이는 의도성 여부를 떠나 기술적인 문제로부터 사회적 손실, 즉 해로운 외부효과를 발생시킨 것이다. 따라서 이 같은 외부효과의 존재로 시장은 안전관리 서비스 제공에 실패하게 되고 이로 인해 정부의 규제나 직접적인 활동이 정당화된다(이재은 외, 2006: 34).

둘째, 공공재(public goods)는 사적재와 비교해서 소비에 있어서의 비경합성과 배제불가능성, 공공재 생산의 항시성 때문에 시장의 실패를 초래한다(하연섭, 1997: 75-77; 최병선, 1998: 76-77). 먼저, 소비에 있어서의 비경합성(nonrivalness)이란 일단 공공재가 공급되었을 경우 추가적으로 다른 한 사람이 공공재의 소비에 참여하는 데 드는 한계비용이 없다는 것이다. 예를 들어, 오늘 100명이 더 태어났다고 해서 내가 위기관리 서비스로부터 받는 혜택이 줄어들지는 않는 것이다. 다음으로, 공공재의 중요한 특성은 어느 누구도 그것의 소비로부터 배제될 수 없다는 배제불가능성(nonexcludability)이다. 공공재의 경우에는 소비를 위하여 대가를 지불하지 않은 사람이라도 소비에서 배제할 수 있는 방법은 존재하지 않는다. 이러한 배제불가능성의 특성으로 인해 개별 소비자의 입장에서는 대가를 지불하지 않고서도 공공재로부터 나오는 혜택을 향유할 수 있기 때문에, 구태여 공공재에 대한 자신의 선호나 수요를 드러내어 공공재의 공급에 필요한 비용을 부담할 이유가 없게 된다. 공공재에 대한 수요를 드러내지 않고 일단 공급된 공공재를 소비하고자 하는 무임승차자의 문제(free rider problem)가 나타난다. 그러나 모든 사람들이 무임승차자가 되려고 한다면 공공재는 아예 공급될 수 없을 것이다. 생산자의 입장에서도 공공재를 공급한 후에 대가를 지불하지 않는 사람을 배제시킬 수 있는 방법이 없기 때문에 공공재에 대한 가격을 매기는 것 자체가 불가능하다. 따라서 이윤극대화를 추구하는 기업은 공공재를 공급하지 않으려 할 것이다. 마지막으로, 공공재의 경우에는 설령 배제가 가능하다 하더라도 그것이 바람직하지 않다. 왜냐하면, 배제할 수 있는 방법이 있다 하더라도 추가적으로 한 사람을 더 소비행위에 참여시키는 데 많은 비용이 소요될 수밖에 없으므로, 대가를 지불하지 않은 사람을 구태여 배제시킬 이유가 없기 때문이다. 또한 공공재는 생산과 소비가 보통 동시적으로 이루어지고 따라서 축적되지 않기 때문에 공공재 생산의 항시성이라는 성격을 갖고 있다(최병선, 1998: 76-77). 예를 들면, 국방을 위해서는 무기의 생산과 병력의 유지가 필요하지만 이것이 목표로 하는 것은 국민에 대한 국방 서비스이지 무기 생산 또는 병력의 유지 그 자체가 아니다. 공공 서비스가 이와 같이 그것이 생산되자마자 곧 소비되는 성격을 갖고 있다는 것은 공공재의 생산이 항시적으로 이루어져야 함을 의미한다. 다시 말하면, 국방이라는 공공재의 수요가 있는 한 그것의 공급이 어느 날에는 이루어지고 어느 날에는 이루어지지 않아도 되는 것이 아니다. 이것은 역시 축적은 되지 않지만 수요가 있을 때에만 생산 공급되는 민간 서비스의 경우와 크게 다른 점이다. 결국, 공공재의 공급은 정부에 의존할 수밖에 없는데, 공공재의 공급을 정부가 담당할 수 있는 중요한 이유는 정부의 강제력에 근거하여 공공재 공급을 위한 비용을 분담시킬 수 있기 때문이다. 정부가 공공재를 공급하는 경우 공공재에 대한 선호 혹은 수요의 파악은 정치적인 과정을 통해서 이루어지게 된다.

셋째, 불완전한 정보(imperfect information)의 문제로 인해 시장 실패 현상이 나타난다. 완전경쟁 시장에서는 시장정보가 완전하다는 가정에서 출발하고 있으나 정보만큼 불완전한 것은 아마도 없을 것이다. 예를 들어, 정보가 완전하고 충분하다고 한다면 불량식품, 안전하지 못한 가전제품이 시장에서 활개를 칠 수 없다. 실속없는 각종의 건강식품, 운동기구, 자가 치료기구 등이 만연될 수도 없다(최병선, 1998: 70). 따라서 시장이 완전경쟁 하에 있기 위해서는 모든 소비자가 시장에 존재하는 재화와 그 가격에 대해서 완벽한 정보를 가지고 있어야 하며, 생산자 또한 시장에서 재화를 판매할 수 있는 모든 기회와 생산기술에 대해서 완벽한 정보를 가지고 있어야 한다. 그리고 소비자나 생산자 모두 이러한 완벽한 정보를 획득하는 데 전혀 자원이 소요되지 않아야 한다. 그러나 현실적으로 완벽한 정보가 존재하는 것이 불가능할 뿐만 아니라 유용한 정보를 획득하는 데 막대한 시간과 노력이 소요되는 것 또한 사실이다. 나아가 비록 완벽한 정보가 존재한다 하더라도 그러한 정보에 따라 모든 자원이 자유롭게 이동할 수 있어야만 가격이 자원을 효율적으로 배분할 수 있을 것이다. 그러나 현실적으로 자원의 완벽한 이동 가능성 또한 존재하지 않는다. 따라서 정보의 부재, 값비싼 정보, 혹은 불완전한 자원의 이동성으로 인해 시장의 실패가 발생하게 되는 것이다(하연섭, 1997: 80). 예를 들면, 기업가가 투자에 대한 결정을 내릴 때 미래의 수익성을 알 수 없기 때문에 비효율적인 투자를 하게 될 수 있다. 안전관리면에서 건축업자는 자신이 정당한 공정이나 공법으로 건축을 했을 때, 어느 정도 수익이 보장될 수 있는지의 여부를 확신하지 못하거나 부실공사를 함에도 불구하고 건물이 일정기간 내에 붕괴할 가능성이 없다는 주관적 판단을 내리는 경우에는 부실공사를 하게 되는 유인을 얻을 수 있다. 이와 동시에 건축업자는 자신의 불확실성을 회피하기 위해 정보를 수집함으로써 다른 경제 주체와 차별적인 정보를 지니게 되고, 이로부터 도덕적 해이(moral hazard) 현상이 나타날 수 있다(Arrow, 1990:

242−252). 이와 같이 일상생활에서 필연적으로 부딪치게 되는 정보의 불확실성 내지 정보의 차별성 역시 자원 배분의 비효율성을 가져오게 되어 시장의 실패를 가져오고, 이를 방지하기 위한 정부의 개입이나 활동의 필요성이 제기된다(이재은 외, 2006: 35−36).

넷째, 시장에서 자원이 효율적으로 배분되기 위해서는 모든 재화에 대해서 시장이 존재하고 그에 따라 가격이 형성되어야 한다. 그러나 어떤 재화에 대해서는 시장이 아예 존재할 수 없는 경우가 있다. 보험을 예로 들어보자. 보험이란 미래의 불확실성에 대처하기 위한 하나의 방법이라고 할 수 있다. 재난보험만을 전문적으로 취급하는 보험회사를 설립하여 성공할 수 있을까를 생각해 보자.[1] 초기에는 재난보험 사업이 성공하는 것처럼 보일 수 있지만, 파산에 직면할 가능성이 크다. 그 이유로는 세 가지를 들 수 있다; 첫째, 재난보험에 가입한 사람들은 미래에 대규모 재난 피해를 입을 가능성이 매우 높은 사람들일 것이다. 둘째, 재난보험에 가입한 사람들은 미래의 재난 피해에 대해 보험을 가입하였기 때뮤에 재난에 보다 효율적으로 대처하기 위한 별도의 노력이나 투자를 하지 않을 것이다. 셋째, 재난으로 인해 발생한 피해의 규모가 매우 크고 대상자도 많을 것이기 때문이다. 이들 이유 중에서 첫째, 대규모 재난 피해를 입을 가능성이 높은 사람들만이 보험에 가입하려는 경향이 높은 역선택(adverse selection) 현상[2]이 나타나기 때문이다. 둘째, 일단 보험에 가입한 사람은 불행을 미연에 방지하기 위하여 최선의 노력을 기울이지 않는 경향, 즉 도덕적 해이(moral hazard) 현상이 있기 때문이다. 해링턴(Harrington, 2000: 41)에서는 손실 발생 이전(사전적 측면)과 손실 발생 이후(사후적 측면)에 재난보험에서 나타나는 도덕적 해이를 설명하고 있다(여차민, 2010: 247−248). 즉, 사전적 측면에서의 도덕적 해이란 손실 발생을 억제하기 위해서 예방 조치를 취하지 않거나 위험한 행동을 하는 것을 말한다. 사후적 측면에서의 도덕적 해이란 손실이 발생하였음에도 불구하고 손실을

1) 하연섭(1997: 80−81)에서는 빈곤보험을 예로 들어 역선택과 도덕적 해이 현상으로 인한 시장의 부재를 설명하고 있다.

2) 역선택은 거래의 쌍방 가운데 어느 한 사람이 다른 사람의 모르는 특성 정보를 가지고 있음으로 인해, 정보를 갖지 못한 측의 입장에서 볼 때 바람직하지 못한 상대방과 거래를 할 가능성이 높아지는 현상을 의미한다. 역선택 문제를 극복하기 위해서는 여러 가지 방법이 있겠지만 일반적으로 알려져 있는 방법으로는 신호보내기(signaling)와 선별행위(screening)가 있다(이영환, 2003; 오금호, 2007: 79).

저감시키기 위한 적절한 조치를 취하지 않는 행동을 말한다. 셋째, 피해의 광범위성과 대규모성으로 인해, 일단 대규모 피해가 발생하면 보험회사의 지불 능력을 초과 현상이 나타나기 때문이다. 이들 이유로 인해 아예 시장이 존재하지 않는 경우에는 정부가 개입할 수밖에 없을 것이다.

2 위기관리 정부 실패 가능성

위기관리 서비스의 제공은 외부효과의 존재, 공공재적 성격, 그리고 불완전한 정보(imperfect information)로 말미암아 정부 규제나 정부 활동의 정당성이 주어진다. 이러한 관점에서 보면, 정부의 포괄적인 위기관리 서비스의 제공뿐만 아니라 위기관리의 사전 예방적 성격을 지니고 있는 예방정책의 일환인 시설물 안전진단에 관한 정부 규제의 정당성이 있는 것이다. 그러나 이 책에서 다루고 있는 시설물 안전진단에 대한 정부의 직접적 활동이나 개입은 다음과 같은 이유들로 인해 정부 실패(government failure) 또는 비시장 실패(nonmarket failure)를 가져올 수 있다.

첫째, 시장 실패를 교정하기 위한 정부의 개입(government intervention)이 처음 의도한 바와는 거리가 먼 예기치 못한 부작용, 즉 파생적 외부효과(derived externalities)를 만들어 냄으로써 비시장 실패 또는 정부 실패가 발생한다[3](Wolf, 1988: 77). 따라서 위기관리 서비스를 정부가 직접 제공하거나 독점적으로 제공하는 것이 바람직하지 않게 된다.

둘째, 정부가 제공해야만 하는 안전관리 서비스의 내용과 범위는 대단히 포괄적이고 다양하다. 그렇기 때문에 정부는 안전관리 서비스를 효과적으로 제공하는 데 있어서 능력의 한계를 노정하게 되고, 이로 말미암아 안전관리 또는 위기관리 서비스에 대한 정부의 독점적 제공은 현실적으로 불가능하고 또 불필요

3) 울프(Wolf, 1988: 62-84)는 비시장 수요와 공급의 특징들로부터 비시장 실패의 네 가지 중요한 원천, 즉 비용과 수입의 분리, 내부성(internalities)과 조직 목표, 기관의 극대화 목표들, 그리고 파생적 외부효과를 제시하고 있다.

하다.

셋째, 로우드(Rhoods, 1983: 66)의 지적처럼 정부가 현재 서비스를 제공하고 있거나 제공해야만 하는 경우에 조차도 공공재가 만사가 아니며, 또한 작고 효율적인 정부를 지향하고 있는 정부 정책에서 볼 때에도 정부의 직접적이거나 독점적인 서비스 제공은 바람직하지 않다.

3 공공재의 특성과 유형

시장에 의해 공급되지 못하거나 또는 공급된다 할지라도 불충분하게 공급되는 재화가 있다. 대규모 사례로는 국방(national defense)이 있고, 소규모 사례로는 항로 지원용 등부표(light buoy)가 있다(Stiglitz, 1986: 87). 이들 재화는 사적재가 배제성과 경합성의 성격을 지니고 있는 것과 달리 비경합성과 배제불가능성을 지니고 있는 대표적인 공공재 유형이다. 그러나 공공재는 소비에 있어서의 비경합성과 배제불가능성 이외에도 몇 가지 부가적인 특성을 지니고 있다(하연섭, 1998: 90-91).

첫째, 모든 사람들이 동일한 양의 공공재를 소비하기는 하지만 공공재로부터 얻게 되는 편익이 모든 사람들에게 동일한 것은 아니다. 등대를 이용하는 선박이 등대로부터 얻게 되는 편익은 등대가 설치되어 있는 항로를 얼마나 자주 운항하는가 혹은 선박이 운반하고 있는 재화의 가치가 얼마나 되는가에 따라 각각 달라질 수 있다.

둘째, 공공재인가 아닌가 하는 문제는 절대적인 기준에 따라 정해지는 것이 아니라 시장의 조건이나 기술발달의 정도에 따라 달라진다. 공공재 혜택에 대한 대가를 지불하지 않은 사람을 저렴한 비용으로 배제시킬 수 있다면 공공재의 범위가 달라질 수 있음을 의미하는 것이다.

셋째, 소비에 있어서의 비경합성과 배제불가능성이라는 두 가지 기준을 완벽하게 만족시킬 수 있는 재화를 순수공공재(pure public goods)라고 한다. 그러나 순수공공재는 현실적으로 그렇게 많지 않다.

넷째, 순수공공재는 소비에 있어서의 비경합성과 배제불가능성을 특징으로 하지만, 비경합성과 배제불가능성이 언제나 동시에 존재하는 것은 아니다.

다섯째, 정부는 공공재만 공급하고 민간부문은 사적재만 공급하는 것은 아니다. 정부에 의해서 공급되는 사적재의 예는 얼마든지 있다. 주택이나 의료 서비스 등은 사적재이면서도 정부에 의해 공급되는 경우를 흔히 볼 수 있다.

여섯째, 공공재로부터 발생하는 편익의 범위는 다양하다. 국방은 한 나라 국민이 공유하지만, 세계 평화의 유지는 세계 모든 사람들이 그 혜택을 받는 공공재이다. 반면에 치안과 소방 등의 혜택은 특정 지역에만 국한되는데, 이렇게 특정 지역에 거주하는 사람들에게만 그 편익이 미치게 되는 공공재를 지역공공재(local public goods)라고 한다.

앞서 살펴본 바와 같이, 일반적으로 재화와 서비스를 제공하는 주체를 크게 공공부문과 민간부문으로 구분하였는데, 이것이 명확하게 구분되는 것은 아니다. 공공부문과 민간부문 중간 영역에서 제공되는 여러 가지 형태의 재화와 서비스가 존재하는데 이를 비순수공공재라고 할 수 있다(최선우, 2008: 66). 비순수공공재(impure public goods)는 소비에 있어서의 비경합성과 배제불가능성의 두 가지 특성 중 어느 한 가지 특성만을 가지고 있는 경우라고 볼 수 있다(하연섭, 1998: 93).

표 4-1 재화의 종류

구 분		소비에 있어서의 경합성 여부	
		경합성(rivalness)	비경합성(non-rivalness)
배제 가능성 여부	배제가능 (excludability)	사적재(private goods) 예: 신발, 의류 등	요금재(toll goods) 예: 극장, 유료 통행료 등
	배제불가능 (non-excludability)	공유재(common-pool goods) 예: 공공 낚시터, 유전 등	공공재(public goods) 예: 국방 등

자료: Savas(1994); Krahmann(2008); 최정택 · 김성준(2009: 198); 하연섭(1998: 93)에서 수정.

순수공공재는 그 성질상 소비자가 자신의 참된 선호를 감추어 두고 생산비의 부담을 피하면서, 일단 제공된 공공재의 사용에는 무료로 편승하려는 무임승차자(free rider)가 되려는 성향이 있다. 생산된 재화가 순수공공재의 성질을 가지고 있다면 무임승차자를 배제하기도 어렵지만, 일단 무임승차자가 편승을 하여도 생산비를 부담하고 그 재화를 소비하는 유임승차자의 혜택은 소비의 합치성과 배제불가능성에 의해서 줄어들지 않으므로, 최소한 소비에 있어서의 손실은 발생하지 않는다고 볼 수 있다. 그러나 일반적으로 순수공공재는 아주 예외적이고 대부분의 공공재는 순수사적재(pure private goods)와 순수공공재의 중간 형태인 비순수공공재(impure public goods)이다. 비순수공공재는 소비자가 많아져서 어느 일정한 숫자 이상이 되면 순수공공재와는 달리 혼잡(congestion)이 발생하게 되어 그만큼 소비의 혜택도 줄어들게 된다. 이러한 경우에 혼잡을 방지하기 위하여 경비를 부담한 회원에 한해서만 시설을 사용할 수 있도록 하는 골프장이나 헬스클럽과 같은 클럽(club)을 형성하게 된다. 비순수공공재의 대표적인 예인 고속도로에서 통행료(toll)를 받는 것도 일종의 일시적인 클럽의 형성으로 볼 수 있다(소병희, 1993: 76). 이처럼 소비에 있어서 비경합성이 존재하지만 소비에 대한 대가를 지불하지 않은 사람을 배제할 수 있는 재화를 요금재(toll goods)라고 한다.

요금재와는 반대로 소비는 경합적인 데 반하여 대가를 지불하지 않았다고 해서 소비자를 배제할 수 없는 재화, 즉 공유재(common-pool resources)가 있다. 공유재의 예로는 낚시터, 유전, 지하수, 목초지 등을 들 수 있다. 낚시터의 경우 사설 낚시터가 아닌 이상 낚시하는 행위를 금지할 수는 없다. 반면에 추가적으로 한 사람이 더 낚시를 하게 되면 다른 사람들이 잡을 수 있는 고기의 양은 줄어들 수 밖에 없게 된다. 그런데 대가를 지불하지 않은 사람을 배제할 수 없다는 사실은 곧 사람들이 공유재를 사용하는 데 비용이 들지 않는다는 것을 의미한다. 사람들은 재화로부터 얻게 되는 한계 편익이 재화의 가격과 일치되는 점까지 소비행위를 계속하므로, 결국 자원이 고갈될 때까지 사람들은 공유재를 사용하게 될 것이다. 이에 따라 공유재에 있어서는 개인 효용의 단기적인 극대화와 장기적인 극대화 간에 갈등이 발생하게 되는 공유의 비극(the tragedy of the commons) 현상이 나타나게 된다. 이에 공유재의 효율적인 사용을 위해서는 정부의 개입이 필요하게 되는 것이다. 정부는 개인 간, 그리고 시간의 흐름에 따른 자원의 사용이나 소비를 규제함으로써 집단구성원 공통의 장기적인 이익을 극대화할 수 있는 것이다(하연섭, 1998: 96-97).

4 공공재의 공급 수준

정부가 수행하는 주요한 경제적 역할 중의 하나는 정치적 기구를 통해 공공재를 포함한 여러 가지의 재화와 서비스를 생산·공급하는 일이다. 그런데 대의 민주제 하에서는 행정부서, 즉 관료가 공공재의 직접 생산자로서의 역할을 수행하며, 정치권력(정부)은 직접 수요자로서의 역할을 수행하게 된다. 이 과정에서 관료와 정치인들은 자신들의 이익을 위해서 공공재의 공급을 늘려 영향력을 극대화하려는 경향이 있다. 관료들의 이러한 행동 방식은 재정 규모 팽창의 주요 원인의 하나로 자리 잡고 있다(송하성, 1999: 139).

정부가 어떤 정책을 추진하는 방법에는 첫째, 직접 자금을 투입하고 직접 사업을 시행하는 방법, 둘째, 정부는 자금만 지원해 주고 시행은 민간이 하는 방법, 셋째, 자금제공 없이 민간이 정부의 시책에 따라 오도록 규제하는 방법 등이 있다. 우리나라 정부는 조세 수입을 거둬서 예산으로 지출하는 것은 최소화하고, 그 대신에 기업의 활동에 직·간접적으로 개입을 하는 방식을 취했다. 그러다 보니 한국 정부는 기업에 대해 막강한 권력을 갖고 있었던 것이 과거의 역사이고 현재도 여기서 크게 벗어나지 않는다. 이런 측면에서 한국 정부는 강한 정부이다. 예산 규모는 작은 편이지만 영향력에 있어서는 대단히 큰 정부가 아닐 수 없다.

우리 정부는 투자에다 자원을 몰아주기 위해 작은 예산으로 강한 정부를 운영하였다. 그러자니 정부는 경제성장을 위하여 급하다고 생각되지 않는 부문에는 미처 자원을 할당할 여력도 의지도 없어지게 된다. 그 결과 선진국에서는 공공부문으로 포함되는 중요한 영역들이 우리나라에서는 사적 부문에 남아 있게 된다. 교육, 복지, 문화가 가장 대표적이다. 즉, 경제성장을 위해 각광을 받는 부문에는 집중투자가 이루어지고 그렇지 않은 부문에는 투자가 이루어지지 않았다. 그런데 소외된 부문들을 자세히 들여다보면 대부분 가치재(mert wants)에 해당하는 것들이다(배득종, 1996: 84-85). 정부의 연구·개발(R&D) 투자 또한 단기적으로 시장에 내놓을 수 있는 제품개발에 집중되어 부처이기주의가 만연해 있다는 비판을 받고 있다. 또 국민의 삶의 질을 높이는 분야에 대한 투자는 미흡하다는 지적도 뒤따랐다. 2008년 기준으로 우리나라 전체 연구·개발 투자 규모는 국내총생산(GDP) 대비 전체 경제협력개발기구(OECD) 회원국 가운데 4위 수준으로 양적 성장은 이루었지만, 내실을 기하지 못했다는 지적이다. 특히, 국민의 삶의 질과 관련한 정부 연구·개발 투자가 선진국에 비해 낮으며, 질병 치료 및 식품안전 등 국민 보건, 재난 등 국민 안전에 대한 필요에 부응하는 과학기술 투자가 부족하고, 미래의 경제·사회적 이유 해결을 위한 연구·개발도 소홀한 실정이다(한겨레, 2016.9.1: 16).

그 중에서도 공공재의 공급 가능성 수준을 유형화하면(<표 4-2> 참조), 먼저 공공재를 공급하는 관료(부처)의 권력이 약하고 해당 공공재에 대한 수요와 소비가 이루어지는 범위가 제한적인 경우에는 과소 공급될 수 있다. 예를 들면, 제한된 지역을 대상으로 하는 위기관리 서비스나 소방 서비스의 경우에는 지역 공공재 특성으로 인해 서비스가 불충분하게 제공될 가능성이 있는 것이다.

둘째, 공공재에 대한 수요나 소비의 범위는 지역에 한정되지만, 해당 공공재를 공급하는 관료나 부처의 권력이 강한 경우에는 공공재의 과다 공급 가능성이 있다. 또한 이 경우에 공공재에 대한 소비자의 만족도가 떨어지거나 좀 더 질 좋은 서비스를 원하는 수요가 있을 경우에는 준공공재나 사적재를 통해서도 서비스 공급이 이루어질 수 있다. 치안 서비스로서의 경찰 서비스는 일정 지역을 중심으로 이루어지기 때문에 일반적인 공공 서비스의 성격에 덧붙여서, 편익의 공간적 한계를 지니는 지방재적 성격과 공동소비에 있어서 혼잡발생의 특징을 갖는다. 대부분의 공공 서비스의 경우 공간적 편익 지역은 한정되어 있어 그 지역 주민에게만 혜택이 돌아가게 된다. 경찰 서비스에 있어서 일반적 서비스 대상은 관할 구역의 지역주민을 중심으로 이루어지게 된다. 또한 소비자가 증가함에 따라 소비자가 받는 혜택의 질이 떨어지게 되는 경우가 발생하게 된다. 경찰 서비스가 비록 공공 서비스로서의 성격을 가지고 있지만, 관할 구역의 인구 증가 및 주민의 경찰 서비스 요구의 증대는 경찰 활동에 있어서 혼잡 발생을 가져다 줄 수 있다(최선우, 2008: 69-70).

셋째, 공공재를 공급하는 관료나 부처의 권력이 약하지만 공공재에 대한 수요나 소비의 범위가 많고 넓은 경우에는 공공재가 과다 공급될 가능성이 있다. 이는 공공재에 대한 수요를 지니거나 소비를 하는 광범위한 이해관계집단의 여론이나 영향력으로 정치적 의사결정, 해당 부처의 예산액의 극대화 노력 등을 통해 공공재의 과다 공급 가능성이 있게 되는 것이다. 관료는 그 부서가 생산하는 공공재들에 대한 소비자들의 만족을 극대화하는 것이 아니라 그들의 권력을 극대화하려고 하며, 이 경향은 자기 부서에 배정될 예산액을 극대화하는 노력으로 나타난다(송하성, 1999: 143; 송하성, 2000: 156).

넷째, 공공재를 공급하는 관료나 부처의 권력이 강한 동시에 공공재 소비의 범위도 넓고 이해관계자의 영향력도 강한 경우에는 공공재의 과다 공급될 수 있다. 이는 현재 수준의 공공재 공급이 적정한 것이라고 할지라도 서비스 공급의 수준을 더욱 늘림으로써 자신의 권력과 영향력을 극대화하려고 하기 때문이다. 극대화 대상으로 관료들이 확보하려고 하는 예산은 해당 행정부서가 공공재와 서비스를 공급하는 데 드는 총비용보다 많은 것이 상례이고 총비용에 미달하는 경우는 없다(송하성, 1999: 143; 송하성, 2000: 156).

표 4-2 공공재 공급 가능성 수준

구 분		공공재 소비의 범위	
		공공재 소비의 범위 협소 (이해관계집단의 영향력 약함)	공공재 소비의 범위 넓음 (이해관계집단의 영향력 강함)
공공재 공급 관료 (부처)의 권력	권력 약함 (weak)	과소 공급 가능성: 재난관리, 소방	과다 공급 가능성: 도로, 항만
	권력 강함 (strong)	과다 공급 가능성: 치안	과다 공급 가능성: 국방, 규제

제 2 절 불확실성 하에서의 위기관리 역량

1 예방 투자의 회피 성향과 위기관리정책 의사결정

위기관리에 있어서 예방 사업의 중요성은 아무리 강조해도 부족하다. 그러나 예방 사업으로 인해 추가적인 혜택을 받지 못한다면 향후 지방정부는 예방 투자를 회피하게 될 것이다. 예를 들어, 재난 예방을 위한 사업을 무시하였던 지역에서 대규모 재난이 발생하게 되면, 그 피해 규모 또한 커지게 되고 피해 규모에 따라 정부의 지원도 커지게 된다. 결과적으로, 예방 사업을 하지 않은 지역에서 혜택을 보게 되는 것이다. 반면에 부족한 예산이지만 예방 사업을 지속적으로 추진해 온 지역에서는 동일한 재난이 발생하였을 경우에 상대적으로 적은 피해가 발생하게 되고, 결과적으로 정부의 지원 규모도 줄어들게 된다. 이는 결국 예방 사업을 하지 않아도 재난 피해가 발생하게 되면 많은 정부의 지원 및 투자가 이루어지게 되는 결과가 나온다. 이로 인해 정작 사전에 예방 사업에 예산을 투입한 지역에서는 중앙정부의 사후 지원이 줄어들게 되어 지역주민에게는 예방 사업의 필요성과 관심이 오히려 저하되는 결과를 가져올 것이다(오금호, 2007: 80). 물론, 지방정부가 재난 예방 투자에 소극적인 이유의 하나로 지방정부의 열악한 재정 상황을 지목할 수 있다. 그러나 이러한 관점은 열악한 지방재정에도 불구하고 왜 재난 예방 사업에 비해 다른 사업, 가령 도로건설과 같은 사업에 더 많은 투자가 이루어지는가에 대해서는 충분한 설명을 제공하지 못한다. 그렇다면 질문은 지방정부의 열악한 재정 상황의 문제로부터 왜 여타의 사업에 비해 재난 예방 사업에 대한 투자가 적극적으로 이루어지지 않는가의 문제로 전환된다. 위기관리와 관련된 기존의 연구를 보면 지방정부가 재난 예방 투자에 적극적이지 않은 이유를 외부성, 도덕적 해이, 그리고 위기관리 참여자의 비합리적 성향과 같은 유인구조의 문제에서 찾을 수 있다. 그리고 후생경제학적 관점에 따르면 이러한 유인구조의 문제는 규제와 감시 기제로 해결할 수 있다(여차민, 2010: 242).

불확실성은 과거, 현재, 미래의 사건들 또는 가설적 사건의 진행에 관한 확실한 지식이 결핍된 상황이다. 특정한 결정을 내릴 때 직면해야 하는 불확실성의 속성을 보면, 그것은 제거 가능성(removability), 강도(intensity), 적실성(relevance) 등에서 다양한 차이를 보인다(Downs, 1997: 113). 만약 이용 가능한 자료와 정보가 충분히 주어진다면, 대부분의 불확실성은 어느 정도 제거가 가능하다. 그러나 어떤 불확실성은 특정한 상황에 아주 내재적이다. 주민의 생명과 재산, 건강에 대한 위험과 관련된 불확실성을 감소시키기 위해 위기관리를 하는 정부의 입장을 생각해 보자. 정부는 큰 재난으로부터 피해를 줄이기 위해 국민들에게 위기관리 방안을 실시하는 경우에 나타날 수 있는 네 가지 경우를 고려하면 다음과 같다.

첫째, 정부의 위기관리에 대해 주민들이 믿고 대피를 하거나 적절한 조치를 취하는 경우(Ⅰ)에는 인명 피해와 재산 피해 등을 최소화할 수 있으며, 정부의 위기관리정책에 대한 신뢰가 형성되는 긍정적 외부효과가 발생한다.

둘째, 정부의 위기관리에 대해 주민들이 믿고 대피를 하였지만 실제로는 재난이 발생하지 않는 경우(Ⅱ)다. 이때 업무 중단이나 대피과정에서의 혼잡 등으로 인한 사회적 비용이 발생하거나 사회적 불안감이 조성될 수 있다. 그리고 향후에는 정부의 위기관리에 대한 신뢰성이 떨어질 수 있다.

셋째, 정부의 위기관리에 대해 주민들이 믿지 않고 별다른 조치를 취하지 않거나 대피를 하지 않았으나, 실제로는 재난이 발생하는 경우(Ⅲ)에는 막대한 인명 피해와 재산 피해를 입게 될 것이다. 그러나 이 경우에 있어서도 정부가 적절한 대피를 시키지 못하는 경우, 막대한 재난 피해 발생에 따른 비난과 책임으로부터 자유롭지 못하게 될 것이고 정부의 무능력으로까지 비춰질 것이다. 그렇기 때문에 정부 입장에서는 다른 어느 경우보다도 위기관리에 대한 주민의 불신으로 인한 대규모 피해 발생 사태가 발생하는 것을 막기 위해 최대한의 노력을 기울일 것이다(심준섭, 2004: 140).

넷째, 위기관리에 대해 주민들이 믿지 않고 대피를 하지 않았으나 실제로도 재난이 발생하지 않는 경우(Ⅳ)다. 이 경우에는 정부의 위기관리에 대한 주민의 불신의 정도는 더욱 커질 것이다. 이는 향후 대규모 인명 피해와 재산 피해를 가져올 수 있는 유형으로 전환될 수 있기 때문에 적극적인 조치를 취해야 한다.

정부의 위기관리정책 의사결정의 결과를 보면, 재난 발생 여부와 관계없이 국민의 신뢰가 없는 경우에 대규모 인명 및 재산 피해가 발생하거나 혹은 정부의

표 4-3 위기관리정책 의사결정의 결과

구 분		재난 발생 여부	
		재난 발생	재난 부재
위기관리	국민의 신뢰	(Ⅰ) 인명 · 재산 피해 최소화	(Ⅱ) 사회적 비용 또는 불안감
	국민의 불신	(Ⅲ) 대규모 인명 · 재산 피해	(Ⅳ) 정부의 위기관리에 대한 불신

자료: 최진식(2011: 35) 재구성.

위기관리에 대한 불신으로 말미암아 향후에도 대규모 피해가 발생할 것으로 예측된다. 따라서 정부의 위기관리정책을 추진하기 위한 행정 역량과 함께 정부 위기관리에 대한 국민의 신뢰를 확보하는 것이 필요한 것으로 나타났다. 위기관리정책에 대한 국민의 신뢰 확보를 위해서는 정부의 위기관리 활동에 대해 적극적으로 참여하고 자율적으로 위기관리 활동을 전개하는 것이 요구된다.

2 행정 역량과 참여 · 자율 역량

정부가 위기관리 예산 지원을 함에 있어서 위기관리 주체들의 예방 노력에 대한 정보가 없을 경우, 예방 투자 노력에 대한 정보를 가지고 있는 위기관리 주체들은 예방 투자의 노력에 대한 인센티브가 없기 때문에, 재난이 발생하여 복구를 수행하는 일련의 업무 절차만 반복할 뿐 예방 투자나 해당 지역의 취약성에 대한 개선 방안을 고민할 필요성이 없어지게 된다. 이 같은 현상은 역선택 현상이라고 볼 수 있다. 결국 지방정부는 단기적이고 지엽적인 이익을 위하여 행동을 하게 되지만, 전체 사회에서는 예방 사업을 위한 투자가 저조하게 되어 사회적인 안전망이 파괴되는 도덕적 해이 현상에 직면하게 될 것이다. 즉, 지방정부의 행동에 있어서 지역적인 이익을 추구하지만 전체적인 차원에서 안전이라는 공공재를 확보하는 데 있어서는 손실을 가져다 줄 수 있다는 가능성을 내포하고 있다는 것을 의미한다(오금호, 2007: 81). 여차민(2010: 246-248)에서는 지방정부가 재난 예방 사업에 적극적으로 투자하지 않는 이유를 외부성과 도덕적 해이, 위기관리 주체의 비합리적 성향 등과 같은 위기관리의 특성에서 비롯되는 유인구조의 문제에서 찾고 있다.

따라서 위와 같은 다양한 이유들로 인해 발생하게 되는 불확실성을 전제로 하는 정부의 위기관리 역량을 강화하는 것이 요구된다. 정부의 위기관리 역량을 강화하기 위해서는 무엇보다도 정부부문의 위기관리 행정 역량이 강화되어야 하는 동시에 민간부문의 위기관리에 대한 적극적인 참여와 자율적인 활동 역량이 강화되어야 한다. 이에 여기에서는 정부부문의 행정 역량과 민간부문의 참여 ·

자율 역량의 관계를 기준으로 위기관리 역량 유형을 구분하여 살펴볼 수 있다 ([그림 4-1] 참조).

그림 4-1 위기관리 역량 유형

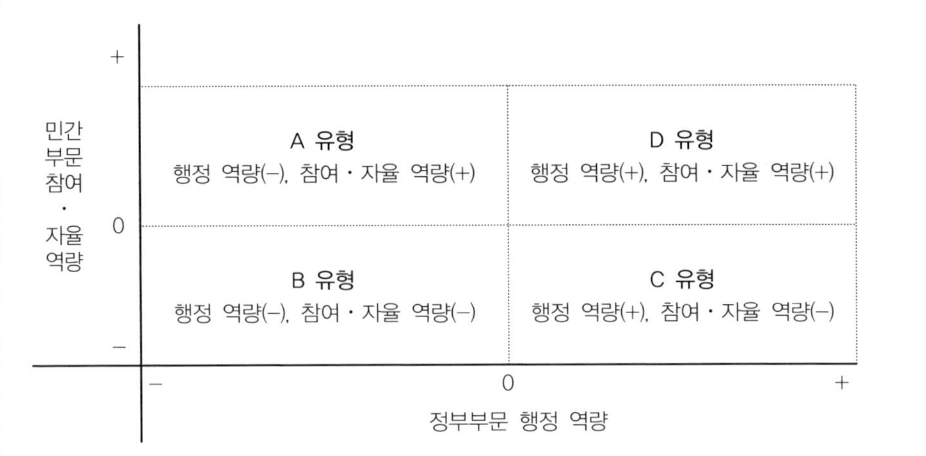

첫째, A 유형은 C 유형과는 반대되는 경우로서, 정부부문의 행정 역량은 낮으나 참여·자율 역량은 높은 유형이다. A 유형에서의 정부부문은 국가위기관리 전체의 집합적 목적이나 정책목표 설정을 추구하기보다는 민간부문 구성 주체들의 자율적인 위기관리 활동이나 정책 형성 노력을 국가위기관리정책에 그대로 반영하는 수동적 행위자로 활동한다.

둘째, B 유형은 정부부문의 행정 역량과 민간부문의 참여·자율 역량이 모두 미약한 경우다. 민간부문은 이익집단이나 학계, NGO, 또는 일부 기업 등의 소수 민간 위기관리정책 행위자에 의해 장악되어 있기 때문에, 위기관리 서비스 제공을 위해 경쟁하는 자발적 집단을 형성하지 못한다. 또 정부부문은 정책을 민간부문에 전달할 수 있는 공식적인 통로(channel)를 가지고 있지 못한다. B 유형에서는 정부부문이 일부 민간부문의 주요 정책행위자와 사적인 교환관계를 형성할 수 있다.

셋째, C 유형은 정부부문의 행정 역량은 높으나 민간부문의 참여·자율 역량은 낮은 유형이다. 이 유형에서는 위로부터의 강제나 명령에 의한 위기관리 정책결정과 집행은 잘 이루어지는 반면에, 아래로부터의 자율적인 정책형성 과정이나 정책 참여는 원활하게 이루어지지 않는다.

넷째, D 유형은 정부부문의 행정 역량과 민간부문의 참여·자율 역량이 모두 높아서 정부부문과 민간부문이 제도화된 협력 관계를 통해 정책을 집행하게 된다. 위험이 현대 사회에 보편적인 특성이라는 점은 보편적인 개념으로서의 위험과 위기관리의 개념을 구성하고 있다. 따라서 보편적인 위기관리와 위험관리가 모든 상황에서의 위험의 성숙을 막고 위험이 현실화되어 막대한 피해를 초래하는 재난을 예방하고 대응할 수 있도록 착오를 일으키게 만든다. 그러나 실제 재난은 구체적이고 특정 분야를 중심으로 발생하여 시간이 지남에 따라 확대되는 특징을 지니고 있다(서재호·정지범, 2010: 72). 실제로도 그 피해는 지역적으로 나타나 그 피해 규모에 따라 지방정부는 물론 국가 전체적으로 큰 손실이 우려된다(이주호, 2010: 30). 따라서 정부의 보편적인 위기관리 방식만으로는 위기관리의 효과성을 확보하기 어렵다. 이에 민간부문의 참여·자율 역량의 확대를 통해 사회 모든 분야에서 재난 발생의 매개가 될 수 있는 특정 요소들을 관리하는 것이 필요하다. 류상일·안혜원(2007)에서도 지금까지 우리나라의 경우, 중앙정부와 지방정부 같은 공공부문에서 주로 재난 대응 서비스를 제공해 왔으나 새로운 사회구조, 위기관리 행정수요 확대, 위기의 다양화로 인한 공공부문의 한계, 민간조직의 중요성 부각 등의 문제를 극복하기 위해서는 민간과의 통합네트워크 체계 마련의 필요성을 주장하고 있다.

제 2 편

포괄적 안보와 위기관리

제 5 장 환경의 변화와 위기관리 전략
제 6 장 포괄적 안보와 국가위기 유형
제 7 장 국가위기의 종류
제 8 장 국가위기관리의 영역
제 9 장 통합위기관리시스템

제 5 장

환경의 변화와 위기관리 전략

제 1 절 미래 환경의 변화

1 국제 환경

국제 환경 하에서의 위기관리는 과거와는 달리 매우 복잡하고도 다양한 양상을 보이고, 과거에는 예측하지 못했던 재난의 출현으로 말미암아 인적 피해와 물적 피해가 대규모화될 것으로 보인다(이재은, 2005: 13). 국제 환경에서는 이미 단일한 개별 국가로서의 개념보다는 세계 공동체로 확산되어가는 상위 개념이 보다 강하게 나타나게 될 것으로 보인다. 국제 환경은 국경이 존재하지 않는 하나의 세계, 즉 지구촌 시대로 재편되어 나가는 시대적 추세로 정의될 수 있다. 이는 과거와는 달리 국가의 경계가 불분명해지고 세계 각 국가들이 상호 의존하는 정도가 증가된 현실을 반영하는 것이다. 세계화의 가속화로 인한 국경 없는 국경(borderless border)의 출현은 재난관리에서도 큰 변화를 가져올 것이다. 과거 냉전시대에서의 이념과 이익을 중심으로 한 국제질서가 테러 국가 대 반테러 국가, 안전 국가 대 위험 국가로 재편될 가능성이 크기 때문이다.

오늘날의 현대 사회는 물론 미래 사회 역시 수많은 위험 요인들에 노출되어 있다. 이러한 위험 요인들은 시간을 초월하여 나타나는 한편, 한 지역의 문제가 특정 지역에 머물지 않고 국가 차원을 넘어 세계적인 이슈로 확산됨으로써 공간 차원을 넘어서기도 할 것이다(박동균 · 이재호, 2003: 729－730). 따라서 위기관리의 양상 역시 포괄적 안보(comprehensive security) 개념 하에서 테러, 대량살상무기, 전쟁, 마약, 범죄, 재난 등으로 발생한 위기를 총괄적으로 관리 · 통합 · 조정하는 체제로 발전하고 있다(조영갑, 2004: 16). 특히, 테러의 경우 요인 암살, 인질 납치, 자살 폭탄 및 폭파, 항공기 납치 및 폭파, 해상 선박 납치 및 폭파, 사이버 공격, 대량살상무기 테러 등이 있는데(조영갑, 2004: 28－32), 미래 사회는 국경 없는 세계 사회가 됨으로써 어느 국가든지 재난이나 테러 등의 위협으로부터 자유롭지 못하다. 물리적인 차원에서 고층 빌딩, 대형 상업시설이나 공항, 항만 등의 국가핵심기반 시설에 대한 테러는 물론 자연 환경적인 차원에서 슈퍼 태풍이나 지진 등의 재난이 발생할 수 있기 때문이다.

그리고 이들 국제 환경에서의 위기는 과거 전쟁이나 국지분쟁, 무력 충돌 이상의 인명 피해와 재산 피해를 가져올 수 있음은 물론 국가의 존립 기반마저도 무너뜨릴 수 있다. 예를 들면, 전염병이나 대형 댐의 붕괴는 전국적인 차원에서 인명 피해와 재산 피해를 가져올 수 있으며, 이로 인하여 국가산업기반 시설의 마비는 물론 국가경쟁력의 기반이 붕괴될 수 있다. 전염병의 통제와 관리에 있어 사회 전반에 걸친 위기관리시스템이 중요하게 부각되고 있다. 예를 들면, 사스(SARS)의 발생으로 전 세계가 공황 사태에 빠지면서 각 국가의 위기관리 능력이 여실히 드러나고 있다.[1] 중국과 같은 일부 국가들은 초기에 적절한 대처를 하지

1) 2002년 11월 16일 중국 廣東省 佛山市에서 처음으로 괴질이 발생하여, 2003년 2월경 괴질은 SARS(Severe Respiratory Syndrome, 중증급성호흡기증후군)로 밝혀졌으며 홍콩을 거쳐 전 세계로 확산되었다. 이로 인해 해외여행 시장이 급격히 위축된 것은 물론 여행사, 항공사 등 관광산업이 붕괴 위기에 처했을 뿐만 아니라 무역 · 투자 위축, 고용 불안 심화 등으로 경기 불황이 예고되었다. WTO에 따르면 2003년 세계 관광객 수는 6억 9,400만 명으로 2002년의 7억 260만

못해 사회적 공황을 겪은 반면, 싱가포르, 베트남 등 다른 국가들은 투명한 정보 공개, 체계적이고 과감한 방역 조치 등 신속한 대응으로 사스 퇴치의 가능성을 보여주었던 것이다(김덕기, 2003: 68). 우리나라의 경우, 2015년 발생한 메르스(MERS)[2)]에 대한 정부의 미흡한 대처, 즉 중동 지역에서의 대규모 사망자 발생에도 불구하고 국내 유입 가능성에 대한 조치가 없었으며, 정부의 초기 대응의 실패, 정확한 정보의 미공개, 정부 부처 간의 엇박자, 위험 심각성에 대한 사태 파악의 미흡 등으로 인해 국가적인 위기 상황에 이르기도 했다(이재은, 2015: 38).

따라서 전통적 군사 안보 위기는 물론 자연재난, 인적재난, 그리고 국가핵심기반 위기에서도 국제적 협력과 지원을 위한 공동 노력을 경주하기 위한 기본 틀이 마련되어야 한다. 이를 위해서는 다른 무엇보다도 국제 환경의 변화와 더불어 국내 위기관리 체계의 정비는 물론 위기 양상의 변화를 민감하게 탐색하고, 환경 변화에 대응함으로써 위기관리의 효율화를 도모하는 것이 요구된다.

2 정치 환경

효과적인 위기관리를 위해서는 정치 체계는 물론 사회 체계 등 외부 지원 체계의 협조가 원활하게 이루어져야 한다(박동균 · 이재호, 2003: 743). 특히, 정치적인 차원에서의 위기관리 관련 법률의 규정들이 새로운 환경의 변화에 대응할 수 있도록 다양한 재난 유형을 법령에서 규정하는 것이 중요하다. 국회와 행정부를 중심으로 한 위기관리 법령의 정비는 물론 지방의회와 지방정부를 중심으로 한 지역 실정에 맞는 조례 및 규정의 제정 및 개정이 요구된다고 할 수 있다. 특히, 지역사회에서는 광역 및 기초지방정부를 중심으로 생활안전 관련 조례의 제

명에 비해 12% 감소한 것으로 잠정 집계되었다. 특히, 사스의 진원지인 아 · 태지역 방문객은 1억 1,910만 명으로 9.3% 감소하였고, 동북아시아는 8.8% 감소하였고, 동남아시아는 15.4% 감소했다(한국관광공사, 2004: 138).

2) 메르스 코로나바이러스(Middle East Respiratory Syndrome Coronavirus: MERS-CoV)에 의한 호흡기 감염증이다. 2013년 5월에 국제 바이러스 분류 위원회(ICTV: International Committee on Taxonomy of Viruses)에서는 이 신종 코로나바이러스를 메르스 코로나바이러스(MERS-CoV)라고 명명하였다.

정과 위기관리 조직 체계의 정비, 실생활에서의 안전 확보를 위한 민간 NGO 등과의 밀접한 연계가 요구된다.

미래 사회에서는 현재보다도 안전한 국가의 중요성이 더욱더 중요하게 인식되는 한편, 국민의 생명과 재산을 보호할 수 있는 역량을 정치적으로 요구하는 목소리가 커질 것으로 예상된다. 특히, 유비쿼터스 기반 지능정보 사회에서 국민의 직접적인 정치 참여가 가능해지는 한편, 국민의 세계 정치에 대한 참여가 가능하게 될 것으로 예상되기 때문이다.

오늘날 한국 사회는 산업문명의 발달로 인하여 과거보다 풍요롭고 평화로운 삶을 영위하는 한편, 전쟁이나 테러 등의 위협으로부터 벗어난 듯 보인다. 그러나 최근 중동지역에서의 전쟁 양상이나 미국에서의 9 · 11 테러, 그리고 영국에서의 폭탄 테러 등과 같이 의도적이고 고의적으로 타인의 생명과 재산을 위협하고 나아가 국가핵심기반을 위협하는 재난 위기가 증대되고 있다. 이 같은 사회적 위기는 종교적 · 이념적 · 정치적 목적 달성(Weinberg & Davis, 1989: 6)을 위하여 개인이나 집단이 인간의 생명과 재산을 위협하거나 사회질서를 파괴하려는 의도적 · 고의적인 범죄뿐만 아니라 인종적 · 종교적 · 지역적 이익을 위한 집단행동으로 인한 위기 상황을 의미한다. 사회적 위기는 의도적이고 고의적이면서 그 피해의 잔혹성이 크고, 자연재난이나 인적재난에 비해서 사회적 · 심리적 불안감이 고조되게 된다(이재은, 2005: 50－51). 이로 인해 사회적 위기에 대한 정치 환경에서의 관심과 주의가 매우 높아질 것으로 예상된다.

3 경제 환경

미래 경제 환경은 도시화, 산업화, 첨단화, 고도화, 집적화, 지능화 기반을 특징으로 하게 될 것이다. 따라서 각종 재난 및 위기로 인한 피해 규모와 피해 정도가 과거보다 훨씬 더 대규모화될 것으로 예상된다. 미래 사회의 기반이 되는 유비쿼터스 IT 기반 사회에 대한 위기 피해나, 인공지능 사회(artificial intelligence society)의 침해 모두가 위기 상황으로 나타나게 될 것이기 때문이다. 또한 인공지능 사회에서의 하부구조는 현재와는 차이가 있는 각종 인공지능 시설이나 온라인 시스템이 기반이 될 것이기 때문이다. 따라서 미래 사회의 기반이 되는 정보통신 기반의 붕괴, 전력시스템의 중단, 물류·수송시스템의 마비 등이 오히려 유비쿼터스 정보통신 기반이나 인공지능 기반 사회에 대한 위협 요인으로 등장하게 될 것이다.

그리고 경제 환경에서 일반 국민의 경제 활동 및 시장에 대한 정부의 개입이 현재보다 더욱 크게 나타날 것이다. 이는 경제 활동의 파급효과가 미치는 영향이 보다 더 광범위하고 포괄적이기 때문에 경제 활동의 기반에 대한 보호 노력이 정부에 의해 이루어지도록 요구되기 때문이다.

경제 환경 이외의 영역에서 나타나는 위기로 인한 피해뿐만 아니라 경제 환경이 내재적으로 지니고 있는 위기 발생 가능성도 있다. 이는 사회 내부에서의 경제적 활동을 위한 기반으로부터 기인하는 것으로서 안전 의식의 부재나 부실공사 등으로 인해 발생하는 것이다. 예컨대, 2006년부터 2015년까지 10년 동안 인적재난과 국가핵심기반 재난으로 인해 발생한 재산 피해만 9조 2,146억 원에 이르고 인명 피해는 2,065명에 달하는 것으로 파악되었다.

이와 함께 한국 사회에 내재하는 것으로서 인적재난의 발생이나 안전 불감증으로부터 연유하는 소비자 안전을 위해하는 위기 유형도 있다. 특히, 오늘날에 와서 관심을 끄는 것은 사이버상에서의 경제 활동으로부터 비롯한 위기가 발생할 가능성이 높아지고 있다. 경제적 부의 창출을 위한 생명 윤리의 경시 풍조나 사회적 약자에 대한 안전 위협 등이 예상된다. 과거에는 건축물의 붕괴나 태풍, 폭발사고, 대형 교통사고 등의 전통적 자연재난과 인적재난에 대한 기억이 컸던 반면, 현재에는 불안정한 고용 형태와 청년 실업, 급격한 경기 변동, 양극화된 빈부격차 등의 경제적 위기 불안이 매우 크게 나타나고 있다(이재열, 2005: 213-214). 이러한 경제 환경의 위기는 사이버 범죄나 신종 질병, 생명윤리 침해, 테러 등의 신종 위기의 가능성과 함께 미래 사회에서 국가사회의 동일성과 일체성을 위협할 것으로 예상된다.

4 사회 · 문화 환경

미래 사회에서는 현재보다도 사회 · 문화적 측면에서 더욱더 '안전사회 문화(safe society culture)'가 보편적 현상으로 자리 잡을 것이다. 따라서 안전사회 문화 구축에는 현재의 위기 유형보다는 새로운 유형의 신종 위기 출현에 대비하는 방안이 요구된다. 예를 들면, 인공지능 정보 사회에서의 사물 인터넷(IoT)이나 SNS에서의 정보 교류와 공유 현상이 가속화됨에 따라 개인의 사생활 침해가 심각한 위기 상황으로 발전할 수 있다.

또한 세계화(globalization)의 심화와 정보통신 기술의 발달은 21세기 사회를 문자 그대로 국경 없는 사회(borderless society)로 만들어 갈 것이다. 대부분의 위기 상황이나 쟁점들이 국경을 넘어 발생하고 있으며, 초국가주의(transnationalism)라는 단어는 현실 세계를 반영하는 일상용어가 된다. 이러한 새로운 환경은 인류에게 많은 이득을 가져다주는 동시에 다양한 위기 발생 요소를 양산하게 된다. 특히, 재난을 비롯한 많은 위기들이 국경 밖으로부터 나타나기보다는 국경 내부에서 발생한다는 점(a threat from within)은 안보 위기나 재난에 대한 대처 방안 마련에 엄청난 부담으로 나타나게 될 전망이다(Klare, 1996: 353; 홍규덕, 2004: 22).

5 자연 환경

한반도의 경우 과거 풍수해 중심의 기상 재난으로부터 슈퍼 태풍이나 폭설, 가뭄, 태풍, 집중호우, 황사, 지진, 미세먼지 등이 대규모화되고 더욱 빈번하게 발생할 것으로 예상된다. 따라서 다양한 유형의 자연재난 발생으로 인한 피해도 점점 더 빈번해지고 대규모화되고 있다. 예를 들면, 2002년의 태풍 루사로 인한 피해가 6조 원 이상의 직접 피해를 가져온 한편, 2003년의 태풍 매미는 4조 원 이상의 피해를 가져왔다. 간접 피해 및 복구비까지 포함할 경우 단일 재난으로 인한 피해가 10조 원 이상에 이르는 것으로 나타나고 있다. 2006년부터 2015년까지 최근 10년 간 우리나라가 자연재난으로 입은 경제적 손실액은 약 5조 5천억 원에 이른다. 이러한 대규모 경제적 손실 외에도 피해 복구를 위해 들어간 비용은 10조 8천억 원에 달할 정도로 직접 피해와 복구비의 대규모성을 특징으로 하고 있다. 또한 자연 환경에 의한 기반 체계 마비에 의하여 정보통신 기반 인공지능 사회를 마비시킬 수 있다.

자연 현상에 의해 나타날 수 있는 새로운 재난 피해 현상 중의 하나는 재난이 복합 재난(hybrid disaster) 형태로 발생하기 때문에, 이에 대한 대처 역시 과거의 단선적 방식으로는 어렵다는 것이다. 자연재난과 인적재난의 결합, 사회적 안전 불감증과 부정부패로 인한 부실공사와 자연재난의 결합, 사이버 위협으로 인한 국가핵심기반 위기의 결합 등이 그것이다.

미래 사회에서는 이 같은 복합재난이 일상적으로 나타날 수 있기 때문에 자연 환경 측면의 논의는 정치, 경제, 사회·문화적 측면에서도 함께 이루어지는 것이 필요하다. 또한 복합재난에 대한 대비를 위해서는 중앙정부와 지방정부, 정부 부문과 시민사회 부문, 온라인과 오프라인, 정부의 개입과 시장 경제가 함께 협력할 수 있는 체계를 구축하는 것이 필요하고, 학문 분야도 다양한 학문의 협력을 통한 복합 학문에 의한 위기관리가 요구된다.

제 2 절 안보 환경의 변화와 미래 사회 위기

1 안보 환경의 변화

실질적인 의미에서 국가 안보는 국가와 국민이 등식관계를 전제로 하는 것으로서, 국가가 안전하기 위해서는 국민이 안전해야 하며, 동시에 국민이 안전하기 위해서는 국가가 안전해야 한다는 논리가 성립된다. 여기서 국가의 안전은 국가가 생존과 번영을 확보한 상태로, 그리고 국민의 안전은 국민들이 자유와 행복을 향유하고 있는 상태로 이해될 수 있다. 따라서 이러한 측면에서 국가 안보란 국가와 국민이 함께 실존하고 있는 모든 형태의 적대행위와 제반압력에 대항하여 국가의 목표를 달성하고 보호하겠다는 보장이며, 이는 내부소요와 외부침략, 천재지변과 같은 자연재난 등에 대처하고 극복하는 것을 목적으로 삼는다(주수기, 1995: 141).

이러한 국가 안보가 불안하다는 것은 위협(threat)과 취약성(vulnerability)이 동시에 존재한다는 것을 의미한다. 이러한 맥락에서 한 국가의 안보 상황은 ① 위협이 작동하는 강도와, ② 주어진 위협에 대한 취약성이라는 두 가지 기준을 통해 파악할 수 있다(Buzan, 1991; Ayoob, 1995). 첫째, 특정한 위협이 언제 국가 안보 문제로 다루어질 것인가 하는 문제는 그 위협의 강도에 달려 있다. 위협의 강도를 결정하는 주된 요인으로는 그 위협의 정체가 무엇인지 구체적으로 밝혀지는가, 시·공간적으로 근접한 것인가, 그것이 일어날 개연성 및 그 결과의 심각성은 어느 정도인가 등을 들 수 있다. 둘째, 취약성은 어떤 위협이 한 국가의 영토, 제도, 이념에 대해 위험을 초래하는가의 여부와 관련이 있다. 예를 들면, 한 국가가 특정한 환경의 위협에 대해 매우 취약하기 때문에, 환경 위협이 단순하게 환경 문제로 그치는 것이 아니라 국가의 물리적 기반을 침해할 정도의 정치적 결과를 가져올 때는 그 환경 위협은 국가 안보 문제로 다루어지게 되는 것이다. 이러한 위협과 취약성은 안보 상황의 판단을 위한 기준뿐만 아니라 정책의 방향을 설정하는 기준으로도 작용한다. 즉, 주어진 안보 문제의 성격에 따라 ① 위협을 제거 또는 완화하는 정책을 수립하거나, ② 국가의 취약성을 줄이는 방안을 통해 국가 안보를 강화시킬 수 있기 때문이다(홍용표, 2002: 128).

1989년부터 시작된 동유럽 공산권 국가들의 체제 붕괴에 이어 1991년 구소련의 해체로 촉발된 탈냉전(post-cold war)은 냉전기의 양극체제의 붕괴와 공산주의 몰락으로 세계 전쟁의 가능성을 감소시키는 커다란 변화를 가져왔다. 그 결과 과거 냉전시기에 국가 간의 우호관계와 적대관계를 판단하는 데 중요한 기준으로 작용했던 이념, 체제, 제도 간의 갈등과 대립은 현저하게 줄어든 반면, 자국의 핵심적인 이익과 정치적·경제적 실리를 추구하는 분위기는 확산되면서 상호 협력을 통한 평화와 경제 발전의 중요성이 더욱 부각되고 있다(정찬권, 2010: 59).

이제 21세기에는 사상과 이념에 따른 대립과 전쟁 대신에 새로운 안보 위협이 등장할 것이다. 특히, 초강대국 간의 핵전쟁과 군비경쟁 가능성은 거의 없을 것인 반면에, 냉전체제 하에서 잠복되었던 인종적, 종교적, 영토 자원의 갈등이 표면화될 가능성이 있다. 그리고 개방화와 세계화의 진전으로 인한 경제 위기와 통상 분쟁, 산업화와 정보화에 따른 환경파괴 및 사이버 정보전의 가능성 등이 새로운 안보 이슈로 등장할 전망이다. 특히, 국제화, 개방화, 산업화, 정보화라는 환경의 변화는 새로운 질병, 모순, 갈등, 위기를 초래하여 새로운 국가관리 패러다임을 요구하고 있으며, 경제면에서도 지속적인 구조 변화가 불가피하다(김덕영, 2000: 5−6). 이러한 국가 안보는 더 이상 전통적인 군사 안보뿐만이 아니라 경제 안보, 환경 안보, 인간 안보인 것이다(Hsiung, 2004: 1; 이재은, 2008: 106).

첫째, 전쟁 양상의 변화로 인한 전통적 군사 안보(traditional military security) 환경의 변화가 나타났다(정찬권, 2010: 60−61). 전쟁 양상이 과거와는 전혀 다른 모습으로 변화하였다. 탈냉전으로 인해 동 · 서 진영 간의 재래식 전면전쟁의 발생 가능성은 줄어든 반면에, 상대적으로 민족, 인종, 종교, 문화 등 다양한 갈등으로 인한 국지적인 분쟁과 대규모 테러 사태의 발생 가능성은 증대되고 있다. 1989년 이래 발생했던 보스니아, 크로아티아, 코소보, 마케도니아 등 대부분의 국제적인 분쟁은 장기화된 인종 분쟁, 민병대 간의 충돌, 민병대와 정규군의 충돌, 그리고 국제평화유지군의 개입이라는 주요한 특징으로 보여주고 있다. 따라서 향후 국제사회와 세계 각 국가는 정규군 간의 재래식 군사작전보다도 도시지형, 대량살상무기 확산, 비대칭적 분쟁 등의 상황 하에서 대폭동전(counter−insurgency), 대테러 작전(counter−terrorism operations), 평화유지 및 평화조성(peace−keeping & peacemaking) 활동, 재난 구호(disaster relief), 법 집행 등의 역할이 요구된다.

둘째, 국가경제 운영이나 국민생활을 어려움에 처하게 하는 경제 안보(economic security) 위협 요소들의 출현으로 인해 국가 안보 환경이 변화될 수 있다(김덕영, 2000: 12). 더욱이 국가 안보 목표가 생존과 번영이라고 한다면, 경제 안보는 전통적인 군사 안보와 밀접하게 연계된다는 점에서 중요하게 고려되어야 한다(김덕영, 2000: 21; 전웅, 2005: 19). 예를 들면, 구소련 체제의 붕괴에서 얻을 수 있는 교훈은 군사 안보에 중점을 두고 군비증강에 치중하게 될 경우, 경제가 파탄되는 상황에 빠지고 체제가 붕괴될 수 있다는 것이다. 경제 안보는 복지와 국력의 수준을 유지하기 위해 필요한 자원과 금융, 시장의 접근과 관련이 있는 것으로서 이미 오래전부터 중요한 안보문제로 인식되어 왔다. 탈냉전 이후 군사적인 위협이 감소되면서 경제적 위협에 대한 관심은 더욱 커지고 있는 실정이다. 수출에 대한 제재, 통화가치에 대한 압박, 외환 위기, 부채의 지불 불능 등과 같은 경제적 위협은 국가의 경제적 기반을 약화시킬 뿐만 아니라 그 결과가 군사적·정치적 분야로 쉽게 확대될 수 있다. 쉽게 생각해보면, 경제력의 뒷받침이 없으면 군사력은 물론 전반적인 국가의 힘과 위상을 유지하기 어렵다는 점에서 경제 위기는 국가 안보의 취약점으로 작용할 수 있다. 또한 경제문제는 국내의 정치, 사회적 안정성과 밀접하게 연결되어 있기 때문에 경제 위기는 국가 안보에 대한 내부로부터의 위협 요인으로 작용할 수 있다(홍용표, 2002: 125).

셋째, 과학의 발달과 함께 환경 파괴의 위험성에 대한 인식이 증가함에 따라 환경 안보(environmental security)의 중요성에 대한 관심이 커졌다(홍용표, 2002: 125). 산성비, 오존층의 파괴, 온실효과에 의한 기후 변화, 자원고갈, 방사능 물질의 대기 확산 등과 같은 환경적 위협은 군사적 위협과 마찬가지로 국가의 물질적 기반을 해칠 수 있기 때문이다. 이러한 환경적 위협은 기본적으로 한 국가에 국한된 문제라기보다는 영토나 정치적 경계와 무관하게 모든 인류에게 영향을 미칠 수 있는 세계적인 문제라는 측면에서 종종 국가 안보보다는 세계 안보(global security) 차원에서 논의되고 있다. 하지만 환경 파괴가 경제적, 사회적 혼란을 야기하고 이러한 혼란은 국가 내에서 혹은 국가 간의 갈등과 폭력을 유발할 수 있다는 측면에서 국가 안보의 문제로도 인식된다. 아울러 한 나라에서 생성된 오염물질이 강물의 흐름이나 바람의 방향에 따라 이웃한 국가의 환경에 영향을 미칠 경우 국가 간의 분쟁을 야기할 수도 있다.

넷째, 냉전의 종식과 함께 인종 또는 민족 분규와 같은 내란이 과거보다 더욱 빈번하게 발생하고 있으며, 이로 인해 수많은 무고한 시민들이 참혹하게 희생되는 사태를 초래하고 있다. 또한 세계화의 부작용으로 인해 개발도상국의 경우 빈곤과 질병이 더욱 만연하는 상황에 처해 있다. 기존의 국가 안보 개념은 이러한 탈냉전기의 변화된 안보 환경을 제대로 반영하지 못하는 것으로 지적받았으며, 이에 대한 대체 개념으로서 인간 안보(human security)가 새롭게 부각되었던 것이다(전웅, 2004: 37). 이러한 인간 안보를 위협하는 요소로는 폭력적 죽음 및 장애, 노예화와 인신매매, 그리고 학대, 납치와 같은 비인간적 처우, 식량이나 물, 위생 등과 같은 기본적 필요와 자격의 박탈, 자연재난이나 인적재난, 저발전 등이 그것이다(김영호, 2009: 162).

다섯째, 세계 각 국가는 테러 위협으로부터 국가 안보를 보장하기 어려운 환경에 처하게 되었다(이헌경, 2004: 37-38). 세계는 마약, 무기, 지적 소유권, 인신매매, 자금세탁 등 국경을 넘나드는 불법거래에 직면해 있고, 컴퓨터 네트워크, 기능주의적 협력, 국경을 초월한 기술・자본・노동력의 결합, 교통・통신의 다변화 등으로 핵무기와 미사일의 기술・장비 밀거래가 과거에 비해 쉽게 이루어지고 생화학무기 생산에 필요한 기술・정보 등을 인터넷을 통해 쉽게 얻을 수 있게 되어 테러 위협에 더욱 많이 노출되어 있다. 또한 첨단과학기술과 정보통신 기반을 활용한 사이버 테러의 위협은 새로운 형태의 공포를 야기하고 있다. 즉, 테러리스트들은 사이버 테러를 통해 전력공급의 중단, 주식시장의 마비, 식수의 오염, 비행기 충돌 등을 발생시킬 수 있다. 이제 테러는 위협과 공포의 수단으로만 작용하는 것이 아니라 반인륜적, 비도덕적, 무차별성과 함께 세계를 위협하고 있으며, 그 위협 대상에 있어 예외가 있을 수 없게 되었다. 따라서 테러의 위협으로 인해 개인은 물론 사회, 국가, 지역, 세계의 안전이 보장되기 어렵게 되었으며, 국제사회는 이러한 테러 위협으로부터 안전을 보장해야 하는 상황에 놓이게 되었다.

2 미래 사회와 위기

1) 미래 사회에서의 자연재난

자연재난이란 홍수, 호우, 태풍, 폭우, 폭설, 폭풍, 가뭄 또는 지진 등 이에 준하는 자연 현상으로 인해 발생하는 피해라고 정의할 수 있다. 이러한 자연재난의 특징으로는 재난 발생과정이 돌발적인 성격을 지니고, 충격의 강도도 강력하다.

재난 피해의 가능성은 보통 가시적으로 환경의 손상을 초래하게 되고, 어느 정도 예측이 가능하고 따라서 어느 정도 사전 경고가 가능하다. 상황의 전환점은 보통 식별 가능한 상황 전환점이 존재하고, 이 시점 이후 시간 경과에 따라 상황이 개선되는 경향이 있다. 그리고 자연재난은 통제 불가능한 것으로 인식되고 있으며, 영향의 범위는 보통 발생지역의 재난희생자에 국한되고, 영향의 지속성은 비교적 단기간에 집중되는 경향이 있다.

우리나라의 자연재난관리 노력은 1960~1970년대에 들어서 관심을 가지기 시작했고, 1980년대 들어 체계가 갖추어지기 시작하였으며, 1990년대 들어 「자연재해대책법」이 정비되면서 본격적인 자연재난관리가 이루어지게 되었다. 그러나 자연재난 추세를 살펴보면, 인명 피해는 줄어들고 있지만 재산 피해는 물가 상승을 감안 증가 추세를 보이고 있다. 이를 통해 볼 때 미래의 자연재난은 산업발달과 인구집중화 등을 볼 때 그 재산 피해가 늘어날 가능성이 높다. 특히, 자연재난은 붕괴, 폭발 등의 인적재난이나 폭동, 파업 및 전력, 에너지 등의 국가핵심기반 재난으로 이어질 가능성이 높다. 즉, 복합적 성격의 재난으로 변질될 우려가 높다.

2) 미래 사회에서의 인적재난

인적재난은 인간의 부주의, 무관심, 실수, 그리고 사후 관리의 불충분함 등으로 인해 발생되는 화재, 붕괴, 폭발, 교통사고, 화생방 사고, 환경오염 사고 등을 말하며, 이러한 인적재난은 자연재난과 마찬가지로 재난 발생과정이 돌발적인 성격을 지니고, 충격의 강도도 강력하다. 그러나 재난 피해의 가능성은 가시적으로 나타나지 않는 경우 발생하게 되고, 예측이 불가능하고 따라서 피난의 여지가 거의 없다. 상황의 전환점은 존재할 수도 있으나 유독물질 사고와 같이 시간이 경과하여도 상황이 호전되지 않을 수도 있다. 그리고 인적재난은 통제 가능한 것으로 인식되고 있으며, 영향의 범위는 자연재난과는 달리 직접적인 피해를 받지 않은 사람들에게도 영향을 미치고, 영향의 지속성은 단기적 또는 화학 사고의 경우와 같이 장기적일 수 있다.

우리나라의 인적재난 발생은 우암상가 붕괴, 성수대교 붕괴, 삼풍백화점 붕괴 등 1990년대 들어서 그 심각성이 고조된 관계로, 1990년대 이르러 「재난관리법」이 제정되고 이를 통하여 체계적인 재난관리가 이루어지게 되었다. 특히, 인적재난은 최근 과학과 기술 발전과 함께 자연재난에 비해서 그 위험성이 증가하는 추세이다.

미래의 인적재난은 정보화 · 과학화 · 지식기반화 등의 고도사회 발전으로 인하여 재난의 강도가 더욱 강력해질 것으로 전망해 볼 수 있다. 또한 화재, 붕괴, 폭발, 화생방 사고 등의 인적재난은 국가핵심기반인 에너지 · 통신 · 교통 · 금융 · 의료 · 수도 등의 국가기반체계의 마비와 같은 사회재난으로 연결될 개연성이 높다.

3) 미래 사회에서의 사회재난

사회재난은 종교적 · 정치적 · 이념적인 목적 달성을 위하여 개인이나 집단이 인간의 생명과 재산을 위협하거나 사회질서를 파괴하려는 전쟁, 폭동, 테러, 파업 등과 같이 의도적 · 고의적인 재난 상황을 말한다. 이러한 사회재난도 재난 발생과정이 돌발적인 성격을 지니고, 충격의 강도는 강력하다. 재난 피해의 가능성은 가시적으로 나타나지 않는 경우 발생하게 되고, 예측이 불가능하고 따라서 피난의 여지가 거의 없다. 그리고 상황의 전환점은 존재할 수도 있으나 시간이 경과하여도 상황이 호전되지 않을 수도 있다는 점에서 인적재난과 흡사하다. 그러나 사회재난은 보다 복합적인 성격으로 인하여 통제 가능한 것으로 인식되기도 하고, 때론 통제 불가능하게 인식되기도 한다. 재난 영향의 범위는 직접적인 피해를 받지 않은 사람들에게도 영향을 미치고, 특히 인적재난에 비하여 그 영향의 범위가 매우 넓고 장기간에 지속된다고 볼 수 있다.

이러한 사회재난은 2001년 미국의 9 · 11 테러, 2004년 스페인의 3 · 11 열차테러, 2005년 영국 런던 폭탄 테러 및 우리나라의 2003년 화물연대 파업, 2005년 아시아나 항공 노조 파업 등 21세기 들어서 그 강도와 범위가 커지고 있는 추세이다.

우리나라에서 최근 5년 사이에 발생한 주요 사회재난은 다음과 같다. 우선, 최악의 물류 대란으로 하루 1억 9,000만 달러의 수출 차질을 야기시켰던 2003년 화물연대 파업은 2003년 4월 28일부터 시작된 이래 파업이 심각한 국면으로 치달아 5월 12일 비상대책반을 가동했고, 무역 차질과 국가신인도 하락 등 직·간접적인 손해 비용이 수천억 원에 이르렀다. 한국무역협회는 부산과 광양항의 수출비중, 반출입 상황 등을 분석한 결과, 9~14일 5억 4,000만 달러 가량의 운송 및 선적 차질이 발생했다고 추정하였다. 여기에 포스코, INI 스틸, 한보철강 등 화주(貨主)업체들은 운송업체가 화물연대와 운송료를 15% 정도 인상하기로 합의함에 따라 연간 100억 원 안팎의 수송비 추가 부담을 안게 되었다. 한편 금전적 피해 이외에도 한국 경제 및 사회에 대한 외국 바이어의 신뢰도가 떨어진 것도 수출경쟁력에 마이너스 요인으로 작용하였다. 이러한 화물연대 파업으로 다단계 운송계약제 문제, 지입차주 문제, 영세한 운송업체 문제, 취약한 화물정보 공개시스템, 지나치게 높은 육상운송 비율 등이 문제점으로 거론되어 개선 필요성이 부각되었던 사회재난이다(동아경제, 2003.5.15).

다음으로, 2005년 7월 아시아나 항공 조종사 노조 파업을 들 수 있다. 아시아나 항공 조종사 노조의 25일 간의 파업으로 국제선과 국내선, 화물노선 2,432편이 무더기로 결항되면서 아시아나 항공과 여행사 등 관련 업계의 피해액이 대략 4,240억 원이 넘는 경제적 손실을 가져왔다. 또한 이로 인한 많은 국민적 불편과 파업에 참여하지 않은 조종사들의 애로 등 직·간접적 사회적 피해를 가져와 8월 10일 정부의 긴급조정권 발동까지 이어졌던 사회재난이다(동아일보, 2005.8.11).

미래 사회에서의 사회재난은 특히 정보화와 지식기반화 및 각종 자연 및 인적재난으로 인한 확산 등으로 인하여 그 피해 규모가 커지고, 피해의 범위도 넓어져 국가 및 세계의 존립마저 위태롭게 할 개연성이 높다. 따라서 미래의 사회재난 관리는 자연 및 인적재난 관리보다 더욱 그 중요성이 강조된다고 하겠다.

제 3 절 환경의 불확실성과 위기관리

1 환경의 불확실성

재난관리시스템의 핵심 개념인 '재난'은 위험의 의미를 내포하고, 위험의 개념은 손실을 입을 가능성을 의미한다. 그러나 손실의 크기와 발생 정도는 불확실한 것이기 때문에 '불확실성'이야말로 위험의 의미에 있어서 핵심 요소이다(French, 1991: 130). 예컨대, 손실이 발생할 것이 확실하다면 많은 경우 위험이 없다고도 이야기될 수 있기 때문이다. 이러한 불확실성은 어느 시대에서나 존재해 왔으나 오늘날에 와서는 더욱 크게 인식되고 있다.[3] 오늘날의 사회・경제적 변화의 예측이 대단히 어렵고 미래에 대한 예측 가능성이 극히 제한되기 때문이다. 현재의 사회・경제적 변화의 급속화와 다양화로 인해 과거, 현재, 미래의 안정적 연속성이 보장되지 않고 있다. 결국, 미래에 무슨 일이 일어날 것인지를 알 수 없기 때문에 우리가 영위하는 현실의 생활 속에는 항상 어떤 형태이든지 간에 불확실성이 존재한다.[4] 따라서 불확실성의 존재로 인한 위험과 재난의 출현은 항상 존재하는 것으로 이해할 수 있다.

재난은 위험과 불확실성을 내재적 속성으로 지니고 있고, 재난관리는 이러한 위험과 불확실성을 관리하는 것이다. 이론적 차원에서 재난관리는 "위험과 불확실성을 본질적 속성으로 지니는 재난의 발생을 예방하고 위협을 최소화시키는 한편, 이미 발생한 재난에 대해서는 신속하고 효과적으로 대응하며 가능한 빠르

3) 이러한 불확실성 중에서도 가장 중요하게 인식되는 것은 환경의 불확실성이다. 인식된 환경의 불확실성은 상태 불확실성(state uncertainty), 결과 불확실성(effect uncertainty), 대응 불확실성(response uncertainty)으로 나누어 유형화할 수 있다. 자세한 내용은 밀리켄(Milliken, 1987: 136-138) 참조.

4) 불확실성은 특히 환경 분야에서 매우 높게 나타나기 때문에 정책 참여자들의 위험 수준 판단에서 많은 차이를 보여주고 있다. 이 같은 차이는 집단 간의 대립과 갈등을 야기하고 정책집행에서 엄청난 비용을 초래하는 것이 현실이다. 따라서 효과적인 정책집행을 위해서는 과학적 불확실성 하에서 정책집행 집단들의 위험에 대한 판단 못지않게 위험의 직접적인 영향을 받는 주민의 위험 인식을 고려하는 것이 필요하다(차용진, 2001: 127-128).

게 정상 상태로의 복귀를 돕는 것"으로 정의된다(Pickett & Block, 1991: 263). 실무적 차원에서는 "수해, 풍해, 지진, 화재, 폭발사고 등의 각종 재난에 대비하기 위해 사전에 조치하는 활동이나 재난 발생 시 이를 극복하고 수습하는 제반 활동"으로 이해된다(김영수, 1992: 11).

위험은 바람직하지 않은 결과가 발생할 수 있는 불확실한 상황(uncertain situation)으로서, 사회 체계의 복잡성이 증가함에 따라 위험의 증가도 함께 나타난다(Bax, Steijn, & Witte, 1998: 177). 즉, 체계 복잡성의 증가와 상호 의존성이 커질수록 불확실성이 확장됨으로써 문제 해결이 더 어려워지는 한편, 위험이 증가하는 것으로 볼 수 있다(김영평, 1995: 180). 이 같은 불확실성은 몇몇 상황에서는 줄어들 수 있다 할지라도, 약간의 불확실성은 항상 보편적으로 존재하기 때문에, 불확실성이 완전히 제거될 수는 없다(Boulding, 1982: 15−17; Wildavsky, 1988: 4). 그러므로 인간의 모든 행동과 계획은 항상 위험을 수반하게 된다(Kinchin, 1982: 3; Gherardi, Nicolini, & Odella, 1998: 202). 위험에 내재하는 본질적 속성인 불확실성과 관련하여 위험을 관리하기 위한 전략으로는 예방 전략과 복원 전략을 들 수 있다(Wildavsky, 1988: 75).

2 미래 사회의 위기관리

오늘날 세계 각국은 기존의 자연재난과 인적재난 외에 대규모 시위, 파업, 폭동, 소요, 테러 등의 사회적 위기로부터 국가의 핵심 시설, 시스템, 기능과 같은 국가핵심기반(critical infrastructure)을 보호하는 것을 주요 과제로 삼고 있다. 이로 말미암아 세계 각국은 나름대로의 위기관리시스템을 발전시키기 위해 노력하고 있다. 대표적으로 미국은 기존의 자연재난과 인적재난과 같은 재난관리를 중심 기능으로 삼고 있는 미국의 연방위기관리청(Federal Emergency Management Agency: 이하 'FEMA')과 함께 국가핵심기반 보호를 중심으로 한 국토안보부(Department of Homeland Security: DHS)를 창설하는 등 새로운 위기관리시스템의 정비와 구축에 매진하고 있다(이재은, 2005: 16).

우리나라의 경우 국내에서는 자연재난 피해가 과거와 달리 보다 대형화되고 복잡해지고 있다. 2002년의 태풍 루사, 2003년의 태풍 매미는 물론, 2011년 우면산 산사태, 2016년 여름의 폭염, 규모 5.8의 경주 지진, 태풍 차바 등의 자연재난으로 인해 정부의 위기관리에 대한 관심과 주의, 정책적 변화가 요구되고 있다.

또한 2000년대 들어서 인적재난 발생이 지속적으로 증가되고 있어 이에 대한 체계적인 관리 방안을 마련하는 것이 시급한 상황이다. 2000년대 이후 주요 인적재난만 살펴보더라도 2002년 4월 15일 중국 국제항공 129편 김해 추락사고, 2003년 2월 18일 대구 지하철 화재 참사, 2005년 10월 3일 상주 콘서트 압사 사건, 2007년 12월 7일 허베이 스피리트호 유류 유출 사고, 2008년 2월 10일 숭례문 화재, 2012년 구미 불산누출 사건, 2014년 2월 17일 경주 마우나오션 리조트 체육관 붕괴 사고, 4월 16일 세월호 참사, 2014년 10월 17일 판교 환풍구 붕괴 사고 등이 있다. 이들은 우리나라의 위기관리시스템에 대한 근본적 변화와 혁신을 요구하는 사건들이었다.

이러한 자연재난과 인적재난과 더불어 국내·외의 환경 변화와 함께 다양한 유형의 사회적 위기가 발생해왔는데, 2002년 6월 13일 효순이, 미선이 사건이라 불리는 미군 장갑차에 의한 중학생 압사 사건, 2002년 SARS 발생, 2003년 화물연대 파업, 2003~2004년 조류 인플루엔자의 발생, 2009년 분산 서비스 거부 공격(DDoS), 2010~2011년 구제역과 2014~2015년 구제역 발생, 2015년 MERS 사태 등 국가 생존성 보장과 유지에 필수적인 핵심 기능 마비와 같은 각종 위협이 발생하였으며, 그 유형이 복잡 다양한 형태로 나타나고 있다. 이에 국민의 건강, 안전 및 경제적 안녕을 확보하고 국가경제와 정부의 핵심 기능에 중대한 영향을 미칠 수 있는 인적, 물적 체계인 국가핵심기반의 보호 필요성이 증가하고 있다.

또한 북한의 도발이나 전통적 군사 안보 위협이 지속적으로 발생하고 있다. 2005년 2월 10일 북한의 핵보유 선언, 2006년 10월 9일 지하 핵 실험, 2009년 5월 25일 2차 핵 실험, 2013년 2월 12일 3차 핵 실험, 2016년 1월 6일 4차 핵 실험에 이어 2016년 9월 9일 5차 핵 실험이 이루어졌다. 그리고 이외에도 2008년 7월 11일 금강산 관광객 피격 사망 사건, 2010년 3월 26일 백령도 인근에서의 천안함 침몰 사건은 물론, 2010년 11월 23일 연평도 포격 도발 사건 등으로 인해 한반도 안보 환경에 큰 변화가 이어지고 있다.

이와 함께 새로운 사회·문화적 환경의 변화에 따른 갈등의 출현이 일상화되고 있다. 집단 간·계층 간 갈등이 점차 격화되는 한편, 집단이기주의 현상으로 말미암은 대형화된 사회적 갈등이 빈발하고 있으며, 이로 인해 사회적 위기를 초래할 가능성이 매우 높은 상태이다.

최근 우리 사회는 도시화, 산업화, 정보화, 세계화 등의 사회구조 변화 및 복잡화로 인하여 국가 사회 전반의 제반 운영시스템 중 어느 하나가 마비되면 연쇄적으로 위협받게 되어 있다. 또한 고도화된 교통·수송 체계의 형성, 원자력 발전의 이용, 에너지 의존율의 고도화, 정보통신시스템의 첨단화, 첨단산업 기업의 증가로 말미암아 이들의 마비는 국민의 일상생활, 산업 활동, 안보 등에 심각한 영향을 미치고 있는 실정이다(이재은, 2005: 16−17).

우리 사회는 산업화와 도시화 및 지식정보화 단계를 거쳐 변화·발전하면서 사회구조적인 변화는 물론이고, 재난의 유형과 피해 규모도 함께 변화를 거듭하였다. 특히, 재난의 유형면에서는 자연재난 중심의 형태에서 과학기술 및 산업기술의 발전으로 인적재난의 빈도나 규모가 차지하는 비중이 증가하였고, 개방화·국제화 및 다원화가 촉진되면서 사회 주체들 간의 첨예한 대립과정에서 운송노조의 파업에 따른 물류대란과 같은 사회재난의 발생도 빈번해지고 있다. 이러한 재난 유형이 변화를 시대별로 살펴보면 다음과 같다.

그림 5-1 복합 위기로의 변화

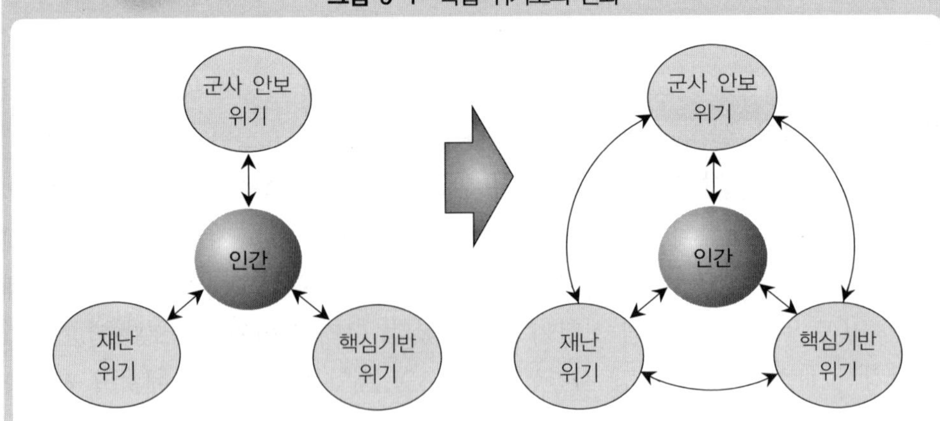

우선, 1960~1970년대 이전에는 전통적인 외부침략으로 부터의 국가 안위를 위하는 안보 위기에 중점을 두었으나, 1970~1980년대에 들어 더욱 심각해진 태풍, 홍수 등의 자연재난으로 인하여 자연재난에 중점을 두게 되었으며, 1990년대 중반 이후 우암상가 붕괴, 성수대교 붕괴, 삼풍백화점 붕괴 등의 대형 인적재난 발생으로 말미암아 인적재난에도 관심을 가지게 되었다. 특히, 최근에는 2002년 태풍 루사와 2003년 태풍 매미 및 2004년 충청도 폭설과 같은 자연재난과 2004년 대구 지하철 화재사고와 같은 인적재난, 그리고 북핵 문제나 각종 파업 등과 같은 사회재난 등이 발생하는 한편, 국가핵심기반 체계 문제라든지, IT 사고 등의 신종 재난도 발생하고 있다. 이렇듯 오늘날 우리 사회가 경험하고 있는 재난은 과거 재난 발생 양상과는 사뭇 다른 추세로 발생하고 있고, 이러한 추세는 장래에 보다 빈번하고 다양한 모습으로 대두될 것으로 판단된다.

이와 같은 재난 유형의 변화에서 발견할 수 있는 가장 큰 특징은 자연재난이나 인적재난 및 사회재난이 개별적으로 나타나기보다는 복합적이고 대규모적인 양상으로 발전하고 있다는 점이다. 즉, 현대 사회는 각 부문 간의 긴밀한 관계성의 증가로 인하여 자연재난이 발생하여 교량이나 금융 관련 정보통신망 등의 사회간접시설에 피해를 유발한 경우 물류 공급이나 금융거래 중단으로 인한 경제적 손실을 발생시킴으로써 국가 전체적인 경제 활동 및 성장에 심대한 차질을 발생시킬 수 있기 때문이다. 또한 단순한 화재 사건이 인근 지역을 통과하는 광통신케이블을 훼손함으로써 금융 및 통신전산망이 마비되어 국가경제시스템 전체의 마비로 확산되는 경우도 발생할수 있기 때문이다. 이는 사회기반 구조의 첨단화와 네트워크화에 따른 부문 간의 상호 긴밀한 관계성이 평상시에는 경제적 효율성을 창출하지만, 재난이 닥칠 경우에는 피해를 심화·복합화할 수 있는 하나의 요인이 될 수 있으며, 이런 경우 피해 발생 시 공간적으로나 경제적 가치면에서 대규모화하는 경향을 보임으로써 막대한 복구 비용을 수반하게 된다.

현대 사회는 수많은 위험 요인에 노출되어 있다. 이러한 위험 요인은 시간과 공간을 초월하기도 하며, 한 지역의 문제가 특정 지역에 머물지 않고, 국가 차원을 넘어 세계적인 이슈로 확산되기도 한다(박동균, 2003: 729-730). 오늘날 우리나라를 둘러싸고 있는 환경은 크게 세계화, 지방화, 그리고 경쟁력 강화 요구의 증대로 나타나고 있다. 이는 국가 역시 세계 환경의 변화와 흐름을 따라갈 때 비로소 국가의 생존과 발전이 가능하다고 전제하기 때문이다.

제4절 위기관리의 전략과 과정

1 위기관리 전략

위기관리정책의 이론적 틀은 크게 전략과 과정의 두 가지로 나누어 살펴볼 수 있다. 첫째, 위기관리 전략은 위험과 불확실성에 대한 이론적 논의를 중심으로 하여 예방 전략과 복원 전략으로 구분된다(Wildavsky, 1988: 75). 둘째, 위기관리 과정은 재난의 발생 시점을 기준으로 예방, 대비, 대응, 복구 단계로 구분할 수 있다(Petak, 1985: 3-7; Clary, 1985: 20-28; Drabek, 1991: 3-29; Godschalk, 1991: 131-160). 그리고 이들 위기관리의 예방 전략과 복원 전략은 위기관리 과정인 예방, 대비, 대응, 복구 단계와 연결함으로써, 예방 전략에서는 예방과 대비 단계, 복원 전략에서는 대응과 복구 단계와 연결된다.

1) 예방 전략

예방(anticipation) 전략은 예측 가능한 실패나 위험으로부터 체계를 사전에 보호하기 위한 전략이다. 위험(risk)은 "아직 발생은 안했지만 여전히 위협적인 요소들과 밀접한 관계를 지니는 것"이기 때문에, 위험은 예방되어야만 하는 미래를 의미한다(Beck, 1992: 33). 위험을 손실 가능성, 피해 가능성, 파멸 가능성이라는 차원에서 보는 경우에는 더욱 그러하다(Webster's Third New International Dictionary, 1977: 1961). 특히, 위기관리 전략으로서의 예방 전략은 "잠재적 또는 가상적 위험을 예측하고 이를 사전에 방지하기 위해 예방 노력을 기울이는 것"을 말한다(최병선, 1994: 34-37). 예방 전략은 ① 어떤 물건이나 시설 또는 기술에 내포되어 있는 잠재적 위험 또는 가상적 위험을 미리 정확하게 예견할 수 있고,

② 그 위험을 예방할 수 있는 방법이 있고 또한 그것을 알고 있으며, ③ 위험을 예방하는 것이 사회적으로 득이 될 것이 확실하다는 전제 하에서는 가장 바람직한 전략인 것이다. 예방 전략의 성패의 관건은 위험 요인과 상황에 대한 정확한 정보의 확보 여부에 달려 있다. 다만, 다양한 위험이나 위기의 발생은 미래의 불확실성과 깊은 관련이 있기 때문에, 예방 전략은 매우 조심스럽게 활용되어야 한다(Wildavsky, 1988: 80). 이러한 예방 전략의 실행 단계인 예방 단계와 대비 단계를 개관해보면 다음과 같다.

먼저, 예방(mitigation) 단계는 위기가 실제로 발생하기 전에 위기 촉발 요인을 제거하거나 위기 요인이 표출되지 않도록 억제 또는 예방하는 활동을 의미한다(McLoughlin, 1985: 166; Petak, 1985: 3). 위험을 감소시키기 위한 계획을 결정하고 집행하는 예방 단계는 각종 위험으로부터 인간의 생명과 재산에 대한 위험 정도를 감소시키려는 장기적인 내용으로 이루어져 있다. 예를 들면, 사전 예방 대책의 수립, 위기 영향의 예측 및 평가, 피해 영향을 감소시키기 위한 강제적인 규제 방안의 마련, 안전기준의 설정 등이 그것이다. 예방 단계에서 주로 사용하는 도구나 기법에는 계획, 개발규제, 조세제도, 보험, 정보 체계 구축 등이 있다(Godschalk, 1991: 131).

다음으로, 대비(preparedness) 단계는 위기 발생 시의 대응 활동을 사전에 대비하기 위한 대응 능력 개발 활동을 의미한다(Clary, 1985: 20; Petak, 1985: 3). 대비 단계의 주요 내용으로는 중요한 대응 자원의 확인과 지역 내 · 외에 있는 대응기관의 사전 동의 확보 및 협조 체제 구축, 피해의 손실을 줄이고 생명을 보호할 대응 활동가를 훈련시키며 대응 계획을 개발하는 것 등이 있다. 또한 위기관리에 필요한 계획이나 경보 체계(warning systems) 및 다른 수단들을 대비하는 단계로서, 대응 기관들 사이의 사전 훈련, 경보 체계의 구축 등의 활동이 있다. 특히, 자원의 신속한 배분을 가능하게 하기 위해서는 대비 단계에서 우선순위 체계를 설정하는 한편, 신속한 위기 복구를 위해서는 대비 단계와 대응 단계의 밀접한 연계가 필요하다(Tierney, 1985: 77-84; Kreps, 1991: 33-36).

2) 복원 전략

복원(resilience) 전략은 위험이 실제로 발생했을 때 사전에 예상하지 못한 위험에 대한 대응 능력을 증가시키려는 전략을 의미한다. 상당한 정도의 불확실성이 있는 경우에는 복원 전략이 보다 더 선호되는 한편, 위험과 관련된 효과적인 조치에 대한 지식이 결여되어 있고, 변화에 대한 예측이 어려운 경우에도 복원 전략이 강조된다(Wildavsky, 1988: 80, 123). 즉, 위험 대응 전략으로서 복원 전략은 미리 예견하지 못한 그러나 실제적으로 발생한 위험을 사후적으로 보다 효과적으로 다룰 수 있는 능력의 신장에 중점을 둔다(최병선, 1994: 39). 복원 전략은 ① 가상적 위험이 아니라 실제화된 위험을 대상으로 삼으며, ② 예견하지 못한 또는 예견할 수 없는 위험에 대한 시행착오적 접근을 강조하고, ③ 현실의 위험에 사후적으로 대처하는 과정에서 얻게되는 경험과 학습을 통하여 대응 능력을 전반적으로 향상시키는 데 관심을 기울이기 때문에, 위기관리에 있어서는 예방 전략보다는 복원 전략의 현실적 중요성이 높다고도 볼 수 있다. 복원 전략의 실행 단계인 대응 단계와 복구 단계를 살펴보면 다음과 같다.

대응(response) 단계는 위기가 발생한 이후 위기관리 기관들의 각종 임무 및 기능을 실제 적용하는 활동이다(Drabek, 1985: 85; Petak, 1985: 3). 대응 단계 활동은 예방, 대비 단계의 활동과 연계하여 제2의 손실발생 가능성을 줄이고, 복구 단계에서 발생할 수 있는 문제들을 미리 최소화시키는 활동을 의미한다. 대응 단계는 예방이나 대비 단계와 독립되어 있는 것이 아니라 상호 밀접하게 연계되어야 하며, 대응 단계는 자연재난, 인적재난, 사회재난을 모두 포함하는 전체적인 차원에서 재난을 파악하고 대처하기 위한 능력을 개발하는 것이 필요하다.[5] 구체적인 활동으로는 피해자 보호 및 구호 조치, 피해 상황 파악 및 응급 복구, 희생자 탐색구조와 응급의료 지원, 재난피해자 수용시설의 확보 및 관리, 긴급 복구계획의 수립 등을 들 수 있다. 특히, 경보 기능, 소개 기능, 응급의료 서비스 기능, 탐색·구조 기능, 질서유지 기능, 긴급 피해 복구 기능이 강조된다(이재은, 1998).

5) 그러나 이와 동시에 위기의 종류에 따라 위험이나 위협은 질적인 차이점을 지니고 있기 때문에 대응 방식의 차이를 두어야 할 뿐만 아니라 관리 방법상에서도 차이를 두어야 한다는 지적도 있다(Kasperson & Pijawka, 1985: 7-18).

복구(recovery) 단계는 피해 지역이 위기 발생 직후부터 위기 발생 이전 상태로 회복될 때까지의 장기적인 활동 과정이다(Petak, 1985: 3). 피해 지역이 초기 위기 발생 상황으로부터 정상상태로 돌아올 때까지 지원을 제공하는 지속적인 활동을 의미한다. 복구 단계는 앞서 검토한 예방, 대비, 대응 단계와는 달리 위기의 종류와 관계없이 동일한 활동이 이루어지는 것으로 간주된다. 즉, 예방·대비·대응 단계는 위기의 종류별로 약간 상이한 활동들이 요구되는 반면, 복구 단계는 위기의 종류와 관계없이 동일한 활동의 수행이 요구되기 때문이다. 구체적인 복구 활동에는 중·장기 복구계획 수립 및 복구의 우선순위 결정, 복구장비 및 복구예산 확보 방안 마련, 복구지원을 위한 관계 기관들과의 협조, 피해 상황의 집계, 긴급지원물품의 제공, 위기 발생 원인 및 문제점 조사, 개선안의 마련 및 유사 재난 재발 방지책 마련 등이 있다. 특히, 생존지원 체계인 전력망 수리, 임시가옥·식량·의복 제공 등이 포함된다(Waugh, 1994: 254).

그림 5-2 위기관리 전략 및 과정

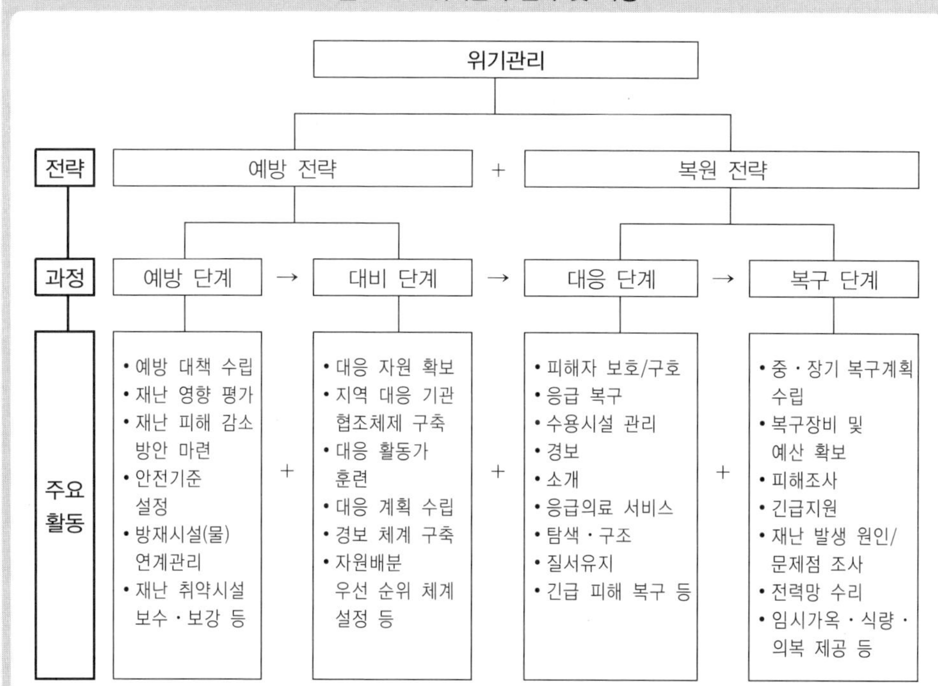

2 위기관리의 과정

위기관리정책의 분석은 시간 국면에 따라 위기 발생 이전의 예방, 대비 단계와 위기 발생 이후의 대응, 복구 단계로 구성된 과정 모형에 입각한다. 따라서 위기관리정책은 예방, 대비, 대응, 복구의 네 단계가 중앙정부와 지방정부에 공통적으로 적용되는 과정으로서, 일반적으로 예방, 대비, 대응, 복구와 관련된 정책을 개발하고 집행하는 과정이라고 정의된다(Petak, 1985; Clary, 1985; Mushkatel & Weschler, 1985; Wallace & De Balogh, 1985; Hy & Waugh, 1990; Drabek, 1991; Godschalk, 1991).

위기관리의 체계적 관점에서 진행된 위기관리 단계에 대한 연구의 대부분은 미국 연방위기관리청(Federal Emergency Management Agency: 이하 'FEMA')의 관리체계를 중심으로 논의되어 왔으며, 동시에 이는 하나의 모범으로까지 받아들여지고 있다. 미국에서 위기관리 체계에 대한 관심이 고조된 것은 1979년 스리마일 아일랜드 핵 발전소 사고 당시 연방정부의 대응에 대한 많은 비판이 제기된 이후 FEMA가 설립된 때부터라고 볼 수 있다(Hodgkinson & Stewart, 1991: 57-58; Sylves, 1994: 303). FEMA는 설립 초기에 냉전시대의 핵전쟁을 대비한 민방위 관련 프로그램에 가장 큰 우선순위를 두었다. 그러나 이에 대한 비판이 제기되자 1980년대 초 통합위기관리시스템(Integrated Emergency Management System: IEMS)을 개발하였다.[6] IEMS는 국가 안보 위기와 다른 위기들에 대한 대응을 하는 데 있어 필요한 공통 기능을 채택하는 것이 그 의도였다. 하지만 IEMS 역시 국가 안보를 위주로 하고 있는 연방정부의 우선순위와 다른 위기들에 대한 관리에 관심을 갖고 있는 주정부 및 지방정부의 우선순위가 다르다는 이유로 일부 지역에서는 IEMS에의 참여를 거부하게 되었다.

따라서 그 보완책으로 주정부와 지방정부의 위기관리 체계의 기초가 되는 총체적 위기관리 모형(Comprehensive Emergency Management Model)이 미국 주지사협회의 후원 하에 개발되게 되었다. 총체적 위기관리 모형에서는 위기관리를 네 개의 국면으로 구분하여 제시하고 있다. 즉, 위기 예방, 위기 대비, 위기 대응,

6) IEMS에 관한 자세한 내용은 맥롤린(McLoughlin, 1985: 165-172)을 참조할 것.

위기 복구 국면으로 구성되어 있다(Waugh, 1998: 749).

이들 제단계들은 시간 국면에 따라 구분한 것이다. 즉, 위기가 발생하기 이전에는 위기 예방과 위기 대비, 위기가 발생한 이후에는 위기 대응과 위기 복구가 해당한다. 따라서 여기서는 위기관리 단계를 구성하고 있는 이들 국면별 위기관리 활동에 대한 제학자들의 논의를 중심으로 살펴보겠다.

1) 예방 단계

예방(mitigation)[7]은 인간의 건강과 안전, 그리고 사회 복지를 위협하는 위험이 존재하는 곳에서 무엇을 해야 하는지를 결정하고, 위험 감소 계획을 집행하며, 자연재난과 인적재난으로부터 인간의 생명과 재산에 대한 장기적인 위험의 정도를 감소시키려는 활동을 의미한다. 따라서 위기가 실제로 발생하기 이전에 위기 촉진 요인을 미리 제거하거나 위기 요인이 가급적 표출되지 않도록 억제 또는 예방하는 활동을 의미한다(Petak, 1985: 3; McLoughlin, 1985: 166).

위기 예방은 세 가지 주요 목표를 추구하는 전략으로 이해할 수 있다(Godschalk & Brower, 1985: 64-65). 첫째는 둑이나 방파제 등의 구조물을 설치하여 위기를 억제하거나 약화시키는 전략이다. 둘째는 건물의 높이를 규제하거나 홍수방지 시설의 설치를 통해 위해(危害) 지역에 거주하는 주민과 시설을 보호하려는 전략이다. 셋째는 토지 사용 및 인구 집중을 규제함으로써 위험 지역에 대한 이용을 제한하려는 전략이다. 이들 중 첫 번째 전략의 목표는 위험의 성질을 변화시키려는 것이고, 두 번째 전략의 목표는 손실 우려가 있는 취약성을 감소시키려는 것이다. 그리고 세 번째 전략의 목표는 위험에 대한 주민들의 노출을 감소시키려는 것이다.

이러한 위기 예방 활동은 장기적이고 보다 일반적인 위기 감소 문제를 다루는 활동이기 때문에, 주로 지역사회가 장래 직면하게 될 재난을 극복할 수 있는 능력을 증진시키는 데 초점을 두고 있고, 위기의 종류에 따라 목표가 변화한다는

7) 위기 예방이 미국의 연방위기관리 활동에서 처음 나타난 것은 1966년 홍수로 인한 장래의 손실을 예방시키기 위한 일환으로 범람지대 개발 축소에 대한 대통령 행정명령 제11296호이었으며, 이후 1979년 FEMA 창설과 함께 전시와 평시의 모든 재난에 대한 계획이 단일 기관에서 이루어져 활용되었다(Godschalk, 1991: 132-134).

특징이 있다. 예를 들어, 인적재난의 경우에 있어서 위기 예방은 위기에 대한 사전 조치를 함으로써 그 발생 기회를 감소시키거나 원인을 제거하는 데 목표를 둔다. 반면에 자연재난의 경우에는 구조·구급과 인간 활동에 대해 조치를 취함으로써 위기 노출 지역에 대한 주기적 영향으로부터 위기를 감소시키는 데 목표를 둔다. 또한 이러한 예방 활동은 복구 과정을 통해 개발된 정책이나 사업 계획들에 의해 개선될 수 있으며, 따라서 대비, 대응, 복구 단계와 직·간접적인 관련성을 지니고 있다고 볼 수 있다(Rubin & Barbee, 1985: 61－62).

예방 단계에서 주로 사용되고 있는 도구나 기법에는 계획, 개발 규제, 조세제도, 자금지출 계획, 보험, 그리고 위기 정보 체계 구축 등이 있다. 이들 제접근법들은 기술적·정치적 과정을 통해 활용하게 된다. 위기 예방 활동의 효과적인 집행을 통해 얻을 수 있는 편익으로는 인명의 구조와 부상의 감소, 재산상의 손실 예방이나 손실의 감소, 경제적 손실의 감소, 사회적 혼란과 스트레스의 최소화, 농작물 손실의 최소화, 중요 시설물의 유지, 사회기반시설 보호, 정신적 건강 보호, 정부와 공무원의 법적 책임 감소, 정부 활동을 위한 긍정적인 정치적 결과의 제공 등이 있다(Godschalk, 1991: 131).

2) 대비 단계

대비(preparedness)는 위기 발생 시의 위기 대응을 위한 운영 능력을 개발시키려는 활동으로 정의할 수 있다. 대비 단계는 구체적으로 다음과 같은 활동들로 구성되어 있다(Clary, 1985: 20; Petak, 1985: 3; McLoughlin, 1985: 166). 첫째, 위기 발생 시 위기 대응을 집행하는 과정에서 활용하게 될 중요 자원들을 미리 확보한다. 둘째, 위기 발생 지역 내·외에 있는 다양한 위기 대응 기관들의 사전 동의를 확보한다. 셋째, 위기로 인한 재산상의 손실을 줄이고 주민들의 생명을 보호할 위기 대응 활동가들을 훈련시킨다. 넷째, 위기 대응 계획을 사전에 개발하고 위기를 관리하는 데 필요한 계획이나 경보 체계 및 다른 수단들을 대비하는 일련의 활동이다.

대비 단계에서 특히 주의해야 할 영역으로는 위기가 발생하기 이전에 각 위기관리 분야 간의 조정과 협조를 이루는 것이 필요하다는 점이다. 예를 들면, 의료 재난관리(medical disaster management)는 조직 간·지역 간 조정의 문제가 야기되는 분야로서, 조정을 어렵게 만드는 사회적·경제적·정치적 장벽의 문제들을 미리 극복할 경우에만 비로소 조정과 협조의 문제가 해결될 수 있게 된다는 점을 주목해야 한다. 그리고 위기 대비를 하는 경우에 자원의 신속한 배분을 가능하게 하기 위해서는 대비 단계에서 위기관리 우선순위 체계를 설정하는 것이 필요하다(Tierney, 1985: 77-84).

짐머만(Zimmerman, 1985: 29-39)은 대비 단계에서는 무엇보다도 대응 활동을 위한 특정한 자원조달 기제를 확인하는 것이 필요하다는 점을 강조하고 있다. 위기가 발생하는 경우 사용할 수 있는 정상적인 자금원 이외에도 예측하지 못한 사건에 대해 자금을 투입할 수 있는 간접적인 자금원까지도 확보해 놓아야 한다는 것이다. 또한 위기 발생 이전의 정상상태로 신속하게 복귀하기 위해서는 지속적·연속적 과정으로서의 대비 단계가 과학적 지식과 계획에 의해 합리적으로 이루어져야 함은 물론 대응 단계의 활동과 연계되는 것이 필요하다(Kreps, 1991: 33-36).

이와 더불어 효과적으로 대비 단계의 활동을 수행하기 위해서는 먼저, 대비 활동에 대한 지역주민들의 적극적인 지지와 참여를 유도하고, 사전에 위기관리 계획을 수립하여 이에 의한 대비를 하는 것이 필요하다. 지역사회가 위기에 대해 적절하게 대비하지 못하는 이유는 위기 대비의 필요성을 인식하지 못하기 때문이다. 따라서 위기 대비나 위기관리 계획에 대한 지역사회의 거부감을 극복하는 방안을 마련하는 것이 요구된다. 스칼론(Scanlon, 1991: 79-100)은 이를 위한 유일한 방법으로 효과적인 리더십을 지닌 시장이나 임명직 행정관과 같은 지역 인사가 위기계획이나 대비의 주도권을 지니는 것이 필요하다고 강조하는 한편, 다음과 같은 네 가지 방법을 제시하고 있다. 첫째, 재난 상황에서 시정부가 위기관리 계획을 시행할 수 있음을 확신시키는 것이 필요하다. 둘째, 정치적 리더십에 대한 지역사회의 지지를 획득하고, 셋째, 관련 시민과 기관의 네트워크 개발을 감독한다. 넷째, 주요 회의와 연습에 참여하는 한편 효과적인 위기 대비 활동에 대한 보상 방법을 제시하는 것이 그것이다.

3) 대응 단계

대응(response)은 실제로 위기가 발생한 경우 위기관리 기관들이 수행하여야 할 각종 임무 및 기능을 적용하는 활동 과정으로 파악할 수 있다. 대응 단계는 예방 단계, 대비 단계와 상호 연계함으로써, 제2의 손실이 발생할 가능성을 감소시키고, 복구 단계에서 발생할 수 있는 문제들을 최소화시키는 위기관리의 실제 활동 국면을 의미한다(Drabek, 1985: 85; Petak, 1985: 3).

대응 단계의 활동을 효과적으로 집행하기 위해서는 우선, 대응 단계의 효율적인 의사결정 구조의 문제와 조직구성원들의 역할 문제를 살펴보아야 한다(Mileti & Sorensen, 1987: 13－21). 즉, 위기에 대해 보다 효율적으로 대응하기 위해서는 집권화되고 공식적인 의사결정 구조보다는 유연한 의사결정 구조를 유지하는 것이 효과적이다. 그리고 이와 함께 조직구성원들의 대응 활동에 있어서의 구체적인 역할을 사전에 부여해 놓을 것이 필요하다. 특히, 위기관리 업무를 일상 업무로 수행하고 있거나 관련이 있는 조직보다는 관련이 없는 조직의 경우에 위기에 대비하여 조직구성원 각자의 업무 정의를 하는 것이 더욱 필요하다.

또한 효과적인 위기 대응을 위해서는 조직적 측면, 재난에 대한 행태적 대응, 대응의 일반 기능, 그리고 위기관리자의 역할 변화라는 관점에서 살펴보는 것이 필요하다(Perry, 1991: 201－223). 첫째, 위기 대응을 위한 조직 측면에서는 위기관리 기관 간의 활동을 조정하기 위한 의사결정의 중심 장소로서의 '위기운영센터'를 활용해야 한다. 둘째, 위기에 대한 행태적 대응에 있어서는 재난희생자와 위기관리 인력들이 일상적인 재난 대응 유형에 익숙해지는 것이 필요하다. 이를 통해서 위기 대응 시간을 줄이고 신속하게 상황 관리에 초점을 둘 수 있기 때문이다. 셋째, 위기 대응 국면에서는 여섯 가지 일반 기능이 필수적으로 요구되고 있다. 즉, 경보, 소개(evacuation), 대피, 응급의료, 희생자 탐색·구조, 재산 보호 기능이야말로 대응 과정에서 필수적인 기능이다. 넷째, 위기관리자의 역할과 관련하여 오늘날 발생하고 있는 많은 위기 유형들은 지역주민들의 생명과 재산에 대해 심각한 영향을 미칠 수 있는 것이기 때문에, 이를 관리하고 대응하기 위해서는 지방정부가 감당할 수 없는 많은 자원이 필요로 된다. 그러므로 위기 대응에 필요한 자원을 확보하고, 주민들의 지지를 획득하는 과정에서는 다른 누구보다도 위기관리자를 정치적 최일선에 위치시켜 놓기 때문에, 효과적인 위기관리자는 자원의 확보와 주민 지지 유도를 위한 정치적 능력을 소유해야 하는 것과 함께 정부 정책결정 과정에 대한 통찰력을 지니는 것이 필요하다. 그리고 현대에 와서 자연재난과 인적재난의 유형이 보다 많아지고 상이해짐에 따라 위기관리자는 전문적인 기술적 지식(technical knowledge)을 지니는 것이 필요하다. 즉, 위기관리자는 더 이상 민방위와 자연의 위해성에 대한 일반적 지식만으로는 위기대응 기능을 효율적으로 수행할 수가 없으며, 위기 대응 과정에서 전문가의 도움을 받는다 할지라도, 결국 이들의 활동을 조정하고 통제할 수 있는 위기관리 체계 운영에 관한 포괄적 지식이 결여되어 있다면 전문가들의 노력은 무의미한 결과를 가져올 것이기 때문이다. 그리고 위기관리자는 일반 시민들의 위기관리 행정에 대한 신뢰를 회복하고 유지시킬 수 있는 능력을 지니는 것이 필요하다.

그리고 재난의 유형별에 따라, 즉 자연재난이냐 인적재난이냐에 따라 위험이나 위협은 질적인 차이점을 지니고 있기 때문에, 각 재난 유형별로 위기 대응을 달리해야 할 뿐만 아니라 관리 방법상에서도 차이를 두어야 한다(Kasperson & Pijawka, 1985: 7－18). 이와 동시에 최고 정책집행자나 위기관리 담당자는 위기발생 시에 각 위기의 동일성과 상이성을 파악하고 그에 따른 적절한 대응 방안을 수립해야 한다. 페리(Perry, 1991: 201－223)는 지방정부가 대처해야 하는 위기를 일상적으로 발생하는 화재나 자동차 사고와 같은 위급 상황과 우리가 재난이라고 부르는 위기로 개념적 구분을 시도하면서, 전자는 예측 가능하고 규칙성을 지니는 일상 위기이기 때문에, 지역사회에서는 그 영향을 느끼지 못한다고 하는 반면, 후자는 사회 체계의 붕괴를 가져오는 비일상적 사건으로 정의하고 있다.

이와 함께 위기관리의 대응 국면에 대한 주민의 인식 정도도 중요한 요소다(Perry & Nigg, 1985: 72－77). 즉, 위기 대응 과정에서 주민이 속해 있는 해당 지역사회의 위기 대응 계획이 진행 중에 있으며, 그 활동에 대하여 특정 공무원이 책임을 지고 있다는 것을 주민들이 알 수 있어야만 한다. 이것은 위기관리 활동가가 자신의 책무를 효과적으로 수행하고자 하는 경우에 필요한 것으로서, 우선 위기 상황에서 위기관리 조직에 대한 주민의 신뢰성이 확보되어 있어야만 하며, 이러한 신뢰성은 위기 발생 이전부터 위기관리자들이 해당 지역의 위기에 대해 전문성에 입각하여 접근하고, 특별한 장비 활용에 대한 훈련을 통하여 주민들에게 인식될 수 있는 것이다.

4) 복구 단계

복구(recovery)는 위기가 발생한 직후부터 피해 지역이 위기가 발생하기 이전의 원상태로 회복될 때까지의 장기적인 활동 과정인 동시에, 초기 회복기간으로부터 그 지역이 정상적인 상태로 돌아올 때까지 지원을 제공하는 지속적인 활동이다. 위기 복구 단계의 활동은 피해 지역이 원상 복구를 하는 데 필요한 원조 및 지원 활동으로 전형적인 배분정책의 영역에 속하는 활동으로 볼 수 있다(Petak, 1985: 3).

이 같은 복구 단계에 속하는 구체적인 활동에는 생존지원 체계인 전력망 수리, 임시가옥·식량·의복 제공 등이 포함된다(Waugh, 1994: 254). 그리고 복구 단계에서 활동하는 주체로는 미국의 경우 지방정부, 주정부, 연방정부, 그리고 민간부문의 조직을 예시할 수 있다. 이들은 각각 개별적으로 활동을 하기보다는 서로가 혼합되고 함께 공동으로 기능을 협조할 때 효율적으로 복구 활동을 수행할 수 있으며, 공공부문뿐만 아니라 민간부문의 적극적인 참여가 있을 때 효과적인 복구가 가능하다(Perry, 1985: 8-14).

복구 단계와 관련하여 새틀(Settle, 1985: 101-106)은 어떤 위기이든지 간에 위기 발생은 예기치 못했던 경제적·재정적 위기를 야기시킨다는 점을 환기시켜 주고 있다. FEMA 통계에 의하면, 1974년 4월 1일부터 1983년 9월 30일까지 주정부 지사들에 의해 요청된 긴급 재난구호자금 요청 중에서 단지 59%만이 연방정부에 의해 승인되었고, 41%의 요청이 기각되었다. 긴급 재난구호자금 요청이 기각된 41% 지역은 심각한 재정적 위기에 봉착하게 되었다. 즉, 위기가 발생함과 동시에 물가가 급격히 상승하였으며, 부동산의 자산가치는 하락하였고, 세수입은 감소한 반면에, 이에 대한 연방정부의 어떠한 재정 위기 계획도 마련되어 있지 않았었기 때문이다.

대비 단계와 대응 단계의 활동은 재난 유형별에 따라서, 즉 자연재난과 인적 재난에 따라 차이가 있다 할지라도, 이들 모두에 있어서의 복구 과정은 동일한 것으로 간주할 수 있다. 예를 들어, 루빈(Rubin, 1991: 224-259)은 1980년대 초

재난 복구 과정에 있는 14개 지역에서 수행되고 있는 연구에 기초하여, 성공적인 복구와 연관된 주요 구성 요소들을 개관하고, 성공적인 복구 전략을 제시하고 있다. 여기서 그는 복구에 필수적인 주요 요소로 개인적 리더십, 활동 능력, 활동 내용에 대한 지식을 예시하면서, 효과적인 복구를 위한 전략을 제시하고 있다. 첫째, 해당 지방정부가 지니고 있는 자원들을 활용할 뿐만 아니라 주정부와 연방정부의 재정적 및 기타 자원의 지원 확보 방안에 대해 친숙해야 한다. 둘째, 공공관리자들은 해당 지역의 희생자와 그 가족들뿐만 아니라 위기관리 활동가들과 자원봉사자들의 복구 활동을 지원해 주는 것이 필요하다는 점을 지적하고 있다.

그리고 메이(May, 1985)는 복구 활동의 집행과정에서 미국 연방정부의 재난구호 정책(disaster relief policy)의 문제점을 경제적 문제, 조직상의 문제, 정부 간 및/또는 전달 문제의 세 가지 차원에서 지적하고 있다. 첫째, 경제적인 문제점으로는 재난구호 경비의 증가, 손실액과 지원액 사이의 격차, 재난별 구호 지급액의 불균형을 지적하고 있다. 둘째, 조직상의 문제로는 자금 지원의 우선순위와 예상 사이의 혼돈을 가져오는 연방정부 조직의 불안정성을 지적하고 있으며, 셋째, 정부 간 및 전달 문제로는 구호 지급액에 대한 주정부와 연방정부 간의 갈등 문제와 주정부 지원 능력의 한계를 제시하고 있다. 따라서 그는 이 같은 문제에 대한 세 가지의 대안적인 접근법을 제시하고 있다. 기본 틀은 첫째, 연방정부로 하여금 복구 지원을 하는 데 있어서 보다 직접적인 역할을 하도록 해야한다는 점이다. 둘째, 연방정부로 하여금 총액 보조금을 통한 재난구조 재정 지원 역할을 하게 하는 동시에, 재난구호 활동은 주정부나 지방정부에 이관하도록 해야 한다. 셋째, 연방정부는 민간 기업에 의해 제공되는 총괄재해 보험(all hazards insurance)에 대해 보조금을 지급해야 한다는 것이다.

제 6 장

포괄적 안보와 국가위기 유형

제 1 절 국가 안보의 의의

전혀 예상치 못했던 9 · 11 테러는 미국뿐만 아니라 세계 전체의 안보 상황과 질서에 엄청난 충격을 주었다. 당사국인 미국은 기존의 안보 전략과는 상당히 다른 공세적이고 포괄적인 새로운 안보 전략을 수립하게 되었으며, 그에 따라 미국의 세계 운영에 있어서도 큰 변화가 나타났다. 미국은 과거에 중요하게 생각했던 중국, 러시아 등 특정 국가로부터의 안보 위협보다는 테러 세력이나 소수의 불량국가(rogue states)로부터의 안보 위협 가능성에 더욱 신경을 쓰게 되었다. 이러한 변화는 동북아시아에도 영향을 미쳐 기존과는 다른 안보 환경의 출현을 예고하였다. 미국의 세계적인 안보 전략 변화는 동북아 전략의 변화를 초래하였으며, 그에 따라 주요국 간의 관계도 변했으며 이는 최종적으로 동북아지역의 안보 환경에 적지 않은 영향을 미치게 되었다(연현식, 2004: 5).

이와 함께 안보 차원에서 세계화는 대량살상무기, 사이버 범죄, 종족 분규, 마약 밀매, 환경의 파괴, 전염병 확산 등 초국가적 위협의 범위와 유형을 확대시키고 심화시켰다. 교통과 통신의 발달로 첨단과학기술과 지식이 순식간에 전 세계로 전파될 수 있게 되었으며, 이에 따라 불순한 의도를 지닌 국가나 집단이 대량살상무기를 개발하는 것이 보다 쉬워졌다. 오늘날 통신, 전력, 교통, 에너지, 급수 체계, 금융시스템 등 정보통신에 기반을 둔 사회 구조는 운영체계의 효율성을 극대화하기 위해 중앙 통제화되는 경향이 있고, 이로 인해 사이버 공격이나 해킹에 매우 취약하다. 또한 온실효과, 수질오염, 공해, 산림훼손 등 갖가지 환경오염이나 파괴는 종종 국경을 초월해서 심각한 피해를 야기한다. 세계화 시대는 국경을 초월하여 인적 교류가 활발하게 이루어지는 만큼 악성 전염병이 순식간에 전 세계로 확산되기 때문이다(Davis, 2003; 한국정보보호센터, 1999; 전웅, 2005: 8).

탈냉전기 안보 분야의 대표적인 패러다임의 변화는 두 가지로 요약할 수 있다(김영호, 2009: 158). 첫째, 냉전종식으로 인해 변화된 전략 환경에 대한 평가와 미래 전쟁양상의 분석에 기초하여 새로운 전쟁수행 방식을 모색하였고, 그 성공적 수행을 위해 군 전력의 구조와 수준을 대대적으로 변환시켰다. 미국을 중심으로 시작된 군사 변환 노력은 두 차례의 이라크전과 아프간전을 통해 실전적용을 거치면서 더욱 발전되었고, 전통적 안보 영역에서 군의 역량을 한층 더 강화시켰다. 둘째, 안보에 대한 근본적인 인식 변화에 기초하여 안보의 주된 영역 또는 대상이 확장되었다. 포괄적 안보, 인간 안보, 초국가적 위협, 협력 안보 등의 개념을 통해 안보 영역을 확대해야 한다는 주장의 배경에는 냉전종식이라는 국제질서의 근본적 변화, 지구화의 진전에 따른 세계경제의 통합 가속화, IT 산업의 눈부신 성장에 힘입은 컴퓨터 전산망의 확충 및 그에 대한 국가의존도 심화 등과 같은 요인들이 작용한 것이다. 뿐만 아니라 최근에 와서는 기후 변화 등 범지구적 환경문제의 심각성, 세계적인 에너지 수급의 불안정과 확보 경쟁, 인터넷 사용의 일상화 등으로 인해 자연 안보(natural security), 정보 안보(information security), 지속가능한 안보(sustainable security)라는 표현까지 생겨날 정도로 확장되었다.

하지만 현재까지 진행된 안보 패러다임 변화에서 아쉬운 점은 이들 두 가지 변화가 서로 연결되지 못했다는 점이다. 군 내부의 군사 변환 모색에서는 안보 영역 변화에 주목하기는 했지만 여전히 전통적 안보 영역 내에서 군에 요구되는 역량의 강화에만 초점을 맞추었다. 반면에 안보 영역의 확대 주장은 새로 등장한 다양한 비군사적 위협의 종류와 그 중요성 강조에만 치우치고 있었다. 따라서 향후 이들 두 가지 변화를 서로 연결시켜 새로 확장된 비전통적 안보 영역에서 군이 해야 할 역할과 대응 방식에 대해 논의하는 것이 필요하다(김영호, 2009: 159).

현대 사회는 발전을 할수록 구조적인 위험과 내재된 위험이 증가하는 위험사회라고 할 수 있다. 사회가 발전을 거듭하면서 정보화, 고도화, 네트워크화되고 이에 따라 사회 구조적인 위험도 증가하게 된다. 지구온난화가 지속되면서 파생되는 각종 자연재난에서부터 자원의 고갈로 인한 유가 상승과 글로벌화된 경제 네트워크에 의한 경제적 재난뿐만 아니라, 과학기술의 발전으로 과거에는 존재하지 않았던 사이버 범죄와 같은 다양한 신종 범죄의 등장으로 새로운 위험이 증가하고 있는 실정이다. 현대 사회에 있어서 각종 위험들은 지속적으로 증가하고 있으며, 일반 국민들은 다양한 잠재적인 위기 상황에 노출되어 있다고 말할 수 있다(한국정보화진흥원, 2012: 1−3; 조민상 · 조호대, 2012: 1).

이와 함께 현대 복지국가의 출현에 따라 위기 개념이 확대되고 포괄적 위기관리의 중요성이 더욱 더 부각되었다. 1990년대 말 이후, 시민의식의 증대에 따라 복지국가를 지향하면서 경제발전과 안보 역할에만 그치는 것이 아니라 사회복지와 환경, 국민의 생명과 재산 보호, 인권 등에까지 국가의 역할과 책임을 확대하고, 특히 다양한 위협에 노출된 국민을 그 위험과 위협으로부터 보호하는 것이 국가의 중요한 책무라고 인식하기 시작했기 때문이다(허태회 외, 2005: 31−32; 이주호 외, 2012: 36).

국가의 안전은 그 구성원인 국민들의 복지의 기초가 되기 때문에, 국가 안전을 보장해 주는 제반 활동을 국가 안보라고 할 수 있다. 국가 안보는 일반적으로 국가안전보장으로 이해할 수 있는데, 이러한 국가 안보는 국가가 정치적 실체로서 형성되기 시작한 이래 꾸준히 제기된 복잡한 문제로서 종합적인 접근을 하는 것이 필요하다(McNamara, 1968: 142−143). 국가 안보는 국내 · 외에서 발생할 수 있는 각종 군사적, 비군사적인 위협으로부터 국가의 평화와 독립을 수호하고, 국민의 안전과 생존을 유지하는 것으로 이해할 수 있다. 나아가 국가의 안보 정책 기능은 한 국가의 가치를 보호하거나 증진하는 데 관련된 국가의 정책이기도 하다(이영균, 2002: 49; 김용현 · 박영주, 2011: 189).

1970년대 이전까지 위기관리는 냉전 체제의 영향으로 군사와 안보를 중심으로 위기관리가 이루어졌으나, 1970년대 이후에는 전통적인 안보 중심에서 재난대비로 중심이 점차 이동하기 시작하였다. 더욱이 산업화와 도시화의 영향으로 인한 인적재난의 증가와, 지진, 태풍, 홍수 등 자연재난으로 인한 피해에 대비하지 않을 수 없게 되었다. 1980년대 말 냉전체제가 와해되자 위기관리 선진국들은 재난 대비 위주의 위기관리 기능을 강화하기 시작했다. 하지만 9 · 11 테러 이후에는 새로운 위협에 대비하기 위해 평시 재난 위주의 위기관리 체계를 전반적으로 재검토하게 되면서 전통적인 군사 안보 위협뿐만 아니라 테러와 재난 등 현대의 다양한 위협에 대응하는 사회적 안전 보호에도 중점을 둔 포괄적인 위기관리 개념을 정립하였다.

이처럼 위기관리의 커다란 흐름은 국민 방위의 개념에서 국민 보호의 개념으로 그 중심이 이동하고 있다(Alexander, 2002: 209−214). 국민 방위(civil defense)의 개념은 주로 외적의 침입과 일부 사회적 소요 현상에 대응하는 개념이며, 국민 보호(civil protection)의 개념은 자연재난과 인적재난 등으로부터 국민을 보호하기 위한 개념이다. 이는 위기관리가 안보 중심에서 재난 중심으로 전환되었다는 것을 의미한다(정지범, 2010: 241−242; 이채언, 2012: 3−4).

사실 미국, 영국, 일본 등 위기관리 선진국에서는 전통적 안보 분야는 고려하지 않고 있다. 이들 선진국들은 자주국방이라는 과제는 이미 완전히 달성된 상태이며, 정보의 주도권을 기반으로 국가의 자존심과 경제적 이익을 위해 전면전을 피할 수 없는 상황일 경우 전쟁은 반드시 국내에서 수행하지 않는다는 전제 하에서 국가 안보와는 다른 차원에 대한 관심을 집중시키고 있다(최상일, 2007: 550). 이에 반해 한국을 포함하여 중진국과 후진국의 경우에는 외부의 위협에 대처하는 것이 국가의 생존 및 국민의 안녕과 직결되는 것으로, 모든 국가의 역량이 결집되는 국가 안보의 군사적 개념이 우선적으로 요구되는 가운데, 재난관리가 포함되는 포괄적 국가위기관리 체계라 할 수 있다. 이와 같이 위기관리에 대한 개념은 위기관리 선진국과 중 · 후진국이 큰 차이를 보이고 있다. 특히, 9 · 11 테러 이후 세계 각국은 전통적 안보 외에 테러, 마약, 사이버 테러 등 새로운 위협과, 증가하는 자연재난과 인적재난에 효과적으로 대처할 조직과 제도가 필요하였다.

위기관리 기구가 다양하고 복잡하여 효율성이 떨어짐과, 새로운 위협에 통합적인 대비를 위해 흩어져 분산되어 있던 조직을 효율적으로 활용하기 위한 통합을 시도하고 있다(이채언, 2012: 4).

제 2 절 포괄적 안보의 개념

우리나라는 지난 100년 동안 국권침탈, 6·25 전쟁, 남북 분단, 독재정권, 민주화 운동 등의 민족적 고난과 시련을 겪어오면서 국가위기관리에 대한 관심의 정도가 다른 어느 국가보다 강했다. 그럼에도 불구하고 대부분의 관심이 전통적 안보 위기에 집중되면서 위기관리의 범위와 영역을 확장시키지 못해 왔다. 이는 전쟁, 국지 분쟁, 영토 침범, 주권 훼손, 핵무기 개발 등과 같은 전통적 군사 안보 위기의 심각성이 다른 위기 유형보다 컸기 때문이다. 다른 한편으로는 우리나라가 동서냉전(Cold War)의 최첨단에서 이념적 대립의 첨병 역할을 수행하느라 전통적 군사 안보 위기를 제외한 다른 위기 유형에 대해서는 많은 관심과 노력을 기울이기 어려웠기 때문이다.

현대에 와서는 다양한 위기로 인한 피해 영향의 범위나 규모, 그리고 피해의 심각성 관점에서 보면, 전통적 군사 안보 위기뿐만 아니라 다른 유형의 위기에 대해서도 경각심을 갖고 관리 체계를 구축할 것이 요구되고 있다.

현대 위기는 과거와 같은 전통적 군사 안보 위기뿐만 아니라 자연재난 위기, 인적재난 위기, 국가핵심기반 마비 위기, 갈등 위기 등으로 분류되어 새로운 관리 체계를 지닐 것을 요구받고 있다. 그리고 미래 사회에서는 환경 위기(environmental crisis), 생태 위기(ecological crisis)와 같은 신종 위기 유형이 출현하여 우리 사회의 생존성을 위협할 수 있기 때문에, 새로운 위기 유형을 탐색하고 제안하는 것이 중요하다(Gundel, 2005: 106). 우리 사회에는 전통적인 위기의 유형이 존재하는 동시에 새로운 유형의 위기가 계속해서 나타나는 한편, 사회를 구성하는 구성 요소 또한 지속적으로 변하고 있다.

이들 위기의 속성은 과거와는 달리 매우 복잡·다양하게 나타나는 한편, 하나의 위기가 다른 위기를 유발하거나 복합 위기 형태로 나타나고 있어 그 관리 체계 또한 새로운 방식이나 형태를 요구하고 있다.

2001년 뉴욕시와 워싱턴에 대한 9·11 테러는 미국의 상대적 취약성에 대한 국제적 관심을 불러 일으켰고(Ablah et al., 2006: 189), 이후 미국은 국가 안보의 개념적 틀을 바꾸게 되었다. 안보 개념의 틀이 바뀌었다는 것은 현대 사회를 둘러싼 환경의 변화에 맞추어 새로운 대응 방식이 필요하게 되었다는 것을 의미한다. 자연 환경이 변하였고 사회 환경이 변화하였으며 국제정세 또한 변하였다. 특히, 정보화, 도시화, 첨단화, 고밀도화, 세계화된 사회로 전환되면서 인간관계는 물론 지역관계, 국가관계 또한 변하는 것이 당연한 것으로 받아들여지고 있다.

이는 환경의 변화로부터 기인한 것으로서 인간 인식의 변화로부터 나타나는 자연스러운 현상이기도 하다. 예를 들면, 과거에는 전통적 군사 안보 분야의 위기만이 국가의 주권을 위협하는 위기로 간주되었다. 그러나 테러로 인해 수천 명이 사망하고, 지진으로 인해 수십만 명이 사망하였으며, 새로운 괴질이 발생하여 인류의 생명을 위협하는 사건이 발생하고 있다. 최근에는 자연재난과 인적재난의 발생으로 말미암아 세계적으로 수천 명, 수백 명의 생명이 동시에 희생되는 사건이 빈번하게 발생하고 있다. 이에 세계 각 국가들은 이들 사건들을 국가위기 관리의 차원에서 다룰 필요성을 느끼고 있다(김열수, 2005: 15).

과거와는 다르게 오늘날에는 과학과 기술이 발전하면서 우리가 지켜야 하고 보호해야 할 핵심적인 기능, 시설, 시스템은 점점 더 많아지는 데 반해, 이를 감당하기 위한 국가사회의 역량은 상대적으로 부족해지고 있는 것이 현실이다. 역설적으로 과학과 기술이 발전하면 할수록 우리 일상생활에서의 안전을 위협하는 요소들은 상대적으로 증가하는 것이 현실이다.

현대 사회는 국민 한 사람 한 사람의 생명과 건강, 재산을 위협하거나, 국가의 주권과 영토의 안전보장을 위협하거나, 아니면 국가 운영에 핵심적인 역할을 수행하는 기능, 시설, 시스템을 위협하는 국가위기를 다루는 것이 그 어느 때보다도 중요한 시점이다.

첫째, 국민의 일상적인 생활 속에서 나타나는 각종 생활안전 위기, 즉 취약계층안전, 생활식품, 생활치안, 생활경제, 생활교통, 생활용품, 생활건강, 학교생활,

직업생활, 생활환경, 생활기반 등 국민의 일상생활의 안전을 위협하는 위기를 관리해야 한다.

둘째, 태풍, 집중호우, 지진, 쓰나미, 폭염, 황사와 같은 자연재난과 대형화재, 붕괴, 침몰, 추락, 폭발과 같은 인적재난을 포함하는 재난 위기를 관리해야 한다.

셋째, 국가사회 운영의 핵심적인 요소나 기반이 되는 금융, 교통·수송, 전력, 정보통신, 주요 산업단지, 에너지, 원자력, 댐, 공중보건, 공공질서, 정부시설, 주요 인사 보호, 국가적 유물·유적 등의 국가핵심기반을 보호해야 한다.

넷째, 비록 포괄적 안보 개념으로 전환되었다 하더라도 여전히 전통적인 군사적 안보를 위협하는 전쟁, 무력침공, 국지분쟁, 핵무기 및 대량살상무기 개발과 같은 위기는 절대적으로 중요하다.

다섯째, 국가사회적으로 큰 피해를 가져오는 갈등 위기 또한 국민 공동체 위기를 가져오거나 국가의 지역 간 대립이나 이념적 대립을 가져와 사회적 위기 현상을 초래할 수 있기 때문에 이를 관리하기 위한 노력이 필요하다.

이러한 측면에서 2001년 9·11 테러가 발생한 이후 지금까지 미국을 비롯한 서구 선진국들은 물론 우리나라는 안보(security) 개념을 전통적 군사 안보(conventional military security) 개념으로부터 포괄적 안보(comprehensive security) 개념으로 전환하였다. 과거에는 전쟁이나 무력 침공 등과 같은 전통적 군사 안보 위기만을 국가안전보장의 위협 요인으로 보았으나, 그것만으로는 국가 안전을 확보하기에는 턱없이 부족하다는 인식을 갖게 된 것이다. 지금은 국가를 구성하는 국민, 영토, 주권, 핵심기반의 안전을 위협하고 마비시킬 수 있는 재난이나 질병, 전염병, 실업, 파산까지도 국가 안보를 위협하는 국가위기로 규정하고 그 관리 체계를 구축하고 있다. 테러는 물론이고 각종 사회 위협 요소, 국가사회의 안녕질서를 위협하는 요소들 하나하나까지도 모두 국가위기관리 차원에서 다루어야 한다.

따라서 현대 사회의 국가 안보 영역은 군사 위주에서 정치, 경제, 사회, 문화, 환경, 자원, 기술과 대형 재난 등 비군사 분야를 포함하는 포괄적인 개념으로 확대되고 있다(조영갑, 2003: 23). 국가 안보를 위협하는 국가위기 영역이 종전의 군사적 분야에서 비군사 분야까지 확대되었다는 것을 의미한다. 나아가 국가가 적극적으로 국가의 안위뿐 아니라 국민의 일상생활의 안전까지 보호해야 한다는

것이다.[1]

사실 과거에는 국가위기 사태가 주로 군사적인 범주에 국한되었지만 최근에는 테러, 대량살상무기 확산, 마약 밀거래, 환경 파괴, 에너지 문제 등 준군사적 또는 비군사적인 분야까지 포함하는 추세로 바뀌었다. 이처럼 위기 개념이 포괄적으로 바뀌고 위기관리의 중요성이 점차 부각되는 것은 현대 복지국가의 출현과도 밀접한 관계를 지닌다. 과거 19세기와 20세기 초에는 국민의 생명과 재산 보호에만 목적을 두었던 민족국가들이 복지국가를 지향하면서 경제발전과 안보 역할에만 그치는 것이 아니라 사회복지와 환경, 인권 등까지 그 역할과 책임을 확대하였기 때문이다(허태회 외, 2005: 31－32).

전통적으로 안보 용어는 국가를 기본 단위로 하여 국외적인 위협(external threat), 주로 군사적 침략으로부터 국가 및 국민을 보호한다는 의미로 사용되었다. 하지만 최근에 식량 안보, 환경 안보, 경제 안보 등의 용어가 광범위하게 사용되는 것처럼 외부로부터의 군사적 침략뿐만 아니라 일반 국민의 일상생활의 안전을 위협하는 질병, 기아, 실업, 범죄, 테러, 사회 갈등, 정치적 박해, 유해한 자연 환경 등이 모두 안보의 대상이 된 것이다(UNIDO, 2003; 배영자, 2003: 1).

포괄적 안보 개념 하에서는 국가위기의 개념 또한 과거와 달리 새로운 환경의 변화에 따라 변했다. 과거의 국가위기 개념은 주로 전쟁과 무력 충돌을 가정한 전통적 안보 위기에 국한되었으나, 오늘날에는 재난 위기, 국가핵심기반 위기, 신종 위기 등을 포함하고 있다(이재은, 2006: 20). 현대 사회에서의 국가 안보는 더 이상 전통적인 군사 안보만을 의미하는 것이 아니라 경제 안보(economic security), 환경 안보(environmental security), 인간 안보(human security)를 포함한다. 포괄적 안보 개념은 이들 세 가지 경제, 환경, 인간의 차원을 모두 포함하는 것이다(Hsiung, 2004: 1).

포괄적 안보는 특정한 적에 대한 군사적 방어의 필요성을 뛰어넘는 것으로서, 국가의 안정, 즉 식량, 에너지, 환경, 커뮤니케이션, 사회적 안전보장에 필수적인 요소들을 고려해야 할 필요성(Radtke & Feddema, 2000)을 강조하는 것이다. 군

1) 국가위기관리기본지침에서는 포괄적 안보 개념이 통일, 외교, 군사의 전통적 안보뿐만 아니라 정치, 경제, 사회, 환경 등 제분야에 대하여 국가 및 국민의 총체적인 안위를 확보하려는 확대된 안보 개념을 의미한다.

사적 불안은 국가 간 관계에 대한 위협일 뿐만 아니라 지역과 세계 안정에 대한 위협이기도 하다. 이에 정부의 안보담당자들은 급격한 환율 변화, 주식시장 붕괴, 전염성 질병의 창궐, 훨씬 더 많은 비군사적 위기에 대해 많은 관심을 지니게 되었다. 지난 수십 년 동안 군사적 안보와 사회적 · 정치적 · 경제적 안정 사이의 관계에 대해 사려 깊은 고찰을 해왔던 것이다(Radtke, 2003: 501).

포괄적 안보는 군사적 안보의 중요성을 부인하는 것이 아니라 보다 넓은 범위의 다른 측면, 예를 들면 가상의 적을 포함하는 다른 국가들과의 협력이 요구되는 환경 안보를 추구하는 것 등을 포함하는 것으로 이해할 수 있다. 포괄적 안보 개념은 전반적인 국가 안정을 증진하기 위한 수단으로서의 예방적 외교, 에너지 안보, 국제 금융시장의 투명성 등 다양한 쟁점에 적합하고 포괄적 안보 달성에 필요한 요소로서 신뢰 형성을 강조한다(Radtke & Feddema, 2000).

포괄적 안보 개념은 1990년대 동서 진영 간의 냉전 구조가 해체되고 전쟁의 위협이 감소되면서, 동서 진영 간 대결 구도가 다자 구도로 전환되는 안보 환경의 변화 초기에는 형성되지 않았던 개념이다. 이 개념이 본격적으로 형성되고 국가위기관리의 기본 개념으로 다시 대두된 것은 2001년 9 · 11 테러 이후 미국 부시(George W. Bush) 행정부가 테러와 같은 다양한 국가적 위협에 대한 새로운 국가 안보 전략을 수립하면서 부터다. 확실히 9 · 11 테러의 비극은 미국과 국제 질서에 대한 새롭고도 불길한 위협을 마주쳐야만 하는 사람들에게 엄청난 도전이다(Sloan, 2002: 124). 미국 정부는 2002년 9월 2일 발표한 새로운 국가 안보 전략을 바탕으로 국가의 군사적 안전보장뿐만 아니라 국민의 생명과 재산을 보호하기 위한 구체적인 위기관리정책을 추진하였다. 그리고 유럽의 주요 국가들도 미국의 영향을 받아 다양한 국가적 위협으로부터 국가의 안전과 국민의 안위를 보호하기 위한 적극적인 노력을 기울이기 시작하면서 포괄적 안보 개념이 국제사회의 위기관리 개념으로 자리를 잡게 되었다(안철현, 2005: 17).

포괄적 안보 개념으로의 논의 확장은 포괄적 안보의 개념과 결합된 국가, 인간, 환경 안보의 보다 전통적인 관점들을 확대해주고 재형성시켜 준다. 포괄적 안보는 영속적인 인간 안보에 필수적이고 지속가능한 발전을 보다 인간적인 형식으로 연계시켜 주는 것이다(Raad, Khagram, & Clark, 2002: 2).

여기서는 포괄적 안보를 "국가의 지속가능한 발전을 위협하는 모든 군사적 위기와 비군사적 위기로부터 인간, 경제, 환경, 군사 안전을 보장하는 것"이라고 정의한다.

제 3 절 국가위기 유형

대통령실에서는 국가위기를 "국가의 주권 또는 국가를 구성하는 정치·경제·사회·문화 체계 등 국가의 핵심 요소나 가치에 중대한 위해가 가해질 가능성이 있거나 가해지고 있는 상태"(국가위기관리기본지침, 2004: 7, 12)로 정의하고 있다. 이 정의는 다분히 정책적이거나 실무적인 관리 차원의 개념으로서 학문적 논의의 범위를 확장하고 풍성한 논의를 하는 한편, 국가사회에서 요구되는 위기관리 수요를 충족시키기 위해 국가위기의 정의를 보다 확대하여 살펴볼 필요가 있다. 또한 위기관리 주관기관, 유관기관, 실무기관이 현장에서 다루고 있거나 다루어야 하는 각종 다양한 위기에 대한 대응성을 확보할 필요성이 있다.

미래 사회에서의 신종 위기는 복합 위기의 성격을 지니기 때문에 사소하거나 경미한 위기조차도 국가사회에 치명적인 영향을 줄 수 있으므로, 이를 예방·대비하기 위한 차원에서도 국가위기 개념의 재정립이 불가피하다. 따라서 여기서는 국가위기의 개념을 "국민의 생명과 재산 및 건강, 국가의 주권과 영토, 그리고 국가를 구성하는 정치·경제·사회·문화 체계 등 국가의 핵심 요소나 가치에 중대한 위해가 가해질 가능성이 있거나 가해지고 있는 상태"(이재은, 2006: 20)로 정의한다.

국가 안보란 흔히 국가안전보장을 줄여서 표현하는 말로써 국가가 불안 또는 불안전한 상태나 상황에서 벗어난다는 것을 의미한다. 국가안전보장은 특정한 공격을 미연에 방지하거나 또는 공격을 받는다고 할지라도 성공적으로 자신을 방위할 수 있는 국가 능력과 긴밀하게 연결되는 것으로 이해할 수 있다. 이 같은 '국가 안보' 용어는 많은 사람들에 의해 수사적 표현으로 사용되어 왔으며, 특히 군사지도자들에 의해서는 군사정책 목표를 서술하는 표현으로 사용되어 왔다(주수기, 1995: 137).

역사적으로 위협 요소로부터 국민의 생명과 재산을 보호해야 할 정부의 책임은 군사적 위기 상황이나 재난, 극한 사건에서 생명과 재산을 보호하는 법률을 개발하도록 하는 논리적 근거가 되어 왔다. 오늘날의 현대 행정에서 공공안전(public security)은 위협, 비상사태, 재난을 처리하는 행정체계를 구성하는 정부 기능의 관점에서 다루어진다(Comfort, 2002: 99). 그렇기 때문에 포괄적 안보 관점에서 볼 때 국가 안보는 국가의 지속가능한 발전을 위협하는 모든 군사적 위기와 비군사적 위기로부터 국민, 영토, 주권, 핵심기반의 안전을 보장하는 것으로 보는 것이다. 이러한 국가 안보 개념은 '국가'라는 개념으로부터 도출된 것으로서, 국가를 구성하고 유지하는 데 필수 요소인 '국민', '영토', '주권', '핵심기반'의 안전을 보장하는 것으로 이해할 수 있다. 이러한 맥락에서 "국가를 구성하는 국

표 6-1 포괄적 안보 관점에서의 국가 안보와 국가위기 유형

<table>
<tr><th>국가 구성 요소</th><th>국가 안보 유형</th><th>국가 안보 위기</th><th colspan="2">국가위기 유형</th><th>국가위기 종류</th></tr>
<tr><td rowspan="3">국민</td><td rowspan="3">국민 안보</td><td rowspan="3">국민 안보 위기</td><td colspan="2">국민생활안전 위기</td><td>취약계층 위기, 생활경제 위기, 생활치안 위기, 교통생활 위기, 직업생활 위기, 학교생활 위기, 생활식품 위기, 생활용품 위기, 생활건강 위기, 생활시설 위기, 생활환경 위기, 생활기반 위기</td></tr>
<tr><td rowspan="2">재난 위기</td><td>자연 재난</td><td>태풍, 호우, 집중호우, 폭풍, 지진, 해일, 폭설, 폭염 등</td></tr>
<tr><td>인적 재난</td><td>화재, 붕괴, 폭발, 침몰, 추락, 교통사고, 유해화학물질 사고 등</td></tr>
<tr><td>영토</td><td>영토 안보</td><td>영토 안보 위기</td><td colspan="2" rowspan="2">전통적 군사 안보 위기</td><td rowspan="2">전쟁, 국지도발, 대량살상무기 개발 및 확산, 주변국 군사적 위협, 주변국과 갈등·충돌, 영토침범, 주권훼손, 국지분쟁, 테러 등</td></tr>
<tr><td>주권</td><td>주권 안보</td><td>주권 안보 위기</td></tr>
<tr><td rowspan="2">국가 핵심 기반</td><td rowspan="2">국가 핵심 기반 안보</td><td rowspan="2">국가핵심 기반 안보 위기</td><td colspan="2">공공 핵심기반 위기</td><td>금융, 교통·수송, 전력, 정보통신, 에너지, 원자력, 댐, 정부시설, 공공안전, 공중보건, 산업단지, 유물·유적 등</td></tr>
<tr><td colspan="2">민간 핵심기반 위기</td><td>상업시설, 생활필수품, 사회갈등, 유해물질 등</td></tr>
</table>

민, 영토, 주권, 핵심기반의 안전보장을 위협하는 상황이나 요소"를 국가위기라고 정의할 수 있고, 그 유형을 <표 6-1>과 같이 분류하여 제시할 수 있다.

이러한 국가위기의 정의는 국가를 구성하고 유지하며 운영하는 데 핵심적인 구성 요소들을 포함하는 개념이다. 국가를 구성하는 데 핵심적인 요소가 국민, 영토, 주권이라고 하면, 국가를 유지하고 운영하는 데 필수적인 핵심 기능, 핵심 시설, 핵심 시스템의 세 가지 요소는 '국가핵심기반'이다. 국가위기를 유형화하여 살펴보면 다음과 같다.

첫째, '국민'의 안전보장을 위협하는 국민 안보 위기다. 국민 안보를 위협하는 위기는 다시 둘로 나눌 수 있다. 우리의 일상생활 속에서 우리의 안전을 위협하는 국민생활안전 위기와 우리의 일상생활 밖에서 우리의 안전을 위협하는 재난 위기로 분류할 수 있다.

둘째, '영토'의 안전보장을 위협하는 위기와 '주권'의 안전보장을 위협하는 위

그림 6-1 포괄적 안보 개념과 국가위기 유형

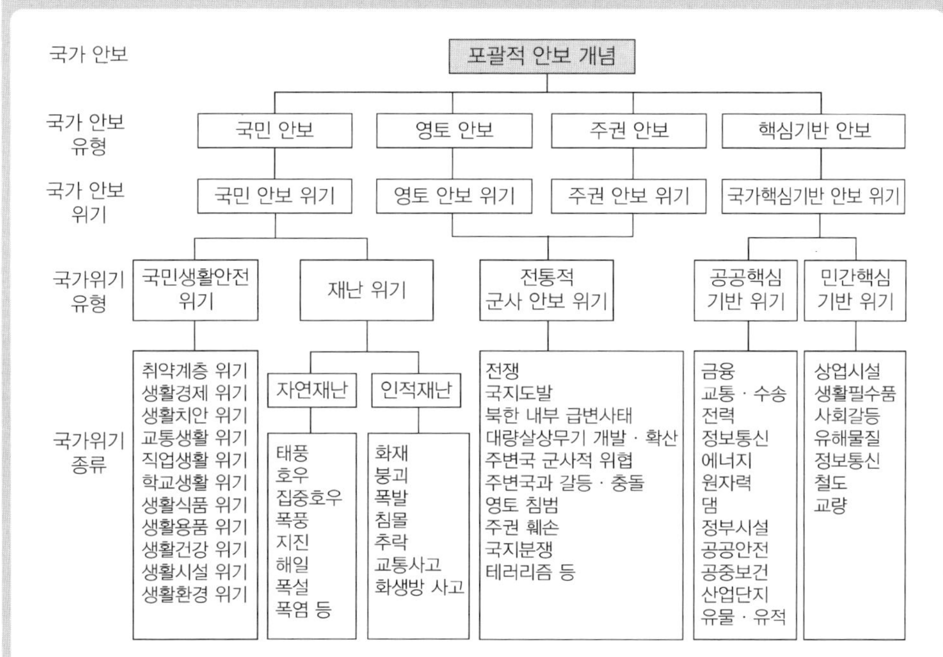

자료: 이재은(2006: 21; 2012: 76)에서 수정 · 보완.

기는 '전통적 군사 안보 위기' 하나로 묶어서 분류할 수 있다. 영토와 주권을 위협하는 위기는 본질적으로 군사적 위협에 의한 안보 위기이기 때문에 '군사 안보 위기' 하나로 분류하는 것이다.

셋째, '국가핵심기반'의 안전보장을 위협하는 국가핵심기반 안보 위기이다. 국가핵심기반 안보 위기는 다시 공공부문에 속해 있는 핵심기반의 안전을 위협하는 위기와 민간부문에 속해 있는 핵심기반의 안전을 위협하는 위기로 분류할 수 있다(이재은, 2012: 76).

현대 사회의 민간부문을 구성하고 있는 기업은 그 규모가 과거와는 비교할 수 없을 정도로 커졌고, 국민의 생활이나 국가경제에 미치는 영향이 대단히 커서 핵심기반으로 분류되거나 핵심기반 차원에서 보호할 필요성이 제기된다. 특히, 미국이나 유럽, 일본, 우리나라에서는 경우에 따라 공항, 항만, 반도체, 원자력발전소, 정보통신, 병원 등 국가 주요 핵심기반 시설이나 시스템, 기능을 민간부문에서 운영하거나 제공하기 때문에 민간부문의 핵심기반도 보호 방안을 마련하는 것이 필요하다.

첫째, 국민 안보를 위협하는 위기는 크게 국민생활안전 위기와 재난 위기로 구분할 수 있다. 이 중에서 국민생활안전 위기는 국가를 구성하는 국민의 일상생활의 안전을 위협하거나 위협할 가능성이 있는 상태를 의미한다. 다음으로, 재난 위기는 다시 자연재난과 인적재난으로 구분할 수 있다. 자연재난은 자연 현상에 의해 대규모 피해를 유발하는 것으로서, 태풍 · 폭풍 · 호우 · 홍수 · 해일 등이 있다. 인적재난은 안전 요인이나 인위적 요인에 의해 대규모 피해를 유발하는 것으로서, 대규모 화재, 폭발, 붕괴, 침몰, 추락, 환경오염 사고, 교통사고, 화생방 사고 등이 있다.

둘째, 영토 안보와 주권 안보를 위협하는 위기는 전통적인 군사적 안보를 위협하는 위기들이다. 따라서 안보 유형으로는 두 가지로 분류되지만, 영토 안보와 주권 안보를 위협하는 국가위기에는 전쟁, 국지도발, 대량살상무기 개발 및 확산, 주변국 군사적 위협, 주변국과의 갈등 · 충돌, 영토 침범, 주권 훼손, 국지분쟁, 테러리즘 등으로 구성되는 전통적 군사 안보 위기가 있다.

셋째, 국가핵심기반 안보를 위협하는 위기는 국가핵심기반 위기다. 국가핵심기반은 국민의 생명과 재산, 국가의 주권 및 경제적 · 사회적 · 문화적 생명력의 기반이 되는 핵심적인 시설·시스템·기능으로서(이재은, 2004: 80), 테러, 대규모 시위·파업, 폭동, 재난 등의 원인에 의해 국민의 안위와 국가경제·사회의 생명력과 일체성 및 정부의 핵심 기능에 중대한 영향을 미칠 수 있는 인적·물적·기능적 체계가 마비되는 상황을 의미한다.

제 7 장

국가위기의 종류

제 1 절 국민생활안전 위기

1 국민생활안전 위기의 의의

국민생활안전 위기는 국민들이 영위하는 일상생활에서 발생하는 안전사고로 인해 국민의 생명과 건강, 재산을 위협하는 상태를 의미한다. 국민생활안전을 보장하는 것은 국가의 중요한 책무 중 하나로서, 정부 규제의 대부분은 정도의 차이는 있으나 국민생활안전 보장과 관련이 있다고 볼 수 있다. 오늘날 현대 사회는 인간이 직접 경험할 수 있는 차원을 넘어서는 이차적이고, 비자연적이며, 인위적인 불확실성과 구조화된 생태 위험들을 경험하기 시작하였는데, 이들은 기존의 위험 목록과 위험 통제 방식의 적절성을 부정하면서 새로운 위협으로 나타나고 있다(강홍렬 · 장종인 외, 2006: 34). 새로운 위험이나 위기의 등장은 인간 사회의 발전과 더불어 나타나는 자연스럽고 필연적인 현상이다. 그러므로 안전[1]을 향한 인간의 인식과 노력 또한 위험의 진화와 더불어 계속되어야 한다.

인간 생활에서 완전무결한 안전은 환상일 뿐이다. 인간은 일상생활 속에서 언제나 여러 가지 위험에 둘러싸여 있고, 모든 행동에는 크든 작든 어느 정도의 위험 요소가 포함되어 있으며, 일상생활에서도 적지 않은 위험 요소가 숨어 있다(볼프강 조프스키, 2007: 33). 일상생활에서 나타나는 수많은 위험이 도처에 흩어져서 인간의 생명과 건강, 재산을 위협하고 있는 상황임에도 이들 생활의 안전을 위협하는 요소들을 관리하기 위한 제도나 기관이 없거나 있는 경우에도 분산되어 있어 비효율적으로 운영되고 있는 실정이다. 특히, 국민생활의 안전을 위협하는 국민생활안전 위기는 불특정 다수의 국민을 위협하기 때문에 이를 관리하기 위한 행정체계나 법 제도 또한 복잡하게 얽혀 체계화하기 어려운 상황이다. 즉, 특정 직업에 종사하는 사람을 대상으로 하는 안전관리나 특정 지역에 거주하는 사람을 보호 대상으로 하는 경우에는 관련 법령의 제정을 통해 관리하는 것이 용이하다. 그러나 일반 국민 모두가 수많은 위험 요소로부터 안전이 위협받을 가능성이 있는 경우에는 이를 포괄적으로 관리할 수 있는 방안을 마련하기가 쉽지 않은 것이 현실이다.

이에 정부에서도 식품, 의약품, 시설, 교통, 학교, 직업, 안전취약계층 등 국민생활의 안전을 위협하는 위기나 안전사고가 발생할 때마다 다양한 대책을 내놓고는 있지만 아직도 국민의 신뢰를 얻지 못하고 있다. 정부 대책이 근본적이고 종합적이지 못하다는 비판이 제기되는 이유를 살펴보면 다음과 같다.

첫째, 우리나라의 국민생활안전 관리는 성격상 사후 대응 중심의 관리체계이기 때문이다. 국민생활안전 위기가 발생하였다는 사실을 일반 공중이 인식하는 시점은 이미 절대 다수의 국민이 위험에 노출된 다음이다. 일반 국민의 입장에서

---

1) '안전'에 관한 용어적 및 어원적 연구에 관한 자세한 사항은 이장국(2007: 28-35)을 참조하면 도움이 될 것이다. 이장국(2007: 35)에서는 안전 의미의 한정된 범위를 다음과 같이 논의하고 있다; 첫째, 위험과 대비해서 보면, 안전은 사고 이전의 상태에서 사고 예방적인 요소를 포함한다. 둘째, 재난과 대비해서 보면, 사고 발생 이후 피해를 수습하는 활동을 포함하며 피해의 확산 방지까지도 포함한다. 셋째, 보안과의 비교를 통해서 보면, 과실에 의한 사고 외에 고의적으로 발생되는 사고에 대한 안전까지도 포함한다.

는 국민생활안전 위기를 관리하기 위한 정부의 대책을 사후약방문(死後藥方文)으로 인식하게 되고, 뒷북 행정에 대한 깊은 불신감을 지니게 된다. 그동안 우리나라 정부는 국민생활안전을 위협하는 위기가 발생하기 이전에 예방 및 대비를 위한 행정, 법, 대책을 마련하기보다는 위기가 발생한 이후에서야 언론의 발표와 경찰 수사, 사법적 처리를 하는 사후 대책을 마련하는 데 치중해 왔다.

둘째, 국민생활안전 관리 분야의 행정체계 및 법체계가 분산되어 있다. 동일한 국민생활안전 영역이라 할지라도 개별적인 생활안전 위기의 종류나 대상을 다루는 행정 부서나 법령이 서로 다르다. 예를 들면, 우리나라는 국토교통부(시설물, 교통, 항공 등), 고용노동부(근로자 안전, 산업재해 등), 행정안전부(화재, 치안, 해경 등), 산업통상자원부(기술, 에너지, 가스, 전기 안전 등), 과학기술정보통신부(원자력 안전 등), 해양수산부(해양 안전, 항만, 선박 안전 등), 교육부(학교 급식, 학생 안전 등), 보건복지부(장애인, 노인, 보육시설 안전) 등 다양한 부처에서 다양한 법령으로 이루어진 분산형 생활안전관리 체계를 지니고 있다. 이로 인해 안전관리의 사각지대가 발생하는 한편, 중복 규제의 비효율성이 문제로 제기된다.

셋째, 국민생활안전 위기를 관리하기 위한 기초적인 위기 유형 분류 기준이 정부 차원에서 마련되어 있지 않다. 따라서 생활안전에 대한 유형화, 종류, 영역 등이 제대로 정립되지 않은 한편, 범위나 관리 방법, 정책 우선순위 마련도 되어 있지 않은 실정이다. 정부의 국민생활안전 정책에 대해 국민은 물론 학계 및 시민사회, 그리고 정부기관 스스로도 막연하게 복잡하고 혼란스러운 영역으로 인식하고 있다.

2 일상적 위해와 국민생활안전 위기

현대 사회는 건강과 생명을 위협하는 위험으로부터 자유로울 수 없다. 어느 누구도 먹는 음식, 마시는 물, 들이마시는 공기, 살고 있는 땅, 그리고 사용하는 에너지를 두려워하지 않을 수 없을 정도로 건강과 생명의 안전을 위협하는 위험이 도처에서 끊임없이 나타나고 있다(Douglas & Wildavsky, 1982; 김영치, 1998: 225). 전통적인 사회와 초기 현대 사회에서는 위험은 본질적으로 개인적이고 공개적이고, 명백하고 관찰 가능한 것으로 느낄 수 있었다. 그러나 현대 사회의 위험은 우리의 감각으로 느낄 수 없고, 명백하지도 않고, 개인적이지 않아서 조기 발견이 안 되고 위험의 발견 자체가 어렵다. 오늘날의 위험은 식품 속의 독소, 핵의 위협, 방사능, 대기 및 수질 오염에서처럼 비가시적이고 사람들이 감지하기가 지극히 어렵다.

위험의 개념은 현대성의 논쟁에서 핵심으로 자리 잡았다. 현대화 과정이 개인 수준은 물론 사회적 집합체의 수준에서 사회적 위험의 증식 및 강화와 관련이 있기 때문이다(Beck, 1992; Giddens, 1991; Luhmann, 1993; 김영치, 1998: 225). 벡(Urlich Beck)은 위험을 현대성의 역설이라고 주장한다. 인간의 진보와 산업발전의 추진은 생태계와 인류의 건강을 위협하는 위해의 급증을 초래했고, 이는 현대 사회의 시민들로 하여금 진보와 발전에 대한 불안과 냉소주의를 고조시킨 점에서 역설적이다. 현대 사회의 위험이 지니는 본질은 현대화 과정 그 자체의 불가피하면서도 필수적인 결과다.

1990년대 이후부터 최근에 이르기까지 국민의 일상생활과 관련된 안전사고들이 끊임없이 발생하고 있다. 일상생활에서 발생하는 안전사고는 사고 주체의 작은 부주의에서 비롯되는 경우가 대부분이다. 하지만 이러한 작은 부주의로 인해 발생한 사고의 결과는 경미한 개인적 신체 손상에 그칠 수도 있으나, 일부는 가전제품 폭발이나 약물중독, 기도손상 등 심각한 신체 손상과 함께 정신적 피해와 경제적인 피해까지 동반하게 된다.

최근 발생한 삼성전자 '갤럭시노트7' 배터리 폭발사고, 압력밥솥 폭발사건, 힐리스 운동화를 타던 아동의 사망사건, 컵 젤리를 먹던 중 기도가 막혀 뇌 손상을 입은 아동 등은 국민의 일상생활의 안전이 얼마나 많은 위험에 노출되어 취약한가를 보여주는 좋은 사례다. 이러한 국민생활안전 영역에서의 빈번한 사고 발생은 국민들로 하여금 일상생활에 불안을 야기하는 것은 물론 기업과 국가적 차원에서도 손실을 가져온다. 기업과 국가는 리콜제도 등을 통해 국민생활과 관련된 안전사고가 발생했을 때를 대비한 대책을 마련하고 있기는 하지만, 이는 사후 대응 차원의 관리 체계일 뿐 국민생활에서의 위해 요소를 궁극적으로 차단시키지는 못하고 있다.

또한 과거에는 가계의 경제적 복지 향상에 대한 요구가 높아 삶의 질에 대한 요구는 상대적으로 낮았으나, 국가경제 발전과 국민소득 향상, 교육 수준 향상 등 경제사회 환경의 변화에 따라 2000년대 들어서면서 웰빙(well-being)과 같은 인간 삶의 복지 향상에 대한 요구(needs), 욕구(wants), 욕망(desire)이 크게 향상되었다. 사회적, 문화적, 경제적 차원에서 '보다 안전하고 편리한 사회 문화'가 보편적 현상으로 자리 잡고 있다. 따라서 일상생활에서의 안전에 대한 욕구가 증가한 것은 자연스런 현상으로 볼 수 있다.

국민생활의 안전 문제는 자연재난이나 인적재난과 비교해 볼 때 사고를 경험하고 위험에 노출되는 대상이 전체 국민으로 그 범위가 대단히 광범위할 뿐만 아니라, 사고 발생 원인이 되는 위해 요소 또한 생활 전반에 걸쳐 분포되어 있다. 원칙적으로 환경의 거의 모든 면이 좋든 나쁘든 건강에 영향을 미칠 가능성이 있다(김영치, 1998: 226). 더욱이 생활환경 요소에 의해 발생하는 사고를 개인적 부주의로 인해 발생하는 사고라 여기는 잘못된 통념 때문에, 사고 발생 자체를 제대로 파악할 수 없어 관리하기가 매우 어려운 실정이다.

생활안전 사고는 가정에서도 빈번히 발생하고 있다. 그러나 이 또한 개개인의 개별적 삶의 장소에서 산발적으로 발생하기 때문에 사회적 관심의 대상이 되지 못하고 있는 현실이다. 일상생활에서의 포괄적 안전을 확보하기 위해서는 어느 특정 상황이나 공간, 원인에만 국한된 접근은 궁극적인 해결책을 마련하기 어렵다. 일상생활이 이루어지는 다양한 삶의 현장에 대한 전반적이고, 체계적인 이해와 이에 따른 해결책을 모색하는 것이 필요하다. 따라서 우리 삶의 포괄적 안전 확보를 위해서는 직장, 가정 등 다양한 영역에서의 안전에 대한 균형 잡힌 접근이 필요하다(진기남 · 진정화 · 송현종, 2001: 125-126).

이러한 안전은 상대적인 개념으로서 일반 성인들에게는 위험으로 생각되지 않는 요인들이 아동이나 노인, 장애인, 저소득층 같은 안전취약계층에게는 심각한 위험을 초래할 수도 있다. 신체적 기능이 완전하지 못하거나 경제적 능력이 떨어지는 취약계층 국민은 안전사고에 노출될 수 있는 빈도가 높으며, 안전사고를 경험할 경우 이에 대한 대처 능력이 일반 성인보다 현저히 떨어지므로, 취약계층에 대한 안전관리는 일반 성인과 동일한 기준에서 다루어져서는 안 된다.[2)]

안전의 적용범위 역시 식품이나 약품, 가전기기 등 제품에서부터 환경이나 시설에 이르기까지 그 범위가 매우 넓어 우리의 일상생활 곳곳에 안전을 위협하는 위해 요소들이 자리 잡고 있는 실정이다.

국민생활안전 위기는 "국가를 구성하는 국민의 일상생활의 안전을 위협하거나 위협할 가능성이 있는 상태를 의미하는 것"(이재은, 2006: 23)으로 정의할 수 있다. 국민생활 영역에서 나타날 수 있는 안전 위협 요소들로 인해 국민의 생명과 재산, 건강에 대규모 피해를 입히거나 입힐 수 있는 상태로 이해할 수 있다. 국민생활안전 위기가 발생할 수 있는 영역으로는 취약계층 안전 영역, 식품 안전 영역, 보건 및 의·약품 안전 영역, 생활경제 안전 영역, 생활치안 안전 영역, 생활환경 안전, 생활시설 안전 영역 등으로 구분할 수 있다(이재은·유현정 외, 2007: 284-289). 이 중에서 몇 가지 영역을 살펴보면, 식품 안전 위기 영역에는 인체에 유해한 물질 또는 안전에 대한 검증이 이루어지지 않은 물질이 첨가된 식품이나 전염병에 감염된 가축의 유통이 있다. 보건 및 의·약품 안전 위기 영역에는 국민 건강에 유해한 보건 및 의·약품의 무허가 제조 혹은 불법 수입·유통, 그리고 마약 및 향정신성 의·약품의 유통 등이 있다. 생활경제 위기 영역은 실업, 파산 등으로 인해 국민의 일상적인 경제 활동이 마비되어 경제 행위 주체로서의 실질적인 활동이 중단되는 현상을 의미한다. 생활환경 위기 영역에는 국민생활을 둘러싼 환경의 오염이나 산업 및 경제 활동의 결과로 인한 유해 환경 조성을 의미한다.

2) 통계청(2003)에 의하면 사고로 인한 사망은 연령이 높을수록 발생 빈도가 높은 것으로 나타나, 20대에는 9.75%인 것이 70대 이상에서는 23.2%로 2배 이상인 것으로 나타났다. 더욱이 현대 사회에서는 노인들의 활동 반경이 점차 넓어지고 활동량이 많아졌으며, 핵가족화에 따른 가족부양의 형태가 약화되면서 독거노인의 수가 증가함에 따라 노인의 사고 발생 위험은 피할 수 없는 문제로 대두되었다. 특히, 저소득층 노인의 경우 상대적으로 열악한 생활환경으로 인해 안전사고의 위험에 더욱더 많이 노출되어 있다고 볼 수 있다(신경림·김정선·신수진, 2004: 54).

3 국민생활안전 위기 영역의 분류

역사적으로 위해로부터 시민을 보호하기 위한 정부의 책임성이야말로 각종 위해 사고로부터 시민의 생명과 재산을 보호하기 위한 법률을 개발하기 위한 논리로 활용되어 왔다. 공공안전(public security)은 위협, 위기, 그리고 재난을 다루기 위한 행정체계를 구성하는 정부 기능과 기관 책임의 관점에서 정의되었다(Comfort, 2002: 99). 그럼에도 현재 국민생활안전 위기 영역은 개별 정부기관이나 단체에서 일정한 분류 기준이나 유형화에 대한 논의가 충분하게 이루어지지 않고 있다. 이는 그 기준 설정에 관한 기초적인 논의조차 하지 못하는 우리의 현실 인식 수준을 반영하는 것이라고 볼 수 있다. 국민생활의 안전 문제는 다른 어느 영역보다도 그 중요성에 대한 인식과 관심이 상대적으로 적다는 것을 의미한다.

국민생활안전 위기를 살펴보기 위해서는 영역과 범위를 분류하는 것이 필요하다. 국민생활안전 위기를 분류하기 위한 기준을 크게 두 가지로 설정하였다.

첫째, 국민생활안전의 책임 주체를 개인과 사회로 구분하였다. 개인이 안전을 확보할 책임이 있는 영역이 있고, 개인보다는 사회가 책임을 져야 하는 영역이 있기 때문이다.

둘째, 국민생활안전 위기의 발생 및 피해 영향의 범위를 협소범위(narrow scope)와 중・광범위(middle range－wide scope)로 구분하였다(이재은, 1998). 협소범위와 중・광범위 구분은 국민생활의 기본 단위인 가정(home)을 기준으로 하였다.

여기서는 다양한 국민생활안전 위기의 분류를 국민생활안전 책임 주체와 국민생활안전 위기의 발생 및 피해 영향 범위를 기준으로 하여 분류하였다. 첫째, 국민생활안전의 책임 주체를 개인과 사회로 구분한다. 사회는 학교, 지방정부 등 정부기관, 공공기관, 민간 기업 등 조직 단위 이상을 의미한다. 둘째, 국민생활안전 위기의 발생 및 피해 영향의 범위는 개인과 가정을 의미하는 협소범위와 사업장이나 기업 등 가정 밖을 의미하는 중・광범위를 기준으로 한다. 이들 기준을 바탕으로 하여 국민의 일상생활의 안전을 위협하는 각종 위기에 대한 유형화를 시도해 볼 수 있다.

표 7-1 국민생활안전 위기의 분류

구 분		국민생활안전 책임 주체	
		개 인	사 회
국민생활안전 위기의 발생 및 피해 영향 범위	협소범위	[유형 Ⅰ] • 취약계층 안전 위기 • 생활경제 안전 위기 • 생활치안 안전 위기	[유형 Ⅲ] • 생활식품 안전 위기 • 생활건강 안전 위기 • 생활용품 안전 위기
	중 · 광범위	[유형 Ⅱ] • 교통생활 안전 위기 • 직업생활 안전 위기 • 학교생활 안전 위기	[유형 Ⅳ] • 생활시설 안전 위기 • 생활환경 안전 위기 • 생활기반 안전 위기

이들 국민생활안전 위기의 유형을 설명하면 다음과 같다. 첫째, [유형 Ⅰ]은 국민생활안전의 책임 주체가 개인이고 안전사고 발생이 협소범위인 개인이나 가정 수준에서 나타나는 경우(Devroey, Casteren, & Walckiers, 2002: 115)로서, 취약계층 안전 위기와 생활경제 안전 위기, 생활치안 안전 위기가 해당 된다.[3] 취약계층 안전 위기 영역으로는 어린이, 노인, 장애인, 여성, 임산부, 가정 위해 요소 안전 위기 등이 해당된다. 생활경제 안전 위기 영역에는 국민이 경제 행위 주체로서의 실질적인 활동이 중단되는 실업이나 파산 등이 있다. 생활치안 안전 위기 영역에는 국민의 생명과 재산을 위협함으로써 사회의 안녕과 질서를 해치는 아동, 청소년, 여성 등을 포함한 국민 개인에 대한 유인, 납치, 강도, 살인, 폭행 등의 범죄 행위가 있다.

둘째, [유형 Ⅱ]는 국민생활안전의 책임 주체가 개인이고, 안전 위기 발생이 중범위나 광범위인 가정 밖에서 발생하는 경우로서 교통생활 안전 위기, 직업생활 안전 위기, 학교생활 안전 위기가 해당된다. 교통생활 안전 위기 영역에는 자

3) 우리 주위에서 일어나는 사고 중 약 63% 가량이 가정 안전사고이다. 서울시 도봉구 내 1,000세대를 대상으로 방문 설문조사를 실시한 결과, 가장 많은 사고가 발생하는 연령층은 10세 미만이었으며, 그 다음이 노인층이라는 결과가 나왔다. 하지만 이 연령층에서는 사고를 미리 예방할 수 있는 능력이 부족해 지역사회의 모든 사람들이 이들을 돌보면서 사고를 예방하고, 사고 발생 시 신속한 대처를 해주는 것이 무엇보다 중요하다(김선영, 2003: 31).

전거, 비법정 도로, 지하도, 보행자에 대한 안전 위해 요소가 있다. 직업생활 안전 위기 영역에는 산업재해, 사업장 및 비사업장에서의 안전 위기 등이 있다. 학교생활 안전 위기 영역에는 학교급식 안전사고와 스쿨 존(school zone) 안전사고, 학교 시설·설비·환경에 의한 사고 등이 있다.

표 7-2 국민생활안전 위기의 주요 내용

유 형	분류 기준	분 류	주요 내용
Ⅰ	개인 + 협소범위	취약계층 안전 위기	아동, 노인, 장애인, 임산부, 다문화가정, 저소득층 등 안전사고 노출 빈도가 높고 대처 능력이 부족한 안전취약계층의 생명, 건강, 재산을 위협하는 위기
		생활경제 안전 위기	실업, 파산, 신용불량 등 국민의 일상적인 경제 활동을 마비시켜 경제 행위 주체로서의 실질적인 경제 활동을 중단시키는 위기
		생활치안 안전 위기	어린이, 청소년, 여성, 노인 등에 대한 유인, 납치, 상해, 강도, 살인 등의 범죄 행위를 통해 개인의 생명, 건강, 재산을 위협하는 위기
Ⅱ	개인 + 중·광범위	교통생활 안전 위기	국민의 일상적인 활동이 이루어지는 인도, 도로, 철도, 지하철 등에서 자동차, 자전거, 보행자 등의 안전을 위협하는 위기
		직업생활 안전 위기	경제 행위 주체인 국민이 일상적인 직업 활동 수행을 하는 건설현장, 공장, 공사장 등 사업장과 비사업장에서 발생하는 안전사고로 개인의 생명과 건강을 위협하는 위기
		학교생활 안전 위기	학교 시설, 설비, 환경, 급식 등에 있어서 교육과정 수행 중의 사고 등 학교 교육 활동 중에 학생의 신체적, 정신적 안전을 위협하는 위기
Ⅲ	사회 + 협소범위	생활식품 안전 위기	인체 유해물질이나 안전성이 검증되지 않은 물질이 첨가된 식품 또는 전염병에 감염된 가축, 조리 제품의 유통으로 인해 소비자의 생명과 건강의 안전을 위협하는 위기
		생활용품 안전 위기	개인이 일상생활 속에서 사용하는 모든 공산품의 제조 및 유통, 사용 과정에서 발생하는 안전사고로 인한 위기
		생활건강 안전 위기	건강기능식품이나 의·약품의 무허가 제조 및 불법 수입·유통, 마약 및 향정신성 의·약품의 유통 등으로 인해 국민의 건강을 위협하는 위기
Ⅳ	사회 + 중·광범위	생활시설 안전 위기	운동, 경기, 쇼핑, 관람 등 등 국민의 일상생활을 영위하는 다양한 공공 및 민간의 시설에서 발생하는 사고로 인해 안전을 위협하는 위기
		생활환경 안전 위기	국민생활을 둘러싼 자연 환경의 오염이나 산업 및 경제 활동의 결과로 인한 유해물질로 인해 환경이 오염되어 국민의 쾌적하고 안전한 정상생활을 위협하는 위기
		생활기반 안전 위기	금융, 전력, 공중보건, 상·하수도, 에너지 등 국민의 일상생활의 기반을 마비시키는 등의 위협을 가져오는 위기

자료: 이재은(2012: 85); 유현정 외(2011: 47)에서 수정·보완.

셋째, [유형 Ⅲ]은 국민생활안전의 책임 주체가 사회이고, 안전 위기 발생이 협소범위인 개인이나 가정 수준에서 나타나는 경우로서 생활식품 안전 위기, 생활용품 안전 위기, 생활건강 안전 위기가 속한다. 생활식품 안전 위기 영역에는 수입식품, 영·유아 및 어린이 식품, 축산물·가공식품 등에 위해 요소가 있는 경우다. 생활용품 안전 위기 영역에는 일상생활에서 사용하는 공산품으로 인해 발생하는 안전사고 위기가 포함된다. 그리고 생활건강 안전 위기 영역에는 보건 안전 위기, 의·약품 안전 위기 등이 있다.

마지막으로, [유형 Ⅳ]는 국민생활안전의 책임 주체가 사회이고, 안전 위기 발생이 가정 밖에서 발생하는 중범위나 광범위로서 생활시설 안전 위기, 생활환경 안전 위기, 생활기반 안전 위기 등이 있다. 생활시설 안전 위기 영역에는 공공시설, 다중이용시설, 놀이시설 안전 위기 등이 있다. 생활환경 안전 위기 영역에는 환경호르몬, 식수 오염 등이 해당되며, 생활기반 안전 위기 영역에는 금융사고, 전력사고, 공중보건 마비, 에너지 부족 등이 있다.

제 2 절 재난 위기

재난 위기는 자연 현상이나 인간의 행태가 원인이 되어 발생한 사건이 국민의 생명과 건강, 재산을 위협하는 위기라고 말할 수 있다. 이러한 재난 위기는 전쟁이나 외침의 우려가 없는 대내적 위기이지만, 국민의 생명과 재산 및 건강을 심각하게 손상시키거나 파괴할 수 있다는 점에서 전통적인 군사적 위기 못지않게 위험한 위기다. 대규모 재난 발생 시 그 사태를 효과적으로 수습하지 못하고 인명과 재산의 보호에 실패하는 경우 정부의 정당성까지도 의심받게 된다. 이러한 점에서 재난관리는 국가위기관리 차원의 접근이 필요하다(이은득, 2004: 316).

재난 분야의 위기는 크게 자연재난과 인적재난으로 구분할 수 있다. 먼저, 자연재난은 자연 현상에 의해 대규모 피해를 유발하는 것으로서, 태풍, 폭풍, 호우, 홍수, 해일, 지진 등이 있다. 인적재난은 안전 요인이나 인위적 요인에 의해 대규모 피해를 유발하는 것으로서, 대규모 화재, 폭발, 붕괴, 환경오염 사고, 교통사고, 화생방 사고 등이 있다.

1 자연재난 위기

자연재난 위기는 자연 현상으로부터 발생한 재난이 국민의 생명과 건강, 재산을 위협하는 상황을 의미한다. 우리나라에서 자주 발생하는 자연재난을 살펴보면 다음과 같다.

첫째, 태풍은 중심 최대풍속이 17m/s 이상의 폭풍우를 동반하는 열대저기압을 말하며, 북태평양 남서부에서 발생하여 아시아 동부로 불어온다. 태풍이 발생하기 위해서는 소용돌이가 있어야 하며 적도에서는 발생하지 않는다. 주로 위도 5~20°, 경도 110~180° 사이의 북태평양상에서 발생하며, 해수면 온도가 26~27°C 이상이어야 한다. 특히, 태풍은 공기가 따뜻하고 공기 중에 수증기가 많을 때 발생한다. 우리나라는 평균 한 해에 3개 정도의 태풍이 영향을 미치며, 가장 태풍이 많은 달은 8월, 7월, 9월의 순이라고 할 수 있다. 따라서 7월, 8월, 9월 3개월 동안에 내습한 태풍 수가 전체의 91%에 이른다. 연평균 26~28개 발생하는 태풍 가운데 2~3개 정도가 한반도에 영향을 미쳐 강풍과 폭우를 몰고 와 인명이나 재산에 큰 피해를 주고 있다. 대체로 태풍은 북태평양 고기압의 서쪽 가장자리를 따라 이동하는데, 북위 25° 부근에서 방향을 바꾸어 북동쪽으로 진행한다. 하지만 정상 진로를 벗어나거나 전향점이 유동적인 태풍이 많아 진로를 예상하기 어려운 것이 사실이다. 태풍 크기는 작은 것이 직경 200km 정도, 큰 것은 무려 1,500km에 이른다.

둘째, 폭풍은 일반적으로 몹시 세게 부는 바람을 말하는데, 부풍(扶風)·퇴풍(頹風)·왕바람이라고도 한다. 폭풍은 풍력계급 11(28.5~32.6m/s)의 상태로, 대부분의 경우 바람에 비가 섞여 세차게 쏟아진다. 1년 중 폭풍 발생 및 피해는 6~8월 사이에 장마철을 제외하고 전체적으로 고르게 분포되어 있으며, 해안지방과 내륙지방 모두에서 발생한다.

셋째, 호우는 일반적으로 많은 비가 오는 것을 의미하며, 대우(大雨) · 강우(强雨) 등과 같은 뜻으로 사용한다. 그리고 짧은 시간에 많은 비가 오는 것을 강우 또는 집중호우라고 하고, 반드시 단시간에 한하지 않고 총강수량이 많은 것을 호우라고 한다. 호우는 홍수 및 침수 등의 피해를 발생하게 할 정도의 많은 비를 말한다. 대체로 호우주의보 발표 기준이 일강우량 80mm 이상이므로 일강수량 80mm 이상이면 호우로 볼 수 있다. 우리나라의 호우는 주로 여름철 장마 때 나타나는 경우가 많고, 태풍 내습 시에도 호우를 동반하게 된다. 그리고 집중호우(集中豪雨, severe rain storm)는 한 지역에서 짧은 시간에 내리는 많은 양의 강한 비를 의미하며, 보통 하루의 우량이 100mm를 초과하면 집중호우라고 한다. 호우주의보(豪雨注意報, heavy rain advisory)는 호우로 인한 피해가 예상될 때, 이것을 일반 국민이나 관계기관에 주의를 환기시키기 위하여 기상청에서 발표하는 특별한 기상특보다. 호우주의보의 발표 기준은 24시간의 강수량이 80mm 이상인 경우와 이로 인한 피해가 예상될 경우다.

넷째, 홍수는 자연재난 중 가장 일반적이고 빈번하게 발생하며, 일반적으로 수일 간에 걸친 강우에 의하여 발생한다. 그러나 돌발적인 홍수는 짧은 시간에 엄청난 수마를 일으키고, 돌발적인 홍수는 바위나 흙, 다른 부유물질들을 휩쓸고 내려가면서 사면붕괴 등의 2차 피해를 가져온다. 돌발홍수는 강우 예측이 어려워 홍수를 감지할 수 없기 때문에 매우 위험하다. 특히, 저지대나 하천, 저수지 주변, 또는 댐의 하류부는 더욱 위험하다.

다섯째, 해일은 크게 지진해일과 폭풍해일로 구분된다. 해저지진이나 해저화산의 폭발 또는 해저 산사태 등이 발생하였을 때 그 파동으로 인한 긴 파도가 해안에 밀려오는 것을 지진해일이라 한다. 지진해일은 육지에 가까이 밀려올수록 파도가 높아져 해안지방에 큰 피해를 입힌다. 폭풍해일은 태풍이나 저기압 중심이 접근할 때 기압차로 인한 강한 바람이 해안을 향해 불어오면 해안지대의 해면이 높아져 일어나는 해일이다. 해일은 해안의 경사가 심한 동해안보다 경사가 완만하고 수심이 얕으며 굴곡이 심한 남서해안이 피해를 많이 입는데, 특히 간조 때보다 만조 시에 피해가 크다. 또한 해일은 사전예보가 매우 어렵기 때문에 그만큼 경보 발령의 시간적 여유가 부족하다. 그렇기 때문에 특보 발령 시에는 해안가 저지대 주민들은 즉시 해발 500m 이상 안전지대로 대피해야 한다. 해일 피해로는 인명 피해, 항만시설과 제방 파괴, 선박 피해, 해안 근처의 농경지 침수 및 양식장 피해 등이 있다.

여섯째, 지진은 지표면 아래의 암반의 움직임과 파괴 등과 같은 지각 활동에 의해 야기되는 지구의 급작스러운 움직임으로서, 건물과 교량의 붕괴, 통신의 두절, 전력의 차단을 일으키며 화재, 폭발, 산사태 등을 가져온다. 지진은 또한 해양에서 쓰나미라고 불리는 지진해일을 불러일으켜 해안에 치명적인 피해를 일으킨다. 우리나라는 세계에서 지진이 가장 많이 발생하는 일본, 필리핀, 뉴질랜드 등이 속하는 환태평양 지진대와 경계를 형성하고 있는 유라시아 지진대에 속한다. 지진의 약 90% 이상이 지각의 단층운동으로 일어나는 구조지진이며, 우리나라의 경우에는 환태평양 지진대를 벗어나긴 했지만 지진 안전지대는 아니다. 2016년 9월 12일 오후 7시 44분과 8시 32분 경북 경주시 외곽에서 발생한 지진은 한반도 지진에 대한 그간의 고정 관념을 바꿨다. 경주 지진은 리히터 규모 5.1, 5.8 지진이 48분 간격을 두고 연쇄적으로 일어났다는 점이 특징적이다. 한반도의 공식 지진 관측 기록이 만들어진 1978년 이래 규모 5.0 이상 지진이 한 지역에서 짧은 시차로 연이어 발생한 전례가 없기 때문이다. 더욱이 두 지진은 한 단층에서 발생한 것으로 추정되며, 본진(本震, 가장 큰 규모의 지진)으로 평가되는 규모 5.8 지진은 국가 지진 관측망에 기록된 한반도 지진 중 가장 크다. 당시 지진 피해를 살펴보면, 인명 피해는 크지 않았지만 많은 문화재가 손상되었고, 100억여 원이 넘는 재산 피해가 발생했다.

2 인적재난 위기

인적재난 위기는 인간의 행태로부터 발생한 재난이 국민의 생명과 건강, 재산을 위협하는 상황을 의미한다. 인적재난은 인간의 바림직하거나 바람직하지 않은 행태 모두에 의해 발생할 수 있는데, 그 종류가 매우 다양하다. 주요 인적재난으로는 화재, 폭발, 붕괴, 환경오염, 교통사고 등이 있다.

첫째, 화재 재난은 불이 나는 재앙으로서 건축물에 발생하는 건물 화재, 산림 또는 들에 발생하는 임야 화재, 자동차에 발생하는 차량 화재, 선박에 발생하는 선박 화재, 비행기 등에 발생하는 항공기 화재, 기타 화재의 여섯 종류로 구분한다. 화재를 원인에 따라 분류하면 방화, 실화, 자연발화, 천재지변에 의한 발화, 기타의 다섯 종류로 구분하고, 소실 정도에 따르면 전소·반소·부분연소로 분류할 수 있다. 최근 사회구조는 산업의 발달과 함께 도시화, 고층화, 조밀화되어 감에 따라 화재의 형태 또한 복잡 다양하며, 화재로 인한 인명 및 재산 피해 역시 증가하고 있다. 화재 사고는 활동 대상이 다양하고 연소의 형태도 가연물의 종류에 따라 다르며 소화 방법 및 구조 방법도 대상물에 따라 차이가 있다. 화재 현장은 연기에 의한 시계 불량, 낙하물, 연장된 호스, 소화수에 의한 미끄러짐, 전기 누전 등 여러 가지 장애가 산적되어 진압대원 및 구조대원의 안전사고 위험 요소 또한 많다.

둘째, 폭발 재난은 급속히 진행되는 화학 반응에서, 반응에 관여하는 물체가 급격하고 현저하게 그 용적을 증가하여 피해를 야기하는 현상이다. 산업사회 발달로 인해 각종 산업체에서 발생되는 수많은 재난 사고 중에서도, 특히 폭발과 위험물 누출로 인한 사고는 대단히 큰 사회적 영향을 주고 있다. 우리나라에서 폭발 사고는 위험물을 다량으로 취급하는 화학 업종뿐만 아니라 기타 업종, 공공장소, 주택 등에서도 빈번하게 발생하고 있다.

셋째, 붕괴 재난은 건축물이나 구조물이 파괴되어 무너져 내림으로써 인적, 물적 피해를 야기하는 현상을 말한다. 붕괴는 각종 시설물(건축물, 교량, 육교 등)이 시공하자, 노후, 관리소홀, 지반약화 등으로 붕괴되어 인명과 재산 피해가 발생한 사고다. 붕괴 사고의 양상은 각종 안전 수칙 위반 및 부실 공사 등으로 인한 대형 공사장의 붕괴, 건물의 노후로 인한 붕괴, 가스, 폭발 사고에 수반되는 2차적 붕괴의 양상을 띠고 있으며, 앞으로도 매년 증가할 것으로 예상된다. 인위적이든, 자연적이든 대형 건축물의 붕괴는 수많은 인명 피해와 재산 피해를 동반하며, 대형 건축물의 붕괴 사고는 인명 탐색 및 구조 활동에 많은 인원 및 장비가 필요하고 사고 수습기간 또한 길다. 특히, 붕괴에 의한 매몰자 구조는 구조 작업이 어렵고 복잡한 상황 하에서 수행되며 장기간의 현장 활동 소요 시간이 필요하다.

넷째, 환경오염 재난은 인간 활동에 의해 자연 환경이나 생활환경에 피해를 주는 현상을 의미한다. 환경오염 재난에는 대기 오염, 토양 오염, 수질 오염 등이 있다. 예를 들면, 공장이나 사업장 등에서의 생산 활동, 자동차, 기차, 항공기, 선박 등의 수송 활동, 냉난방 취사와 같은 각종 인간 활동이 원인이 되어 발생하는 인위적인 대기 오염, 수질 오염, 토양 오염, 소음, 진동, 악취 등이 그것이다. 이로 인해 자연 환경은 물론이고 사람의 건강과 생명에 해로운 영향을 미치는 피해를 말한다. 첫째, 대기 오염은 인위적인 발생 원인에서 배출된 물질이 생물이나 기물에 직접적으로 해를 끼칠 만큼 다량으로 대기 중에 존재하는 상태를 말한다. 둘째, 토양 오염은 토양 속에 오염물질이 함유되는 현상으로서 대부분의 경우 대기 오염물질의 강하, 폐수·하수 폐기물의 투기(投棄), 농약이나 비료의 살포 등에 의해 토양이 오염된다. 토양의 오염은 곧 지하수의 오염이나 하천 물의 오염으로 이어질 가능성이 있다. 셋째, 수질 오염은 자연수역의 수질이 폐기 물질의 유입으로 오염되는 현상이다.

다섯째, 교통사고 재난이다. 교통수단인 자동차, 항공기, 선박, 철도, 지하철 등이 충돌, 추락, 침몰, 전복으로 인해 피해를 가져오는 사고를 의미한다. 교통사고는 화재, 유독물 유출로 인한 2차 피해 발생의 위험성이 크다. 항공사고는 항공기 이착륙 및 비행 중 기체 결함, 기상 악화, 조종사의 조종 미숙 등으로 항공기 추락이 발생할 수 있다. 항공기 충격 폭발에 의한 화재 발생은 대형 인명 피해가 예상되어 구조대원의 구조 활동은 진압대의 소화 작업과 동시에 이루어지는 것이 필요하다. 지하철 사고는 지하철 시설이나 차량이 지하에 있어 사고 발생 시 심리적 요인에 따른 공포감이 심화될 가능성이 있다. 지하철 사고는 발생 빈도는 적지만 일단 사고가 발생하면 대형 참사와 직결되는 경우가 많으며, 흔히 다른 전동차와의 충돌 및 화재 등에 의한 사고의 발생 형태가 많다. 해상 재난은 바다에서 발생하는 어선, 상선의 조난 및 침몰사고로 인한 피해를 의미한다. 최근 국가경제 규모의 성장으로 인한 교역량의 증가와 어획량 증가로 인해 어선 및 상선의 규모와 수가 증가하고 있다. 바다에서 발생되는 선박사고의 경우 해안으로부터 먼 거리에 위치하며, 특히 이상 기상이 발생하는 경우 사고현장 접근에 어려움이 있다.

제 3 절 전통적 군사 안보 위기

1 전통적 군사 안보 위기의 의의

전통적 군사 안보 위기는 통일, 외교, 군사 분야에서 국가의 영토 및 주권의 안전 보장을 위협하는 위기로 정의할 수 있다. 이러한 전통적 군사 안보 개념에 따른 국가 위기는 북한으로부터의 위기와 주변국 등 외부로부터의 위기, 테러리즘에 의한 위기로 구분할 수 있다. 전통적 군사 안보 위기에 대한 위기관리정책은 군사력 사용에 대한 준비와 위기 해결에 대한 의지의 과시 사이의 세련된 균형을 요구한다. 위기관리정책은 국익을 보호하고 무력 갈등을 피하기 위하여 갈등과 협력 행위의 조화에 대해 관심을 가진다(김호준, 2000: 330). 먼저, 북한으로부터의 국가위기에는 군사력 사용의 위협, 국지도발, 비군사적 위협, 북한 내부의 급변사태, 대량살상무기의 개발 및 확산, 기타 국가위기로 발전할 수 있는 각종 사건이나 상황 등이 있다. 다음으로, 외부로부터의 국가위기에는 우리나라와 주변국 및 기타 국가로부터의 군사적 위협이나 도발, 국가 영토의 침범, 갈등·충돌, 테러, 주변국 간 충돌·전쟁으로 인한 위협 등이 있다. 특히, 오늘날 중요한 군사적 위기관리 과제는 국가 총력전 개념의 통합방위태세를 구축하는 것이 필요하다. 이를 통해 적의 침투·도발이나 그 위협에 직면하여 국가위기관리 체계를 구축함으로써 국가안전보장을 이루는 것이 가능하다. 군과 경찰, 국가기관 및 지방정부, 민방위대 등 제반 국가방위 요소를 통합하는 일은 최고 통수권 차원의 결정 및 지침과 유관 정부 부처 및 기관들의 협조가 필수적으로 요구된다(이은득, 2004: 314).

전통적 군사 안보 위기를 살펴보면 다음과 같다(김용석, 2005: 5-8). 첫째, 전쟁 위기는 국가의 안보를 위협하는 가장 전형적인 유형의 안보 위기라고 할 수 있다. 전쟁 위기는 갈등과 분쟁 단계를 거쳐 전쟁 위기로 발전하는 것이 일반적이다. 갈등과 분쟁이 평화적으로 해결되지 않으면 국가는 국가이익을 포기하거나 무력행위로 위기를 조성하게 된다. 우리나라는 6·25 전쟁 이후 지금까지 전쟁 위기 속에서 살아왔고 무력충돌과 전쟁 직전의 상황에 이른 적이 빈번하였다.

둘째, 국지적 무력충돌 위기는 전면적인 군사적 충돌은 아닐지라도 일부 지역에서 군사적 충돌이 발생하는 상황을 말한다. 예를 들면, 서해 북방한계선 인근에서 1999년 6월 15일, 2002년 6월 29일, 2009년 11월 10일에 걸쳐 세 차례의 주요한 해상교전이 발생한 것과 2010년 11월 23일 오후 2시 30분경 인천광역시 옹진군 대연평도를 향해 포격을 가한 연평도 포격 도발 사건 등이 있다. 남북한 간의 군사적 충돌이나 긴장 조성뿐만 아니라 일본의 독도 영유권 주장이나 중국 불법 조업 어선과의 충돌 역시 무력충돌 위기를 가져올 수 있다. 2016년 10월 7일 불법조업 중인 중국 어선이 해경 고속단정을 고의로 충돌해 침몰시킨 데 대해, 2016년 11월 1일 오후 5시경 옹진군 해상에서 서해 북방한계선을 침범해 조업 중인 불법 중국어선에 공용화기 발포로 대응하여 불법 중국어선 2척을 나포하여 압송한 사례가 이에 해당한다.

셋째, 테러리즘은 정치적, 경제적, 종교적, 사회적 목표를 달성하기 위해 유괴, 암살, 폭파, 납치 등의 행위를 저지르는 위기 유형이다. 특히, 현대에 와서는 과거와 달리 특정한 목표 없이 무작위로 불특정 다수를 대상으로 한 범죄 행위인 뉴테러리즘이 발생하고 있다. 2001년 9월 11일에는 지금까지 유례가 없었던 최악의 테러가 미국 뉴욕에서 발생했다. 4대의 민간 항공기가 테러리스트에 의해 납치되어 이 중 2대가 뉴욕 시에 있는 세계무역센터(WTC) 빌딩을 들이받으면서 폭발해 건물이 붕괴되었고, 1대는 워싱턴에 있는 미국 국방부 건물로 돌진하여 건물의 남서쪽 부분이 크게 파손되었다. 이 같은 새로운 유형의 뉴테러리즘 발생에 대한 대비책을 마련하는 것이 필요한 시점이다. 더욱이 오늘날에는 컴퓨터 네트워크와 인터넷을 통한 해킹, 컴퓨터 바이러스 등의 사이버 테러리즘 또한 중요한 안보 위협으로 등장하였다. 국가핵심기반 시설이나 시스템, 기능이 점차 사이버화되는 상황에서 사이버 테러리즘은 중요한 안보 위협 요소가 되었다.

넷째, 민방위 위기는 적의 침략이나 재난으로 인해 전국 또는 일부 지방의 안녕질서가 위협을 받아 주민의 생명과 재산을 보호해야 하는 상황을 말한다. 사실 민방위는 전시 재난에 대응하기 위한 것이 주된 목적으로서, 주민은 정부의 지도하에 방공, 응급방재, 구조, 복구 및 군사작전상 필요한 노력 지원과 일체의 자위적인 활동을 수행하게 된다. 전시 민방위 위기는 전국적인 범위에서 적의 다양한 공격으로 인해 발생하는 피해를 복구해야 하는데, 평시에 발생하는 재난으로 인한 민방위는 빈도가 빈번하고 발령 지역의 숫자는 많지만 전국적인 규모로 동원하는 경우는 드물다. 그리고 실제적으로도 민방위 대원을 동원하여 재난에 대응하는 경우가 많지 않아 민방위 교육이나 훈련이 정말로 필요한 것인지에 대해 의구심을 갖게 한다. 이로 인해 민방위 위기가 발생하는 경우 재난 대비를 위한 대응 능력을 향상시키는 데 역점을 두기보다는 주민 편익을 위한 방향으로 점점 축소 또는 간편화되는 추세가 지속되어 실제 상황이 벌어질 때는 훈련이 되어 있지 못하는 경우가 많다(김열수, 2005: 300−301). 따라서 평소에 각종 재난 발생에 대비하기 위해 주기적으로 교육과 훈련을 실시하고, 민방위 대피소 점검 및 정비 등을 통해 민방위 시스템을 정비하는 노력을 기울여야 한다.

사례 세종정부청사와 대피시설

현 정부청사 건물 중 가장 최근 지어진 세종청사(2014년 완공)를 제외한 서울 등 나머지 청사 9곳엔 북한의 포격이나 화생방 공격을 받았을 때 대피할 수 있는 시설이 없다. 북한은 휴전선 근방에 수도권을 타격할 수 있는 장사정포(사거리 40~60km) 300여 문을 배치하고 있는데, 이 장사정포는 서울과 수도권으로 최대 9,000여 발의 포탄을 쏠 수 있다. 북한 장사정포의 주요 표적 중 하나가 중앙 부처 공무원이 일하는 서울·과천 정부청사다. 그리고 북한은 생화학 무기도 2,500t가량 갖고 있다. 정부청사가 북한 생화학 공격을 당해 공무원 대다수가 사망하면, 우리 정부 기능이 완전히 마비될 수 있는 상황이 올 수도 있다. 이에 정부도 "청사에 비상대피시설이 필요하다"는 말은 하고 있다. 국회 안전행정위원회 이명수 의원(새누리당)에 따르면 행자부는 이미 2014년에 청와대와 가장 가까운 서울청사에 대피시설을 짓는다는 계획을 세웠고, 2018년까지 668억 원을 들여 서울 청사 주차장 지하 공간에 3,589명이 대피할 수 있는 1만 1,850m^{2}의 대피시설을 만들기로 하였다.

그러나 2015년 말에 정부 예산안을 편성하는 과정에서 청사 대피시설 예산은 빠졌다. 기획재정부가 "청사에 비상대피시설을 짓는 게 맞는지 신중한 검토가 필요하다"며 예산을 편성하지 않았기 때문이다. 668억 원은 정부 예산 387조 원의 0.02%에 불과하다. 그런데도 정부는 행자부·외교부·통일부 등이 모여 있는 서울청사가 북한의 위협에 고스란히 노출되어 있음에도 '돈이 없다'며 손을 놓고 있다.

대통령 훈령인 '국가전쟁지도지침'엔 "모든 국가기관은 핵·대량살상무기·EMP 공격에 대한 방호를 위해 14일 이상 대비가 가능한 지하 대피시설을 갖춰야 한다"고 나와 있다. 북한의 핵실험 주기는 점점 짧아지고 있고, 5차 핵실험을 강행하는 등 갈수록 도발 수위를 높이고 있다. 국가의 컨트롤 타워가 지금 같은 무방비 상태에서 타격을 당해 제 기능을 못하게 된다면 그 피해는 고스란히 국민에게 돌아간다.

<조선일보, 2016년 10월 10일, A18면>

2 테러리즘의 유형

테러리즘은 학자나 기관에 따라서 다양하게 정의할 수 있다.[4] 그러나 그 내용을 종합해 보면 테러리즘은 개인·집단 혹은 정부가 조직적인 폭력의 사용이나 폭력 사용에 대한 협박으로 광범위한 공포분위기를 조성하여 특정한 목적을 달성하기 위한 상징적·심리적 폭력 행위라고 정의할 수 있다(조영갑, 2004: 21). 즉, 테러리즘이란 발생 원인이 무엇이든지 간에 극도로 불안한 심리적 상태를 말하며 자연스러운 현상이다.[5] 반면에 테러리즘은 조직적인 폭력을 사용함으로써 복종을 요구하는 것, 특히 정치적 무기나 정책으로서 폭력이 사용되는 것이다. 엄격하게 구분하면, 테러리즘은 테러와는 구별되는 폭력적 행위의 한 형태를 의미하는 것으로, 항공기 납치, 요인 암살, 공중시설 폭파 등을 통해 사람에게 공포를 일으키게 하는 행위를 의미한다(최진태, 2006: 19). 여기서는 테러는 국민들이 안전에 대하여 심리적으로 불안을 느끼는 상태라고 정의하고, 테러리즘은 정치적 목적뿐만 아니라 경제적, 사회적, 종교적, 이념적 목적을 달성하기 위하여 폭력적 수단 또는 비폭력적 수단을 활용함으로써 국가사회의 구성원에게 불안과 공포를 일으키는 행위라고 정의한다.

일반적으로 대테러 활동은 주체에 대한 규제, 객체의 보호, 수단의 관리, 사건

4) 특히, 국제적으로도 9·11 테러 이후에도 아직 테러리즘 행위의 개념에 대한 합의 도출이 이루어지지 못한 상태다(김영호, 2008: 36).

5) 테러는 자연적 현상이며, 테러리즘은 폭력의 조직적·의도적 이용으로 강압적이며, 희생자 혹은 희생자와 연관된 모든 사람, 그리고 대중들의 의지를 이용하기 위한 목적지향적인 행위이며, 이를 위해 강제, 협박, 위협을 통해 폭력을 체계적으로 활용하는 것이라고 할 수 있다. 이러한 차이성에 따라 테러는 테러리즘 없이도 발생이 가능하며, 테러는 테러리즘의 중요한 구성요소가 되고 있다(최진태, 2006: 19).

발생 대응 등과 같이 크게 네 가지 영역으로 구분될 수 있으며, 이를 영역별로 살펴보면 다음과 같다(조호대, 2007: 24). 첫째, 주체에 대한 규제로는 테러리스트의 국내 활동을 방지하기 위해 해외에서의 테러리스트 잠입 저지 및 국내에서의 테러 연계 불순활동 차단, 둘째, 객체의 보호는 고전적 테러 대상이 되어 왔던 국가중요시설 · 주한 외국인 시설 등과 새로운 테러 목표로 부상 중인 소프트 타깃으로 지칭되는 다중이용시설 및 교통수단 등을 보호, 셋째, 수단의 관리라 함은 테러에 이용될 가능성이 있는 폭발물 · 화학물질 · 독가스 등을 테러범이 사용할 수 없도록 관리하는 것이며, 넷째, 사건 발생 대응은 구조 · 구난 테러범 진압, 수사 활동 등을 말한다.

이러한 테러리즘의 진행과정은 다음과 같은 특징을 지닌다(조영갑, 2004: 21). 첫째, 테러분자들의 정치 · 경제 · 사회 · 종교 및 사상 · 민족주의 문제 등 목적을 관철하기 위해 테러의 능력을 과시하거나 위협을 경고한다. 둘째, 특정인 혹은 일반 대중은 테러에 대한 물리적 파괴와 심리적 충격으로 정치 · 외교적, 경제적, 사회 · 심리적, 군사적 위협과 불안으로 확대된다. 셋째, 그 결과로 적대관계에 있는 지도자나 정책결정자들의 기존 인식의 변화 및 기존 정책을 변경시키는 특징을 갖게 된다.

2001년 9 · 11 테러 이후 국제사회는 신종 테러리즘을 경험하고 있다. 9 · 11 테러 이전에는 국가 간에 벌어지는 전쟁은 외교 · 안보 전문가가 다루는 중요한 주제였으나, 지금은 과학 · 기술의 발달과 확대일로에 있는 미디어 산업의 영향으로 개인이나 조직도 자신들의 목적을 관철시키기 위해 한 국가나 세계를 상대로 테러리즘과 같은 폭력 투쟁을 일삼는 것이 가능해졌다. 21세기 국제사회의 환경 변화는 세계화 · 정보화에 의해 영향을 받고 있으며, 이러한 환경 변수가 뉴테러리즘이라고 불리는 신종 테러리즘의 배경이 되고 있으며 주요 내용은 다음과 같다(이창용, 2007: 17－19).

첫째, 세계화로 인해 국가 간 접촉의 빈도가 더욱 많아짐에 따라 국가 간 부의 편재로 인한 경제적 갈등과 이질적인 종교와 문화적 차이에 대한 편견으로 인해 발생하는 종교 · 문화적인 갈등이 점차 심해지고 있으며, 이를 해결하기 위한 도구로서 테러리즘이 선호된다.

둘째, 인터넷과 같은 정보통신 수단의 발달로 테러리스트들 간의 정보 교환이 과거에 비해 훨씬 더 지능화되어 가고 있으나, 국가 수준의 통제 아직도 산업화 시대의 패러다임을 크게 벗어나고 있지 못한다.

셋째, 이러한 뉴테러리즘은 위기관리의 한 분야로서 다루어져야 한다. 현대사회가 고도의 복잡성을 띠게 됨에 따라 국가가 수행해야 할 가장 중요한 기능 중의 하나가 바로 위기관리다. 과거에는 볼 수 없었던 새로운 신종 위기가 많이 발생하고 있기 때문에, 이에 대해 국가가 적절히 대응하지 못하게 되면 국가의 안전보장이 위협받기 때문이다.

넷째, 뉴테러리즘은 과정적 측면에서 볼 때 사후 대응보다는 사전 예방 단계에 초점을 맞추는 것이 필요하다. 뉴테러리즘의 피해 규모가 구 테러리즘에 비해서 상대적으로 크고 미치는 영향력의 범위가 넓기 때문에 사전에 이를 예방하는 것이 훨씬 더 비용효과적인 측면에서 실익이 있기 때문이다.

테러리즘 조직은 그들이 달성하고자 하는 목표 또는 전략을 위해 구체적인 전술, 즉 테러 수단을 동원한다. 전통적으로 구분되는 테러리즘의 유형을 살펴보면 다음과 같다(이종원, 2007: 208－209).

첫째, 요인 암살(assassination)이다. 요인 암살은 역사적으로 가장 오래된 테러리즘의 한 형태로서 특정 인물을 은밀한 방법으로 살해하는 행위다.

둘째, 인질 납치(hostage taking)다. 인질 납치는 과거 남미의 혁명 분자들이 1960년대 초에 주로 사용했던 방법으로 현재는 테러리스트들이 항공기 납치만큼 즐겨 쓰는 방법이다. 작전에 참여했다가 체포되어 수감되어 있는 동료 테러리스트의 석방을 위한 방편으로 사용하거나, 또는 인질을 볼모로 하여 정치적 혹은 물질적인 양보, 그리고 정치적 선전 등과 같은 목적을 달성하기 위해 사용하는 전술이다.

셋째, 자살 폭탄 및 폭파 테러다. 사람의 몸이나 차량에 폭탄을 지니고 목표지점에서 자폭하는 자살 폭탄 테러와 국가통치시설, 정보산업시설, 전력 교통설비, 국방시설, 댐 시설, 대형 건물 등 국가의 중요시설과 자원을 폭파 혹은 방화하는 테러 행위가 있다. 이는 테러리스트들이 시간과 장소를 용이하게 선택할 수 있어 사전에 경계 및 방어가 극히 어렵다는 특성이 있다.

넷째, 항공기 납치 및 폭파 테러리즘(aviation terrorism)이다. 항공기를 대상으로 삼는 테러는 테러리즘의 유형 중 가장 심각하다. 과거 1968년 7월 팔레스타인해방인민전선 소속의 테러리스트들이 이스라엘 항공기를 공중 납치한 사건 이래로 항공기 테러는 계속되고 있는데, 대표적인 유형으로는 항공기 납치(aircraft hijacking), 항공기의 공중폭파(sabotage bombing of airborne aircraft), 공항시설과 항공기 이용객에 대한 공격(attacks against airline facilities and their users) 등의 유형이 있다.

이와 같은 테러리즘의 유형을 보다 일반화하여 테러 조직의 전술과 연계하여 구분하면 다음과 같이 일곱 가지로 살펴볼 수 있다(최진태, 2006: 90-98).

첫째, 폭탄 공격이다. 폭탄 테러는 폭발물을 이용하여 사람을 살상하거나 건물 등 시설물과 비행기 등 장비를 파괴하는 전술 형태를 말한다. 이는 국제 테러범들이 오래전부터 이용하는 전술 형태이며, 오늘날 가장 빈번한 공격 형태로 활용되고 있다. 또한 폭탄 테러는 대량 살상, 대량 파괴, 심리적 위협 효과의 극대화를 가져올 뿐만 아니라, 증거 인멸이 용이하여 자행 테러범뿐만 아니라 배후 세력을 색출하는 것도 매우 어렵다.

둘째, 무장 공격이다. 무장 공격은 테러 공격 대상에 대해 권총, 기관총, 로켓포, 미사일들을 발사하고 수류탄 등을 투척함으로써 시설물을 파괴하거나 인명을 살상하는 전술 형태를 말한다. 공격의 방법이 되고 있는 무기들이 정교하지 못하거나 규모가 크며, 공격 방법면에서 잔인성과 대담성을 보여주고 있어 공포심과 사회 혼란을 최대한 조성해 보겠다는 의도에서 이루어지는 경우가 많다. 또한 원거리 공격이 가능하기 때문에 테러범의 생존을 높이고 대량 살상이 가능하다.

셋째, 인질 납치다. 인질 납치는 테러 공격의 대상 인물을 비밀리에 강제적·물리적 수단에 의해 유괴, 납치 등 비합법적이고 반인륜적인 방법으로 잡아두는 것을 말한다. 인질 납치는 통상적으로 상징성이 있는 인물을 대상으로 주로 저질러지며, 정치적 선전이 주된 목적이나 테러 조직의 운영 자금을 조달하기 위한 수단으로 이용하기도 한다.

넷째, 암살이다. 암살은 정치적 적대 관계에 있는 정적이나 사회적 또는 국제적으로 저명한 지위에 있는 사람들을 제거하기 위해 취하는 공격 방법을 말한다. 암살은 주요 인사에 대해 한 명 내지 두 명의 테러범이 한 조를 이루어 자행하는 방식에서부터 폭발물을 설치하여 살해하는 방식이 주를 이룬다.

다섯째, 하이재킹(hijacking)이다. 하이재킹은 운행 중인 육상차량, 항공기, 그 밖의 운송 수단에 대한 불법적 납치 행위를 의미한다. 하이재킹은 항공기를 공중 납치하여 납치범이 원하는 목적지로 항로를 강제 변경하는 경우에 가장 빈번히 쓰이지만, 기차·화물차·승용차 같은 운송 수단의 불법 납치 행위도 하이재킹의 범주에 속한다.

여섯째, 시설물 점거다. 시설물 점거는 사용 중인 대사관, 호텔, 거주지 등 시설물 자체를 점거하고 그 시설의 내부 사용자들을 인질로 확보, 억류시켜 놓는 공격 방법을 말한다. 교통수단을 납치하는 방법과 유사한 점이 많으나, 시설 자체가 육지에 위치해 있기 때문에 보호기관의 보호 방법이 용이한 점 등이 상이하다고 볼 수 있다.

일곱째, 방화 및 약탈이다. 사회적으로 혼란을 조성하기 위한 방법으로, 사람들이 많이 운집하는 장소를 대상으로 발화물질을 이용해 고의적으로 화재를 일으키는 것을 말한다. 통상적으로 단순 방화 사건과는 달리 테러 조직은 공포 확산을 위해 대형 방화를 획책하거나 연쇄적으로 방화하는 수법을 동원한다는 특징을 지닌다.

이러한 테러리즘이 우리나라에서 발생하는 경우 어떠한 양상으로 나타날 수 있는지를 살펴보면, 일반적인 테러리즘의 유형과 유사하게 또는 우리나라의 특수성이 반영되어 나타날 수 있음을 알게 된다. 즉, 우리나라의 경우에는 한반도의 특수성에 의해 다른 국가와는 상이한 양상이 전개될 것으로 예상된다. 우리나라에서의 테러리즘 전개 양상은 다음과 같이 논의되고 있다(조호대, 2004: 563-568).

첫째, 우리나라에서 테러가 발생한다면 북한에 의한 것이 많은 비중을 차지할 수 있다. 이러한 북한에 의한 테러는 크게 북한이 직접 테러를 자행하는 방법과 여타 테러 조직을 후원하는 방법으로 구분할 수 있다. 북한에 의한 직접 테러는 다시 국내에서의 테러와 해외에서의 테러로 나누어 볼 수 있으며, 간접적인 방법으로는 국제 테러 조직을 이용하여 테러를 할 가능성도 있다.

둘째, 국제 테러 조직에 의한 테러리즘 발생 가능성이다. 최근 뉴테러리즘의 특성을 보면, 국제화되고 조직화되어 전 세계 어디든지 무차별적으로 확산되고 있는 국제 테러리즘으로부터 우리나라도 더 이상 안전지대만은 아니라는 것이 사실이다. 우리나라의 국제적 입지가 향상되고, 특히 아시아 지역에서는 경제중심지로 부상되면서 우리나라에서 국제적 행사가 많이 개최되고 있다는 점 또한 국제 테러 조직에 의한 테러 표적이 될 가능성이 있다.

셋째, 우리나라에서 발생 가능한 테러의 유형을 살펴보면, 크게 일곱 가지로 구분할 수 있다; 요인 암살, 항공기 테러, 인질 납치, 시설물 폭파, 해상 테러, 생화학 무기에 의한 테러, 사이버 테러가 그것이다.

이상과 같은 전망 외에도 향후 우리나라에서는 국가 운영의 필수 요소인 금융, 교통 · 수송, 전력, 정보통신, 주요 산업단지, 에너지, 원자력, 댐, 공중보건 등과 같은 국가핵심기반 시설 및 시스템이나 국가핵심 기능에 대한 테러리즘이 발생할 가능성이 있다. 즉, 테러리즘 자체의 유형이나 발생 가능성에 대한 논의뿐만 아니라 테러리즘이 의도한 대상에 대한 새로운 논의가 필요하다. 이들 각각의 테러리즘 대상 시설이나 시스템, 기능 마비를 통한 국가생존기반에 대한 위협 요소를 예방하고 대비할 수 있는 방안이 필요하다.

3 대테러리즘의 특성과 유형

테러리즘에 대응하는 대테러리즘 정책의 특징과 유형을 살펴보기 위해서는 먼저, 테러리즘의 경향을 정의하는 요인들은 무엇인가를 살펴보는 것이 필요하다. 언제, 어디서, 누가, 무엇을, 어떻게, 왜 테러 행위가 발생하는가? 이 질문에 대해서 테러의 경향을 분석하는 데 다양한 지표들이 있을 수 있다(Perl, 2006: 1; 조성권, 2007: 96−97). 예를 들면, 테러리즘의 유형, 테러리즘 발생의 수, 테러리즘 공격의 치명도, 테러리즘 조직의 태도, 테러리즘 조직의 리더십의 변화, 테러리즘 능력의 변화, 테러리즘 조직원의 모집의 변화, 테러리즘의 재정, 테러리즘 네트워크의 변화, 테러리즘의 목표, 테러리즘 조직 이데올로기의 변화, 테러리즘 조직의 범죄 행위의 개입, 국가지원 테러리즘의 변화 등이 있다. 이와 관련하여 최근 전 세계적으로 나타나고 있는 테러리즘 관련 현상은 크게 다섯 가지로 나타나고 있다; 테러리즘 발생 수의 급증, 테러리즘의 지방화 현상, 테러리즘 행위 네트워크의 복잡화 현상, 자살 테러리즘의 점진적인 증가 현상이 그것이다.

이러한 관점에서 대테러리즘 정책은 다음과 같은 특징을 보이고 있다. 첫째, 대테러리즘 정책은 지속성을 지녀야 한다. 일시적으로 테러리즘 행위가 중단된 경우 또는 테러리즘 행위가 아직 발생하지 않았다 할지라도 언제든지 테러리즘 행위가 발생할 수 있기 때문에, 평소에 지속적으로 정보를 수집, 분석하고 관련된 정책을 개발하는 것이 필요하다.

둘째, 대테러리즘 정책은 다른 국가와의 협력적 관계를 확보해야 한다. 특히, 오늘날의 테러리즘은 많은 경우 테러리즘 조직 간의 국제적 연대를 통해 발생하게 된다. 특히, 대규모 피해를 가져오거나 많은 인명 피해를 주는 사건의 경우에는 거의 예외 없이 국제적인 테러리즘 조직이 관련되어 있기 때문에, 대테러리즘 정책의 경우 국제화된 네트워크를 유지하고 지속적인 연계를 취하는 것이 필요하다.

셋째, 대테러리즘 정책은 포괄성을 지녀야 한다. 현대 사회의 테러리즘은 오프라인은 물론 온라인에서의 테러리즘을 통해 국가핵심기반의 마비나 대량 인명 피해를 가져올 수 있다. 즉, 전형적인 폭탄 테러리즘이나 자살 테러리즘뿐만 아니라 사이버상에서의 해킹을 통해 열차 충돌이나 원자력 발전소의 기기 오작동 유도 등을 통해 치명적인 파괴를 가져올 수 있다. 이에 대테러리즘 정책은 물리적 공간과 사이버 공간 모두에서의 대테러리즘의 정책이 함께 이루어져야 한다.

넷째, 대테러리즘 정책은 통합성이 요구된다. 테러리즘이 발생하지 않도록 예방하는 것이 가장 바람직하지만 모든 테러리즘 행위를 예방한다는 것은 불가능하다. 따라서 테러리즘 발생 이후의 신속한 대응과 복구를 위한 노력이 모두 사전에 준비되는 통합적 노력이 기울여져야 한다.

다섯째, 대테러리즘 정책은 과학성을 확보해야 한다. 테러리즘 조직들이 인터넷 등의 첨단 정보통신 기술을 활용하여 테러리즘 행위를 자행하고 있기 때문에, 이에 국가의 대테러리즘 정책 또한 보다 첨단화된 과학 기술을 활용하여 테러리즘 행위를 예방하고 대비하는 노력을 기울여야 한다.

여섯째, 대테러리즘 정책은 법적 제도화의 기반 위에서 이루어져야 한다. 국가의 안전보장을 위해 수행하는 대테러리즘 활동에 대한 법적 뒷받침이 없이는 자칫 시민사회의 반발이 예상될 수 있기 때문에, 국가 대테러리즘 기관에 의한 모든 행위가 법적으로 보호받을 수 있을 때 국민의 전폭적 지지 위에서 활동하는 것이 가능하기 때문이다. 국민의 지지와 성원이 있을 때 비로소 국민 한 사람 한 사람이나 기업, 조직들이 모두 테러리즘 방지를 위한 적극적 역할을 수행할 수 있기 때문이다.

일곱째, 대테러리즘 정책은 연계성을 확보해야 한다. 국가를 구성하고 있는 정부부문은 물론 민간부문의 모든 조직들이 대테러리즘 업무를 수행하는 기관과 연계되어 정보의 교류가 이루어지고, 이를 통해 새로운 정보의 수집과 분석을 통해 테러리즘 행위를 방지하는 것이 가능해지기 때문이다. 이를 위해서는 군, 경찰, 일반 행정 부처는 물론 공공기관들과 민간의 숙박업, 택시, 식당, 시민단체, 학계 등 모든 부문의 활동이 국가 안보를 위한 위기관리 차원에서 연계되는 것이 필요하다.

제 4 절 국가핵심기반 위기

1 국가핵심기반 위기의 의의와 보호 조치

국가핵심기반 위기는 정치, 경제, 사회, 문화 체계의 필수적인 시설, 시스템, 기능, 가치 등이 마비되거나 훼손됨으로써 국가의 생존성 보장과 운영 유지에 심각한 위협이 발생하는 상태라고 말할 수 있다. 국가핵심기반 위기가 발생하는 경우는 테러리즘, 대규모 시위나 파업, 폭동, 재난 등이 원인이 될 수 있다. 이들 여러 다양한 원인에 의해 국민의 안전, 국가경제와 사회의 생명력과 일체성, 정부의 핵심 기능에 중대한 영향을 미치는 시설, 시스템, 기능이 마비되는 상황을 의미한다.

국가핵심기반 위기 영역으로는 금융, 교통・수송, 전력, 정보통신, 주요 산업단지, 에너지, 원자력, 댐, 공공질서, 공중보건의료, 식・용수, 정부 중요시설, 국가 주요 자산 및 국가 상징물 등이 있다. 미국에서의 국가핵심기반 영역은 안보,

통치, 경제적 생명력, 일상생활의 기반으로서 매우 정교하고 복잡한 시설(facilities), 체계(system), 기능(function)을 의미한다. 그리고 국가핵심기반은 고도로 상호 의존적으로 함께 작동하는 인적 자산, 물리적 시스템, 사이버 시스템을 포함한다(The White House, 2003: viii).

여기서는 국가핵심기반을 "국가사회의 운영 및 유지를 위해 필수적인 정치, 경제, 사회, 문화 체계의 핵심 요소 및 가치"라고 정의한다.[6] 그리고 이러한 핵심 요소는 시설, 시스템, 기능, 가치 등으로 구성되어 있으며, 사회 변화 및 사회 발전의 고도화에 따라 새로운 요소들이 포함될 수도 있다. 국가핵심기반은 복잡한 사회적 시스템으로서(Vrijling et al., 2004: 569), "국민의 생명과 재산, 국가의 주권 및 경제적 · 사회적 · 문화적 생명력의 기반이 되는 핵심적인 시설 · 시스템 · 기능"으로 정의될 수 있다(이재은, 2004: 80). 예를 들면, 우리 사회에는 금융, 교통 · 수송, 전력, 정보통신, 주요 산업단지 및 상업시설, 에너지, 원자력, 댐, 정부시설, 공중보건, 공공안전, 주요 인사 등 국가사회의 생존성 보장에 절대적으로 요구되는 시설, 시스템, 기능 등의 핵심기반이 있다(이재은, 2004: 88). 이와는 약간 다르게 이철원 · 배병철(2009: 122)에서는 국가핵심기반을 "에너지, 정보통신, 교통수송, 금융, 보건 · 의료, 원자력, 환경, 식용수 등 그 기능이 마비될 경우 인명과 재산 및 국가경제에 심각한 영향을 미칠 수 있는 물적 · 인적 체계"라고 정의한다.

이 중에서 국가핵심기반 시설은 국가의 핵심적인 기능 수행을 위해 지속적으로 관리할 필요가 있다고 인정되는 시설들 중에서 다른 기반시설이나 체계 등에 미치는 연쇄효과, 둘 이상의 중앙행정기관의 공동대응 필요성, 재난이 발생하는 경우 국가안전보장과 경제 · 사회에 미치는 피해 규모 및 범위, 재난의 발생 가능성 또는 그 복구의 용이성을 고려하여 국가핵심기반으로 지정된 시설을 말한다.

---

6) 이재은(2004: 80)에서는 국가핵심기반을 "국민의 생명과 재산, 국가의 주권 및 경제적 · 사회적 · 문화적 생명력의 기반이 되는 핵심적인 시설 · 시스템 · 기능"으로 정의하고 있다. 그러나 이는 핵심 요소의 유형을 시설, 시스템, 기능으로 제한함으로써 향후 국가핵심기반의 새로운 유형 도출이 어렵다는 한계가 있다. 또한 국민의 생명과 재산, 국가의 주권으로 제한함으로써 국가의 구성 요소인 국민, 영토, 주권 모두를 포괄하지 못하고 있다는 한계가 있다. 그리고 "경제적 · 사회적 · 문화적 생명력의 기반"이라고 규정함으로써 정치적 체계를 배제하고 있고, 생명력의 기반이라고 정의함으로써 생존성 측면에서만 국가핵심기반을 논의하고 있다는 한계가 있다. 이에 이 책에서는 국가핵심기반 정의의 보편적 일반화를 시도하였다.

사례 **국민의 기본권 확보와 국가위기 쟁점**7)

2016년 철도 파업에 따라 국민의 기본권 확보 대 사회재난 국가위기 쟁점을 살펴보자. 2016년 9월 27일부터 12월 7일까지 발생한 철도 파업의 경우를 예로 들어보자. 당시 철도 파업은 공공부문에 대한 성과연봉제 도입에 대한 반발로 시작했고 72일 동안 진행되었다. 당시 국회의 입법, 정책 활동과 관련하여 철도 파업이 「재난 및 안전관리 기본법」상 사회재난으로 볼 수 있는지 여부가 주요 쟁점이 되었고, 세부 쟁점은 다음과 같다.

① 현 철도 파업이 「재난 및 안전관리 기본법」상 사회재난이 되는지 여부

② 국방부가 「재난 및 안전관리 기본법」 제39조(동원명령) 및 국가위기관리기본지침 제132조 대응 활동에 근거하여 대체 인력을 파견한 부분에 대한 타당성

③ 파업 등으로 인해 철도수송 등 국가기반시설에 대한 문제 발생에 있어, 어느 수준에 이르렀을 때 (혹은 어떤 상황이 발생했을 때) 사회재난으로 볼 수 있는지 여부

첫째, 현 철도 파업이 「재난 및 안전관리 기본법」상 사회재난이 되는지 여부에 관한 쟁점이다. 철도는 그 자체가 국가의 물류 수송을 담당하는 핵심기반으로 분류된다. 따라서 국가 여객 및 물류 수송 기능이 마비되는 경우에는 국가핵심기반 마비 위기로 분류할 수 있다. 그런 의미에서 본다면 「재난 및 안전관리 기본법」 제3조 제1항 나목에서 정하고 있는 사회재난에 '교통' 부문의 철도파업이 포함되는 것으로 판단할 수 있다.

둘째, 국방부가 「재난 및 안전관리 기본법」 제39조(동원명령) 및 국기위기관리기본지침 제132조 대응 활동에 근거하여 대체 인력을 파견한 부분에 대한 타당성에 관한 쟁점이다. 「재난 및 안전관리 기본법」 제39조는 이와 관련된 내용을 아래와 같이 규정하고 있지만, 국가위기관리기본지침은 현재 대외비로 분류되어 그 내용을 확인할 수 없는 상황이다. 따라서 「재난 및 안전관리 기본법」의 내용을 중심으로 살펴보면 다음과 같다.

> 제39조(동원명령 등) ① 중앙대책본부장과 시장・군수・구청장(시・군・구대책본부가 운영되는 경우에는 해당 본부장을 말한다)은 재난이 발생하거나 발생할 우려가 있다고 인정하면 다음 각 호의 조치를 할 수 있다.
> 1. 「민방위기본법」 제26조에 따른 민방위대의 동원
> 2. 응급조치를 위하여 재난관리책임기관의 장에 대한 관계 직원의 출동 또는 재난관리자원 및 제34조 제2항에 따라 지정된 장비・인력의 동원 등 필요한 조치의 요청
> 3. 동원 가능한 장비와 인력 등이 부족한 경우에는 국방부장관에 대한 군부대의 지원 요청
>
> ② 제1항에 따라 필요한 조치의 요청을 받은 기관의 장은 특별한 사유가 없으면 요청에 따라야 한다.

「재난 및 안전관리 기본법」 제39조에 따르면, 중앙대책본부장과 시장・군수・구청장은

7) 국회입법조사처 전문가 자문의뢰서(제목: 철도파업이 「재난 및 안전관리 기본법」상 사회재난으로 볼 수 있는지 여부, 2016.11.4)에 대한 자문의견서(이재은, 2016.11.24).

재난이 발생하거나 발생할 우려가 있다고 인정하면 동원 가능한 장비와 인력 등이 부족한 경우에는 국방부장관에 대한 군부대의 지원 요청을 할 수 있다. 또한 국방부는 지원 요청을 받고 특별한 사유가 없으면 요청에 따라야 하는 것이 법 규정의 취지에 맞는다. 따라서 「재난 및 안전관리 기본법」 제39조에 의거하여 볼 때, 국토교통부가 철도노조 파업 돌입에 대응하여 전동차 운영을 위한 대체인력으로 군 기능 인력 지원을 요청하였고, 이 요청에 따라 국방부가 대체 인력을 파견한 것은 타당한 것으로 판단된다.

셋째, 파업 등으로 인하여 철도수송 등 국가기반시설에 대한 문제 발생에 있어, 어느 수준에 이르렀을 때(혹은 어떤 상황이 발생하였을 때) 사회재난으로 볼 수 있는지 여부에 관한 쟁점이다. 이 부분은 판단하기가 매우 민감한 부분임에 분명하다. 하지만 본인은 웽거(Wenger, 1978: 26)가 주장한 "위기는 적어도 두 가지 차원, 즉 위기의 강도(intensity)와 범위(scope)에 따라 변화한다"는 논의에 따라 국가위기관리 영역 모형(이재은, 2012: 102–107)을 제시한 바 있다. 국가위기관리 영역 모형에 따르면 철도 파업이 사회재난이 되는지를 판단하기 위해서는 두 가지 기준을 충족하고 있는지를 검토해야 한다. 철도 파업이 사회재난 혹은 국가위기로 분류되기 위해서는, ① 위기 강도가 커야 하고, ② 그와 동시에 위기가 미치는 영향의 범위가 중범위 내지 광범위여야 한다. 이러한 기준에 의거하여 현재 철도 파업이 사회재난이 될 수 있는지 여부를 살펴보면 다음과 같다. 첫째, 철도 파업은 그것이 미치는 '영향의 범위'는 지리적 범위면에서는 전국을 대상으로 하고 있고, 인구 범위면에서는 불특정 다수의 전체 국민을 대상으로 하여 광범위하다고 볼 수 있다. 둘째, 철도 파업은 그것이 미치는 '영향의 강도'는 고강도(high intensity)라고 판단하기 어렵다; ① 철도 체계(system) 붕괴와 관련해서 철도 파업으로 인해 국가 전체 혹은 일부 지역의 철도 시스템이 파괴되지 않았고, ② 철도 파업으로 인해 국가 여객 및 물류 수송 자체가 마비되지 않았다. 따라서 현재 철도 파업은 저강도(low intensity)라고 볼 수 있다.

이러한 기준 충족 여부를 근거로 하여 판단을 내리면, 2016년 72일 간의 파업은 비록 그 기간이 길었기는 하지만 철도 파업은 사회재난이나 국가위기로 볼 수 없다고 볼 수 있다.

현재 대형 위기로 확대되어 발생하지는 않았으나 지역사회는 물론 국가사회 전반에 치명적인 영향을 미치게 되는 각종 국가핵심기반 위기에 대한 보호 체계를 만드는 것은 전통적 군사 안보 위기관리에 버금가는 중요성을 지닌다.

국가핵심기반 위기는 일상적인 자연재난이나 인적재난과는 다소 상이한 관리 체계를 갖추는 것이 필요하다. 국가핵심기반은 그 특성상 국민의 개별적 생명과 재산의 보호라는 측면보다는 국가사회의 공유물이나 민간부문의 사적 소유물 중에서 국가경제에 심각한 영향을 미칠 수 있는 시설이나 시스템, 기능 등을 의미하기 때문에 국민의 기본권을 침해할 소지가 어느 정도 있는 것이 사실이다. 그러나 국가핵심기반 시설, 시스템, 기능이 마비되거나 문제가 발생했다고 해서 사회재난이나 국가위기가 발생한 것으로 간주하고 국민의 기본권을 제한해서는 안 된다.

그러나 보다 중요한 것은 외부의 테러나 내부의 극심한 갈등 상황에 의해 훼손될 가능성이 큰 경우에 대비하여 국가핵심기반을 보호할 수 있는 관리시스템을 구축해 놓아야 한다(이재은, 2004: 82). 즉, 국민의 안전과 국가경제의 안정성 및 정부 기능을 보장하기 위해서는 테러,[8] 대규모 불법시위, 파업, 폭동, 재난 등 다양한 위협 및 위기로부터 국가핵심기반을 보호해야 한다. 이는 테러, 대규모 시위·파업, 폭동, 재난 등의 원인에 의해 국민의 안위, 국가경제·사회의 생명력과 일체성 및 정부의 핵심 기능에 중대한 영향을 미칠 수 있는 인적·물적·기능적 체계가 마비될 수 있기 때문이다. 이러한 국가핵심기반의 파괴 및 기능 마비 위기에는 금융 시설 및 시스템, 교통·수송 시설 및 시스템, 전력 시설 및 시스템, 정보통신 시설 및 시스템, 주요 산업단지 시설, 에너지 시설 및 시스템, 원자력 시설, 댐 시설, 공공질서 기능, 공중보건 기능,[9] 사이버 시스템, 정부 중요시설, 국가 주요 자산 및 국가 상징물 등에 대한 위협이 있다.

이 중에서 국가 상징물의 경우에는 63빌딩과 월드컵 스타디움, 올림픽 경기장 등 국가를 상징할 수 있는 시설에 대한 폭탄 테러의 발생 또는 서해대교 등 특수구조물의 파괴로 복구 소요기간이 장기화되었을 경우 물류 수송 대란은 물론 국가 상징물에 대한 보호대책 미비로 인한 국민적 불안감이 조성되는 경우를 예상해 볼 수 있다(이재은, 2005: 69-70).

이와 함께 광화문 이순신 장군이나 세종대왕 동상 등에 대한 파괴 시도 또한 국가 상징물 파괴를 통한 국민의 일체감 형성 가치 훼손을 가져오는 국가핵심기

8) 테러리즘은 우리나라의 경제적 번영과 복지에 극히 중요한 정보, 커뮤니케이션, 수송, 에너지, 그리고 금융하부 구조들을 보호하는 데 어려움을 겪게 만들 수 있는 가장 현실적인 위협이라고 할 수 있다(김종하, 2002: 76).

9) 공중보건 관련 국가핵심기반의 마비는 보건·의료 기관의 시설이나 설비의 파괴, 운영 중단 등으로 보건·의료 서비스가 중단되는 상황을 의미한다. 또한 예방체계가 미흡한 중증급성호흡기증후군(Severe Acute Respiratory Syndrome: SARS), 후천성면역결핍증(Acquired Immune Deficiency Syndrome: AIDS) 등의 전염병 확산, 조류 인플루엔자, 광우병, 돼지콜레라, 구제역 등 국민의 건강과 생명에 직·간접적으로 영향을 미치는 가축 전염병 확산 등을 포함한다(이재은, 2004: 85).

반 위기로 볼 수 있다. 국가핵심기반 위기 분야에는 최소한의 국가핵심 기능의 유지에 필요한 대체 자원, 즉 인력, 물자, 장비 등의 활용과 관련된 제반 대책을 강구하는 것이 포함된다. 이를 위해서는 다음과 같은 국가핵심기반 보호 조치가 요구된다. 첫째, 국가핵심기반의 각 영역별 시설, 시스템, 기능, 가치의 보호 및 유지를 위해서는 최소한의 국가핵심 기능 유지에 필요한 인력, 물자, 장비 등의 대체 자원 마련 등 제반 대책을 강구해야 한다.

둘째, 국가핵심기반의 효율적이고 효과적인 보호 및 유지를 위해 필요한 관련 정보의 공유 및 경보 체계를 구축하고 운영하는 것이 필요하다.

셋째, 국가핵심기반의 중요성에 대한 국민의 인식과 공감대를 제고시켜 국가핵심기반의 파괴 및 마비 위협이 있는 경우에 정부의 국가핵심기반 보호 및 유지 기능 조치에 대한 국민의 신뢰를 확보하는 것이 요구된다.

그러나 현재 우리나라에서의 국가핵심기반 보호에 있어서 나타나는 문제점은 다음과 같다. 첫째, 국가핵심기반 보호 및 유지를 위한 예방 및 대비 체계가 미흡하다. 국가핵심기반 보호를 위한 관련 기관들 사이의 정보 분석 및 정보 공유의 미흡으로 인해 정보 수집 등이 제대로 이루어지지 못하고 있다.

둘째, 국가핵심기반 위기 발생에 따른 대응 조직 및 체계가 미흡하다. 대응기관과 유관기관 사이의 지휘 체계가 애매한 한편, 보고 및 협조 체제가 불명확하다.

셋째, 국가핵심기반과 관련된 중요 정보에 대한 기밀성 유지의 문제가 있다. 즉, 국가핵심기반 보호를 위해서는 대통령이나 국무총리 직속기관으로 대응 기관을 마련하여 대응해야 함에도 불구하고 그렇지 못한 것이 현실이다. 예를 들면, 보호대상 시설로는 농수산물·식품 시설, 정보통신 시설, 전력 시설, 석유, 가스 등 에너지 시설, 은행 및 금융기관 시설, 공항, 항만, 부두, 철도 등 교통·수송 시설, 댐·상·하수도 시설, 공권력 관련 기관, 교정 시설, 공중보건 및 의료 시설, 우편 시설, 학교, 생화학 산업·유해물질·원자력·핵발전 등 생화학·원자력 시설, 국가적 유물·유적 등 핵심 문화재, 주요 상업 자산시설 등이 이에 해당된다.

2 국가핵심기반 위기관리 체계

현재의 국가핵심기반 보호 체계 구축 현황을 살펴보면 다음과 같다(안철현, 2005: 11−12). 첫째, 국가핵심기반을 위협하는 행위 및 현상에 대해서는 각각의 유형에 적합한 대응 체계로 초동 대처를 취하고 있다. 예를 들면, 풍수해 등의 재난은 재난관리 체계에 의해서 관리하고 있고, 테러에 의한 국가핵심기반 위기는 대테러 체계, 사이버 침해에 의한 위기는 사이버 안전관리 체계, 시위·폭동·불법파업 등에 의한 국가핵심기반 위기에 대해서는 사법 체계, 화재에 의한 경우는 소방 체계에 의해 각각 관리되고 있다. 둘째, 국가핵심기반 보호를 위한 예방과 대비 활동은 각 소관 부처가 중심이 되어 현행 해당 법령과 정책을 적용하여 책임을 수행하고 있고, 대응과 복구(사후 수습) 활동은 범정부 협력 체계 속에서 주관 기관의 전담과 지방정부의 협조, 행정안전부의 통합 지원 틀을 바탕으로 해당 위기관리 체계와 대체 자원 및 수단 체계를 적용하여 수행하고 있다.

현재 국가핵심기반 보호를 위한 위기관리 체계상의 문제점은 다음과 같다. 첫째, 파업이나 폭력 등의 극심한 사회적 갈등으로 인한 금융, 교통·수송, 주요 산업시설 등에서의 국가핵심기반 위기 상황에 대한 대응 능력이 미흡하다. 따라서 사회적 갈등으로 인해 발생하는 국가핵심기반 위기 상황에 대처하기 위한 핵심기반 보호 자원의 관리 체계 구축 및 대체 자원의 동원 방안을 마련하는 것이 필요하다. 또한 사스, 조류 인플루엔자, 사이버 테러 등 과거에는 볼 수 없었던 새로운 유형의 위기에 대해 기존의 재난관리시스템만으로 대응하는 데는 체계상 미흡하다. 기존의 전통적인 자연재난과 인적재난 관리 체계를 통해서는 현대 사회에서 나타나고 있는 국가핵심기반 위기인 전염병, 원자력, 에너지, 댐, 정보통신 등에 적용하기가 어렵다.

둘째, 국가위기 유형이 전통적 군사 안보, 재난 위기, 국가핵심기반 위기, 사이버 안전 위기 등 각 유형별 관리로 인해 통합국가위기관리시스템에 의한 총괄 대응에 한계가 있다. 자원 동원의 측면에서는 정책조정과 통합관리가 이루어지지 못하는 이유가 된다. 따라서 전통적 군사 안보 위기와 사이버 안전, 국가핵심기반, 재난 위기가 지니는 공통적 속성과 자원을 반영한 통합위기관리시스템의 구축이 요구된다.

셋째, 국가핵심기반 보호와 관련하여 중앙정부와 지방정부, 지방정부와 지방정부, 정부부문과 민간부문, 정부부문 상호 간의 위기관리시스템이 유기적으로 연계되지 못하고 통합 조정 능력이 떨어지고 있다. 중앙행정 수준에서 수평적 정책 조정 능력을 향상하고 수직적 통제와 지원을 위한 국가핵심기반 관리 체계의 조직화가 요구된다.

넷째, 현행 국가핵심기반 보호를 위한 독자적인 법령이 없는 실정이다(안철현, 2005: 12). 따라서 위협의 예방과 대비에 관해서는 해당 핵심기반 분야의 자체 법령을 적용하고 대응과 복구 단계에서는 위협 요인별 관련 법령, 예를 들면 태풍 재난으로 인한 국가핵심기반 위기의 경우에는 「재난 및 안전관리 기본법」 등을 적용하고 있다. 이로 인해 대체 자원 및 수단의 관리와 활용에 관해서는 현행 「재난 및 안전관리 기본법」상의 자원 동원 규정을 원용하여 적용하기로 하였으나, 자원의 종류와 성격이 달라 이 법을 실제로 적용하지는 못하고 있는 상황이다.

현재 국가핵심기반에 해당되는 시설이 자연재난과 인적재난에 의해 순간적으로 인명과 재산 피해를 당하는 상황에 대해선 재난관리 체계를 통해 대비·대응해 오고 있다. 그러나 점차 국가 유지와 국민생활에 있어 핵심기반의 중요성이 심화되는 가운데 관련된 핵심기반을 위협하는 요인도 재난뿐만 아니라 원인불명의 기술적 오류와 장애, 테러, 고의 등과 같은 인위적인 장애 및 부주의 등 다양하다. 특히, 사회가 복잡해지면서 이해관계의 상충에서 비롯된 파업, 업무 거부 등 사회적 원인에 의해 핵심기반이 마비되어 국가경제와 국민생활에 심대한 피해를 주는 경우가 빈발해지고 있다(안철현, 2005: 10-11).

3 국가핵심기반 위기의 유형

국가핵심기반을 위협하는 대상을 중심으로 위기 유형을 구분하면 다음과 같다(이재은, 2005: 63-64). 첫째, 시설 및 시스템에 대한 위협을 기준으로 국가핵심기반을 분류하면, 금융, 교통·수송, 전력, 정보·통신, 주요 산업단지, 에너지(석유, 가스), 원자력·핵발전, 댐 위기 등이 있다. 둘째, 일반 국민에 대한 위협을 기준으로 국가핵심기반을 분류하면, 대형 민간 상업기반, 생필품 및 필수 서비스, 화학산업 및 유해물질, 심리적 공황 위기 등이 해당된다. 셋째, 정부 서비스 기능에 대한 위협을 대상으로 국가핵심기반을 분류하면 의료 및 공중보건, 공공질서 및 안전, 정부시설, 안보 기능 위기 등이 있다. 넷째, 국가 정체성에 대한 위협을 기준으로 국가핵심기반을 분류하면, 국가적 유물·유적, 국가 상징물(national icon), 사회적 갈등, 주요 인사 위기 등이 있다(<표 7-3> 참조).

표 7-3 국가핵심기반 위기 유형

구 분	위기 유형	구 분	위기 유형
시설 및 시스템	금융 시설 및 시스템 위기	일반 국민	대형 민간 상업기반 위기
	교통·수송 시설 및 시스템 위기		생활필수품 위기
	전력 시설 및 시스템 위기		생활필수 서비스(식·용수) 위기
	정보통신 시설 및 시스템 위기		화학산업 위기
	주요 산업 시설 및 시스템 위기		유해 독성물질 위기
	에너지 시설 및 위기		심리적 공황 위기
	원자력 시설 및 시스템 위기	정부 서비스	의료 및 공중보건 위기
	댐 시설 및 위기		공공질서 및 안전 위기
국가 정체성	국가적 유물·유적·상징물 위기		정부 서비스 마비 위기
	사회 갈등 위기		안보 기능 위기

자료: 이재은 외(2005: 33)와 이재은(2005: 64)에서 수정·보완.

1) 시설 및 시스템 대상 국가핵심기반 위기

국가핵심기반 시설 및 시스템을 대상으로 한 국가핵심기반 위기는 테러나 폭력적 파업 등의 사회 위기로 인해 금융, 교통·수송, 전력, 정보통신, 주요 산업단지, 에너지, 원자력, 댐 등의 시설 및 시스템에 마비를 가져와 경제적·사회적 피해가 증대되어 국가사회의 운영 및 유지에 혼란을 초래하는 위기를 말한다.

첫째, 금융 핵심기반 위기는 금융전산 시설 및 시스템의 파괴 및 마비로 인해 경제 활동이 중단되거나 금융기관이 유동성 위기에 처하게 되는 상황을 의미한다.

둘째, 교통·수송 핵심기반 위기는 철도망의 붕괴로 인한 교통 마비 및 인명 피해가 발생하거나 고속도로 터널이 붕괴됨으로써 국가 교통·수송이 중단되는 사태를 의미한다.

셋째, 전력 핵심기반 위기는 테러리스트에 의해 중요 송전탑이나 전력시설, 원자력 발전소 등이 파괴되어 대규모 광역 정전 또는 전국 규모 정전이 발생하는 경우를 말한다.

넷째, 정보통신 핵심기반 위기는 일부 지역의 통신 시설이 파괴되어 통신고립 사태가 발생하거나 광통신선의 절단 등으로 인해 국가 통신 기간망이 기능을 수행하지 못하는 경우다.

다섯째, 주요 산업단지 핵심기반 위기는 석유, 가스, 원자력 등의 주요 산업 시설이나 시스템이 파괴됨으로써 발생하는 2차 피해에 의한 위기로 인명, 경제 및 사회적 손실을 가져오는 위기를 말한다. 예를 들면, 석유화학 공장 폭발에 따라 대량 인명 피해, 유독가스 누출, 환경오염 등의 주요 산업기반 피해가 발생되는 경우다.

여섯째, 에너지 핵심기반 위기는 주요 핵심 자원인 석유, 가스와 같은 에너지원이 테러나 기타 사회적 위기 등으로 인해 사회적 혼란을 야기시키게 되는 경우를 말한다. 예를 들면, 해상 석유 유조선에 대한 연속 테러 등으로 인해 국내 석유 공급의 차질이 빚어지거나 국내 석유 수입에 치명적인 타격을 입는 경우 등이 있다.

일곱째, 원자력 핵심기반 위기는 지진으로 인해 원자로가 일부 붕괴되고 방사능이 유출되거나, 핵발전소 연료의 운송 도중 무장 괴한들에게 탈취당하는 경우 등으로 인해 국가 원자력 및 핵발전망에 치명적인 피해를 가져오는 경우를 말한다.

여덟째, 댐 핵심기반 위기는 테러 조직의 폭파 등으로 인해 수도권의 상수원 지역에 위치한 대규모 다목적 댐 등이 파괴되거나 붕괴됨으로써 서울을 포함한 수도권 지역이 수몰되는 경우 등이 있다.

2) 국가 정체성 대상 국가핵심기반 위기

국가 정체성을 대상으로 한 국가핵심기반 위기로는 국가적 유물·유적·상징물 위기와 사회 갈등 위기 등이 이에 해당된다.

첫째, 국가적 유물·유적·상징물 위기는 테러리스트나 극렬단체 등이 폭탄테러나 파괴 등을 통해 국가적 유물, 유적이나 국가 상징물을 붕괴시킴으로써 국가사회적인 충격을 주는 경우 등이다.

둘째, 사회적 갈등 위기는 전국 운송업자들의 전면파업으로 생산, 공급, 수출, 소비 등 경제 활동이 전면 불가능하게 되거나 대규모 북한 난민이 서울 및 수도권에 유입되어 사회적 불안감이 조성되는 경우 등을 말한다.

3) 일반 국민 대상 국가핵심기반 위기

일반 국민을 대상으로 한 국가핵심기반 위기는 대형 민간상업기반, 생활필수품, 생활필수 서비스, 화학산업, 유해 독성물질, 심리적 공황 등 일반 국민이 직접적으로 피해대상이 되는 복합적인 위기 유형이다.

첫째, 대형 민간상업 핵심기반 위기는 국내 핵심 민간 기업의 중요 핵심시설에 대한 파괴 또는 첨단기술의 도난·해외유출 등으로 기업의 손해는 물론 국가경제에 치명적인 악영향을 미치거나 또는 다중이용시설에서의 가스 폭발 시 불특정 다수인의 인명 피해 및 재산 피해가 유발되는 경우 등이다.

둘째, 생활필수품 핵심기반 위기는 국민의 일상생활에서 필수적인 식품, 의약품 등의 공급이 중단되거나 의도적인 위해물질이 포함됨으로써 국민들을 불안에 빠트리는 경우다.

셋째, 생활필수 서비스 핵심기반 위기는 정수장 또는 배수지에 독극물 또는 세균이 투입되거나 또는 고의적인 루머에 의해, 장기 급수 중단 사태나 수돗물 생산에 차질이 발생하는 등의 생활필수 서비스 중단 위기가 해당된다.

넷째, 화학산업 핵심기반 위기는 유해 화학물질을 운송하는 도중 테러리스트에 의해 탈취되어 도심지에서 폭발함으로써 국민의 생명과 건강에 치명적인 위해를 가하는 경우다.

다섯째, 유해 독성물질 핵심기반 위기는 독극물을 실은 트럭이 교통사고로 전복 및 유출되어 인근 지역이 오염되는 경우나 테러집단이 사회혼란을 목적으로 각 권역별 단체 급식소 등에 침투하여, 인체에 치명적인 독극물(또는 식중독균)을 식품에 투여하여 국민생활에 혼란이 발생하는 경우 등이다.

여섯째, 심리적 공황 위기는 연쇄살인, 납치, 방화 등 폭력 상황 발생 등 사회불안 가중을 목표로 도심에서 무작위적인 살인, 납치, 방화 등을 하여 국민들이 집밖으로 다닐 수 없는 공황 상황을 생각해 볼 수 있다.

4) 정부 서비스 대상 국가핵심기반 위기

정부 서비스 대상 국가핵심기반 위기에는 각종 전염병, 수질오염 등 의료 및 공중보건 위기나 공공안전 및 보호 위기, 정부시설 위기, 안보 관련 위기 등을 들 수 있다.

첫째, 의료 및 공중보건 핵심기반 위기는 사스(SARS), 조류 인플루엔자 등의 신종 괴질성 전염병이 국가적으로 급속하게 번져나가는 상황에서 공중보건 서비스 제공이 어려워지는 경우를 말한다.

둘째, 공공질서 및 안전 핵심기반 위기는 북한에서 수만 명의 대량 난민이 압록강을 도강하여 중국으로 탈출한 후, 이들이 모두 남한으로의 이주를 희망함으로써 북한, 중국, 남한 사이에 긴장관계가 조성되거나 심각한 군사적인 긴장이 고조되는 경우, 그리고 북한당국이 이와 관련 남한에 대한 전쟁을 선포하거나 전쟁이 일어나는 경우, 물건사재기 현상과 피난 행렬 등에 의해 공공질서 유지와 국민의 안전 확보가 불가능한 상황을 말한다.

셋째, 정부시설 핵심기반 위기는 테러리스트 등에 의해 정부청사나 재외 한국 공관이나 주한 외국 공관, 공공기관 등이 점거되어 국내 및 국제 혼란이 야기되는 경우를 말한다.

넷째, 안보 기능 핵심기반 위기는 후방 군부대의 불순분자 점거나 경계가 취약한 후방 군부대를 불순분자가 장악하여, 무기탈취 후 약탈 행위 등이 자행하는 상황 또는 북한의 전쟁 위협과 도발에 따라 수발의 미사일이 서울로 향하여 발사되고 수도권을 중심으로 전 국민이 전쟁의 공포에 휩싸임으로써 금융기관 예금

인출사태 등 국가 안보와 관련된 사항에 위기가 발생함으로써 사회적 혼란이 야기되는 경우다.

제 8 장

국가위기관리의 영역

제 1 절 국가위기

일반적으로 위기(crisis)는 사전적 의미로 "중요한 변화가 절박하게 요구되는 불안정한 상태이거나 혹은 하나의 사건 또는 행동과정이 계속 진행되어야 하는지 아니면 수정 또는 종결되어야 하는지의 여부가 결정되는 순간으로서의 전환점(turning point)"이라고 폭넓게 정의되고 있다(Webster's Third New International Dictionary, 1966: 537-538). 그러나 위기에 대한 이 같은 사전적 정의는 너무나 일반적이고 보편적인 정의로서 그 유용성이 떨어진다. 각각의 학문적 관점에서 제기되고 있는 정의를 살펴보면 다음과 같다. 사회 체계와의 관계에서 위기는 "사회 체계 투입에 있어서 발생하는 바람직하지 못한 큰 변화"라고 정의된다(Barton, 1963: 3; Jackson, 1976: 210).

이 역시 매우 광범위한 정의로서 실효성이 떨어진다. 따라서 위기관리와의 유용성 측면에서 살펴보면 다음과 같다(이재은, 2000: 59-63). 첫째, 조직의 생존과 관련하여 위기는 "조직의 생존을 위협하는 사건이나 상태"라고 정의할 수 있다(D'Aveni & MacMillan, 1990: 635). 둘째, 의사결정 맥락에서 위기는 "의사결정자들을 경악하게 하고, 의사결정 시간에 제약을 가하며, 우선순위가 높은 목표의 달성을 위협하는 상황"이라고 정의할 수 있다(Herman, 1972: 13). 셋째, 체계론적 관점에서 위기는 체계의 영역과 수준에 따라 사건, 사고, 사회적 갈등, 그리고 위기로 구분하여 정의할 수 있다(Pauchant & Mitroff, 1990: 117-134). 넷째, 위기의 피해 결과 및 영향 차원에서의 위기는 "잠재적으로 부정적인 결과를 지니고 있는 예측할 수 없는 큰 사건으로서, 조직과 조직구성원, 생산품, 서비스, 재정 및 조직의 명성에 심각한 손상을 입힐 수 있는 것"으로 정의한다(Barton, 1993: 2).

그림 8-1 체계론적 관점에서의 위기

		체계 영역	
		하위체계	전체하위체계
체계 수준	구조적	사건(incident)	사고(accident)
	사회적	사회적 갈등(social conflict)	위기(crisis)

자료: Pauchant & Mitroff(1990: 122).

여기서는 학술적 차원에서 위기를 "자연 현상이나 인간의 실수나 고의, 사회적 상황으로부터 피해를 받는 사회 체계의 범위가 지역사회 이상이면서 체계의 존립이나 구성원의 생명·건강·재산에 위해를 가하는 사건이나 상황"이라고 정의한다. 이러한 '위기' 용어는 비상사태(emergency), 재난(disaster, hazard), 위험(risk, danger), 위협(threat), 재앙(calamity, catastrophe), 우발 상황(contingency), 사건(incident), 사고(accident) 등의 유사 개념을 지니고 있다.

학술적 차원에서 사용하는 자연재난, 인적재난, 사회재난의 의미는 다음과 같다. 첫째, 자연재난은 홍수, 집중호우, 태풍, 지진, 쓰나미, 가뭄, 폭염, 냉해, 한해, 우박, 해일, 화산폭발 등과 같이 천재지변이나 일시적 자연 현상에 의해 발생하는 재난을 의미한다. 둘째, 인적재난은 대형 구조물의 붕괴, 가스폭발, 유해 화학물질의 유출, 방사능 오염 및 유출, 해양오염, 수질오염, 대기오염, 오존층 파괴, 산성비, 핵폐기물 매립 등 인간의 부주의, 무관심, 실수, 사후관리의 불충분함 등으로 인해 발생하는 재난을 의미한다. 셋째, 사회재난은 전쟁, 무력시위, 폭동, 테러(구조물 파괴, 생화학 무기), 사이버 테러, 신종 바이러스(AIDS, SARS), 루머, 폭력적 파업, 국가핵심기반 시설 손상, 요인 암살, 대규모 소요사태, 비행기 납치 등 종교적·정치적·이념적·경제적·인종적인 목적 달성(Weinberg & Davis, 1989: 6)을 위해 개인이나 집단행동으로 인간의 생명과 재산을 위협하거나, 사회질서를 파괴하려는 의도적·고의적인 범죄적 성격의 재난을 의미한다. 다만, 이 같은 학술적 차원에서의 '위기'나 '재난' 용어는 상대주의적 관점에서 보아야 한다는 점을 지적한다. 따라서 어떤 한 사건이나 사고가 '위기'인지의 여부에 대한 판단은 매우 상대주의적인 것이며, 그렇기 때문에 상황주의적 접근이 요구된다고 할 수 있다(김형렬, 2000). 즉, 대부분의 경우에 있어서 안전과 위험은 하나의 사물과 실천에 함께 공존하고 있는 것으로 볼 수 있다(Wildavsky, 1988: 5).

사례 **대표적인 위기관리정책의 실패: 관료 이기주의에 따른 잘못된 '재난' 유형 분류**

우리나라의 정책은 때로는 관료 이기주의에 의해 또는 조직 이해관계에 의해 납득할 수 없는 결정이 이루어지거나 집행되는 경우가 있다. 2016년 국정농단 위기에서 밝혀진 바와 유사하게, 관료 사회에서도 영향력 있는 개인에 의해 중요한 위기관리정책이 좌우되는 사례가 있다. 2013년 8월 6일에 개정된 「재난 및 안전관리 기본법」에 따라 '재난'이 크게 자연재난과 사회재난으로 이원화된 것이 대표적으로 잘못된 실패 사례다. 그 이전까지 「재난 및 안전관리 기본법」은 재난을 자연재난, 인적재난, 국가기반체계 재난으로 분류하였다. 우리나라뿐만 아니라 해외에서도 재난은 자연재난(natural disaster)과 인적재난(man-made disaster)으로 구분하고, 이에 적합한 관리 체계를 구축하는 것이 일반적이다. 또한 국내·외 학계 전문가들 또한 이 같은 분류를 적절한 것으로 받아들이고 이를 바탕으로 연구를 진행하고 있다.

그러나 당시 안전행정부의 담당 관료는 합리적인 이유나 근거 없이 재난 분류 체계를 혼란에 빠뜨렸다. 학문적 연구뿐만 아니라 실무 정책 집행에 있어서 '개념 정의'나 '분류 체계'는 매우 중요하다. 그러나 이 같은 결정이 담당 부처나 부서의 개별적 이익을 확보하기 위해 이루어진 것은 미래에 국민의 안전 확보나 위기관리의 효과성 확보에 매우 심각한 결과를 가져올 가능성이 크다. 2013년 8월 6일에 개정된 「재난 및 안전관리 기본법」이 실제로 효력을 발휘한 것은 2014년이었다. 개정 전에는 소방방재청이 자연재난과 인적재난을 관리하였고, 안전행정부는 국가기반 체계 재난을 관리하고 있었다. 그러나 2014년 개정된 법률의 효력 발생에 따라 인적재난과 국가기반 체계 재난이 개념적으로 사회재난으로 합쳐짐으로써, 안전행정부의 일반직 공무원들이 사회재난이라는 이름으로 합쳐진 인적재난과 국가기반 체계 재난을 동시에 관장하게 되었다.

2014년 4월 16일 세월호 참사가 발생했을 때, 안전행정부 담당 부서 공무원들은 상황 파악은 물론 초동 대응 조치조차 못하는 최악의 결과를 가져왔다. 그 후 지금까지도 누가, 왜, 재난을 '자연재난과 사회재난'으로 분류했는지에 대한 가장 기본적이면서도 중요한 결정을 내리게 되었는지 규명조차 못하고 있다. 또한 그러한 분류가 적절한지 여부조차도 논의하지 않고 있다. 더불어 국민안전처는 자신이 집행하고 있는 '재난 유형 분류 체계'가 적정한지 여부조차 판단하지 못하고 있는 것이 현실이다. 정부는 정책결정의 오류 가능성을 판단하고 논의할 수 있는 최소한의 전문성을 지니거나, 지금 수행하고 있는 업무가 논리적 합리성 위에 근거한 것인지 판단할 수는 있어야 한다.

그동안 우리나라의 위기 개념은 자연재난과 인적재난으로 이원화되어 사용되어 왔다. 그러나 지난 2004년 3월 입법화된 「재난 및 안전관리 기본법」에서는 종전의 개념들을 하나의 용어로 통일하고, 에너지 · 통신 · 교통 · 금융 등 국가핵심기반의 마비로 인한 피해까지 포함함으로써, 현재의 사회적 환경이나 과학기술 수준에서 예상하지 못했던 새로운 유형의 재난 발생 시에도 유연하게 대처할 수 있도록 확대 일원화된 재난의 개념을 정립하였다.

새로운 '재난'의 개념은 기존의 '자연재해' 개념(자연재해대책법 제2조)과 '인적재난' 개념(재난관리법 제2조), 그리고 '사회적 재난'(국가핵심기반의 마비)을 일치시킨 것이다. 첫째, '자연재난'은 "태풍, 홍수, 호우, 폭풍, 해일, 폭설, 가뭄, 지진, 황사 그 밖에 이에 준하는 자연 현상으로 인하여 발생하는 재해"를 의미한다. 둘째, '인적재난'은 "화재, 붕괴, 폭발, 교통사고, 화생방 사고, 화생방오염 사고, 그 밖에 이와 유사한 사고로 인한 피해"를 의미한다. 셋째, '사회적 재난'은 "에너지, 통신, 교통, 금융, 의료, 수도 등 국가기반체계의 마비와 전염병 확산 등으로 인한 피해"를 의미한다.

이외에 「재난 및 안전관리 기본법」에서 사용하고 있는 용어에 대한 정의를 살펴보면 다음과 같다. 첫째, '재난관리'는 재난의 예방 · 대비 · 대응 및 복구를 위하여 행하는 모든 활동을 말한다. 둘째, '안전관리'는 시설 및 물질 등으로부터 사람의 생명 · 신체 및 재산의 안전을 확보하기 위하여 행하는 모든 활동을 말한다(재난 및 안전관리 기본법 제3조).

제 2 절 국가위기와 국가위기관리

대통령훈령 제124호 국가위기관리기본지침(2004.7.12)에 의하면, '국가위기'는 "국가의 주권 또는 국가를 구성하는 정치 · 경제 · 사회 · 문화 체계 등 국가의 핵심 요소나 가치에 중대한 위해가 가해질 가능성이 있거나 가해지고 있는 상태"를 의미한다. 그러나 국가위기관리의 학문적 발전 방안의 마련을 위해, 여기서는 국가위기의 정의를 보다 풍성하게 확대할 필요성이 있다. 학문적 발전을 위해서는 기존의 실무적 관리 차원의 개념 정의로부터 벗어나 보다 확대된 개념 재정립이 요구되기 때문이다.

여기서는 국가위기의 개념을 "국민의 생명 · 재산 및 국가의 주권과 영토 또는 경제 · 사회적 생명력과 일체성에 영향을 미치는 일체의 사건이나 상황"으로 정의한다. 이 같은 국가위기의 정의가 지니는 의미는 다음과 같다. 첫째, 국가위기가 발생하기 이전에 사전 예방이나 대비 노력을 통하여 국가위기의 발생을 예방하거나 사후 대응 및 복구가 가능하다는 것을 전제로 한다. 둘째, 국가의 주권과 영토 또는 국가를 구성하는 정치 · 경제 · 사회 · 문화 체계뿐만 아니라 일반 국민의 생명 · 재산에 대한 보호에 있어서 국가의 책임이 있음을 전제로 한다.[1)]

1) 2014년 4월 16일 세월호 참사가 발생한 후, 김장수 청와대 국가안보실장이 "청와대 국가안보실은 재난의 컨트롤 타워가 아니다"라고 밝혔다. 이는 청와대가 세월호 구조의 무능 대응에 대해 쏟아지는 책임론에서 발빼기에 나선 것이라는 비판을 받았다. 세월호 사고 발생 당시, 박근혜 대통령이 청와대 국가안보실을 통해 사건을 보고받으며 직접 챙기고 있다고 강조했던 모습과 180도 달라졌기 때문이다. 김 실장은 4월 23일 오전 민경욱 청와대 대변인을 통해 "청와대 국가안보실이 '청와대의 재난 컨트롤 타워'라는 일부 신문의 보도는 잘못되었다"며 이같이 말했던 것이다. 이번 사고의 컨트롤 타워 역할을 했어야 할 청와대 국가안보실 산하 국가위기관리센터가 사고 초반 대통령에게 부정확한 정보를 전달하는 등 혼선을 빚었다는 <동아일보> 보도에 대한 반박이었다. 민 대변인은 "안보실의 역할은 통일, 안보, 정보, 국방의 컨트롤 타워다.

국가의 개념에는 중앙정부만을 의미하는 것이 아니라, 지방정부는 물론 각종 공공기관 및 지방행정기관을 포함한다. 셋째, 국가위기는 국가사회의 경제·사회적 생명력과 일체성에 대해 영향을 미치는 요소에 대한 것도 포함한다. 이는 경제·사회적 생명력과 일체성 또한 국가 안보의 차원은 물론 국민의 안위에 지대한 영향을 미칠 수 있는 요소로 보기 때문이다. 넷째, 국가위기와 관련해서는 사건뿐만 아니라 상황도 국가위기의 실체로 파악한다. 지금 당장 뚜렷한 징후를 보이거나 물리적 타격을 가하는 가시적이거나 현재적인 사건은 아니라 할지라도 현재 진행되고 있는 비가시적이거나 잠재적인 상황 또한 국가위기의 실체적 요소로 파악하는 동시에 관리해야 한다는 점을 분명히 한다. 다섯째, 국가위기가 영향을 미치는 환경의 범위는 정치, 경제, 사회, 문화 등 일반 환경 전반에 포괄적으로 미친다.

이상과 같은 국가위기의 개념에 의거하여 위기관리의 개념을 정의할 수 있다. 먼저, 대통령훈령 제124호 국가위기관리기본지침(2004.7.12)에 의하면, 국가위기관리는 "국가위기를 사전에 예방하고 발생에 대비하며 위기 발생 시에는 효과적인 대응 및 복구를 통하여 그 피해와 영향을 최소화함으로써 조기에 위기 이전상태로 복귀시키고자 하는 제반 활동"을 말한다.

하지만 여기서는 국가위기관리의 학문적 발전을 위한 방안을 마련하기 위한 차원에서, 국가위기관리를 "일체의 국가위기로부터 국민의 생명·재산 및 국가의 주권과 영토 또는 경제·사회적 생명력과 일체성을 보호하기 위한 정책 및 계획을 집행하는 과정"으로 정의한다. 이는 기존의 단일한 위기관리 활동이라는 협소한 개념으로 부터 벗어나 국가위기관리의 개별 활동들로 구성된 과정(process)의 관점에서 국가위기를 파악한 것이다. 따라서 예방, 대비, 대응, 복구 활동은 물론 각각의 단계별 활동을 구성하는 세부 활동 모두를 포함하는 동시에 이들이 유기적으로 연계되는 과정으로서의 국가위기관리를 전제하는 것이다.

따라서 국가위기관리의 과정을 구성하는 예방, 대비, 대응, 복구 단계의 활동

자연재해 같은 거 났을 때 컨트롤 타워가 아니다"라며, "국가 안보와 관련해서 봐야 할 것이 많은 곳이다. 재난에 대해 모습을 드러내지 않는다는 (비판은) 적절치 않다"고 전했다. 또 "법령으로 보면 정부 안에서는 (컨트롤 타워 역할을) 중앙재난안전대책본부(중대본)이 하는 게 맞다"며 안전행정부에 총괄 책임을 떠넘겼다(한겨레, 2014.4.23; http://www.hani.co.kr/arti/society/society_general/634209.html).

을 살펴보면 다음과 같다. 첫째, 예방 단계는 국가위기의 발생 요인을 사전에 제거하거나 감소시킴으로써 위기의 발생 자체를 억제하거나 방지하기 위한 일련의 활동으로 이루어진 과정이다. 둘째, 대비 단계는 국가위기 사건이나 상황 하에서 수행해야 할 제반 사항을 사전에 계획·준비하고, 교육·훈련을 실시하여 국가위기에 대한 대응 능력을 제고시키며, 국가위기 발생 시 즉각적으로 대응할 수 있는 태세를 강화시켜나가는 일련의 활동 과정이다. 셋째, 대응 단계는 국가위기 발생 시 국가의 자원과 역량을 효율적으로 활용하고 신속하게 대처함으로써 피해를 최소화하는 한편, 2차적인 피해나 위기 발생 가능성을 감소시키려는 활동 과정이다. 넷째, 복구 단계는 국가위기로부터 발생한 피해를 위기 발생 이전의 상태로 항구 복구시키고, 평가를 통해 재발 방지를 하기 위한 제도를 개선하거나 운영 체계를 보완하는 일련의 장기적인 활동 과정이다.

제 3 절 국가위기관리의 영역

위기는 그 자체로서 사회나 제도, 조직의 기초적인 이익과 구조에 대해 심각한 위협을 가하는 동시에 사회의 근본적인 가치와 규범에 대해서도 위협이 된다(Rosenthal, Hart, & Kouzmin, 1991: 212). 따라서 위기 발생 이후보다는 위기 발생 이전에 철저하게 준비하는 것이 바람직하다(McLoughlin, 1985: 165). 이러한 맥락에서 보면, 위기관리에 있어서 사전 단계로 위기관리정책 대상으로서의 위기 영역이 무엇인지에 대해 살펴보는 것이 필요하다.

사회구성원들은 자신과 가족, 그리고 소속된 조직에 위협을 가하는 크고 작은 위기에 대해 혐오감을 갖고 그 것을 회피하려는 동일한 성향을 보인다. 하지만 위기 인식에 대한 입장, 위기 발생 가능성에 대한 인식, 위기관리정책의 대상으로서의 위기 등은 서로 다르게 보는 경향이 있다. 각 개인마다 인식하는 위기는 정도의 차이가 있기 마련이므로 위기에 대한 인식은 매우 주관적이고 일관성이 떨어진다(Kharbanda & Stallworthy, 1989: 86). 그러므로 같은 위험이라고 할지라도 그 성격이나 발생의 사회·문화적 맥락에 따라 상이한 인지 형태와 반응 양식[2)]을 보여주기 때문에, 위기관리를 위해서는 과학기술적·공학적 차원에서 뿐만 아니라, 사회·문화적 차원에서도 고려해야 한다(김영평 외, 1995).

위기관리는 위기 인식으로부터 시작한다. 하나의 사건이나 상황을 위기로 정의하는 첫 번째 단계가 환경에서 위기를 촉발하는 사건을 인식하는 것(Billings, Milburn, & Schaalman, 1980: 302)이라면, 위기 인식은 각종 사건이나 상황 중 어떤 영역을 위기로 인식한다는 것인가?라는 의문이 제기된다. 예를 들어, 연간 교통사고 사망자 수가 약 1만여 명에 달하는데, 이를 위기관리정책 대상 영역으로 다루어야 하는가? 혹은 가족구성원의 부주의로 인해 화재가 발생하거나, 어느 공장에서 종업원의 취급부주의로 인해 산업재해가 발생하는 경우, 이것은 공공정책의 관점에서 위기관리 대상인가?라는 의문이 제기될 수 있다.

여기서는 공공정책인 위기관리정책 대상으로서의 위기 영역은 어디까지인가를 살펴보고자 한다. 사회학자인 웽거(Wenger, 1978: 26)는 위기는 두 가지 차원, 즉 위기의 강도(intensity)와 범위(scope)에 따라 변화한다고 하였다. 첫째, 위기 강도는 "위기로 인해 지역사회의 전통적 구조가 붕괴된 정도"를 의미하는데, 저강도(low-intensity) 위기는 전통적·제도적 구조가 상대적으로 적게 붕괴된 경우, 고강도(high-intensity) 위기는 전통적·제도적 구조가 심각하게 붕괴된 경우(Wenger, 1978: 26-27)를 말한다. 둘째, 위기 범위는 "위기에 의해 붕괴된 사회체계의 포괄성(inclusiveness)"을 의미한다. 즉, 협소범위(narrow scope), 중범위(middle-range), 광범위(wide scope)가 그것이다(Wenger, 1978: 26-27). 협소범위는 가족, 비공식 집단, 조직과 같이 상대적으로 미시 수준 체계에 내재하는 조건, 중범위는 지역사회(communities), 광범위는 사회(societies)와 같은 거시 수준 체계 내에 존재하는 조건을 개념화한 것이다.

위기는 강도와 범위에 따라 변한다는 웽거(Dennis E. Wenger)의 주장을 기반으로 삼아 공공정책 관점에서의 위기관리정책 대상 영역(locus)들을 [그림 8-2]와 같이 구분할 수 있다. [그림 8-2]를 통해 위기관리정책 대상으로서의 위기

2) 그러므로 주관적 위험 평가의 결과가 안전정책을 결정하는 데 필요한 자료로 활용되는 데에는 한계가 있다. 즉, 위험 인지에 근거하여 정책이 입안된다면 그것은 국민의 지지 확보에는 도움이 될 수 있겠지만 정책의 효과성을 확보하기는 어렵다(김영평·최병선·소영진·정익재, 1995: 953).

영역을 구분할 수 있는 한편, 위기관리정책 대상이 되는 위기로는 어떤 것들이 있는지를 구체적으로 확인해 볼 수 있다. 이는 다음과 같은 세 가지 의미를 함축하고 있다.

① 위기관리정책 대상으로서의 위기는 강도(intensity)가 상대적으로 커야 한다. 한 사건이나 사고가 미치는 영향의 범위가 사회 전체 혹은 지역사회에 미친다고 할지라도 파급되는 영향의 강도가 적다면 이는 위기관리정책 대상으로서의 위기 영역으로 설정되기 어렵다.

그림 8-2 위기관리정책 대상 영역 모형

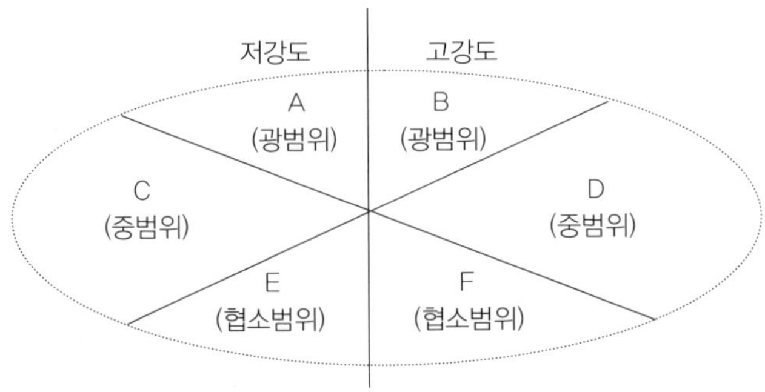

② 만일 영향력의 강도가 크다고 해도, 그 범위가 개인, 가족, 비공식 집단, 조직과 같이 협소범위에 국한된다면, 정부가 직접 관리해야 하는 위기로 인식할 수 있는가? 그렇지 않다. 따라서 이는 정부가 직접 개입하는 위기관리를 하기보다는 민간 영역의 보험이나 보상 등에 의해 해결되는 사건·사고로 분류할 수 있다.

③ 위기의 강도가 크고 동시에 그것이 미치는 영향의 범위가 중범위 또는 광범위인 경우에는 정부가 직접 관리해야 하는 위기로 인식할 수 있다. 이는 고강도 위기는 지역사회의 구조가 심각하게 붕괴되고, 그 피해 범위가 지역사회 이상으로 확대되기 때문에 국가가 직접 관리하는 것이 필요하다.

[그림 8-2]의 위기관리정책 대상 영역은 <표 8-1>과 같이 위기 강도와 위기 영향 범위의 조합(composition)을 통해 구성한 것이다. <표 8-1>의 조합은

위기관리정책 대상으로서의 위기 영역을 찾기 위한 전체 조합으로서, 이들 조합 중 정부가 직접 개입하여 관리해야 하는 위기는 앞서 살펴 본 바와 같이 위기의 강도는 고강도이어야 하고, 위기 영향 범위는 중범위와 광범위이어야 한다. 이 조건을 만족시키는 조합은 조합 B와 조합 D가 해당된다.

표 8-1 국가위기관리정책 대상 영역의 조합

조 합	위기의 강도와 영향 범위	
조합 A	저강도	광범위
조합 B	고강도	광범위
조합 C	저강도	중범위
조합 D	고강도	중범위
조합 E	저강도	협소범위
조합 F	고강도	협소범위

조합 E와 F를 살펴보면, 이들 위기를 관리하는 영역과 방법은 위기가 미치는 영향의 범위가 협소하기 때문에 위기의 강도가 크고 작음에 관계없이 민간 영역에서 해결 방안을 강구하게 된다. 예를 들면, 작은 교통사고는 영향의 범위가 개인이나 그 주변 사람들에게 미치면서 위기의 강도가 사망과 중상(고강도)이나 경상(저강도)의 피해를 보이기 때문에 자동차보험이나 사법적 해결 기제에 의하여 문제가 해결된다. 그러나 후천성 면역결핍증(AIDS)이나 메르스(MERS)와 같은 전염병의 경우에는 현재의 위기의 영향 범위는 개인이나 가정과 같이 협소범위에 해당된다 할지라도, 향후 피해 영역이 지역사회나 국가 전 지역으로 확산될 수 있기 때문에 정부가 직접 개입을 하고 위기관리를 해야 한다.

조합 A와 C의 경우에는, 비록 위기 영향의 범위는 지역사회 이상, 즉 중범위와 광범위에 해당될지라도, 위기의 강도가 작기 때문에 위기관리정책 대상으로서의 위기로 보지 않는다. 장마와 같이 영향의 범위가 지역사회 이상 전국에 걸칠지라도 그것이 인명 피해나 재산 피해에 미치는 영향의 강도가 작을 경우에는 위기관리정책 대상으로서의 위기로 보지는 않게 된다. 하지만 점차 장마가 호우로 강도가 커짐으로써 그 피해가 국가 전체 혹은 지역사회 전체의 인명 피해와 재산 피해, 그리고 생태계 파괴 가능성이 있는 경우에는 위기관리정책 대상 위기로 정부의 위기관리가 시작된다.

그러므로 <표 8-2>에서 보는 바와 같이 고강도이면서 중범위 이상인 조합 B와 D의 경우가 위기관리정책 대상으로서의 위기로 파악된다.

표 8-2 국가위기관리 사례

조합 B	고강도＋광범위	전쟁, 쿠데타, 지역 간 폭력적 갈등, 오존층 파괴, 해양오염, 대기오염, 산성비 등
조합 D	고강도＋중범위	홍수, 태풍, 지진, 집중호우, 붕괴, 폭동, 폭발, 유해 화학물질 유출, MERS 등 전염병, 테러리즘 등

그런데 여기에서 위기의 강도가 '상대적으로 높고 낮음'을 판단하는 기준은 무엇인가? 하는 의문이 제기된다. 사실상 위기의 강도가 상대적으로 높다, 낮다를 판단하는 기준은 단순히 물리적 개념만을 적용하기 어렵다. 위기 강도를 결정하는 물리적인 결과만으로는 위기의 본질을 정확하게 파악할 수 없기 때문이다. 웽거(Wenger, 1978: 25−26)가 "어떤 사건도 사회적 맥락을 벗어나면 사회적 의미를 상실하게 된다"고 지적하고 있는 바와 같이, 위기의 본질은 물리적 결과가 아니라 사회적 결과에 있다. 예를 들면, 대서양에서 발생한 대지진이나 알래스카에서 발생한 폭설은 물리적 결과가 아무리 크다 할지라도, 한반도에 살고 있는 우리들에게는 특별한 사회적 의미가 없다. 위기의 강도가 미치는 사회적 영향이나 의미가 클 때 비로소 이를 위기로 받아들일 수 있는 것이다. 이렇게 볼 때, 사회적으로 위기로 인식되는 경우는 기존의 전통적·제도적 사회 구조로는 위기 수요를 충분히 만족시킬 수 없을 때인 것이다. 따라서 위기 상황에서는 이를 관리하기 위한 사회구조가 변하게 되며, 새로운 위기 대응 및 재난구조 형태 등이 나타나게 된다(Wenger, 1978: 28−29).

그렇기 때문에 위기 강도의 고저(高低)를 구분하는 상대적 기준은 '위기 상황에 대처하기 위한 기존 사회구조의 변화 여부'를 제시할 수 있다. 상대적 고강도 위기는 해당 지역사회의 소방서나 경찰서, 의료기관, 행정기관 등과 같은 기존의 비상(emergency)관리 조직을 포함하는 전통적·제도적 구조가 감당할 수 없는 수요를 만들어내는 사건이라고 정의할 수 있다(임송태 외, 1996: 13).

이러한 측면에서 볼 때, 중범위와 광범위에 영향을 미치면서 상대적으로 고강도인 위기로서 정부의 직접적인 개입과 관리가 필요한 위기로는 국가위기관리기본지침에서 규정하는 국가위기가 대표적인 사례라고 볼 수 있다.

국가위기관리기본지침에 따른 국가위기는 크게 세 가지 영역, 즉 전통적 군사 안보 위기, 재난(자연재난 · 인적재난) 위기, 국가핵심기반 마비 위기 영역이 그것이다. 첫째, 전통적 군사 안보 영역에서의 국가위기는 통일, 외교, 군사 분야에서 북한으로부터의 위기와 주변국 등 외부로부터의 위기로 구분할 수 있다. 먼저, 북한으로부터의 국가위기에는 군사력 사용의 위협, 국지도발, 비군사적 위협, 북한 내부의 급변사태, 대량살상무기의 개발 및 확산, 기타 국가위기로 발전할 수 있는 각종 사건이나 상황 등이 있다. 다음으로, 외부로부터의 국가위기에는 우리나라와 주변국 및 기타 국가로부터의 군사적 위협이나 도발, 국가 영토의 침범, 갈등 · 충돌, 테러, 주변국 간 충돌 · 전쟁으로 인한 위협 등이 있다.

둘째, 재난 위기 영역의 국가위기는 자연재난과 인적재난으로 구분할 수 있다. 먼저, 자연재난은 자연 현상에 의해 발생하는 대규모 피해로서, 태풍 · 폭풍 · 호우 · 홍수 · 해일 등으로 인한 풍수해, 폭설 · 가뭄 · 적조 등으로 인한 기상재난, 산사태 · 해안의 침식 · 지진 · 화산 등으로 인한 지질재난 등이 있다. 다음으로, 인적재난은 안전 요인이나 인위적 요인에 의해 발생하는 대규모 피해로서, 대규모 화재, 폭발, 붕괴, 추락, 침몰, 환경오염 사고, 교통사고, 화생방 사고, 유해 화학물질 유출 사고 등이 있다.

셋째, 국가핵심기반 마비 위기 영역의 국가위기로는 테러, 대규모 시위 · 파업, 폭동, 재난 등의 원인에 의해 국민의 안위, 국가경제 · 사회의 생명력과 일체성 및 정부의 핵심 기능에 중대한 영향을 미칠 수 있는 인적 · 물적 · 기능적 체계가 마비되는 상황이 있다. 예를 들면, 국가핵심기반 위기가 발생할 수 있는 영역으로는 에너지, 식 · 용수, 보건의료, 정보통신, 사이버, 금융, 수송, 원자력, 주요 산업단지, 정부 중요시설, 국가 주요 자산 및 국가 상징물 등이 있다. 이러한 국가핵심기반 마비 위기를 관리하는 것은 국민의 안위와 국가경제의 안정성 및 정부 기능을 보장하기 위해 테러, 대규모 불법시위 · 파업, 폭동, 재난 등으로부터 국가핵심기반을 보호하는 것이다. 이러한 국가핵심기반 위기 분야에서는 최소한의 국가핵심 기능을 유지하는 데 필요한 대체 자원, 즉 인력, 물자, 장비 등의 활용과 관련된 제반 대책을 강구하는 것이 포함된다.

제 4 절 위기관리의 의의와 성격

1 위기의 종류와 특징

위기는 인류의 시작부터 지금까지 인류와 함께 존재해 왔으며, 어느 시대 어느 사회도 잠재적 혹은 현재적인 위기로부터 자유롭지 못해 왔다. 만일 위기로부터 자유로웠던 것처럼 보이는 시대나 사회가 있었다면, 그것은 단지 눈앞에 보이는 현재적 위기가 없었을 뿐이며, 눈에 보이지 않는 잠재적인 위기는 끊임없이 진행되어 왔다. 위기는 환경의 불확실성이 더욱 심화된 오늘날에 와서는 현재적 위기 출현이 더욱 빈번해짐에 따라 위기 인식이 증가하였고, 향후 사회적·경제적 변화와 기술발전이 가속화됨에 따라 더더욱 위기 인식과 위기 심각성이 커질 것으로 예상된다.

이처럼 위기는 시대나 사회의 변화만큼이나 다양하고, 연구 분야나 관점에 따라 자의적이고 주관적인 정의를 내리는 것이 가능하다.[3] 최근 한국에서도 잇따른 각종 위기 사건들이 발생함으로써 그동안 경시되어 왔던 위기관리에 대한 관심이 증대되었고 많은 연구들이 진행되어 왔다. 하지만 위기관리 연구의 이론적 기초가 되는 개념이나 의미에 대한 관점이 서로 다를 뿐만 아니라, 위기를 분류하는 영역에 대한 논의도 다양하다. 그 결과 위기관리정책 대상으로서의 위기와 위기 유형, 위기관리 정책결정에 대한 연구가 제대로 진척되지 못해 왔다. 특

3) *International Encyclopedia of the Social Sciences*(1974: 510-513)는 위기 개념이 이론 형성에 기여할 수 있는 면이 있다면 유용하지만, 위기 그 자체는 다양한 의미를 내포하고 있고 수많은 자의적 정의를 내리는 것이 가능하기 때문에, 사회 현상에 관한 체계적인 지식을 수립하는 데는 위기의 개념이 유용하지 못하다는 견해를 피력하고 있다.

히, 위기관리정책은 위기를 둘러싼 환경의 다양성, 상황의 긴박성, 결정의 시급성, 그리고 결과의 상이성으로 인해 일상적인 정책과 다르게 취급되어야 하므로 이에 대한 연구가 절실히 요구된다.

위기관리정책 대상의 관점에서 위기는 "영향의 범위가 중범위 이상이면서 고강도이고, 체계의 존립을 위태롭게 하면서 그 구성원의 건강·생명과 재산에 손상을 줄 수 있는 사건이나 상황"으로 정의될 수 있다.

따라서 위기관리정책 대상으로서의 위기는 첫째, 사전 예방이나 준비, 대응 노력을 통해 위기 발생 자체를 막거나 신속하고 효율적인 대응이 가능하다는 것을 전제로 한다. 둘째, 국가, 사회, 정부, 조직, 환경, 생태계 등 체계의 존립을 위태롭게 할 수 있는 성질을 지니는 사건이나 상황으로 그 범주를 제한하여 의미를 파악할 수 있다.[4)]

위기는 <표 8-3>에서와 같이 체계에 따라, 즉 정치, 경제·기술, 사회·문화, 자연 체계로 구분하여 위기의 종류를 살펴볼 수 있다; ① 정치 체계에서는 전쟁, 국지분쟁, 무력도발, 영토 침범, 주권 훼손, 무력시위, 쿠데타, 테러 및 파괴활동, 비행기 납치, 국정농단 등, ② 경제·기술 체계에서는 유해 화학물질 및 위

표 8-3 체계별 위기 종류[5)]

체 계	위기 종류
정치 체계	전쟁, 국지분쟁, 무력도발, 영토 침범, 주권 훼손, 무력시위, 쿠데타, 테러 및 파괴 활동, 비행기 납치, 국정농단 등
경제·기술 체계	유해 화학물질 및 위험물질 유출, 해양오염, 수질오염, 대기오염, 오존층 파괴, 방사능 오염/유출, 산성비, 일반/핵 폐기물 매립, 구조물 붕괴, 폭발 등
사회·문화 체계	인종·민족·지역 간 폭력적 갈등, 전염병 및 괴질의 출현, 폭력적 파업, 폭동 등
자연 체계	호우, 집중호우, 홍수, 태풍, 지진, 쓰나미, 가뭄, 폭염, 냉해, 한해, 우박, 해일, 미세먼지, 황사 등

자료: 이재은(1992: 58)에서 수정 및 보완.

4) 위기(crisis)는 비상사태(emergency), 재난(disaster), 재해(hazard), 위험(risk, danger), 위협(threat), 재앙(calamity, catastrophe), 우발 상황(contingency), 사건(incident), 사고(accident) 등의 유사 개념을 지닌다.

5) 이러한 위기 종류 구분은 다분히 주관적인 것이며 공공과 민간부문에 의한 위기를 구분하지 않는다. 이는 위기의 공적 성격을 강조하는 것으로서 민간 부문에서 발생한 위기라 할지라도 그 결과가 다수의 공중에게 영향을 주기 때문이다.

험물질 유출, 해양오염, 수질오염, 대기오염, 오존층 파괴, 방사능 오염/유출, 산성비, 일반/핵 폐기물 매립, 구조물 붕괴, 폭발 등, ③ 사회·문화 체계에서는 인종·민족·지역 간 폭력적 갈등, 전염병 및 괴질의 출현, 폭력적 파업, 폭동 등, 그리고 ④ 자연 체계에서는 호우, 집중호우, 홍수, 태풍, 지진, 쓰나미, 가뭄, 폭염, 냉해, 한해, 우박, 해일, 미세먼지, 황사 등을 위기로 생각해 볼 수 있다.

전통적으로 위기 유형은 두 가지로 대별되어 왔다; 첫째, 홍수, 지진, 태풍, 쓰나미, 미세먼지 등과 같이 자연 현상에 의해 발생하는 자연재난(natural disaster), 둘째, 가스폭발, 유해 화학물질 유출, 방사능 오염, 구조물 붕괴 등 인간의 부주의나 무관심, 실수, 사후관리의 불충분함으로 인해 발생하는 인적/기술재난(man-made/technological disaster)이 그것이다. 그러나 여기서는 위기관리정책 대상으로서의 위기를 세 가지, 즉 자연재난과 인적재난 외에 사회재난(social disaster)으로 유형화한다.6) 사회재난은 자연 현상에 의해 발생하지 않는다는 점에서는 인적재난과 같다고 할 수 있다. 하지만 인적재난이 주로 과학·기술의 조작, 운용상의 실수나 부주의, 무지와 무관심에서 비롯된 것인 반면, 사회재난은 종교적·정치적·이념적인 목적 달성(Weinberg & Davis, 1989: 6)을 위하여 개인이나 집단이 인간의 생명과 재산을 위협하거나 사회질서를 파괴하려는 의도적·고의적인 범죄일 뿐만 아니라 인종적·종교적·지역적 이익을 위한 집단행동으로 인한 재난 상황이다.7)

이들 세 가지 유형의 위기는 다음과 같은 특징을 지닌다. 첫째, 위기는 체계의 정상적인 능력으로 해결하기 어려운 상황이다(김형렬, 1990: 577). 둘째, 위기는 사회구성원 어느 누구도 원하지 않는 상황으로 돌발 사건적 성격과 사회 제반 가치와 규범·문화, 그리고 관계를 변화시키는 역할을 한다(노화준, 1991: 125;

6) 호트머(Hoetmer, 1991: xxi)는 위기 유형을 자연재난, 기술재난, 민간재난, 그리고 생태재난(ecological disaster)의 네 가지로 구분한다. 생태재난은 주로 인간에 의해 야기되는 것으로 지구에 영향을 미치는 사건을 의미한다.

7) 예를 들면, 1995년 3월 20일 12명의 사망자를 포함 5,000여 명의 사상자가 발생한 일본 동경 지하철 독가스 테러사건, 같은 해 4월 19일 150여 명의 사망자를 포함 500여 명의 부상 및 실종자가 발생한 미국 오클라호마 연방기구 폭탄 테러 사건과 같이 특별한 이유 없이 불특정 다수의 시민을 대상으로 하여 무차별 테러행위를 저지르는 슈퍼 테러리즘(superterrorism) 등이 있다. 이외에도 LA 폭동과 같이 인종적 단결에 의한 집단행동으로 인해 발생하는 경우도 사회재난의 범주에 포함된다(이종열, 1995: 379-396; Rosenthal, 't Hart, & Kouzmin, 1991: 81-100).

Gladwin & Kumar, 1987: 29). 셋째, 위기 대상은 한정되어 있지 않고 어떤 국가나 사회, 기업, 조직, 가정, 개인까지도 위기로부터 벗어날 수 없기 때문에 지구상의 어느 곳도 위기로부터 자유로울 수 없다(Hoetmer, 1991: xxii; Barton, 1993: 3). 넷째, 위기는 비일회성을 특징으로 한다. 철저하고도 지속적인 관리가 없을 경우에는 동일 유형의 위기가 반복해서 나타날 수 있다. 따라서 과거에 위기에 대한 학습과 관리가 미흡할 경우 동일 유형의 위기가 반복해서 발생하는 것은 당연[8]하며(이상팔, 1996), 동일 유형 위기가 재발할 기회를 제공하는 것과 같다. 다섯째, 위기는 시·공간적 무제약성을 특징으로 한다. 위기는 언제, 어디서 발생지를 예측할 수 없으며, 시간과 장소에 관계없이 환경적 요소와의 결합에 의해 언제, 어디서든 나타날 수 있다. 예를 들면, 지상·지하·해상·해저·영공을 불문하고 발생 요건만 갖추게 되면, 시·공간적 요소를 배제한 채 발생한다. 여섯째, 위기는 발생 원인이 복잡·다양하다. 단일 원인에 의해 위기가 발생한 경우에는 적시적절하고 정확한 원인 치유를 통해 해결할 수 있지만, 대부분의 위기는 그 원인이 복잡하고 다양하기 때문에 대비, 대응 등의 활동이 복합적이고 총체적일 수밖에 없다.

2 위기관리의 성격

위기관리정책과 행정에 대한 연구는 1980년대 중반까지만 해도 거의 없었던 것이 사실이다(Mushkatel & Weschler, 1985: 49). 그 후 1980년대 들어 위기의 발생 빈도가 증가하고, 이와 함께 위기 결과나 위기 영향의 심각성에 대한 인식 증대와 위기는 관리할 수 있는 것이라는 인식이 커짐에 따라 위기관리에 대한 관심이 증가하였다. 한국에서는 1990년대 초반 이후에 당시에 신종 재난으로 볼 수 있었던 다양한 인적재난들이 집중적으로 발생하였다. 특히, 1995년 삼풍백화점 붕괴 사고가 발생함으로써 1990년대 중반 이후 국가위기관리 체계 확립의 필요

8) 경남 고리 원자력 발전소에서 배출한 폐기물에서의 방사능 누출은 1988년에도 문제가 되었으나 사후관리 소홀로 인해 재발하였다(조선일보, 1988.12.14: 사설; 중앙일보, 1995.7.22: 23).

성과 그 시급성이 절실하게 요구되었다. 이에 따라 정부 위기관리의 필요성과 체계화에 대한 본격적인 연구가 시작되었다.[9)]

정부의 가장 기본적이고 중요한 임무가 국민의 생명과 재산을 보호하는 것이라고 보면, 위기관리[10)]는 위기로부터 국민의 생명과 재산을 보호하고 위험을 극복하기 위한 정책이나 사업 계획을 개발하고 집행하는 일상화된 과정(Giuffrida, 1985: 2; Cigler, 1988: 5)으로 정의할 수 있다.

이러한 위기관리는 각각의 위기 유형이 지니고 있는 특성에 의거하여 위기관리 방법을 모색하는 것으로 이해되어 왔다. 그리고 위기관리에 대한 연구 경향 역시 이 같은 위기 유형별, 자연재난, 인적재난, 사회재난이 지니는 특성에 따라 이루어져 왔다. 그 중에서도 미국에서는 1980년대 중반까지 주로 자연재난을 대상으로 연구가 이루어져 왔다(Zimmerman, 1985: 29). 한국에서도 1980년대 말까지는 주로 자연재난 위주의 연구가 진행되어 왔으나, 1990년대 초반부터 인적재난에 대한 연구가 본격적으로 시작되었다. 그러다 보니 인적/기술재난과 사회재난에 대한 연구는 경시되어 왔었다. 그 후 지금까지 자연재난은 물론 인적재난에 대한 연구가 활발히 이루어져 왔고, 최근에 와서는 국가핵심기반 마비 위기에 대한 연구가 많은 연구자들에 의해 수행되고 있다. 향후에는 이들 위기 유형뿐만 아니라 미래 신종 위기에 대한 연구가 균형있게 수행되는 것이 필요하다. 더욱이 오늘날의 도시가 점점 더 복잡해지고 대형화되는 추세에 맞추어 위기 역시 인적/

9) 1994년 10월 21일 성수대교 붕괴, 동년 동월 24일 충주호 유람선 침몰, 동년 12월 8일 서울 아현동 도시가스 폭발, 1995년 4월 28일 대구 지하철 공사장 도시가스 폭발, 동년 6월 29일 서울 삼풍백화점 붕괴 등 각종 대형 인재의 잇따른 발생으로 체계적인 위기관리의 필요성 및 중요성이 사회에 인식되었다.

10) 위기관리는 비상관리(emergency management), 재난관리(disaster management), 위험관리(risk management), 우발사건관리(contingency management) 등의 유사용어를 지니고 있다. 龜井利明(송일 역, 1989: 22－23)에 의하면, 광의의 위기관리 개념은 ① 국제정치와 사회경제에서 불측사태에 대처하기 위한 정책과 대응책, ② 국가안전보장상의 위기, ③ 국가의 존망과 국가 간 분쟁에 직결되는 것뿐만 아니라 경제 불안(석유 위기, 통화 위기, 식량 위기, 재정 위기 등)과 사회 불안(대재해, 대형 사고, 비행기 납치, 파괴활동, 흉악범죄 등)까지도 포함하며, 이들 모두에 대한 대응책에 대해 위기관리 용어 사용이 가능하지만, 공·사 기업의 보전 내지 유지라는 관점에서 행해지는 위험관리와 위기관리는 구별해야 한다고 한다. 그리고 라일리(Reilly, 1987: 79－88)에 의하면, 위기관리는 위기로 인해 발생한 불확실성과 변화를 극복하기 위한 사전 준비적 의미를 지니면서 위기발생 이전의 준비과정을 다루는 위기준비(crisis readiness) 개념까지도 포함한다.

기술재난이나 국가핵심기반 마비라는 사회재난 발생이 증가하고 있어 국민의 안전권(safety right) 보장을 위해(Waldo, 1980: 185−186), 모든 유형의 위기관리에 대한 연구가 이루어져야 한다.

위기관리가 지니는 일반적인 성격을 살펴보면 다음과 같다. 첫째, 위기관리는 인간 생명의 존엄성에 대한 존중을 전제가치로 삼는다. 사회구성원들은 모두 상이한 가치관을 지니고 살아가고 있다. 가치관의 상이성은 정책개발과 집행에 영향을 주기 때문에 가치 기반이야말로 정책개발이나 정책변동에 있어서 가장 포괄적이고 가장 강력한 요소가 된다(Tropman & Dluhy, 1976: 151). 예를 들면, 인간을 둘러싸고 있는 모든 일들을 운명 결정론적인 종교적 관점에서 보는지 혹은 주체적 인간관으로서의 진화론적 관점에서 보는지에 따라 위기 발생 이전의 관리를 중시하느냐 아니면 발생 이후를 중시하느냐가 결정될 수 있다(황윤원, 1989: 151−152). 하지만 인간 생명 존중의 가치를 소중히 여기는 국가나 조직은 위기 발생 전후 관리 모두를 소홀히 하면 안 된다.

둘째, 위기관리는 책임에 있어 보편성과 일반성을 지닌다. 헌법은 모든 국민이 인간으로서의 존엄과 가치를 지니고 있으며, 행복을 추구할 권리를 가지고 있음을 규정하고 있다(헌법 제10조). 그리고 동시에 국가는 재해를 예방하고 그 위험으로부터 국민을 보호하기 위하여 노력하여야 한다고 규정함으로써 국가위기관리의 책임을 밝히고 있다(헌법 제34조 제6항). 그러나 위기관리의 책무는 사회유지 기능을 수행하는 기업이나 개인도 그 책임을 부담해야 한다. 왜냐하면, 위기 발생으로 인한 사회적 손실과 피해는 결국 사회구성원 모두의 부담으로 되돌아오기 때문이다. 따라서 기업이나 개인도 사회적 비용 부담을 공유해야 할 책임을 지고 있는 한편, 사회적 손실비용 발생 요인을 예방한다는 차원에서 위기관리 책무를 수행해야 한다. 그러므로 위기관리는 공공부문뿐만 아니라 민간부문과 개인에게까지도 합당한 책임을 부담시킬 수 있는 보편성과 일반성을 지닌다.

셋째, 위기관리는 공공관리적 성격을 지닌다. 비록 위기 발생 원인이 개인이나 기업의 사소한 실수, 무지, 부주의에 있다 할지라도, 그것이 가져오는 피해는 수많은 사람들의 생명, 신체, 재산에 이르는 경우가 많다. 따라서 오늘날에는 위기관리의 책임이 국가에 대해서뿐만 아니라 개인, 기업에 대해서도 요구되며, 특히 최근에는 기업의 사회적 역할이 강조되면서 위기관리에 대한 기업의 사회적 책임 이행이 강조되고 있다(조재형, 1995: 24). 위기가 발생하게 된 원인과 책임의 소재에 관계없이 위기가 미치는 영향은 지역사회나 국가, 국제사회까지 확산될 수 있기 때문에 위기관리의 공공관리적 성격이 강조된다.

넷째, 현대 사회에서는 위기관리의 일상화가 요구된다. 현대 사회는 기능의 복잡성과 전문성으로 인해 사회의 일부 기능의 마비가 곧 사회 전체적인 기능 마비를 초래하게 되어 결국 사회에 심각한 피해를 가져온다. 예를 들면, 1994년 3월 10일 오후 4시 30분 서울 동대문에서 종로 5가 사이의 지하철 통신구에서 화재가 발생하여 190m가량 구간이 소실되었다. 이로 인해 시내 전화는 물론 시외 및 국제 전화, 이동 전화, 무선호출, 팩시밀리, PC 통신뿐만 아니라 방송사의 라디오 송출망과 은행의 온라인망이 마비되어 시민들의 일상생활 마비는 물론, 국가경제 활동에도 큰 피해를 주었다(최윤희, 1994: 205－217). 그러므로 위기관리에 대한 일상적이고도 지속적인 관심과 주의를 기울이는 것이 필요하다. 그렇지 않을 경우에는 대형 인명사고가 언제든지 발생할 수 있기 때문에, 위기관리는 우리의 일상생활과 더불어 항상 이루어져야 한다.

위기관리의 학문적 성격을 살펴보면 다음과 같다. 위기관리는 영역과 범위, 정도에 있어서 매우 포괄적이기 때문에 단일 학문 분야만의 지식이나 기술만으로는 위기 상황을 충분히 관리할 수 없다. 오히려 관련된 제학문 분야가 종합적이고 총체적으로 동원될 때만이 문제의 본질을 파악하고 해결 방안을 모색하는 것이 가능하다.

특히, 오늘날에는 과거와 달리 수많은 재앙적 사건들 즉, 방사능/유독성 화학물질 유출사고, 환경오염, 유괴/납치사건, 비행기 납치, 공공/민간부문의 파업 및 태업, 소비자 불매 운동 등과 같이 기업과 관련된 신종 위기(Gladwin & Kumar, 1987: 23)들이 전 세계에 걸쳐서 발생하고 있다. 이에 따라 새로운 해결 방법의 모색이 끊임없이 이루어져야 하며, 다양한 유형의 관리 방법뿐만 아니라 단일 위기에 대해서도 종합적이고 철저한 해결을 위하여 관련 제반 학문 분야의 연구가 필요하다 할 것이다.[11]

11) 앤더슨과 매팅리(Anderson & Mattingly, 1991: 327－328)는 최근 재난 연구의 경향들을 소개하면서 오늘날의 두드러진 경향의 하나로 제학문적 연구의 증가와 함께 광범위한 사회과학 학도들의 참여를 들고 있다.

제 9 장

통합위기관리시스템

제 1 절 통합위기관리시스템의 의의

1 통합위기관리시스템의 개관

과거에 위기는 지구의 자연적인 과정이 에너지를 집중하고 그것을 방출하는 장소와 시간에서 재난의 형태로 생명을 죽이고 파괴시키는 원인으로 되어 왔다(Abbott, 1999: 2). 그러나 오늘날의 위기는 급격한 환경의 변화 속에서 전쟁, 테러리즘, 자연재난, 원자력 발전소 폭발, 폭동, 기업위기, 전염병 등과 같은 다양한 형태로 발생하고 있다. 이들 중 일부는 위기관리의 실패로 인해 보다 더 큰 위기로 발전하기도 하고 일부는 성공적으로 관리되기도 한다. 위기는 때로 인간 사회에 새롭고 긍정적인 변화를 가져오는 한편, 재앙을 불러일으키는 것이 일반적이다(Farazmand, 2001: 3). 이러한 위기는 새로운 아이디어와 새로운 접근법을 모색하게 함으로써 정부의 정책 변화를 촉진하기도 한다(Cyert & March, 1963: 278-279; March & Simon, 1958: 173-174; Nice, 1994: 21-22; Rose, 1993: 50-60; Nice & Grosse, 2001: 56). 이는 위기관리야말로 정부의 기능과 국민의 건강과 안전에 있어서 가장 중요한 것으로 받아들여지고 있기 때문이다. 따라서 정부는 위기의 발생과 함께 법령과 규제를 강화하고 위기관리시스템에 대한 변화와 새로운 정책 변화를 추구하게 된다(Kory, 1998: 46, 53-54).

현대 사회는 과거와는 다른 새로운 유형의 신종 위험, 즉 원자력 문제, 화학물질 오염, 전염병 등의 문제로 특징지워진다. 이러한 신종 위기나 위험은 인간에 의해 창조된 환경으로부터 나오거나, 물질적 환경에 대한 인간 지식의 유입으로부터 나타나기도 하고, 제도화된 위험 환경으로부터 나오기도 한다(Shaw, 2001: 8). 이처럼 위기는 역사적 조건과 사회적 정의라는 두 가지 조건의 결합물이라고 볼 수 있다(Kreps & Drabek, 1996: 143). 우리나라의 위기관리 체계 역시 위기에 대한 사회적 의미의 부여에 따라 변해 왔다. 과거에는 주로 우리나라에서 빈번하게 발생해 왔던 홍수, 태풍 등을 중심으로 한 자연재난을 중심으로 한 관리 체계가 대부분이었다. 그러나 1990년대 초부터 빈번하게 발생해 온 건축물의 붕괴와 가스 폭발, 침몰 사고 등 당시 신종 재난이었던 인적재난에 대한 사회적 관심이 증가되었고, 이에 따라 인적재난에 대한 관리 체계가 구축되었다. 그리고 오늘날에 와서는 정보통신 마비나 교통·수송 시스템의 마비, 테러리즘, 조류 인플루엔자, MERS, 구제역·광우병과 같은 전염병 등 기존의 자연재난이나 인적재난과는 성격이 다른 새로운 유형의 신종 재난이 우리 사회를 위협하고 있다.[1] 이에 국민과 정부는 위기관리정책의 변화를 요구하게 되었고, 이를 반영한 새로운 통합위기관리시스템의 구축을 요구받고 있다.

이 같은 통합위기관리시스템은 다양한 안보 이슈(security issues)와 연계되어야 하며, 전시 안보와 국가위기관리시스템의 연계는 그 장·단점에도 불구하고 황폐함과 규모, 위험, 급박함의 관점에서 풍부한 경험을 제공해 준다는 점에서

1) 미국에서도 국가의 핵심적인 기능을 가능하게 하고, 국민의 생명과 재산을 보호하기 위한 시설과 시스템, 기능인 핵심기반(critical infrastructure)과 주요 자산(key assets)을 보호하는 것이야말로 핵심적인 국토 안보 임무라고 정의하고 있다(The White House, 2003: 81).

유용성이 있다(Hills, 2002: 250). 이에 우리나라의 위기관리시스템 역시 과거 전시 안보 체계와의 단절이 아니라 연계를 통한 새로운 위기관리시스템의 구축이 요구되고 있다.2)

2 통합위기관리시스템의 의미

통합위기관리시스템의 구축을 위해서는 그 개념적 정의와 의미를 살펴보는 것이 필요하다. 여기서의 통합위기관리시스템은 다음과 같은 하위 구성 요소를 지니는 것으로 이해할 수 있다. 첫째, 통합위기관리시스템은 위기 유형 및 종류에 대한 통합관리를 의미하는 것으로서 국가위기를 관리 대상으로 설정한다. 따라서 국가위기의 범위에 속하는 전통적 군사 안보 위기, 자연재난과 인적재난 위기, 국가핵심기반 마비 위기를 포함한다. 우리나라에서는 과거부터 전통적 군사 안보 위기(conventional military security crisis)가 국가의 생존을 위협해 오고 있고, 자연재난과 인적재난 등 재난 위기(disaster crisis)가 상존하고 있으며, 국가의 경제적 · 사회적 생존망을 파괴할 수 있는 국가핵심기반 위기(critical infrastructure crisis)가 국민과 사회와 국가를 위협해 왔다(국가안전보장회의, 2004). 그리고 이와 더불어 일상생활에서 국민의 안전을 위협하는 국민생활안전 위기(living safety crisis)가 국가위기에 포함된다. 이러한 국가위기의 구체적 내용은 다음과 같다(이재은, 2005: 24).

전통적 군사 안보에 관한 국가위기로는 통일, 외교, 군사 분야에서 북한으로부터의 위기와 주변국 등 외부로부터의 위기로 구분할 수 있다. 먼저, 북한으로부터의 국가위기에는 군사력 사용의 위협, 국지도발, 비군사적 위협, 북한 내부의 급변사태, 대량살상무기의 개발 및 확산, 기타 국가위기로 발전할 수 있는 각

2) 우리나라의 국가안전보장회의(NSC)에서는 국가위기를 "국가의 주권 또는 국가를 구성하는 정치 · 경제 · 사회 · 문화 체계 등 국가의 핵심 요소나 가치에 중대한 위해가 가해질 가능성이 있거나 가해지고 있는 상태"라고 정의하고, 국가위기를 세 개 분야, 즉 전통적 군사 안보 위기, 재난 위기, 국가핵심기반 위기로 분류하여 통합위기관리시스템을 구축하고 있다(국가안전보장회의사무처, 2004).

종 사건이나 상황 등이 있다. 다음으로, 외부로부터의 국가위기에는 우리나라와 주변국 및 기타 국가로부터의 군사적 위협이나 도발, 국가 영토의 침범, 갈등·충돌, 테러, 주변국 간 충돌·전쟁으로 인한 위협 등이 있다.

그리고 재난 분야의 국가위기는 자연재난과 인적재난으로 구분하여 논의할 수 있다. 자연재난은 자연 현상에 의해 발생하는 대규모 피해로서, 태풍·폭풍·호우·홍수·해일 등으로 인한 풍수해, 폭설·가뭄·적조 등으로 인한 기상재난, 산사태·해안의 침식·지진·화산 등으로 인한 지질재난 등이 있다. 인적재난에는 안전 요인이나 인위적 요인에 의해 발생하는 대규모 피해로서, 대규모 화재, 폭발, 붕괴, 환경오염 사고, 교통사고, 화생방 사고 등이 있다. 마지막으로, 국가핵심기반 분야의 국가위기는 테러, 대규모 시위·파업, 폭동, 재난 등의 원인에 의해 국민의 안위, 국가경제·사회의 생명력과 일체성 및 정부의 핵심 기능에 중대한 영향을 미칠 수 있는 인적·물적·기능적 체계가 마비되는 상황을 의미한다. 국가핵심기반 위기 분야에는 에너지, 식·용수, 보건의료, 정보통신, 사이버, 금융, 수송, 원자력, 주요 산업단지, 정부 중요시설, 국가 주요 자산 및 국가 상징물 등이 있다.

국민생활안전 위기는 취약계층 안전 위기, 생활경제 안전 위기, 생활치안 안전 위기, 교통생활 안전 위기, 직업생활 안전 위기, 학교생활 안전 위기, 생활식품 안전 위기, 생활용품 안전 위기, 생활건강 안전 위기, 생활시설 안전 위기, 생활환경 안전 위기, 생활기반 안전 위기 등 다양한 유형의 위기가 있다.

둘째, 통합위기관리시스템은 위기관리의 과정적 측면에서 4단계의 기능 및 업무를 통합·연계하는 것이다. 위기관리의 과정적 측면에서 논의되는 4단계는 예방, 대비, 대응, 복구 단계를 의미한다. 예방(prevention/mitigation) 단계는 아직 발생하지 않은 잠재적 위기나 실제 발생한 위기로 인한 위험을 평가하고, 위기 발생을 막거나 위기 피해를 감소시키는 활동 단계다. 대비(preparedness) 단계는 위험 평가에 기반하여 실제 위기가 발생한 경우에 활용할 대응 계획의 개발, 대응 인력의 교육 및 훈련, 자원 동원 등 대응 활동에 필요한 사항을 사전에 준비하는 단계이다. 또한 다른 지역이나 국가와의 자원 공유를 위한 협정의 체결, 관할 책임의 명확화 등의 기능을 수행하는 단계이다. 대응(response) 단계는 실제 위기가 발생한 이후에 대비 단계에서 준비한 대응 계획의 집행, 제2차 피해 가능성의 축소, 인명 구조, 피해 지역 주민의 대피, 응급 의료 서비스 제공, 복구 단계를 위한 준비 등의 기능을 수행하는 단계이다. 복구(recovery) 단계는 위기가 발생하고 대응 단계 활동이 마무리된 후 전력망 수리와 임시주택 · 식량 · 의복 등 생활지원 체계의 재구축 등을 수행한다. 통합위기관리시스템은 이들 각 단계별 활동 내용이 서로 연계되어 기능하는 시스템을 의미한다.

셋째, 통합위기관리시스템은 위기관리 기능을 수행하고 있는 유관조직들이 연계되어 통합 기능을 수행하는 것이다. 일차적으로는 위기관리를 담당하고 있는 중앙행정기관들, 예를 들면 청와대 위기관리센터, 행정안전부 등이 연계되어야 하고, 이들과 함께 시 · 도 및 시 · 군 · 구 등의 지방정부가 연계되어야 하는 동시에 각급 재난관리 책임기관을 비롯한 공공부문 기관들이 참여해야 한다. 또한 민간부문의 기업과 NGO 등의 시민사회단체들이 연계되는 한편, 자원봉사자들이 참여하는 것이 요구된다. 즉, 통합위기관리시스템은 범국가적 위기관리 유관조직이 함께 위기관리의 효과성 확보를 위한 노력이 전제되는 것을 의미한다.

넷째, 통합위기관리시스템은 위기관리 기능을 수행하는 데 필요한 각종 위기관리 비상대비 자원에 대한 관리 체계가 통합되어야 한다. 위기관리를 위한 비상대비 자원으로는 인적자원과 물적자원, 장비뿐만 아니라 시스템이나 전문성 등의 유형 · 무형의 자원들이 모두 포함된다. 이러한 위기관리 비상대비 자원의 동원을 위한 사전 준비나 관리를 위한 체계가 통합 · 연계되어 운용될 때 비로소 통합 위기관리시스템이 효율적으로 기능을 수행할 수 있음을 의미한다.

다섯째, 통합위기관리시스템은 오프라인뿐만 아니라 온라인상의 시스템이 구축되어 운용되어야 한다. 현대의 지식정보사회에서는 과거와는 다른 위기관리에 대한 패러다임의 변화가 요구된다. 오늘날 IT에 기반한 지식정보사회에서 발생하는 각종 위기는 유형, 내용, 규모 등의 면에서 과거의 농경사회나 산업사회와는 매우 상이한 경향을 보이게 되어 이에 대한 예측 노력과 해결 노력이 절실하게 요구된다. 따라서 통합위기관리시스템은 기술 패러다임 변화로서 나타난 정보통신기술의 비약적인 발달에 기초한 유비쿼터스(ubiquitous) 환경을 활용하는 시스템을 의미한다.

3 통합위기관리시스템의 이념적 가치와 목표

통합위기관리시스템이 효율적으로 가동되기 위해서는 무엇보다도 먼저 통합위기관리시스템의 이념적 가치와 목표가 정립되는 것이 필요하다. 통합위기관리시스템의 이념적 가치는 위기관리 활동가나 조직이 바람직한 신념 체계로 받아들이는 규범이라고 볼 수 있다. 이러한 통합위기관리시스템의 이념적 가치로는 생명의 존중, 인간의 존엄성, 사회적 형평성 등이 있다.

첫째, 통합위기관리시스템은 그 이념적 가치로서 생명의 존중(respect for the life)을 지녀야 한다. 이 세계에서 단 하나밖에 없는 인간 개인의 생명은 다른 어느 것과도 바꿀 수 없는 가장 소중한 것이다. 개인의 생명이 존중되지 않고서는 가족, 사회, 국가 등 다른 어떠한 사회적 구성체들의 존재도 의미가 없게 된다. 따라서 국가는 물론 개인, 집단, 조직도 위기 상황에서 개인의 생명을 보존하고 유지할 수 있도록 최선의 노력을 경주하는 것이 필요하다. 또한 개인의 생명이 존중되고 보장받지 못하는 한에서는 기본적인 권리로 일컬어지는 자유권, 평등권, 행복추구권 등 모든 권리가 무의미해진다. 특히, 인간 생명의 존중이 요구되는 것은 전쟁, 폭동, 시위, 태풍, 홍수, 집중호우, 폭발, 붕괴 등과 같은 위기가 발생한 상황에서다. 따라서 무엇보다도 위기 상황에서 인간 생명의 존중을 확보하기 위한 위기관리시스템의 구축이 필요하다.

둘째, 인간의 존엄성(human dignity)은 어떤 상황에서도 인간으로 존재한다는 사실 하나만으로도 인간의 기본적인 권리들이 보장되어야 한다는 적극적인 의미로 생각해 볼 수 있다. 즉, 인간의 존엄성은 위기 상황에서도 인간으로서의 생명권, 자유권, 평등권, 행복추구권 등 인간의 기본적인 권리들이 보장되어야 하는 것이며, 특히 인간의 존엄성은 모든 학문 분야에 있어서 가장 기본이 되는 것으로 이해된다. 예를 들면, 라스웰(Lasswell, 1951: 14-15)은 정책과학이란 궁극적으로 인간의 존엄성을 증진시키는 것을 목적으로 하는 학문이라고 주장하면서, 이를 위해 여러 분야의 학자들이 공동으로 노력하고 협조해야 할 필요가 있다는 것을 강조하고 있다(김형렬, 2000: 16-17). 우리나라 헌법(제10조)에서도 "모든 국민은 인간으로서의 존엄과 가치를 가지며, 행복을 추구할 권리를 가지며, 국가는 개인이 가지는 불가침의 기본적 인권을 확인하고 이를 보장할 의무를 진다"고 규정하고 있다. 이러한 인간의 존엄성 문제는 평상시와는 달리 위기 상황에서 인간의 존엄성에 대한 보장이 어렵게 된다. 따라서 인간의 존엄성을 보장해 주기 위해서 위기를 예방하고 대비하며, 대응·복구하기 위한 관리 체계가 효율적으로 작동할 수 있도록 하는 것이 요구된다.

셋째, 통합위기관리시스템은 사회적 형평성(social equity)을 이념적 가치로 지녀야 한다. 사회적 형평성의 개념은 평등의 의미를 지니고 있으며, 평등의 개념은 인간의 기본권의 일환으로 설명될 수 있다. 이러한 평등이란 절차상에서 편파성이 없는 공정한 것(impartiality)을 의미하는 것으로서 모든 사람들이 사회 현상에서 정실이나 편견없이 공정하게 대접을 받는 상태가 곧 평등한 것이라고 할 수 있다(Beauchamp & Pinkard, 1983: 105; 김형렬, 2000: 99). 평등의 일환인 사회적 형평성은 인간은 자신의 독특한 인격과 존엄성을 가지고 있기 때문에 사회적으로 불평등한 대우를 받지 않을 권리를 지닌다. 사회적 형평성은 복지정책과 사회적 약자의 보호, 기회의 균등 등을 그 요소로 지니는 것으로 이해할 수 있다. 그러므로 사회적 가치의 배분 과정에서 사회·경제적 낙후자, 장애인, 고령자, 재난피해자 등에게 소극적으로 차별을 금지하는 것보다 적극적으로 도움을 주어야 한다. 특히, 재난피해자는 재난으로 인한 피해를 입기 전에는 우리 사회에서 기본적인 생활을 영위하였으나, 불의의 재난 및 위기 상황으로 인해 사회적 약자로 전락하였기 때문에 이에 대한 대책을 마련하는 것이 요구된다.

이상과 같이 통합위기관리시스템이 바람직한 신념 체계로 받아들여야 하는 규범인 이념적 가치와는 달리 위기관리시스템의 운용 과정에서 채택해야 하는 목표로는 효과성, 능률성, 민주성이 있다. 먼저, 효과성(effectiveness)은 통합위기관리시스템이 설정하고 있는 목표의 달성 정도를 의미한다. 따라서 효과성은 목표 지향적인 성격을 지닌다. 그러므로 통합위기관리시스템의 효과성 확보를 위해서는 달성해야 할 목표를 설정하고 목표 달성 정도를 측정할 수 있는 지표의 개발이 요구된다.

다음으로, 능률성(efficiency)은 일반적으로 투입에 대한 산출의 비율 혹은 비용과 효과의 비율로 정의될 수 있다. 즉, 일정한 투입으로 최대의 산출을 내거나 일정한 산출을 최소의 투입으로 이루는 것을 의미한다. 여기서 능률이란 일정한 수준의 효과를 산출하기 위하여 요구되는 양을 가리키며, 이때 효과는 화폐적 비용이라는 측면에서 측정된다. 능률은 산출물이나 서비스 단위에 대한 비용을 산정하거나 비용 단위에 대한 재화나 용역의 양을 계산하면 결정될 수 있다고 하였다(Dunn, 1981: 232; 박우서 · 안용식 · 이왕재 외, 2001: 84). 좋은 정부라면 목표를 달성하는 데만 만족해서는 안 된다. 문제 해결의 적시성을 놓쳐 그 효과가 반감된다면 국민의 세금을 낭비한 결과를 초래하기 쉽기 때문이다. 따라서 통합위기관리시스템은 능률성 확보를 통해 통합위기관리시스템의 구축 및 운용에 투입되는 비용을 줄여 목표를 달성하거나 주어진 자원으로 최대 성과를 도모해 내는 것이 필요하다(이도형, 2004: 135).

그리고 민주성(democracy)은 통합위기관리시스템이 민주주의 원리에 충실해야 한다는 것을 의미한다. 즉, 국민을 위한 시스템으로서 참여 · 자율 · 분권화 등의 민주적 절차의 정당성을 확보해야 한다. 통합위기관리시스템의 구축과 운용에 있어서 국민 의사가 우선하고 국민을 위한 위기관리 서비스를 제공하며 국민에게 책임을 지는 통합위기관리시스템을 의미한다. 또한 통합위기관리시스템의 내부 운영도 민주적인 특성을 지녀야 한다는 것을 요건으로 한다. 이러한 민주성을 확보하기 위해서는 시민 참여, 대응성, 공정성 및 투명성을 지니는 것이 요구된다(박우서 · 안용식 · 이왕재 외, 2001: 87). 시민 참여는 통합위기관리시스템의 구축 및 운용에 시민사회가 참여할 수 있어야 함을 의미한다. 대응성은 국민들이 소망하고 요구하는 다양한 의사들이 통합위기관리시스템의 운용에 반영되어야 함을 말한다. 공정성은 통합위기관리시스템의 운용에 있어서 관련 대상자들이 동등한 대우를 받도록 보장해 주는 것이다. 투명성은 통합위기관리시스템의 민주적 운용에 있어서 핵심적인 요소의 하나로 공개성을 함축하는 개념이다.

제 2 절 통합위기관리시스템의 구성 요소

효과적인 위기관리를 위해서는 무엇보다도 전체 위기관리 체계에 대한 이해와 다양한 전문직업집단 노력 결과의 활용, 다양한 전문직업집단 전문가들의 활동 연계, 전체 위기관리 체계에서 다른 사람들의 욕구와 이해에 적합한 산출물과 언어를 위한 명세표 등을 준비하는 것이 요구된다(Petak, 1985: 6). 통합위기관리시스템(Integrated Emergency Management System: 이하 'IEMS')은 효율적이고 효과적인 위기관리 능력을 개발 · 유지 · 관리하는 데 있어서 모든 수준의 정부[3]에 기여할 수 있는 많은 구성 요소들로 이루어진 체계를 의미한다(McLoughlin, 1985: 166). 이는 미국 연방위기관리청(Federal Emergency Management Agency: 이하 'FEMA')이 재난의 전 범위에 걸쳐 위기관리 계획을 집행하는 데 있어서 각 정부의 위기관리 활동을 통합하기 위한 접근법인 것이다.[4]

IEMS의 구조(framework)는 모든 수준의 정부가 파트너십을 구축하고 예방, 대비, 대응, 복구의 프로그램을 통해 국민의 생명과 재산을 보호하고 정부의 필수적인 기능을 유지하는 것으로 이루어지며, 구체적인 활동은 다음과 같다(McLoughlin, 1985: 168−171).

1) 재난 분석(hazard analysis)

재난 분석에서는 지역사회를 위협할 수 있는 재난의 종류와 그것이 발생할 가능성, 그리고 재난의 규모를 아는 것이 필수적이다(McLoughlin, 1985: 168). 여기에는 재난의 식별, 재난이 발생할 가능성과 강도 및 발생 지역, 지역사회에 미칠 잠재적 영향에 대한 평가, 인적 · 물적 위험 및 위험의 지역 범위, 위험 노출에 따른 위험도 우선순위 결정 등이 포함된다(이종열 외, 2004: 361).

3) 미국의 경우에는 연방정부, 주정부, 지방정부를 의미하고(McLoughlin, 1985: 165), 우리나라의 경우에는 중앙정부, 시 · 도 광역지방정부, 시 · 군 · 구 기초지방정부를 의미하는 것으로 이해할 수 있다.

4) 미국에서는 FEMA 창설 이후인 1980년대 중반부터 통합위기관리시스템을 운용해 오고 있다(Drabek, 1985: 85−86). 이러한 미국의 통합위기관리시스템은 미국 사회의 특징, 즉 지역주의(localism), 표준화의 결핍(lack of standardization), 다양성(unit diversity), 분열(fragmentation)을 반영하는 것으로서 위기관리의 효율성을 증진하기 위한 방안으로 채택된 것이다.

2) 위기관리 역량 평가(capability assessment)

재난 분석이 완료된 이후에 지역사회는 자신의 현재 능력, 즉 실제 위기에 활용할 수 있는 자원을 평가해야 한다. 대부분의 위기에 요구되는 공통 기능이 있다는 것을 이해하는 것이야말로 IEMS 접근의 핵심이라 할 수 있다(McLoughlin, 1985: 168). FEMA가 제시하고 있는 위기관리 기능은 다음과 같다. ① 위기관리 조직, ② 위기운영 계획, ③ 자원관리, ④ 지시와 통제, ⑤ 위기 상황에서의 통신, ⑥ 경계와 경보, ⑦ 위기 상황에서 공중에 대한 정보 전달, ⑧ 정부 활동의 지속성, ⑨ 대피소 보호, ⑩ 소개, ⑪ 보호 조치, ⑫ 응급지원 서비스, ⑬ 위기 상황에서의 보고 체계, ⑭ 훈련과 교육, ⑮ 실제연습과 반복훈련이 그것이다.

3) 위기운영 계획(emergency planning)

위기운영 계획은 현재 지니고 있는 자원과 능력의 활용을 극대화하고, 신속하고 효과적인 위기관리 활동을 가능하게 하는 것이다. 운영 부서들이 참여하지 않는 계획은 무의미하며, 문서 계획을 발전시키기 위한 기획 '과정'이 실제로 중요하다(McLoughlin, 1985: 169). 여기에는 위기관리자들뿐만 아니라 위기와 관련하여 대응 책임이 있는 모든 관리자들을 포함한 조정된 계획의 수립, 재난의 특수한 측면에 초점을 맞춘 계획, 현재 준비된 대응 상태의 수준이 측정되어 평가될 수 있는 대응 능력 기준의 마련, 대응 능력의 향상을 위한 계획 등이 포함된다(이종열 외, 2004: 361).

4) 위기관리 역량 유지(capability maintenance)

일단 개발된 계획은 계속해서 최신의 것으로 만들어져야 하고, 장비 시험, 인력 훈련, 절차와 체계의 연습이 이루어져야만 한다. 이는 대규모 위기 상황을 자주 경험하지 않는 지역에서 특히 중요하다(McLoughlin, 1985: 169). 또한 긴급구조 인력의 훈련 및 교육이나 일반 관리자 및 일반 대중의 교육 등이 포함된다(이종열 외, 2004: 361).

5) 위기 대응(emergency response)

재난이 현실로 나타날 때 정부는 실제로 대응해야만 한다. 위기관리 준비가 된 정부는 그렇지 못한 정부보다 더 잘 대응하게 된다. 일단 정부가 재난에 대응해 보면, 미래의 대응이 현재보다 개선될 가능성은 변함없이 존재한다. 평가는 개선을 위해 극히 중요하고, 그것도 재난 직후에 수행되어야만 한다. 그리고 이 평가의 결론은 다시금 기획 과정에 반영되어야만 한다(McLoughlin, 1985: 169).

6) 복구 노력(recovery efforts)

일단 위기 상황이 안정되고 생명구조와 재산보호 조치들이 완료된 후에는, 지역사회의 기능과 피해 지역이 위기 발생 이전의 상태로 복원되도록 하는 데 관심이 두어져야 한다. 단기적인 측면에서는 필수적인 생활지원시스템이 최소한의 운영 수준으로 복구되어야 하고, 장기적인 측면에서는 지역사회의 생활이 정상생활로 돌아가는 데 초점을 두어야 한다(McLoughlin, 1985: 169).

제 3 절 통합위기관리시스템의 효율화 변수

1) 지원 · 협조 · 조정 · 연계의 패러다임 재편

새롭게 구축되는 통합위기관리시스템의 운영은 과거의 지시, 통제, 명령, 감독의 패러다임으로부터 변화해야 한다. 운영 패러다임이 변화해야만 각종 네트워크상에서의 연계 활동이 가능할 것으로 판단된다. 즉, 미래 사회에서의 통합위기관리시스템은 지원, 협조, 조정, 연계의 패러다임이 요구된다. 지방정부에 대한 중앙행정기관의 지시 일변도의 위기관리는 지원 위주의 연계로 바뀌어야 하며, 통제 위주의 관계는 협조 위주의 관계로 전환되어야 한다. 그리고 명령은 유관기관들 사이의 사전 · 사후 조정의 패러다임으로, 감독은 연계의 메커니즘으로 변화되어야 효율적인 통합위기관리시스템의 운영이 가능하다.

통합위기관리시스템에서는 권한 집중을 강화하기보다는 조정 모형(coordination model)을 구조화하는 것이 바람직하다(Drabek, 1985: 91). 중앙정부와 지방정부, 지방정부와 지방정부, 정부부문과 민간부문, 정부부문 상호 간의 위기관리 시스템이 유기적으로 연계되기 위해서는 무엇보다도 통합·조정 능력이 필요하다.

2) Network Hub 역할

통합위기관리시스템은 유관기관들이 하나의 조직체계 속에 편제되는 것이 아니라, 유관기관들이 하나의 네트워크로 연계되는 것을 의미한다. 이러한 네트워크 연계 구조의 형태에서는 이들을 유기적으로 원활하게 이어주는 허브의 기능 수행이 있어야 한다. 중앙행정기관 간의 연계와 협조, 지방정부에 대한 지원과 협조, 민간부문, 즉 NGO, 기업, 자원봉사자, 준공공기관 등의 협력적 관계 구축, 촉매자로서의 역할 등이 그것이다.

그러므로 중앙행정기관 수준에서 수평적 정책조정과 수직적 통제와 지원을 위한 조직 위상의 정립이 요구된다. 위기관리 집행 기능을 수행하면서 지방정부와 유관기관, 민간부문과의 연계가 가능하게 만드는 것이 필요하다. 수직적으로는 청와대 국가안전보장회의(NSC) 위기관리센터와 행정안전부로부터 지방정부까지, 수평적으로는 각 중앙행정기관들이 연계되어야 한다. 정부 부처에 대한 업무 협조 및 조정이 가능한 방향을 모색하는 것이 필요하다. 또한 비상시뿐만 아니라 평상시에도 일상적인 위기관리 활동이 가능하도록 유관부처 간의 협조 및 조정 체계가 구축되어야 한다. 또한 이들 사이의 여백은 NGO, NPO, 자원봉사조직, 기업 등이 위기관리 연계 기능을 수행하는 것이 요구된다.

따라서 네트워크 허브(network hub)는 통합위기관리시스템에서의 중심 역할은 국가 전반에 걸쳐 발생하고 있는 각종 위기를 관리하기 위한 모든 기능을 직접 수행하기보다는 중앙행정기관과 지방정부의 기능을 연계시켜 주고, 지방정부의 총합적 기능 수행에 요구되는 각 부문별 조직 간의 협력과 조정의 기제를 연결시켜 주는 촉매자(catalyst)의 기능과 지방정부의 위기관리 기능 수행을 도와주는 지원자(supporter) 역할을 수행하는 것이 바람직하다. 이를 통해 지방정부의 위기관리 역량을 증진시켜 주는 한편, 교육과 훈련, 비상대비 자원의 관리에 역량을 집중하고, 국가위기관리정책의 방향성과 문제점을 치유하는 데 초점을 두는 것이 바람직하다고 판단된다.

다른 어느 분야보다도 위기관리는 유관기관들 사이의 협력과 네트워크 구축이 절실히 요구된다. 이를 위해 226개 기초지방정부, 17개 광역지방정부는 물론 각급 중앙행정기관과 기타 재난관리 책임기관이 맡은 바 임무를 제대로 수행할 수 있도록 국가위기관리시스템의 핵심적 역할 수행 기관을 지정하는 것이 필요하다.

3) 지식정보화사회에서의 정보화

미래 사회는 고도의 지식정보화사회로 발전해 갈 것이다. 단순한 정보화의 수준을 벗어나 고도의 의사결정에 정보시스템의 활용이 극대화될 것이며, 국민들의 일상생활 역시 유비쿼터스 환경 하에 놓여지게 될 것으로 예상된다. 이러한 정보 환경 하에서는 통합위기관리시스템 역시 지식정보화사회의 환경에 적합하게 구축될 때에 효율적으로 기능할 수 있다. 즉, 단순한 정보의 전달과 공유에 그치는 것이 아니라 위기 상황 정보에 기반한 시나리오 구성을 통한 상황 정보의 공유 및 의사결정 지원을 위한 정보시스템의 구축이 필요하다. 그리고 위기관리시스템의 4단계인 예방, 대비, 대응, 복구 단계가 정보시스템상에서 함께 통합되어 활용될 수 있도록 고도화시키는 것이 요구된다. 또한 위기관리에 있어서는 어떻게 긴급대응을 할 것인가와 피해를 최소화하는 것이 핵심을 이룬다(Petak, 1985: 6). 이러한 긴급 대응과 피해 최소화는 오프라인상에서의 위기관리 노력만으로는 어렵기 때문에, 정보시스템의 적극적인 활용 방안을 마련하는 것이 요구된다.

4) 국제적 협력 및 연계 체계화

오늘날 위기는 어느 한 국가만의 문제로 나타나는 것이 아니라 다수의 국가에 걸쳐서 나타나고 있다. 예를 들면, 조류인플루엔자의 경우에는 대상이 되는 국가의 영역이 불특정 다수의 국가에 걸쳐 있기 때문에 더욱더 국제적 협력 및 연계를 체계화하는 것이 요구된다. 단일 국가에서의 통합위기관리시스템만으로는 예상할 수 있는 수많은 위기에 적절하게 대처하는 것이 어렵기 때문이다. 따라서 위기관리의 제도 분야나 학술연구 분야, 정보시스템 분야, 예방 분야, 대비 분야, 대응 분야, 복구 분야, 정보공유 분야 등에서 국제적 협력 관계를 구축하고 체계적으로 연계하는 것이 필요하다.

5) 국가비상대비 자원관리

국가위기의 유형이 전통적 안보, 자연재난 및 인적재난, 국가핵심기반, 사이버 안전 등 각 위기관리 유형별 관리로 인해 통합위기관리시스템에 의한 총괄 대응에 한계가 있다. 이는 특히 자원 동원의 측면에서는 정책조정과 통합관리가 이루어지지 못하는 이유가 된다. 현재는 국무총리 산하의 비상기획위원회에서 다루고 있는 전시동원 자원의 경우에는 비교적 효율성을 확보하고 있는 것으로 인식되고 있으나, 다른 민방위 자원이나 국가핵심기반 보호 대체 자원의 경우에는 비판이 제기되고 있는 실정이다. 따라서 전통적 안보 위기와 사이버 안전, 국가핵심기반, 재난 위기가 지니는 공통적 속성과 자원의 특성을 반영한 통합위기관리시스템의 구축이 요구된다. 이들 국가비상대비 자원의 관리 체계는 위기 유형 및 종류별로 세분화되어야 하는 한편, 인적자원 및 물적자원의 확인, 역량의 유지, 유사시 즉각 동원의 가능, 복귀 등 전반적인 관리 체계가 이루어져야 한다는 것을 의미한다.

6) 범국가적 위기관리 거버넌스 체제 구축

정부부문 주도의 위기관리시스템으로부터 전 국민의 참여를 통한 위기관리시스템 구축이 요구된다. 민간 NGO와 시민의 참여를 통한 위기관리 거버넌스 시스템이 이루어질 때 비로소 통합위기관리시스템이 완비되었다고 할 수 있다. 위기관리 거버넌스는 지역사회 주민의 안전한 생활을 위하여 중앙행정기관, 주민, NGO, 지방정부 등의 다양한 행위 주체들이 의사결정권을 공유한 채 상호 조정과 협력의 네트워크를 구성하여 위기관리 기능을 수행하는 것이라고 정의할 수 있다. 위기관리시스템은 위기관리와 관련된 각 중앙 부처, 유관기관, 광역 및 기초지방정부, 민간 기업, NGO, 주민 등과의 업무 조정 및 협조, 지시 등이 원활하게 이루어질 수 있도록 만들어져야 한다.

위기관리에 있어서는 다른 어느 영역보다도 네트워크 거버넌스가 중요함에도 불구하고 그동안 너무 전통적 안보 위기에 집중해 있다 보니 위기관리 기능의 원활한 수행에 제약이 있었다. 오늘날과 같은 위험 사회에서는 국가뿐만 아니라 시민사회 조직에서, 그리고 개인으로서 지구촌 사회의 다른 구성원들과 함께한다는 인식을 갖는 것이 요구된다(Shaw, 2001: 14). 우리나라에서는 위기관리에 있어서 민간부문의 기업이나 비정부 조직, 자원봉사 조직의 활용이나 참여가 제대로 이루어지지 못하고 있기 때문에, 위기관리 거버넌스를 통한 통합위기관리시스템의 구축에는 공공부문, 비정부/비영리 부문, 기업 등 민간 영역 사이의 협력과 조정이 매우 필요로 된다(Hy & Waugh, 1990: 14).

7) 위기관리 연습의 실제화 및 훈련의 내실화

위기관리의 훈련과 연습에 있어서 다양한 전문직업 분야의 노력의 결과들이 활용될 수 있어야 한다(Petak, 1985: 6). 그러나 현재 이루어지고 있는 훈련이나 연습이 도상연습에 그치고 있거나 비현실적 가정에 근거하여 이루어지고 있어 내실화되어 있다고 보기 어렵다. 을지훈련을 포함한 각종 위기관리와 관련된 훈련이나 연습이 실제 상황에 근거한 시나리오에 의거하여 이루어지는 것이 요구된다. 보다 효율적인 통합위기관리시스템을 이루기 위해서는 위기관리에 대한 지식축적기반 확충 및 위기에 대한 상황 중심적 대응력 향상이 무엇보다 중요하다. 이를 위해서 우선적으로 추진되어야 할 전략은 위기관리 교육·훈련 체계의 내실화다(이종열·김옥일, 2004: 73-90). 현재 행정안전부가 주도적으로 하고 있는 을지연습의 경우 실질적인 연습의 기회로 활용할 수 있다. 특히, 참여정부 당시 국가위기관리기본지침과 위기관리 표준매뉴얼(32개)이 확정된 데 이어, 272개의 위기 대응 실무매뉴얼 수립이 완료됨으로써 국가위기관리에 관한 문서 체계가 완성되었다고 볼 수 있다. 이러한 배경에서 향후에는 이들 문서 체계를 실제 연습과 훈련에 적용시키는 것이 과제로 남아 있다.

8) 현장 중심 지방정부와의 연계 체계

현장성에 기초한 재난관리시스템의 구축이 이루어질 때 통합위기관리시스템이 효율적으로 운용될 수 있다. 현장성은 위기 발생 상황에서 예방·대비·대응·복구와 관련된 위기관리의 일차적 책임 주체와 관련된 쟁점사항을 다룬다. 위기 발생에 따른 관리, 특히 대응의 우선책임은 지방정부에 있다[5](Hightower & Coutu, 1996: 69). 다만, 주의할 것은 기초지방정부, 광역지방정부, 중앙정부가 모두 재난관리의 책임을 공유하는 것이며, 함께 노력해야 하는 공동의 주체인 것이다(Schneider, 1995: 36). 이는 국가가 위기관리의 책임을 진다는 헌법적 규정의 포괄성에 비추어 볼 때 위기관리의 책임 주체와 관련된 쟁점은 중요한 문제다. 서비스 소비자에게 가장 가까이 있는 정부야말로 위기관리 서비스를 가장 잘 전달할 수 있기 때문이다(Winslow, 1996: 101).

미국 연방위기관리청(Federal Emergency Management Agency: 이하 'FEMA')의 경우, Hurricane Andrew 당시에는 FEMA 무용론까지 나올 정도로 비효율적인 것으로 평가되었다. 그러나 1993년 위트(James L. Witt) 청장이 급격한 방향 전환을 시도하였고, 동시에 FEMA의 업무를 재편성하였다. 즉, FEMA는 연방정부에 대한 직접적인 서비스 전달의 제한된 형식으로부터, 주와 지방정부, 민간 영역으로 뻗쳐 있는 복잡한 네트워크에 기초한 접근법으로 전환하였다. FEMA를 서비스 전달자로서 보기보다는 하나의 촉매자(catalyst)로서 보았던 것이다. 위트 청장은 FEMA의 역할을 재정의하고 그 역할을 수행할 수 있는 능력을 재구축하는 데 초점을 둠으로써, 성공적인 위기관리시스템을 구축하였다는 평가를 받고 있다.

정부의 기능은 수준별로 구분되어 역할 분담이 이루어져야 한다. 예를 들면, 위기관리의 주체인 정부는 중앙정부와 지방정부로 나누어 생각해 볼 수 있다. 먼저, 중앙의 위기관리 행정기관은 위기관리 기능의 혁신을 통해 기존의 서비스 제

5) 지방정부 수준에서의 위기관리는 일반적으로 세 가지 우선순위를 지니도록 설계된다. 재난으로부터의 생명 보호, 재산 손실 최소화, 지역사회와 경제적 복구 개선이 그것이다(Winslow, 1996: 107).

공자(service provider)로부터 촉매자(catalyst)로 역할을 변화시켜야 한다. 이와 더불어 지방정부가 시민에 대한 직접적인 위기관리 서비스 제공자로서의 역할을 수행하는 것이 필요하다. 중앙과 정책 중심의 정향성으로부터 및 지방정부와 활동 중심의 정향성으로 전환되어야 한다. 즉, 실제 기능 수행 중심의 통합위기관리시스템이 구축되는 것이 필요하다. 위기관리는 정부의 일상적 기능과는 달리 각종 위기로부터 국민의 생명과 재산의 보호라는 비상적 기능을 수행하기 때문에 행정적 책임뿐만 아니라 정치적 책임을 물어야 한다. 이를 위해서는 지방정부가 위기관리의 1차적 책임을 지고, 중앙정부는 관련 기관들 사이의 연계와 지원 역할에 초점을 맞추는 것이 요구된다.

제 4 절 총체적 위기관리 모형

오늘날 많은 기관들이 채택하고 있는 위기관리의 활동과 목표는 '총체적 위기관리 모형(comprehensive emergency management model: CEM)'에 기반하고 있다. 총체적 위기관리 모형은 위기관리 기능을 네 가지 단계로 구분하고 있다(Petak, 1985; McLoughlin, 1985; Waugh, 1994: 254). 첫째, 예방(mitigation)은 실제 발생한 재난이나 잠재적 재난에 의한 위험을 평가하고 위험을 감소시키려고 하는 활동이다. 둘째, 대비(preparedness)는 위험 평가에 기반한 대응 계획의 개발, 대응 인력의 훈련, 필요 자원의 준비, 다른 지역과의 자원 공유를 위한 협정 체결, 관할 지역 책임의 명확화 단계다. 셋째, 대응(response)은 계획의 집행, 제2차 피해 가능성의 축소, 복구 단계를 위한 준비 등이다. 넷째, 전력망 수리와 임시주택·식량·의복 등 생활지원 체계의 재구축 등이다.

총체적 위기관리 모형은 위기 상황에 대처하기 위한 포괄적인 범위의 기능과 활동을 강조하고 있다(Perry, 1985: 5). 예방과 대비 단계의 활동은 재난 위기의 영향이 발생하기 이전에 나타나는 반면에, 대응과 복구 단계의 활동은 재난 이후의 영향에 대한 조치인 것이다. 이들 각각의 단계에서 수행하는 위기관리 기능을 구체적으로 살펴보면 다음과 같다.

1) 예방 기능

예방 단계의 활동은 가능한 한 재난의 원인을 제거하거나 재난이 발생할 가능성을 크게 감소시키는 방향으로 맞춰져 있으며, 예방에 초점을 두고 있다(Perry, 1985: 5). 위기 발생 이전에 위기 촉발 요인을 미리 제거하거나 가급적 위기 요인이 표출되지 않도록 예방 · 억제하는 과정으로서, 위험이 있는 곳에서의 활동 내용을 결정하고, 위험 감소 계획(risk reduction program)을 집행하며, 위험의 정도를 장기적인 관점에서 감소시키는 활동으로 구성되어 있다(McLoughlin, 1985: 166). 예방은 주로 장기적 · 일반적인 위기 감소 문제를 다루고, 미래의 위기를 극복할 능력을 향상시키는 데 초점을 두며, 위기 종류에 따라 목표가 변화한다는 특성을 지닌다(Godschalk & Brower, 1985: 64－65). 예를 들면, 유해 물질 유출이나 방사능 누출 등 기술재난의 경우에는 발생 기회 감소나 원인 제거에, 홍수 · 태풍 · 지진 등 자연재난의 경우에는 구조물 보강 등의 조치를 통해 재난 피해 감소에 목표를 둔다. 이를 위해 예방 단계에서는 주로 사전 계획(plan), 규제(regulation), 자금지출 계획, 재난정보시스템 등의 기법이 활용된다. 또한 건축물 법령, 재난보험, 부지사용 관리, 위험지도 작성, 안전법령, 조세 인센티브와 불이익제도 등이 있다(Hy & Waugh, 1990: 19).

2) 대비 기능

대비 단계의 활동은 위기 상황에 대응하기 위한 실제 운용 능력을 개발하기 위한 활동으로서(Hy & Waugh, 1990: 19), 재난 영향이 임박했음을 알려주는 경보 기능과 위기관리의 효과성을 증진시켜 주는 활동의 두 가지 범주로 분류된다(Perry, 1985: 5). 대비 단계는 위기 대응을 위해 사전에 운영 능력을 개발하는 활동 과정이다. 따라서 위기 대응에 필요한 중요한 자원들을 미리 확인하고 지역 내 · 외에 있는 대응 기관들의 협조 동의를 구하고 기능 조정을 하며, 인명구조활동가를 훈련시킬 뿐만 아니라, 대응 계획 개발 등의 기능을 수행한다(Petak, 1985;

McLoughlin, 1985). 또한 위기관리에 도움을 줄 계획이나 경보 체계(warning systems)를 포함, 기타 다른 수단들을 준비하는 기능이다(Clary, 1985: 20).

3) 대응 기능

대응 단계 활동은 위기 발생 직전[6]이나 위기 상황, 위기 발생 직후에 생명을 구하고 재산상의 손실을 최소화하며 복구 활동을 개선하기 위해 취해지는 기능이다(Hy & Waugh, 1990: 19). 대응 단계의 기능은 위기 발생에 따라 위기관리 기관이 수행하여야 할 각종 임무 및 기능을 실제 적용하는 과정으로 볼 수 있다. 대응 단계는 예방·대비 단계와 밀접하게 연계되어 위기 유형에 관계없이 위기관리의 전체적 차원에서 위기를 파악·대응하는 통합위기관리시스템 확립을 통해 피해복구와 원조를 제공해야 한다(Drabek, 1985: 85). 동시에 제2의 손실 발생 가능성을 감소시킴으로써, 복구 단계에서 발생 가능한 문제들을 최소화시키는 위기관리의 실제 활동 국면이다(Petak, 1985). 위기에 대응하는 과정에서나 복구하는 단계에서 자원봉사자들의 역할이 중요시된다. 여기에는 구세군, 적십자, YMCA, YWCA, 각종 종교기관, 자선단체, 시민집단 등이 관여한다(Stallings & Quarantelli, 1985: 93-100; 김형렬, 2000: 540).

4) 복구 기능

복구 단계 활동은 재난 영향 직후부터 장기간 동안 계속된다(Perry, 1985: 7). 복구 조치의 목표는 최소한 재난 발생 이전과 같은 수준의 삶의 질뿐만 아니라 지역사회의 물리적 부분을 복원하는 것이다. 전통적으로 복구는 단기간의 구호와 사회복귀 조치와 장기간의 부흥 조치로 생각되어져 왔다.[7] 즉, 복구 활동은

6) 페리(Perry, 1985: 6)는 대응 활동을 재난 영향 기간 동안이나 직후에 재난 피해를 입은 주민을 도와주고 2차 피해를 감소시키는 데 초점을 둔다고 함으로써, 하이와 와우(Hy & Waugh, 1990)와 다른 견해를 보이고 있다. 그러나 저자는 위기 발생 직전의 활동도 대응 활동의 일환으로 본다.

7) 구호와 사회복귀는 재난 잔해물의 제거, 재난 피해 지역으로의 접근 복원, 기업과 산업의 재가동, 정부 또는 지역사회 서비스의 복원, 임시 재난희생자 보호 체계 개발(주택, 의복, 식량의 제공) 등을 포함한다. 그리고 부흥 활동은 건물, 도로, 다리, 댐 등 구조물의 재건축과 지역경제

생존지원 체계를 최소한 운영 수준으로 복원하는 활동이자 정상생활로 복귀하게 하는 장기간 활동으로서 잔해물 제거, 오염 통제, 재난실업 지원, 임시 주거, 시설 복원 등이 있다(Hy & Waugh, 1990: 19).

체계의 복원 노력으로 구성되어 있다. 특히, 부흥 단계는 재난 이전의 상태보다 개선된 상태로 전환하기 위한 계획을 제도화하는 단계로 인식되고 있다(Perry, 1985: 7).

제 3 편

위기관리 과정

제10장 예방 단계
제11장 대비 단계
제12장 대응 단계
제13장 복구 단계

제 10 장

예방 단계

제 1 절 의 의

예방(prevention/mitigation)[1]은 인간의 생명과 재산, 건강, 안전, 복지를 위협하는 위험이 존재하는 곳에서 무엇을 해야 하는지를 결정하는 활동으로 정의할 수 있다. 예방 단계는 크게 두 가지 의미를 지니고 있다. 첫째는 위기가 발생하는 것을 막는다는 예방의 의미와, 둘째는 위기로 인한 피해를 최소화하는 완화의 의미가 있다. 이러한 맥락에서 보면, 예방 단계는 위기 발생 자체를 막고, 위기로부터의 피해 규모를 감소시키기 위한 계획을 집행하며, 각종 위기로부터 인간의 생명과 재산에 대한 장기적인 위험의 정도를 감소시키려는 활동을 의미한다. 예방

1) 위기 예방이 미국의 연방위기관리 활동에서 처음 나타난 것은 1966년 홍수로 인한 장래의 손실을 완화시키기 위한 일환으로 범람지대 개발 축소에 대한 대통령 행정명령 제11296호이었으며, 이후 1979년 FEMA 창설과 함께 전시와 평시의 모든 재난에 대한 계획이 단일 기관에서 이루어져 활용되었다(Godschalk, 1991: 132-134).

단계는 위기가 실제로 발생하기 전에 위기 촉진 요인을 미리 제거하거나 위기 요인이 가급적 표출되지 않도록 억제 또는 예방하는 활동(Petak, 1985: 3; McLoughlin, 1985: 166)으로 구성되어 있다.

재난은 끊임없이 살아서 움직이는 현상이다. 인류 역사 초기부터 현재까지 홍수와 태풍은 지금까지 계속해서 발생해 오고 있고, 이에 따라 피해 또한 지속적으로 발생해 왔다. 게다가 산업화, 도시화 현상으로 인해 인적재난이나 기술재난이 증가해오고 있는 현실이다. 그렇기 때문에 재난이 없는 사회를 상상하는 것은 불가능하다. 다만, 재난의 유형에 따라 인간의 노력을 통해 재난이 발생하는 것 자체를 막을 수 있는 경우가 있다. 건물이나 교량의 붕괴, 비행기의 추락, 공장이나 발전소의 폭발, 선박의 침몰과 같은 인적재난은 위기 예방 노력을 기울임으로써 재난 발생을 막을 수 있다. 또한 과학적이고 체계적인 위기관리시스템의 구축을 통해 위기가 발생하는 것을 사전에 예방하거나 그 피해 규모를 줄일 수 있게 된다. 반면에 홍수나 태풍 같은 자연재난은 위기 발생 자체를 막을 수 없기 때문에 피해를 줄이는 완화(mitigation) 전략을 활용하는 것이 바람직하다. 완화는 위기 발생 이후 대응을 준비만 하는 것이 아니라 장기적으로 위험을 해결할 수 있는 방안을 마련하거나 위험을 단기간에 회복할 수 있는 조치를 취하는 것으로 이해할 수 있다.

이러한 예방 단계는 세 가지 주요 목표를 추구하는 전략으로 이해할 수 있다(Godschalk & Brower, 1985: 64－65). 첫째는 둑이나 방파제 등의 구조물을 설치하여 위기를 억제하거나 약화시키는 전략이다. 둘째는 건물의 높이를 규제하거나 홍수방지 시설의 설치를 통해 위해(危害) 지역에 거주하는 주민과 시설을 보호하려는 전략이다. 셋째는 토지 사용 및 인구 집중을 규제함으로써 위험 지역에 대한 이용을 제한하려는 전략이다. 이들 중 첫 번째 전략의 목표는 위험의 성질을 변화시키려는 것이고, 두 번째 전략의 목표는 손실 우려가 있는 취약성을 감소시키려는 것이다. 그리고 세 번째 전략의 목표는 위험에 대한 주민들의 노출을 감소시키려는 것이다.

이러한 위기 예방 활동은 장기적이고 보다 일반적인 위기 감소 문제를 다루는 활동이기 때문에, 주로 지역사회가 장래 직면하게 될 재난을 극복할 수 있는 능력을 증진시키는 데 초점을 두고, 위기의 종류에 따라 목표가 변화한다는 특징이 있다. 예를 들면, 인적재난의 경우에 있어서 위기 예방은 위기에 대한 사전 조치를 함으로써 그 발생 기회를 감소시키거나 원인을 제거하는 데 목표를 둔다. 반면에 자연재난의 경우에는 시민교육, 건물 코드 부여, 경보시스템의 구축, 구조 · 구급과 인간 활동에 대해 조치를 취함으로써 위기 노출 지역에 대한 주기적 영향으로부터 위기를 감소시키는 데 목표를 둔다. 또한 이러한 예방 활동은 복구 과정을 통해 개발된 정책이나 사업 계획들에 의해 개선될 수 있으며, 이에 따라 예방은 대비, 대응, 복구 단계와 직 · 간접적인 관련성을 지니고 있다고 볼 수 있다(Rubin & Barbee, 1985: 61-62).

예방 단계에서 주로 사용하는 도구나 기법으로는 위험 식별 매핑, 건축물이나 도시 디자인, 토지 이용 계획, 개발 규제, 조세제도, 자금지출 계획, 보험, 위기관리 정보시스템 구축 등이 있다. 이들 제접근법들은 기술적 · 정치적 과정을 통해 활용하게 된다. 위기 예방 활동의 효과적인 집행을 통해 얻을 수 있는 편익으로는 인명의 구조와 부상의 감소, 재산상의 손실 예방이나 손실의 감소, 경제적 손실의 감소, 사회적 혼란과 스트레스의 최소화, 농작물 손실의 최소화, 중요 시설물의 유지, 사회기반시설 보호, 정신적 건강 보호, 정부와 공무원의 법적 책임 감소, 정부 활동을 위한 긍정적인 정치적 결과의 제공 등이 있다(Godschalk, 1991: 131).

또한 전쟁과 테러와 같은 안보 위기의 예방은 선린우호관계를 유지하여 적대세력을 만들지 않는 것이다. 그러나 국익을 위해 영원한 우방도 적도 없는 국제정세에서 적을 만들지 않는다는 것은 매우 어려운 일일뿐만 아니라, 영세 중립국의 위치를 유지한다고 해도 위기로부터 자유로울 수는 없다. 요즘 테러와 같은 안보 위기는 국제적인 범주를 넘어 초국가적(transnational) 위협의 성격을 띠고 있기 때문이다. 따라서 위기 징후에 대한 감시를 강화하여 정보를 입수해 사전에 검거하거나 차단 또는 대화나 협상을 통해 미연에 방지하는 위기 예방이 요구된다.

제 2 절 예방 단계의 중요성

지구상에는 많은 위험 요소(hazards)[2)]들이 존재하며, 인류가 문명을 이루고 삶의 터전을 마련하면서 원하든 원하지 않던 더 많은 위험 요소들로부터 위험(risk)이 발생하고 있다. 과거에는 자연 현상의 위험 요소들, 예를 들어 홍수, 태풍, 폭설, 지진 등이 주된 위협이었으나, 문명이 발달하고 과학 기술의 진보로 인해 위험과 사고의 종류가 다양해지고 있다. 재난은 이러한 위험 요소들이 인간의 삶의 터전에 영향을 미쳐 재산과 인명의 손실을 초래하는 현상을 일컫는다. 과거에는 재난관리가 재난의 대응과 복구에만 치중되어 반복되는 재난을 사전에 예방하지 못해 피해가 거듭됨에 따라 국민들로부터 소 잃고 외양간도 제대로 고치지 못한다는 비난을 면치 못하였다.

지난 30년 간 전 세계에서 재난으로 인한 피해액은 약 7배가 증가했고, 그 중에서도 동남아시아의 재난 피해액은 약 30배로 급증했다. 전 세계의 재난으로 인한 피해 평균액과 비교해 4배 이상 증가한 수치로, 발생 건수면에서도 2.4배나 증가한 것으로 나타났다. 이는 동남아시아 지역이 급격한 산업화를 겪으면서 대기오염과 수질오염, 환경오염이 급증한 데 원인이 있는 것으로 볼 수 있다.

그리고 재난이 일어났을 때 예상되는 잠재적인 경제적 충격을 분석한 결과, 서울의 충격 규모가 전 세계 301개 주요 도시 중 3위라는 통계가 발표되었다. 2016년 9월 19일 글로벌 재보험사인 영국 로이즈의 '시티 매크로 리스크 인덱스'에 따르면 2015~2025년 동안 서울의 잠재 경제 충격 노출액은 1,035억 달러(약 116조 5,000억 원)로 집계되었는데, 이는 세계 301개 주요 도시 가운데 대만 타이베이(1,812억 달러), 일본 도쿄(1,532억 8,000만 달러) 다음으로 많은 것이다. 서울 다음으로는 필리핀 마닐라(1,010억 9,000만 달러), 미국 뉴욕(903억 6,000만 달러), 로스앤젤레스(903억 2,000만 달러) 등으로 나타났다. '시티 매크로 리스크 인

2) 위험 요소(hazards)는 크게 두 가지로 나뉘는데, 자연 현상에 의해 생성된 위험 요소들로는 홍수, 강풍, 해일, 지진, 폭설, 폭염, 냉해, 지반침식, 해안침식, 화산분출, 가뭄, 산불, 천둥번개 등이 있으며, 인위적 행위에 의해서 발생하는 위험 요소들로는 테러, 방사능 유출, 화학사고, 자동차사고, 항공기사고, 열차사고, 총기사고, 시설물 붕괴, 폭발, 환경오염, 폭동, 직장 내 사고, 살인 등 수없이 많은 요인들이 있다.

덱스'는 세계 경제의 도시 집중도가 증가함에 따라 자연재난과 인적재난으로 인한 피해도 집중되고 있다는 데 착안, 18개의 위험 요소에 도시가 노출된 잠재적인 경제 충격을 지표로 만든 것이다. 위험 요소에는 지진 · 해일 · 폭풍을 비롯한 자연재난과 경제공황 · 국가부도를 포함한 경제 사건, 사이버 공격 · 테러 · 전염병 · 태양 폭풍 등 신종 위험이 있다. 서울의 최대 위험 요소는 폭풍으로 나왔는데, 10년 간 경제 충격 노출액이 446억 8,000만 달러였고, 유가 충격은 127억 2,000만 달러, 공황 126억 3,000만 달러, 홍수 98억 3,000만 달러, 전염병 76억 1,000만 달러, 가뭄 60억 8,000만 달러 순이었다. 이외에도 사이버 공격 27억 1,000만 달러, 국가부도 20억 2,000만 달러, 한파 14억 2,000만 달러, 태양 폭풍 10억 8,000만 달러, 정전(power outage) 10억 1,000만 달러 등이 주요 위험 요소로 파악되었다. 로이즈는 "서울은 타이베이 · 도쿄 · 마닐라 등과 동일하게 지리적 영향으로 인해 태풍 · 홍수의 위험이 가장 크며, 가뭄 피해는 세계 4위 수준"이라며 "인재 위험 또한 높아, 유가 충격의 피해액은 세계 3위 수준"이라고 설명했다. 국내에서는 서울에 이어 부산 204억 5,000만 달러, 대구 135억 달러, 인천 105억 9,000만 달러, 대전 98억 6,000만 달러, 광주 86억 6,000만 달러의 순서로 경제 충격 노출액이 큰 것으로 분석되었다. 국내 대도시의 공통 위협 요소는 서울과 동일하게 폭풍과 유가 충격, 공황, 홍수 등으로 나타났다.

자연재난으로부터 인명 피해와 재산 피해가 증가하는 것은 여러 가지 요인이 작용한 결과다. 기후 변화로 인한 잦은 자연재난의 발생, 인구와 주택 수의 증가, 급속한 도시화와 자연 파괴로 인한 녹지 공간의 손실과 자연재난의 노출, 국민의 요구로 인한 국가적 재난 선포의 증가 등을 꼽을 수 있다. 한국의 경우 인구 증가와 도시화가 다른 나라에 비해 급격히 이루어졌다. 1970년 약 3천 2백만 명이던 인구가 2000년에는 약 4천 6백만 명으로 43% 증가하였고, 2017년 2월 5천 1백 7십만 명, 도시화는 41%에서 2010년 85.4%로 급격히 이루어졌다(Kwon, 2005: 5). 이는 미국이 비슷한 도시화율을 이루는 데 100년 정도 걸린 것에 비해, 한국은 30년 만에 이루어져 과연 도시가 제 기능을 수행할 기반시설의 건설 및 장기적인 자연재난 예방과 환경 보호를 감안한 도시설계가 이루어졌는지 의문이 든다. 브라크(Brauch, 2003)의 보고서에 의하면 급격히 발전한 도시는 자연재난에 아주 민감하게 표출되는데, 지중해에 위치한 국가들의 경우 도시화에 의한 인구 밀집으로 인해 지진과 홍수로부터 매년 피해가 급증하고 있다. 한국도 2002년 태풍 루사와 2003년 태풍 매미로부터 중소규모의 도시들이 아주 많은 피해를 입었고, 이러한 추세는 앞으로도 계속될 전망이다.

재난이 발생했을 때 한 국가가 입는 피해는 직접적인 건물의 파손, 인명의 손실과 부상, 농작물, 가축 등에만 국한되는 것은 아니다. 간접적인 피해로는 소방, 경찰, 긴급구조, 대피소 운용 등에 따른 국가적으로 지출되는 재난 대응 비용, 경제 활동의 마비나 중단으로 인한 지역경제의 피해, 이재민의 심리적 스트레스 등을 감안하면 앞에서 언급한 피해액의 몇 배에 달할 수 있다.

위기를 예방함으로써 얻게 되는 이점으로는 다음과 같은 것들이 있다(International City/County Management Association, 1991: 131).

- 인명의 보호와 상해를 줄인다.
- 재산 피해를 예방하거나 줄인다.
- 경제적 손실을 최소화한다.
- 사회적 혼란과 스트레스를 최소화한다.
- 농작물의 피해를 줄인다.
- 재난 발생 시 주요 공공시설의 역할 수행을 원할하게 한다.
- 사회기반시설의 피해를 줄인다.
- 심리적 안정을 이룬다.
- 정부와 공무원의 법적인 책임을 줄인다
- 국민들로부터 정부정책에 대한 신뢰를 쌓는다

미국에서는 1917년 이후 「홍수조절법(Flood Control Act)」, 「해안지역관리법(Coastal Zone Management Act)」, 「지진피해경감법(Earthquake Hazards Reduction Act)」 등 각종 재난 피해 예방을 위한 법령들이 제정되어 운용되어 왔는데, 1988년에 이르러 처음으로 통합적인 「재난구호 및 비상지원법(Disaster Relief and Emergency Assistance Act)」 제정을 통해 4단계 재난관리 체계의 구축과 종합적인 재난(multi hazards)을 관리할 수 있는 법체계를 마련하였다. 이 법의 가장 큰 특징은 재난 예방의 개념을 정립하고 예방에 필요한 정부기금을 마련하는 것을 법적으로 뒷받침한 것이다. 미국에서는 사실상 이 법으로 인하여 재난관리의 새로운 전기가 마련되었다고 평가(Godschalk et al., 1999: Natural Hazard Mitigation)되고 있으며, 미국 연방위기관리청(FEMA)의 조직도 4단계의 재난관리 체계에 맞춰 재편되었다. 1995년 처음으로 '국가완화전략(National Mitigation Strategy)'이 소개되었다. 이 전략서에 따르면 민간단체, 지방정부, 주정부, 그리고 연방정부의 참여를 통해 공동의 목표를 정했다; 첫째 목표는 국민의 자연재난 심각성에 대한 인식을 증대시키고, 국민 개개인 스스로 안전한 삶과 일터를 만들고자 하는 의지를 심어 준다. 둘째 목표는 자연재난으로 인한 자연과 문화자원의 파괴, 인명의 손실과 부상, 경제적 손실의 위협을 현격히 감소하는 것이다(FEMA, 1995).

기존의 경험과 연구 활동에 의한 예방과 대비만으로는 자연재난(natural hazards)을 없앨 수 없다. 하지만 이러한 정책과 행정의 변화로부터 우리 인간의 삶의 터전에 미치는 피해를 줄일 수 있게 될 것이다.

「재해경감법(Disaster Mitigation Act)」(2000)을 요약하면 재난 예방을 강화하고 주정부와 지방정부의 책임을 높이는 것이다. 먼저, 재난 발생 이전에 '사전재해예방기금(Pre-disaster Mitigation Program Fund)'을 마련하는 것이다. 이는 「재난구호 및 비상지원법(Disaster Relief and Emergency Assistance Act)」에서 정한 '사후재난 피해완화프로그램기금(Post disaster Mitigation Grant Program Fund)'을 재난 발생 이전과 이후로 나누어 진정한 재난 예방 및 경감의 목적을 이룰 수 있게 되었다. 또한 각 주정부와 지방정부는 재해경감계획(Hazard Mitigation Plan)을 수립해야만 재해복구지원 기금을 연방정부로부터 받을 수 있도록 하였다.

그리고 공공시설의 복구나 개인 주택의 복구 시 항구적인 복구를 적극 권장하는 조항을 추가했다. 국가적으로는 국토 전체에 존재하는 각종 자연재난을 과학적으로 분석해 이를 GIS 지도로 인터넷상에 올려 모든 사용자가 언제, 어디서든 이용할 수 있게 하였다. 재난 예방은 단순히 정부만의 몫이 아니며 정부 혼자서는 결코 그 목적을 달성할 수가 없다. 국민 개개인, 기업, 비정부 기구, 시·군·구, 그리고 중앙정부가 다 함께 각자의 몫을 수행할 때 비로소 최대의 성과를 이룰 수 있다.

예방의 시작은 각 가정이며 가족구성원 모두가 재난의 심각성을 깨닫고 작은 일부터 실천해야 한다. 예를 들면, 자신의 주거지역에 어떠한 위협이 존재하는지 파악하고, 각자의 안전을 위해 자신에게 주어진 책임을 다하고 건축법에서 정한 안전 규제를 준수하고, 전기 가스 사용 시 주의사항 등을 숙지하고 따라야 한다. 또한 각종 사고 발생 시 신속한 복구를 위해 화재보험이나 농작물보험 같은 안전 보험에 가입하고, 상습적인 홍수지역이나 저지대 또는 산사태의 위험이 있는 곳에는 주택이나 상업시설을 신축하지 않아야 한다. 마지막으로, 주거지역에서 발견되는 각종의 위험 요소들을 시·군·구청에 보고하고 시정을 요청한다.

기업이나 중소 상인들은 재난이 발생하기 이전에 만전의 준비를 다해 피해를 최소화하고 재난 발생 이후에는 최대한 신속한 복구로 경제 활동을 재개해서 이재민들이 정상적인 생활을 할 수 있도록 도와줘야 한다. 그러기 위해서는 각종 건축법, 토지이용 계획, 구획 관리법, 소방법 등에 의거해 시설물을 건축하고 사업장이 각종 재난으로부터 피해를 입지 않도록 각종 예방 기법을 통해 시설물을 강화하고, 만일의 사태에 대비해 재난보험에 가입하는 것이 필요하다. 최근에 많은 기업들이 컴퓨터와 전자 통신에 의존한 활동을 하므로, 자료의 백업, 여분의 통신시설, 그리고 대안적인 사업장의 설정 등 비상계획을 수립해야 한다.

시·군·구는 관할 지역에 존재하는 모든 위험 요소들을 평소에 파악하고 재난에 대비한 예방 정책을 현장에서 실행하는 가장 기초적인 정부조직이다. 이들 조직은 관할 지역 내에 있는 펌프장, 저수지, 제방 등과 같은 방재시설을 수리 점검하고 하천 정비 등을 실시해야 한다. 또한 각종 건축규제, 도시계획, 방재계획 등이 자연재난으로부터 국민의 생명과 재산을 보호할 수 있도록 수립되어 있는지 점검하고, 이를 실행할 의무를 지니며, 상위 기관에서 정한 각종의 재난관리 관련 법들을 준수해야 한다. 또한 관내 주민들이 지역에 존재하는 각종의 위험 요소를 인지하고, 그 위협으로 부터 피해를 줄일 수 있는 각종 예방 기법들을 실제로 실행에 옮길 수 있도록 계몽에도 힘을 쏟고, 자연재난이 발생할 가능성이 있는 위험 지역 개발을 지양하고 자연보호를 권장하는 것이 필요하다.

중앙정부는 먼저 정부시설의 건설에 있어 재난 예방의 시범을 보여야 한다. 정부의 시설 및 건축물들을 재난 발생 가능 지역에서 벗어나 건설하고 기존의 것들은 재난으로부터 피해를 최소화할 수 있도록 구조적으로 보강해야 한다. 나아가 대학교, 연구기관, 민간단체와 연계하여 새로운 예방기술과 기법을 연구 개발하여, 지방정부들이 새로운 기술과 공법을 실행할 수 있도록 자금과 기술 지원을 해야 한다. 마지막으로, 국민 전체가 안전한 삶과 경제 활동을 영위할 수 있도록 끊임없이 교육하고 계몽할 의무가 있다.

제3절 예방 단계에서의 활용 기법

위기 예방 및 경감은 위기로부터 발생할 수 있는 국민의 생명, 재산, 건강, 사회 경제적 활동, 그리고 자연자원을 파괴하는 위협을 완전히 제거하거나 줄이기 위한 행위들을 말한다(National Research Council, 1991: 21). 다음의 <표 10-1>에서 보는 바와 같이 미국은 1966년 홍수터 규제를 시작으로 각종 자연재난을 예방하는 정책들이 쏟아져 나왔는데, 이들은 주로 세 가지 맥락으로 나누어 살펴보면 다음과 같다. 첫째, 자연의 파괴로 인한 재난의 발생을 막기 위해 홍수디나 습지 등을 보호한다. 둘째, 홍수의 발생 가능성이 높은 지역을 지정하여 개발을 막는다. 셋째, 재난 발생 이전과 이후의 재난피해예방기금을 마련하여 앞으로 발생할 재난에 대비한다.

이러한 위기 예방 및 경감을 위한 기법은 크게 구조적 예방 기법과 비구조적 예방 기법으로 구분할 수 있다(정병도, 2015: 267-268). 먼저, 구조적 예방 기법으로는 댐, 제방, 방파제, 건축물, 시설물, 장벽 등을 설치하는 것이다. 이러한 구조적 예방 기법에는 전기, 가스, 전화, 은행, 교량 등 인프라 시설에 대한 다양한 공학적인 접근도 해당된다. 즉, 구조적 예방 기법은 위기의 충격으로부터 방어하기 위해 공학적인 안전기술을 활용하는 것을 말한다. 또한 개별 구조물의 기초능력과 역학적인 내력을 증가시키기 위한 건물의 설계와 시공재료의 사용 같은 것들도 포함할 수 있는데, 이런 방법은 개인 주택, 상업건물, 산업시설, 인프라, 도로와 교량, 시설물 등에 적용할 수 있다.

다음으로, 비구조적 예방 기법에는 위험 지역에서의 주거 제한, 대비 계획, 경보 등과 같이 위기를 사전에 줄이기 위한 활동들이 있다. 대표적인 비구조적 예방 기법으로는 건축법과 같이 규제를 통한 사회적, 물리적, 환경적인 취약성을 줄이는 조치와 같은 법률적인 구성, 위험이 빈발하는 지역에서의 인간의 활동을 조정하는 토지이용계획, 세금 감면이나 보조금과 같은 인센티브, 국민 계몽이나 홍보 등이 포함된다. 이들은 재난으로부터의 피해를 완전히 줄일 수는 없지만, 그 피해를 최소한으로 줄이는 것을 목표로 하며 기존의 잘못된 것들을 개량하고 앞으로 삶의 환경을 안전하게 건설하려는 것이다.

표 10-1 미국 홍수재난 경감 정책의 변화

연 도	정 책
1966	대통령령 제11296호 - 홍수터의 개발 제한
1968	국가홍수보험법 - 홍수보험 시행 시 홍수터 규제 명시
1972	해안지역관리법 - 해안지역 계획 수립 권장
1973	홍수재해방지법 - 홍수보험에 가입하지 않은 지역에 대한 주택자금 대출의 금지
1974	재해구호법 - 재난 발생 시 연방정부의 지원을 받기 위해서는 지방과 주정부의 재해경감계획 수립의 의무화. 태풍 관리부서 신설
1977	대통령령 제11988호와 제11990호 - 연방정부는 대안이 없는 경우를 제외하고 홍수터와 습지 내 개발을 금함.
1977	국가지진재해경감법 통과
1979	대통령령 제12127호 - 연방위기관리청(FEMA) 신설
1980	FEMA - 정부 내 연계기관 재해경감팀 발족
1980	FEMA - 공공시설 복구비의 25%를 지방정부에 부담 지움.
1983	FEMA - 4단계로 통합된 재난관리 체계 마련
1990	FEMA - 효율적인 재해경감을 위한 지역 등급제 도입
2000	재해경감법 개정 - 재해발생 전 재해경감기금 마련과 재해경감계획의 의무화

자료: Godschalk & Beatley(1989) 보완.

1 예방 정책

예방 정책 기법들은 향후 개발되는 지역과 건물의 피해를 방지하기 위해 해당 지역의 토지이용 형태를 보다 자연친화적이고 재난으로부터 피해를 최소화할 수 있도록 행정규제를 활용한다. 재해경감계획(Hazard Mitigation Planning),

도시종합개발계획 및 구획관리(Comprehensive Planning and Zoning), 건축법(Building Codes), 홍수터 규제(Floodplain Regulations), 홍수조절법(Stormwater Management Regulations), 하수시스템 유지관리(Drainage System Maintenance), 기간시설 개선계획(Capital Improvements Programming), 해안 · 강안 · 지진구역 규제(Shoreline/Riverine/Fault Zone Setbacks) 등이 그것이다. 이 중에서 재해경감계획의 주요 내용을 살펴보면 다음과 같다.

1) 재해경감계획 수립의 1단계

재해경감계획의 수립과 실행은 저비용으로 고효율의 효과를 나타내는 재해경감 기법으로 알려져 있다. 이 계획은 단순한 일회성의 형식적인 계획을 수립하는 것이 아니라, 한 지역의 모든 구성원들이 참여하여 그 지역에 존재하는 모든 재해 유발 요소들을 파악하고 분석한다. 그리고 이 계획은 각 지방정부의 역량에 따라 가장 적절한 재해경감 정책들을 가려내고 이를 실행함으로써 미래에 있을 피해를 줄이는 것이다. 또한 재해가 발생하는 경우, 이미 수립해 놓은 항구복구계획을 실행할 수 있다.

재해경감은 현재의 투자를 통해 미래에 발생할 재해에 대비하고, 대응하며, 복구하는 데 드는 비용을 절감함으로써 장기적이고 반복적으로 이익을 창출하는 것이 가능하다. 또한 국민의 생명과 재산의 보호, 국가 행정기관들의 재난관리 비용의 절감뿐 아니라, 신속한 복구를 통해 경제 활동의 정상화를 이루는 장점이 있다.

그리고 재해경감계획은 다른 계획들, 예를 들어 종합개발계획, 환경보호계획, 교통계획, 사회기간시설의 확충, 레크리에이션 등과 통합될 경우 지역의 종합적인 목표 달성에 도움을 제공하기도 한다.

재해경감계획은 3단계의 수립과정을 거치는데, 첫 번째 단계는 그 해당 지역에 거주하는 주민과 공무원, 사업체 대표, 학교, 학자 등 지역사회에 관심이 있는 사람들이 모여 위원회를 구성한다. 이들은 그 지역을 잘 알고 재난관리에 관심이 있는 사람들로 구성되어 계획수립과정에서 많은 조언과 도움을 제공할 수 있어야 한다. 이 위원회는 최소한 3회 이상 가능하면 여러 번의 모임을 갖는 것이 유익하다. 이때 재해 위해 요소 분석과 지역의 역량 평가를 수행한다. 위험 평가(risk assessment)는 위해 요소 파악(hazards identification), 위해 요소 분석(hazards analysis), 그리고 취약성 분석(vulnerability analysis) 등 세 가지 단계를 포함한다.

위험 평가(risk assessment)를 하는 목적은 한 지역사회에 존재하는 모든 위해 요소들을 파악하고, 각각의 위해 요소들이 어떤 영향을 미칠 것인가를 분석하여 가장 적절한 재해예방책을 마련하는 것을 기본으로 한다. 특히, 인적자원과 물적자원의 부족으로 인해 모든 재난 위험을 동일하게 다룰 수 없는 것이 현실이다. 따라서 위해 요소 분석을 통해 어떤 위협을 먼저 다룰 것인가 우선순위를 정할 수 있다.

첫째, 위해 요소 파악(hazards identification)은 한 지역에 존재할 수 있는 모든 재난의 위협들을 파악하는 것인데, 단순히 과거의 경험적인 자료에 근거한 위해 요소의 파악만이 아니라 미래에 발생할 수 있는 모든 위해 요소들을 포함해야 한다.

둘째, 위해 요소 분석(hazards analysis)은 일단 모든 위해 요소들이 파악되면, 이들의 과거 피해 정도, 발생 빈도, 피해 정도의 가능성, 지속성, 위치, 그리고 기타 성격을 조사·분석한다. 이러한 것들은 주로 과거 자료에 기반을 두거나 과학적인 조사를 통해 만들어진 모델링을 통해 각각의 위해 요소들의 성격을 규정지을 수 있다. 가령, 한 지역에서 홍수의 위험을 과거의 경험적 자료와 지형 분석을 통해 그 발생 가능성이 높다고 판단되었을 때, 홍수 지도를 이용하거나 홍수 흔적도를 통해 그 위치를 파악하고, 홍수의 빈도, 피해 정도, 그리고 홍수의 발생 가능성을 분석한다(FEMA, 2001: 1−13).

이 과정이 끝나면 셋째, 취약성 분석(vulnerability analysis)을 한다. 취약성 분석은 위험 지역으로 파악된 지역에 위치한 건축물, 중요 기간시설, 관공서 등의 피해 정도를 위해 요소 발생 확률과 피해 강도, 그리고 위해 요소에 노출된 재산 금액을 조합하여 취약성 분석을 한다. 이 작업을 수행하기 위해서는 재해위험지도의 작성이 가장 중요한데, 최근에는 전자지리정보시스템을 이용한 전자화된 홍수·지진·태풍 지도 등을 많이 활용한다.

이 재해위험지도 위에 그 지역에 있는 건축물과 모든 시설물을 중첩시키면 얼마나 많은 시설물들이 위해 요소(hazards)에 노출되어 있는지 정확하게 산출해 낼 수가 있다. 이 작업이 끝나면 추려진 시설물들이 얼마나 자주, 그리고 심각하게 피해를 입을 가능성이 있는지 건물의 상태와 위협에 따라 판단한다.

예를 들어, 홍수 취약성 분석의 경우, 홍수 발생 가능 지역으로 파악된 지역에서의 100년 빈도 홍수의 높이가 해수면으로부터 얼마인가를 알아야 한다. 이것은 수리 모델을 이용하든지 과거 자료에 기초해서 그 값을 정할 수 있다. 일단, 이 값이 정해지면 건물은 해수면으로부터 얼마나 높이 지어져 있는가를 비교하여, 100년 빈도의 홍수가 발생할 때의 건물과 가재도구의 피해액을 산출해낼 수가 있다.

2) 재해경감계획 수립의 2단계

재해경감계획 수립의 2단계는 재해경감정책을 개발하고 수립하는 단계다. 이 단계는 잎에서 실시한 위해 요소 분석과 지역의 역량 평가 결과를 분석하여 위해 요소 발생과 피해의 위험이 가장 크고 지방정부의 관리 능력이 부족한 위해 요소들을 우선적으로 선정하여 적절한 위해 예방 또는 재해경감정책의 실행에 필요한 자금을 지원한다. 앞의 단계들을 거쳐 계획이 작성되면, 관련 위원회의 심의를 거친 후 최종 의사결정기구인 지방의회의 승인을 받아 지방정부의 장의 서명을 받아야 한다. 통상 이 계획은 지방의회의 승인을 받기 전에 주민들에게 열람할 기회를 주어 주민들의 의문점이나 문제 제기에 답해야 한다.

이때 지방정부의 역량 평가는 크게 볼 때 다섯 가지로 구분할 수 있다(FEMA, 2003: 2-13). 첫째, 사회적 성숙도를 평가해야 한다. 한 지역사회가 추구하는 목표, 사회 정의, 그리고 문화적 가치들을 점검한다. 둘째, 각종 계획 및 규제를 평가해야 한다. 도시계획, 환경계획, 재난대응계획, 건축법, 홍수범람지역 관리법 등을 점검해야 한다. 셋째, 행정 및 기술적 능력에 대한 평가를 해야 한다. 홍수지도의 존재, 지방정부 내 계획가, 홍수관리 전문가, 위기관리자, 엔지니어, 건축물 심사관 등이 존재하는지 여부를 점검하는 것이다. 넷째, 재정 능력을 평가해야 한다. 시·군의 재정 상태, 하수세의 징수 여부, 재난관리기금의 상태 등을 점검하는 것이다. 다섯째, 정치적 능력을 평가해야 한다. 지방정부의 장, 지방의회의원들의 위기에 대한 인지도와 각종 재난관리정책에 대한 지원 의지 등을 평가하는 것이다.

3) 재해경감계획 수립의 3단계

3단계는 재해경감계획이 수립되면 주정부와 연방정부의 최종 승인을 통과해야만 유용한 계획으로서 그 효력을 발휘하게 된다. 한 번 승인된 계획은 3년 간 유효하며, 지속적으로 변화하는 상황들을 반영하여 갱신해야 한다. 이때 변화하는 상황의 예를 들면 다음과 같다. 해당 지역의 비전과 목표가 변함이 없는가, 새로운 위해 요소들이 발생하였는가, 현재 재정 능력은 설정된 목표들을 실행할 만큼 충분한가, 최종 산출물들이 처음 기대했던 만큼의 효과가 있는가, 그리고 예상치 못한 장애로 인해 실행에 어떠한 차질이 발생하였는가 등이다.

도시종합개발계획은 한 도시의 주거지, 상업지역, 공장지역, 공원, 녹지 공간 등의 위치와 면적을 어떻게 지정할 것인지, 얼마나 빠른 속도로 개발해 나갈 것인가를 지역주민의 동의를 얻어 만든 미래의 모습이 담긴 청사진이다. 이 계획을 통해 지방정부는 도시를 개발함에 있어서 경제개발, 주거환경개선, 환경보전 중 어느 것에 중점을 둘 것인지 또는 얼마나 빨리 개발할 것인지도 결정한다.

재해경감에 있어서 종합개발계획의 역할은 다음과 같다. 우선, 개발계획을 수립할 때 미리 위해 요소와 위험 지역을 파악하고 위험도를 측정하는 것이 가능하다. 다음으로, 재난 발생 시 위해 요소들이 생활 환경에 미칠 영향을 파악하여, 도시기반시설을 계획하거나 구획정리와 단지개발을 하는 데 있어서, 위험 지역 개발을 억제하는 대신에 녹지 공간이나 공원 등으로 지정함으로써 미래에 있을지도 모를 재해 영향으로부터 피해를 줄일 수 있다는 장점이 있다(North Carolina Division of Emergency Management, 2002: 1-2)

재해경감계획은 하나의 독립된 계획으로서 운용되기도 하지만, 도시종합개발계획과 통합되어 수립·운용될 때 그 효과를 극대화할 수 있다. 그 효과로는, ① 재난관리를 조직적이고 공식적으로 정부의 한 업무 분야로 확립할 수 있어 일회성이 아닌 지속적인 지역주민의 관심사로 자리매김할 수 있다. ② 그리고 지속적으로 성장 가능한 지역의 발전 방향을 이끌어 내는 중요한 고려사항으로 미래의 지역경제의 안정과 삶의 질 향상에 중요한 요소로 작용한다. 하지만 재해경감계획이 지니는 단점은 구속력이 없기 때문에 실제 개발계획을 실행하는 데 얼마만큼 효과가 있을지는 의문이다.

건축법(Building Codes)은 도시종합개발계획과는 달리 건축물 신축 시 용도, 외관, 용적률의 적용에 아주 강력한 구속력을 가지고 있다. 이 법은 소방 관련 규제, 불연성 소재 사용의 의무화, 내진, 내풍, 그리고 홍수에 대비한 각종 예방 기법들을 가미하여 운용할 수 있다. 하지만 도시개발계획이 보다 큰 규모의 개발에 영향을 미칠 수 있는 데 반해, 건축법령은 건물 단위의 예방에만 영향을 미친다는 한계가 있다. 이와 함께 건축법은 새로 신축되는 건물에만 적용된다는 한계를 가지고 있다.

2 건축물 보호

건축물 보호 기법은 현존하는 건물들을 개량·개조하여 자연재난으로부터 피해를 견딜 수 있게 하는 방법이다. 가령, 상습 침수 지역에 위치한 건물들을 보다 안전한 지역으로 이전하거나, 저층에 위치한 주거 공간을 고층으로 옮긴 후 저층의 공간을 주차 공간 또는 놀이 공간으로 이용한다. 그리고 폭설이 잦은 지역의 건물들은 일정 부하를 견딜 수 있도록 지붕을 보수·개량한다. 그 밖에 해안가에 위치한 건물들이 태풍의 피해로부터 견딜 수 있도록 강화된 유리를 사용한다든가, 시설물이 바람에 날려 건물이나 인명에 피해를 입히지 않도록 고정시킨다.

1) 안전한 지역으로의 이주

지방정부가 상습 침수 지역, 산사태, 지진 등이 발생할 가능성이 많은 지역의 건물들을 구입하여 허물거나 안전한 지역으로 옮기는 것을 일컫는다. 다른 예방 기법들과는 달리 이 기법은 영구적인 재해 예방으로 건축물, 소유물품, 그리고 인명을 보호하는 기법으로 여겨진다. 이 기법을 실시할 경우 건물주는 정부로부터 공인감정평가를 통한 시장가격에 기준한 보상을 받게 된다.

건물과 토지를 매입한 후, 지방정부는 건물을 허물고 토지는 지방정부로 영구히 귀속되어 공원, 농지, 홍수터, 저수지, 주차장과 같은 공터로서 보존한다. 특히, 상습 홍수지역에 위치한 대지는 종종 생태계에 중요한 역할을 하는 습지 등으로 전환되어 환경보호에도 큰 도움이 되는 경우도 있다. 하지만 이 기법은 비용이 많이 들고 재산권 침해를 피하기 위해서는 주민들의 자발적인 참여에 의존하기 때문에 집단 이주와 같은 효과를 이루기 힘들다.

2) 건물 기반 올리기

건물 기반 올리기 기법은 상습 홍수지역에 위치한 건물을 100년 홍수 예상 높이 이상으로 건물을 들어 올려 홍수로부터 피해를 막는 기법이다. 목조 건물의 경우 이 기법은 아주 저렴하고 효과적이지만, 지하실이 있거나 2층 이상인 콘크리트 건물은 기반을 들어 올리는 것이 불가능하거나 그 비용이 비싸다. 따라서 이러한 경우에는 건물 하부를 헐어내어 주차 공간으로 전환하고 상부에 추가적인 주거 공간을 늘리는 방법을 적용할 수도 있다. 이 기법은 건물의 이주나 구입보다는 저렴하지만 홍수로에 위치한 건물은 이 기법을 적용하기에 적합하지 않다. 이는 홍수 발생 시 여전히 주민의 대피가 이루어져야 하고 비상시에는 긴급구조를 실시하여야 한다. 그리고 건물이 이러한 변형을 견딜 수 있는 상태이어야만 가능하다(Federal Emergency Management Agency, 1998: 37).

3) 건물 방수

이 기법은 방수막, 방수 화학물질이나 방수벽 등의 설치를 통해 건물을 홍수로부터 보호하는 것이다. 이 기법은 물이 얕고 저속으로 흐르는 지역에 위치한 건물의 출입문, 창문, 환기구멍 등을 일시적으로 막음으로써 피해를 줄일 수 있다. 이 기법은 주로 콘크리트와 벽돌 건물에 적용하기 용이하다. 그러나 이 기법을 적용하기 위해서는 무엇보다도 먼저 건물과 방수막이 수압으로부터 견딜 수 있는지 건축 공학가에게 의뢰하여 판단하여야 한다. 그리고 홍수가 발생했을 때

하수가 건물 안으로 역류하지 않도록 역류방지 밸브를 설치하여야 한다. 이 기법은 지하실이 있는 건물에는 적합하지 않으며, 1미터 이상 높이의 방수막이나 벽을 쌓는 것은 수압을 견디기 힘들기 때문에 금지해야 한다(Federal Emergency Management Agency, 1998: 53).

4) 건물의 강화 및 대피 공간 설치

이 기법은 주로 태풍이나 돌풍, 토네이도와 같은 재난으로부터 생명과 재산을 보호하기 위해 채택된다. 미국의 경우 목조 건물이 많기 때문에 해안이나 토네이도의 위험 지역에 지어지는 건축물들은 강풍으로부터 견딜 수 있게 일정 기준 이상으로 건물과 지붕을 고정시켜야 한다. 하지만 이미 오래전에 지어진 건물은 지붕과 건물을 기초에 고정시켜 보호한다. 또한 유리창은 강풍에 취약하기 때문에 이들을 보호할 수 있는 차단막을 설치하거나 강화 유리로 교체하기도 한다. 특히, 토네이도가 자주 발생하는 지역에서는 정부의 보조금으로 개인 주택 안에 대피 공간을 만들기도 한다. 공공 주택이나 개인 주택에 설치되는 대피 공간은 FEMA가 정한 내풍의 기준에 따라 설계하여야 한다.

3 구조적 보호시설물 건설

구조적 보호시설물 건설(Structural Projects)을 통한 재해경감의 기법들로는 댐 건설, 저수지 보수, 제방 구축, 하천의 정비 등으로 수량과 유속을 조절하고 펌프를 설치하여 유사시 가동하는 것이다. 이 기법은 아주 오래전부터 홍수를 조절하는 데 사용되어 왔으며, 특히 자연녹지 공간이나 홍수터가 부족한 인구가 밀집된 도시지역을 보호하는 데 큰 역할을 하고 있다. 하지만 대부분의 인공 구조물들은 100년 내지 250년의 홍수 빈도를 기준으로 설계되어 예상 기준보다 더 큰 홍수가 발생할 경우 더 큰 피해를 초래할 수 있다. 도시에 건설된 하수로, 도랑, 하천 등은 정기적인 관리를 하지 않으면, 홍수를 조절하는 기능을 상실하고 종종

사례 마린시티, 물바다와 바꾼 조망권

지난 5일 18호 태풍 '차바'가 몰고 온 초대형 파도로 부산 해운대구 마린시티가 큰 피해를 보면서 부산시가 '방파제 딜레마'에 빠졌다. 현재 마린시티 앞 해안에 설치된 높이 5.1m의 방파제와 높이 1.3m의 방수벽으로는 쓰나미(지진해일)급의 높은 파도를 막을 수 없다는 게 드러났기 때문이다. 하지만 방수벽을 높이 세우는 것에 대해 고층 빌딩 저층에 있는 테라스 카페와 식당 등 상인들이 반대하고 있어 부산시가 속을 태우고 있다. 저층 상인들은 방수벽이 높아질 경우 탁 트인 바다를 볼 수 없게 되어 영업에 타격을 받을 것을 우려하고 있다.

마린시티는 80층짜리 두산위브더제니스와 72층짜리 해운대아이파크 등 초고층 아파트와 오피스텔 등 10여 개가 밀집한 곳으로, 1만 5,000여 명이 생활하고 있다. 아파트 단지에서 바다까지 불과 40여m 거리로 걸어서 1분이면 갈 수 있다. 지난 5일 오전 높이 10m짜리 파도가 방파제와 방수벽을 넘어 도로와 인근 아파트 단지 안으로 들이닥치자 인도와 도로가 부서지면서 대지 1만여m^2가 쑥대밭이 되었다. 해안도로에 접한 아파트 등의 유리창이 부서지고, 방파제 아래에 있던 거대한 돌 구조물인 테트라포드가 해안도로까지 넘어오려다 방파제 턱에 걸리기도 했다.

마린시티는 지난 2003년 태풍 매미, 2010년 덴무, 2012년 산바 때도 침수 피해를 겪고 방파제 건설 논란을 계속해왔다. 결국 부산시는 2012년 3m 이상의 방수벽을 설치하기로 하고 공사에 들어갔지만, 상인들이 "방수벽에 가려 카페에서 바다가 보이지 않는다"며 반대해 1.3m의 낮은 방수벽만 설치했다.

이번 태풍을 겪은 주민들은 "무조건 방수벽을 높여야 한다"는 입장이다. 그러나 상인들은 "손님들이 테라스에 앉아 해운대 바다를 보기 위해 오는데 방수벽을 쌓으면 손님이 오겠느냐. 우리는 다 문 닫으라는 소리냐"며 반발하고 있다. 부산시 관계자는 "주민들과 상인들 입장이 갈려 어느 장단에 맞춰야 할지 모르겠다"고 말했다.

<조선일보, 2016년 10월 7일, A10면>

지난 5일 오전 태풍 차바가 몰고 온 거대한 파도가 부산 해운대 마린시티 앞 해안도로를 덮치고 있다 〈연합뉴스〉.

홍수의 원인이 되기도 한다. 따라서 오래된 하수로, 하수관과, 잔가지나 쓰레기로 막힌 하천 등은 우기가 시작하기 전에 반드시 사전 점검하고 관리하여 그 기능을 수행할 수 있게 해야 한다. 그리고 지방정부는 주민이 이러한 시설물들을 변경하거나, 변칙 운용을 할 수 없도록 끊임없이 단속해야 한다.

댐은 주로 수로 중간이나 하류에 물을 저장하기 위해 건축되는데, 담수는 홍수조절, 수력발전, 공업용수, 농업용수, 그리고 식수로 쓰인다. 저수지는 댐과 비슷하나 보다 작은 규모의 저수시설로서 주로 빗물을 잠시 저장하여 홍수를 막고 농업용수로도 주로 쓰인다. 이러한 구조물들은 홍수를 조절하는 데 탁월한 기능을 수행한다. 댐이나 저수지의 용량을 설계할 때는 과거에 발생하였던 대규모의 홍수량보다 크게 설계하여야 하며, 방류 시에는 하류에 있는 주거지에 영향을 미치지 않도록 하여야 한다. 이러한 여러 가지 장점에도 불구하고 댐이나 저수지의 건설은 토지보상이나 건설비용이 높고 자연 환경을 인위적으로 바꾸기 때문에 환경을 파괴할 수 있는 가능성을 내포하고 있다.

4 자연자원 보호

급격한 도시화는 자연 환경을 파괴하고 이것의 영향으로 더 큰 재앙을 불러일으키기도 하는데, 정부는 각종 자연보호 프로그램을 수립하고 운용함으로써 자연재난으로부터 피해를 줄일 수 있도록 노력해야 한다. 가령, 조림사업은 산사태 방지, 가뭄 피해 완화와 홍수 예방 등의 일석삼조의 효과를 이룰 수 있다. 습지, 갯벌, 자연 녹지 등은 강우량이 많을 때, 물을 잠시 저장하는 저수지의 역할을 수행하므로 홍수 조절을 하는 데 큰 역할을 한다. 이외에 다른 방법은 동식물 서식지 보호, 강안의 둑 보호와 복구, 지반 침식 조절, 급경사 보호 및 관리 등을 들 수 있다.

홍수터는 계절에 따라 유동적인 강우량으로 인한 홍수와 가뭄을 감소하거나 조절하는 기능을 한다. 또한 홍수터는 자연녹지 및 동식물의 서식지를 제공하고, 오염물질 걸러내는 또 다른 환경보호의 목적을 달성할 수 있다. 홍수터 관리 프로그램은 한 지역 내에 존재하는 홍수의 위험을 과학적으로 다루기 위한 정부 프로그램이다. 미국에서는 홍수보험에 가입하기 위해서는 지방정부가 반드시 홍수터 관리법령을 제정하고 이를 실행해야만 연방정부에서 제공하는 홍수보험의 혜택을 누릴 수 있다. 홍수터 관리는 홍수보험율지도(Flood Insurance Rate Map)와 홍수보험연구서(Flood Insurance Study)가 정하는 홍수터의 설정과 그 홍수 빈도에 근거하며, 기존에 건축된 건물의 개·보수 또는 신축되는 건축물들이 100년 홍수의 위험으로부터 안전하게 지어질 수 있도록 규제를 한다. 또한 현재 개발되지 않은 홍수로나 홍수의 위험이 높은 지역은 건물의 신축을 금지하는 곳도 있다. 홍수보험율지도와 홍수보험연구서는 홍수 위험에 관한 다음과 같은 정보를 수록하고 있다.

- 100년 홍수 기준(base flood elevation)은 물 표면의 높이나 평균의 물 깊이를 나타낸다.
- 10년, 50년, 100년, 그리고 500년 홍수 빈도의 기준
- 100년 홍수지역은 물이 흐르는 유역과 범람 시 영향을 미치는 홍수터까지를 말하며, 이 지역은 개발로 인하여 물의 흐름을 약 30센티미터(1ft) 이상 증가시키면 안 되는 곳이다.
- 100년과 500년 빈도의 홍수터 경계 표기

5 주민 계몽 및 홍보

실제 재난 발생 시 일차적 피해자이며 또한 관리의 주체는 주민 개개인이다. 따라서 정부는 주민, 정치인, 기업인, 그리고 미래의 주인공인 아이들을 계몽하여 이들이 앞장서서 위험 요소들을 제거하고, 재난 발생 시 긴급구난구조 등을 해낼 수 있도록 재난에 대비하는 준비를 시켜야 한다. 재난 발생 이후와 복구 시, 각 가정과 사업장은 보다 빠른 복구를 위하여 홍수, 화재, 농작물 보호보험에 가입하여, 신속한 복구가 가능하도록 하고, 기업체는 자료의 백업(back-up), 비상복구계획 등을 세워야 한다. 주민은 재난관리의 복합적 결정체로 재난의 직접적

인 피해 대상자 또는 지원자로서의 재난관리 예방 및 경감, 대비, 대응, 복구에 직접 참여한다. 아무리 많은 정부의 지원이 있고 홍보를 하여도 주민의 직접적인 참여가 없이는 정부가 모든 부담을 떠안아야 한다. 이들이 재난의 심각성을 깨닫고 자발적으로 재난에 대비할 때 최대의 효과를 이룰 수 있는 것이다.

또한 재난 발생 시에도 많은 인명의 구출은 피해자 당사자인 주민들에 의해서 이루어지는 것은 세계적으로도 널리 알려진 사실이다. 또한 이들이 조금 더 조직적이고 체계적인 교육과 훈련을 받았을 때 더 큰 효과를 성취할 수 있게 된다. 그리고 재난의 피해를 입은 주민일수록 보다 적극적인 복구 활동을 하며, 만약 이들이 각종 보험에 가입하였을 경우 그 복구가 더 원활히 이루질 것이다.

미국의 경우 현재 2만여 개의 지방정부에서 430만 가구가 홍수보험에 가입해 있다. 이로 인해 미국 전역에서 홍수 위험 지역의 규제와 홍수보험 가입자의 증가로 매년 약 1조 원의 경제효과를 보고 있다. 이것은 특히 홍수보험법에 의거하여 지어진 건물들이 홍수로부터 피해를 입지 않은 데서 기인하는데, 약 80%의 홍수 피해 절감효과가 있는 것으로 나타났다.

또한 홍수가 발생하면 이재민에게 보험금이 지불됨으로써, 국가의 재원을 절감하는 효과로 이는 매 3달러의 보험금 지급당 1달러의 국가 복구지원 기금을 절약한다. 1900년대 초기의 홍수 대책은 단순한 홍수 피해에 대한 대응에 그쳤으나, 1920년에서 1930년대에 발생한 큰 홍수로 인해 마침내 연방정부 차원에서 생명과 재산을 보호하기 위한 대책들이 태동하였고, 1936년 제정된 「홍수조절법(Flood Control Act)」이 최초의 연방법이다. 이 법의 통과로 홍수 조절의 목적으로 댐이나 제방 등이 건설되었고, 수재민에 대한 지원이 가능하게 되었다. 하지만 수십 억 달러에 이르는 홍수 조절 공사에도 불구하고, 여전히 홍수의 피해를 입는 사람들의 숫자는 늘어만 갔다.

1950년대 초 홍수보험에 대한 관심이 높아져 이 제도의 도입을 정부 차원에서 고려하였으나, 국민들이 구입할 수 있는 적정한 보험료로는 보험 대행사의 수지타산과 맞지 않았다. 이것은 홍수의 피해가 워낙 크고, 보험 수가를 정하는 데 필요한 위험 수치의 계산이 불가능했기 때문이다. 그리하여 1956년에 제안된 「연방홍수보험법」은 의회에서 통과가 좌절되었다.

홍수보험의 도입은 1960년대가 되서야 본격화되었고, 1965년 허리케인 벳시

(Hurricane Betsy)의 막대한 피해를 겪은 후 미국 의회는, 남부지역 허리케인 「재해구제법」을 통과시켰다. 이 법의 통과로 수재민에 대한 재정적 지원이 가능하게 되었고, 홍수보험제도의 도입을 위한 연구가 허락되었다. 그 후 여러 연구 보고서가 발행되었는데, '수재민을 위한 보험 및 다른 지원 정책'과 '홍수 피해관리를 위한 단일화된 정부정책'들은 홍수 재난의 올바른 이해, 홍수지역 개발의 조정, 실용적인 홍수보험을 위한 제안과 국가 홍수조절정책의 개선점 등을 다루었다.

마침내 1968년 「국가홍수보험법」이 제정되었다. 이 법에서 정한 가장 강력한 규제로 미국 FEMA는 홍수터 규제(Floodplain Management)를 도입하고, 그 시행 규칙을 집행하지 않는 지방정부에게는 홍수보험의 혜택을 누릴 수 없도록 제 1315장에 규정하였다. 이것은 한 도시 내에서 앞으로 개발될 지역에 대한 강력한 규제로 미래에 발생 가능한 홍수의 피해를 줄이겠다는 의도이다. 현재 미국에는 19,700개의 지방정부가 홍수보험 프로그램에 참여하고 있으며, 이는 홍수의 위험이 존재하는 거의 모든 지방정부가 참여하는 것이다. 또한 이 법은 홍수지도의 작성을 명문화하고, 재난의 위험도에 따른 실제적인 홍수보험 수가의 산출이 가능해지고, 국민 모두가 홍수의 위험을 인식하도록 하는 데 목적이 있다.

1970년대 초까지는 자발적으로 홍수보험에 가입하는 주민과 참여하는 지방정부가 그리 많지 않았다. 1972년 발생한 'Tropical Storm' 아그네스는 역사상 가장 큰 재산 피해를 가져왔다. 그 당시 단지 9만 5천 명만이 홍수보험에 가입하여 여전히 정부의 막대한 지원이 필요하였다. 이로 인해 미국 의회는 1973년에 「홍수재해보호법」을 통과시켰고, 이 법은 현재까지 가장 강력한 「홍수재해관리법」으로 여겨진다. 이 법에서는

- 1975년 7월 1일까지 홍수보험제도를 채택하지 않은 지방정부의 홍수터에서 발생한 홍수 피해의 지원을 제한하고, 새로운 건물의 구입이나 건설의 지원을 금하는 규정을 두었다.
- 특별홍수위험지역(Special Flood Hazard Areas)[3]에서 새로운 주택을 건설하거나 살 때, 홍수보험을 의무적으로 구입하여야만 국가에서 제공하는 지원금이나 융자가 가능하게 하였다.

3) 100년 주기 홍수지역을 지칭.

이 의무 조항으로 홍수보험 가입이 급격하게 증가하여, 1973년에는 2천 2백여 개의 지방정부에서 약 30만 가구가 참여했던 것이, 1977년에는 1만 5천여 개의 지방정부에서 약 1백 20만 가구가 참여했다. 현재는 약 2만 개의 지방정부에서 4백 30만여 가구가 참여하고 있으며, 그 중 26%의 가입자가 정부로부터 보조를 받고 있다.[4] 이러한 홍수보험 가입이 초창기의 76%에 달하는 증가율에 비해, 현재의 가입률이 급격히 감소한 것은 잦은 홍수 피해로 인한 이주나 재개발 등의 요인에 있다.

4) 홍수보험을 처음 실시할 당시 기존에 지어진 주택들에 대해서는 특별 홍수지역 관리 체제가 정립되지 않아 이들에 대해 정부가 보험수가의 일부를 지원하였다.

제 11 장

대비 단계

제 1 절 의 의

대비(preparedness)는 위기 발생 시의 신속하고 효율적인 대응을 할 수 있는 능력을 개발시키기 위한 사전 준비 과정이라고 정의할 수 있다. 대비 단계는 구체적으로 다음과 같은 활동들로 구성되어 있다(Clary, 1985: 20; Petak, 1985: 3; McLoughlin, 1985: 166).

첫째, 위기 발생 시 대응을 하는 과정에서 활용하게 될 중요한 자원들을 미리 확보한다. 위기가 발생한 긴박한 상황이나 혼란스러운 현장에서는 어떤 자원이 필요하고, 이 자원들을 어떻게 확보하고, 누가 어디에서 활용해야 할 것인지에 대해 정확한 판단을 하는 것이 어렵다. 따라서 위기가 발생하기 이전에 필요한 자원들을 미리 확보하여 위기 상황이나 현장에서 즉시 활용할 수 있도록 조치하는 것이 필요하다.

둘째, 위기가 발생한 지역 내·외에 있는 다양한 위기 대응 기관들의 사전 동의를 확보한다. 위기가 발생하면 지방정부를 비롯하여 소방, 경찰, 군, 보건소, 병원, 학교, 중장비 기업, 대형 마트, 식당, 대중교통, 자원봉사단체, 민간 기업, 시민단체 등 다양한 조직들과의 협동 노력이 요구된다. 하지만 위기가 발생한 상황에서 이들 기관 및 단체들의 동의와 협조를 구하는 것은 매우 비효율적이다. 평상시에 이들 기관 및 단체들과 위기 대응 업무 협조를 위한 양해각서를 체결하고, 위기 상황에서 이들 기관이 수행하게 될 임무와 역할 등을 상호 간에 공유하는 것이 신속하고 효율적인 위기 대응에 도움이 된다.

셋째, 위기로 인한 재산상의 손실을 줄이고 주민들의 생명을 보호할 위기 대응 활동가들을 미리 훈련시킨다. 태풍, 홍수, 집중호우와 같은 자연재난이나 화재, 침몰, 추락, 붕괴와 같은 인적재난, 테러리즘이 발생하는 경우 인명 피해나 재산 피해가 발생하기 마련이다. 사람의 생명이 달려 있는 급박한 상황에서 생명을 구조할 수 있는 기본적인 훈련을 시킨다는 것은 거의 불가능한 일이다. 따라서 위기가 발생하기 이전인 평상시에 위기 대응 단계에서 활용해야 할 필수적인 기능과 임무를 수행할 인적자원들을 선발하고 훈련 및 연습을 하는 것이 필요하다.

넷째, 위기 대응 계획을 사전에 개발하고 위기 대응을 위한 경보 체계 및 매뉴얼 등이 마련되어야 한다. 위기 상황에서 신속하고 효율적이며 체계적인 활동을 할 수 있는 사전 계획이나 매뉴얼이 마련되어 있지 않으면, 무슨 일을 해야 하는지를 판단하지 못하고 시간을 허비하거나 위기 현장에서 허둥지둥대다가 인명을 구조하지 못하거나 오히려 신속한 조치를 통해 살릴 수 있는 생명들을 구조할 수 있는 소중한 기회를 놓치는 경우가 생긴다.

대비 단계에서 특히 주의해야 할 영역은 위기가 발생하기 이전에 각 위기관리 활동 영역이나 분야 간의 조정과 협조를 이루는 것이다. 예를 들면, 의료 재난관리(medical disaster management)는 조직 간·지역 간 조정의 문제가 야기되는 분야로서, 조정을 어렵게 만드는 사회적·경제적·정치적 장벽의 문제들을 미리 극복할 경우에만 비로소 조정과 협조의 문제가 해결될 수 있다는 점을 주목해야 한다.

그리고 위기 대비 단계에 있어서는 각각의 활동을 수행하는 데 필요한 자원을 신속하게 배분할 수 있도록 위기관리 활동의 우선순위를 정해 놓는 것이 필요하다(Tierney, 1985: 77-84). 위기 상황에서는 평상시와는 달리 수많은 기능이나 활동, 임무들이 동시적으로 수행할 것이 요구된다. 평상시 같으면 이들 기능이나 활동, 임무가 순차적으로 이루어지거나 체계적으로 수행되지만, 위기 상황에서는 그렇지 않다. 따라서 수많은 활동을 한번에 수행하기 위해서는 많은 인적, 물적, 경제적, 시간적, 공간적 자원이 동시적으로 요구된다. 그러므로 위기 상황에서 한정된 자원을 효율적이고 신속하게 배분하기 위해서는, 평상시에 위기관리 활동의 우선순위를 설정하는 것이 바람직하다.

이와 더불어 짐머만(Zimmerman, 1985: 29-39)은 대비 단계에서는 무엇보다도 대응 활동을 위한 특정한 자원조달 기제를 확인하는 것이 필요하다는 점을 강조하고 있다. 예를 들면, 위기 상황에서는 예상하지 못한 비용이 들 수 있기 때문에 정상적인 자금 지출을 할 수 있는 자금원 외에도 긴급 상황이나 비상 상황 등 사전에 예측하지 못한 사건에 대해 자금을 투입할 수 있는 간접적인 자금원까지도 확보해 놓아야 한다.

또한 위기 발생 이전의 정상상태로 신속하게 복귀하기 위해서는 지속적 · 연속적 과정으로서의 대비 단계가 과학적 지식과 계획에 의해 합리적으로 이루어져야 함은 물론 대응 단계의 활동과 연계되는 것이 필요하다(Kreps, 1991: 33-36). 특히, 대비 단계는 대응 단계의 활동과 밀접하게 관련되어 있다. 대비 단계 활동의 대부분은 신속하고 효율적인 대응 단계 활동을 위해 미리 준비하는 것이기 때문이다. 그리고 이와 함께 대비 단계는 복구 단계와도 관련성이 있다. 피해지역이 위기 발생 이전의 정상상태로 돌아오고, 피해자나 대응 활동가들이 경제적 · 사회적 · 심리적 측면에서 정상적인 상태로 회복되기 위해서는 미리 다양한 분야의 전문가들을 준비하거나, 훈련 · 연습을 통해 양성하는 것이 필요하다.

이와 더불어 효과적으로 대비 단계의 활동을 수행하기 위해서는 먼저, 대비 활동에 대한 지역사회 구성원들의 적극적인 지지와 참여를 유도하고, 사전에 위기관리 계획을 수립하여, 이러한 위기관리 계획을 달성할 수 있는 방안을 미리 준비하고 마련하는 것이 바람직하다.

그럼에도 불구하고 지역사회가 위기에 대해 적절하게 대비하지 못하는 이유는 매우 다양하지만, 그 중에서도 위기 대비의 중요성과 필요성을 정확하게 인식하지 못하기 때문이다. 따라서 위기 대비 활동의 중요성이나 위기관리 계획의 필요성에 대한 지역사회의 거부감을 극복할 수 있는 방안을 마련하는 것이 필요하다. 스칼론(Scanlon, 1991: 79－100)은 이를 위한 방법으로 효과적인 리더십을 지닌 시장이나 임명직 행정관과 같은 지역 리더가 위기관리 계획이나 위기 대비의 주도권과 리더십을 갖는 것이 필요하다고 강조하고, 그 방법으로 다음 네 가지를 제시하였다. 첫째, 재난 상황에서 시정부가 위기관리 계획을 차질 없이 수행할 수 있다는 것을 확신시키는 것이 필요하다. 둘째, 정치적 리더십에 대한 지역사회의 지지를 획득해야 한다. 셋째, 관련 시민과 기관의 네트워크 개발을 모니터링한다. 넷째, 주요 회의와 연습에 참여하는 한편, 효과적인 위기 대비 활동에 대한 보상 방법을 제시한다.

제 2 절 대비 단계의 중요성

대비(preparedness) 단계는 비상 대응이나 복구, 재활을 위한 사전 준비를 통해 효율적으로 위기 영향을 최소화하는 과정이다. 대비 단계는 현재 수준의 위기관리 역량을 측정하여 부족한 대응 능력을 강화하거나, 적절한 대응 능력을 유지하고 관리하는 과정으로서, 발생 가능성이 높은 위기에 대비해 대응 계획을 수립하고 대응 조직을 훈련하는 등의 활동으로 이루어진다.

대비 단계의 활동은 위험 요소의 평가, 위기관리 계획 수립, 대응 조직 구성, 정보전달 및 경보 체계 구축, 대응에 필요한 자원의 확보 및 동원 준비, 대응 조직 및 구조 능력 확보, 공공교육·훈련·연습의 실시 등의 내용으로 구성된다.

이러한 대비 활동은 수동적인 대비 활동과 능동적인 대비 활동으로 구분할 수 있다. 첫째, 수동적인 대비 활동은 위기 발생 시의 행동지침 작성, 구호품의 준비, 대응에 동원할 인력과 장비의 목록 작성 등이다. 둘째, 능동적인 대비 활동은 대비 계획의 작성, 재난 위험을 감시하는 활동, 대응 요원과 지역주민의 훈련 등이 해당된다. 세부적으로 살펴보면, 재난 예측과 대비 수단의 강구, 효과적인 구조 · 구호 · 지원 계획의 수립,[1] 재난 예측시스템과 연결된 경보전달 체제의 구축, 피해 지역의 주민 피난 계획 수립, 안전정책의 수립, 표준 규정과 절차, 대응 조직 정비와 비상계획 등이 포함된다. 재난 대비 계획은 법적 제도와 재난기금(earmarking funds for disaster)이 구비될 때 그 효과성을 확보할 수 있다.

위기 대비는 위기가 발생했을 때 효과적인 대응을 할 수 있는 대응 능력을 개발하는 데 초점을 두고 있다. 그러므로 대비 단계에서는 방송 및 통신시스템 운영, 위기상황실 마련 및 운영, 위기 대비 비상계획 수립, 위기 대응 훈련 및 교육 실시, 위기 분석, 상호 지원 협정의 체결, 자원관리, 경보 체계 운영, 비상시 정부 기능 유지 등의 능력을 개발한다. 특히, 이 중에서도 위기 대비 비상계획 수립과 훈련 및 교육의 실시, 상호 지원 협정의 체결 및 협조 체제의 구축, 대응 능력의 향상이 위기 대비의 핵심이라고 할 수 있다.

사례 **9 · 11 테러와 릭 레스콜라의 헌신: 위기 대비 훈련의 중요성**

Cyril Richard "Rick" Rescorla
(1939.5.27~2001.9.11)

2001년 미국 뉴욕에서 발생한 9 · 11 테러를 떠 올리면, 미국 최대의 투자은행 중 하나로 세계무역센터(World Trade Center)에 입주해 있던 모건 스탠리(Morgan Stanley)의 교훈이 생각난다. 당시 맨해튼의 세계무역센터에 본사를 둔 모건 스탠리에는 2,700여 명의 임직원이 일했다. 그럼에도 2,687명이 신속하게 대피하여 생명을 구했다. 어떻게 이런 일이 가능할 수 있었을까? 지금도 9 · 11의 영웅으로 칭송받는 레스콜라(Rick Rescorla)의 평소 훈련과 연습 덕분이다. 레스콜라는 1963년 미군에 입대해 베트남 전쟁에 참전한 후, 미국으로 이주해 줄곧 미군에 복무하다 퇴역한 후, 1985년부터 모건 스탠리의 안전요원으로 근무해 왔다. 레스콜라는 1988년 팬암 비행기 폭발 사고를 보고 세계무역센터도 테러 공격에 대비해야 한다고 주장했지만 비용 문제로 받아들여지지 않았다. 1993년 세계무역센터 지하에서

1) 구조(rescue)는 인명과 재산을 재난으로부터 구출하는 것이고, 구호(relief)는 인도적인 견지에서 재난 발생 직후 이재민의 생활을 위하여 긴급히 물적, 의료적인 서비스를 제공하는 것이다. 지원(assistance)은 주택, 의류, 식품 등을 상당한 기간에 걸쳐 제공하는 것을 말한다.

실제로 무슬림 테러리스트에 의한 폭발사고가 일어났는데, 모건 스탠리는 직원들을 모두 구하는 데 4일이나 걸리는 등 어려움을 겪으면서 안전사고와 재난 대비에 대한 교훈을 얻었다. 그는 자체적인 재난 대응 체계를 마련했고, 잠재적인 위험을 분석하고 다각적인 재난 대비 플랜을 마련했으며, 직원들이 안전 훈련을 자주 받도록 했다. 당시 엄격한 훈련이 업무에 방해가 되고 불필요한 과정이라고 불만을 터뜨리는 임원들도 있었지만, 레스콜라는 강경했고 최대한 비상 상황과 근접하게 훈련을 실시했다. 직원들이 복도에서 두 사람씩 짝을 지어 계단으로 내려가게 했고, 함께 이동할 팀을 지정하고 각 팀의 리더를 선정한 다음, 리더들은 별도의 훈련을 추가로 받도록 했다. 모건 스탠리는 하루에 몇 백만 달러의 금융거래가 일어나는 곳이지만 레스콜라는 대피 훈련에 예외를 두지 않았고, 심지어 모건 스탠리를 방문하는 외부인도 기본적인 안전 브리핑을 받아야 했다. 그에게는 돈보다 생명이 항상 우선이었다.

2001년 9월 11일 오전 8시 46분, 비행기 한 대가 타워1로 돌진해서 충돌하는 실제 비상상황이 발생한 순간, 타워2에 있던 모건 스탠리 직원들은 반대편 빌딩의 상황을 보았다. 잠시 후 당국은 타워2에 있는 사람들에게 일단 대기하라는 명령을 내렸다. 하지만 레스콜라는 기존에 세워놓은 플랜에 따라 조치를 취하였다. 그는 워키토키와 확성기를 들고 각 층을 돌아다니며 안전요원들과 각 팀의 리더들에게 당장 대피하라고 명령했다. 직원들은 모두 평소 숙지한 대피 통로를 따라 비상시 매뉴얼대로 일사불란하게 대피를 하였다. 17분이 지난 후, 9시 3분에 또 다른 비행기가 타워2를 공격하였다. 전기는 나갔고 사무실은 아수라장이 되었지만, 레스콜라는 직원들이 공포에 떨지 않도록 확성기를 들고 노래를 부르며 그들을 진정시켰다. 그로부터 40여 분이 지난 오전 9시 45분에, 모건 스탠리 직원들의 대피가 거의 마무리된 상황에서, 안전요원들과 몇몇 사람들이 아직 탈출하지 못한 것을 안 레스콜라는 다시 안으로 들어갔다. 그리고 9시 59분, 타워2가 무너졌고, 레스콜라를 포함한 4명의 안전요원이 희생되었다. 그 대신 2,687명의 모건 스탠리 직원은 살아남았고, 이날 주식 중개 강좌를 들으려 모건 스탠리를 방문한 방문객 250명도 살았다. 강의가 시작되기 전에 강의실에서 가장 가까운 비상계단이 어딘지 교육받았기 때문이다. 이와 함께 모건 스탠리는 다음 날인 9월 12일 본사를 제외한 모든 지점에서 업무를 재개했다. 평소 긴급 대책 플랜, 비즈니스 상시 운영체계, 위기 커뮤니케이션, 재무 위험 분산과 보험, 조기경보 시스템 같은 위기관리 시스템을 운영했기 때문이다. 모건 스탠리의 뛰어난 위기관리 시스템과 레스콜라의 대비 노력은 오늘날의 모든 기업에게 많은 시사점을 남겨주었다.

과거의 경험으로 살펴볼 때 위기 대비의 핵심은, ① 비상계획 수립이 위기 대비 단계의 근간으로 공공부문의 자원뿐만 아니라, 민간부문의 자원동원계획이 포함되어야 한다. ② 특히, 위기에 대응하는 다수의 기관 및 단체를 조정·통제하는 일은 '재난 뒤의 재난(disaster after disaster)'이라고 할 만큼 중요한 문제를 가져왔기 때문에 사전에 이 문제를 해결할 수 있는 방안을 마련해야 한다. ③ 관련기관 및 단체 등과 협동 체제를 갖추는 것은 비상계획 수립과 대응 시스템 구축의 핵심이다. ④ 비상계획은 문서로서만 존재해서는 안 되고, 실제 활용할 수 있는 것인지 여부가 검증되어야 하며, 계획의 검증은 훈련을 통해서 이루어져야 한다.

제3절 대비 단계에서의 활용 기법

위에서 논의된 위기 예방 기법들은 위기 피해를 최대한 줄이는 역할을 수행하지만 위기 자체를 영구히 제거하지는 못한다. 따라서 다양한 위기 발생에 대응하기 위한 대비 활동을 완전히 등한시할 수는 없다. 위기 대비 단계의 활동으로는 교육 및 훈련, 대피소 지정 및 대피계획 수립, 자원봉사자 관리, 지역 위기 대응팀의 구성과 훈련, 위기관리 기관의 평가, 위기관리 계획 등이 있다.

1 위기관리 교육 및 훈련

한 국가의 모든 사람들은 각기 다른 형태로 위기의 영향을 받으며 위기관리에 참여를 하므로, 위기관리 교육은 모든 사람에게 기회가 주어져야 한다. 현재 미국의 경우 연방위기관리청 산하 위기관리교육센터(EMI: Emergency Management Institute)가 소방과 위기관리에 관련된 교육을 주관하는데, 이 기관은 연방, 주, 그리고 지방정부의 재난관리 부서, 일반 주민, 자원봉사단체, 그리고 민간 기업 등에 소방과 위기관리에 필요한 교육과정을 개발하고 제공한다. 이곳에서 다루는 교육과정은 위기관리의 4단계에 초점을 두고, 지진, 태풍, 홍수, 댐 안전, 위험 물질, 대테러, 방사능 유출 및 화학무기로 인한 각종 위기에 대비하기 위한 것이다. 현재 이곳에서 제공하는 교육과정은 크게 세 가지 경로를 통해 전달되는 데, 첫째, 메릴랜드에 위치한 위기관리교육센터(EMI)에서 매년 5천 5백 명의 인원이 교육을 받고, 둘째, 주정부 시설을 통해 연방정부에서 기획된 교육 프로그램을 전달하는 것으로, 매년 약 10만 명이 교육을 받고 있다. 셋째, 대학교를 통한 전문가 양성 프로그램으로, 이는 위기관리 관련 유사 학문의 개발과 교육의 확장을 격려하고 지원하는 프로그램이다. 다음은 대통령을 비롯한 기관별 위기관리 관련 내용이다.

사례 **쓰나미에서 100여 명의 목숨을 살린 틸리 스미스와 위기관리 교육의 중요성**

Tilly Smith(1994~)

2004년 12월 26일 10살의 한 영국 소녀가 쓰나미 피해 지역의 관광객 100여 명을 구해서 화제가 되었다. 가족과 함께 태국 푸켓의 마이카오 해변(Maikhao Beach)에서 크리스마스 휴가를 보내던 영국 소녀 틸리 스미스(Tilly Smith)는 수업시간에 배운 쓰나미에 대한 사전 지식으로, 큰 해일이 해안을 덮치기 전 100여 명의 관광객들을 대피하게 했던 것이다. 틸리 스미스는 "그날 해변에서 놀고 있는데 갑자기 물살이 이상하게 움직이기 시작했다"고 당시 상황을 말했다. "거품이 일기 시작하더니 순식간에 큰 파도가 치기 시작했다. 무슨 일이 일어나고 있는지 알 수 있었다. 쓰나미가 닥칠 거라는 직감이 와 엄마에게 말했다."

공교롭게도 2주 전 수업시간에 해수면 아래 지진으로 인해 발생되는 거대한 파도에 대한 프로젝트를 마쳤기 때문이다. 틸리 스미스의 경고를 무시하지 않은 엄마와 인근에 있던 타이 호텔 직원들은 마이카오 해변에 있던 관광객들을 신속하게 대피시켰다. 그리고 몇 분 뒤에 해안에는 큰 해일이 휩쓸고 지나갔다. 이 해변은 푸켓에서 사망자가 한 명도 발생하지 않은 지역이 되었고, 재난에 대한 교육의 중요성을 일깨워주었다.

- 대통령: 주정부에서 국가재난선포 요청이 있을 때 이에 대한 승인 또는 거부를 행사하며, 최악의 사태에는 의회에 추가 복구예산을 요청한다.
- 미국 연방위기관리청: 위기관리의 전반적인 과정에서 중요한 역할을 수행하며, 위기관리와 관련된 정책과 기술을 개발하고 실행하며, 위기관리 교육

을 담당하고, 주정부와 지방정부를 지원하며, 위기 발생 시 지방에서 필요한 인적·물적 자원을 제공한다.

- 연방정부 유관기관: 국가적 위기 발생 시 대응과 복구에 필요한 다양한 인적·물적·기술적 지원을 연방위기관리청에 제공한다.
- 주지사와 주의회: 지방정부에서 지원 요청이 있는 경우, 이를 결정하고 주정부 차원에서 다룰 수 있는 범위를 초과하는 재난의 경우에는 대통령에게 국가재난선포를 요청하여 지원을 받는다. 필요한 경우, 주정부의 예산을 위기 복구에 투입하는 결정을 한다.
- 주정부의 위기관리 부서: 연방위기관리청과 같이 위기관리의 전반적인 과정에서 중요한 역할을 수행하며, 위기관리 관련 정책과 기술을 개발하고 실행하며, 교육을 담당한다. 그리고 위기 발생 시 지방정부를 지원하고, 지방에서 필요한 인적·물적 자원을 제공한다. 연방정부와 지방정부 간의 원활한 협조가 이루어지도록 업무 조정의 역할을 수행한다.
- 주정부 유관기관: 주 영토 내에서 발생하는 위기 또는 국가적 재난 발생 시에 대응과 복구에 필요한 여러 가지 인적·물적·기술적 지원을 주정부의 위기관리 부서에 제공한다.
- 시장, 군수, 지방정부 의회: 지방정부 자체의 재난 선포, 지원, 규칙의 제정 등을 담당한다.
- 지방정부의 위기관리 부서: 연방위기관리청이나 주정부의 재난관리 부서와 비슷한 업무를 수행하며, 위기 발생 시 일차적인 긴급 대응의 의무가 있다. 위기 피해의 규모가 클 경우에는 주정부에 지원을 요청한다. 그리고 연방정부와 주정부의 모든 위기관리정책의 실제적인 집행을 책임진다.
- 신문 방송: 위기 발생 이전, 위기 진행 중, 그리고 위기 발생 이후 등 위기관리의 전 과정에서 매우 중요한 역할을 수행한다. 예를 들어, 태풍 기간이 시작되면, 과거 발생했던 태풍의 피해와 그 특성들, 그리고 국민들의 행동요령을 다루는 특별 프로그램을 제작 방영한다. 일단 태풍의 이름이 정해지고 예측 경로가 기상청으로부터 발표되면 이를 국민들에게 알려주고, 예·경보 발령 시에는 이를 국민들에게 알려준다. 위기 발생 시 현장에서 피해 상황을 중계하고 실시간으로 태풍의 진행 상황과 대국민 정보 전달창

구로서 역할을 수행한다. 피해가 발생한 이후에는 복구와 관련된 정부 프로그램들을 모니터링하고 재난피해자들에게 전달하고 지원금품 모집의 전달 창구 역할을 수행한다.

- 민간단체: 적십자, 구세군, 재해구호협회, 환경단체 등이 있다. 전통적으로 민간단체들은 위기 발생 이후의 대응과 복구 과정에서 중요한 역할을 수행해 왔는데, 적십자(Red Cross)의 경우에는 150만 명의 회원이 1,300여 개의 지역 사무소에 등록하여 활동하고 있는데, 평소에는 지역주민들의 재난 대비와 관련된 다양한 홍보 활동을 수행하고, 재난 발생 시에는 대피소 관리를 맡는 한편, 음식과 의류를 공급한다. 구세군(Salvation Army)은 재난 상황에서 실종자를 파악하고, 미처 대피하지 못한 이재민들의 의류와 식사를 제공하고 복구 작업에도 참여한다. 환경단체의 경우, 재난 예방과 경감, 그리고 복구 시 항구적이고 자연친화적인 복구 정책들이 이루어지도록 각자의 목소리를 내며, 의회에 로비 활동을 통하여 자신들의 목적을 관철시킨다. 마지막으로, 통신을 돕는 아마추어통신협회, Food Bank, 구조공학가협회, 교회단체 등 각종 비영리단체들이 위기관리의 4단계 과정에 걸쳐 활발한 활동을 하고 있다.
- 민간 기업: 민간 기업들은 주로 재난 피해경감과 대비·복구 분야에서 기여하고 있는데, 이들의 역할은 피해경감계획을 수립하고 대비하며, 훈련을 실시하고 이에 필요한 장비들을 개발하고, 복구 활동에 참여하는 한편, 건축물 개선 등을 통한 재난 피해를 경감하기 위한 역할을 수행한다. 특히, 재난에 대비하기 위한 각종 장비나 시설들을 연구·개발한다. 이들은 특히 정부에서 많은 자금을 동원하여 개발할 수 없는 각종 신기술의 개발과 활용에 큰 기여를 하고 있다.
- 대학·연구기관: 대학 및 연구기관의 가장 큰 역할은 차세대 인재양성에 있듯이 이들은 각종 교육과정들을 개발하며, 위기관리의 고도화를 위한 이론의 정립, 경험적 연구를 통해 기존 정책의 검증 및 비판, 그리고 새로운 정책의 제안 활동을 수행한다. 현재 미국에는 97개의 대학과정이 거의 전 분야에 걸쳐 개설되어 있는데, 예를 들면 도시계획학, 소방, 구조공학, 수리학, 지질학, 지질학, 행정학, 의학, 교통공학, 경영정보학 등이다(EMI, 2004).

사례 **지하철 탈선 사고 나자… 훈련으로 조작한 인천교통공사**

인천시는 6일 "인천교통공사(이하 '공사')가 지난 8월 7일 인천지하철 2호선 종점 운연역 차량기지 부근에서 일어난 전동차 탈선 사고를 '탈선 상황을 가정한 모의 훈련이었다'고 거짓 보고했다"고 6일 밝혔다.

지하철 2호선은 지난 7월 30일 개통하자마자 1주일여 동안 9건의 사고를 일으켰다. 공사는 전동차 운행이 수시로 중단되고, 이용객들 불만이 쏟아지는 상황에 탈선 사고까지 일어나자 이를 '모의 훈련'이라고 조작한 것이다. 탈선 사고 당시 전동차는 승객 없이 차량기지로 들어가던 중이어서 인명 피해는 없었다.

그런데 공사는 8월 7일 사고에 대해 "미리 계획한 모의 훈련이 탈선 사고로 잘못 알려졌다"며 "실제 상황 대응 역량을 키우기 위해 예고 없이 불시에 훈련을 했다"고 밝혔다. 사고 이튿날엔 공사 간부들이 인천시청 기자실에 찾아와 똑같이 설명하고, 이런 내용의 '훈련 결과 보고서'를 국토교통부와 인천시에 보내기까지 했다.

하지만 사고 현장 상황을 보여주는 동영상 등이 속속 언론에 공개되면서 뒤늦게 공사가 사고를 조작했다는 사실이 드러났다. 공사는 6일 인천시청에서 기자회견을 열고 "개통 초기 각종 장애로 사고가 잇따른 상황에서 탈선 사고까지 알려지면 시민 불안이 커질 것 같아 훈련으로 가장했다"고 해명했다.

인천시는 이 사안에 대해 감사를 시작했다. 시 관계자는 "언론과 시장을 속인 것도 문제지만 이번 일은 시민을 속인 것이기에 엄중한 사안"이라며 "관련자들에게는 최고 수위 징계를 내릴 방침"이라고 말했다.

<조선일보, 2016년 10월 7일, A16면>

2 대피소의 지정과 대피계획 수립

지방정부의 위기관리 책임자는 각종 위기의 발생 이전·이후에 주민을 안전한 곳으로 대피시켜 인명의 손실을 막아야 한다. 학교, 도서관, 시청, 시민회관 등 공공시설물과 교회와 같이 많은 사람들을 수용할 수 있는 시설을 미리 지정하여, 유사시에 주민들이 쉽게 이용할 수 있도록 해주며, 각종 위기 상황으로부터 안전한 장소를 지정하는 것이 가장 중요하다. 일단 대피소를 지정한 후에는 이 시설물들이 태풍이나 홍수로부터 견뎌낼 수 있는가를 검사하고, 만일 문제가 발견되었을 때는 시설물의 보완 및 강화를 통해 유사시 더 큰 피해가 발생하는 것을 막아야 한다. 이들 시설물들은 취사장비, 냉난방 시설, 정전 시 가동할 수 있는 발전시설들도 갖추고 있어야 대피시설로서 기능할 수 있다. 그리고 이재민 수용 시, 정원 이상을 수용할 경우 이재민들의 정신적, 육체적 스트레스를 가중시켜 갈등을 일으키는 요인이 될 수 있다. 최근에는 반려동물의 증가로, 이재민 수용뿐만 아니라 반려동물의 수용도 함께 고려하는 것이 필요하다.

도시 내에서 발생하는 홍수나 화학물질의 유출 등 국지적인 규모의 재난 발생 시에는 그 지역의 대피시설을 이용할 수 있지만, 태풍 또는 방사능 유출 사고 같은 대규모의 재난 발생 시에는 주민들을 다른 지역으로 대피시켜야 한다. 미국의 경우 허리케인 경보 발령 시 예상 경로에 위치한 주민들을 대피시킨다. 주민대피 교통 상황 정보시스템(ETIS: Evacuation Traffic Information Systems)은 1999년에 발생한 허리케인 플로이드(Hurricane Floyd)에 대응하여 미국 동부에서 발령된 주민 대피령으로 플로리다, 조지아, 사우스 캐롤라이나, 그리고 노스 캐롤리이나에서 3백만 명의 주민들이 한꺼번에 고속도로로 나와 교통과 대피소를 효과적으로 운용할 수 없었기 때문에 개발된 주민대피 프로그램이다. 이 프로그램의 목적은 다음과 같다.

- 수백만 명의 주민이 일시에 대피하게 되는 대규모 재난 사태에 대응할 수 있는 시스템의 구축
- FEMA의 지역 사무소에 설치되는 지역대응센터의 정책결정에 대한 지원
- 신속한 도로 혼잡률의 산출
- 대피 주민들의 목적지 예측
- 인근 주와 도시로의 대피 차량 수의 예측
- 실제 경험에 바탕을 둔 모델의 지속적인 개선

이 주민대피 교통 상황 정보시스템은 교통수요 모델을 경험론에 근거하여 지리정보시스템(GIS)상에서 인터넷을 이용해 모든 사용자가 한눈에 볼 수 있는 예측 시스템이다. 교통수요 모델의 구축은 재난 발생 시 대피하는 주민의 수와 교통 수단, 목적지, 대피 경보 발령, 대피 결정과 그 요인들, 정보의 전달 등 여러 가지 중요한 변수에 의해 결정되는데, 6천 9백 명의 전화 면접을 통하여 얻은 경

험적인 인간행태 자료분석에 근거하여 이 모델을 구축하였다. 허리케인의 상륙이 임박했을 때, 가장 남쪽에 위치한 플로리다주에서부터 동부에 위치한 거의 모든 주에서 대피 명령이 발령되는데, 교통 혼잡 시간, 각 주의 교통량, 각 도로의 교통량, 그리고 대피소의 상황을 알려면 다음과 같은 정보를 입력하여야 한다 (PBS & J, 2003).

- 허리케인의 등급
- 대피 명령의 종류(강제적, 권고, 자발적, 봉쇄)
- 참여율(10~100%)
- 관광객 점유율(저, 중, 고)
- 대피 일자
- 대피 시작 시간

다음은 모델의 산출물의 결과에 따라, 각 주의 위기관리 부서, 교통부서, 주 경찰, FEMA 지역사무소 등 관련 부서의 협조 아래 주민들의 대피가 원활하게 이루어지도록 여러 가지의 조치를 취한다. 첫째는 상황판을 통해 나타난 혼잡 예상 지역의 교통의 원활한 소통을 위하여 차선의 변경, 진입로 통제 등을 통해 교통량을 조절하고, 교통사고 대응팀을 교통 혼잡 예상지역에 배치하여 자동차 사고 또는 고장 시에 신속한 제거가 가능하다. 둘째는 예상된 대피 경로나 목적지에 대피소의 개방관리 등을 지시하고, 대피소가 만원일 경우 대피자들을 다른 곳으로 안내할 수 있다. 셋째는 지능교통통제시스템을 이용하여 대피자들에게 실시간 도로 상황, 목적지의 현황, 대피소 상황, 날씨, 도로조건 등 다양한 정보를 제공하는 것이 가능하다.

이 시스템은 다양한 자동화된 교통정보, 교통통제 시스템과 관측 장비와 연계하여 사용하면 그 효과를 한층 높일 수 있다.

- 교통 상황 파악장비 CCTV, 도로조건을 탐지하는 센서, 헬기 등
- 교통정보 전달－전광판, 고속도로 방송
- 교통 통제－자동화된 차선 변경, 진입로 통제
- 교통신호 통제
- 휴대전화, 컴퓨터 등을 통한 맞춤형 정보 전달

- 자동차 위치 파악 장치
- 컴퓨터를 이용한 자동 긴급구난 출동－컴퓨터를 이용하여 가장 가까운 위치에 있는 긴급구난 구조 차량의 출동

이 시스템은 2004년 폭설로 교통이 마비되었을 당시, 최악의 사태를 막을 수 있었을 체계로 보여지며, 특히 핵발전소 사고가 발생하는 경우, 반경 30km 이내 주민들의 신속한 대피에 활용될 수 있다.

3 자원봉사자의 역할

지역위기대응팀(CERT: Community Emergency Response Team)은 1986년 미국 로스앤젤레스에서 처음 조직되어 FEMA의 지원 아래 전국적으로 급속히 확산된 민간 자원봉사대의 일종이다. 로스앤젤레스는 잦은 지진으로 피해가 크며, 지진 발생 시 도로, 다리 등과 같은 기반시설의 붕괴로 인해 빠른 시간에 피해 지역에 긴급구조팀이나 구난팀이 도착할 수 없는 경우가 많다. 이는 일본이나 멕시코의 지진에서 검증되었듯이 재난 상황에서는 피해자 본인이나 피해를 입지 않은 주변 시민들의 구조 활동이 대단히 중요하다는 점을 깨닫고 처음 조직된 것이다. 더 나아가 구조에 참가한 자원봉사자 본인이 생명을 잃는 경우가 종종 발견되었다. 따라서 이들의 활동을 증진시키고 자원봉사자의 피해를 줄이기 위해 지역위기대응팀을 구성하여 체계적인 교육을 실시하고 있다. 2004년 현재 총 984개의 지역위기대응팀이 미국 전역에 구성되어 있다.

이들의 활동이 효율적이기 위해서는 위기 상황 발생 이후 일어날 수 있는 모든 가능한 상황을 숙지시켜야 하며, 4단계의 위기관리 기초 지식을 이해시키고, 긴박한 상황에서 효율적인 결정을 내릴 수 있는 훈련을 시켜야 하며, 이 봉사대의 조직이 일반 긴급구조팀과 유사하게 짜야 한다. 현재 FEMA에서 실시하는 교육과정을 보면 다음과 같다.

- Unit 1: 재난 대응

- Unit 2: 화재 안전
- Unit 3과 4: 응급조치
- Unit 5: 긴급 구조 · 구난
- Unit 6: CERT 조직
- Unit 7: 재난 심리
- Unit 8: 대 테러
- Unit 9: 실제 상황 훈련
- 첨부: 재난별 특성
- 지진, 화재 · 산불, 홍수, 폭염, 태풍, 산사태, 토네이도, 천둥, 번개, 쓰나미, 화산 폭발, 폭설
- 방사능 유출, 위험물질 사고

이들의 역할은 예방 및 대비 시 간단한 화재경보기의 설치 및 점검, 교육 · 훈련, 대피소와 이재민 구호물자 장비 점검, 관리대장의 보완, 각종 지방행사에 참가하여 주민홍보를 담당한다. 위기 상황이 발생한 현장에서는 응급처치, 간단한 긴급구조, 긴급차량의 원활한 접근을 위한 장애물의 제거, 환자수송, 이재민 파악 및 관리, 수용소 관리, 재난관리 부서에서 문서전달, 전화응답, 자료입력 등에 참여하고, 복구 단계에서는 피해조사, 조사액의 검증, 시설복구, 의연금품의 관리 및 배분 등을 수행한다(Emergency Management Institute, 2005).

4 위기관리 기관 평가

위기관리기관인증제(EMAP: Emergency Management Accreditation Program)는 지방정부와 주정부 관할 하에 있는 위기관리 기관의 위기 대비 능력을 평가하고 인증하는 제도이다. 이 제도는 전국위기관리협회(National Emergency Management Association)에서 관리하는데, 기존의 FEMA에서 실시해 오던 대응 능력 평가제도를 보다 확충한 것으로, 현재는 자발적 참가로 인증을 받지만 점차 의무적

으로 실시될 가능성이 높다. 이 인증제도는 전국의 수많은 주정부와 지방정부 위기관리 기관들에게 표준화된 체계와 운용 지침들을 제시함으로써 연방정부의 법에 요구된 사항들을 이행하며, 주정부와 지방정부의 위기관리 능력을 향상시킨다. 특히, 위기관리의 4단계에 근거한 표준화는 기존의 대비와 대응에 치중된 지침들을 완전한 위기관리 체계로 발전시키며, 위기관리기관인증제를 통해 발견된 여러 가지 문제점들을 지속적으로 개선하고 보강하는 장점이 있다. 위기관리기관인증제의 과정은 다음과 같다.

- 신청서 접수
- 자체평가－54개 항목에 달하는 기준에 의해 자체평가를 실시해, 각 해당 기관이 만족할 때 정식 심사를 요청
- 심사위원의 현장 평가
- 최종심사위원회 평가
- 인증 결정
- 인증 유효기간은 5년이며 이후 재심사

54개의 심사평가 항목들은 14개의 주요 부분으로 이루어져 있다.

- 위기관리 체계의 운용－위기관리 4단계 체계에 의거한 조직 운용
- 법과 권한－위기관리를 수행할 수 있게 하는 법과 조례
- 위험 요소 분석 및 위험도 분석－자연 및 인적 재난의 요소들을 파악하고 위험 정도의 분석
- 피해 경감－재난별 피해 영향 평가와 그에 따른 재해 경감 기법의 개발과 실행
- 자원관리－위기관리에 필요한 자원의 파악, 구매, 분배 추적 체계의 확립
- 계획－정부 기능의 연속성 확보계획, 대응계획, 재해경감계획, 복구계획, 전략계획 등
- 지시, 통제 및 조정－현장 대응 체계의 활용을 통한 상황 파악, 자원 분배, 부처 간 조정, 통제 등 위기 대응 시 능력의 평가
- 통신 및 경보－통신 장비의 다양화, 부처 간의 통신 가능성과 대국민 경보 발령과 메시지 전달
- 운용 및 과정－위기관리 계획을 세부적으로 운용할 수 있는 행동 요령과

체크 리스트

- 병참－자원을 보관하고 효율적으로 분배할 수 있는 시설들
- 교육－현장 대응 체계를 비롯한 위기관리 교육과정
- 훈련, 평가 및 교정－정기적인 훈련의 실행과 그 과정에서 발견된 문제점들의 교정
- 대국민 홍보, 교육과 정보전달－위기 발생 이전, 진행 중, 그리고 이후
- 재정 및 행정－재난관리기금의 효율적 관리 체계 구축(EMAP, 2003)

5 위기관리 계획 수립과 지방정부 간 상호 협력

미국의 위기관리는 지침서에 의거하여 일사불란하게 작동하는데, 이는 수천 개의 지방정부가 각기 다른 운용 체계를 이용함으로써 야기될 수 있는 혼란을 막기 위한 것이다. FEMA의 경우 연방대응계획(FRP: Federal Response Plan)을 수립하고, 각 주정부와 지방정부는 FEMA가 마련한 표준계획(template)에 근거한 비상운영계획(emergency operation plan)을 작성하여 위기 상황에서 사용한다. 비상운영계획은 평소에는 이를 지침으로 삼아 교육과 훈련을 실시하고, 위기에 대응할 때는 각자의 맡은 바 임무를 숙지함으로써 필요한 각자의 업무 능력을 증진하는 데 목적이 있다. 특히, 훈련을 할 때는 미리 수립된 비상운영계획이 현실적으로 만들어져 있는지 검증하는 기회가 되며 혹시 누락된 행동 요령이나 장비가 없는지 확인할 수 있다.

연방대응계획(FRP)은 크게 여섯 개의 장으로 구성되어 있다. 제1장은 계획의 목적, 범위, 영역과 계획의 구성, 제2장은 권한, 자원 협력과 관리, 그리고 이재민과 주대표(congress)들을 대상으로 원활한 정보의 제공, 제3장은 계획이 다섯 가지의 가정(assumption)에 입각하여 수립되었음을 명시하고, 제4장은 대응 개념, 제5장은 대응과 복구대책, 제6장은 위기 발생 시 지원 기능을 담당하는 다른 연방정부 유관기관들의 역할과 책임을 명시하고 있다. 연방대응계획의 특징은 모든 위기관리를 단순한 대응과 복구의 시각을 넘어서 4단계에 의거한 위기관리를

강조하고, 위기 대응 시 현장지휘 체계(ICS: Incident Command System)를 활용하고 있다. 일단 국가적 재난이 선포되면 연방조정관(Federal Coordinating Officer)이 이끄는 위기대응팀(Emergency Response Team)을 구성하여 위기 발생 지역으로 급파된다.

연방정부의 위기 대응은 지방정부의 위기 대응을 지원하는 데 중점을 둔 반면, 주정부나 지방정부에서 만들어 시행하는 위기대응계획은 각 부서가 어떠한 행동을 취할 것인지를 명시하고, 지휘명령 체계를 분명하게 정해서 유사시에 일사불란하게 정책결정을 내릴 수 있게 한다. 또한 비상시에는 인명과 재산을 보호할 구체적 방법론을 제시하고, 위기 대응과 긴급 복구에 필요한 물자, 시설 자원, 그리고 인원 동원 체계 등을 명시한다. 연방대응계획 수립 시 주의사항은 현장에서 쓰이는 현장 대응 매뉴얼과는 달리 아주 구체적으로 어떻게 인명을 구조한다든지 어떤 장비를 어떤 상황에 사용하는지 하는 구체적인 설명은 피해야 한다. 이 계획은 연방위기대응본부에서 사용하는 것이기 때문에 간단명료해야 하며, 현장의 지휘는 현장지휘관에게 맡겨야 한다. 이외에 지역의 특성에 따라 태풍, 지진, 산불, 화학물질 사고 대응계획을 별도로 수립하는 경우도 있고, 대피소 관리, 자원봉사자 관리계획, 주민 대피계획 등을 수립하여 활용하기도 한다.

1998년 이후 미국에서는 'HAZUS-MH'라는 재해 시뮬레이션 프로그램을 개발하여 홍수, 지진, 태풍의 피해를 예측하고, 그 예측 결과를 지방정부와 중앙정부의 정책결정, 재해경감계획 수립, 재난대비계획, 대응, 그리고 복구계획 수립에 활용하고 있다. HAZUS가 산출해 내는 피해예측 결과는 홍수, 지진, 태풍의 영향을 과학적이고 기술적으로 분석하는 지식에 바탕을 두고 있다. HAZUS 프로그램은 최신 지리정보 시스템을 이용하여 건물과 주요 기간시설 등에 피해예측을 지도상에서 한눈에 볼 수 있도록 전시해 준다. 또한 지진, 태풍, 그리고 홍수로부터의 인명 피해를 예측할 수 있으며, 이것은 즉각적인 위기의 대응과 복구에 사용되어진다.

HAZUS는 3단계의 피해예측 분석을 할 수 있다. 1단계 분석은 국가 전체의 자료설정에 기초한 대략적인 피해예측 기법이다. 이 기법은 국가적 차원의 위험 분석과 높은 확률의 위험한 지방(지역)을 선별해 내는 데 유용하다. 2단계 분석은 조금 더 정제되거나 추가적인 자료의 입력으로 보다 정확한 피해를 예측하는 것이다. 이 분석을 위해서는 지방정부의 도시계획가, 재난관리자 또는 지리정보전문가의 도움이 필요하다. 3단계 분석은 가장 정확한 결과를 산출해 내는데, 통상 구조공학을 전공한 전문가, 지질학자 또는 홍수전문가의 도움을 받아 그 지역에 맞게 HAZUS 모델을 재조정함으로써 성취할 수 있다. 이런 고차원적인 분석을 위해서 세 가지의 자료입력 도구들이 있다. 첫째는 Inventory Collection Tool (InCAST)인데, 이것은 사용자가 지방의 자세한 건물자료를 수집하고 운용하는 것을 도와준다. 둘째는 Building Inventory Tool(BIT)인데, 이것은 사용자가 지방의 건물정보를 입력하여 분석하는 것인데, BIT는 큰 재난이 발생했을 경우(10만 명 이상)에 사용할 때 성능이 매우 우수하다. 셋째는 Flood Information Tool(FIT)는 홍수 피해 분석을 정확하게 하기 위해 개발된 홍수자료 변환 도구이다.

HAZUS 홍수 모델은 대략적인 홍수자료에 근거하였기 때문에 보다 정확한 분석을 위해서 각 지역의 역사적인 홍수자료를 이용한 예측이 가능하게 만든 도구이다. HAZUS 홍수 모델은 강 유역과 해안지역의 홍수로 인한 국가기간시설, 도로, 철도, 전기, 전화, 차량과 농작물의 피해액을 산출해 낼 수 있으며, 민가의 경우 직접적인 건물 피해뿐 아니라 가재도구와 실내의 피해액도 산출한다.

현재 HAZUS 허리케인 모델은 대서양과 멕시코만 지역의 주거용 건물, 상업용 건물, 그리고 산업지구 등의 피해를 예측할 수 있도록 만들어졌으며, 경제적 손실, 대피소의 소요 예측, 그리고 건물과 나무 등의 파손, 쓰레기 잔해량을 산출한다.

HAZUS 지진 모델은 국가기간시설, 도로, 철도, 전기, 전화, 차량, 그리고 민가의 피해를 예측해 주며, 인명 피해, 건물파손 잔해량, 지진 후의 화재발생 가능지역과 대피소의 소요량을 예측한다.

HAZUS 모델들은 재난관리 전반에 걸쳐 응용될 수 있는데, 위기대응계획, 임시주택과 대피소의 수요 예측, 쓰레기량의 산출, 전기·전화선의 피해, 의료시설의 피해 등을 예측하여, 복구시간 예측이 가능하고, 재난 대응 시 환자의 분배에도 활용할 수 있다. 각종 위기 예방 및 피해 경감 기법의 효율성을 측정할 수 있으므로, 재해 경감 기법들을 실제 재난을 경험하지 않고도 그 효과를 예측할 수가 있다.

각종 기반시설의 피해 예측을 통해 얼마나 많은 시설물들이 피해에 취약한지 파악할 수 있으며, 이들 복구비용과 복구시간의 산출이 가능하다. 이 소프트웨어는 또 재난경감계획을 수립할 때, 지진, 홍수, 태풍의 위험도를 금전적으로 계산하여, 우선순위를 정하는 데 사용되기도 한다.

마지막으로, HAZUS 프로그램은 다른 재해들과 통합을 하여 피해를 예측할 수 있는 잠재성을 보유하고 있다.

지방정부 간 상호 협력은 대규모의 재난이 발생했을 때 중요한 역할을 하는데, 이는 재난 피해가 한 지역에서 발생하기도 하지만, 동시에 여러 지방정부에 영향을 미치기도 하며, 설혹 한 지역에서만 재난이 발생할 경우에도 한 개의 시나 군 또는 도에서 다룰 수 있는 인적·물적 자원이 부족할 경우가 종종 있다. 그리고 최악의 경우를 대비해 평상시에 많은 수의 재난 피해 담당 공무원을 고용한다든가 풍부한 물자를 비축해 놓는다는 것은 현실적으로 불가능하다. 따라서 평시에 지방정부 간 상호 협력 협정을 맺어 유사시에 다른 지방정부 공무원과의 협력을 통해 위기 대응과 복구에 필요한 물자를 동원하는 것을 말한다.

이 경우 지방정부의 장이 협정서에 서약하고 지원 요청이 있을 경우, 재난 피해 담당 공무원과 장비를 요청 지역에 파견하는데, 이에 드는 비용은 지원을 요청한 지방정부에서 부담하고 나중에 중앙정부로부터 보조를 받는다. 평상시 이들은 워크숍이나 중앙정부에서 실시하는 교육을 통해 요청되는 분야에 관련된 업무를 파악하고, 동원 가능한 장비의 사용법을 숙지한다. 각 지방정부별로 약간의 차이는 있지만 위기 대응 매뉴얼이 연방정부에서 제시된 틀을 기본으로 하여 특별한 교육 없이도 현지에서 효과적으로 활용될 수 있다.

제 12 장

대응 단계

제 1 절 의 의

대응(response)은 실제로 위기가 발생한 경우에 위기관리 기관들이 수행해야 할 각종 임무 및 기능을 적용하는 활동 과정이라고 말할 수 있다. 대응 단계는 예방 단계, 대비 단계와 상호 연계함으로써, 제2의 손실이 발생할 가능성을 감소시키고, 복구 단계에서 발생할 수 있는 문제들을 최소화시키는 위기관리의 실제 활동 국면을 의미한다(Drabek, 1985: 85; Petak, 1985: 3).

대응 단계의 활동을 효과적으로 수행하기 위해서는 우선, 대응 단계의 효율적인 의사결정 구조의 문제와 조직구성원들의 역할 문제를 살펴봐야 한다(Mileti & Sorensen, 1987: 13–21). 위기에 대해 보다 효율적으로 대응하기 위해서는 집권화되고 공식적인 의사결정 구조보다는 유연한 의사결정 구조를 유지하는 것이 효과적이다. 그리고 이와 함께 조직구성원들의 대응 활동에 있어서의 구체적인 역할을 사전에 부여해 놓는 것이 필요하다. 특히, 위기관리 업무를 일상 업무로 수행하고 있거나 관련이 있는 조직보다, 관련이 없는 조직의 경우에 위기에 대비하여 조직구성원 각자의 업무를 정의해 놓는 것이 더욱 필요하다.

또한 효과적인 위기 대응을 위해서는 조직적 측면, 위기에 대한 행태적 대응, 대응의 일반 기능, 그리고 위기관리자의 역할 변화라는 관점에서 살펴보는 것이 필요하다(Perry, 1991: 201-223). 첫째, 위기 대응을 위한 조직 측면에서는 위기관리 기관 간의 활동을 조정하기 위한 의사결정의 중심 장소로서 '위기운영센터'를 활용해야 한다. 둘째, 위기에 대한 행태적 대응에 있어서는 위기희생자와 위기관리 인력들이 일상적인 위기 대응 유형에 익숙해지는 것이 필요하다. 이를 통해서 위기 대응 시간을 줄이고 신속하게 상황 관리에 초점을 둘 수 있기 때문이다. 셋째, 위기 대응 국면에서는 여섯 가지 일반 기능이 필수적으로 요구되고 있다. 경보, 소개(evacuation), 대피, 응급의료, 희생자 탐색·구조, 재산 보호 기능이야말로 대응 과정에서 필수적인 기능이다. 넷째, 위기관리자의 역할과 관련하여 오늘날 발생하고 있는 많은 위기 유형들은 지역주민의 생명과 재산에 대해 심각한 영향을 미칠 수 있기 때문에, 이를 관리하고 대응하기 위해서는 지방정부가 감당할 수 없는 많은 자원이 필요하다. 그러므로 위기 대응에 필요한 자원을 확보하고, 주민의 지지를 획득하는 과정에서는 다른 누구보다도 위기관리자를 정치적 최일선에 위치시켜 놓기 때문에, 효과적인 위기관리자는 자원의 확보와 주민의 지지를 유도할 수 있는 정치적 능력을 소유해야 하는 것과 함께 정부의 정책결정 과정에 대한 통찰력을 지니는 것이 필요하다.

그리고 현대에 와서 자연재난과 인적재난의 유형이 보다 많아지고 다양해지기 때문에, 위기관리자는 전문적인 기술적 지식(technical knowledge)을 지니는 것이 필요하다. 위기관리자는 더 이상 민방위와 자연의 위해성에 대한 일반적 지식만으로는 위기 대응 기능을 효율적으로 수행하는 것이 어렵다. 위기 대응 과정에서 전문가의 도움을 받는다 할지라도, 결국 이들의 활동을 조정하고 통제할 수 있는 위기관리 체계 운영에 관한 포괄적 지식이 결여되어 있다면 전문가들의 노력은 무의미한 결과를 가져올 것이기 때문이다. 그리고 위기관리자는 일반 시민들의 위기관리 행정에 대한 신뢰를 회복하고 유지시킬 수 있는 능력을 지니는 것이 필요하다.

그리고 위기의 유형에 따라, 즉 자연재난인지 인적재난인지 여부에 따라 위험이나 위협은 질적인 차이점을 지니기 때문에, 각 위기 유형별로 위기 대응을 달리해야 할 뿐만 아니라 관리 방법상에서도 차이를 두어야 한다(Kasperson & Pijawka, 1985: 7－18). 이와 동시에 최고 정책집행자나 위기관리 담당자는 위기 발생 시에 각 위기의 동일성과 상이성을 파악하고, 그에 따른 적절한 대응 방안을 수립해야 한다.

페리(Perry, 1991: 201－223)는 지방정부가 대처해야 하는 위기를 일상적으로 발생하는 화재나 자동차 사고와 같은 위급 상황과 우리가 재난이라고 부르는 위기로 개념적 구분을 시도하였다. 이때 위급 상황은 예측 가능하고 규칙성을 지니는 일상 위기이기 때문에 지역사회에서는 그 영향을 느끼지 못한다고 하는 반면, 위기는 사회 체계의 붕괴를 가져오는 비일상적 사건으로 정의하고 있다.

이와 함께 위기관리의 대응 국면에 대한 주민의 인식 정도도 중요한 요소다(Perry & Nigg, 1985: 72－77). 위기 대응 과정에서 주민이 속해 있는 해당 지역사회의 위기 대응 계획이 진행 중에 있으며, 그 활동에 대하여 특정 공무원이 책임을 지고 있다는 것을 주민들이 알 수 있어야 한다. 이것은 위기관리 활동가가 자신의 책무를 효과적으로 수행하고자 하는 경우에 필요한 것으로서, 우선 위기 상황에서 위기관리 조직에 대한 주민의 신뢰성이 확보되어 있어야 한다. 이러한 신뢰성은 위기 발생 이전부터 위기관리자들이 해당 지역의 위기에 대해 전문성에 입각하여 접근하고, 특별한 장비 활용에 대한 훈련을 통해 주민들에게 인식될 수 있다.

제 2 절 대응 단계의 중요성과 활동

1 대응 단계의 중요성

대응은 불확실성(uncertainty), 긴급성(urgency), 집중성(convergence), 비상 상황에 대한 합의(emergency consensus), 주민 역할 변화, 계약과 일반적인 관계의 붕괴나 약화를 특징으로 한다(Perry, 1991: 201). 불확실성은 위기의 강도와 종류, 결과 등에 따른 불확실함도 있지만, 새로운 대응 조직을 구성하고 활동해야 하는 데서 오는 불확실성은 궁극적으로 대응의 긴급성에서 기인한다. 집중성은 대응 및 지원 활동이 현장에 집중되는 현상을 말하고, 비상 상황에 대한 합의는 비상시 인명과 재산 보호라는 공감대가 쉽게 형성되어 신속히 의사결정이 이루어지는 것을 의미한다. 주민 역할 변화는 주민을 결속시켜 대응을 도우며, 정부에 대해 평상시보다 강력한 조치와 리더십을 요구하게 한다. 또한 비상조치를 통해 개인의 행위와 재산에 강제력을 발동하는 등 평시의 계약과 일반적인 관계가 크게 약화된다(Wolensky & Miller, 1981: 483-504).

대응(emergency response) 단계는 즉응적인 적실성(relevancy)이 가장 강조되는 단계다. 지금까지 단위 사회가 준비한 대책과 비상계획이 가동되고, 계획의 합리성과 훈련의 실효성이 검증된다. 위기 대응 단계에서의 활동은 적시성(speed and timeliness), 적절성(appropriateness), 효과성(effectiveness)이 확보되어야 한다. 적시성은 위기 초기에 재난 피해가 확대되지 않도록 적시에 신속히 대응해야 하며, 적절성은 위기 규모에 따라 적절한 대응 규모를 결정해야 한다는 것을 의미한다. 효과성은 투입대비 산출이 높은 단순한 산술적 효율성보다 인명과 재산 보호라는 대응 활동의 질을 강조하는 개념이다.

이러한 대응 단계를 관리하기 위해서는 먼저 대응 단계에서 무엇이 문제인가를 파악해야 한다. 통상 대응 단계에서는 ① 관할권 분쟁, ② 표준절차의 부재, ③ 대응 기관의 다양성, ④ 각기 분산된 대응 활동이 문제점으로 지적된다. 대응 조직의 주요한 임무는 인명을 보호하고 피해의 확산을 막기 위한 것이므로, 대응 조직은 재난에 적절히 대응할 수 있는 지식(knowledge), 기술(skill), 능력(ability) 등을 갖추어야 한다(Siegel, 1985: 107－117). 여기에서의 지식은 어떤 상황이나 위험을 이해하고 예측하는 지식을 말하며, 기술은 대응 활동을 실행할 수 있는 기술로 교육·훈련이나 경험에 의해 축적된다. 마지막으로, 능력은 대응 조직의 규모 및 장비를 의미한다.

이러한 요건을 갖춘 조직이더라도 피해를 줄이기 위해서는 앞에서 언급한 대응의 적시성, 대응 규모의 적절성, 대응 활동의 효과성을 충족시켜야 한다. 요컨대, 적시에 적절한 규모로 효과를 거두어야 한다는 것이다. 그러나 적시에, 그리고 적절하게 대응했다고 하더라도 효과를 거두지 못한다면 그 대응은 실패한다는 점에서, 효과성은 비상대응 조직이 추구해야 할 가장 중요한 가치라고 할 수 있다(Kent, 1991: 50).

대응 단계에서 대응 활동을 조정·통제하기 위하여 위기운영센터(EOC: Emergency Operation Center)를 설치한다. 위기운영센터(EOC)는 ① 조정, ② 의사결정, ③ 대응관리, ④ 정보의 수집, 전파, 기록, ⑤ 공보 등의 기능을 한다. 그러나 위기라는 비정상적인 상황에서 활동하므로, EOC의 활동은 ① 어떤 조치를 취해야만 하는 압력, ② 부정확하고 제한된 정보, ③ 우선순위의 변화, ④ 권한과 책임의 중첩이라는 특성을 갖는다(Granito, 1989: 47).

2 대응 단계의 활동

1) 대응계획·매뉴얼

비상대응계획 또는 위기관리 매뉴얼은 거의 모든 중앙 정부기관과 지방정부가 갖고 있지만, 막상 위기가 발생했을 때 그 실효성이 문제가 된다. 우리나라뿐만 아니라 외국에서도 마찬가지이며, 그 원인은 ① 계획을 수립할 당시에 모든 관련 기관이 참여하지 않거나 형식적으로 참여하며, ② 계획이 적시에 검토되어 보완되지 않고 과거의 계획을 반복 사용하고, ③ 위기에서 발생할 상황을 충분히 예측하지 못한 채 계획을 작성하기 때문에 발생한다.

따라서 비상대응계획은 ① 정치적, 행정적인 권한을 위임을 받아 계획팀을 구성하고, ② 단위 사회에 취약한 재난을 분석하고, 현재의 능력을 평가한다. ③ 위기관리의 대비, 대응, 복구에 참여하는 공공기관, 민간기관, 봉사단체 등이 모두 참여하여 그들의 능력, 요구사항, 자원을 평가하는 순서로 진행한다. ④ 계획은 목표가 명확해야 하고, 행동 순서가 체계적이며 임무와 책임이 명시되어 있어야 한다. ⑤ 특히, 비상대응계획에는 위기 피해의 영향을 최소화하고, 효과적인 사전 경보 체제 및 조직, 시의적절한 구호 활동이 포함되어야 한다.

비상대응계획은 ① 기본 계획(basic plan), ② 기능별 부록(functional annexes), ③ 특정 위기 피해 부록(hazard−specific appendixes)으로 구분된다. 기본 계획은 비상사태를 관리하기 위한 기본 정책과 계획, 권한, 절차 등을 정한 것으로 위기에 대응하는 모든 관련기관의 임무와 책임, 지휘, 통제, 조정방법 등 기본적인 것을 대상으로 한다. ② 기능별 부록은 통신, 언론 및 공보, 지휘통제, 비상조직, 경보절차, 주민구호, 오염 통제 및 감시, 비상지원, 자원관리, 정부의 기능 유지 등을 대상으로 하여 담당 기능별로 수립한 계획을 말한다. ③ 특정 위기 피해 부록은 위기의 종류와 특성에 따라 특별히 필요한 기술 정보와 대응 방법 등을 정하는 것으로 방사능 재난, 지진과 같은 특수한 재난의 경우 그 필요성이 더 커진다.

비상대응계획이 완벽하다고 해서 그것이 위기가 발생하면 훌륭하게 적용된다고 믿어서는 곤란하다. 위기 발생 시 계획이 잘 적용되리라고 믿는 낙관적인 경향을 '계획서 증후군(paper plan syndrome)'이라고 하며, 현실적으로 적용될 때 발생 가능한 문제점을 개선하기 위해 모든 관련 기관이 참여하는 훈련과 교육을 통해 실제 상황에서 효과적으로 적용되도록 해야 한다.

특히, 재난과 같은 위기에서 재난이 발생한 지역의 주민들이 재난에 압도되어 비이성적으로 행동할 것이라는 가정을 하고 계획을 수립하는 '재난증후군(disaster syndrome)'은 주민들을 과도하게 통제해 오히려 합리적인 재난 대응을 방해하는 경우가 있다. 과도한 주민 통제보다도 단지 정부의 대응 활동이 충분히 이루어지고 있다는 믿음을 줄 정도로 통제하는 것으로 충분하며, 주민들이 '무엇을 해야 한다'는 통제보다도 '무엇을 할 것이다'라는 가정 아래 계획을 수립해야 한다.[1)]

2) 지휘 · 통제

위기가 발생한 현장에서의 지휘 · 통제는 매우 중요한 의미를 가진다. 대응의 긴급성으로 인해 대응 단계에서는 참여하는 기관, 단체, 또는 개인 간에 진흙탕 싸움(turf battle)과 혼란이 빈번하게 발생하곤 한다. 혼란은 재난의 극한 상황에서 권한과 책임의 경계가 분명하지 않을 때, 예컨대 누가 누출된 독극물을 처리할 책임이 있는지, 어느 기관이 병원에 입원 중인 모든 환자를 대피하도록 명령을 내릴 것인지 등이 명확하지 않을 때 발생한다. 이런 문제점들로 인해 대응 조직의 이질성, 통신 및 의사소통의 미흡, 정보 공유의 미비, 독자적인 대응계획과 자원관리, 재난 상황에 대한 예측 곤란 등에서 기인하며, 결국 비합리적인 대응과 자원낭비 현상이 발생한다.

통합지휘 체계는 대응 기관에 공통적으로 적용되는 지휘 · 통제 체제와 인력동원 및 배치, 보고 체제를 갖추어 재난 현장에서 발생하는 갈등을 방지하고, 자원의 낭비를 막아 효과적인 대응을 할 수 있게 하는 수단이다. 현장지휘 체계(ICS: Incident Command System)는 대응 목적에 상응하는 통합된 전략이 시행될 수 있도록 통합된 지휘 체제(unified command system)를 갖추어야 한다. 현장지휘 체계(ICS)는 1973년 캘리포니아주에서 발생한 대형 산불에 대응하기 위해 'FIRESCOPE'라는 이름으로 개발되었지만, 차츰 미국 연방, 주, 지방에서 발생하는 각종 사고와 재난에 적용되어 왔고, 유효성이 입증됨에 따라 나중에 ICS로 발전하였다.

통합지휘 체계는 공통된 조직구조를 가지고 특정 목적을 달성하기 위한 통합된 인력, 정책, 절차, 장비의 집합을 말하며, 위기에 대응하는 모든 대응 기관을 지휘 · 통제하기 위한 체제다. ① 인력, 장비, 설비, 조직, 작전에 관련된 공통 용어(common terminology)를 사용함으로써 혼선을 방지하고, ② 지휘, 작전, 계획, 조달, 재정 등 공통 조직구조를 갖추어야 하며, ③ 사고 규모에 따라 한사람의 지

1) 예를 들면, 미국 워싱턴주에서 발생한 26건의 대형 재난에서 단지 21%만 비상계획에 따른 상황 전파와 의사전달이 이루어졌고, 응급의료 시스템도 50% 미만이 가동되었다. 또한 재난으로 인한 루머 중에서 58%의 주민이 약탈이나 절도가 발생했다는 소문을 들었지만, 단지 그들 중 6%만 도난을 당한 경험이 있다고 한다. 나아가, 캘리포니아주의 한 도시에 해일 경보를 발하고 도심의 주민을 모두 대피시키는 데 성공했는데, 대부분 주민들은 대피한 것이 아니라 해일을 구경하려 해변으로 몰려들었다고 한다(중앙소방학교, 2002: 33-34에서 재인용).

휘통제관을 정점으로 한 하향식 조직구조의 확장이 가능해야 한다. 나아가 ④ 현장통제를 위한 계획, ⑤ 총괄 지휘를 할 수 있는 통합지휘소와 ⑥ 모든 기관에 적용되는 통신 체계가 있어야 한다.

3) 공황(panic)과 유언비어 통제

위기로 인해 예상되는 혼란과 주민행동 양상은 다음과 같이 정리될 수 있다. ① 대량 인명 피해, ② 주민 이동 및 교통 체증, ③ 화생방 피해, ④ 단전 · 단수 · 가스공급의 제한 및 중단, ⑤ 방송 · 통신 체계의 마비, ⑥ 유류 · 가스 시설의 파괴, ⑦ 생필품 품귀 및 사재기, ⑧ 반복되는 위기, ⑨ 심리전으로 인한 혼란, ⑩ 불순세력의 준동으로 인한 혼란 등 다양하고도 복합적인 위기 현상을 예측해 볼 수 있다. 이러한 공황에 가까운 혼란은 주로 유언비어에 의한 집단행동으로 나타날 가능성이 크다.

(1) 유언비어

유언비어(rumor)는 사실 여부에 관계없이 확인되지 않고 실증되지도 않은 소문으로, 특히 사회적 긴장, 불안, 불확실성에서 확산되기 쉽다. 유언비어는 테러나 전쟁과 같이 위기를 고의적으로 초래한 경우에는 특정한 관점을 유포하고 설득하려는 선전(propaganda) 수단으로 사용되기도 하며, 일부러 유언비어를 유포하여 집단행동과 공황을 유도할 수도 있다. 9 · 11 테러에서 나타난 바와 같이, 유언비어는 심인성(psychogenic) 질병, 공통적인 환각 경험, 괴상한 행동 등과 같은 비상식적인 사고, 감정, 행동이 자생적으로 일어나는 집단 히스테리(mass hysteria)의 원인이 되기도 한다(이재윤, 2001: 287).

유언비어를 효과적으로 통제하기 위해서는 첫째, 공식적인 보도를 믿게 하고 지도자에 대한 신뢰를 갖도록 한다. 둘째, 불온 정보의 유포를 차단하기 위해 정확하고 진실된 정보를 신속히 제공한다. 셋째, 사전에 적절한 교육과 홍보를 통해 두려움과 걱정을 해소하고, 넷째, 유언비어나 위기를 초래한 적이나 테러범의 선전을 신속히 공개하고 사실이 아니라는 것을 입증하는 조치를 취해야 한다.

(2) 공황 및 무질서

전쟁이나 테러 상황에서 일어나는 공황(panic)은 극심한 공포나 불안 때문에 평소의 자제력을 상실하고 방황하거나 극도의 이상흥분과 무기력, 허탈, 무감각하게 되어 공포로부터 무조건 이탈하려는 도피 현상을 말한다. 9 · 11 테러 당시 뉴욕의 세계무역센터(WTC) 건물은 항공기가 충돌한 뒤 83분과 62분 뒤에 각각 붕괴하였다. 약 한 시간 동안 초대형 건물 속에 갇힌 10만여 명의 군중들은 심각한 공황상태에 빠졌을 가능성이 있다. 그 중 9만 7천여 명은 탈출하고, 나머지는 희생되었다.

당시 현장에서 탈출한 사람은 “복도는 유독가스 연기로 자욱했지만 비상구는 아직 연기가 차지 않았다. 계단을 뛰어 내려갔다. 4개 층을 내려가 80층에 이르렀을 때, 비상계단에 불이 붙고 있었다. 다시 81층으로 올라가 소화전을 이용, 불을 꺼가면서 아래층으로 내려갔다. 70층쯤 내려왔을 때 인원이 200여 명이 넘으면서 통로가 꽉 막혀 내려오는 데 시간이 걸렸다. 모두들 걱정스러운 표정들이었지만 서로 밀거나 재촉하지 않고 질서를 지켜 내려오는 것이 인상적이었다”고 증언하였다(월간조선, 2002: 10).

공황에 빠진 사람들은 집단행동(collective behavior)을 하기 쉬운데, 블루머(H. Blumer)는 위기의 초기 단계에서는 ① 이리저리 방황하면서 밀치고 부딪치며(milling) 다니는 혼란스러운 상태, ② 군중이 흥분할 상황이 발생하면서 급속하게 전염되는 순환적 반작용상태(circular reaction), ③ 위기감과 공포 분위기가 확산되어 자제력을 잃고 강렬한 감정의 파도에 휩쓸리게 되는 군집흥분상태(collective excitement), ④ 집단행동의 절정으로서 심각한 사회적 전염(social contagion) 상태 등으로 전이된다고 했다(Blumer, 1969).

한편 위기가 발생하면 공포와 공황으로 이어지고 이는 다시 집단행동으로 전이되어 마침내 통제 불능의 상태로까지 이어지는 경우가 많은데, 공황에 빠진 주민들에게 위기를 극복할 수 있는 심리적 방어망(psychological offensive)을 만들어 주는 것이 중요하다. 즉, 안전교육과 질서의식 등이 필요하다. 만일 공황에 빠진 주민들이 통제에 응하지 않을 경우에는 강압적인 방법을 통해서라도 질서를 유지하는 것이 필요하다. 따라서 위기가 발생한 비상시국에서 주민들이 심리적 공황을 느끼고 집단행동으로 이어지지 못하도록 훈련과 교육을 강화하고, 경찰·군과 같은 사회통제 기구의 기능과 역할을 점검 보완해야 한다. 나아가, 테러 또는 전쟁 시 사회통제의 방법과 강도를 사전에 공표하는 것도 바람직하다. 예를 들어, 전시에 전쟁지도부의 통제를 따르지 않으면, 어떤 불이익이 오는가를 미리부터 알려주는 것도 하나의 방안으로 여겨진다.

제 3 절 대응 단계에서의 기능

자연재난, 인적재난, 기술재난이든지 간에 위기관리 과정에서 필수적으로 확보되어야 할 공통적인 대응 기능들이 있다. 대응 과정에서 요구되는 공통 기능으로는 위기 경보, 위기상황실(EOC) 운영, 구조·탐색, 언론 대응, 지역질서 통제, 희생자 보호, 지역 서비스 복구, 외부지원 요청, 피난처 제공(Siegel, 1985; Wallacc & De Balogh, 1985; Perry, 1985) 등이 있으나, 여기에서는 이들 중 분석에 필요한 다음 여섯 가지 대응 기능을 위주로 살펴본다.

1 위기 경보 기능

위기 경보(crisis warning)는 위기 상황이 임박하거나 위기가 진행 중인 과정에서 주민들에게 행동 지침을 제공해 주는 기능이다. 위기 경보는 경보대상자, 진행 중인 위험의 종류, 경보수령자의 조치사항 등의 내용을 포함한다. 위기 경보는 활용할 수 있는 모든 경보 수단을 통해 이루어지는 것으로(Scanlon, 1991: 91-97), 환경의 위험이 임박했다는 점을 알려주고 위험에 대응할 행동 지침을 제시해 주는 기능을 수행한다(Perry, 1985: 66).

경보 기능(warning function)은 위험에 처한 주민들에게 행하는 의사소통으로, 네 가지 단계로 구분하여 논의된다(Hoetmer, 1991: xxx; Perry, 1991: 218-219). 첫째, 위기 환경에 대한 '사전조사(monitoring)' 단계이다. 이는 환경의 위협 요인 변화에 대한 경보의 일상적 작동 단계로서 발생 가능한 위기를 미리 탐지하는 단계이다. 둘째, '위험 전달(notification)' 단계이다. 이는 감청에 의해 위협 요인이 탐지된 경우, 관련 기관에 위험 정보를 전달하는 과정으로서, 사전에 공식적 대응을 요하는 위협에 대한 정의가 확립되어 있어야 하며, 위험 전달은 곧 특정 위기 상황 발생을 의미한다. 셋째, '위협 평가(threat assessment)' 단계로서, 위협에 대한 평가와 강도 높은 사전조사 활동이 이루어진다. 위협에 대한 평가 결과, 위협의 심각성이 더해가면 이를 여타의 잠재적 대응 조직들과 공공 정책결정자에게 전달할 수 있는 절차가 사전에 규정되어 있어야 한다. 넷째, '시민들에 대한 경보(warning)' 단계로서, 이는 실제 경보 활동이 피해를 입을 가능성이 있는 모든 사람들을 대상으로 행해진다. 경보대상자들이 경보 내용을 이해하고 필요한 조치를 취할 수 있도록 해당 지역주민들에 대한 충분한 교육이 있을 경우에만 경보가 효과적이게 된다. 또한 이 과정에서 위기관리자는 주민들에 대해서 뿐만 아니라 위기관리 기관 간에도 경보가 신속하게 이루어질 수 있도록 하는 것이 필요하다. 이를 위해 조직 부서 간 및 부서 내 구성원 사이의 의사소통 채널과 기존의 위기 정보를 활용하게 될 때 효과적이다(Mileti & Sorensen, 1987: 17).

2 소개 기능

소개(evacuation) 기능은 시민들을 위험 지역으로부터 안전 지역으로 이동시키는 기능이다. 위험한 지역으로부터 주민을 적절하게 소개시키게 되면, 위기 상황 초기에 발생할 수 있는 대량 인명 손실을 감소시킬 수 있게 된다. 특히, 경찰 등 법 집행기관의 주도적 역할 하에 그 절차와 장소가 규정되어 있을 경우, 소개의 효과성과 주민들의 순응성 확보가 가능하다.

페리(Perry, 1985: 27−29)는 소개의 시기와 기간 두 가지 차원을 기준으로 하여 소개를 예방 소개, 보호 소개, 구조 소개, 재건 소개로 구분하였다. 첫째, 예방 소개(preventive evacuation)는 위기가 발생하기 이전에 피해 예상 지역을 깨끗하게 비움으로써 손실을 최소화하려는 위기 영향 이전의 단기적 소개로서, 자연재난 발생에 대비할 때 특히 효과가 크다.

둘째, 보호 소개(protective)는 위기 피해가 발생하기 이전에 조치하는 소개 기능이지만, 소개대상자들이 다소 오랜 기간 동안 해당 지역을 벗어나 있어야 한다는 점에서 예방 소개와 구분된다. 미국의 경우, 핵 공격을 받을 때 시민들을 안전하게 보호하기 위한 위기 상황에서의 재배치계획(crisis relocation plan)이 이 범주에 속한다.

셋째, 구조 소개(rescue evacuation)는 위기 피해가 발생한 이후 사망자, 부상자, 일반 시민들을 안전한 장소로 철수시키는 데 목적이 있는 소개 기능으로, 희생자의 단기 철수와 피해 지역 복구에 초점을 둔다.

넷째, 재건 소개(reconstruction evacuation)는 위기 피해 영향으로 인해 거의 사람이 살 수 없게 된 지역을 복구하고 재건하기 위해 오랜 시간 동안 주민들을 철수시키는 유형의 것으로, 전시 폐허의 경우가 이에 해당된다.

표 12-1 소개 기능의 분류

소개 시기(timing of evacuation)	소개 기간(period of evacuation)	
	단기 소개(short-term)	장기 소개(long-term)
사전 소개(Pre-impact)	예방 소개(Preventive)	보호 소개(Protective)
사후 소개(Post-impact)	구조 소개(Rescue)	재건 소개(Reconstructive)

자료: Perry(1985: 27).

3 응급의료 서비스 기능

응급의료 서비스는 인명 피해를 방지하는 데 최우선 순위를 두고 있는 긴급 구조 기능의 실질적 효과를 거두게 해주는 활동으로서, 위기 대응 단계를 마무리하는 활동이다. 따라서 위기 발생 시 응급의료 서비스(emergency medical service)를 제공하는 병원들은 일차적으로 사상자에 대한 효율적인 진료 행위를 할 수 있는 능력을 구비하는 것이 필수적이다(정윤수, 1994: 81). 위기 상황에서의 의료 행위는 응급 환자들에게 제공해줄 수 있는 병상 확보와 진료 가능성에 달려 있기 때문이다. 하지만 보다 효과적으로 응급의료 서비스를 제공하기 위해서는 인근 지역에 있는 의료기관들 사이의 사전 연계 체계를 구축하고, 위기가 발생한 현장에서 환자들에 대한 일차적인 진료를 통한 판단이 있을 경우에 비로소 효율적인 응급의료 행위를 하는 것이 가능하다(중앙일보, 1995.7.23: 12). 따라서 현장 응급의료 체계를 구축하는 데 필요한 사항은 ① 현장 응급구조 체계의 확립(예: 부상자 명단 작성, 부상 정도 파악, 진료기관 확정 및 이송, 사망자 신원 파악, 시신 안치 장소의 결정), ② 자원봉사자 조직 체계 구축(예: 보유 기능 확인, 역할 분담, 신원 파악), ③ 희생자 가족의 대기 및 보호 장소, ④ 편의 시설 구축 등이 있다.

4 탐색 · 구조 기능

탐색 · 구조(search and rescue: SAR) 기능은 대부분의 다른 대응 기능과는 달리 종종 체계화되지 못한 불확실한 상황 하에서 나타난다. 이는 위기가 발생한 초기 단계에서 조직화되고 전문화된 인력에 의한 희생자 탐색 · 구조 기능이 이루어지기 전에, 일반 시민들이 피해 지역(damaged areas) 주민들에 대해 도움을 주지만, 시간이 경과함에 따라 탐색 · 구조 기능은 보다 조직화된다(Anderson, 1969: 15; Perry, 1991: 221). 체계적이고 조직화된 탐색 · 구조 활동이 시작되기 전까지의 소요 시간을 얼마나 최소화시킬 수 있는지 여부가 탐색 · 구조 기능의 성공을 결정한다고 볼 수 있다. 이를 위해 사전에 재난 발생과 더불어 구조 작업이 진행될 수 있도록 위기관리 기관 간 의사소통 체계를 확립하고 대응 장비들을 미리 준비하며, 탐색 · 구조에 필요한 무선 공용 통신망 등과 같은 대응 프로그램을 마련해 놓는 것이 필수적이다.

5 질서유지 기능

질서유지 기능은 위기가 발생한 초기에 위기관리 기관이 피해 지역을 장악하고, 통제 체계를 갖추는 것을 의미한다. 특히, 인적재난이 발생한 경우에는, 우범자들이 민간인 구조대원이나 자원봉사자를 가장하고 피해 지역에 접근하여 사망자나 부상자의 금품을 절취하거나, 혹은 피난을 가거나 소개된 지역의 상점이나 주택에 침입하여 재산상의 손실을 입히는 경우가 많이 발생한다(Quarantelli & Dynes, 1970: 168; Dynes, Quarantelli, & Kreps, 1972: 33; Perry, 1985: 54). 이러한 범죄 행위에 대한 대응책이 마련되어 있지 않는 경우에는, 위험 지역 주민들이 공공기관의 소개(evacuation) 지시나 명령을 거부함으로써 피해가 더욱 커지게 된다. 그러므로 위기가 발행한 피해 지역에서의 질서유지 기능은 위기 상황 전반에 걸쳐 해결해야 할 최우선 순위 기능이라고 볼 수 있다.

6 긴급피해복구 기능

일반적으로 위기 발생으로 인해 피해를 당한 지역을 복구하는 활동은 위기 대응 단계의 기능들이 모두 종료된 이후에 수행하는 것으로 간주되는 경향이 있다. 그러나 실제로는 위기가 발생한 직후에, 위기 대응 기능을 수행하는 과정에서 피해 시설 및 지역에 대한 긴급복구를 하지 않으면, 오히려 대응 활동이 지연됨으로써 심각한 결과를 가져올 수 있다. 따라서 위기 대응 단계에서의 긴급 수송, 탐색·구조 등의 대응 기능 수행을 위해서라도 피해 시설에 대한 긴급피해복구 활동을 하는 것이 필요하다. 특히, 루빈(Rubin, 1991: 230)이 지적한 바와 같이, 재난으로 인한 부상, 사망, 붕괴 건물(ruined buildings), 정상생활의 지연 등과 같은 재난의 물리적 피해(physical effects of disaster) 발생은 동시적인 해결 방안들을 모색해야 한다. 예를 들면, 인명 구조는 붕괴된 건물에 대한 응급복구가 없이는 이루어질 수 없는 것이기 때문이다.

제 13 장

복구 단계

제 1 절 의 의

복구(recovery)는 위기가 발생한 직후부터 피해 지역이 위기가 발생하기 이전의 상태로 회복될 때까지의 장기적인 활동 과정을 의미한다. 그리고 피해 지역이 초기 회복기간으로부터 정상적인 상태로 돌아올 때까지 지원을 제공하는 지속적인 활동이다. 복구 단계는 피해 지역이 정상상태로 회복하는 데 필요한 원조를 하거나 지원을 하는 활동으로 구성되어, 전형적인 배분정책의 영역에 속하는 활동으로 볼 수 있다(Petak, 1985: 3). 또한 복구 단계는 중앙정부와 지방정부는 물론 시민 이해관계자, 기업, 자원봉사단체, 공익단체, 교통 기관 등이 함께 파트너십을 갖고 참여하는 과정이기도 하다(Phillips & Neal, 2007: 231).

위기 상황이 어느 정도 안정되고 긴급한 인명구조와 재산 보호 기능이 수행되고 난 이후에는 재난이 발생했던 피해 지역을 재난이 발생하기 이전의 정상적인 상태로 회복시키는 데 초점을 맞춰야 한다. 이러한 복구 단계는 단기적인 복구와 장기적인 복구를 통해 피해 지역을 재난 발생 이전의 상태로 회복시키는 활동을 포함한다(박동균 외, 2009: 35－36). 우선, 단기적으로는 이재민들이 최소한의 생활을 영위해 나갈 수 있도록 중점을 두어야 한다. 다음으로, 장기적으로는 재개발계획과 도시계획 등의 과정을 거쳐 원상태로 회복시켜야 한다. 이러한 복구계획은 미래에 발생하는 피해의 영향을 줄이거나 재발 자체를 방지할 수 있는 좋은 기회가 되며 위기관리의 첫 번째 단계인 예방 단계에 순환적으로 연결된다(McLoughlin, 1985: 169－170).

단기적인 복구 활동으로는 단기 복구계획의 수립, 주요 피해 상황의 조사 및 평가, 잔해물의 제거, 임시 수용시설의 마련, 작업 스트레스 관리를 위한 상담조사 프로그램의 시행 등이 있다. 장기적인 복구 활동으로는 장기 복구계획의 수립, 재정지원의 확보, 생활편의시설의 재건축, 지역사회 사업의 재활, 위기관리 법령의 정비, 지역사회 경제 재건 및 활성화 프로그램의 개발·시행, 위기 대응 능력의 보강 등을 하게 된다.

복구는 위기가 발생하기 이전의 정상적인 상태로 회복시키기 위한 활동이다. 이러한 복구에는 단기적이고 임시적인 응급복구와 장기적이고 항구적인 원상복구 또는 개량복구로 분류할 수 있다. 이 중에서 단기적인 응급복구를 살펴보면 다음과 같다. 응급복구는 이재민들이 최소한의 생활을 영위해 나갈 수 있도록 하는 식량, 식수, 비상구호품 등을 지원하는 것이다. 또한 구조적인 복구 외에 사망자, 부상자, 유가족과 위기 대응 활동에 참여한 공무원의 정신적, 심리적 상처를 치유하는 미국 NIMH(National Institute of Mental Health)의 지원과 같은 대책을 마련해야 한다(Hartsough, 1985: 8, 13; 이재은 외, 2006: 175).

복구 단계에서 수행하는 구체적인 활동으로는 생존지원 체계인 전력망의 수리, 임시가옥, 식량, 의복 등을 제공하는 것이 포함된다(Waugh, 1994: 254). 그리고 복구 단계에서 활동하는 주체를 살펴보면, 미국의 경우 지방정부, 주정부, 연방정부, 그리고 민간부문의 조직을 예로 들 수 있다. 이들은 각각 개별적으로 활동을 하기보다는 서로가 혼합되어 함께 공동으로 기능을 수행하는 데 협력할 때 효율적으로 복구 활동을 수행할 수 있다. 이와 더불어 공공부문뿐만 아니라 민간부문의 적극적인 참여가 있을 때 효과적인 복구를 하는 것이 가능하다(Perry,

1985: 8－14).

복구 단계와 관련하여 새틀(Settle, 1985: 101－106)은 어떤 위기든지 간에 위기 발생은 예상하지 못했던 경제적 · 재정적 문제를 불러일으킨다는 점을 환기시켜 주고 있다. FEMA 통계에 의하면, 1974년 4월 1일부터 1983년 9월 30일까지 주정부 지사들이 요청한 긴급 재난구호자금 요청 중에서 단지 59%만이 연방정부에 의해 승인되었고, 41%의 요청은 기각되었다. 긴급 재난구호자금 요청이 기각된 41% 지역은 심각한 재정적 위기에 봉착하게 되었다. 이는 위기가 발생하는 것과 동시에 물가가 급격히 상승하였으며, 부동산의 자산가치는 하락하였고, 세수입은 감소한 반면에, 이에 대한 연방정부의 어떠한 재정 위기 계획도 마련되어 있지 않았기 때문이다.

대비 단계와 대응 단계의 활동은 위기 유형에 따라서, 즉 자연재난과 인적재난에 따라 차이가 있다 할지라도, 이들 모두에 있어서의 복구 과정은 동일한 것으로 간주할 수 있다.

예를 들어, 루빈(Rubin, 1991: 224－259)은 1980년대 초 재난 복구 과정에 있는 14개 지역에서 수행되고 있는 연구에 기초하여, 성공적인 복구와 관련된 주요 구성 요소들을 살펴보고, 성공적인 복구 전략을 제시하였다. 여기서 그는 복구에 필수적인 주요 요소로 개인적인 리더십, 복구 활동 능력, 복구 활동 내용에 대한 지식을 예로 들면서, 효과적인 복구를 위한 전략을 제시하고 있다. 첫째, 해당 지방정부가 지니고 있는 자원들을 활용할 뿐만 아니라, 주정부와 연방정부의 재정적 및 기타 자원의 지원을 확보하는 방안을 잘 알고 있어야 한다. 둘째, 공공관리자들은 해당 지역의 희생자와 그 가족들뿐만 아니라 위기관리 활동가들과 자원봉사자들의 복구 활동을 지원해 주는 것이 필요하다는 점을 지적하고 있다.

그리고 메이(May, 1985)는 복구 활동을 집행하는 과정에서 미국 연방정부의 재난구호 정책(disaster relief policy)의 문제점을 경제적 문제, 조직상의 문제, 정부 간 및/또는 전달 문제의 세 가지 차원에서 지적하고 있다. 첫째, 경제적인 문제점으로는 재난구호 경비의 증가, 손실액과 지원액 사이의 차이, 재난별 구호 지급액의 불균형 등을 지적하고 있다. 둘째, 조직상의 문제로는 자금 지원의 우선순위와 기대치 사이의 혼돈을 가져오는 연방정부 조직의 불안정성을 지적하였다. 셋째, 정부 간 및/또는 전달상의 문제로는 구호 지급액에 대한 주정부와 연방정부 간의 갈등 문제와 주정부 지원 능력의 한계를 제시하고 있다.

따라서 그는 이 같은 문제에 대한 세 가지의 대안적인 접근법을 제시하고 있다. 기본 틀은 첫째, 연방정부로 하여금 재난 피해 지역에 대한 복구 지원을 하는 데 있어서 보다 직접적인 역할을 수행하게 해야 한다는 점이다. 둘째, 연방정부로 하여금 총액 보조금을 통한 재난구호 재정 지원 역할을 하게 하는 동시에, 재난구호 활동은 주정부나 지방정부에 이관하게 해야 한다. 셋째, 연방정부는 민간기업에 의해 제공되는 총괄재해 보험(all hazards insurance)에 대해 보조금을 지급해야 한다는 것이다.

제 2 절 복구 단계의 중요성과 활동

복구는 재난 피해 지역이 정상으로 돌아올 때까지, 초기 재난 발생 직후 동안 최소한의 운영 수준에 요구되는 생활 필수 유지 장치를 즉각적으로 제공하고 이를 지속적으로 지원하는 것을 포함한다. 복구 단계는 재난 순환 과정(disaster cycle)에서 가장 돈이 많이 드는 단계다. 즉, 복구 단계는 재난이 발생하기 이전의 정상상태로의 복원, 재건축, 복귀를 포함하는 것이기 때문에, 복구 단계에 참여하는 활동가들의 공통 인력들은 일상적으로 대응 단계에 참여하는 활동가들의 수보다 훨씬 많다.

그리고 복구 단계와 관련된 의사결정은 기본적으로 지방정부 수준에서 이루어지는데(Sylves, 2008: 24), 복구 단계에서 이루어지는 다양한 활동 국면들을 구분하면 다음과 같다(May, 1985: 13). 첫째, 비상대책 기간(emergency period)이다. 비상대책 기간에는 탐색·구조 활동, 재난피해자 구호, 그리고 필수 접근로에 있는 잔해물(debris) 제거 등의 활동이 이루어진다. 이러한 비상대책 기간(emergency period)은 위기 발생 직후를 포함하고 손실에 대해 직접적으로 대처하는 데 초점을 맞춘다(Haas et al., 1977; Canton, 2007: 169).

둘째, 복원 기간(restoration period)이다. 복원 기간은 파손된 공공시설과 주택들을 수리하는 활동으로 이루어진다. 이러한 복원 기간(restoration period)은 비상대책 기간의 종료 시점부터 주요 서비스들이 복원되는 시기를 말한다(Haas et al., 1977; Canton, 2007: 169). 셋째, 재건 기간(reconstruction period)이다. 재건 기간 동안에는 파괴된 시설과 건물이 최소한 재난이 발생하기 이전의 상태로 재건축되며, 재건 기간은 다시 대체재건 기간과 개발재건 기간으로 구분된다. 먼저, 대체재건 기간(replacement reconstruction period) 동안에는 자본금(capital stock)의 새로운 설정, 재난이 발생하기 이전의 수준으로 사회·경제적 활동의 복귀 등이 이루어진다(Haas et al., 1977; Canton, 2007: 169). 다음으로, 개발재건 기간(developmental reconstruction period) 동안에는 주요 재건과 미래 성장을 가능하게 해 준다(Haas et al., 1977; Canton, 2007: 169). 이와 관련하여 연방정부는 주로 '비상대책' 기간의 후반부와 전체 '복원' 기간에서 활동을 하는 한편, 지방정부와 민간단체 등은 즉각적인 탐색·구조 활동과 여타의 다른 비상대책 활동을 신속하게 수행한다.

이와 함께 연방정부는 복구 과정을 시작하고 재정 지원을 하는 중요한 역할을 수행하지만, 효과적인 복구를 위해서는 복구계획과 의사결정이 지방정부 수준에서 이루어져야 한다(Haddow, Bullock, & Coppola, 2008: 171). 복구 기간 동안에 사용되는 대부분의 자원은 지역사회의 외부에서 나온다. 일부는 민간조직과 주정부에서 나오지만, 대규모 재난에서의 대부분 자원은 연방정부로부터 나온다(Lindell, Prater, & Perry, 2007: 13).

복구 단계의 활동은 재난 위기가 발생한 직후부터 시작하고, 피해 지역이 정상 상태로 되돌아올 때까지 지속된다. 몇몇 사례에서, 복구 기간은 장기적으로 이루어질 수 있다. 복구 활동이 당면한 목표는 지역의 사회기반시설을 복구하는 것이다. 이러한 사회기반시설에는 상·하수도 시설, 전력 시설, 에너지, 정보통신, 교통·수송 시스템 등이 있다. 그리고 궁극적인 목표는 해당 지역의 삶의 질을 재난 위기가 발생하기 이전과 같은 수준으로 되돌리는 것이다. 이를 위한 복구 단계의 활동으로는 복구 상황의 점검 및 관리, 피해 파악 및 긴급 지원, 위기 발생의 원인에 대한 분석 및 평가 활동이 있다. 복구 단계의 세부적인 활동으로는 중·장기 복구계획 수립, 복구의 우선순위 결정, 복구 장비 및 예산 확보 방안 마련, 복구 지원을 위한 관계 기관과의 협조, 피해 상황의 집계, 긴급 지원 물품의 제공, 피해자 보상 및 배상 관리, 피해 발생 원인과 문제점 조사, 개선안 마련, 유사 재난으로 인한 피해의 재발 방지책 마련, 피해 유발 책임자 및 책임기관에 대한 법적 처리 등이 있다(이재은, 2007: 64).

복구 대책은 단기 대책과 장기 대책을 모두 포함한다(Lindell, Prater, & Perry, 2007: 13). 단기 대책(short−term measures)에는 구호와 재활 활동, 장기 대책(long−term measures)에는 재건 활동이 포함된다.

먼저, 단기 대책을 살펴보면, 구호(relief)와 재활(rehabilitation) 활동은 일상적으로 피해 지역으로의 접근을 쉽게 할 수 있도록 교통로상의 잔해물을 제거하는 활동, 경제 활동의 재개, 정부가 제공하는 서비스의 회복, 이재민을 위한 주택·의복·식량 공급 활동 등이 있다(Lindell, Prater, & Perry, 2007: 13). 기본 서비스를 복원하는 활동으로 이어지는 단기 대책 활동들은 기본적으로 잔해물 제거라든지 기본적인 사회기반시설의 수리 등과 같은 전술적 수준의 활동들(tactical level activities)이다. 이때 단기 대책 활동의 초점은 지역사회 서비스를 거의 정상 수준으로 복원하는 데 맞춰져 있다. 또한 주요 복원 요소는 개인 및 공공시설 지원을 위한 연방 지원 프로그램의 활용으로서, 단기 복구 전략은 건축물 조사, 교량과 도로 등의 구조적 평가 등과 같은 상세한 손실 평가와 연방 프로그램과의 연계를 통한 조화를 이루는 데 있다(Canton, 2007: 170).

다음으로, 장기 대책을 살펴보면, 재건(reconstruction) 활동에는 첫째, 건물, 도로, 교량, 댐과 같은 주요 구조물의 재건축, 둘째, 지역경제 체계의 재활성화 활동 등이 있다(Lindell, Prater, & Perry, 2007: 13). 장기 복구는 지역사회의 미래에 대해 잠재적인 영향을 미치기 때문에 사실상 전략적이라고 볼 수 있다. 예방 단계와 마찬가지로, 장기 복구 전략이 효과적이기 위해서는 지역사회의 높은 수용도가 필요하다. 재난이 터진 이후에 복구 정책을 개발하고 집행하는 것이 지역사회의 미래 발전 전략에 잠재적으로 장애물이 될 수 있다고 생각하면, 실제로는 재난이 발생하기 이전에 지역사회에서 장기 복구 전략을 수용하는 것이 필요하다.

재난 위기가 발생한 직후의 대응 기간 동안에는 이타주의(altruism) 현상이 나타나는 것과는 반대로, 복구 기간 동안에는 우선순위의 충돌 문제, 재해구호의 불공평 문제, 부적절한 대응에 대한 비난 등의 현상이 나타나는 것이 특징이다. 다른 무엇보다도 지역사회는 정상상태로의 신속한 복귀를 강조하게 된다. 하지만 신속한 복귀를 위해서는 공공의 합의 절차라는 장애물에 부닥치게 된다. 공공의 합의 절차를 수용하기 위해서는 지역사회 주민들의 합의가 필요한데, 그렇게 하기 위해서는 많은 시간이 소요된다. 그러므로 지역사회는 장기적으로 또 다른 재난 위기를 예방할 수 있는 역량을 갖춘 복구를 하기 위한 공공의 합의 절차를 거치기보다는, 신속한 재건축을 실시하는 것을 선택할 것이다. 따라서 지역사회는 과거보다 개선된 예방 효과를 지닌 복구 활동보다는 재난이 발생하기 이전 상태로 돌리는 데 복구의 초점을 두는 경향이 있다(Canton, 2007: 170).

제 3 절 복구계획

복구 활동은 재난이 발생한 직후에 시작해서 장기간 동안 지속된다. 복구 조치는 지역사회의 물리적 부분뿐만 아니라 삶의 질(quality of life)을 적어도 재난 이전과 동일한 수준으로 회복시키는 한편, 가능하다면 재난이 발생하기 이전보다 더 좋게 개선하는 데 목표가 있다.

전통적으로 복구는 단기 조치 대 장기 조치의 관점에서 생각되어 왔다. 단기적인 조치의 관점에서는 구호와 재활(relief and rehabilitation) 조치가 있고, 장기적인 조치의 관점에서는 재건(reconstruction) 조치가 있다(Perry, 1985: 7). 이때 단기 복구(short-term recovery)는 대응과 겹치게 되는데, "탐색과 구조, 손실 평가, 공적 정보, 임시 주거지, 수도 · 가스 · 전기 등과 같은 공공시설 복구, 잔해물 제거, 기부금품의 처리 등을 포함한다. 장기 복구(long-term recovery)는 지역공동체의 생존이라는 기본적인 차원인 항구적인 주거지, 경제적인 여건, 환경, 도로와 교량과 같은 기반시설, 물 · 전력 · 전화 등과 같은 라이프 라인을 다룬다. 이들 각각의 조치는 장기 복구 기간을 통해 움직이는 개인적 역량과 집합적 역량에 영향을 주는 사회적 · 심리적 조건에 의해 영향을 받는다.

그리고 분명한 것은 비록 복구 단계가 예방-대비-대응-복구 단계라는 위기관리의 순환 주기에서 명백하게 구분되는 별개의 활동 단계라고 할지라도, 복구 단계는 예방 단계, 대비 단계, 대응 단계에서 수행되는 활동에 의해 영향을 받는다는 사실이다. 예를 들면, 가정이나 지역사회가 재난에 대한 대비 조치를 많이 할수록, 그리고 재난 피해를 줄이기 위해 더 많은 노력을 기울일수록, 복구가 더 쉬워질 것이다.

이와 유사하게 대응 단계에서의 의사결정도 복구 노력에 영향을 준다. 즉, 파괴된 건물의 벽돌을 한쪽으로 잘 치워 놓는 것은 역사적으로 중요한 도시를 복원하고 대규모 쓰레기 매립을 줄이는 것을 보다 쉽게 해 줄 것이다(Phillips & Neal, 2007: 208).

주요 재난으로부터 복구 활동을 하는 것은 일반적으로 예상할 수 있는 것보다 훨씬 더 많고, 훨씬 더 긴 갈등을 포함한다. 따라서 복구는 재난이 발생하기 전에 복구계획을 개발하면, 복구 조치가 훨씬 더 빠르고 효과적으로 이루어진다. 이는 복구계획을 수립하는 것이야말로 조직간 환경에서 커뮤니케이션과 의사결정의 중요한 요소이며, 지역사회가 공감하고 공유할 수 있는 공동의 목표를 개발하려는 노력의 핵심적인 요소이기 때문이다. 이러한 복구계획을 수립하는 경우, 복구계획 수립에 참여하는 모든 기관들이 동일한 계획 기간을 사용하고, 재난관리 프로그램에 참여한 기관에 의한 연합계획을 수립하게 된다. 그리고 재난관리 프로그램을 검토하고 비교하는 데 사용하기 위한 계량화된 산출물을 개발하거나, 재난관리 프로그램을 위한 통합된 계획의 수립, 참여기관 간 기능과 역할을 조정하기 위한 구체적인 목표 설정, 다른 기관의 계획을 검토하는 데 사용할 구체적인 지침의 작성, 모든 참여기관을 위한 조정 기준 마련 등이 요구된다(조종묵 외, 2011: 112). 이러한 사전복구계획을 설계하는 데 필요한 사항은 다음과 같다(Lindell, Prater, & Perry, 2007: 169).

첫째, 재난 복구를 책임질 조직을 분명하게 설정해 두어야 하는 한편, 토지 사용과 건물 공사업체, 사업집단, 그리고 인접 협회 등의 주요 이해관계자들도 정해두는 것이 필요하다.

둘째, 임시 주거지를 만드는 위치를 미리 정해 두어야 한다. 재난이 발생했을 때 임시 주거지를 어디에 마련할 것인가 하는 문제는 일상적으로 지역사회에 갈등을 유발하는 어려운 쟁점이기 때문에, 재난 발생 이전에 이 문제를 해결해 놓는 것이 복구를 신속하게 해준다.

셋째, 중요한 과업을 수행하는 방식을 미리 결정해 두어야 한다. 손실 평가, 출입 금지, 잔해물 제거, 구역 재설정, 서비스 재개, 임시 수리 허가, 그리고 허가 절차 등이 그것이다. 이들 과업은 해당 지역이 재건되기 전에 완료되어야만 한다.

넷째, 피해자들이 사기 피해를 당하지 않도록 계약자 허가 부여와 모니터링, 소매가격의 통제 등이 이루어져야 한다. 또한 행정지도와 자원 활용이 가능하도록 해야 한다. 지방정부의 경우에도 재난 직후에는 온갖 수많은 업무로 인해 업무량이 압도되기 때문에, 재난이 발생하기 이전에 인근 지방정부 공무원의 지원을 확보하고, 지역의 기술자, 건축가, 계획 설계자 등의 훈련받은 봉사자들을 확보해야 한다.

다섯째, 역사적인 유물 · 유적이 있는 장소에서 복구 작업을 수행할 수 있는 방안을 마련해 놓아야 한다. 이들 지역의 경우에는 손상된 구조물을 해체하고 복원을 하는 데 사용할 수 있는 재료 등에 대한 제약과 같은 특별한 쟁점들이 제기되기 때문이다.

여섯째, 복구 기간이야말로 재난 피해를 예방하거나 경감할 수 있는 정책을 수립하기 위한 법률 제정의 목표를 복구계획 과정에 구현할 수 있는 유일한 시간임을 인식해야 한다.

제 4 절 복구에서 고려할 사항

복구 활동을 전개하는 과정에서 지역사회가 가장 필요로 하는 수요는 주택의 재건, 경제적 회복, 환경의 보호, 사회기반시설과 라이프 라인의 복원이 있다. 그리고 단기적으로는 잔해물의 제거와 기부금품의 전달 등이 가장 시급한 사항이다. 더욱이 이들 수요의 근원적인 것은 전반적인 복구 과정에 크게 영향을 주기 때문에 무시되어서는 안 되는 사회적 · 심리적 조건이 있다(Phillips & Neal, 2007: 216–231).

첫째, 사회적 · 심리적 조건(social and psychological conditions)이다. 먼저, 사

회적 조건(social conditions)은 가정과 이웃의 수준에서 논의되는 것으로서 생기가 넘치는 공동체 생활에 필수적인 인적자원과 재산을 잃지 않도록 하는 데 초점이 있다. 따라서 지방정부는 ① 공동체 사회, 이웃, 문화가 유지될 수 있도록 하는 방안, ② 주민들이 문화적으로 환경적으로, 그리고 구조적으로 친숙한 가정으로 돌아가게 하는 방안, ③ 주민들이 의료 서비스, 고용, 휴식, 교통수단을 연계할 수 있도록 하는 방안을 마련해야 한다. 가정과 이웃을 유지하는 데 있어서 중요한 고려사항은 주민들로 하여금 그들이 이용할 수 있는 지원 방안을 어떻게 확보할 수 있는지를 알려주는 것이다. 이웃을 유지하려는 노력의 또 다른 측면이 바로 지원 서비스(support services)이고, 가정에 대한 지원 서비스는 곧 복구 활동의 한 부분이다. 하지만 이들 지원 서비스는 전형적으로 비정부적인 것이라는 점을 인식해야 한다. 지방정부의 역할은 주로 수요를 확인하고 지원 서비스를 촉진하고 지원하는 것이다. 다음으로, 심리적 조건(psychological conditions)은 재난이 발생한 이후에 심리적 트라우마[1]가 광범위하게 퍼지지 않았다 할지라도 똑같이 기본적인 것이다. 그럼에도 불구하고 사건의 범위나 유형에 따라 정신보건의료 수요의 범위를 별도로 만들어질 수 있다. 주민들이 높은 스트레스와 불안을 경험할 수 있고, 아마도 가족, 이웃, 또는 재산을 잃은 것으로 인한 개인적인 트라우마, 또는 약물 치료 중단이나 일상 업무의 중단, 자원의 부족 등으로 인한 심리적 문제를 경험할 수도 있다. 보통은 주민을 위한 심리적 서비스는 민간보험이나 지방의 사회 서비스와 정신건강봉사 서비스 등을 통해 이루어진다. 이 모든 일들이 잘 이루어지고 또한 대부분의 주민들이 재난 상황에 아주 잘 대응하고 주택을 새로 짓는 일을 시작했다 할지라도 시민들의 인내와 대처 기술이 재난으로 인해 약해질 것이라는 점을 이해하는 것이 중요하다.

1) 외상 후 스트레스는 삶을 위협할 정도의 끔찍한 경험을 하고 난 다음에 겪는 스트레스다. 스트레스를 해소하지 못하고 주의력 결핍, 기억력 저하 등을 비롯한 일상생활의 어려움을 호소하며 끔찍한 경험에 대한 불안 반응을 보이는 일이 지속되면 외상 후 스트레스 장애(PTSD: Post-traumatic Stress Disorder)라고 한다. 다시 말하면, 외상 후 스트레스 장애는 목숨이 위협받을 정도의 경험을 한 후에 겪게 되는 불안증의 일종이다. 여기서 말하는 끔찍한 경험은 전쟁, 성폭행, 고문, 교통사고, 건물붕괴, 자연재난 등 일생 동안 겪지 않을 수 있거나 겪지 않아도 될만한, 예상치 못하게 경험하게 되는 사건이다. 신체적 상해를 입지 않았더라도 죽음 또는 그와 비슷한 위협을 느꼈다면 개인에게는 끔찍한 경험, 즉 큰 심리적 충격(trauma, 심리적 외상, 트라우마)이 된다(유정, 2011: 4).

둘째, 주택 재건과 가정 회복(housing reconstruction and household recovery)이다. 우선, 주택 공급은 지역의 건물 자본금의 가장 큰 부분이고 지역사회의 경제와 매우 밀접하게 연계되어 있다. 정부는 주택 복구 활동을 통해 지역사회가 거주지를 다시 만드는 일을 하는 데 도움을 주는 다양한 노력과 활동에 참여할 것이다. 그리고 임시 주거시설의 부지 선정, 적정가격으로 주택을 재건축하도록 건설업자를 독려하는 조례를 만드는 것, 허가 절차의 설계, 새로운 건축물의 점검 및 검사, 부도덕한 계약자에 대한 감시, 기금의 확보, 보험에 충분히 들지 않거나 보험을 가입하지 않은 사람들이 집으로 돌아가는 것을 돕는 자원봉사 조직들과의 공조 등의 다른 활동들도 있다. 지방정부의 경우에는 길고도 어렵고 복잡한 과정을 거쳐 주민의 수요에 대해 우선순위를 매기고, 공중을 참여시키며, 파트너십을 형성하는 한편, 재정 확보와 가족 지원을 하는 것이 요구된다.

정부는 응급대피소, 임시대피소, 임시주택, 항구주택 공급이라는 주택복구의 4단계를 다루어야 한다. 응급대피소(emergency shelter)는 시민에 기반을 한 것으로서 가족들이 텐트, 자동차, 육교 또는 다른 약간 더 적절한 피난장소를 사용하는 경우를 말한다. 임시대피소(temporary shelter)는 대부분의 재난 발생 시에 수많은 대피자들은 가족과 친구 또는 호텔에 피신하는 경우에 해당하지만, 대규모 재앙이 발생해서 각종 시설들이 가득 찬 경우에는 정부가 임시대피소를 제공하게 된다. 임시주택(temporary housing)은 위기관리 기관이 제공하는 것으로서, 임시 주택은 특별재난지역 선포를 통한 지원과 같이 공식적인 지원 메커니즘을 활용하는 것이 가능하다. 항구주택(permanent housing)은 주택 재건의 마지막 단계로서, 주택 재건축은 재개발, 자본 투입, 시장 모델, 제한된 개입 모델 등 다양한 방식으로 이루어질 수 있다.

셋째, 경제 회복(economic recovery)이다. 비록 위기가 단기적인 문제를 일으킬 수 있다고 할지라도, 장기간에 걸쳐서 보면 위기는 대체로 재앙 수준의 커다란 경제적 변화를 가져오는 것은 아니다. 그러나 재난으로 인한 사업 중단(business disruption)은 세금 수입 기반을 약화시키는 파급효과를 가져오고, 이는 지방정부로 하여금 인력, 서비스, 프로그램을 중단하게 만든다. 사업 중단을 최소화하기 위해서 지방정부는 재건축에 투자할 재정 자본이 필요하다는 점을 이해해야 하고, 상업 영역에 대해 정부가 관심을 갖는 것이 중요하다는 점을 인식해야만 한다. 특히, 지방정부와 외부로부터 동원되는 자본과 복구 노력이 연계되어야만 한다. 사업 중단은 기업 자체가 피해를 입었을 때 발생할 수 있는 것이지만, 때로는 기업 자체가 피해를 입지 않는다 할지라도 주변의 사회기반시설이나 라이프 라인이 피해를 입는 경우에는 근로자들이 일을 할 수 없거나 주택을 잃었기 때문에 회사를 열지 못하게 될 수도 있다. 예를 들면, 허리케인 카트리나(Hurricane Katrina) 이후, 많은 기업들이 뉴올리언스(New Orleans)의 중심 상업지구와 역사지구에서 영업을 재개할 수도 있었지만, 홍수로 인해 근로자들의 상당수 주택이 파괴되어 영업을 하지 못했다(Phillips & Neal, 2007: 222). 지방정부는 기업 이주를 지원함으로써 영업을 촉진하고, 이를 통해 기업 생존 능력을 위협하는 장기 폐쇄 기간을 단축시킬 수 있다. 또한 지방정부 공무원들은 재난 위기에 대비하고 복구하는 두 가지 일 모두에서 기업과 기업 소유주들을 도와줄 수 있다. 재난 위기에 대비할 때 중요한 요소는 위기관리 기관, 상공회의소, 업무연속성계획(business continuity planning: BCP)을 수행하는 특정 기업들 사이의 민·관 파트너십을 장려하는 것이다. 그리고 재난 위기 발생 후에는, 재난 직후 기간이야말로 기업들로 하여금 복구에 초점을 두게 하는 가장 좋은 시점이다. 지방정부는 재개발 기구 설치, 상업지구에 대한 미적인 개량 사업의 추가, PR 캠페인을 통한 지방기업의 홍보, 업무연속 노력에 대한 지원 등의 경제 활성화 수단들을 사용함으로써 경제 회복 노력을 지원할 수 있다.

넷째, 환경 복원(environmental recovery)이다. 해안선이나 수로는 살기에 좋은 장소로 알려져 있다. 따라서 주요 강들을 따라 도시가 개발되어 왔고, 범람원과 화산 지역으로부터의 비옥한 토지는 농업 생산을 장려해 왔다. 그러나 인구가 증가하고 거주지에서 인구밀도가 높아질수록 개인적 위험과 집합적 위험 또한 증가해 왔다. 위험을 감소시킬 수 있는 방법은 자연자원과 조화를 이루며 사는 것이다. 그렇게 함으로써 환경을 보호하고 사람들로 하여금 자연환경의 레크리에이션과 미적인 측면을 즐길 수 있게 해 주는 것이 가능하다. 첫째, 복구 단계는 환경 보호라는 기회의 창(window of opportunity)을 제공한다. 이는 지역사회 환경의 질을 높이는 방법인 동시에 장기적으로 위험을 감소시키는 것이다. 예를 들면, 지방정부는 복구 기간 동안에 일반적으로 개발과 관련된 문제뿐만 아니라 우수 유출수(stormwater runoff), 오염, 습지와 집수구역 상실 등과 같은 환경 문제들을 다룰 수 있다. 복구의 일환으로 환경을 개선할 수 있는 다른 기회로는 공지 매입, 중앙정부의 인수자금 사용, 개발을 위한 밀집 지역 이주 허용 등을 포함할 수 있다. 둘째, 복구 단계는 지역사회 환경의 질을 제고시키는 비용을 줄일 수 있는 기회의 창을 제공한다. 환경의 질 개선 프로젝트에는 연못형 저류지(detention ponds) 건설, 강둑안정처리(riverbank stabilization), 부지 매입, 우수 및 오폐수 개수사업, 해빈 조성(beach nourishment), 사구 복원(sand dune restoration), 통제된 연소(controlled burns), 덤불 제거 등이 포함된다. 복구 기간 동안, 지방정부 관리자는 유해물질이 지방의 환경적으로 민감한 지역을 오염시키지 않도록 하기 위해 환경단체나 기관과 밀접한 관계를 맺고 활동하는 것이 필요하다.

다섯째, 사회기반시설과 라이프 라인이다. 대체적으로 사회기반시설(infra-struture)에는 도로, 교량, 철도, 대중교통, 수로, 항공 등이 포함되고, 라이프 라인에는 전력, 석유·가스 관로, 연료, 정보통신, 물 처리 시설(water treatment facilities) 등이 있다. 사회기반시설이 손상을 입을 때는 건축이나 재건을 위한 물자 공급, 상업 생산물, 출퇴근 근로자 등에서의 이동이 지연될 수 있다. 결국 복구가 늦어지게 되는 결과를 가져온다. 하지만 라이프 라인이 없으면, 교통수단이 기능을 할 수 없게 되거나 심지어는 지역사회가 기능을 멈추게 된다. 따라서 복구를 통해 사회기반시설이나 라이프 라인을 변화시킬 수도 있다. 예를 들면, 장래의 위험을 완화시키기 위해 교통수송로나 교통수송시설의 위치 변경, 전력선의 지하 매설 등을 하거나 중요한 사회적 필요를 충족시키기 위해 새로운 파트너십을 구축하는 것도 가능하다. 물리적인 사회기반시설과 라이프 라인을 복구하기 위해서는 민간부문과 공공부문 모두에서의 다양한 파트너가 필요하다.

제 4 편

위기관리 체계

제14장 위기관리와 지방정부
제15장 위기관리 거버넌스
제16장 위기관리 커뮤니케이션
제17장 위기관리와 이재민 구호
제18장 위기관리 법 · 제도

제 14 장

위기관리와 지방정부

제1절 의 의

위기관리에 있어서 중앙정부와 지방정부는 모두 위기관리 책임기관으로서 위기가 발생하는 것을 예방하고 대비하며, 실제 위기 상황을 대응하고 복구하는 위기관리정책과 행정에 있어서 주도적인 역할을 담당하게 된다. 중앙정부와 지방정부는 위기관리의 책무성 측면에서는 공통적이지만, 실제 수행하는 역할에서는 위기관리 과정상 차이가 있다. 지방정부는 원칙적으로 그 지역에서 발생한 각종 위기로부터 주민의 생명, 재산, 건강을 보호하는 데 일차적인 책임을 갖고 있고, 지방정부의 대처 능력의 범위를 벗어난 심각한 재난에 대해서는 중앙정부가 지원을 하는 역할 분담의 구조가 확립되는 것이 필요하다(권건주, 2005: 83).

우리나라의 위기관리의 책임 소재를 살펴보면, 중앙정부와 지방정부가 함께 책임을 지도록 되어 있다. 하지만 실제로는 책임은 같이 지게 되어 있더라도 권한은 없는 기형적인 구조이다. 예를 들면, 재난 위기가 발생한 현장을 관리하는 경우, 관련 법령상에서 지방정부는 권한이 없고, 중앙정부가 중심이 되어 현장관리를 하도록 되어 있는 것이 현실이다(이재은, 2014: 17−18).

그리고 지방정부는 중앙정부에 비해 위기관리 업무를 수행하는 전담조직이 인력, 전문성 등의 측면에서 매우 부족하며, 중앙정부의 부처에서 하달하는 지침을 수행하기에도 벅차기 때문에 소극적인 행정을 수행할 수밖에 없다. 즉, 지방정부는 위기관리정책에 대해 재난이 발생하는 생활 현장에서 주민의 생명과 안전을 보호해야 하는 일차적 책임을 지니고 있음에도 불구하고, 재난이 발생할 때마다 체계적으로 대응하고 중·장기적인 차원의 사후 복구를 통해 재발 방지에 힘쓰기보다는 일회성 복구 지원이나 사고책임자 처벌 정도로 위기를 모면하는 미숙한 대응 행태를 보이고 있는 것도 사실이다(이재은·양기근, 2004; 박동균 외, 2009: 28).

그동안 위기관리와 관련된 역할의 중요성과 관련하여, 최근까지도 중앙정부에 비해 지방정부의 중요성은 크게 인식되지 못해 왔지만, 재난관리의 1차적 책임이 지방정부로 넘어가면서 지방정부의 역할이 점차 커져야 한다는 인식이 확산되고 있다. 특히, 2011년 일본에서 발생한 동일본 대지진과 쓰나미 재난을 관리하는 과정에서 보았던 것처럼, 재난관리를 하는 과정에서 지방정부가 수행해야 하는 역할은 매우 컸다. 우리나라의 지방정부는 각종 재난을 관리하는 과정이나 수행하는 기능에 있어서 중앙정부에 대한 의존도가 높고, 실제적으로 지방정부의 역할 자체도 미미한 것이 현실이다(최현재·김종업, 2012: 49). 영국의 경우에도 재해 및 긴급 상황이 발생하는 경우, 중앙정부가 직접 관여하지 않고, 대개 지방정부 중심으로 피해복구팀을 구성한다. 하지만 피해 규모가 지방정부가 감당할 수 없을 정도로 막대할 경우에는, 내각부 산하의 국가비상사무국(the Civil Contingencies Secretariat: CCS)이 정부 단위의 재난대응부서(the lead Government Dapartment: LGD)를 구성한다(전봉경, 2015: 95). 미국은 지방정부가 재난관리의 1차적 책임을 지고 지방의 특색에 맡게 대처하고 있다. 미국은 「스태포드법(Stafford Act)」에 근간을 두고, 국토안보부(DHS) 산하 연방위기관리청(FEMA)에서 재난관리를 지휘하고 있으나, 대체로 지방정부의 위기관리국(EMA)과 재난관리부서에서 모든 책임을 지고 재난에 대응하고 있으며, 대규모 재난의 경우에만 연방정부가 지원을 한다(박동균 외, 2012: 56).

고도화된 기술 사회이자 초고밀도의 도시 공간을 특징으로 하는 우리나라는 향후 재난의 크기, 재난 발생의 원인, 그리고 재난 피해의 영향 등에 따라 그 피해가 거대해지고 복잡해지기 때문에 이에 대한 대비와 노력들이 수반되어야 한다. 기존에 해오던 각개전투식 재난 대응이나 대비 방식을 갖고는 이러한 변화된 사회적 특성을 감당하기 어렵다. 특히, 신흥 안보 문제 및 복합적인 재난에 신속하게 대응하고 국민안전을 확보하기 위해서는 새로운 형태의 재난대응시스템을 구축하는 것이 필요하다(박지영, 2015: 9). 예를 들면, 오늘날 우리나라의 재난관리나 위기관리시스템은 정부 주도의 명령, 지시, 통제, 감독과 같은 구체제 방식에 의해 운영되어 오고 있다. 사회가 바뀌었고 재난의 양상도 바뀌었으며 우리 사회의 운영 체제도 바뀌었다는 점을 감안해 보면, 과거의 방식으로 재난을 관리해서는 동일한 문제점들이 계속 나타날 것이고 동일한 비판이 계속 이어질 것이다. 이를 위해서는 명령, 지시, 통제, 감독이라는 과거의 방식을 탈피하여 지원, 협력, 연계, 조정이라는 새로운 방식을 도입하는 것이 필요하다(이재은, 2015: 58). 위기관리를 담당하고 책임지는 중앙정부는 이제 직접적인 재난관리나 위기관리 서비스의 공급자 역할을 하던 것을 중단하고, 사회 전체의 위기관리를 지원하고 연계하고 협력하고 조정하는 틀로 전환하는 것이 필요하다는 것이다.

특히, 오늘날 우리 사회는 도시화, 첨단화, 산업화, 고밀도화되었기 때문에, 중앙정부 부처가 복잡다양한 사회에서 발생하는 모든 재난이나 위기[1] 모두 다 관리하겠다는 생각을 버리고, 사회 전반에 걸쳐 위기관리시스템을 내재화하는 사회내장형 위기관리시스템을 구축하는 방향으로 나아가는 것이 절실히 요구된다. 이러한 사회내장형 위기관리시스템의 구축에 있어서는 무엇보다도 지방정부의 역할이 가장 중요하다. 슈나이더(Schneider, 1995: 33)에 따르면 미국 연방위기관

1) 이 책에서는 '재난' 용어와 '위기' 용어를 함께 사용한다. 실제로 위기라는 단어는 태풍 · 폭설 · 홍수 등 자연재난, 폭발 · 대형사고 · 붕괴 등 인적재난, 테러 · 외교 · 군사적 위기, 국가핵심기반의 마비, 질병의 확산, 의사소통의 부재로 인한 심리적 갈등 등 위험 · 불안전 · 불안정 상황과 연계되어 있다. 통상 이러한 위험 · 불안전 · 불안정 상황을 부를 때 위기의 근원 또는 위기의 대상을 지칭하여 재난 위기, 경제 위기, 사회공동체의 위기, 개인의 위기, 집단의 위기, 지도자의 위기 등으로 위기의 용어를 사용한다(김무겸, 2012: 56). 이재은(2006: 19-35)에서도 포괄적 안보 개념 하에서의 국가위기를 국민생활안전 위기, 재난 위기, 전통적 군사 안보 위기, 국가핵심기반 위기로 분류하여 사용하고 있다.

리청(FEMA) 역시 다른 연방기관들이 제공하는 지원을 통제하는 역할을 하는 것이 아니라, 접촉의 중심점(a central point of contact)으로 봉사하고 있다.

이처럼 지방정부의 역할이 중요해진 배경은 최근에 지역사회의 안전을 위협하는 사건들, 즉 화재, 붕괴, 폭우, 전염병 등이 장소 중심적 특성을 가지고 있으며, 과거에 비해 주민들의 위험 인식 수준이 높아져 위험관리에 대한 책임을 명확하게 할 것을 요구하고 있기 때문이기도 하다. 지방정부가 위험관리의 필요성을 인식하지 못하는 것 자체가 위험인 사회가 도래하였다(정명은, 2015: 293).

제 2 절 위기관리에서 지방정부의 역할

지방정부는 중앙정부와 달리 주민과 면 대 면으로 접촉하면서 공익에 기반을 둔 종합행정을 담당하고 있고, 다양한 정책과 공공 서비스를 생산 · 공급하는 일차적인 책임을 지고 있다. 이러한 정책과 서비스의 영역에는 환경 서비스, 치안 서비스, 재난안전 서비스, 복지 서비스 등이 있다. 과거에는 지방정부의 공공 서비스 중 안전과 관련된 서비스의 중요성이 크게 부각되지 않았지만, 최근 지방정부의 재난안전 기능이 중요해지고 신종 위험의 등장과 함께 복지와 사회 안전 간 관계의 중요성이 부각되면서 지방정부의 사회 안전과 위험관리 서비스가 중요한 정책 영역이 되고 있다(서재호 · 이승종, 2012: 1－2). 이러한 위기관리 서비스는 중앙정부와 지방정부 간의 적절한 역할 분담이라는 토대 위에 지역별 재난 특성을 파악하고, 그 발생 빈도와 형태를 고려하는 것이 필요하다. 또한 재난 발생 이후의 복구, 응급조치 등의 소극적 대책에서 벗어나 개별적 재난관리 조직에서 통합적 재난관리 조직으로의 전환을 모색하고, 사전 예방적 차원의 재난관리정책을 수립 · 집행하는 것이 바람직하다고 볼 수 있다(김경호, 2010: 152).

하지만 중앙정부와 지방정부 모두가 소수의 재난관리 전담 인력을 갖고 재난관리 업무를 수행해야 하는 것이 현실이다(이재은 외, 2012: 105). 즉, 현재의 행정조직 및 운영상 재난 관련 담당 공무원은 다른 행정 업무와 재난관리 업무를 함께 수행함으로써 업무 부담의 과중으로 재난관리가 형식적으로 이루어지고 있으며, 잦은 순환보직과 인수인계의 미흡으로 전문성이 현저하게 떨어지고 있는 것이 사실이다.

지방정부는 시민의 기대에 부응하고 효과적인 재난관리를 위해 중앙정부와 기타 유관기관과 다른 역할을 수행한다. 첫째, 지방정부는 재난 활동의 전 과정에서 주체적이고 주도적인 역할을 담당한다(권건주, 2005: 82). 중앙정부는 재난 발생 이후 대응과 복구 활동 등에 필요한 막대한 재원을 보유하고 있기 때문에, 재난관리 행정에 있어서 직접적인 활동주체로서 뿐만 아니라 지원기관으로서의 역할을 수행하고 있다. 한편, 지방정부는 재난의 발생을 억제하거나 예방을 하는 재난 예방 기능, 재난 발생 시를 대비하여 지역안전관리계획을 수립하거나 재난정보시스템을 구축·운영하는 등의 재난 대비 기능, 재난 발생 시 피해를 최소화하기 위해 각종 인적·물적 자원을 동원하여 재난을 수습하는 재난 대응 기능, 재난 피해 지역이 정상적인 생활을 할 수 있도록 하는 재난 복구 기능 등 재난관리 전반에 걸쳐 재난관리 주체로서의 역할을 수행한다.

둘째, 지방정부는 재난관리에 있어서 조정(coordination)의 역할을 담당한다. 재난관리 행정에 있어서 일련의 과정인 예방, 대비, 대응, 복구 과정을 수행할 때에는 여러 재난 관련 기관 및 단체가 참여하게 된다. 이때 지방정부는 각급 재난관리 책임기관, 긴급구조기관, 긴급구조지원기관, 자원봉사자 등의 다양한 의견을 들어 가장 합리적인 재난관리 대안을 선택하여 이행될 수 있도록 유관기관 간 조정의 역할을 수행하게 된다(권건주, 2005: 83).

셋째, 재난관리에 있어서 지방정부의 역할이 중요한 이유는 지방정부가 재난 발생 시 재난 현장의 최일선에 위치해 있고, 지역주민의 생명과 재산을 보호해야 할 책무를 수행하고 있기 때문이다. 아울러 재난이 발생하면 복구비 등 지방정부가 부담해야 할 비용이 급격하게 증가하게 된다(권건주, 2005: 81-82; 박동균 외, 2009: 14).

넷째, 대부분의 재난은 지역에서 작은 사고로 시작하는 것이 일반적이다. 박지환·김윤희(2014: 702-703)에서는 이 작은 사고에 효율적으로 대응하지 못해서 대형 재난으로 발전하는 경우와 태풍이나 홍수와 같이 해당 지역의 재난 대응 역량을 넘어서는 경우에 대형 재난으로 발전하는 것이 일반적인 현상이라고 한다. 따라서 지방정부의 재난관리 역량을 높이는 것이야말로 지역에서 발생하는 재난을 효과적으로 관리하여 대형 재난으로 발전하는 것을 막을 수 있는 장기적인 대안이라고 볼 수 있다.

2014년 4월 16일에 발생한 세월호 참사 이후, 컨트롤 타워의 의미와 중요성이 국가 재난관리와 관련된 논의에서 많이 제기되고 있다. 재난관리 컨트롤 타워는 전통적인 행정관리적 중심의 위기관리시스템을 벗어나 실제적이고 다각적인 위기 사항들을 고려하고 이를 바탕으로 실험적 예방 대응이 가능하도록 하는 컨트롤 타워의 기능이 포함(박지영, 2015: 10)되는 것이 바람직하다. 이와 함께 정병도(2015: 6-8)에서는 컨트롤 타워의 기능으로 자원확보 기능, 정보처리 기능, 대외홍보 기능, 조직 간 조정 기능을 대표적인 기능으로 제시하면서, 재난관리 컨트롤 타워는 재난 관련 조직 간 경계를 연결하여 원활한 기능을 수행하는 경계연결 단위(boundary spanning units)라고 정의하였다(정병도, 2015: 2).

물론 최근에 발생하고 있는 재난 사고의 특성(박동균 외, 2009: 13)을 살펴보면, 컨트롤 타워의 기능이 국가위기관리에 있어서 중요하게 대두되었다는 점을 알게 된다. 첫째, 위기의 발생 양상이 점차 다양화하고 대형화되고 있다. 둘째, 각종 위기가 발생하는 양상이 점차 도발적이고 가변적이어서 불확실성이 증가하고 있다. 셋째, 위기에 대해 대응할 수 있는 시간이 극히 짧아져서 위기관리를 위한 평상시의 대비나 예방의 필요성이 중요하게 대두된다.

특히, 미국의 연방위기관리청(FEMA)의 통합위기관리시스템(IEMS: Integrated Emergency Management System)은 위기관리의 과정인 예방/완화(prevention & mitigation), 대비(preparedness), 대응(response), 복구(recovery) 단계의 활동을 종합 관리하는 것으로 볼 수 있다. 이는 모든 위기는 피해 범위, 대응 지원, 대응 방식에 있어서 유사하다는 것을 그 이론적 근거로 삼고 있다. 채경석(2004: 134)에서는 통합관리의 개념은 대응 단계에서의 모든 지원을 통합관리한다는 의미가 아니라, 국가 차원에서 위기 대응에 필요한 기능별 책임기관을 지정하여, 유사시에 참여기관을 조정하고 통제한다는 조정의 의미로 이해해야 한다고 했다.

여기서 우리가 주목해야 하는 부분은 선진국의 위기관리 컨트롤 타워는 예측할 수 없는 비통제, 비규칙, 비일상적인 위기관리 활동에 대비하여 위기관리 조직 간의 원활한 정보와 자원을 연결하고 있지만, 위기관리의 1차적 책임을 현장에 있는 지방에 두면서 현장책임자의 지휘권을 보장한다는 점이다. 구체적으로는 대규모 재난이 발생하는 경우에 구성되는 주정부와 연방정부 차원의 대응 조직들은 권한과 지휘권을 행사하기 위해서가 아니라, 지방정부의 현장 대응을 지원하고 서로 연계하기 위해 참여한다는 점이다(정시구, 2015: 22).

하지만 우리나라의 경우에는 효과적인 위기관리 행정에 대한 책임은 중앙정부보다는 지방정부에 주어지는(권건주, 2012: 17) 한편, 위기관리의 책임과 관련해서도 「재난 및 안전관리 기본법」, 「소방기본법」, 「민방위기본법」은 모두 국가와 지방정부의 책무와 책임성을 강조하고 있지만, 실제적으로는 중앙정부의 지시와 통제, 명령, 감독을 통해 위기관리 기능이 이루어지도록 하는 법적 규정을 지니고 있다는 문제점이 있다(이재은, 2014: 17-18).

위기가 발생하는 경우, 효율적인 현장 대응을 위해서는 세 가지 사항을 고려하는 것이 필요하다(위금숙 외, 2009: 33-35). 첫째는 위기 대응 체계의 동원 능력이다. 위기 대응 체계를 구성하는 기관으로는 국가기관, 지방정부, 산하기관 등이 있는데, 대형 재난은 모든 위기 대응 기관이 유기적인 협조 체제를 구축하여 통합 위기 대응이 이루어져야 하지만, 작은 규모의 위기일지라도 지방정부의 여러 기관들이 협조적인 시스템을 구축해서 대응하는지 여부가 고려되어야 하는 것이다. 둘째, 위기 대응 체계의 수습 능력이다. 재난과 같은 위기는 신속한 대응 및 수습이 이루어져야 하는데, 대응이 지체되면 위기로 인한 피해의 범위를 확산시키고 인적·물적 피해를 더욱 확대시키기 때문이다. 셋째, 위기 대응 체계의 전문성이다. 위기 대응은 다양한 정보, 첨단 장비, 장비의 운용 능력, 구조·구급 능력이 매우 중요하다. 이러한 수단과 전문성이 확보될 때 비로소 위기를 능률적이고 효과적으로 수습할 수 있기 때문이다. 이와 함께 지방정부의 경우, 위기관리에 있어서 주민과 공무원 사이의 인식의 격차를 줄이는 것이 효과성을 제고하는 데 필요하다. 지방정부의 위기 예방, 대비, 대응, 복구 활동에 대해 긍정적으로 인식하는 정도가 주민과 공무원 사이에 너무 크게 차이가 나타나고 있는 것이 사실이다(이정균, 2010: 24-28).

제 3 절 지방정부의 위기관리와 현황 분석

1 지방정부 위기관리의 이론적 검토

위기관리는 일반적으로 예방/완화, 대비, 대응, 복구의 네 단계로 구성되어 있다. 지방정부의 위기관리 책임자들은 위기를 극복하기 위한 계획을 수립하고, 지역사회의 위기관리 역량을 개발하고 관리하기 위해 이들 네 단계를 사용해 왔다(Edwards, 2014: 675). 물론 관리(management)의 의미는 몇 가지의 기본적인 사고방식과 관련이 있다(Drucker, 1989: 275−277). ① 관리는 인간과 연관된 것으로서 사람들이 공동으로 성과를 올릴 수 있게 하고, 약점을 없애 주는 것이다. ② 관리는 사업을 하는 데 있어서의 인간의 협력에 관한 것이기 때문에, 각 나라, 각 지방의 문화와 깊은 관계를 갖는다. ③ 관리는 구성원들의 목적, 가치관, 목표에 대해 검토하고 결정하고 보여주는 일이다. ④ 관리는 조직과 그 구성원이 필요와 기회에 따라 성장하고 적응해 나갈 수 있도록 해야 한다. ⑤ 조직은 다양한 종류의 다른 일을 하는 기술과 지식을 가진 사람으로 구성되기 때문에, 의사소통과 개인의 책임이 확립되어 있어야 한다. ⑥ 조직과 관리에 있어서 성과를 평가하는 기준은 산출량이나 이익만이 아니다. 조직의 생존에 관계되는 문제, 이노베이션, 인재 육성, 재무 상황 등 모든 것이 중요하다. 따라서 항상 성과가 측정될 수 있도록 해야 하며, 지속적으로 성과가 개선되어야 한다. ⑦ 가장 중요한 것은 조직의 성과는 항상 외부에 있다는 사실이라는 점이다. 드러커(Drucker, 1989)에 의하면, 관리는 실천과 실용, 기술인 동시에, 인간과 관계되는 것이며 인간의 가치관이나 성장이나 발전과 관계가 있다는 것이다. 이에 여기서는 지방정부가 위기를 관리하는 것에 대한 연구를 검토함으로써 지방정부의 바람직한 위기관리 역할을 도출하는 데 함의를 얻고자 한다.

한국과 미국, 일본의 지방정부가 지니는 재난관리 체계를 비교해 보면(채경석, 2004: 131−147), 미국과 일본의 재난관리는 지방정부를 중심으로 이루어지고 있다는 사실을 알 수 있다. 미국에서 재난 대책의 핵심은 County, City, Village, Town,

District 등의 지방정부이며, 각급 지방정부는 응급운영계획(emergency operation plan)을 작성하고 유지하는 책임을 지고 있다. 이들 지방정부는 대피명령을 내릴 수 있고 재난 경보와 통신을 책임지며, 방재 개념에 입각하여 개발 사업에 대한 제재를 가할 수도 있고, 건축물의 시방 규정도 제정하여 위법성 여부를 판단한다. 이와 함께 지방정부는 교량, 도로, 상·하수도 시설, 발전소 등 사회기반시설을 건설하며, 때로는 댐과 제방, 수위관측소, 홍수통제소 등도 만들고, 보험 관련 규정도 관할한다. 그리고 지방정부의 재난대비과(local emergency office)는 지역 내 모든 재난관리 체계의 조정을 책임진다. 일본의 경우, 재난 대책은 일차적으로 시·정·촌과 같은 기초지방정부를 중심으로 이루어지며, 광역지방정부인 도·도·부·현에서는 중앙정부의 정책을 총괄 관리하고 있다(채경석, 2004: 141). 도·도·부·현에는 방재사무에 관한 관계 기관 사이의 업무 조정과 종합적인 방재 행정을 위한 방재회의를 설치하여 운영하고 있다. 여기서는 지역방재계획의 작성과 실시, 재난에 관한 정보의 수집, 재난 발생 시 관계 기관의 연락 조정 등의 업무를 담당하고 있고, 재난 예방, 재난 응급 대책, 재난 복구의 각 단계에 효과적으로 대처하기 위해 방재계획을 작성하고 집행한다. 시·정·촌 방재회의 역시 시·정·촌의 방재계획을 수립하고 집행한다. 다만, 시·정·촌의 경우에는 여러 지방정부가 공동으로 방재회의를 설치할 수 있다(채경석, 2004: 142).

재난이 발생할 때, 제일 먼저 대응을 해야 하는 기초지방정부의 효율적 재난관리 조직 방안을 모색하기 위해 지방정부의 재난관리 조직이 지니는 문제점을 살펴보면 다음과 같다(권건주, 2005: 85-88).

첫째, 재난관리의 업무 특성상, 재난관리 담당 부서는 다른 부서를 통제하고 조정하는 권한이 강한 조직이어야 하지만, 현실에서는 재난관리 부서가 조직 편제상 낮은 서열에 위치하고 있어, 그 권한이 상당히 미약한 실정이다. 지방정부가 자발적으로 재난을 예방하고 수습하는 일을 원활하게 추진하기 위해서는 높은 통솔력과 지휘감독권을 지니는 것이 요구된다.

둘째, 대부분의 지방정부 재난관리 담당 조직은, 재난 유형별로 분산된 조직 형태를 취하고 있어 재난관리 조직 설계의 핵심 요소인 유기적인 연계성이 미흡하다는 문제점이 있다.

셋째, 재난이 발생하는 경우, 상황관리는 종합적인 재난 대응책을 수립하고 시행하는 데 필수적인 요소다. 특히, 사고 현장과 재난안전대책본부를 연결하는 중요한 매개체 역할을 수행해야 한다. 하지만 현행 지방정부의 재난 상황 관리 체계는 통합형 재난상황실 운영 체계라기보다는 분산형 재난상황실 운영 체계인 한편, 그나마 비전담인력이 형식적으로 상황실 근무를 하고 있다는 문제점이 있다.

넷째, 재난이 발생하면 지방정부는 재난 현장에 현장조치반을 출동시켜 재난 대응과 수습 활동을 전개하고, 신속히 재난상황실에 보고하여 적절한 조치를 취해야 한다. 또한 각종 위험시설물을 제거하거나 안전시설물을 설치하는 등 직접적으로 활동을 전개하는 기동 대응 조직이 있어야 하지만, 현재 현장에서의 기동 대응 조직이 없기 때문에 재난 현장 출동은 물론이고 정확한 상황 파악조차도 힘든 상황에 처해 있다.

영국과 독일의 지방정부 재난관리시스템을 비교·분석하면 다음과 같은 사실을 알 수 있다(박동균 외, 2012: 55−76). 영국은 지방정부가 재난관리의 일차적인 책임과 의무를 지고 있고, 기본 위기관리 계획 또한 이러한 체계 하에서 수립되고 있다. 영국의 위기관리 계획은 중앙정부가 제시한 가이드라인을 참고하여 지역 위기관리 포럼(Regional Resilience Forum)에서 수립하고 있다. 지역 위기관리 포럼은 지방정부, 군, 언론매체, 기업, 시민단체 등의 기관들이 참여하고 있으며, 지역적 특성에 대해 효율적인 정보 공유를 이루어 위기 상황 발생에 대응하기 위한 구체적인 매뉴얼인 전략적 위기관리 계획(strategic emergency plan)을 수립한다. 그리고 이 전략적 위기관리 계획은 명령 및 통제 규칙, 언론 및 공적 정보 규칙, 대량 사상자 처리, 대규모 지역 방재, 현장 정리, 재난 기금 등의 여섯 가지 분야로 나누어 수립된다(양현모 외, 2009: 339; 박동균 외, 2012: 60). 독일의 재난관리 체계는 연방정부, 주정부, 군정부, 시정부의 네 개의 정부 단위로 나뉘어 운영된다. 특히, 2004년에 '연방행정청'이 '연방시민보호 및 재난관리청(BBK: Bundesamt für Bevölkerungsschutz und Katastrophenhilfe)'으로 확대·개편되어, 국가재난관리의 총괄적인 책임을 담당하고 있다. 평상시에 재난에 대비한 지원은 주정부의 과제이며, 각각의 주는 독립적인 안전관리 계획을 수립하고 독자적으로 업무를 수행한다. 안전관리 업무에 관한 조정은 주정부의 내무부에서 수행하고, 지방 단위의 안전관리 업무는 시·군 지방정부에서 담당하며 소방당국과 긴밀한 협조 체계를 유지한다(이재은 외, 2006: 591, 604; 박동균 외, 2012: 64-66).

한국과 일본의 지방정부의 위기관리 체계에 대한 비교를 통해, 한국의 지방정부 재난관리가 지니는 주요한 문제점을 살펴보면 다음과 같다(최현재·김종업, 2012: 48-71).

첫째, 중앙정부와 지방정부 간의 연계 체계가 미흡하다. 일본의 경우에는 중앙정부-광역지방정부-기초지방정부로 이어지는 방재계획에 따라 재난 상황에 맞춰 적절한 조치를 취하는 것이 가능하다. 하지만 한국의 경우에는 정보시스템의 구축이 주를 이루고 있고, 중앙의 재난관리 조직과 지방의 재난관리 조직이 일치하지 않아 재난 대응 체계에서 혼선이 발생할 수 있다. 또한 중앙과 지방의 연계 체계 미흡으로 유기적인 협조 및 지원 체계 유지가 미흡한 실정이다.

둘째, 재난관리 전문가의 부재와 현장 지휘 및 통제의 혼선이 빚어지고 있다. 일본의 경우에는 재난이 빈번하게 발생함으로써, 지방정부는 방재회의를 중심으로 하여, 재난 발생 시의 모든 행동을 지휘할 수 있는 전문 관리자가 육성되어 있다. 하지만 우리나라의 지방정부는 대형 재난이 발생할 경우 유관기관의 장보다 통제관의 직급이 낮아 현실적으로 통제 또는 조정의 역할을 수행하기 어려운 실정이다.

셋째, 지방정부 차원에서의 협력적 네트워크가 제대로 작동하지 않고 있다. 소방과 재난안전 담당 부서의 이원적 조직 구조로 인해 효율적으로 재난관리를 하는데 어려움이 있다. 특히, 조직이기주의 혹은 부서이기주의 현상으로 인해, 유관기관 간의 협조적 재난관리가 되지 않아 어려움이 많다. 반면에 일본의 경우에는 지방정부의 장을 회장으로 하여 위원, 간사, 전문위원으로 구성된 지방방재회의를 통해 유기적인 협력적 네트워크가 구성되어 운영되고 있다.

지방정부의 위기가 어떠한 양상으로 나타나고 있는지를 확인해보면(신명희 외, 2013: 157-176), 지방정부의 위기는 모라토리움(moratorium)과 같은 경제적 차원에서만 위기가 발생하는 것은 아니다. 자연재난을 포함한 각종 사건·사고, 범죄, 비리 등 지방정부가 직면하는 위기가 점차 복잡하고 다양해지고 있다. 지방정부에는 다양한 위기 유형이 나타나고 있지만, 그 원인은 지방정부의 외부로부터 유발되었다고 보기보다는 대부분 지방정부 내부에 존재하고 있음을 알 수 있다.[2] 반면에 지방정부의 위기 대응 전략은 매우 부족하거나 왜곡되어 나타나는 것으로 입증되었다.

2 지방정부의 위기관리 현황

각종 대규모 재난이나 위기가 발생할 때마다 동일하거나 유사한 문제점이 나타나고 있다. 국민과 언론은 거시적인 측면에서는 법률이나 제도상의 문제점을 지적하기도 하고, 미시적인 측면에서는 재난 원인 제공자나 피해 유발자의 비합리적이거나 일탈 행위 등을 지적하기도 한다.

첫째, 급속한 경제성장 제일주의는 재난이나 위기 발생의 직·간접적인 원인을 제공하는 데 영향을 미쳤다. 특히, 경제성장을 견인해 온 정부부문과 경제부문 간의 정경유착이나 민관유착의 부적절한 관계는 재난 발생의 주요 원인으로 지목되어 왔다. 특히, 세월호 여객선 침몰 참사에서 목격한 바와 같이 관료집단의 이기주의를 의미하는 관피아, 즉 '관료+마피아'는 해양수산부 마피아를 의미하는 '해피아', 교육부 마피아를 의미하는 '교피아'를 비롯하여, 원자력 분야의 '원전마피아', 금융계의 '금피아', 검찰 출신의 '검피아', 군 고위장교들에 의한 '군피아' 등 수많은 사회 부조리와 부정부패가 재난 발생과 직접적이고도 간접적인 연결고리 역할을 해 온 것으로 밝혀졌다(이재은·이우권, 2014: 19-20).

둘째, 국회의원을 비롯한 정치 지도자, 정부의 고위관료, 언론 매체 기자, 인근 지역주민 등이 위기 대응 과정에서 부적절한 관여와 개입을 통해 신속하고 효율적인 대응이 실패하는 원인을 제공한다. 대규모 위기가 발생한 긴박한 상황에서 대응에 도움을 주지 못하는 사람들이 연이어 현장을 방문하고 브리핑을 요구

2) 지방정부 내에 위기 유발자가 있는 사례가 452건(89.15%)으로 나타나, 지방정부 내부가 위기의 원인이 된 경우가 90% 정도에 이르렀다. 세부적으로 보면 지방정부가 187건(36.9%), 주민이 62건(12.2%), 지방정부 내의 공공기관 공무원 57건(11.2%), 지방정부에서 활동하는 기업 44건(8.7%)의 순으로 나타났다. 위기 유발자가 지방정부 외부에 존재하는 경우는 정부 및 공공기관이 38건(7.5%)으로 가장 많았으며, 내용은 중앙정부와 지방정부 간의 갈등과 대립이 대부분이었다(신명희 외, 2013: 172).

함으로써, 재난 대응에 추가적인 과도한 부담을 주는 상황이 만들어진다. 이러한 대응 과정에의 과도한 개입은 합리적인 의사결정을 내리는 데 부담을 가중시키고, 효율적인 대응 활동을 방해함으로써 대응의 실패를 가져오는 원인이 된다. 사실 이러한 현상에 대해, 슈나이더(Schneider, 1995: 164)는 정치 지도자나 언론 매체, 개별 시민 모두 정해진 표준운영절차(SOP)를 회피하려고 하는 나름의 이유를 지니고 있으며, 상원의원이나 주지사, 대통령도 모두 자신의 경력에 이득이 되는 조치를 취하려고 하기 때문에 대응 단계에서 문제가 발생한다고 설명하고 있다.

셋째, 위기관리 제도와 정책, 조직 등의 중요한 측면에서 나타나는 부처이기주의 현상과 공무원의 한건주의 행태로 인해서도 문제점이 발생한다. 2014년 세월호 참사가 발생한 당시의 재난관리 체계를 살펴보면, 당시 안전행정부는 사회재난, 소방방재청은 자연재난을 다루었다(박하용, 2015: 114). 세월호 침몰 참사가 발생한 이후, 정부는 조직 개편이라는 후속조치를 하였다. 즉, 국가 차원의 대응이 필요한 자연재난과 사회재난을 총괄 관리하고 분산된 재난관리 기능을 재편하여, 컨트롤 타워의 실질적 작동 및 조정 기능을 강화하기 위해, 정부는 2014년 11월 19일에 조직 개편을 단행하여 국민안전처를 출범시켰다. 하지만 이 조직 개편의 근거가 되었던 재난 분류 방식에 대해서는 아무런 조치도 취하지 않은 채 조직 구조만 바꾼 결과, 별다른 의미가 없었다. 즉, 2013년 「재난 및 안전관리 기본법」의 개정 이전에는 재난을 자연재난, 인적재난, 국가기반 체계 마비 재난으로 분류해 왔다. 당시까지만 해도 소방방재청은 자연재난과 인적재난을 관리해왔고, 안전행정부는 국가기반 체계 마비 재난을 관리해 왔다. 그러던 중에, 안전행정부는 어떤 합리적인 이유나 근거도 찾기 힘든 상황에서, 부처이기주의에 의해 "인적재난과 국가기반 체계 마비 재난을 합쳐서 사회재난 하나로 분류"하고, 안전행정부가 이를 다루는 것으로 「재난 및 안전관리 기본법」을 개정하였다. 이로 말미암아 2014년 4월 16일 세월호가 침몰하고 있던 긴박한 상황에서 해상재난을 관리해 본 경험이 없는 안전행정부 일반행정직 공무원이 대부분 운영을 맡아 왔던 재난안전대책본부가 상황을 제대로 파악하지도 못했고, 혼선을 빚으면서 국민의 신뢰를 잃음으로써 재난 대응이 실패했던 하나의 원인으로 논의되고 있다.[3] 그러나 이 같은 비합리적인 재난의 분류 체계의 오류는 행정안전부 재난

안전관리본부가 설립된 지금까지도 수정되지 않은 채 이어져 오고 있어 재난관리 체계의 문제점으로 남아 있다.

넷째, 재난관리 기관 간의 협력 체계에서의 문제점이 드러나기도 하였다. 재난관리와 관련하여 부처 간의 권한, 업무, 책임을 배분하는 경우, 현행 법률이 평시 업무와는 연계되어 있지 않은 대응의 책임과 권한을 다루고 있다. 이때 재난 유형별로 관리함으로써 동일 장관급인 중앙재난안전대책본부장과 중앙사고수습본부장이 각각 대응 기능을 수행하고 있어, 명령 체계의 혼선이 발생할 수 있다(허준영·이주호, 2014: 184-185). 또한 위기관리 거버넌스의 경우에도 참여하는 조직이나 기관들이 평상시에 수행해야 할 역할 및 협력 관계가 도출되지 않아, 실제 재난이 발생하는 경우에는 거버넌스가 작동되지 않는다는 점과 재난 유형별 대응 기관의 가용자원이 고갈되는 경우에는 상호 간에 자원 및 인력 등을 체계적으로 지원하기 어려운 것으로 나타났다.

다섯째, 지방정부의 행정조직은 소방 이외에는 현장으로 출동할 수 있는 조직이 없는 것이 현실이고 가용한 자원도 없는 실정이다(이호동, 2011: 29). 재난이 발생하면 인명구조, 대피, 라이프 라인의 복구, 대피시설 운영 등 다양한 지원 업무가 필요하게 된다. 하지만 평소에 소방을 제외하고는, 지방정부가 수행하는 일상 업무는 재난 대응 업무와 거의 관계가 없고, 기술 및 수단에 관한 지식이나 방법이 결여되어 있어, 아마추어식 대응을 하는 데 머무를 수밖에 없는 실정이다. 더욱이 위기 상황이 전개됨에 따라 즉응성이 필요하지만, 본질적으로 즉응성을 확보하고 수행하기가 불가능하기 때문에 평소에 지방정부 내의 자원을 발굴하고, 확보하며, 활용하고 운영하는 체제를 정비해 놓는 것이 필요하다.

여섯째, 위기 대응 단계에서 재난안전대책본부와 긴급구조통제단의 임무와 경계가 명확하지 못하다는 문제점이 나타난다(위금숙 외, 2009: 184-185). 긴급구조통제단은 긴급구조 활동을 위해 현장지휘를 하고 있지만, 긴급구조 대응계획상에는 구조·진압뿐만 아니라 응급의료, 현장통제, 긴급복구, 구호, 오염통제

---

3) 세월호 참사 직후, 안전행정부가 가동했던 중대본은 해경의 현장지휘 역량을 보강하고 나아가 신속하고 효과적인 재난 대응을 유도하는 지휘 능력을 애초부터 결여하고 있었다. 세월호 참사 두 달 전 가동된 안전행정부 중심의 재난관리 체계는 부처 간 이견으로 업무수행에 필수적인 소방방재청의 재난 분야별 전문조직과 전문인력을 배제한 탓으로 애초에 전문성을 결여하였다(노진철, 2015: 7).

등을 총괄, 지휘, 조정, 통제하는 전반적인 재난 대응 기능을 수행하도록 되어 있다.[4] 이와 함께 지역 재난안전대책본부 역시 구조·구급과 관련된 총괄 기능을 포함하고 있다. 따라서 대응 단계에서 중요한 기능을 수행하고 있는 재난안전대책본부와 긴급구조통제단의 임무와 경계를 명확하게 하는 것이 필요하다.

일곱째, 우리나라는 위기관리 업무가 사고와 재난의 유형별로 분산되어 있어, 업무를 총괄·조정하는 기능이 미흡하고, 사고 예방을 위한 사전 점검 및 사고 수습이 효율적으로 이루어지지 못하고 있다. 또한 재난 유형별 관리로 인해 기능이 중복되거나 대응 능력이 없는 기관에서 담당하는 경우도 있다. 사고와 재난의 유형별로 주무 부처가 구분되어 있다는 것은 전문성 있는 행정의 수행이라는 측면에서 바람직하지만, 종합대책이나 총괄 기능이 마련되지 못해서 사전 점검이나 사고 수습 등이 효율적이지 못한 것이 사실이다. 더불어 정부의 종합 재난관리가 미흡하고 초동 대처가 어려운 것이 현실이기도 하다(이재은, 2012: 105).

여덟째, 재난을 관리할 때 기존 조직이 갖고 있는 규범, 문화, 규칙, 절차가 주요 장애 요인이 되는 경향이 있다. 행정가와 공무원은 조직과 법의 피난처에 숨어서 자신들을 보호하는 경향이 있기 때문이다(Farazmand, 2001: 4). 그동안의 관습이나 절차라는 미명 하에서 책임과 처벌로부터 자신을 보호하는 한편, 법 규정을 내세워 오히려 재난관리 활동을 저해하는 현상들이 있다. 세월호 여객선 참사의 경우, 해경은 인명구조 활동을 전개하고 있는 현장의 민간 어선이나 해군에게 계약을 맺은 기업에서 구조 활동을 할 것이라고 했던 사례도 있다.

아홉째, 지방정부는 주민에게 제공해야 할 서비스가 너무 많아 압도되어 있지만, 서비스를 전달해야 할 책임은 여러 곳으로 너무 많이 나뉘어져 있어 조정이 되지 않아 정책결정자들이 막대한 요구에 무기력할 수밖에 없는 상황이다(Morgan, 1997: 143). 따라서 재난관리 서비스를 다루는 부서들이 여러 곳으로 분산되어 있는 경우에는 재난관리 서비스를 충분히 제공하지 못한다는 문제점들이 나타나게 된다.

4) 재난관리 조직은 재난관리를 담당하는 조직 전체를 말하고, 재난대응 조직은 재난관리 조직 중에서도 현장 상황에서 국민을 직접적으로 보호하는 활동을 하는 조직이라고 정의하며, 재난대응 조직은 실질적으로 재난 현장에서 즉각적으로 국민을 보호할 수 있는 능력을 갖춰야 한다(이종열 외, 2014: 147-148).

제 4 절 지방정부의 바람직한 위기관리 역할

지방정부의 관점에서 보면 재난은 크게 세 가지 계층을 이루는 것으로 생각할 수 있다(Rubin, 2007: 35). 첫 번째 계층은 화재, 홍수, 산사태, 위험물질 사고, 기타 사건들이다. 지방정부의 공공기관은 이러한 재난 위험을 다룰 수 있다. 두 번째 계층은 주로 지방정부가 다루고 있지만, 주정부로부터 추가적인 지원을 받아서 다루는 재난 사건이다. 세 번째 계층은 피라미드의 가장 높은 곳에 있는 것으로서, 지방정부, 주정부, 연방정부의 자원을 필요로 하는 소수의 재난들이다. 이들 사건은 그 규모와 성격, 영향 등으로 인해, 언론매체로부터 많은 주목과 관심을 받는 것은 물론 연방정부, 주정부, 지방정부 모두로부터 지속적인 관심을 받고 있다.

이러한 재난으로부터 안전을 확보하고 위기를 관리하는 것과 관련하여, 과거에는 안전을 확보하지 못하는 데 대한 일차적 책임을 개인에게 두는 경향이 있었다. 하지만 사회 분화의 정도가 증대되고 복잡해지고, 사회 각 분야 간의 연계가 강화되면서 위험 요인과 안전 요인을 개인의 통제와 책임 하에 두는 것으로 이해하는 데 한계가 있다는 점을 알게 되었다. 따라서 개인이 통제하기 어렵고 책임을 부담하는 것이 불가능한 요인에 대한 정부와 사회의 관리가 필요한 위험이 등장하게 되었는데, 이를 사회 위험이라고 할 수 있다(서재호 · 이승종, 2012: 2). 지방정부가 제공하는 정책과 서비스로서 중요한 의미를 지니는 위험과 안전 요인은 사회 위험과 사회 안전 요인이라고 할 수 있다. 안전과 위험은 동전의 양면처럼 매우 밀접하게 관련되어 있기 때문에, 사회 위험과 사회 안전을 적극적으로 관리해야 하는 지방정부의 입장에서는 이들을 하나의 틀 내에서 관리하는 것이 효과적이라고 할 수 있다.

지방정부가 재난을 다루는 데 있어서 바람직한 역할을 수행하고 이를 강화할 수 있는 방안을 살펴보면 다음과 같다. 첫째, 지방정부가 재난관리 기능을 수행하는데 있어서 제 역할을 할 수 있기 위해서는 지역주민의 참여와 민간 지원 체계를 강화해야 한다. 재난이 발생하면 피해 주민을 중심으로 이루어지는 주민조직의 1차적 대응이 매우 중요하다. 재난 지역에 대한 복구는 1차적으로 지역주민이, 2차적으로는 지방정부가 책임을 진다는 인식이 확산되어야 한다(채경석, 2004: 145). 또한 재난이 발생하면 소방, 경찰, 응급의료 등의 공식적인 정부기관 이외에도 원활한 재난 대응과 복구를 위해서 많은 민간단체 및 기관이 참여하는 것이 필수적이다. 따라서 지방정부의 재난관리 기관은 평소에 민간부문의 단체 및 기관들을 대상으로 교육과 훈련을 실시하고, 재난이 발생하는 경우 현장에서 이들과 함께 체계적으로 활동할 수 있는 동원 체계를 갖추고 대비하는 것이 필요하다.

둘째, 지방정부가 재난관리정책과 업무를 체계적이고 효율적으로 수행하기 위해서는 현장 중심의 기동 대응 조직을 설치하는 것이 필요하다. 예를 들면, 지방정부의 소방서 조직은 119 상황실에서 재난사고를 접수하고, 현장에 구조·구급 요원을 투입시켜, 재난 상황을 수습하거나 대응하고 있다. 하지만 지방정부의 재난관리 조직은 신속하게 기동하여 대응할 수 있는 자체 조직이 없기 때문에 재난이 발생하는 경우, 즉각적인 출동이 어려운 상황인 동시에, 현지에 출동하는 경우에도 재난관리 업무를 담당하는 평소에 훈련이나 연습을 하지 않은 보통의 일반 공무원이 사고 수습을 하거나 각종 위험시설물을 긴급 보수함으로써 업무의 비효율성을 초래하거나 오히려 잘못된 판단을 하는 결과를 초래하고 있다(권건주, 2005: 91).

셋째, 지방정부는 다양한 위기관리시스템을 구축하고, 소방, 경찰, 공공기관, 자원봉사 그룹, 상급 정부의 인적자원들과 적절하게 협력하여 업무를 수행하는 것이 필요하다(정병도, 2015: 132). 지방정부가 위기관리 업무를 효과적으로 수행하기 위해서는, 먼저, 위기관리정책 및 업무 수행에 있어서의 이해관계자들을 파악하고 이해하는 것이 중요하다. 수직적인 측면에서 보면, 위로는 중앙정부의 각 유관기관이 있고, 수평적인 측면에서는 사회적, 경제적인 그룹들이 있으며, 개인과 기업들이 존재한다. 정부기관과 공공기관으로 분류되는 소방, 경찰, 보건 기관, 사회적 서비스 조직인 음식과 의류 기관, 대피시설, 민간부문인 산업체, 자원봉사단체, 민간 시민단체, 언론사 등에 대해서도 협력적 관계를 구축하고 운영하는 것이 바람직하다. 특히, 평상시에 위기 예방을 위해 협력하는 관계 구축을 지방정부와 사회적 경제조직 간에 추진함으로써, 지역사회 내에 내재되어 있는 위험 요인을 사전에 발견하고, 취약점을 미리 보완하는 공동 작업이 가능하다. 또한 지방정부는 재난약자 또는 안전약자인 장애인, 고령자, 영·유아, 외국인, 여성 등의 안전 현황을 파악해야 한다. 이 경우에도 지방정부는 취약계층 내지 지역주민을 대상으로 활동하는 사회적 경제 조직과의 협력체계 구축을 통해 취약성을 개선해 나갈 수 있다(Nemoto, 2015: 67).

넷째, 일본의 방재회의처럼, 해당 지역의 유관기관뿐만 아니라 인근 지역의 전문인력까지 포함하는 협력적 위기관리 관련 회의체를 구성하여 운영하는 것이 필요하다.5) 그동안 우리나라의 지방정부는 재난이 발생하는 경우 중앙정부에 대한 의존도가 매우 컸다. 중앙정부는 그동안 재난관리 역량을 꾸준하게 강화해 온 한편, 전문인력도 지속적으로 확보해서 전문성을 키워왔다. 하지만 지방정부는 그렇지 못한 것이 현 실정이다. 따라서 지방정부는 위기관리 관련 회의체를 구성하고 운영하는 동시에, 위기관리 전문가를 육성하는 한편, 네트워크 구성을 통해 위기관리 역량을 강화하는 것이 필요하다. 또한 지방정부는 전략적 관리의 측면에서 외부의 관심사, 조직의 가치, 조직의 미션, 조직의 비전, 추진 전략 사이의 관계에 초점을 맞추는 것이 필요하다. 이를 위해서는 전략적 관리 그룹을 형성해야 하는데, 지방정부는 전략적 관리 그룹을 선출직 시장, 최고위 수준의 관리자로 구성하는 것이 바람직하다(Poister & Streib, 1997: 119－120).

다섯째, 지방정부가 시민안전을 확보하고 1차 위기 대응 기관으로서의 역량을 강화하기 위해서는 충분한 위기관리 인력을 확보하는 것이 필요하다(윤동근, 2015: 51). 위기관리 전문가는 풍부한 전문지식과 기술과 경험을 바탕으로 시민의 안전을 위협하는 지역 위험 요인을 체계적으로 파악하고 개선할 수 있기 때문이다. 이와 함께 지방정부는 재난 사고가 발생하는 경우, 전문인력을 효율적으로

5) 영국의 지방정부는 스코틀랜드, 웨일스, 북아일랜드 세 지방정부가 있으며, 이들 세 정부는 국가위기관리계획을 수립하고 조직을 운영함에 있어 공통적인 부분도 있지만, 각기 지방 특성에 맞게 변형하여 운영하는 부분도 있다. 전통적으로 경찰이 의장 역할을 수행하는 지방 위기관리 포럼(Local Resilience Forum)은 경찰 행정구역에 따라 42개로 구분하고, 1차 핵심 대응 기관이 필수적으로 참여하도록 하고 있으며, 기관 간에 긴밀하게 정보를 공유하고 협력하되, 지휘권과 통제권은 없다. 그리고 지역 위기관리 포럼(Regional Resilience Forum)은 42개 지역을 9개의 지방 단위로 구분하여 설치된 지방정부 사무소의 소장이 의장 역할을 한다. 이는 각 지역의 대응 기관 대표자가 구성원으로 참여하고, 지방 위기관리 포럼과 유사한 활동을 하되, 지휘권과 통제권은 없다(박동균 외, 2012: 62－63에서 수정 요약).

운용함으로써 현장에서의 신속한 대처를 할 수 있다. 따라서 지방정부가 현장 중심의 실효성 있는 안전관리를 하기 위해서는, 지역 차원에서도 위기관리 인력을 확보하고, 반복적인 교육과 훈련을 통해 위기관리 역량을 갖추는 것이 중요하다. 위기관리 기능의 성격과 효과성은 세 가지의 주요 요인에 의해 영향을 받게 되는데, ① 지방정부 조직 내에서의 위기관리 기능의 위상, ② 위기관리 부서의 규모와 구조, ③ 참모 인력의 배치[6](위기관리 책임자의 지위가 정치적 임명인지 전문적 능력 임명인지 여부)가 그것이다(Edwards & Goodrich, 2007: 43).

여섯째, 지방정부는 위기가 발생할 것에 대비하여 별도의 위기 대비를 위한 조직 체계를 구축하는 것이 필요하다. 지방정부의 행정 조직은 기본적으로 평상시의 사무와 사업을 수행하기 위한 구성 체제이며, 재난 대응 활동에 필요한 긴급대응 및 재난관리 수요에 대응하기 위한 체제는 아니라고 볼 수 있다(이호동, 2011: 29). 이는 현실적으로 대규모 재난이 발생한 경우, 지방정부가 1차 대응자로서 대책본부를 설치하고 대응해야 하지만, 경찰이나 소방을 제외한 지방정부의 조직과 기구는 재난이나 위기가 발생할 것을 가정하고 구성한 것이 아니기 때문에 많은 취약성을 지닐 수밖에 없다. 따라서 지방정부는 평상시와 달리 재난 대비를 위한 별도의 재난관리 조직을 구성하는 것이 필요하다.

일곱째, 지방정부의 위기관리 역량을 강화하기 위해서는, 지방정부가 정부부문의 위기관리 행정 역량을 강화하는 동시에, 민간부문으로 하여금 위기관리를 위해 적극적으로 참여하고 자율적으로 활동할 수 있는 참여·자율 역량을 강화해야 한다.[7] 위기관리 역량의 유형을 정부부문의 행정 역량과 민간부문의 참여·자율 역량을 기준으로 구분해서 살펴보면 다음과 같다(이재은, 2011: 12-13). 행정 역량과 참여·자율 역량이라는 관점에서 보면, 정부의 위기관리만으로는 위기관리의 효과성을 확보하기 어려운 것으로 나타났다. 중앙정부와 지방정

---

6) 지방정부는 재난관리 책임자가 주요 재난관리 역할을 할 수 있도록 강한 현장-특화 기술을 개발하고, 재난관리 책임자가 적극적이고 효과적으로 활동할 수 있도록 책임자의 지위를 상급관리직으로 두는 것이 바람직하다(Edwards & Goodrich, 2007: 45).

7) 지방정부의 역량을 지방정부의 종합적인 성과로 보고, 이를 향상시키는 데에 있어서 지방정부의 장이 핵심 요소라는 데는 대체적으로 일치된 의견을 보이고 있다. 이러한 관점에서 역량의 개념은 어떤 특정 환경이나 업무에서 성과를 만들어 갈 수 있는 개인의 내적 특질 및 성과를 달성하려는 의지를 포함한다고 보고, 이러한 역량에 능력 발휘를 위한 기술, 지식, 행동 및 의지 등이 포함되는 것으로 볼 수 있다(임승빈, 2013: 522-524).

부와 정부부문은 마스터 플랜이나 매뉴얼의 발간, 안전수칙 마련 등 다양한 노력을 기울이고 있다. 하지만 정부의 정책 못지않게 '시민들의 안전 의식'이 중요하다는 점을 알 수 있다. 세월호 참사로 인해 대규모 피해가 발생했음에도 불구하고, 전남 담양의 펜션 바비큐장과 강화도 캠핑장 화재와 같은 안전 사고가 발생한 것은 바로 시민의 안전불감증, 즉 낮은 안전의식에 의해 비롯되었던 것이다(이동규 · 민연경, 2015: 35). 결국 정부의 위기관리 행정 역량뿐만 아니라 시민들의 참여 · 자율 역량을 높이는 것이 위기관리 역량을 강화하는 데 필요하다는 점을 알 수 있다. 지금까지 '저비용 · 고효율'을 추구하는 데 따른 시민들의 안전수칙 위반은 화재와 추락, 붕괴, 폭발, 전염병 확산 등 다양한 위기의 발생에 원인을 제공해 왔다는 점을 알 수 있다.

여덟째, 지방정부는 위기관리 활동에 대한 주민의 신뢰를 확보하기 위해 노력해야 한다. 지방정부가 결정한 위기관리정책의 결과를 보면, 재난이 실제로 발생한 결과 여부와 관계없이 국민의 신뢰가 없는 경우에는 대규모 인명 및 재산상의 피해가 발생하였거나 또는 지방정부가 수행하는 위기관리에 대해 주민이 믿지 못함으로써, 향후 대규모 피해가 발생할 것으로 예측되기도 한다(이재은, 2011: 11). 이와 마찬가지로 대형 화재, 대형 교통사고, 침몰 재난에 대한 불안감이 정부의 국정운영평가, 즉 정부 신뢰에 영향을 미치는 중요한 요인인 것으로 나타났다. 이와 함께 안전에 대한 불안감을 인식하는 요인 외에도, 안전에 대한 사회적 평가와 정부의 재난관리에 대한 평가 또한 정부 신뢰를 결정하는 중요한 요인인 것으로 나타났다(이동규 · 민연경, 2015: 34-35).

아홉째, 평상시에 지방정부는 대규모 재난 상황에 효율적으로 대처하기 위해 상호협력조약(mutual aid compacts)을 맺는 것이 필요하다. 지방정부는 재난 피해를 당할 경우를 대비하여 신속하고 효율적인 대응과 복구를 하기 위해 평상시에 사전 대비 노력을 기울여야 한다. 2004년과 2005년에 미국에서 발생한 허리케인 찰리(Hurricane Charley)와 허리케인 카트리나(Hurricane Katrina)가 알려준 소중한 교훈 중 하나는, 지방정부가 상호협력조약을 통해 지역의 위기관리 역량을 형성했다는 점이다. 허리케인 카트리나로 인해 엄청난 규모의 피해가 발생한 이후, 미국의 48개 주에서 온 약 66,000명의 사람들은 루이지애나주, 미시시피주, 앨라배마주에 배치되어 대응과 복구 노력을 지원했던 것이다. 시와 군, 지방정부 사이의 자원 공유 능력이 지방정부와 주정부의 긴급 역량을 크게 확대시켜 주었던 것이다(Edwards & Goodrich, 2007: 327).

중앙집권적 행정 체제는 행정의 통일성을 강조한다는 이름 하에 지역의 특수성을 무시하고 행정의 획일성을 강요한다. 이러한 중앙집권 체제 하에서는 중앙과 지방 간에 수직적 상하관계를 전제하는 권위주의 정치문화가 기승을 부리고, 중앙에 대한 지방의 예속성과 의존심을 증폭시키게 된다. 관치행정의 오랜 전통 속에서, 지방은 중앙의 획일적 지시에 수동적으로 따르게 되고, 예산이나 행정기술면에서도 중앙의 각종 지원에 의존하게 된다(이도형, 2000: 16). 중앙정부가 위기관리 담당 부처나 부서의 명칭만 변경해도, 전국에 있는 모든 지방정부의 재난관리 담당 부서 명칭이 변하는 것만 봐도 중앙정부에 대한 의존도가 지나치게 높은 것을 알 수 있다.

미국에서 재난이 발생했을 때 초기 대응을 하는 조직은 지방정부다. 지방정부는 인근 지방정부, 주정부, 자원봉사단체들과 함께 재난 대응 업무를 수행한다. 그리고 지방정부에는 상설 위기관리 담당 조직인 위기관리국(EMA)이 있어서, 재난 발생 지역의 정보를 수집하고 관리하며, 재난 발생 시 자원의 동원 및 운영을 위한 사전 계획을 수립한다. 또한 지방정부는 재난이 발생하는 경우, 상황실 기능을 하는 현장지휘 체계를 갖춰서 구조 활동에 참여하게 된다. 만약 재난의 규모나 피해가 지방정부의 대응 역량을 초과하면, 주정부와 연방정부가 개입을 하고 지원한다(김민주, 2014: 159). 이제 중앙정부와 지방정부 간에 위기관리 역할 분담이 이루어지는 것이 필요하다. 중앙정부는 기존에 해오던 방식과 같이 직접적인 서비스 제공자(service provider)의 역할로부터 촉매자(catalyst)의 역할로 전환해야 한다. 오히려 지방정부가 시민에 대한 직접적인 위기관리 서비스 제공자의 역할을 수행하는 것이 바람직하다. 또한 위기관리의 정향성 역시 중앙정부와 정책 중심의 정향성으로부터 지방정부와 활동 중심의 정향성으로 바뀌어야 한다. 그리고 위기관리는 각종 비일상적 재난으로부터 주민의 생명과 재산을 보호하는 비상적 기능을 수행하는 것이기 때문에, 위기관리에 대한 행정적 책임뿐만 아니라 정치적 책임을 묻는 것이 필요하다. 이를 위해서는 지방정부가 일차적 책임을 지고, 중앙정부는 관련 기관들 사이의 연계와 지원의 역할을 수행하는 것이 바람직하다(이재은, 2012: 157).

제 15 장

위기관리 거버넌스

제 1 절 위기관리정책과 다조직적 관계

1 위기관리정책의 특징

오늘날 정책집행은 하나의 정책을 단일 조직이 집행하기보다는 둘 이상의 다수 조직이 공동의 노력을 기울여 하나의 정책을 집행한다는 특징을 보이고 있다. 복잡·다양한 정책 환경을 고려하면서 정책을 집행할 때, 비로소 정책목표를 달성하는 것이 가능하다는 점을 생각해 볼 때, 현대의 정책집행은 다조직적 관계(multi-organizational relationship)에 의해 그 성격이 규정된다고 볼 수 있다.

특히, 위기는 속성상 발생 원인이 복잡하고 다양하기 때문에, 위기관리정책을 집행하기 위해서는 다수의 조직이 복합적이고 총체적인 공동의 노력을 기울이는 것이 필요하다. 그러므로 위기관리를 위한 정책집행의 특성을 살펴보면 다음과 같다.

첫째, 위기관리정책의 집행은 한 개인, 단일 조직, 단일 지방정부만의 문제가 아니라 국가 전체 차원의 문제다. 위기는 우리 개인이 대기 환경 속에서 호흡하는 공기, 평상시에 수시로 마시는 물, 가장 소중하게 여기는 생명과 재산에 대해 영향을 미친다. 기업은 자연재난, 인적재난, 산업재해, 파업 등으로 인해 경영상태가 악화되고 영업 손실을 입는다. 정부는 자연재난과 인적재난이 가져오는 매년 귀중한 인명의 손실과 재산의 경제적 손실에 대책을 마련해야만 한다. 중앙정부는 국가구성원 모두에게 영향을 주는 재난을 고려해야 한다. 반면에 지방정부는 관할 지역에서 경험한 손실의 크기나 범위가 중앙정부와 비교해 볼 때, 크기나 범위가 훨씬 작기 때문에, 재난은 지방정부의 공식 의제에서 우선순위가 낮기 마련이다(Cigler, 1988: 10).

둘째, 위기관리정책의 집행은 중앙정부가 중심이 되어 중앙집권적으로 관리하기보다는, 중앙정부가 다수 조직의 위기관리 노력을 조정하기 위한 기제(mechanism)를 제공하는 것이 효과적이다. 위기에 대한 중앙집권적인 관리 방식은 구조적 유연성을 저해하고, 부족하거나 잘못된 정보의 수집, 업무 및 지역의 관할 범위와 영역상의 갈등을 가져오기 때문에 효과적이지 못하다. 이와는 달리 다수의 공공 및 민간기관이 조정과 통합을 통해 위기관리 업무를 수행하는 수평적 관계는 수직적 관계보다 훨씬 더 효과적이라고 볼 수 있다(Waugh, 1994: 257).

셋째, 위기관리정책의 집행은 공공부문은 물론 민간부문의 참여와 협조를 통해 이루어진다. 오늘날에 발생하고 있는 위기, 특히 인적재난은 과거와 달리 공공부문과 민간부문 모두에서 나타나고 있고, 심지어는 민간부문에서 발생한 사고나 재난이 사회적으로 미치는 영향력의 범위와 강도가 공공부문 못지않게 크다. 위기 발생은 더 이상 공공부문과 민간부문을 구분하는 경계를 두지 않고, 모든 공·사 조직은 위기에 취약하다고 볼 수 있다(Barton, 1993: 3). 따라서 위기관리정책의 효과성을 확보하기 위해서는, 민간부문이 사회적 책임성을 지고 공공부문과 함께 위기관리 노력을 기울일 수 있도록 하는 방안을 모색하는 것이 필요하다.

넷째, 위기관리정책의 집행은 둘 이상의 조직이 함께 공동의 노력을 기울임으로써 목표를 달성하는 다조직적 관계(multi-organizational relationship) 속에서 이루어진다. 위기관리정책은 중앙정부의 각급 행정 부처 및 공공기관, 지방정부의 부서 및 기관, 민간부문 조직 사이의 수평적 관계와 함께, 중앙정부와 지방정부 간, 그리고 상급기관과 하급기관 간의 수직적 관계를 통해 집행된다. 위기관리정책의 다조직적 집행은 집행과정에 참여하는 조직과 참여자 상호 간의 상호 의존성을 고려해야 한다.

다섯째, 위기관리정책의 집행은 상황적 변수를 고려해야 하는 한편, 상황적 변수에 의해 영향을 받기도 한다. 다수 조직이 집행하는 위기관리정책은 위기의 종류, 위기 발생 지역의 특성, 위기에 대한 피해 주민의 이해 정도나 인식 정도와 같은 상황적 변수를 고려해야 하는 한편, 동시에 영향을 받기도 한다. 이들 상황적 변수에 따라 집행과정에 참여하는 조직이나 구성원이 변경되거나, 이들 간의 관계가 재설정될 수 있기 때문이다. 위기관리정책의 집행이 효과성을 확보하기 위해서는 상황적 변수를 고려하는 것이 중요하다.

여섯째, 위기가 발생한 상황에서 위기관리정책을 집행하는 조직이 각각 대응하는 양상은 조직의 과업과 구조에 따라 상이하게 나타난다. 위기 상황 발생 시에 대응하는 조직은 조직의 과업과 구조를 기준으로 네 가지로 구분할 수 있다(Dynes, 1970: 137-148). ① 기존 조직은 위기 상황에서도 평상시의 위기관리 업무를 수행하는 유형으로, 소방·경찰·구급 조직이 있다. ② 구조확장 조직은 일반적으로 적십자와 같은 자원봉사 조직으로, 평상시에는 자원봉사 활동을 하다가 위기 상황에서는 조직의 구조와 규모를 확장해서 일상의 과업과는 상이한 대응 활동에 참여한다. ③ 과업연장 조직은 위기 발생 시 과거의 조직구조를 그대로 유지하면서 새로운 비일상적 과업을 수행하는 조직이다. 운수회사나 중장비 회사는 위기 상황이 발생하는 경우 트럭이나 중장비, 운전기사를 제공해줌으로써 대응 활동을 지원한다. ④ 응급 조직은 평상시에는 제도화되어 있지 않다가 위기 상황에서 민간시민을 동원하여 구성하는 조직으로서, 응급 대응 조직을 의미한다.

일곱째, 자연재난이나 인적재난과 같은 위기가 발생하는 경우, 이를 극복하기 위한 노력은 개인, 조직, 사회의 모든 차원에서 진행된다. 많은 경우에 있어서, 개인 수준의 노력은 조직 수준에서 통합되며, 사회 수준의 노력은 조직 수준의 노력으로 분화되어 위기관리 노력이 이루어진다.

2 위기관리 정책결정의 의의

일반적으로 위기는 위험한 상태를 의미한다. 개인마다 위험한 상태를 인식하는 정도는 다르기 때문에, 위기는 주관성이 매우 강한 개념이다. 위기의 의미는 시대와 사회가 변화하는 데 따라, 관점과 분야에 따라 자의적이고 주관적인 개념을 설정하는 것이 가능하다. 자의적이고 주관적인 개념의 설정은 다양성을 가져오게 된다. 따라서 위기를 관리하거나 위기를 연구하는 것은 다양성에 기반을 두고 폭넓은 다양한 주제를 포괄할 수 있을 것이다. 하지만 사회 모든 분야에서 발생하는 다양한 위기를 공공정책의 관점에서 다 다룰 수는 없기 때문에, 위기와 위기관리에 대한 개념과 영역을 명확하게 설정할 때 비로소 보다 진전된 연구 대상이자 연구 영역으로서의 위기관리를 연구하는 것이 가능해진다.

그동안 우리나라에서는 다양한 유형의 재난이 많이 발생해 왔기 때문에, 수많은 재난을 경험해 왔음에도 불구하고, 정작 중앙정부와 지방정부는 위기관리 방법이나 절차에 관해서는 관심이 거의 없었다. 정부는 오로지 위기가 발생하면 피해복구, 사고 수습, 응급구호, 관련자 처벌, 향후 대처 방안의 반복적 제시를 통해, 정부가 할 수 있는 모든 조치를 다했다는 모습을 보여줬을 뿐이다.

이러한 비합리적 위기관리가 반복적으로 발생하게 된 이유는 어느 정도 예측 가능하고, 정부 주도가 확실한 환경에 익숙해 있는 정부의 정책결정 과정과 예측 불가능하고, 정부 주도가 불확실한 위기관리를 연계시키는 데 어려움이 있기 때문이다. 사실 위기관리와 정책결정을 연계시키려는 시도는 정책분석가에게도 많은 어려움을 가중시킨다. 이 같은 어려움은 위기관리정책에 대한 정의로부터 비롯되는 것이라기보다는, 오히려 위험이나 위기의 일상성과 다양성으로 말미암아 체계적이고 분석적인 접근이 힘들기 때문이다(정익재, 1994: 50). 따라서 위기관리 연구와 정책결정 연구를 연계시키는 것이 어려운 이유를 먼저 살펴보자.

위기관리 연구와 정책결정 연구를 연계시키는 데 있어서 나타나는 어려움은 크게 네 가지로 구분하여 살펴볼 수 있다(Jackson, 1976: 212-214). 첫째, 위기의 실체가 시간 경과에 따라 변한다는 점이다. 정책결정자들이 위기로 파악하고 관리하려는 사건들은 시간이 흘러감에 따라 본질이나 속성이 변한다. 예를 들면, 과거에는 유조선이나 차량의 기름유출로 인한 해양오염이나 환경오염은 정책결정가나 국민에게 별다른 큰 관심을 받지 못했다. 하지만 최근에는 환경에 대한 사회적 · 국민적 관심이 높아짐으로써 생태계 파괴 위기로까지 인식되고 있다.

둘째, 정책결정자들은 위기관리에서의 관리와 통제의 의미를 정의하는 데 어려움이 있다. 일반적으로 관리(management)라 함은 위기를 통제함으로써 원상태(status quo)로 복귀하기 위한 정부의 노력을 말한다. 만약에 위기가 체계에 대해 지속적으로 영향을 미치는 경우에는, 원상태가 무엇인지를 밝히는 것 자체가 대단히 어려운 일이다. 또한 위기를 관리한다는 것이 어느 정도 수준에서 관리를 해야 하는 것인지를 파악하기 힘들다. 그리고 발생한 위기에 대해 대응하는 것이 관리인지, 발생하기 이전에 위기를 통제하고 예방하는 것을 관리라고 할 것인지를 결정하는 것이 쉽지 않다.

셋째, 정책결정의 어느 부분이 위기와 직접적인 관련성이 있는지를 찾기가 어렵다. 위기관리 활동은 개인에 대한 것으로부터 시작하여 지방정부, 중앙정부에 이르기까지 점차 확대되어 간다. 정부의 모든 활동가의 집합적인 행태가 위기관리에 영향을 미치는 데 반해, 관심의 대상은 위기 자체보다는 위기에 대한 중앙정부나 지방정부의 관리가 된다. 위기 사건 자체는 정책결정을 위한 상황이나 조건을 제시해줄 뿐이고, 정부의 관리는 위기 상황에서의 상호작용, 정책결정자의 개인적 특성, 조직 맥락의 결과이기 때문이다.

넷째, 정부가 위기에 대해 무엇을 언제 할 수 있는가를 판단하기 어렵다는 점이다. 실제로 중앙정부나 지방정부가 위기에 대해 생각하고 해결책을 마련하는데 쓸 수 있는 시간은 위기가 발생하기 전이 아니라, 오히려 위기가 발생한 이후다. 위기가 발생한 이후에야, 정부가 대응책을 마련하고 필요한 예산과 시간을 확보하는 것이 쉽다는 것이다. 이러한 맥락에서 재난관리에 필요한 공공자금을 확보하는 것 역시 재난이 발생하기 이전보다는 이후가 보다 더 쉬운 것이다(Waugh, 1994: 254-255).

이외에도 위기관리를 하기 위한 정책결정을 할 때 제기될 수 있는 어려움은 조직 지도자가 위기에 대해 인식하는 데서 나타나는 '흡연자 증후군(smokers' syndrome)' 증상에서도 나타난다(Booth, 1991: 117-118). 흡연으로 인해 발생할 수 있는 각종 질병이나 폐암에 관한 증거에도 불구하고, 흡연자 자신은 본인이 암에 걸릴 수 있다는 사실을 결코 느끼지 못한다. 이와 유사하게 대부분의 조직은 과거부터 현재까지 각종 다양한 위기가 주위에서 발생하고 있다는 명백한 증거에도 불구하고, 위기에 대한 우발 상황 계획(contingency planning)을 개발하려는 노력을 기울이지 않는다. 또한 대부분의 조직은 구성원으로 하여금 위기관리를 위한 훈련이나 대비책을 마련하지 않고 있다.

이러한 어려움에도 불구하고, 위기관리 정책결정 연구는 절대적으로 필요하다. 위기가 발생한 상황에서, 위기관리 정책결정이 체계 전체의 전반적인 정책결정에 수렴되지 않거나 융합되지 않는 경우에는 일상적인 정책결정(ordinary policy-making)이 소용이 없기 때문이다(Dror, 1986: 181).

위기관리 정책결정 연구를 하는 데 있어서는 먼저 위기관리 정책결정 영역이 무엇인지를 살펴보는 것이 필요하다. 위기관리 정책결정의 영역을 탐색하기 위해서는 두 가지 주요한 독립변수를 살펴볼 수 있다(Jarman & Kouzmin, 1994: 120-121). ① 의사결정 과정 유형(the types of decision-processes)과, ② 변화하는 환경 상태(the changing environmental states)가 그것이다.

우발 상황에서의 거시정책 모형을 만들기 위해 에밀리와 트리스트(Emery & Trist)의 환경 모형과 톰슨(Thompson)의 의사결정 모형을 결합시킨 '우발 상황에서의 위기 의사결정'을 정의하고 있다(<표 15-1> 참조)(Jarman & Kouzmin, 1994: 122-123). 정책결정을 둘러싼 '환경상태'와 '의사결정 과정'을 연계하여, 위기 의사결정 유형을 ① 연산, ② 기회-비용, ③ 점증적 해결, ④ 위기로 구분하였다.

<표 15-1>에서 보는 바와 같이 ① 연산(algorithms)은 일상적인 의사결정으로 명백하게 예측 가능한 과정이다. 이러한 맥락에서는 컴퓨터 프로그램을 이용하여 기술적으로 필요한 것들을 실행할 수 있다. ② 기회-비용(opportunity-cost) 국면은 과업 수행과 관련하여 대안을 고려하는 단계로서, 연산 결정이 운영계획이나 전략적인 계획의 과업을 분석적으로 정의하는 데 더 이상 적합하지 않는 경우, 주로 비용-편익 기법을 활용한다. ③ 점증적 해결(muddling-through)

방법은 보다 복잡하고 불확실한 환경에서의 결정 방법으로서, 사이먼(Herbert A. Simon)의 조직 의사결정의 '만족' 과정으로 잘 알려져 있다. 마지막으로, ④ 위기(crisis) 국면은 대혼란(chaos)이나 격변(cataclysm)의 상황으로 테러리즘, 폭동, 폭력적 파업, 제한전쟁, 스리마일 아일랜드 사고, 체르노빌 사고 등이 해당된다.

표 15-1 우발 상황적 위기 의사결정

유 형	의사결정 환경	의사결정 방식
유형1	계산(calculation) + 평온무작위(placid-reactive)	연산(algorithm)
유형2	판단(judgement) + 평온집약(placid-clustered)	기회-비용(opportunity-cost)
유형3	협상(compromise) + 요란 반응(disturbed-reactive)	점증적 해결(muddling-through)
유형4	영감(inspiration) + 소용돌이(turbulent)	위기(crisis)

그러므로 조직이 처해 있는 환경을 고려하면, 정책결정 차원에서 위기관리 정책결정은 일상의 정책결정과는 서로 다르게 된다는 점을 알 수 있다. 위기관리 정책결정은 불확실성과 예측 불가능성을 특징으로 하는 환경을 배경으로 한다(남궁근, 1995: 959). 위기관리 정책결정은 결정과정 또한 영감(inspiration)에 의해 특징지워진다. 특히, 동일한 위기라 할지라도 사람에 따라 긴급성을 다르게 느낀다. 위기관리 정책결정의 결과는 양면성이 있기 때문에, 정책결정자의 대응책은 상황에 따라 달라진다. 상황에 따라 위기가 주기성, 간헐성, 예외성을 지닌다는 점에서도 정상적인 환경에서의 일상적인 정책결정과는 차이가 있다(김형렬, 1997: 397-412).

3 위기관리의 다조직적 관계

개인, 조직, 사회는 자연재난이나 인적재난과 같은 위기가 발생하게 되면 이를 극복하기 위한 노력을 모든 차원에서 통합적으로 진행한다. 많은 경우 개인 수준에서의 노력은 조직 수준에서 통합적으로 이루어지고, 사회 수준에서의 노력은 조직 수준의 노력으로 분화되어 이루어진다. 그렇기 때문에 효과적인 위기관리는 조직 수준, 특히 조직 간 관계 및 조정의 관점에서 살펴보는 것이 필요하다. 또한 정부의 제1기능은 국민의 생명과 재산을 보호하는 것(Giuffrida, 1985: 2)이라는 점을 감안하면, 위기관리를 조직 간 관계의 관점에서 살펴보는 것이 필요하다. 여기서는 위기관리 정책집행을 조직 간 관계와 다조직적 관계의 관점에서 살펴본다.

첫째, 위기가 발생하게 되면, 지역사회 조직은 위기 상황에 대해 서로 다른 방식으로 영향을 받게 되고, 정상적인 조정 체계가 작동하지 않는다. 위기 상황에서 조직 간 관계에 영향을 주는 요소로는 다음 네 가지를 들 수 있다(Dynes, 1978: 49-64). 첫 번째 요소는 각 위기관리 활동 조직의 정당성이다. 조직이 설정한 목표, 수단, 리더십이 위기관리 활동의 정당성을 결정한다. 두 번째 요소는 조직 간 인적 접촉이다. 조직과 조직 사이의 경계 역할을 맡고 있는 개인이 정보와 자원의 교류를 원활히게 해준다. 세 번째 요소는 공급자와 고객 사이의 관계다. 조직 간 관계를 형성하는 기본 요소는 의사소통이다. 조직 사이의 가장 효과적이고 협조적인 관계는 과거의 공급자와 고객과의 관계를 통해 기능이 유사하고 내부 조직을 서로 잘 알고 있을 때 발전할 수 있다. 네 번째 요소는 전체 지역사회의 조정 기제다. 평상시에 지역사회는 정치적 · 경제적 · 사회적 단위로서 다면적 특성을 지니는 다목적 체계로서 자원을 다양한 목적을 달성하는 데 배분하게 된다. 하지만 재난은 이 같은 상대적 평형을 붕괴시키고, 합의에 도달할 시간과 권한이 부족하게 되어 조직간 관계가 영향을 받게 된다.

둘째, 위기관리에 참여하는 조직 간에 효과적인 조정을 이루는 것은 총체적인 위기 대응의 효과성을 증진시킬 수 있기 때문에, 이에 영향을 주는 네 가지 범주, 즉 ① 활동 영역에 대한 합의와 역할의 구체화, ② 활동 네트워크의 통합, ③ 의사소통, ④ 자율성의 유지를 고려해야 한다(Mileti & Sorensen, 1987: 13-21). 첫 번째 범주에서는 모든 대응 조직이 위기 상황에서 누가 무엇을 하는지를 알고 있을 때 대응의 효과성을 증진시키고, 이는 다시 조직 사이의 조정을 향상시키게 된다. 명확한 활동 영역에 대한 합의와 역할의 구체화는 조직 간의 업무 통합을 높일 수 있다.

두 번째 범주에서는 너무 많은 조직이 네트워크에 포함되는 경우에는, 많은 조직이 쉽게 통합될 수 없고 조정이 어려워 대응의 효과성이 감소된다. 그러므로 평소에 참여 조직이 상호작용하고, 조직 간의 상호작용을 전담하고 책임지는 인력을 두는 경우에 위기 상황에서 활동 네트워크의 통합을 원활하게 이룰 수 있다.

세 번째 범주에서는 조직 간의 신속하고 효율적인 의사소통이 참여 조직 사이의 구체적인 역할, 업무, 위기 상황의 변화와 같은 정보를 신속하게 전달하는 데 필수적이다.

네 번째 범주에서는 위기관리를 위한 참여 조직의 자율성 유지와 동시에 사소한 자율성의 포기가 필요하다. 위기관리를 위한 네트워크 통합 과정에서 일부 조직은 일정 부분 자율성이 상실되는 경우가 있다. 자율성이 상실되는 데 대한 참여 조직의 저항은 조직 간 관계의 조정과 효과성 확보에 주요 제약 요인이 된다. 따라서 효과적인 대응을 위해서는 참여 조직으로 하여금 사소한 자율성을 포기하는 것이 필요하다는 점을 확신시키는 것이 필요하다.

셋째, 위기관리 정책집행을 준비하기 위한 조직화 관점에서, 위기관리 조직 유형을 분류하고 조직 간의 관계를 살펴보는 것이 필요하다. 지방정부는 위기를 일차적이고 직접적으로 다루게 되고, 지방정부가 위기관리 기능을 어떻게 수행하는가를 살펴보자(Kreps, 1991: 30-54). 예를 들면, 가장 작은 규모의 지방정부는 위기관리 역할을 자발적으로 수행하는 개인이 있지만, 지방정부의 규모가 커질수록 위기관리 기능을 수행하는 기관의 수가 많아지고, 위기관리 활동을 수행하는 조직의 특성이 보다 분명해진다. 예를 들면, 위기관리정책의 집행기관이나 부서가 독립적인 기관으로 존재하는지 아니면 어떤 다른 기관에 포함되어 있는지 여부에 따라, 지방정부의 위기관리 조직이 지니는 자율성 정도에 차이가 있게 된다. 하지만 위기관리정책을 집행하는 기관이 수행하는 전통적이고 핵심적인 기능은, 지역에 따른 조직 유형의 차이와는 상관없이, 지방정부의 예방/완화, 대비, 대응, 복구의 다양한 활동을 조정하는 것으로 밝혀졌다.

넷째, 위기관리정책 과정뿐만 아니라 위기관리정책의 다조직적 활동을 모두 이해할 때 비로소 위기관리 행정을 제대로 파악할 수 있다. 위기관리정책을 성공적으로 집행하는 데 있어서 장애가 되는 제약 요인이 무엇인지를 알기 위해서는 위기관리정책 과정과 다조직적 활동을 따로 따로 분리해서 생각해서는 안 된다. 예를 들면, 미국의 위기관리 행정시스템을 위기관리정책 과정과 위기관리의 다조직적 관계로 구분해서 살펴보자(Mushkatel & Weschler 1985, 49−56). 이런 면에서 위기관리의 다조직적 정책 과정은 연방정부(FEMA), 주정부, 지방정부 모두에서 정책의 형성, 채택, 집행, 평가 과정이 예방, 대비, 대응, 복구라는 각각의 국면에 적용되는 과정을 말하는 것이다. 그러므로 위기관리정책의 집행은 두 개의 별개이면서도 상호의존적인 체계, 즉 위기관리정책 과정과 다조직적 관계 맥락에서 이루어진다는 점을 알 수 있다. 위기관리 활동 과정은 예방, 대비, 대응, 복구 국면의 활동이 연방정부(FEMA), 주정부, 지방정부 각각에 공통적으로 적용되는 과정을 의미한다.

제 2 절 거버넌스와 위기관리

1 거버넌스의 의의

최근 사회가 변화하는 속도는 점점 더 빠르게 진행하고 있다. 예를 들면, 기술, 의사소통, 삶의 방식을 포함하는 인류 생활의 많은 양식이 과거 그 어느 때보다도 더 빠르게 변하고 있는 것이다. 그리고 사회의 많은 부분이 더욱더 복잡하게 얽힐수록, 우리가 알아야 할 것이 점점 더 많아지게 되고, 이에 대응할 시간은 점점 더 부족해진다(Dunsire, 1993: 20). 이러한 관점에서 거버넌스 개념의 발전 역시 단일중심주의적(monocentric) 접근법으로부터 다중심주의적(polycentric) 접근법으로 이동하고 있다.

거버넌스는 국가와 사회, 즉 통치 행위자와 피치자 사이의 관계나 과정을 고려하는 것이라기보다는, 둘 또는 그 이상의 행위 주체 사이의 관계나 상호작용을 고려하는 것이다(Vliet, 1993: 106). 거버넌스는 다양한 행위 주체들, 예를 들면 시민, 집단, 조직이 다양한 차원에서 공동의 목표 달성을 위해 상호 조정과 협력을 이루어 가는 과정이라고 이해할 수 있다(곽진영, 2000: 68; Jun, 1999: 462).

거버넌스가 사회적 행위 전반에 걸쳐 발생하는 다양한 문제들을 해결하는 새로운 인식 체계라고 보는 경우에는, 인간 행위의 범위와 수준에 따라 거버넌스의 유형을 다음과 같이 구분해 볼 수 있다(문병기, 2000: 22). 글로벌 거버넌스(global governance), 리저널 거버넌스(regional governance), 내셔널 거버넌스(national governance), 로컬 거버넌스(local governance), 그리고 사이버 거버넌스(cyber governance) 등이다. 이 중에서 주로 지역 수준의 공·사 협력 체계와 네트워킹에 관심을 갖는 로컬 거버넌스는 시민이 직접 또는 선출직 공무원을 통해 자신의 복지를 향상시키거나 공동의 욕구와 사회적 정의를 진척시키기 위해 민주적으로 조직된 지도 체계라고 말할 수 있다. 동시에 로컬 거버넌스는 자유민주주의에서의 다원주의 정치와 함께 작용해 나갈 수 있는 민주주의를 강화시켜 주는 대안적인 방법이기도 하다(Jun, 1999: 461). 여기서는 시민으로 하여금 지역사회의 의사결정권을 공유하게 하고, 시민참여를 통해 공동선을 추구하게 한다는 차원의 위기관리 거버넌스를 살펴본다.

2 위기관리 거버넌스의 흐름

거버넌스는 세계화(globalization)와 분권화(devolution)라는 두 가지 과정을 따라 변하고 있다(Kettl, 2000: 489). 국제적 수준에서는 지방정부가 무역을 촉진하고 해외 투자를 유치하며 문화 교류를 하기 위해 다른 나라들과 직접적으로 교류를 하는 한편, 점점 더 많은 결정이 국가적 수준으로부터 국제적 수준 — WTO, IMF, World Bank 등의 조직 — 으로 옮겨가고 있다. 국내적 수준에서는 지역경제, 교통, 주택, 환경, 폐기물 처리, 치안, 의료, 보건, 지역 정보화와 같은 여러 가지 다양한 개별 이슈의 정책을 결정하고 집행하기 위한 더 많은 책임이 중앙정부로부터 지방정부로 옮겨가고 있다.

거버넌스 변화의 두 가지 흐름을 고려하면, 한 국가의 위기관리 거버넌스의 흐름 역시 세계화(globalization)의 방향과 지방화(localization)의 방향이라는 두 방향으로 이동하고 있다는 점을 알 수 있다.[1)] 그러므로 위기관리 거버넌스의 흐름을 세계화와 지방화를 중심으로 살펴볼 수 있다.

첫째, 세계화의 흐름이다. 위기관리 거버넌스의 세계화를 살펴보기에 앞서, 우리는 세계화의 의미를 ① 생활 양식이자 생존 방식, ② 포괄적인 공존의 관점, ③ 현실로서의 세계화 관점, ④ 전략적인 관점이라는 네 가지 측면으로 구분할 수 있다. 첫째, 세계화를 생활 양식이자 생존 방식의 측면에서 살펴보면, 대부분의 국가에서 세계화는 지구상에 살고 있는 모든 사람, 조직, 국가가 개인 차원·조직 차원·국가 차원에서 상호 거래를 통해 세계 사회에 효과적으로 적응해 갈 수 있는 행태와 경험의 유형을 발전시켜 가는 총체적 과정으로 이해할 수 있다(김형렬, 1994: 195). 둘째, 포괄적인 공존의 관점에서 보는 세계화는 지구 전체의 개념으로서 경쟁과 협력, 그리고 적극적 참여를 모두 중시하는 보다 포괄적이고 더불어 함께 잘 살자는 공생적인 개념(symbiotic concept)으로 이해할 수 있다(김판석, 1994: 1528). 셋째, 현실로서의 세계화라는 관점은 세계화가 국경이 존재하지 않는 하나의 세계, 즉 지구촌 시내로 재편되어 나가는 시대적 추세(이달곤, 1995: 23) 또는 특정한 현상이 세계적으로 확산되는 상황(차하순, 1995: 8)이라고 할 수 있다. 이는 과거와는 달리 국가의 경계라는 의미가 없어짐으로써 세계 사회의 상호 의존 정도가 증대된 현실을 강조하는 것이다. 넷째, 전략적인 관점에서의 세계화는 한 국가가 특정 목적을 달성하기 위한 수단이 된다고 이해할 수 있다(박상식, 1995: 9). 이러한 관점은 한 국가가 국가 경계의 범위를 유지하면서 자신의 목적을 달성하기 위한 방안의 일환으로 경쟁과 협력관계를 강조하는 의미로 파악된다.

이들 네 가지 관점 중에서, 위기관리 거버넌스는 전략적인 관점에서 살펴볼 수 있다. 한 국가가 위기 상황에 처해, 위기 상황을 효과적으로 극복하기 위한 수단의 일환으로 위기관리의 세계화를 선택한다고 볼 수 있다. 국제적인 차원에서 세계 각 국가는 태풍, 홍수, 가뭄과 같은 자연재난 위기에 공동으로 대처하기 위한 협약이나 조약을 체결하고 국제기구를 구성함으로써, 한 국가의 힘만으로는 다루기 힘든 위기를 함께 사전에 예방하고 피해를 감소시키기 위해 대처하고 있

1) 거버넌스를 합의에 기초하여 공공정책을 집행하기 위한 공공관리 전략의 선택, 형성, 그리고 실행(Mattson, 1997: 327)이라는 다소 일반론적인 관점에서 본다면, 결국 위기관리 거버넌스 역시 사회의 합의에 기초하여 위기관리정책의 집행을 위한 공공관리 전략의 선택, 형성, 그리고 실행이라고 볼 수 있다.

다. 위기관리와 관련된 국제기구 및 회의에는 태풍위원회(TC), 재해구호사무국(UNDRO), 세계기상기구(WMO), 국제자연재해경감 10개년 계획, 유엔개발계획, 유엔환경계획, 아시아 방재정책회의 등이 있다.[2] 특히, 최근에는 환경의 오염이나 테러 등과 같은 인적재난이나 사회재난의 경우에서도 국제적인 연대를 통한 해결책을 모색하는 것이 요구되고 있다.

둘째, 지방화의 흐름이다. 지방화는 국가의 내부관계에 있어서 권력의 중심을 다부분으로 분산시킨다는 의미로 파악할 수 있기 때문에 국가 발전의 주체를 과거와 같이 국가 또는 중앙정부에만 두는 것이 아니라, 지방정부에 분산시킴으로써 분권화와 지방 자율권을 기초로 한다. 지방화는 세계화의 개념과 조화를 이루는 것으로서 지방분권적 발전 방식에 의해 위기관리가 달성 가능하다는 인식에 도달한다. 또한 세계화가 진행될수록 지방정부의 독자적인 세계화(glocalization)를 통해 한 국가의 지방정부가 다른 국가의 지방정부와 유대관계를 형성하는 것이 바람직한 것으로 받아들여진다. 이는 과거에는 지방정부가 지방으로부터 지역, 국가, 세계로 나아가는 과정을 통해 활동을 전개함으로써 그 과정에서 지방의 독자성은 상실되고 결국 국가의 활동에 귀속되었으나, 세계화 과정에서는 지방이 중심이 되어 국가를 경유하지 않은 채 직접 세계와 연결된다.

국내의 지방화 차원에서, 중앙정부는 역할과 기능상의 한계로 말미암아 지방정부의 위기관리 기능을 보강하고 확대해 주는 방향으로 나아가고 있다. 예를 들면, 1990년대 중반 이전까지는 대부분의 자연재난과 인적재난과 관련된 정책을 모두 중앙정부의 책임 하에 두고 있었다. 하지만 1995년 삼풍백화점 붕괴 사고를 계기로, 새롭게 마련한 지방정부의 위기관리 조직 체계의 정비를 통해, 지방정부의 기능이 그 이전보다 보완되었으며, 최근에 와서는 과거보다 훨씬 더 지방정부의 위기관리 역할, 기능, 전문성 등이 보강되었다. 현재는 지방정부의 장의 의지와 노력 여하에 따라 위기관리의 효과성이 결정되는 실정이다.

2) 위기관리 관련 국제기구 및 회의는 주로 태풍, 홍수 등 자연재난으로 인한 피해를 경감시키기 위한 기술 공유, 정보 교환, 자료 제공 등을 통해 인명 피해와 재산 피해를 줄이고자 한다. 더불어 이들 국제기구 및 회의는 사회·경제적 손실을 감소시키기 위해 국제적인 공동 노력을 증진하는 한편, 재난 구호 및 이재민 구호에 대한 국제협력과 외국의 자연재난 경감을 위한 정보 수집과 각종 방재정책 연구에도 도움을 준다(http://www.nidp.go.kr/html/01/index.html, 2001.9.28).

제 3 절 위기관리 거버넌스와 네트워크

1 위기관리 거버넌스의 의미

위기관리 거버넌스는 지역사회 주민이 안전하게 생활할 수 있도록 주민, NGO, 지방정부 등의 다양한 행위 주체가 의사결정권을 공유한 채 상호 조정과 협력의 네트워크를 구성하여 위기관리정책을 집행해 나가는 체계라고 정의할 수 있다. 로컬 위기관리 거버넌스는 [그림 15-1]에서 보는 바와 같이 목적, 주체, 전제, 방법, 실체의 다섯 가지 측면에서 다음과 같은 의미를 지닌다.

그림 15-1 위기관리 거버넌스의 구성 요소

위기관리 거버넌스		
	목적	• 지역사회 주민의 안전한 생활 실현
	주체	• 주민, NGO, 지방정부 등의 다양한 행위자
	전제	• 문제 해결과 관련된 의사결정권의 공유
	방법	• 행위 주체 사이의 상호 조정과 협력의 네트워크 구성
	실체	• 위기관리정책을 집행해 나가는 체계

첫째, 위기관리 거버넌스는 지역사회 주민의 안전한 생활을 구현하려는 목적을 지니고 있다. 지역사회 주민의 안전한 생활 실현의 총합은 곧 국민 전체의 안전한 생활 확보를 가능하게 한다. 따라서 지방정부는 우선적으로 그 지역에서 특수하게 나타나는 위기의 유형과 종류를 파악하고, 이를 극복하기 위한 방안과 전

략을 마련하는 것이 필요하다. 예를 들면, 집중호우, 홍수, 산사태, 산불로 인한 인적·물적 피해가 심각하게 나타나는 농촌·산악 지역은 가스폭발이나 교량·건물의 붕괴와 같은 인적재난에 대한 대비책을 마련하는 것보다는 자연재난의 피해를 예방하고 대비하며 대응하고 복구하기 위한 전략을 우선적으로 모색하는 것이 필요하다.

둘째, 위기관리 거버넌스는 주민, NGO, 지방정부 등의 다양한 행위 주체가 활동한다. 그동안 지역사회에서는 공동의 집합적인 문제, 예를 들면 자연재난이 발생하면 지방정부가 문제를 파악하고 해결책을 마련해서 집행해 왔다. 정작 재난 발생으로 인해 피해를 보는 피해자는 문제 해결 과정에서 소외되어 왔던 것이다. 그러므로 문제에 대한 적절한 해결책을 제시하지 못했거나, 문제 해결이 미진한 상태로 남는 경우에는 지방정부가 비판의 대상이 되었다. 주민이나 주민의 자발적 결사체인 NGO는 문제 해결의 제3자의 위치에 있었던 것이다. 하지만 주민이야말로 재난 발생의 원인은 물론, 이에 대한 해결 방안까지도 알수 있는 행위 주체인 것이 분명하다. NGO는 가장 객관적인 위치에서 문제를 해결할 수 있는 행위 주체다. 그리고 재난의 종류에 따라서는 지역사회 내에 있는 위기관리와 관련이 있는 중장비회사나 건설회사와 같은 유관기업이나 소방, 경찰, 군 등과 같은 공공기관 역시 행위 주체가 된다.

셋째, 위기관리 거버넌스는 다양한 행위 주체가 문제 해결과 관련된 의사결정권을 공유한다는 것을 하나의 전제로 삼는다. 의사결정 과정에서 배제된 채 집행과정에만 참여하는 것은 진정한 의미에서 행위 주체라고 할 수 없는 한편, 목표 달성을 위한 수단적인 의미만을 지니기 때문이다. 위기관리 거버넌스가 의사결정권을 공유하기 위해서는 정보의 공유, 결정 과정에서의 평등한 권리의 공유, 결과에 대한 책임의 공유가 함께 필요하다. 정보가 공유되지 않는 경우에는 정확한 의사결정을 내리는 것이 불가능해진다. 결정 과정에서 평등한 권리가 보장되지 않을 경우에는 의사결정의 정당성만을 확보해 주는 제한적인 역할만 하게 되고, 결과에 대한 책임이 공유되지 않고는 무책임한 의사결정을 내릴 확률이 크기 때문이다.

넷째, 위기관리 거버넌스는 행위 주체들이 상호 조정과 협력의 네트워크를 구성함으로써 문제를 해결하는 것이 가능하다. 상호 조정과 협력의 네트워크를 구성한다는 것은 목표 달성을 위한 노력의 결집체로서의 네트워크를 만든다는 것을 의미한다. 상호 조정과 협력의 네트워크가 필요하다는 것은 문제가 발생한 원인을 파악하고 문제를 해결할 수 있는 방법을 모색하려는 것이다. 네트워크는 상호 의존적인 구조를 의미하는 것으로서, 행위 주체 사이의 공식적인 연계와 비공식적인 연계 모두를 포함한다.

다섯째, 위기관리 거버넌스는 지역사회 주민의 안전한 생활을 구현하기 위해 위기관리정책을 집행해나가는 체계라고 그 실체를 이해할 수 있다. 전통적인 관점에서의 정책집행 체계는 단일 조직에 의해 구성되는 것이라고 할 수 있는 반면에, 위기관리 거버넌스는 정책의 집행과 관련된 다수의 조직이 참여하는 다조직적 관계에 의해 형성되는 체계다. 오늘날의 정책집행은 하나의 정책을 단일 조직이 집행하기보다는 둘 이상의 다수 조직이 하나의 정책을 집행하기 위하여 공동의 노력을 기울인다는 특징을 보인다. 특히, 위기는 그 속성상 발생 원인이 복잡 다양하기 때문에 위기관리정책을 집행하기 위해서는 다수의 조직이 복합적이고 총체적인 노력을 기울여야 한다.

2 위기관리 거버넌스의 네트워크

거버넌스 시대에서의 행정은 네트워크의 관리에 기반을 두고 있다. 공공부문, 민간부문, NGO, 시민 사이의 상호 연계성이 증대되면서, 네트워크의 형성을 통해 한편으로는 공·사의 거리가 가까워지고, 공·사의 경계가 무너지면서, 행정의 특성 내지 속성이 급격히 변화하고 있다. 기존의 행정을 대체하는 거버넌스는 공·사 간은 물론 모든 조직 사이의 네트워크를 형성하고 관리함으로써, 국가와 시민, 정부와 민간, 조직과 시민 사이의 관계망(web of relationships)으로 뿌리를 내리는 새로운 패러다임이다.

위기관리 거버넌스 역시 이러한 네트워크를 형성하고 관리하는 데 참여하는 행위자 사이의 관계망 구성을 핵심적인 요소로 삼고 있다. 네트워크 관계망을 구성하는 행위자는 [그림 15-2]에서 보는 바와 같이 지방정부를 중심으로 주민,

그림 15-2 위기관리 거버넌스의 네트워크

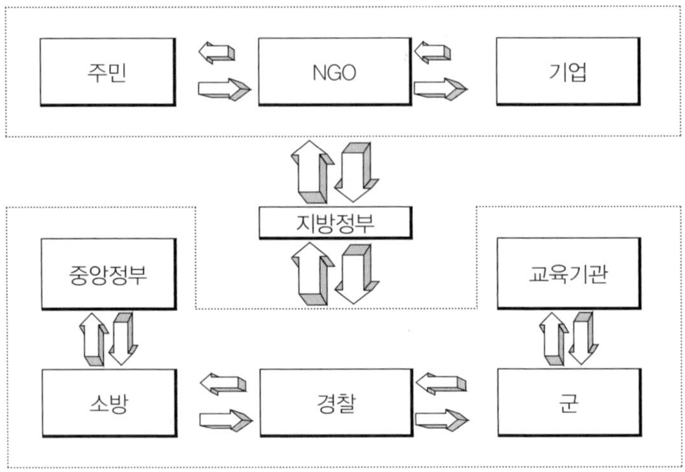

NGO, 기업과 중앙정부, 교육기관, 소방, 경찰, 군 등을 들 수 있다. 이들 다양한 행위자의 특성을 살펴보면, 주민, NGO, 기업은 지역사회의 민간부문을 대표하는 기관이고, 중앙정부, 교육기관, 소방, 경찰, 군은 공공부문을 대표하는 기관으로 볼 수 있다.

1) 주 민

지역사회가 거버넌스 과정을 효과적이면서도 지속적으로 만들기 위해서는 온정적이면서도 의식 있는 진정한 자치 정신을 형성해야 한다. 지역사회는 타인에 대한 관심, 자율성, 자비심, 자기반성, 정의와 공평성의 추구, 공존공생과 같은 시민사회의 미덕을 통해 보다 세련되고 발전 가능성을 가질 수 있기 때문이다. 이를 위해 로컬 거버넌스에서는 주민의 네트워크에의 참여를 독려하는 것이 필요하다(문병기, 2000: 37-38). 주민의 네트워크 참여는 지역 실정에 맞는 정책의 수립과 집행을 위해, 주민의 정책 순응을 확보하기 위해 진정한 지방화를 이루는 것이 절실히 요구된다.

지방정부가 위기관리정책에 주민을 참여시키는 것은 두 가지 측면에서 의미가 있다. 첫째, 위기관리정책 과정의 측면에서 보면, 주민이 위기관리정책의 결정, 집행, 평가 과정에 참여하는 관점에서 보는 경우다. 정책 과정의 측면에서, 주민은 위기관리정책의 결정, 집행, 평가의 전체 과정에 참여해야 한다. 특히, 주민이 결정 과정에의 참여를 제도로 보장하는 것은 이후에 집행에서의 자발적 참여를 하게 하는 전제 조건으로 작용하게 되며, 평가의 객관성을 확보하는 길이 된다.

둘째, 위기관리의 과정 측면에서 보면, 주민이 위기관리의 예방, 대비, 대응, 복구의 4단계에 참여하는 측면에서 보는 경우다. 위기관리 과정의 4단계를 구성하는 각각의 단계를 살펴보면 다음과 같다(Petak 1985, 3; McLoughlin 1985, 166; Clary 1985, 20; Drabek 1985, 85). 예방 단계는 위기가 실제로 발생하기 전에 위기를 유발할 수 있는 요인을 사전에 미리 제거하거나, 이 위기 요인이 가급적이면 표출되지 않도록 억제하거나 방지하는 활동으로 이루어진 단계다. 대비 단계는 위기가 발생한 이후의 대응 단계가 효율적으로 작동할 수 있도록 사전에 위기관리 운영 능력을 개발하는 활동으로 이루어진 단계다. 대응 단계는 위기가 실제로 발생하는 경우, 위기 대응 기관이 수행해야 하는 각종 임무 및 기능을 실제 위기 상황에서 적용하는 활동으로 이루어진 단계다. 복구 단계는 위기가 발생한 직후부터 피해 지역이 위기가 발생하기 이전의 원래 상태로 회복될 때까지의 장기적인 활동으로 이루어진 동시에, 초기 회복 기간으로부터 그 지역이 정상상태로 돌아올 때까지 지원을 제공하는 지속적인 활동으로 이루어진 단계다. 위기관리 과정의 4단계는 공히 지역사회 주민의 참여를 확보하는 것이 절실히 필요하다. 예를 들면, 지역주민은 위기 피해가 예상되는 지점을 누구보다도 가장 잘 알고 있고, 인근 주민이야말로 위기 상황에 필요한 물품이나 사고 발생 시의 일차적인 구조 서비스를 가장 먼저 제공하기 때문이다.

지역사회 주민이 위기관리에 참여하는 경로는 다양하다. 예를 들면, 주민의 자격으로 지역사회의 공청회, 협의회 등에 참여하거나 위험 요소를 민원으로 제기할 수 있다. 그리고 주민은 지역사회의 NGO에 가입하여 위기관리에 참여하거나 활동할 수 있다. 하지만 현재까지 지역사회 주민이 위기관리정책이나 과정에 있어서 참여하는 것은 매우 제한적으로 이루어지고 있는 실정이다.

2) NGO

효과적인 위기관리를 이루기 위해서는 지역사회가 시간적인 제약이 있더라도 즉각적인 대응을 하는 것이 필수적이다. 위기가 발생한 현장에서는 대부분의 경우, 지역 NGO[3]가 피해 주민을 돕기 위한 대응 활동을 하게 된다. 행정부문이 자신의 활동만으로 위기로 인한 지역사회의 피해를 극복하고 더 나아가 피해 발생을 자체를 미리 막는 데는 제한적이고 소기의 목적을 원활히 달성하기가 어렵다. 민간부문의 활동인 지역사회 NGO의 활동이 행정부문의 활동과 통합하여 운영될 때 효과적이다. 민간부문 NGO가 위기관리에서 보여주는 특성은 다음과 같다(Stallings & Quarantelli, 1985: 95). 첫째, NGO 조직의 규모는 상당히 다양하다. 소규모 비공식 조직으로부터 대규모 제도화된 조직에 이르기까지 규모의 다양성을 지니고 있다. 대부분의 경우, 지역사회 NGO는 소수의 구성원으로 이루어져 있어, '우리(we-ness)'라는 의식을 지닌다. 둘째, NGO는 구조의 측면에서 유사한(undifferentiated)인 경향이 있다. 예를 들면, NGO 조직은 상하 간에 거리가 거의 없는 수평적 계층제를 지니고 있다. 셋째, NGO 구조는 수행하는 과업과 밀접하게 연결되어 있다. 예를 들면, 한 NGO가 전화 구호 요청을 접수하는 일에 참여하는 경우, 해당 조직구조는 전화에 응답하는 사람들과 접수된 정보를 대조하는 사람들, 그리고 전체 운영 상황을 느슨하게 감독하는 한두 명의 사람으로 구성된다. 넷째, 대부분의 경우, 위기에 대응하는 응급시민집단 NGO는 불과 몇 시간 혹은 며칠 동안의 단기간 동안에만 활동하는 경우가 많다.

민간부문 NGO는 대부분 위기 대응과 복구 단계에 초점을 맞추고 있고, 특별한 기술이나 물자를 제공하는 데 관여해 왔다(Perry, 1985: 13). 더욱이 주도적인 위기관리 기관이 적절한 조치를 취하지 못할 경우에 나타날 수 있는 결과는 다음과 같다(Hodgkinson & Stewart, 1991: 92). 첫째, 혼돈 상황을 초래한다. 작업자와 고객 모두, 누가 무엇을 누구에게 제공해야 하는지를 이해할 수 없는 상황에 처한다. 둘째, 혼돈 상황은 서비스의 중복과 중요한 에너지의 낭비를 가져온다.

3) 지역 NGO는 지방 차원의 거버넌스에 있어 매우 핵심적인 기능을 수행하고 있다. 즉, 지역 NGO의 영역과 공공부문과의 관계는 NGO의 기능이 얼마만큼 수행될 수 있는가에 많은 영향을 미친다. 따라서 지방 차원에서 지역 NGO와 지방정부 간의 관계는 효율적 거버넌스의 성패에 중요한 결정요인으로 작용하게 된다(김석준 외, 2000: 270).

셋째, 지속적으로 이어지는 혼돈 상황은 많은 경우에 있어서 부적절한 서비스(wrong services)를 제공한다. 넷째, 부적절한 서비스와 잘못 제공된 서비스는 해당 기관이 도와주고자 하는 대상 집단으로 하여금 분노를 불러일으킬 수 있다. 다섯째, 민간부문 NGO는 피해 상황에서 정부가 제공하는 서비스와 재난피해자가 원했던 서비스 사이에서 발생한 격차를 메꿔주는 역할을 수행한다. 부적절한 서비스로 인식된 서비스는 서비스 제공에서 큰 문제를 야기시키고, 고객의 혼돈과 분노는 이 서비스를 이용하지 않도록 하기 때문이다(Hodgkinson & Stewart, 1991: 92).

그러므로 민간부문의 위기관리 NGO가 수행하는 주요 기능을 살펴보자(Perry, 1985: 14). 첫째, 위기관리 NGO는 위기 상황에서의 다양한 쟁점에 대해 시민이 관심을 갖고 있는 내용이 무엇인지를 확인하고 알려준다. 둘째, 위기관리 NGO는 위기관리 과정의 모든 단계, 즉 예방, 대비, 대응, 복구 단계마다 필요한 자원봉사 인력을 제공한다. 셋째, 위기관리 NGO는 관련된 문제를 해결하기 위한 특정 재료와 기술 모두를 제공한다. 민간부문 NGO는 다양하고 중요한 역할을 수행하기 때문에, 위기관리 NGO를 상대적으로 형식적이고 기계적인 지원 역할을 수행한다고 규정하는 것은 적절하지 않다. 오히려 민간부문 NGO가 지원이나 협조활동을 하는 데 중점을 둔다 할지라도, 민간부문 NGO가 위기가 발생하기 이전의 사전 예방 및 대비 단계에서 활동할 수 있다는 사실을 인정하는 것이 바람직하고 필요하다.

3) 지방정부

대부분의 일상생활의 위기는 지방정부의 영역 내에서 발생한다. 그러므로 지방정부는 위기관리 정책집행의 최일선에 위치해서, 위기에 일차적으로 대응하는 역할을 해야 하며, 다양한 유형의 위기 상황을 직접 다루어야 하는 책임이 있다(Kreps, 1991: 30; 김영규, 1995: 207). 시민은 위기 상황에서 지방정부가 가장 먼저, 시기적절하게, 훌륭하게 조정한, 포괄적인 대응을 하리라고 기대하고 또 의존하고 있다(Hy & Waugh, 1990: 21).

지방정부는 위기의 발생 자체를 막거나 피해 규모를 줄이는 위기 예방, 비상계획이나 경보체계 등을 정비 혹은 설치하는 위기 대비 활동을 직접 실시하는 주체로서의 역할을 수행한다. 또한 지방정부는 위기 상황에서 인명 구조나 희생자 탐색 등의 위기 대응, 재난 피해를 원상복구하거나 정상적인 생활을 할 수 있도록 지원하는 위기 복구 과정에서 재난피해자인 동시에 위기관리 주체로서의 기능을 수행한다. 또한 지방정부는 인접 지방정부와의 협력 관계를 통해 필요한 인적·물적 자원을 조달하거나, 상급 지방정부나 중앙정부에게 지원을 요청하기도 한다. 이처럼 지방정부는 위기관리 정책집행의 전체 과정에 걸쳐 일차적이고 실질적인 역할을 수행하는 주요 활동 주체다(이재은, 1997: 108).

지방정부가 위기관리 거버넌스의 핵심적인 행위 주체로서의 역할을 수행하기 위해서는 과거의 관리 방식을 벗어나야 한다. 지금까지 지방정부는 주로 피해 조사와 보고, 피해액을 계산하는 방식을 위주로 해왔고, 중앙정부나 상급 지방정부에게 지원을 요청하는 한편, 지역의 소방, 경찰, 군에 대한 지원 요청이 역할 수행의 전부였다고 볼 수 있다. 지방정부가 위기관리의 실질적인 책임 주체이면서도 활동 내용면에서는 상당히 빈약하였다.

위기관리 거버넌스는 주민, NGO, 중앙정부, 지방정부, 공공기관까지도 네트워크로 조직화하고, 위기관리 단계별 활동을 수행하는 역할을 부여하는 한편, 활동 수행에 필요한 행정적·재정적 지원과 협력 체계를 구축해야 한다.

4) 중앙정부 및 공공기관

중앙정부는 위기관리정책을 집행하는 데 필요한 자원을 가장 광범위하게 가지고 있고, 물리적 강제력과 합법적 권한으로 위기관리 정책집행에 필요한 강력한 조치를 취할 수 있는 활동 주체다. 중앙정부는 지방정부나 민간부문이 가지고 있지 못한 기술적 전문성이 포함된 자원을 보유하고 있다. 예를 들면, 중앙정부는 태풍, 홍수, 지진, 쓰나미와 같은 자연재난을 예측하고 탐지할 수 있는 첨단장비와 전문인력, 서로 다른 종류의 잠재적 위기 상황에 광범위하게 이용할 수 있는 장비와 시설을 보유하고 있다(Perry, 1985: 11).

중앙정부는 위기가 발생한 이후 대응과 복구에 필요한 재원을 보유하기 때문에, 위기관리의 직접적인 활동 주체로서뿐만 아니라 지방정부 활동을 지원하는 기관으로서의 역할까지도 수행한다. 지방정부는 관할 지역에서의 재난 사안에 노력을 집중하는 반면에, 중앙정부는 일부 지역에서의 재난은 물론 국가 전체 차원에서 발생하는 모든 재난 사안을 다룬다. 또한 적의 침공으로 인한 전쟁이나 전국 또는 일부 지방의 안녕질서를 위태롭게 할 민방위 사태로부터 주민의 생명과 재산을 보호하기 위하여 방공, 응급적인 방재·구조·복구 및 군사 작전상 필요한 노력 지원 등 일체의 자위적 활동을 수행할 책임이 있기 때문에 그 책무는 더욱 크다(<사례> 참조).

사례 **미국의 위기관리 거버넌스**

(중략) 미국의 연방위기관리청(이하 'FEMA')은 이러한 변화를 만들어내는 하나의 방향을 보여주고 있다. FEMA는 한때 조소의 대상이었다. 와그스(Wags)는 모든 자연재난이 실제로 두 가지였다고 제안하기도 하였다: 하나는 회오리, 태풍, 지진, 또는 홍수가 발생했을 때이고, 다른 하나는 FEMA의 생활환경 조사원들이 도착했을 때이다. 1993년 위트(James Lee Witt) 청장은 급격한 방향 전환을 시도하였고, 재난희생자들을 더욱 빠르게 원조해 줄 수 있도록 FEMA의 업무를 재편성하였다. 그는 신속한 민원처리 과정을 설치하였고, 정보체계를 개선시켰다. 'Hurricane Andrew'에 대한 FEMA의 처리 과정에 분노했던 플로리다주의 공무원들조차도 1998년에 잇따라 발생했던 폭풍 때에는 칭찬을 하였다. 민주당 상원의원인 그라함(Bob Graham) 역시 FEMA의 대응을 'Hurricane Andrew' 재난으로부터 '180도 방향 전환'이라고 칭찬을 아끼지 않았다.

이와 같은 위트 청장이 거둔 성공의 핵심은 FEMA의 기능을 재정립한 데 있다. 전통적으로, FEMA는 응급구호와 재정지원을 하기 위해 재난이 발생한 이후에 도착하였다. 위트 청장의 지도 하에, FEMA 공무원들은, 비록 정부 간 노력이나 공-사 노력이라 할지라도, 재난으로부터 발생하는 피해를 예방하는 데 더 많은 초점을 두었다. FEMA는 재난관리의 '생애-주기' 모형(life-cycle model)을 개발하였다. 재난들 — 그리고 그들의 비용 — 은 재난이 발생하기 훨씬 이전부터 시작되고, 재난의 재발을 막기 위해 이후 오랫동안 지속될 필요가 있는 계획과 완화의 산물인 것이다. 예를 들면, 태풍이 들이닥친 이후의 처리를 기다리는 대신에, FEMA 공무원들은 소개 계획들(evacuation plans)을 개선하기 위해 주정부와 지방정부의 공무원들과 함께 긴밀하게 작업을 수행하였다. 그들은 또 태풍에 견딜 수 있는 더 많은 집들을 설계하고 짓기 위해 건축회사들과의 협력 관계(partnerships)를 구축하였다. 간략하게 말하면, FEMA는 직접적인 서비스 전달의 제한된 형식으로부터, 연방정부로부터 주와 지방정부, 민간 영역으로 뻗쳐있는 복잡한 네트워크에 기초한 접근법으로 전환하였던 것이다. 위트 청장은 FEMA를 서비스 전달자로서 보기보다는 하나의 촉매자(catalyst)로서 보았던 것이다. 즉, 위트 청장은 FEMA의 역할을 재정의하고 그 역할을 수행할 수 있는 능력을 재구축하였던 것이다.

자료: Kettl(2000: 494-495)

이와 함께 행정기관인 소방, 경찰, 군뿐만 아니라 공공기관인 한국전력공사, 수자원공사, 시설안전기술공단 등도 지방정부의 위기관리 정책집행에 일정한 지원 역할을 수행한다. 이 중에서 소방은 주로 예방, 대응 단계의 활동을, 경찰과 군은 주로 대응 단계에서 지방정부와 협력 관계를 맺고 활동을 한다. 공공기관은 주로 지원 역할을 하는 기관으로서 예방 단계와 복구 단계를 중심으로 활동을 한다.

5) 기타 민간부문 행위 주체

위기관리에서는 민간부문의 다양한 조직이 활동을 전개하고 있다. 민간부문의 조직은 건설회사, 화학회사, 자원봉사자까지도 포함한다(Gillespie, 1991: 71). 예를 들면, 건설회사의 중장비는 위기가 발생한 이후에 도로에서 재난 잔해를 치우거나 또는 부서진 건물이나 시설물의 잔해를 제거하는 데 참여한다. 위기 상황에서 중장비를 활용하기 위해서는 전문적인 훈련이 요구되기 때문에, 위기가 발생하기 이전에 미리 대비 단계에서 중장비를 운영하는 중장비업체나 건설회사와 사전 조정 및 협력 관계를 맺어야 한다. 효과적인 위기관리를 위해서는 공공부문의 바깥에 있으면서, 신속하고 효율적으로 지원활동을 수행할 수 있는 조직들과 함께 연계 체계를 구축해 놓아야 한다(Pickett & Block, 1991: 284).

위기관리 활동을 하는 민간부문의 조직은 크게 두 가지 유형으로 구분하여 설명할 수 있다(Perry, 1985: 13). 첫째, 위기관리 과정에서 역할을 수행하기 위해 존재하는 조직이 있다. 대표적인 조직으로 전국재해구호협회, 적십자, 구세군, 지역사회 인명구조탐색 조직을 들 수 있다. 둘째, 평상시에는 위기관리와 상관없는 고유의 업무를 수행하지만, 위기 상황에서 활용할 수 있는 장비와 전문성을 지니는 조직이 있다. 예를 들면, 포크레인, 불도저, 굴삭기와 같은 중장비를 보유하고 있는 건설회사다.

이러한 민간부문의 조직을 세분하여 살펴보면 다음과 같다(Dynes, 1970: 137－149; Hodgkinson & Stewart, 1991: 66－67). 유형 Ⅰ은 일상적 과업을 수행하는 기존 조직(established organization)으로, 평상시(normal times)에 수행하는 것과 동일한 일을 위기 상황에서도 수행한다. 이들 조직은 상대적으로 전문화되어 있고 구조화되어 있기 때문에, 새로운 과업을 수행하거나 새로운 조직구성원을 편입시킬 필요가 없다. 이 유형에 속하는 조직에는 소방, 앰뷸런스 서비스, 검시관, 경찰, 재해구호 전문 기관 등이 있다.

유형 Ⅱ는 일상적 과업을 수행하는 구조확장 조직(expanding organization)으로, 일반적으로 자원봉사단체로 알려져 있는 조직이다(Dynes, 1970: 142). 이들 조직은 위기 상황 이외의 영역에서는 규모도 작고 활동이 많지 않을 수 있지만, 위기가 발생하는 경우에는 조직의 구조가 확장되고 규모가 증가하며 일상의 과업과는 다른 활동에도 참여한다. 이 유형에 속하는 조직에는 적십자와 유가족 돌봄 단체와 자원봉사단체 등이 있다.

유형 Ⅲ은 비일상적 과업을 수행하는 과업연장 조직(extending organization)으로, 위기 상황 기간 동안에 자신이 수행해 오던 과거의 활동을 새롭지만 예상치 못한 기능으로 연장하는 조직이다. 위기 발생 이전의 구조(pre－disaster structure)를 지니지만, 위기 발생 시에는 위기관리와 관련된 과업을 수행한다(Hodgkinson & Stewart, 1991: 67). 이들 조직은 다시 두 개의 하위 유형으로 구분하여 설명할 수 있다(Dynes, 1970: 145－146). ① 위기－관련(emergency－relevant) 조직과, ② 지역사회－관련(community－relevant) 조직이다. 첫째, 위기－관련 조직은 위기 발생 이전의 구조를 지니고 활동을 수행한다. 위기－관련 조직의 일상적 과업은 위기 발생으로 인해 중단이 되고, 위기 상황에서 본래의 과업을 수행하는 자체가 부적절한 것으로 보인다. 대부분의 많은 기업이 이 유형에 해당된다. 예를 들면, 백화점이 위기관리 노력을 지원하기 위해 운전기사와 트럭을 빌려주는 경우가 이에 해당한다. 둘째, 지역사회－관련 조직은 지역 서비스 조직으로 불리는데, 대부분의 지역에 있는 종교·교육·박애주의 목적을 지닌 조직이 이에 해당한다.

그림 15-3 민간부문의 위기관리 조직 유형

		과업 (tasks) 일상적 (regular)	과업 (tasks) 비일상적 (nonregular)
구조 (structure)	과거구조 (old)	유형 Ⅰ 기존 조직 (established)	유형 Ⅲ 과업연장 조직 (extending)
	신설구조 (new)	유형 Ⅱ 구조확장 조직 (expanding)	유형 Ⅳ 응급 조직 (emergent)

자료: Dynes(1970: 138); Hodgkinson & Stewart(1991: 67).

유형 Ⅳ는 비일상적 과업을 수행하는 응급 조직(emergent organization)으로, 실제적으로나 잠재적으로 위기와 관련된 집합적 목표를 추구하기 위해 긴급하게 구성되어 함께 일하는 민간 시민들(private citizens)이지만, 제도화되지 않은 조직이다. 이 유형의 조직은 법으로 규정된 기관이 위기 상황에서 필요한 기능을 수행할 수 없거나 하지 않으려 한다는 의식으로부터 동기부여가 된다.

3 지방정부의 위기관리 거버넌스 네트워크

위기관리 거버넌스의 네크워크를 구성하고 있는 행위 주체에 대해 살펴본 바를 바탕으로 지방정부의 위기관리 역량을 분석하면 다음과 같다(<표 15-2> 참조). 첫째, 지방정부의 위기관리 거버넌스의 강점을 살펴보면, 우선 지역사회를 기반으로 하고 있어서, 주민과 NGO의 참여 및 활용 가능성이 비교적 높다. 다음으로, 해당 지방정부의 지리적 경계를 기반으로 하기 때문에 지역별 특성에 부합하는 위기관리 대책을 수립할 수 있다(이재은, 1998: 248). 그리고 특정한 위기에 대해 집중적인 관리 노력을 기울이는 것이 수월하다. 예를 들면, 농촌지역은 홍수나 장마, 해안지역은 태풍과 같이 해당 지역에서 자주 발생하는 위기에 대해 집중적으로 관리 노력을 기울일 수 있다.

둘째, 지방정부의 위기관리 거버넌스의 약점을 살펴보면, 우선 각 지방정부별로 위기관리에 필요한 재정력 및 전문성의 편차가 크다. 따라서 지방정부별로 위기관리 능력이 다르기 때문에, 전국적 또는 광역권별로 종합적이고 체계적인 위기관리 체계를 갖추는 데 어려움이 있다. 또한 지방정부의 경우에는 전문적인 지식이나 기술이 부족하기 때문에 종합적인 활용 가능성이 낮다. 그리고 위기관리에 필요한 지방정부의 장이 리더십을 발휘하는 데 어려움이 있다. 이는 지방정부의 장이 전문성이나 기술의 부족으로 지역의 소방, 경찰, 군 등에 대해 리더십을 행사하는 데 어려움이 있다.

셋째, 지방정부의 위기관리 거버넌스의 기회 요인을 살펴보면, 우선 해당 지역의 정규 학교 교육과정을 활용함으로써 위기관리 교육을 하는 것이 가능하기 때문에, 장기적인 관점에서 위기관리 예방이 가능하다. 또한 지방정부가 직접 또

표 15-2 위기관리 거버넌스에 대한 분석(SWOT 분석)4)

구 분	내 용
1 강점	• 주민과 NGO의 참여 및 활용 가능성이 비교적 높음. • 지역별 특성에 적합한 위기관리 대책을 수립하는 것이 용이 – 특정 유형의 위기에 집중적인 관리 노력을 기울이는 것이 가능 – 예) 해안지역, 도심지역, 내륙지역, 산악지역 등
2 약점	• 지방정부별로 위기관리 재정력 및 전문성의 편차가 큼. • 전문적인 지식이나 기술의 종합적 활용 가능성이 낮음. • 위기관리에 필요한 지방정부 장의 리더십 발휘의 어려움. – 예) 지역의 소방, 경찰, 군에 대한 지방정부의 리더십 미흡
3 기회 요인	• 지역 학교의 교육과정 활용을 통해 위기관리 교육이 가능함. • 지방정부가 직접 또는 대학을 활용한 간접 방식으로 주민에 대한 평소 위기관리 교육 가능 • 해당 지역에서 발생 가능한 위기 종류나 발생 시기 예측 가능
4 위협 요인	• 안전 점검이나 위기관리 시설 설치를 위한 기초 인프라 미비 • 민간 전문성과 민간 장비의 효율적 동원과 활용의 어려움. • 민간의 안전의식 저조와 안전문화의 미정착

4) SWOT 분석은 조직의 강점(strength), 약점(weakness), 기회(opportunity), 위협(threat)의 머리글자를 모아 만든 두문자어(acronym)로서, 조직의 전반적인 상황을 분석하기 위하여 조직 내부의 강점, 약점 요인과 조직 외부 환경의 기회, 위협 요인을 배합하여 활용되는 전략적 기획의 도구이다(Certo, 1989: 143; Certo & Peter, 1990: 87).

는 지역대학 활용을 통한 간접 방식으로 주민을 대상으로 평소에 위기관리 교육을 실시하는 것이 가능하며, 해당 지역에서 발생 가능한 위기 종류나 발생 시기를 예측하는 것이 가능하다.

넷째, 지방정부의 위기관리에 있어서 위협 요인을 살펴보면, 안전 점검이나 위기관리 관련 시설을 설치하기 위한 기초 인프라가 부족하다. 그리고 민간부문의 위기관리 전문성 확보와 민간 장비의 효율적 동원 및 활용이 어려울 수 있다. 지역사회의 경우에는 활용 가능한 장비 및 전문성이 부족하기 때문으로 이해할 수 있다. 민간부문의 안전에 대한 의식이 저조하고 안전문화가 제대로 정착되지 못한 부분 역시 위협 요인으로 볼 수 있다.

제 4 절 위기관리 거버넌스의 추진 전략

1 기본 방향과 정책목표

위기관리 거버넌스의 기본 방향은 지역사회 주민의 안전한 생활을 보장하는 것이다. 위기관리 거버넌스는 다양한 행위 주체가 상호 조정과 협력 네트워크를 구성하여 위기관리정책을 집행해 나가는 체계라고 말할 수 있다. 위기관리 거버넌스는 주민의 안전한 생활 보장을 위해 대응·복구보다는 위기가 발생하지 않도록 예방하는 것이 안전한 생활을 보장하는 데 있어서 바람직하다. 즉, 지역주민이나 NGO가 해당 지역에서 위기가 발생하지 않도록 예방 조치를 취하는 것이, 지방정부나 행정기관이 수행하는 것보다, 더 바람직하다는 점을 전제로 삼는다. 궁극적으로 지방화 시대에 있어서 위기관리정책의 핵심적인 행위 주체는 지방정부의 주민이고, 주민이 하는 위기관리야말로 자신의 생명과 재산을 보호하는 가장 바람직한 출발점이다.

주민·NGO가 위기관리를 스스로 할 수 있도록 하기 위해서는 주민·NGO의 단독에 의해 수행하는 방법보다는 관련되는 단체 및 기관을 포함하는 상호 협력적인 지역사회 위기관리 네트워크 구성 방법이 보다 효율적이다.

위기관리 거버넌스의 기본 방향인 주민의 안전한 삶의 보장을 위해서는 위기 예방의 중시, 주민·NGO에 의한 위기관리, 지역사회 위기관리 네트워크의 구성이라는 정책목표를 설정해 볼 수 있다([그림 15-4] 참조).

그림 15-4 위기관리 거버넌스의 기본 방향과 정책목표

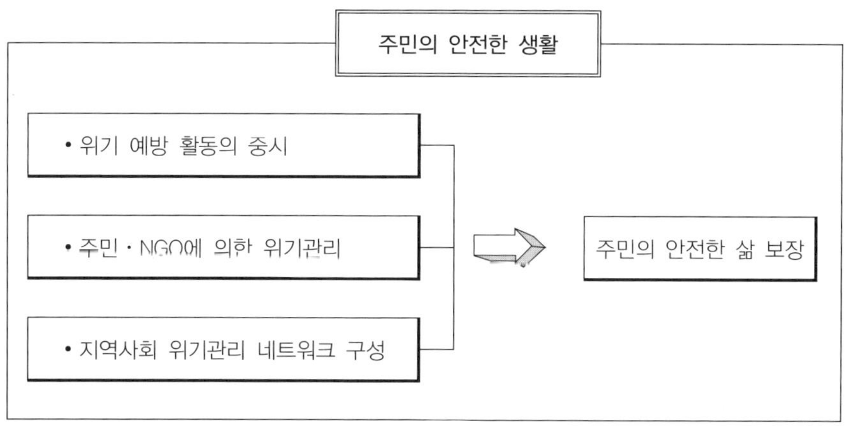

2 위기관리 거버넌스의 정책목표별 추진 전략

위기관리 거버넌스의 정책목표별로 지방정부가 활용할 수 있는 구체적인 추진 전략을 모색하는 것이 필요하다. 첫째, 위기가 발생하는 것을 사전에 방지하고 억제하기 위한 위기 예방 목표를 달성할 수 있는 전략을 마련해야 한다. ① 지역주민, 지방정부, 교육기관이 상호 협력하여 초·중·고등학교의 정규 교육과정에서 생활안전, 재난관리를 포함하는 위기관리 교육과정을 운영하는 것이 바람직하다. ② 시민사회의 구성원을 대상으로 사회교육·평생교육의 일환으로 시민안전교육센터를 설치·운영하는 것이 요구된다. 지방정부가 시민안전교육센터

를 설립하더라도, 주민, NGO, 교육기관 등이 협력하여 운영 방식과 교육과정의 틀을 만드는 것이 바람직하다. ③ 민간부문과 공공부문 간의 파트너십을 통한 위기관리센터를 만들고 운영하는 것이 위기 발생을 예방하거나 적어도 그 피해 규모를 축소시킬 수 있다. 민간부문의 주민과 기업, 공공부문의 지방정부, 소방, 경찰 사이의 협력적 관계를 통해 지방정부 영역 내의 주요 지점에서 위기관리 취약정보 수집 및 대책을 마련하고 관리할 수 있다. 이러한 민 · 관 위기관리 통합시스템 구축은 위기를 예방하고 피해를 완화하는 주요 수단이 될 수 있다. ④ 위기관리센터를 통해 수집된 정보를 다시 주민에게 전달하고, 주민, NGO, 유관조직의 동원이 가능하도록 위기 경보 체계를 설치 · 운영하는 것이 필요하다. 신속한 동원을 통한 효율적인 대응은 위기 상황에서 피해 규모를 줄일 수 있기 때문이다.

둘째, 주민 · NGO가 실제적인 위기관리를 하기 위해서는 ① 지역 내의 위험지역이나 위험 요소에 대한 지속적인 감독과 모니터링이 필요하다. 지역 내의 전문성을 확보한 NGO가 위기관리 NGO 평가단을 구성하고, 지방정부는 NGO 평가단의 활동에 대해 협력하는 것이 필요하다. ② 위기관리에 필요한 정보를 수집하기 위하여 주민과 NGO에 의한 정보센터를 운영하는 것이 필요하다. 이는 인적재난, 특히 대형 건축물이나 시설물의 건설과 관련하여 부실공사나 안전사고 가능성에 대한 주민과 NGO의 통제 · 감시를 위한 것이다. 자연재난은 발생 시기나 대응 기관, 발생 예상 지역 등을 사전에 어느 정도 파악하는 것이 가능하다. 하지만 인적재난은 발생 원인에 대한 추적과 이에 대한 사후관리가 쉽지 않기 때문에 주민과 NGO의 통제 및 감시가 필요하다. 따라서 주민의 참여와 감시를 통한 공사현장에서의 안전문화의 정립이나 시정 요구가 인적재난 예방에 유용하다. ③ 주민의 위기관리에 대한 참여의 통로를 확대하고 신속한 정보의 취합과 분석을 가능하게 하기 위하여, 인터넷을 이용한 사이버 위기관리기획단을 운영하는 것이 필요하다. 위험시설물이나 재난취약시설에 대한 정확하고 다양한 정보의 수집과 관련 상황의 모니터링을 위해 SNS를 통한 정보 수집 · 전파 네트워크가 필요하다.

셋째, 지역사회의 위기관리 네트워크의 구성 목표를 달성하기 위해서는 ① 주민, 기업, 지방정부, 공공기관이 함께 참여하는 민 · 관위기관리협력위원회를 구성하는 것이 필요하다. ② 그동안 행정기관 및 공공기관이 주도해오던 안전관

표 15-3 위기관리 거버넌스의 정책목표별 추진 전략과 행위 주체

정책목표	추진 전략	행위 주체
위기 예방의 중시	• 학교 위기관리 교육과정 운영	주민, 지방정부, 교육기관
	• 시민안전교육센터의 설립 · 운영	주민, NGO, 지방정부, 교육기관
	• 파트너십을 통한 위기관리센터 운영	주민, 지방정부, 소방, 경찰, 기업
	• 위기 경보 체계의 설치 · 운영	주민, 지방정부, 소방
주민 · NGO에 의한 위기관리	• 위기관리 NGO 평가단 구성 · 운영	NGO, 지방정부
	• 위기관리 정보센터 운영	주민, NGO
	• 사이버 위기관리기획단 운영	주민, NGO
지역사회 위기관리 네트워크 구성	• 민 · 관위기관리협력위원회 구성	주민, NGO, 기업, 지방정부
	• 민 · 관합동 안전관리 점검단 운영	주민, NGO, 기업, 지방정부, 공공기관
	• 안전 이슈 네트워크 형성/강화	주민, NGO, 기업, 지방정부, 공공기관

리 점검에 민간부뮤의 참여가 보장되어야 한다. 민간부문이 참여하는 안전관리 점검단이 지역 내의 주요 재난취약시설 및 위험시설을 대상으로 점검을 할 때 시역사회의 신뢰성을 기반으로 한 위기관리가 이루어질 수 있기 때문이다. ③ 특정한 NGO나 일부 주민으로만 구성된 네트워크가 아니라 각 쟁점 사안별로 다양한 NGO와 다수의 주민이 참여하는 안전 이슈 네트워크를 형성하고 이들의 활동을 강화하는 것이 필요하다.

3 위기관리 거버넌스 네트워크 참여조직

1) 위기관리와 민간단체

국가는 사회질서를 유지하고 국민의 생명과 재산을 보호하는 중요한 역할과 기능을 수행한다. 과거의 전통적인 관점에서 볼 때, 위기관리는 중앙정부와 지방정부의 기능으로 인식되어 왔다. 정부부문이나 공공부문은 위기가 발생하기 이전에 미리 예방, 대비하고 위기가 발생한 이후에 대응, 복구 활동을 수행해야 한

다고 생각되어 왔다. 따라서 중앙정부, 지방정부, 군, 경찰, 소방과 같은 정부기관이 위기관리를 책임져 왔다.

그러나 실제적으로는 시민이 안전을 위협하는 위험 요소를 가장 먼저 인식하고, 가장 먼저 대응하며, 가장 먼저 복구해야 하는 책임의 주체라고 볼 수 있다. 시민은 시민사회(civil society)의 일원으로서 사회의 안전을 위한 책무성을 지니기 때문이다. 이러한 시민사회의 기능을 실제적으로 수행하는 실체는 민간단체이기 때문에, 오늘날 위기관리에 있어서는 민간단체의 역할이 강조된다. 민간단체가 제공하는 위기관리 서비스의 비중이 증대될수록, 기존의 공공 서비스 공급에 있어서 정부 및 공공기관과의 역할 정립과 조정이 더욱 필요하다[5](성기환, 2006: 82).

위기관리에 있어서 시민사회 영역은 그 가치를 평가할 수 없을 정도로 귀중한 역할과 활동을 수행한다. 이러한 시민사회 영역에 속하는 조직은 건설회사, 화학회사, 자원봉사단체, 시민단체 등이 있다(Gillespie, 1991: 71). 예를 들면, 건설회사는 위기가 발생한 후에 도로를 치우거나 혹은 부서진 건물이나 시설물의 잔해를 제거하기 위해 중장비를 사용한다. 지방정부가 위기 발생 이후에 시민사회 영역의 중장비를 사용하기 위해서는 위기가 실제로 발생하기 이전인 평소에 중장비를 보유하고 운용하는 건설회사나 중장비회사와 사전 협력 및 조정을 하는 것이 필요하다. 공공 영역의 바깥에 위치해 있으면서, 효과적인 구조 지원 활동을 수행하는 기관과 함께 위기관리 활동을 수행할 연계 체계를 구축하는 것이 필요하다(Pickett & Block, 1991: 284).

위기관리 업무를 수행하는 민간단체의 경우, 대형 재난이 발생하는 경우, 정부의 요청에 의해 연계가 이루어지고 있다(류상일 · 최호택, 2004: 176). 하지만 막상 위기가 발생하지 않는 평상시에는 적극적인 연계 체계를 구축하지 않고 있다.

---

5) 재난관리에서의 시민참여와 거버넌스 구축과 관련해서는 이재은 · 양기근(2004: 53−81)을 참조할 것.

2) 위기관리와 정부

통합위기관리시스템은 현장성에 기초한 위기관리시스템이 구축될 때 효율적으로 운용될 수 있다. 현장성은 위기가 발생한 상황에서 예방·대비·대응·복구와 관련된 위기관리의 일차적 책임 주체와 밀접한 관련이 있다. 지방정부는 위기 발생에 따른 대응의 우선 책임을 져야 한다[6](Hightower & Coutu, 1996: 69). 다만, 주의할 것은 지방정부, 중앙정부 모두 위기관리의 책임을 공유하고, 함께 노력해야 하는 공동의 주체다(Schneider, 1995: 36). 국가가 위기관리의 책임을 진다는 헌법적 규정의 포괄성에 비추어 볼 때, 위기관리의 책임 주체와 관련된 쟁점은 매우 중요한 사안이다. 공공 서비스의 소비자인 국민에게 있어서 가장 가까이에 위치한 정부야말로 위기관리 서비스를 가장 잘 전달할 수 있기 때문이다(Winslow, 1996: 101).

정부의 기능은 정부 수준별로 구분되어 역할 분담이 이루어져야 한다. 예를 들면, 위기관리 주체인 정부는 중앙정부와 지방정부로 나누어 생각해 볼 수 있다. 먼저, 중앙 위기관리 행정기관은 위기관리 기능의 혁신을 통해, 기존에 수행해오던 서비스 제공자(service provider)의 역할로부터 촉매자(catalyst) 역할로 변해야 한다. 오히려 지방정부가 시민에게 직접적으로 위기관리 서비스를 공급하는 서비스 제공자의 역할을 수행하는 것이 바람직하다. 즉, 우리나라 위기관리시스템은 중앙정부 부처와 정책 중심의 정향성으로부터 지방정부와 활동 중심의 정향성으로 전환되어야 한다. 실질적인 기능을 수행하는 통합위기관리시스템을 구축하는 것이 필요하다. 위기관리는 정부의 일상 기능과는 다르게, 위기로부터 국민의 생명과 재산을 보호한다는 비상 기능을 수행해야 하기 때문에, 행정적 책임뿐만 아니라 정치적 책임을 물을 수 있어야 한다. 이를 위해서는 지방정부가 위기관리의 일차적 책임을 지고, 중앙정부는 관련 기관들 사이의 연계와 지원의 기능을 수행하는 역할을 하는 것이 바람직하다.

6) 지방정부는 위기관리에서 일반적으로 생명의 보호, 재산 손실의 최소화, 지역사회와 경제의 복구 개선이라는 세 가지 우선순위를 지니도록 설계해야 한다(Winslow, 1996: 107).

3) 위기관리와 군

정부는 위기 상황을 극복하기 위해 구조, 구호와 같은 대응 조치를 취하게 된다. 위기의 발생으로 인해 어려움에 처한 주민생활을 회복하기 위해서는 구조 및 구호 활동 등의 종합적인 대응을 신속하게 수행해야 한다. 신속한 대응 기능을 확보하는 데 부응할 수 있는 조직이 바로 평시 대비와 비상시 조직 능력을 갖춘 군과 연관성이 있다(비상기획위원회, 1991; 박덕근 외, 2006: 10).

우리나라 헌법 제5조 제2항은 "국군은 국가의 안전 보장과 국토 방위의 신성한 의무를 수행함을 사명으로 하며, 그 정치적 중립성은 준수된다"라고 규정하고 있다. 이때 '국가의 안전 보장' 개념은 오늘날 포괄적 안보 개념으로 확장되었다. 현대 국가의 안보 영역은 과거의 군사 위주 안보 개념으로부터, 정치, 경제, 사회, 문화, 환경, 자원, 기술, 재난 등 비군사 분야 안보 개념을 포함하는 포괄적인 안보 개념으로 확대되었다(조영갑, 2003: 23). 이는 국가위기관리 영역을 종전의 군사적 분야로부터 다양해진 비군사 분야에까지 국가 안보 개념을 확대한 것을 의미한다. 나아가 국가가 적극적으로 국가의 안위뿐 아니라 국민의 안전을 보호해야 한다는 의미를 내포한다.[7] 과거에는 국가위기가 주로 군사적인 범주에 국한되었지만, 최근에는 테러, 핵무기와 대량살상무기의 개발, 마약 밀거래, 환경 파괴, 에너지 문제 등 준군사 또는 비군사적인 분야까지 포함하는 추세로 바뀐 것이다.

포괄적 안보 개념 하에서 국가위기의 개념 또한 과거와는 다르게 새로운 환경의 변화에 대응하여 변하였다. 즉, 과거의 국가위기 개념은 주로 전쟁과 무력 충돌을 가정한 전통적 군사 안보 위기에 국한하여 다루었다. 하지만 오늘날에는 전통적 군사 안보 위기뿐만 아니라 자연재난과 인적재난을 의미하는 재난 위기, 국가의 핵심 기능과 가치의 기반이 되는 국가핵심기반 마비 위기, 일상생활에서의 국민생활안전 위기, 제4차 산업혁명과 안전 위기, 신종 위기 등을 포괄한다(이재은, 2006: 20).

오늘날 효율적인 국가위기관리는 전체 정부 차원에서 국가의 기능과 국민생

---

7) 국가위기관리기본지침에서는 포괄적 안보 개념이 통일, 외교, 군사의 전통적 안보뿐만 아니라 정치, 경제, 사회, 환경 등 제분야에 대하여 국가 및 국민의 총체적인 안위를 확보하려는 확대된 안보 개념을 의미한다.

활의 변화를 최소화하면서 가용한 자원을 충분히 활용한다는 개념이 필요하다. 전통적인 군사 전투력 위주의 역할로 한정되어 있던 군사적 전략의 변화가 요구되고 있으며, 글로벌화하는 국제사회에서 전투력은 전투 수행뿐만 아니라 기술수준 및 협상력을 발휘하는 군사 전략 수립에 중요한 영향을 미치게 되었고, 인도주의적 활동이 주요한 변수로 부각되었다. 군의 위기관리 지원 기능은 군대가 가지고 있는 전통적 임무인 국가 방위에 못지않게 중요하며, 군이 보유하는 첨단기술과 전문화된 지식을 바탕으로 국민 안전을 보장하는 포괄적인 노력을 통해, 국가의 대내·외 안정을 도모하는 역할을 수행한다(박덕근, 2006: 4).

군이 위기관리를 위해 보유하는 자원이나 지원 가능한 기능으로는(Schultz, 2005: 31), 식량(food; food, food distribution, non-food items), 피난처(shelter; tents, camp layout, schools, hospitals), 보건(health; medical care, trauma response, pre-positioned hospitals), 물·위생시설(water & sanitation; water production & storage, repair & construction, waste treatment), 공공안전(security; patrols, escort convoy, protect), 기술(technical; communications, computer/data, wide area command & control)이 있다.

국가적인 위기관리를 위한 정부 부처 간의 긴급 지원 기능(emergency support function: ESF) 중에서, 국방자원이 지니는 조직과 교육·훈련, 장비와 기동성을 최대로 활용하는 것이야말로, 피해 지역 주민의 조기 생활안정화를 위한 가장 효율적인 방안이 된다는 판단과 기대에 근거하여 국방자원의 역할에 대한 기대가 크다(조원철, 2005: 46). 긴급 지원 기능(ESF)인 교통, 통신, 공공시설 복구, 소방, 정보관리, 이재민 구호, 자원 지원, 보건 의료, 탐색·구조, 위험물질 관리, 식량, 에너지, 공공안전 및 보호, 장기 복구 및 예방, 대외협력이 그것이다(이재은 외, 2006: 523-524). 긴급 지원 기능의 수행에 있어서 국방부의 지원 기능[8]은 시설복구의 경우에는 책임기관(primary agency)으로서, 그리고 다른 분야에서는 지원기관(support agency)의 기능을 수행할 것이 요구되고 있다.

8) 미국, 일본, 영국, 독일, 스위스, 프랑스 등 선진국에서의 군 위기관리지원시스템은 박덕근 (2006: 78-93), 박덕근 외(2006: 4-10)를 참조할 것.

제 16 장

위기관리 커뮤니케이션

제1절 의 의

조직은 위기가 발생할 때 구성원과 이해관계자에게 미치는 피해와 영향을 최소화하기 위해 많은 커뮤니케이션 메시지를 만들어낸다. 공중에게 무엇을 언제 어떻게 말하느냐가 위기 대처의 시작이며, 공중이 위기 상황을 이해하고 인식하는 근거가 된다. 공중을 대상으로 한 인터뷰나 기자회견, 이해관계자와의 직접적 커뮤니케이션, 매스미디어를 통한 홍보(publicity), 조직의 홈페이지나 SNS 등을 이용해 입장을 밝히는 위기관리 방법은 공중으로부터 신뢰를 회복하겠다는 공통적인 목표를 갖는다(백진숙, 2009: 73). 최근 들어서 위기관리 커뮤니케이션은 점점 더 중요한 기능이 되어가고 있다. 정확한 정보를 적절한 시간에 일반 국민, 공무원, 언론매체에 전달하는 것은 위기관리의 효과적인 대응 및 복구 활동을 위해 중요하다. 위기 예방과 대비에 관한 정보를 공유하는 것은 미래 위기의 위험을 감소시키는 활동을 촉진한다. 참모구성원, 파트너, 참가자들과 위기관리의 정책, 목표, 우선순위에 대해 의사소통을 하는 것은 보다 효율적인 위기관리를 지원하고 촉진한다. 언론매체와의 파트너십을 구축하는 것은, 공중과 의사소통을 할 때 성공적인 위기관리 전략 집행의 핵심이 된다(Haddow et al., 2008: 227).

그럼에도 불구하고 일반인이 위기관리에서 가장 크게 오해하는 두 가지가 있다(김영욱, 2004: 78-79). 첫째, 위기관리는 위기가 발생했을 때 하는 것이라는 아주 단순한 생각이다. 이러한 사후 반응 위주의 위기관리는 사건처리 수준의 행위를 의미하기 때문에, 능동적으로 위기를 예방하려는 의지를 결여하고 있다. 오히려 위기가 발생하지 않도록 예방하는 것이 가장 중요하다. 반면에 현대 사회에서는 위기를 항상 피해가는 것이 불가능하기 때문에, 사전에 대응 방안을 세워서 준비를 해야 한다. 위기관리는 예방과 준비가 잘 조화를 이루도록 해야 한다. 둘째, 위기는 실수나 기술적인 결함에서 발생하는 것이라고 단순하게 생각하는 것이다. 많은 경우, 위기는 커뮤니케이션 통로의 부재나 위기 징후를 포착하고도 그것을 시스템이 해결할 수 있는 능력을 갖추지 못했기 때문에 일어나는 것이 대부분이다. 예를 들면, 미국항공우주국(National Aeronautics and Space Administration: NASA)의 우주선인 챌린저호의 폭발 사고를 들 수 있다. 대통령이 지명한 사건조사 특별위원회의 조사보고서에 의하면 폭발 사고의 기술적인 결함은 연료 분사 장치에 있는 오링(O-ring) 디자인이었다고 밝히고 있다. 하지만 그 보고서는 위기관리의 실패 원인으로 디자인의 결함을 우려하고 있던 기술진의 목소리가 최고 의사결정층에게까지 전해지지 않았다는 것에 더 큰 무게를 두고 있다. 결국 위기는 단순한 원인에 의해서 발생하지 않는다는 것을 보여주고 있다. 이러한 두 가지 오해의 기저에는 커뮤니케이션의 중요성이라는 화두가 자리잡고 있다.

조직은 위기 상황에 직면하게 되면, 이를 벗어나기 위해 다양한 커뮤니케이션 전략을 사용한다(차희원, 2002: 190). 첫째, 처음 문제에 직면하는 대부분의 조직은 위기 자체를 부인하거나 무시하는 등의 전략을 사용한다. 둘째, 이러한 방법이 수용되지 않을 때, 조직은 자신을 변명하거나 정당화하는 전략으로 전환하기도 한다. 셋째, 그럼에도 불구하고 사태가 더 악화되거나 확산되는 경우, 조직은 용서를 구하거나 사과하는 커뮤니케이션으로 방향을 선회하기도 한다. 이처

사례 챌린저 기념비

미국 버지니아주 알링턴. 1986년 1월 28일 승무원 7명을 태운 우주왕복선 챌린저호가 발사 73초 후에 공중 폭발하여, 승무원 전원이 사망하는 참사를 빚었다. 이에 승무원 7명에 대한 기념비를 세웠다.

자료: doopedia.co.kr

럼 조직이 위기 상황에서 커뮤니케이션 전략을 바꿔가는 이유는 무엇일까? 조직의 위기관리 커뮤니케이션 전략은 위기 유형에 따라서 다르게 나타나야 한다(Coombs, 1995; Coombs, 1999). 위기 상황에 처한 조직은 자신의 책임이 없는 루머나 자연재난의 경우에는 공격하기나 거부하기 등의 '방어 전략'을 활용하며, 자신의 책임이 큰 사고나 과실 등의 위기에서는 행동 수정하기나 사과하기 등의 '수용 전략'을 활용한다. 실제로 대부분의 조직은 위기의 특성이나 상황을 고려하면서 다양한 커뮤니케이션을 시도하고 있고, 상황이 변화하면 이에 맞는 커뮤니케이션을 전략적으로 선택한다.

현대 사회에서 조직을 둘러싼 환경을 대표하는 특징 가운데 하나로 꼽히는 위기 상황의 빈발과 피해의 확대는 위기관리의 중요성을 증대시켰다. 또한 현대 조직의 위기관리에서 미디어를 대상으로 하는 커뮤니케이션은 위기 자체의 관리만큼이나 중요한 부분으로 인식된다. 이는 위기가 빈번하게 발생하는 원인은 다양하지만, 조직 내·외의 복잡한 상호작용, 커뮤니케이션 기술의 발전, 경쟁의 심화 등이 총체적으로 작용하는 구조적 현상이기 때문이다(Caponigro, 2000; 조정열, 2004: 270−271).

제 2 절 위기관리와 커뮤니케이션

위기는 피할 수 없는 반면에 관리 가능성을 지니고 있다. 위기관리에서는 장악력(control)과 배려(compassion)라는 두 가지 측면이 공존한다. 위기관리는 항상 상황을 장악하려고 시도하는 것이지만, 동시에 위기 상황에서 어려움을 겪는 사람들에 대한 배려와 관련된 사람들의 참여가 없이는 성공하기 힘들다. 지금까지는 위기관리의 장악력 측면을 강조해 온 경향이 있다. 하지만 국민들의 진정한 참여와 이해, 위기관리를 담당하는 정부기관과 국민 사이의 상호 호혜와 협력이 없으면, 아무리 좋은 제도적 장치나 선진 기술도 무용지물이 될 수 있다. 국민과의 커뮤니케이션 통로를 끊임없이 확보하고, 국민을 위기관리에 참여시키기 위한 노력을 게을리해서는 안 된다. 이 모든 활동이 커뮤니케이션이고 홍보이기 때문이다(김영욱, 2004: 79).

위기관리 커뮤니케이션은 위기 발생 시 조직이 효율적으로 위기관리를 하기 위해 예방, 대비, 대응, 복구와 관련된 커뮤니케이션을 하는 과정이라고 말할 수 있다. 이는 위기가 발생하기 이전 단계에서, 위기 예방 및 피해 감소를 위한 계획의 수립이나 매뉴얼의 작성, 실제 위기 발생 시의 커뮤니케이션 대응을 위한 대변인의 지정 및 전문화 교육 등의 내용을 포함한다. 실제 위기 발생 시에는, 관련 이해관계자의 이해를 돕기 위한 대응 노력과 위기 발생 이전 상태로의 복귀를 위한 재발 방지 등의 복구 노력이 있어야 한다.

현대 사회에서는 기업은 물론이고 국가 정책에 있어서 위기가 끊임없이 발생하고 있다. 위기에 대해 철저하게 준비하지 않으면 위기가 연쇄적으로 반응을 일으키거나 작은 위기가 대형 위기로 확대될 수 있다. 물론 보다 광의로 위기관리 커뮤니케이션을 해석하면, 위기관리 커뮤니케이션이란 "조직의 존립, 이미지, 신뢰, 평판, 명성, 목표, 전략 등과 관련이 있는 다양한 공중들과 위기관리를 목적으로 관계를 증진하고 우호적인 관계를 유지하며, 위기를 예방, 대비하고 위기 상황 발생 시에는 그 피해를 최소화하고 조기에 정상화시키기 위해 실행하는 제반 커뮤니케이션 활동"이라고 볼 수 있다(안철현, 2006: 40). 위기관리 커뮤니케이션은 위기가 확대되지 않도록 통제하고, 위기로 인한 손실 및 위험을 최소화하고, 관련 공중의 이해를 높이는 역할을 수행한다. 그리고 위기가 발생하기 이전에 사전계획을 수립하는 것 또한 위기관리 커뮤니케이션에 속한다. 조직은 최악의 시나리오에 대비하고, 발생 가능한 모든 위기에 대해 철저하게 준비를 해야 한다. 이를 위해서 조직과 관련된 모든 이슈에 대한 모니터링 체계와 쟁점분석 체계를 지니는 것이 필요하다(김희정, 2004: 8).

위기관리를 훌륭히 수행하는 조직은 손실과 이미지 약화의 확산 고리를 위기 발생 초기에 차단할 수 있으며, 이를 계기로 위기 대처에 뛰어난 체계적이고 믿을만한 조직 이미지를 생성하기도 한다. 이 경우, 위기를 기회로 삼아 정책이나 조직의 신뢰성을 회복하고 일반의 이해의 폭을 넓히는 계기가 될 수도 있다. 따라서 조직은 모든 업무에 대해 문제의식을 가지고 세심하게 위기 요인을 점검하는 등 사전에 철저한 위기관리를 통해 위기를 예방하거나 그 피해를 최소화하는 것이 필요하다(김희정, 2004: 6-7).

커뮤니케이션 측면에서 위기가 지니는 속성을 살펴보면 다음과 같다(김영욱, 2004: 79). ① 위기는 피할 수 없다. ② 위기는 관리할 수 있는 여지가 있다. ③ 위기는 독립된 사건이 아니고 조직 시스템의 실패에서 기인한다. ④ 위기는 정보의 공황상태를 몰고 온다. ⑤ 위기는 예측할 수는 없지만 예상은 가능하다. ⑥ 위기는 갑자기 불확실한 형태로 엄청난 시간적 압력 속에서 온다. ⑦ 위기는 불안정하고 스트레스를 주며 사람들과의 관계를 악화시킨다. ⑧ 사람들과의 관계 유지 실패는 위기 상황을 확대시킨다.

위기는 국가위기라는 관점에서 네 가지로 분류하여 살펴볼 수 있다. 첫째, 전통적인 군사 위기인 전쟁, 무력도발, 테러리즘, 국지분쟁, 핵무기나 대량살상무기 개발 등의 위기가 있다. 둘째, 재난 위기로서 태풍, 호우, 집중호우, 지진, 쓰나미 등의 자연재난 위기와 화재, 붕괴, 폭발, 침몰, 추락 등의 인적재난 위기가 있다. 셋째, 국가핵심기반 마비 위기로서 금융, 교통·수송, 전력, 정보통신, 주요 산업단지, 에너지, 원자력, 댐, 공중보건, 공공질서, 역사적 유물유적 등의 붕괴나 마비 등이 있다. 넷째, 생활안전 위기로서 안전취약계층의 생활 위기, 식품, 의약품, 직업, 학교, 생활치안 위기 등이 있다. 이외에도 사회 시스템의 근본적인 구조나 가치관, 규범 등에 위협이 되어 고도의 불확실한 여건 아래에서 중요한 결정을 내려야 하는 위급한 상황을 위기로 볼 수 있다.

이들 위기의 발생 원인을 학문 영역에 따라 살펴보면 매우 다양하고 복잡하다(김정헌, 2009: 201). 정치학에서는 위기를 정치적 통치 능력의 결여와 실패, 사회적·지역적 대립·갈등의 심화, 국민적 정치 불신 내지 정치력 부재 현상 등으로 진단할 수 있다. 경제학에서는 인플레이션, 실업, 불경기, 재정적자, 금융 위기, 경기 후퇴 및 수출 부진 등을 기준으로 하여 위기를 규정할 수 있다. 사회학에서는 사회적 불평등, 동기부여와 자극의 저하, 권위에 대한 도전, 통합조정 기구의 결함, 지역·집단 이기주의, 지나친 물질주의에 따른 정신문화의 불균형 등을 위기로 볼 수 있다. 문화인류학에서는 위기를 문화의 부정이나 단절, 파괴, 붕괴, 말살 등으로 인한 문화정체성의 혼돈, 그리고 주체성 상실 등으로 지적하고 있다. 이러한 사실은 세계화, 국제화 속에서 고유한 자기 문화의 정신과 전통을 살리지 못한 위기 현상인 것이다. 이외에도 행정학에서는 위기를 국가의 일상적 행정행위로 관리할 수 없는 자연재난, 인적재난, 전통적 규사 안보 위기, 국가핵심기반 위기, 국민생활안전 위기로 볼 수 있다.

이러한 맥락에서 위기관리 커뮤니케이션 측면에서 위기관리를 위해 수행해야 할 과제를 네 단계로 구분해서 살펴볼 수 있다(박재훈, 2011: 11−13). 첫 번째 단계는 조직을 둘러싼 위기 상황을 모두 추출하는 것이 필요하다. 일부 기업에서는 적게는 500가지에서 많게는 1,000가지가 넘는 경우도 있다. 홍수, 지진 등 천재지변으로 인한 경우, 화재 등 안전사고에 의한 경우, 노조 파업과 비리 등 종업원에 의한 경우, 제품 결함 등 상품에 의한 경우, 환경오염의 경우, 경영자에 의한 경우 등 그 사례는 이루 헤아릴 수 없을 정도이다. 가능하다면 많은 경우를 추출해 내는 것이 바람직하다. 그리고 이러한 위기 추출 작업을 할 때는 조직의 내부 직원뿐만 아니라 해당 조직을 잘 알고 있는 외부 전문가의 조언을 듣는 것이 필요하다. 학계에 있는 교수나 소비자단체와 같은 시민사회단체 관계자로부터 조언을 받는 것이 중요하다. 이들은 조직구성원과는 아주 다른 시각이나 관점에서 볼 수 있기 때문에, 조직구성원이 예측하지 못하는 위기까지 포착할 수 있다.

두 번째 단계는 이렇게 추출된 수많은 위기를 해당 조직에서 발생할 가능성과 그 피해의 심각성 정도라는 기준에 따라 중요하지 않은 것부터 하나씩 제거한다. 물론 이 작업도 한두 사람이 하기보다는 가능하면 다양한 부서의 구성원들이 모여 공동으로 작업을 하는 것이 바람직하다.

세 번째 단계는 최종적으로 남은 위기들을 X축과 Y축에 배치해 분석하는 것이다. 예를 들면, X축은 발생 가능성, Y축은 피해의 심각성 정도로 정해 놓고 각각의 위기를 배치한다. 예를 들어, 만일 발생 가능성이 높고 피해 정도도 높은 위기는 레드 존(red zone), 발생 가능성은 낮지만 피해 정도가 높은 것은 옐로 존(yellow zone), 발생 가능성은 높으나 피해 정도가 낮은 것은 그레이 존(gray zone), 발생 가능성과 피해 정도가 모두 낮은 것은 그린 존(green zone)으로 구분하여 배치한다. 모든 영역에 대해 주의하면서, 레드 존에 위치한 위기에 좀 더 많은 관심을 갖고 집중해야 한다. 조직구성원의 횡령, 기술정보 유출, 환경오염, 고객의 사망사고와 같은 위기가 레드 존에 위치할 수 있는데, 이런 위기가 언론에 기사화되면 파장이 더욱 커지게 되므로 언론 보도화도 여기에 위치시키는 것이 바람직하다.

네 번째 단계는 위기 분류 작업이 끝나면, 이제 각각의 위기별로 대응 전략을 모색해야 한다. 먼저, 각 존(zone)별로 위기의 특성이나 대응 준비 등을 점검해야 한다. 다음으로, 조직의 내부 팀원들이 모여 주로 레드 존이나 옐로 존에 위치한 각각의 위기별로 대응 논리와 관련 공중, 대응 부서, 관련 자료 등을 검토한다. 그리고 이러한 내용을 하나의 책으로 만든 것을 '이슈메시지 북'이라고 하고, 이를 만들고 전 조직구성원들과 공유하게 되면 조직 전체의 위기 대응 능력을 배양시킬 수 있다. 결과적으로, 위기에 대한 조직구성원들의 위기 인식 수준을 높이고, 위기가 발생하기 이전에 위기 대응 능력을 높이는 데 중요한 역할을 할 수 있다.

위기관리 커뮤니케이션을 수행하는 것은 위기관리 과정에서 매우 중요한 위치를 차지한다. 아무리 좋은 위기관리 계획을 수립했다 하더라도, 위기 상황에서 위기관리 커뮤니케이션을 적절하게 수행하지 못한다면, 그것의 진정한 의미는 발휘되지 못하기 때문이다. 따라서 위기관리 커뮤니케이션 업무 수행에 요구되는 홍보, 공공 정보, 설득과 수락, 협상과 중재 등 필요한 위기관리 커뮤니케이션 기술을 습득하는 것이 위기관리 커뮤니케이션의 유효성을 확보할 수 있는 관건이 되기도 한다(백진숙, 2009: 73).

제 3 절 귀인 이론

사람들은 예상치 못한 부정적이고 영향력이 큰 사건이 발생하는 경우, 왜 그 사건이 발생했는지를 설명하기 위해 사건의 원인을 찾으려고 하고, 원인이 어디에 있는가에 따라, 즉 귀인의 결과에 따라 자신의 의견이나 태도를 바꾸게 된다(윤영민, 2007: 428). 귀인 이론(attribution theory)은 어떤 사건이 발생했을 때 사람들은 그 원인에 따라 개인적인 판단을 내린다는 가정에 기반을 둔다.

귀인 판단에는 여러 가지 요인들, 즉 외부적 통제, 개인적 통제, 원인의 소재 등이 영향을 미칠 수 있다(McAuley, Duncan, & Russell, 1992; Weiner, 1986). 첫째, 외부적 통제(external control)는 사건의 원인이 외부 요인에 의한 것인지의 여부를 보여준다. 예를 들면, 강한 외부적 통제는 사건에 연루된 행위자보다는, 다른 누군가가 그 사건을 통제할 수 있었냐는 것을 의미한다. 둘째, 개인적 통제(personal control)는 사건에 연루된 행위자가 그 사건의 원인을 스스로 통제할 수 있었는지의 여부를 보여준다. 예를 들어, 강한 개인적 통제는 사람들로 하여금 그 사건의 원인을 행위자에게 귀인하게 만든다. 셋째, 원인의 소재(locus)는 사건의 원인이 사건에 연루된 행위자에게 있는지 아니면 상황에 있는지와 관련이 있다. 윌슨(S. R. Wilson) 등에 의하면 원인의 소재와 개인적 통제가 중복되는 개념이라고 판단하여 통합을 시도하였다(Wilson et al., 1993). 그리고 쿰스와 홀라데이(Coombs & Holladay, 2002)는, 특히 이 두 개념이 행위의 의도성을 보여준다고 보는데, 예컨대 개인적 통제가 강하고 원인의 소재가 사건에 연루된 행위자에게 있는 경우, 그 행위가 의도적이라는 인식을 사람들에게 불러일으킬 가능성이 높다는 것이다.

분명한 것은 대부분의 사람들은 사건이 발생하면 그 사건 발생의 원인이 어디에 있는지, 왜 그 사건이 발생했는지를 알고 싶어한다는 점이다. 이러한 귀인 행위는 사람들이 사건에 관련된 당사자에 대해 갖는 느낌과 행위에 영향을 미치기 때문에 중요하다. 사람들이 발생 사건의 원인이 어디에 있는지를 이해하게 되면, 그 사건에 대한 사람들의 정서, 행동 반응 등을 예측할 수 있다. 대개 부정적 사건에 대해 개인적 책임이 크다고 판단되면 강한 분노와 당사자에 대한 강한 부정적 견해를 갖게 되기 때문이다(Weiner, 1986: 316－324; 최윤희, 2001: 69; 김정헌, 2009: 204).

귀인 이론은 조직의 위기관리 커뮤니케이션과 접목하여 네 가지의 조직 위기 유형을 제시해 볼 수 있다(Coombs, 1995). ① 조직 외부에 책임이 있고 의도적인 행위인 '테러리즘(terrorism)', ② 조직 외부에 책임이 있고 비의도적인 행위인 '과실(faux pas)', ③ 조직 내부에 책임이 있고 의도적인 행위인 '위반(transgression)', ④ 조직 내부에 책임이 있고 비의도적인 행위인 '사고(accident)' 등으로 구분하는 것이다(윤영민, 2007: 429).

조직의 책임 정도에 따라서 위기의 종류를 유형화하고 위기관리 커뮤니케이션 전략이 다르게 시행되어야 한다는 것을 강조하게 되면, 귀인 성향과 관련된 위기관리 커뮤니케이션 전략을 일곱 가지로 제시할 수 있다(Coombs, 1995; Coombs, 1999; 김영욱·박소훈·차희원, 2004: 278; 차희원, 2002: 197).

① 비난자에 대응하여 힘을 사용하여 공격하는 '비난자 공격 전략(attack the accuser)'
② 위기 존재 자체를 거부하는 '부인 전략(denial)'
③ 책임을 최소화하는 '변명 전략(excuse)'
④ 위기에 관련된 피해를 최소화하는 '정당화 전략(justification)'
⑤ 주요 공중들을 칭찬하거나 조직이 과거 그들에게 좋은 일을 했음을 상기시키는 '환심사기 전략(ingratiation)'
⑥ 위기의 재발을 방지하거나 위험에 대한 피해보상을 제안하는 '행동수정 전략(corrective action)'
⑦ 위기에 대해 조직이 모든 책임을 인정하고 용서를 구하는 '사과 전략(full apology)'이 그것이다.

사실 책임성이라는 기준을 두고 위기 유형과 전략을 설명하게 되면, 책임성이 있느냐 없느냐가 위기 대응 전략에서 매우 중요한 틀로 적용된다(Coombs, 2007). 책임성 이론에 의하면 가장 책임성이 높은 위기 상황은 조직의 비행이며, 다음으로 사고(기술적인 문제, 현장에서의 범죄 등), 악의적인 모함, 자연재난,

그리고 책임성이 가장 낮은 루머순으로 구분된다. 또한 책임성의 강도에 따라 조직의 책임성이 낮은 경우에는 방어적인 공격이나 부정이 바람직하며, 책임성이 높은 경우에는 수용적인 전략인 시정조치나 사과 등을 사용할 수 있다.

표 16-1 쿰스의 위기관리 커뮤니케이션 전략 및 전략 선정 기준

	정 의	전략 선정 기준
공격 (attack the accuser)	위기를 주장하는 사람이나 그룹에 맞서는 전략. 조직을 비난하는 사람들을 대상으로 법적 소송을 불사하겠다고 위협하는 식의 대응	식별 가능하고 반박할 수 있는 공격자가 있을 때 사용하며, 루머나 도전에 의한 위기에 적당함.
부인 (denial)	위기가 존재하지 않는다고 주장하는 전략. 위기가 존재하지 않는 이유를 설명하는 행동이 동반됨.	위기가 존재하지 않거나 위기에 책임이 없다는 근거를 가지고 있을 때 사용됨. 루머나 도전에 의한 위기에 적당함.
변명 (excuse)	조직의 책임을 최소화하려는 전략. 조직이 유발한 사건에 대한 통제력이 없었다고 주장하거나 부정적 결과에 대한 의도성을 부인하는 방법	위기에 대한 책임이 거의 없는 경우에 사용 사고, 악의, 자연재난에 적당. 피해가 심각할 경우 사용하는 것은 바람직하지 못하며, 사고인 경우 조직을 쩨쩨하게 보일 수 있음.
정당화 (justification)	위기로 인하여 발생된 피해가 대수롭지 않다는 인식을 형성하기 위한 전략. 심각한 피해나 부상자가 존재하지 않는다고 말하거나 희생자들이 희생당할 만한 이유가 있다는 주장하는 방법임.	위기로 인한 피해가 작을 때만 사용됨. 사고나 악의 자연재난과 같은 위기 상황에 사용될 수 있음.
환심사기 (ingratiation)	스테이크 홀더를 칭찬하거나 조직의 과거 선행을 상기시키는 방법임.	조직이 훌륭한 공적을 가지고 있거나 강력한 명성을 가지고 있을 경우에만 사용됨. 이러한 조직의 경우 이 전략은 어떤 유형의 위기에도 사용될 수 있음.
행동수정 (corrective action)	위기로 인한 피해를 회복하기 위한 방법을 찾거나 재발 방지를 위한 조치를 취하는 방법	조직의 범죄나 사고와 같은 위기 상황에 사용됨. 위기가 반복적으로 발생한 조직에서 일어난 사고는 다른 전략들과 함께 이 전략들을 사용해야 함.
사과 (full apology)	위기에 대한 전적인 책임을 지며, 용서를 구함. 금전이나 원조와 같은 보상을 제공하는 방법을 사용함.	조직의 범죄와 같은 위기 상황에 사용됨.

자료: 이현우(2003); 백진숙(2008: 34).

제 4 절 이미지 회복 이론

이미지 회복 전략은 위기관리 커뮤니케이션을 조직의 체면이나 명성을 유지하여 긍정적인 이미지를 만들기 위한 의사소통 행위로 간주하고, 위기 상황에서 실추된 이미지를 회복하기 위한 전략이다(Benoit, 1995). 이미지 회복 이론에 따르면, 위기관리 커뮤니케이션은 조직이 위기 상황에서 사용하는 커뮤니케이션이며, 자기 조직의 명성을 방어하기 위한 커뮤니케이션이 가장 일반적인 전략이다. 위기 상황에서 조직 또는 개인은 사과하는 방법에 따라서 다양한 전략을 사용하는데, 잘못이 없었다고 주장하는 '부인(denial)', '입지 강화(bolstering)', 조직 관련성의 차별화를 주장하는 '차별화(differentiation)', 조직의 대의명분을 주장하는 '초월(transcendence)' 등의 전략이 있다(Ware & Linkugel, 1973).

이처럼 이미지 회복을 위한 커뮤니케이션 전략은 부인, 책임 회피, 사건의 공격성 축소 또는 피해 감소, 수정 행위, 사과의 다섯 가지로 정리할 수 있다(Benoit, 1995a; Benoit, 1995b; 김지윤 · 성민정, 2009: 43). 첫째, 부인은 다시 두 가지로 구분할 수 있다. 단순히 행위 자체를 부정하는 단순 부정과 자신은 잘못이 없는데 누군가가 잘못된 행위를 저질렀다고 하는 책임 전가로 나눌 수 있다. 둘째, 책임 회피는 잘못된 행위를 부인할 수 없을 때 사용하는 전략으로, 해당 사안에 대해 자신은 책임이 없다고 주장하는 것으로서, 희생양 만들기, 불가항력, 사고, 좋은 의도 등 네 가지로 세분될 수 있다. 셋째, 피해 감소는 잘못된 행위를 저지른 자가 그 비행으로 인해 상대방에게 미칠 수 있는 공격성 또는 피해 규모를 줄임으로써 위기 상황을 어느 정도 정당화하려는 전략으로, 강화, 최소화, 차별화, 초월, 공격자 공격, 보상 등으로 살펴볼 수 있다. 넷째, 수정 행위는 상대방이 입은 피해를 개선해 주고 재발을 방지하는 전략이다. 다섯째, 사과는 비행과 책임을 인정하며 용서를 구하는 전략이다.

이미지 회복의 관점에서 위기관리는 조직이 어떻게 공중들과 관계를 맺고 상호작용을 할 것인지를 고려해야 한다. 위기관리의 성공 여부는 공중들과의 관계, 공중들이 조직의 평판을 어떻게 생각하느냐에 따라 판단될 수 있기 때문이다(김영욱, 2003). 따라서 위기관리와 관련한 공중의 수용 여부와 태도에 미치는 영향을 살펴보는 것이 중요하다. 위기 상황에 대한 조직의 책임에 대한 공중의 인식을 완화시킬 필요가 있는데, 위기 상황을 규정하는 위기 유형, 정확한 증거, 피해, 과거 행적 등의 요소에 대해 긍정적인 경우에 공중의 우호적인 성향을 기대할 수 있게 된다(Coombs, 1995). 또한 평상시의 우호적인 기업 평판은 공중과의 신뢰도를 형성하여 위기관리 커뮤니케이션에도 영향을 미치는 것으로 나타났다(백진숙, 2009: 76－77).

또한 위기 시에 위기 상황을 분석할 수 있는 개념으로 위기 책임성을 들 수 있다(Coombs, 1999). 위기 책임성은 공중들이 위기 상황에 대해 조직을 비난하는 정도를 의미하는 것으로서, 위기의 귀인과 위기의 심각성 등을 통해 책임성을 간접적으로 측정할 수 있다. 위기의 심각성은 재정적, 인적, 환경적 피해 등 위기의 종류에 따라 정도가 달라질 수 있고, 위기의 심각성이 커질수록 위기에 대한 조직의 위기 책임성 수준도 아울러 높아진다. 귀인의 네 가지 유형인 '안정성, 외부적 통제, 원인의 소재, 인적 통제의 여부' 중에서 외부적 통제, 즉 외부에 책임이 있느냐가 공중의 위기 인식을 결정하는 중요한 요소로 나타났다(한정호 · 정지연, 2002).

위기 상황을 판단하는 세 가지 변수인 심각성(seriousness), 규범성(normativeness), 책임성(responsibility) 중에서, 규범성과 책임성을 하나로 묶은 '책임성'과 '심각성' 두 가지로 위기 상황을 분석해 보면(Benoit, 1995; 김영욱, 2001), 위기의 책임성과 심각성에 따라 효과적으로 대응이 가능한 이미지 회복 전략을 제시하는 것이 가능하다. 우선, 심각성은 낮지만 조직의 책임성이 높은 경우, 변명이 가장 효과적인 것으로 나타났고, 심각성과 책임성 둘 다 모두 높은 위기 상황에서는 개선 행위나 사과 전략이 바람직한 것으로 나타났다. 따라서 조직은 위기가 발생할 경우 최우선적으로 위기 상황의 심각성과 조직의 책임 여부의 정도를 결정하는 것이 가장 중요하며, 이에 따라 적당한 이미지 회복 전략을 선택하고 있다는 것을 알 수 있다.

결국, 공중의 위기 상황 분석을 살펴보는 것이 필요한데, 그 이유는 공중이 위기 상황을 어떻게 받아들이느냐 여부가 위기관리 메시지 선택에서 결정적인 역할을 한다고 볼 수 있다(백진숙, 2009: 76－77).

표 16-2 위기의 심각성과 조직의 책임성에 따른 이미지 회복 전략

구 분		심각성: 낮음	심각성: 높음
책임성	낮음	공격자 공격 부정	변명
	높음	정당화 환심사기	개선 행위 사과

자료: 김영욱(2002: 443).

제 5 절 위기관리 커뮤니케이션 전략

위기 상황의 빈발과 피해의 확대는 현대 조직 환경을 대표하는 특징 중 하나로서, 위기관리의 중요성을 증대시키고 있다. 위기관리 커뮤니케이션은 급속하게 역할과 비중이 확대되고 있는 분야다. 위기관리 커뮤니케이션에서 성공하지 못하면, 위기 자체로 인한 손해보다 더 치명적일 수 있는 명성과 관계의 실패로 이어진다는 것이 경험적으로 반복 입증되고 있기 때문이다. 환경의 변화는 상품으로서의 위기 뉴스가 지니는 매력과 미디어 산업의 발전이 맞물려, 언론을 대상으로 하는 위기 커뮤니케이션 관리에 점점 더 많은 조직 역량을 투입하는 현상을 초래하고 있다(조정열, 2004: 292－293). 매스 미디어는 조직의 위기 발생과 피해 확대를 공중에게 설명하는 중요한 변수다. 사실 조직 내에서는 별로 위기라고 인식되지 않는 사건도 미디어를 통해 심각한 위기 상황으로 증폭되기도 하며, 피해도 크게 확대되곤 한다(이순동, 2006: 165).

전술적 운용의 맥락에서 보면, 정부가 발표하는 메시지의 대부분은 위기를 직접적으로 다루어야 하는 공중이 필요로 하는 정보와 관련이 있다. 예를 들면, 재난 경보, 대피소 위치(shelter locations), 대피로(evacuation routes) 등이 이러한 정보의 유형에 해당한다. 그러나 전략적 맥락에서 보면, 위기관리 커뮤니케이션은 단순한 정보 이상의 더 많은 메시지와 상징이다. 위기관리 커뮤니케이션은 공

중의 기대와 이들 기대가 얼마나 잘 충족되고 있는지를 보여주는 것이다. 공무원은 위기가 발생한 이후에 비현실적인 기대감으로 괴로워한다. 뉴스 기자들이 종종 농담처럼 말하는 세 가지 국면을 살펴보자(Canton, 2007: 321-322). 첫째, 무슨 일이 벌어졌는가? 이 국면에서, 기자는 기본 사실을 추구한다. 무슨 사건인가? 어디에서 발생했는가? 누가 영향을 받았는가? 그것에 대해 당신은 무슨 조치를 취하고 있는가? 얼마나 많은 사람이 부상을 당했는가? 이 같은 질문은 위기관리 커뮤니케이션 계획의 일부이면서 일상적으로 다루어지는 기본적이고도 예측 가능한 것이다.

둘째, 어떻게 발생했는가? 이것은 첫째 날의 기본 정보를 전문가 인터뷰와 지도, 그리고 도표를 가지고 대체한 '둘째 날 이야기'이다. 이러한 유형의 질문도 예측 가능하고 일상적 정보 요청으로 다루어질 수 있다. 담당 기관은 필요한 배경 정보를 제공하기 위해 주요 문제별로 전문가를 준비해 둘 수 있다.

셋째, 누구에게 책임이 있는가? 이 마지막 국면은 이미 발생한 실패에 대한 책임을 부과하려는 시도이다. 그 사건은 막을 수 있었는가? 대응은 부적절했는가? 이러한 질문은 초기에 담당 기관에 질문할 수 있는 것이지만 순식간에 선출직 고위 공무원에게 확대될 것이다. 다른 두 가지 국면과 마찬가지로, 세 번째 국면 또한 예측 가능한 것인 동시에 위기관리 커뮤니케이션 계획의 일부분으로서 계획될 수 있다.

위기관리는 위기로 인한 부정적인 평판(reputation)과 이미지 손실을 예방하거나 최소화함으로써, 위기의 피해로부터 조직을 보호하는 것이 우선적인 과제다. 그렇기 때문에 위기의 발생 이전부터 장기적인 공중 관계를 중심으로 한 PR 차원의 위기관리 커뮤니케이션이 이루어져야 한다. 또한 위기관리 커뮤니케이션은 공중의 의견과 태도를 더욱 존중하는 쌍방향 커뮤니케이션을 지향하는 것이 보다 중요하다(백진숙, 2009: 73).

위기는 개인이나 조직의 미래에 결정적 영향을 미치는 중요한 변화과정임이 틀림없다(Lesly, 1986). 동시에 공중, 상품, 서비스, 명성 등 조직에 부정적 결과를 초래하는 주요 사건이라고 정의할 수 있다(Fearn-Banks, 1996; 차희원, 2002: 192). 여기서 중요한 논의의 주제는 위기 상황에서 위기를 최소화하고 이미지를 회복하기 위해 공중에게 어떻게 커뮤니케이션을 하는가다. 이미지 회복 이론에서는 위기 상황에서 나타나는 커뮤니케이션에 대해 두 가지 기본 가정을 제시한다. ① 커뮤니케이션은 목적 지향적인 행위(goal directed activity)라는 가정과, ② 긍정적 명성의 유지는 커뮤니케이션의 중심 목적의 하나라는 가정이다(김영욱 외, 2004: 276).

위기 상황에서의 커뮤니케이션은 이해관계자의 지각에 상당한 영향을 주며, 위기 자체가 지니는 특성은 커뮤니케이션 전략을 선택하는 데 많은 영향을 미친다(Benoit, 1995a). 여기서의 전략은 조직이 위기에 대응하기 위해 사용하는 실제적인 행동을 말한다(이현우, 2001). 가장 흔히 볼 수 있는 것은 '자기 방어를 위한 사과문(apologia)'으로, 공중의 공격으로부터 조직의 평판을 방어하기 위한 커뮤니케이션인 것이다(Ware & Linkugel, 1973). 위기는 대개 개인이나 조직의 평판을 위협하는 특성을 갖고 있기 때문에, 스스로를 방어하기 위해 사과 전략을 사용하게 된다. 또 하나는 '이유 달기(accounts)'로 사람들이 타인으로부터 공격을 받을 때 자신의 행동을 설명하기 위해 사용하는 메시지를 말하며, 조직의 평판을 보호하는 역할을 한다(이현우, 2001).

이러한 위기관리 커뮤니케이션은 사과 이론(Ware & Linkugel, 1973)으로부터, 포괄적이고 광범위한 위기관리 커뮤니케이션으로 평가받고 있는 이미지 회복 이론(Benoit, 1995), 위기관리 커뮤니케이션 전략(Coombs, 2007)을 포함하는 것은 물론이고, 그 범위도 개인, 조직, 기업 등으로 확대하며, 사과 구성 요인 및 전략을 보완하고 있다.

제 17 장

위기관리와 이재민 구호

제1절 의 의

'재해(災害)'는 재앙으로 말미암아 받는 피해를 의미하는 것으로 지진, 태풍, 홍수, 가뭄, 해일, 화재, 전염병 따위에 의하여 받게 되는 피해를 말한다(표준국어대사전, 2005). 이때 '재앙(災殃)'은 뜻하지 않게 생긴 불행한 변고 또는 천재지변으로 인한 불행한 사고를 의미한다(표준국어대사전, 2005). 이러한 맥락에서 재해는 자연적·인위적·사회적 원인에 의해 뜻하지 않게 발생한 재난[1]으로 인해 받게 되는 피해라고 정의할 수 있다.

'구호(救護)'는 재난 피해로 인해 어려움에 처한 사람을 도와 보호하는 것을 의미한다(표준국어대사전, 2005). 구호는 어려움에 처해 있는 사람, 특히 재난을 당한 사람이나 병자·부상자 등을 도와 보호하는 것으로 이해할 수 있다.[2] 따라

1) '재난(災難)'은 뜻밖에 일어난 재앙과 고난으로 정의되고 있다(표준국어대사전, 2005).

서 재해구호(災害救護)는 각종 재난으로 인한 피해로 말미암아 어려움에 처한 사람을 도와 보호하는 것이다.

이와는 달리 법적 측면에서 「재해구호법」은 명확하게 구호를 정의하지 못하고 있다. 2017년 7월 26일 개정된 「재해구호법」(법률 제14839호)에서는 구호에 관한 정의를 내리고 있지 않다. 다만 제2조에서 '이재민'이란 「재난 및 안전관리 기본법」 제3조 제1호에 따른 재난으로 인한 피해(이하 '재해'라 한다)를 입은 사람으로서 주거시설의 손실 정도 등 대통령령으로 정하는 기준에 해당되는 재해를 입은 사람을 말한다.

오늘날에는 재난의 피해 규모가 크고 기간이 장기간에 걸쳐 나타나기 때문에, 단순하게 재난으로 인해 어려움에 처한 사람을 도와 보호하는 것이 전부라고 하기 어렵다. 따라서 일상에서의 불우이웃 돕기와는 다른 재해구호복지의 관점에서 장기간에 걸쳐 이재민의 기본적인 인권을 보호하기 위한 방안을 마련하는 것이 필요하다.

현행 보건복지부 등 복지사업을 추진하는 정부기관은 재해구호복지를 다루는 법령이 거의 없다. 따라서 재해구호복지의 대상이 되는 이재민의 경우에는 인권 사각지대이자 법적 사각지대에 놓여 있음을 알 수 있다. 따라서 다른 무엇보다도 복건복지부를 비롯한 건강보험공단 등 정부부문은 이재민을 위한 재해구호복지에 관심을 갖고 시스템을 마련하는 것이 필요하다.

또한 현행 「재해구호법」에 의하면 "이 법은 이재민의 구호와 의연금품의 모

2) 오늘날의 구호사업은 주로 국가 책임으로 이루어지는데 공적부조사업제도로 발전되었다. 구호사업은 고대 국가 당시부터 시작되었으나, 체계적이고 조직적인 국가의 책임으로 등장한 것은, 1601년 영국의 엘리자베스 1세가 구빈법(救貧法)을 제정한 이후부터다. 우리나라에서도 옛날부터 구호사업이 실시되었고, 이를 위정자의 중요한 덕치로 삼아왔다. 일제 강점기인 1944년에는 일제가 민심의 동요를 막기 위해 일본 본토에서 실시하던 구호법을 조선구호령(朝鮮救護令)이라는 명칭으로 바꾸어 구호사업을 실시한 바 있다. 그 후 최초로 입법화된 구호사업법은 1961년 제정된 생활보호법인데, 이와 함께 군사원호보상법(1961), 재해구호법(1962), 국가유공자특별원호법(1962)이 제정되었고, 1968년 자활지도에 관한 임시조치법이 제정되어 근로 능력이 있는 영세민에 대한 근로구호를 실시하는 제도적 장치를 마련하였다. 1978년 의료보호법이 제정되어 생활보호대상자의 의료보호가 이루어졌으며, 1982년 생활보호법의 전면 개정을 통해 근로 능력이 없는 자에 대해서는 생계보호로 이들의 최저생계를 보장하고, 근로 능력이 있는 자에 대하여는 자립지원으로 교육보호 · 직업훈련 · 생업자금융자 · 취로사업 등을 통해 빈곤에서 벗어나도록 하고 있다.

집 절차 및 사용 방법 등에 관하여 필요한 사항을 규정함으로써 이재민 보호와 그 생활안정에 이바지 하는 것"을 목적으로 하고 있다(재해구호법 제1조). 이재민 보호와 생활안정에 기여하기 위한 구호 활동으로 임시주거시설의 제공, 급식이나 식품 · 의류 · 침구 또는 그 밖의 생활필수품 제공, 의료 서비스의 제공, 감염병 예방 및 방역 활동, 위생지도, 장사(葬事)의 지원, 심리회복의 지원 등을 수행한다.

그리고 민간부문에서는 자발적으로 의연금을 모집하여 지원하고 있다. 의연금(義捐金)은 사회적 공익이나 자선을 위하여 내는 돈(표준국어대사전, 2005)으로 정의할 수 있다. 의연금은 재난피해자를 위해 자선의 목적으로 내는 돈이라고 그 의미를 파악할 수 있다.

여기서 의연금과 기부금은 의미상 차이가 있다. '의연금'이 "사회적 공익이나 자선을 위하여 내는 돈"으로서, 직접적으로 타인을 돕는 행위를 말한다. 이에 반해, '기부금'은 "자선사업이나 공공사업을 돕기 위하여 대가 없이 내놓은 돈"으로 정의(표준국어대사전, 2005)되어, 타인이나 기관이 수행하는 사업을 도움으로써, 간접적으로 타인을 돕는 행위를 의미한다.

제 2 절 이재민 구호 체계

1 민 · 관 협력 체계

중앙정부는 국가에서 발생하는 모든 재난에 대처해야 하고, 광역지방정부는 그 중에서 소수 재난을 겪고, 지방정부는 그 보다 적은 수의 재난을 경험한다. 따라서 재난 현장의 일선에서 재난관리를 책임지는 기관인 지방정부의 입장에서는 재난을 당하면 혼란과 지체를 경험할 수밖에 없다.

민 · 관 협력 체계는 대부분의 선진국에서는 정착되어 있으며, 많은 경우 적십자사가 민간기관으로서 핵심적인 역할을 수행하고 있다. 미국은 집단구호에 있어 미국 적십자사가 책임기관이 되고 교통부, 에너지부, 농림부, 국방부 등 관련 정부기관이 적극 협조하도록 협약을 맺고 있다. 명확한 협력 체계를 이루기 위해서는 구체적인 시행 절차를 담은 협약이 참여 기관 사이에 체결되어야 한다. 미국 연방재난관리 계획은 정부 부처 사이에도 주무기관과 지원기관으로 역할을 분담하고 있고, 상세한 책임의 범위를 기록한 협정서를 체결하고 있다. 또한 단순히 협정 체결로 끝나는 것이 아니라, 협정의 내용을 해당 기관의 구성원들이 충분하게 숙지할 수 있도록 교육과 훈련을 실시하고 있다.

미국은 재난 관련 민 · 관 기관이 함께 자신의 지역에서 발생할 수 있는 재난에 대한 사전 대응과 이재민 지원을 협의하는 CERN(Community Emergency Response Network)를 운영하고 있으며, CERN은 분기별로 모임을 개최하고 있고, 정부에서 그 운영에 대해 지원하고 있다.

일본은 1972년 미국의 산페르난도 지진을 계기로 최초로 소방청 방재업무 계획에서 자주방재조직의 정비 규정을 마련하였다. 이후 1995년 고베지진을 계기로 「재해대책기본법」을 개정하여 방재기본계획에 자주방재조직의 강화를 위한 지도자 육성과 지침의 작성, 기자재 정비 촉진을 위한 국고보조 제도 신설과 같은 활성화 방안을 구체화하였다(일본소방청, 2002).

일본은 해당 지역의 '지역성'을 우선한다는 원칙 하에, 국가와 지방정부, 민간조직 간의 역할 분담을 명확히 하며, 1955년부터 국가가 기자재 정비 지원의 명목으로 기초지방정부에 기자재 정비비의 1/3을 지원하고, 향후 인력 확보, 프로그램 개발 등 소프트웨어 측면에 대해서도 지원할 계획이다.

또한 시 · 정 · 촌의 'Volunteer Center'를 전국 규모로 통합하여 '재해 Volunteer Data Bank'를 설치 · 운영하고 있다[3](신은성, 2003: 68). 재해지역복구는 1차로 지역주민이, 2차로 정부가 책임을 진다는 인식 하에서 정부의 복구 지원 역시 지역주민의 복구 의지 수준에 맞춰 지원한다. 지역주민이 재난관리에 참여하는 것은 개인적 차원이 아니라, 비영리조직과 자원봉사조직을 통한 조직화된 참

3) 2001년 5월 17일부터 운용되었으며, 약 250개 단체가 D/B화되어 있고, 지방공공단체의 재해 Volunteer 지원시책, 공공기관의 재해 Volunteer 지원책, 재해 Volunteer 단체의 활동 내용 등을 게시하고 있다.

여야 하며, 지역주민이 적극적으로 참여하는 재난관리 과정이 이루어질 때 비로소 효과성이 극대화된다.

재난으로 인한 시설물 피해와 사망자를 감소에 있어서 자원봉사자의 역할은 매우 중요하다. 재난의 종류에 따라서는 공식적인 응급구조나 재난관리 기관보다 비공식적인 주민 자원봉사자가 더 많은 구조와 수색작업을 수행한다(적십자간호대학, 2002: 100-101). 하지만 자원봉사자를 통제하고 조정하는 데 상당한 어려움이 있다. 태풍 루사 이후 실시한 감사원 감사 결과에서는 사전 교육도 받지 못하고 준비도 없이 재난 피해 현장을 방문하여 복구 활동을 방해하는 일도 발생하고 있다고 지적하고 있다(감사원, 2003: 90).

재난관리에 참여하는 민간자원 조직들 스스로 활동이 중복되지 않도록 조정하고, 공공부문과 용이하게 의사소통할 수 있는 협의체나 조정위원회를 구성하는 것이 필요하다. 예를 들면, 미국의 'NVOAD'와 이를 모델로 삼아 일본에서 고베지진 이후 만든 'NVNAD'가 있다. 이처럼 협의체의 구성과 활동을 통해, 자원봉사자에게 재난에 내응하기 위한 보다 체계적인 훈련 프로그램을 제시하고, 관련 단체 사이에 정보를 공유하며, 정책을 조율하고, 지역사회의 민간자원 조직을 형성하는 것을 지원할 수 있을 것이다.

자원봉사자는 ① 분야별로 구분하고, ② 엔지니어, 중장비 운영자 등과 같은 기능별로 세분하는 한편, 이를 다시 보유하고 있는, ③ 기술의 정도에 따라 등급을 나누어 자격을 교부하고, ④ 이들을 지속적으로 교육하고 관리하며, 이들에 대한, ⑤ 안전사고 시 법적인 보장을 규정하고, ⑥ 비기술인에 대해서는 재난 피해 지역에서의 복구 업무에 제한을 두고 이들에 대한 안전을 보장하는 것이 필요하다. 또한 자원봉사자가 아닌, 필요 인력의 경우 재난 현장에서 즉시 고용을 실시하고, 이들에 대한 임금과 안전을 제도적으로 보장함으로써 재난관리 업무의 효율성을 높이는 제도를 마련하는 것이 필요하다.

또한 재난 현장에서 효과적으로 봉사단체(봉사원)를 관리하기 위해서는 재난관리 전문 민간기관들과 함께 'Check In System'을 공동 운영하는 것이 필요하다. 이를 통해 위기 극복을 위한 모든 민간 인력과 장비를 연계하여 운영할 수 있어야 한다. 민간자원 조직이 전개하는 제반 활동을 효율적이고 효과적으로 통제하고 관리하며, 공식적인 재난관리 조직과의 연계를 통해 보다 체계적인 위기관리를 할 수 있어야 한다.

2 구호물자 전달 체계

재난 피해 현장에서 구호품 전달 및 배분을 위한 구호기관 간의 역할 분담이 없고, 구호품 지출 현황에 대한 상호 정보 교류가 없기 때문에, 중복 지급으로 인한 자원의 낭비와 누락이 초래될 수 있다. 태풍 루사 당시에 실시한 감사원 감사 결과에서 보듯이, 과잉 중복 지급이나 불공평한 배분 등이 문제점으로 나타났다. 이는 기관 사이의 물품 전달에 있어서 역할 관계가 정립되지 못했기 때문으로 빚어지는 현상이다. 예를 들면, 대한적십자사가 소규모 재해구호품 및 대형 재난 발생 시 긴급구호품의 전달을 전담하고, 2차로 지원하는 재가용 구호품이나 보상비 지급 등 시간적 여유를 갖는 것은 전국재해구호협회와 지방정부가 보유한 구호품을 전달하는 방식으로 구호품 전달체계를 정비하는 것도 방법이 될 수 있다.

신속한 구호품 전달 체계를 갖추기 위해서는 자원봉사자를 활용하여 구호물자를 직접 전달할 수 있어야 한다. 재해구호 전문 교육을 이수한 자원봉사자가 이재민에게 직접 물자를 전달하는 것이 이웃의 온정과 함께 전달되어 원활하게 구호가 이루어질 수 있다.

현행처럼 잦은 인사이동으로 재난관리에 대한 이해가 부족한 공무원이 부족한 인원으로 농축산물 피해, 산업시설 피해, 도로 · 항만 등 공공시설 피해 등을 조사하는 한편, 이재민 조사와 구호품 전달을 겸하고 있어 현장에서의 구호품 전달은 지체될 수밖에 없는 실정이다. 피해 조사 중에서, 긴급구호에 대한 이재민 피해조사 분야만은 피해조사 과목을 이수한 전문봉사원을 중심으로 실시함으로써, 신속한 조사를 한 후 자원봉사자가 구호품을 전달하는 것이 바람직하다. 미국 적십자사는 500세대당 20명 이상의 자격을 갖춘 '피해조사 자원봉사자'를 파견하여 이재민에 대한 피해 상황을 수집한다. 피해조사가 선결되어야 구호물자 전달, 인명 탐색 · 구조 활동 등의 구호 활동이 이루어질 수 있기 때문이다. 미국은 주택수리, 공공시설 복구 등과 관련된 피해조사는 정부가 하고, 이재민의 생계구호 차원의 긴급구호를 위한 피해조사는 자원봉사자가 수행하고 있다.

3 이재민 구호 교육 체계

위기관리의 전문성을 배양하는 전문 행정이 이루어져야 한다. 어느 부처보다도 시민의 생명과 재산을 보호하고, 국가·사회의 기반시설을 보호하는 전문 행정을 펼쳐야 하는 분야이기 때문이다. 특히, 재난은 공간적(지역적, 광역적), 시간적(계절적, 순간적) 특성이 강하게 나타나기 때문에, 장기적인 관측과 대응·관리의 경험이 필요하다. 따라서 각종 공학적 전문성은 물론 기능적인 통합관리 행정의 전문성이 필요하다.

전문 기능을 보유한 요원은 별도의 훈련이 없어도 임무 수행에 지장이 없지만, 이재민 구호 영역은 민간단체와 자원봉사자가 대부분을 담당하기 때문에, 사전 교육과 훈련을 실시하지 않는 경우에는 오히려 피해 주민에게 혼란을 가중시킬 수 있다. 미국 적십자사의 경우 대형 재해구호 요령, 연방정부의 구호사업, 구호소 운영, 급식, 구호품 관리, 재해 시 홍보 요령, 재해 시 보건, 전산운영, 재해구호 강사 양성, 가족 지원 등 50여 개의 과정에 73개의 강좌(3시간부터 4일 간의 과정)로 개설이 되어 있고, 연인원 2천여 명 이상의 전문봉사원을 배출하고 있다. 이 과정은 적십자사 소속이 아닌 봉사원들도 참여할 수 있고, 다른 봉사단체의 요청에 의해서도 재해구호 교육을 제공한다.

평상시 자원봉사자에 대해 재해구호 교육을 지속적으로 전담할 수 있는 단체를 선정하여 재해에 대한 올바른 지식과 이재민에 대한 태도, 재해봉사 활동 시의 유의사항 등을 교육해야 한다. 사전에 교육을 받지 않은 상황에서는, 자격을 갖추지 않은 자원봉사자가 무계획적으로 찾아와 현장과 상관없이 자기 마음대로 봉사활동을 하고 가는 일이 없어질 수 없기 때문이다. 그리고 재해 현장에서의 적절한 통제에 따르지 않는 일이 줄어들지 않을 것이다.

재난 발생 시, 자원봉사자나 단체는 사전에 신청을 받아 등록을 해야 하며, 지속적인 교육을 통해 재난 현장 활동에 필요한 준비를 갖춰야 한다. 비상연락망 체계를 갖추고 재난 피해 현장 상황에 따라 적절한 인력과 장비를 동원하여 적재적소에 배치할 수 있어야 한다. 이러한 활동을 위해서는 재해구호 전문기관에서 교육과 훈련을 실시할 수 있는 제도적 장치를 마련하고, 재난 발생 시 효과적으로 대처할 수 있는 국가 차원의 사전 준비 체계를 갖추는 것이 필요하다.

재해봉사 활동을 신청한 단체가 보유하고 있는 자원을 미리 파악하고, 재난 피해 현장에서 맡을 수 있는 업무의 성격과 범위에 대해 봉사단체와 사전 협약을 체결함으로써, 재난 발생 시 신속하게 물자와 인력을 투입할 수 있는 체계를 구축해야 한다. 이를 위해서는 강제적인 방법보다 인센티브와 혜택을 주는 방향으로 제도화하는 것이 바람직하다. 또한 미국에서처럼 적십자사가 방학기간 중에 국공립대학의 시설을 이용해서 재해구호연수원을 설치하여 운영할 수 있도록 행정적 지원을 해주는 것도 필요하다. 우리나라의 경우에는 국공립대학의 평생교육원과 협약을 체결하여 재해구호 교육이나 재난관리 교육, 안전 교육 등을 위탁하여 운영하는 것도 바람직하다.

재해구호 종합훈련은 적십자사가 실시해 오고 있는 이재민 구호 활동 중심의 재해구호 훈련에 정부는 물론 일반 자원봉사단체와 군도 참여하여 민·관·군 합동 훈련을 정기적으로 실시함으로써 기관 간의 원활한 업무 협력 체계를 정립해 나갈 수 있다.

4 현장긴급대응 체계

미국의 CERT(Community Emergency Response Team) 조직이나 미국적십자사의 DAT(Disaster Action Team) 또는 국제적십자사연맹의 ERU(Emergency Response Unit)와 같은 현장대응팀을 마련하는 것이 필요하다. 재난 발생 시 일차적으로 피해를 입는 것은 시민 본인과 가족을 포함한 동료라 할 수 있다. CERT, DAT, ERU와 같은 현장대응팀이 일차적으로 활동을 하는 경우, 보다 많은 피해 경감 효과를 가져 올 수 있다.

일본 고베지진 당시에 구출자의 34.9%는 자력으로, 31.9%는 가족에 의해,

28.1%는 친구와 이웃에 의해, 2.6%는 지나가는 사람에 의해 구출되어, 구출자의 95%가 민간에 의한 것으로 조사된 바 있다. 재난 발생 유형이 다양화하고 복잡화됨으로써 공공 서비스를 통한 재난관리 효과는 한계가 있고, 민간이 자율적으로 만든 방재조직에 의한 재난관리는 세계적으로 확대되는 추세다(신은성, 2003: 70). 재난 대응은 재난 피해 현장의 긴급성과 위험성에 의해 전문화되고 일원화된 통합관리 체제를 통해 운영될 필요가 있다. 그러나 조정 기능의 미약, 공공조직과의 연결 접점과 규칙의 미확보와 같은 문제점이 있는 것으로 나타나고 있다. 이로 인해 재난 발생 시에는 현장에 참여하는 다양한 시민단체를 통합재난관리 시스템으로 편입할 수 있는 대응 체제가 이루어지지 않고 있다. 그리고 재난 피해 현장의 긴급성과 위험성에 대처할 수 있는 교육·훈련을 받은 시민단체가 부족하다는 점이 시민단체의 위기 상황 대처 능력을 어렵게 만드는 요인이다. 대형 재난 피해 현장에는 다양한 자원봉사자와 조직이 참여하게 된다. 그러나 우리나라의 시민단체의 경우, 현장에서 활동할 요원이 부족한 것은 물론, 훈련된 전문 자원봉사자나 단체가 부족하고, 다양한 자원봉사자나 조직을 일원화된 재해통제 시스템으로 편입시킬 수 있는 체제가 구축되어 있지 않아, 오히려 현장 대응 활동을 어렵게 하는 요인으로 작용하기도 한다.

따라서 민간참여형 긴급대응단을 마련하는 것이 필요하다. 현재 「자연재해대책법」상 지역의 재난을 극복하기 위해 수방단이 구성되어 있으나, 정부 주도로 타율적으로 조직이 되어 있어 실제 동원이 이루어지지 못하고 있다. 또한 시·군·구의 경우, 재해대책반이 구성되어 있지만, 대부분 전문인력이 아니고, 사전 훈련이나 전문성의 부족과 인력 부족 등의 이유로 실질적인 기능을 발휘하지 못하고 있으며, 업무의 연계성과 현장관리 능력이 모두 부족한 것이 사실이다.

재난의 발생 시 일차적으로 피해를 입는 것은 시민 본인과 가족을 포함한 동료다. 본인의 재난대책 능력과 현장의 특성을 이해하는 것은 긴급구조와 복구에 도움이 되며, 미국의 CERT(Community Emergency Response Team) 업무가 일차적으로 이루어지면 더 많은 피해 경감 효과를 기대할 수 있다.

5 의연금 모금 · 배분 체계

미국이나 일본의 사례를 보면, 재난 피해 현장에서 구호 활동을 전개하는 시민단체가 구호 활동 수행을 위한 재원조성 차원에서 자율적으로 모금하여 집행하고 있다. 이는 국민에게 호소력을 갖고 자발적인 모금운동을 전개할 수 있기 때문에, 재난 대비, 재난 대응이라는 일련의 과정에서 민간 중심의 자율적이고 체계적인 활동을 수행하는 것이 보장되는 것이다.

의연금 모금은 일반적인 기부금 모금 활동과는 다른 성격을 지닌다. 일반적으로 기부금 모금은 지역사회의 불우이웃을 돕거나 지역사회의 생활환경을 개선하는 데 초점을 두고 진행되는 것이 보통이다. 또한 모금을 통해 사회복지 서비스를 제공하는 비영리조직은 그 활동을 수행하는 데 필요한 제반 경비를 걷는 것이 일반적이다.

그러나 의연금은 다음과 같은 성격을 지닌다. 첫째, 의연금은 재난 발생으로 말미암은 피해 상황이라는 특수한 상황을 전제로 한다. 일반 기부금 모금은 사회구조적 측면이나 개인적 사정을 이유로 나타난 현상을 치유하는 데 목적이 있다. 하지만 의연금 모금은 평소 정상생활을 유지해 오던 주민이 갑작스러운 재난 상황으로 인해 개인이 감당하기 어려운 불행한 상황에 처하게 재난피해자를 돕는 모금이다.

둘째, 의연금 모금은 재난 상황에서 불행을 당한 피해자를 돕기 위한 민간의 자발적 기부행위에 기초한다. 이는 복지 서비스를 제공하기 위한 활동 경비를 걷거나 사업비를 마련하기 위한 목적으로 모금을 하는 것이 아니다. 재난 피해를 당한 당사자에게 직접적인 도움을 주기 위한 목적으로 모금을 한다는 점에서 일반 기부금 모금과 차이가 있다. 누구라도 재해를 당하면 현재의 재난피해자와 동일한 상황에 처할 수 있다는 심정적 동의와 일체감으로부터 기부행위가 나타나는 것이다. 따라서 모금액이 중요한 것이 아니라 모금 자체에 의미가 있다(조문준, 2005.6.20).

셋째, 의연금의 모금과 지원은 신속성을 본질적 속성으로 지닌다. 일반적인 기부금이나 성금과는 달리 각종 재난으로 인해 피해를 입은 이재민을 대상으로 지원하기 때문에, 모금과 지원이 신속하게 이루어져야만 피해자의 절박한 생활 및 생존에 도움이 될 수 있다.[4)]

넷째, 의연금 모금은 재난피해자에 대한 일시적인 위로와 동시에 정상생활로의 복귀를 지원하는 차원에서 이루어진다. 평상시에 다른 사람과 마찬가지로 정상적이고 일상적인 생활을 영위하던 사람들이 재난이라는 갑작스러운 사태에 직면하여 가족과 재산을 잃은 한편, 삶의 무기력함 앞에서 상실감을 겪게 됨으로써 일거에 삶의 터전을 잃은 사람을 대상으로 하는 것이다.

다섯째, 의연금은 동일한 재난으로부터 동일한 정도의 피해를 입은 사람에게 공평하게 배분되어야 한다는 특성을 지니고 있다. 의연금 배분의 공평성이 요구되는 것이다. 2년 전에 피해를 입은 사람과 1년 전에 동일한 피해를 입은 사람이 서로 다른 배분 기준에 의해 지원을 받는 경우에는 오히려 더 큰 상실감을 불러일으킬 수 있다. 일반 기부금 모금이 사회복지 서비스의 수혜자들이 각자가 처한 상황에 따라 서로 다른 서비스를 받는 것과는, 달리 재해구호 복지 서비스의 경우에는 일차적으로 동일 재난 상황에서 동일 피해를 입었다면 동일한 의연금을 받는 것이 필요하다. 기부자가 원하는 대로 대상자를 지정하여 기탁하는 것은 수용하기에 어려움이 있다. 현재는 재해구호협회 배분위원회를 통해 통일된 기준하에서 피해를 당한 이재민에게 균등하게 지원이 이루어지고 있다.

여섯째, 의연금 모금은 대부분의 경우 모금 기간이 단기에 이루어진다는 특징이 있다. 재난 상황이라는 특수성에 기초하여 모금이 이루어지고 있고, 일반 국민의 감정적 호소와 피해 상황의 절박성에 기초하기 때문이다. 일반 기부금 모금은 수혜자에 대한 복지 서비스 제공이 대부분 장기간에 걸쳐 이루어지고 있어 모금 활동 역시 장기에 걸쳐 지속적으로 이루어지는 반면에, 의연금 모금은 일시적으로 집중 홍보를 통한 모금 활동이 이루어진다(김종석, 2005.6.14; 조문준, 2005.6.14).

일곱째, 의연금 모금은 모금 액수가 대규모라는 점을 특징으로 한다. 이는 재난을 당하지 않은 국민 절대 다수가 모금에 참여하는 한편, 국민 통합이나 사회

4) 서선원(2005.6.13)에 의하면 8월에 의연금 모금을 하게 되면 9월이나 10월에 바로 집행을 하는 신속한 체계가 있어야 한다. 그러나 사회복지공동모금회의 경우에는 의연금과는 달리 1년 연중 사업을 수행한다는 점에서 차이가 있다고 한다.

통합의 차원에서 이루어지기 때문이다. 또한 향후에 누가 재난을 당하게 될지 예측할 수 없는 불확실한 상황에서 국민 모두가 '십시일반'하는 상호 부조의 정신으로 기부행위가 이루어지기 때문이다.

여덟째, 의연금 모금은 시민부조의 성격을 지니고 있다. 국가가 거둬들이는 강제적 성격의 세금에 기초한 공공부조 차원에서 이루어지는 정부의 재해구호 지원 사업과는 별개로 이루어지는 활동이다. 공공부조와는 별도로, 민간에서 성금에 기초하여 자발적으로 부조하는 시민부조의 성격을 지닌다.

아홉째, 의연금 모금은 시민부조의 차원에서 이루어지고 있기 때문에 의연금의 모금, 관리, 배분 행위는 정부가 아니라 민간의 비영리부문이 수행해야 한다. 민간의 비영리조직에 의한 모금 및 배분 행위가 이루어질 때, 비로소 의연금의 본질적 의미를 훼손시키지 않게 되는 한편, 국민 통합과 공동체 의식 함양의 취지에도 맞게 된다. 민간부문에서의 의연금의 모금 및 배분 활동은 정부의 개입이 없거나 최소한에 그치는 보충적 행위자로서의 지위에 그쳐야 한다. 정부의 활동은 민간부문의 의연금 모금에 대한 보조금의 지급이나 세금면제 혜택 등에 국한하여 이루어져야 한다.

열 번째, 의연금의 모금에 드는 운영상의 경비 지출은 각 민간 비영리조직의 자체 예산으로 충당할 것이 요구된다. 특히, 일상적인 자선사업이나 사회공익사업을 수행하기 위한 기부금을 모금하는 단체는 자체 모금된 금액 중에서 재난피해자에 대한 혜택을 최대한 늘리는 것이 바람직하다. 이는 다른 일반 기부금과는 달리 의연금의 모금에 따르는 비용이나 경비가 거의 들지 않고, 특수한 재난 피해 상황에 처해 있는 피해자에게 최대한 신속하게 정상생활로 복귀하기를 바라는 의연금 기부자의 뜻을 반영해야 하기 때문이다. 의연금은 일반 기부금과는 달리 민간 사회복지기관이 사업을 운영하는 것이 아니라, 의연금을 직접 전달하는데 초점을 두고 있다. 그리고 의연금 모금 기간이나 활동 역시 일상적인 기부금의 모금 기간 및 활동에 포함되기 때문이다.

열한 번째, 의연금은 모금 및 배분 창구를 일원화하는 것이 바람직하다. 이재민 지원에 대한 명확한 안내와 지원에 대한 신속한 처리, 배분의 중복과 낭비 제거를 위해서는 모금 및 배분 창구의 단일화가 요구된다. 만일 여러 단체와 조직이 의연금을 함께 모금하는 경우에는 창구의 중복성과 모금액 파악 등에서 어려움이 발생하게 된다. 그리고 의연금을 기부하는 기부자나 기부기업의 입장에서 보면, 어느 곳에 의연금을 기부해야 하는지 또는 중복적으로 기부를 요구받음으로써 기업 활동에 부담을 줄 수 있다.

제 18 장

위기관리 법 · 제도

제1절 의 의

국가위기관리 법제화의 필요성은 다음과 같다. 첫째, 기존 법률들이 개별적으로 위기에 대한 규정을 하고 있기 때문에, 포괄적인 차원에서 국가위기관리의 개념과 이념, 가치 등에 대한 법적 규정이 없다. 2004년에 제정된 「재난 및 안전관리 기본법」은 재난 위기에 대해 규정하고 있지만, 이 또한 국가위기와 국가위기관리에 관한 논의를 포괄적으로 담고 있지는 못한 실정이다. 따라서 국가위기관리와 관련된 제반 논의를 포함한 위기관리의 가치와 방향성을 정립하는 것이 필요하다.

둘째, 정부 부처 및 기관이 분산 · 수행하고 있는 위기관리 활동을 통합하여 효율적으로 운영하기 위한 통일된 법 체계가 미비한 실정이다. 정부 부처 및 기관이 개별적으로 소관하고 있는 개별 법령에 근거하여 각각 위기관리 활동을 수행하고 있다. 하지만 국가 사회의 전 분야에 걸쳐 이루어져야 하는 국가위기관리 활동의 통일성을 확보하고 조정·연계하기 위한 새로운 법적 틀을 모색하는 것이 필요하다.

셋째, 국가위기관리 활동을 수행하기 위해 필수적으로 요구되는 각종 조직 및 절차, 활동, 지침, 기관 등이 매우 복잡하고 다양하게 이루어지고 있다. 통일된 국가위기관리 체계는 의사결정 기구, 관련 문서, 업무 절차, 유형별 관리 지침에 따른 책임기관, 유관기관 등을 마련해야 한다. 이들 복잡하고 다양한 내용을 하나의 법제로 통합·연계하는 것이 요구되기 때문에, 국가위기관리에 관한 법제를 일원화하는 방안이 필요하다.

넷째, 헌법으로부터 국가위기관리기본법(가칭)과 전통적 군사 안보 위기 관련 법령, 재난 위기 관련 법령, 국가핵심기반 마비 위기 관련 법령, 소방 관련 법령 등 각각의 국가위기관리에 관한 법률 및 세부 시행령 등을 체계화하고 정리하는 것이 필요하다. 헌법에서 기본권으로서의 안전권을 명문화하고, 기존에 규정하고 있는 기본권을 보장하며, 헌법적 가치를 수용할 수 있는 국가위기관리에 관한 기본법적 성격의 법제화는 궁극적으로 국가위기관리의 체계화를 이룰 수 있기 때문이다.

다섯째, 전통적 군사 안보 위기를 비롯한 재난 위기, 국가핵심기반 마비 위기, 국민생활안전 위기 등 다양한 국가위기를 관리하기 위한 법 체계가 일원화되고 통일된 기반 위에서 작동하지 못하고 있다. 따라서 사회 각 분야의 다양한 법체계 속에서 국가위기관리의 법 체계적 위상을 확립하고, 위기관리 관련 법률을 조정하고 일원화하기 위해 국가위기관리에 대한 법적 제도화가 요구된다.

여섯째, 우리나라의 위기관리 관련 법령은 헌법에서 규정하고 있는 헌법적 가치인 국민의 기본권과 인간의 존엄성 존중, 인간 생명에 대한 존중, 인간의 근본적 권리에 대한 존중, 사회의 보편적 가치와 이념, 사회 운영의 일반적 원칙과 원리를 기존의 위기관리 관련 법률에서 제대로 반영하여 규정하지 못하고 있다. 이는 그동안 위기관리 관련 법령이 위기관리와 관련된 정부의 역할과 기능을 위주로 규정해 왔기 때문이다. 따라서 국가위기관리 법제화는 인간 생명, 인간의 존엄성, 국민의 기본권과 같은 가치와 이념을 반영해야 한다.

일곱째, 국가위기관리의 행정 체계, 조직 체계, 교육 체계, 훈련 체계, 연습 체계, 현장대응 체계, 경보 체계, 지휘 체계, 의사결정 체계 등을 체계화하고 조정하는 법제화가 필요하다. 국가위기관리의 체계화는 곧 국가위기관리의 효율화와 직결되며, 국가위기관리의 효율화를 도모하기 위해서는 무엇보다도 먼저 국가위기관리 법제도화가 선결되어야 한다.

여덟째, 국가위기관리를 통한 국가경쟁력을 강화하기 위해서는 전문인력의 양성 및 활용, 위기관리 장비 및 기술의 표준화, 연구·개발의 진흥, 위기관리 산업의 진흥 및 추진 기관의 설립, 시민사회·기업 등과의 연계를 통한 위기관리 거버넌스 체계 마련, 위기관리 정보시스템 구축, 위기관리의 국제교류 및 국제협력 강화 등이 필요하다. 이러한 내용은 개별 위기관리 법률에서 다루기 어렵고, 각각의 법률에서 개별적으로 규정하는 내용을 조정할 필요성이 있다. 이를 위해 국가위기관리 전반에 걸쳐 기본적인 틀과 내용을 포괄할 수 있는 법제화 노력을 기울여야 한다.

아홉째, 우리나라는 안보 위기, 재난 위기, 국가핵심기반 마비 위기, 생활안전 위기를 관리하는 데 있어서 위기관리에 관한 문화의 중요성을 간과하고 있다. 사실상 국가위기관리에 있어서 가장 중요한 것은 사회적으로 위기관리 문화를 형성하는 것이 필요하다. 국가위기관리 법제화 작업은 이러한 위기관리 문화를 형성하고 정착시키며 발전시키기 위해 국가사회 전반의 노력을 기울여야 한다.

제 2 절 위기관리 법·제도의 이념적 정향성과 원칙

1 위기관리의 이념적 정향성

위기관리는 이념적 가치로 인간의 존엄성(human dignity)에 대한 존중과 구현을 지닌다. 인간의 존엄성은 어떤 위기 상황에서도 인간으로 태어났고 존재한다는 사실 하나만으로도 인간으로서의 기본적인 권리를 보장해야 한다는 적극적인 의미를 지닌다. 구체적으로 살펴보면, 인간의 존엄성은 위기 상황에서조차도 인간으로서의 생명권, 자유권, 평등권, 행복추구권과 같은 인간의 기본권을 보장하는 것을 말한다. 특히, 인간의 존엄성은 모든 학문 분야에 있어서 가장 기본이 되는 이념적 가치라는 점을 받아들여야 한다. 예를 들면, 정책학은 궁극적으로 인간의 존엄성을 증진시키는 것을 목적으로 하는 학문이며, 이를 위해 여러 분야의 학자들이 공동으로 노력하고 협조해야 할 필요가 있다는 것을 강조하고 있다(Lasswell, 1951: 14-15; 김형렬, 2000: 16-17). 인간의 존엄성은 위기 상황에서 가장 위협을 받게 된다. 따라서 위기관리는 인간의 존엄성을 훼손하고 위협하는 상황을 만들지 않기 위해 위기를 예방하고 대비하며, 위기가 발생한 이후에는 위기 상황에서 인간의 존엄성을 존중하고 구현하기 위한 위기 대응 조치와 복구 방안을 마련해야 한다.

인간의 존엄성은 인간 생명에 대한 존중(respect for the life)이라는 이념적 가치를 전제로 삼는다. 세상에서 단 하나밖에 없는 인간 한 사람 한 사람의 생명은 다른 어느 누구, 다른 어느 것과도 바꿀 수 없을 정도로 가장 소중하다. 개인의 생명이 존중되지 않고서는 가족, 사회, 국가 등 다른 어떠한 사회적 구성 요소의 존재도 의미가 없기 때문이다. 국가는 물론이고 개인, 집단, 조직도 위기 상황에서 개인의 생명을 보존하고 유지할 수 있도록 최선의 노력을 경주하는 것이 필요하다.

인간의 생명을 존중하고 보장하지 못하는 상황은 자유권, 평등권, 행복추구권과 같은 국민의 기본권이 무시되는 것이며, 이는 곧 인간의 존엄성을 존중하지 않는 것과 같다. 특히, 인간의 생명을 존중하기 위해 가장 큰 노력을 기울여야 하는 상황은 전쟁, 폭동, 시위, 태풍, 홍수, 집중호우, 폭발, 붕괴 등과 같은 국가위기가 발생하는 경우다. 따라서 무엇보다도 위기 상황에서 인간의 존엄성, 인간의 생명, 인간의 기본권을 존중하고 구현하기 위해서는 위기관리의 올바른 이념적 가치와 정향성을 확립해야 한다.

이와 함께 위기관리는 국가가 존립하는 데 필수적인 국가의 영토와 주권을 보호하는 데 필요한 제반 노력을 기울여야 한다. 이는 국가가 성립하고 유지하며 발전하기 위해서는 구성 요소인 국민, 영토, 주권, 핵심기반의 안전을 지키는 노력을 기울여야 한다.

2 위기관리 법제화 추진의 원칙

위기관리의 법제화를 추진하는 데 있어서 준수해야 하는 원칙을 살펴보면 다음과 같다. 첫째, 통합위기관리시스템의 원칙이다. 우리나라는 그동안 안보 환경이 변해서 과거의 전통적 군사 안보를 강조했던 경향으로부터, 전쟁, 테러, 재난, 핵심기반 마비, 생활안전 위기 등의 전반적인 위기를 포괄적으로 관리하고 통합·조정하는 체계가 미흡했다. 대형 재난과 관련된 위기관리 업무는 정부 부처별로 분산되어 있고, 업무의 영역도 불분명한 상태에서 신속히 대처하는 것이 어려웠다(조영갑, 2003: 23). 통합위기관리시스템은 국가위기의 다양한 유형과 종류의 통합관리, 정부·시민사회·기업이 함께 참여하는 위기관리 거버넌스 구축, 위기관리의 제반 기능과 업무의 통합·연계, 위기관리 기능을 수행하는 관련 기관의 연계, 위기관리 비상대비 자원에 대한 관리 체계의 통합, 오프라인과 온라인상의 위기관리시스템의 통합운용 등을 포함한다.

둘째, 위기관리 거버넌스 체계의 구축이 이루어져야 한다. 정부부문이 주도하는 위기관리로부터 전 국민이 참여하는 위기관리 체계를 구축하는 것이 바람직하다. 이를 위해서는 민간부문의 기업과 시민사회 영역의 NGO와 시민이 위기관리의 주체가 되어 함께 참여하는 위기관리 거버넌스 시스템이 이루어질 때, 비로소 위기관리 체계가 정상적으로 작동할 수 있게 된다. 위기관리 거버넌스는 주민의 안전한 생활을 위해 중앙정부, 주민, NGO, 지방정부 등의 다양한 행위 주체가 의사결정권을 공유한 채, 상호 조정과 협력의 네트워크를 구성하여 위기관리 기능을 수행하는 것이라고 말할 수 있다. 위기관리시스템은 위기관리와 관련된 각 중앙 부처, 유관기관, 광역 및 기초지방정부, 민간부문의 기업, NGO, 주민 등이 업무 조정 및 협조를 통해 위기관리 활동을 원활하게 할 수 있어야 한다. 위기관리는 다른 어느 영역보다도 네트워크 거버넌스가 중요함에도 불구하고 그동안 우리나라가 너무 전통적 군사 안보 위기에 집중해 있다 보니 다양한 위기관리 기능을 수행하는 데 제약이 있었다. 오늘날에는 국가뿐만 아니라 시민사회 조직과 개인이 지구촌 사회의 다른 구성원들과 함께 존재한다는 인식을 갖는 것이 필요하다(Shaw, 2001: 14). 우리나라에서는 위기관리에 민간 기업이나 NGO, 자원봉사단체 등이 제대로 참여하지 못하고 있기 때문에, 위기관리 거버넌스를 통한 위기관리 체계의 구축은 공공부문, 비정부 및 비영리 부문, 영리 부문 등 민간 영역 사이의 협력과 조정이 필요하다(Hy & Waugh, 1990: 14).

셋째, 수요자 중심의 위기관리 접근이 필요하다. 공공 서비스의 제공은 일반적으로 공급자 중심의 접근이 이루어지고 있다. 하지만 공공 서비스에 대한 수요를 정확하게 파악하고 이에 맞춰 서비스를 제공하는 것이 보다 바람직한 것으로 평가된다. 위기관리 서비스의 수요자별로 원하는 서비스를 유형화하고, 이에 맞춰 위기관리 서비스를 제공하는 것이 위기관리정책에 필요하다. 위기관리 서비스는 기상정보 서비스 수요자, 행정 서비스 수요자, 구호 서비스 수요자, 의연금품 서비스 수요자, 소개 및 대피 서비스 수요자, 경보 서비스 수요자, 복구 서비스 수요자, 교육·연구 서비스 수요자 등으로 분류할 수 있다. 이들 각각의 서비스를 수요자별로 제공할 수 있도록 공급기관을 연계해야 한다. 지금까지는 국가위기관리 서비스가 수요자의 필요와 관계없이 공급자 중심으로 제공되어 왔다면, 향후에는 수요를 파악하고 수요자가 원하는 내용을 제공하는 바람직하다.

넷째, 위기관리의 산업화와 시장 중심 접근이 필요하다. 위기관리가 발전하고 효과적으로 이루어지기 위해서는 위기관리 전문인력의 확대와 문화의 확산이 이루어져야 한다. 이는 위기관리와 관련된 산업이 발전하는 경우에 자연스럽게 나타날 수 있다. 안전산업, 방재산업, 위기관리 산업 부문을 창출하고 발전시켜야 한다. 이는 위기관리와 관련된 전문직업군을 형성할 수 있으며, 이를 통해 사회 각 부문의 위기관리 수요를 창출할 수 있게 된다.

다섯째, 위기관리의 현장 대응 능력을 강화해야 한다. 현장성에 기초한 위기관리시스템을 구축하고 운용할 때 위기관리 체계를 효율화할 수 있다. 현장성은 예방·대비·대응·복구와 관련된 위기관리의 일차적 책임 주체와 관련된 쟁점사항을 다루게 된다(이재은, 2004: 155). 위기 발생에 따른 관리, 특히 대응의 우선책임은 지방정부에 있다(Hightower & Coutu, 1996: 69). 다만, 주의할 것은 광역 및 기초지방정부, 중앙정부는 모두 위기관리의 책임을 공유하고 함께 노력해야 하는 공동의 주체라는 점을 인식해야 한다(Schneider, 1995: 36). 이는 국가가 위기관리의 책임을 진다는 헌법적 규정의 포괄성에 비추어 볼 때 위기관리의 책임 주체와 관련된 쟁점은 중요한 문제다. 서비스 소비자에게 가장 가까이 있는 정부야말로 위기관리 서비스를 가장 잘 전달할 수 있기 때문이다(Winslow, 1996: 101).

여섯째, 위기관리의 지원－협조－연계－조정의 원칙이다. 새롭게 구축되는 위기관리 체계는 과거의 지시－통제－명령－감독의 패러다임으로부터 변해야 한다. 운영 패러다임이 변해야만 각종 네트워크상에서의 연계 활동이 가능하게 된다. 미래 사회에서의 국가위기관리는 지원, 협조, 조정, 연계라는 새로운 패러다임에 입각해야 한다. 지방정부에 대한 중앙정부의 지시 일변도의 위기관리는 지원 위주의 연계가 이루어져야 하며, 통제 위주의 관계는 협조 위주의 관계로 전환되어야 한다. 명령은 유관기관 사이에서 사전・사후 조정의 패러다임으로, 감독은 연계의 메커니즘으로 변화해야 효율적인 위기관리 체계의 운영이 가능하다. 위기관리를 효과적으로 수행하기 위해서는 권한집중을 강화하기보다는 조정모형(coordination model)을 구조화하는 것이 바람직하다(Drabek, 1985: 91).

일곱째, 위기관리의 지식정보사회에의 대응 원칙이다. 우리나라 사회는 고도의 지식정보사회로 발전해가고 있으며, 향후 제4차 산업혁명의 시대를 맞이하게 될 것이다. 단순한 정보화의 수준을 벗어나 고도의 의사결정을 하는 데 빅데이터와 각종 정보시스템이 활용될 것이다. 국민의 일상생활 역시 지식정보사회의 환경 하에서 이루어지게 될 것이다. 따라서 이러한 고도화 사회에서의 위기관리는 새로운 환경에 적합하게 변할 때 효율적으로 기능할 수 있다. 단순한 정보의 전달과 공유에 그치는 것이 아니라, 위기 상황 정보에 기반한 시나리오 구성을 통한 상황 정보의 공유 및 의사결정 지원을 위한 정보시스템의 구축이 필요하다.

여덟째, 국가위기관리의 국제적 협력 및 연계의 원칙이다. 오늘날 위기는 어느 한 국가만의 문제로 나타나는 것이 아니라, 다수의 국가에 걸쳐서 나타나고 있다. 예를 들면, 조류 인플루엔자나 메르스의 경우, 대상이 되는 국가의 영역이 불특정 다수의 국가에 걸쳐 있기 때문에, 더욱더 국제적 협력 및 연계 활동을 체계화해야 한다. 또한 안보 위기의 경우에도 국제적 협력이 요구되며 지역 차원에서의 군사적 분쟁을 예방하고 효율적으로 관리하기 위해서는 유럽에서와 같은 정부 차원의 안보 협력 기구를 설치하는 것이 필수적이다. 아세안 지역포럼(Asean Regional Forum: ARF), 동북아협력대화(Northeast Asia Cooperation Dialogue: NEACD), 아태안보협력이사회(Council for Security Cooperation in Asia－Pacific: CSCAP) 등의 안보 협력 대화체를 활용하는 방안을 고려할 수 있다. 동북아 지역 차원에서의 분쟁 및 위기를 예방·관리하기 위해서는 현재의 안보 협력 대화체의 수준에서 한 단계 더 발전된 형태의 안보 협력 기구를 결성하는 것이 필요하다(정희태, 2003: 255). 국내의 위기관리 체계만으로는 수많은 위기에 적절하게 대처하는 것이 어렵다. 따라서 위기관리의 제도 분야나 학술연구 분야, 정보시스템 분야, 예방 및 완화 분야, 대비 분야, 대응 분야, 복구 분야, 정보공유 분야 등에 있어서 국제적 협력 관계를 구축하고 체계적 연계가 필요하다.

3 위기관리 법·제도의 주요 내용

위기관리의 법제화에 있어서 필요한 제도적 체계화를 살펴보면 다음과 같다. 첫째, 국가위기관리의 법적 체계화가 이루어져야 한다. 현재 위기관리에 관한 개별 법률이 산재되어 체계화되어 있지 못하며, 법률 간의 협력 및 연계가 제대로 이루어지지 못한 실정이다. 따라서 전통적 군사 안보 위기, 재난 위기, 국가핵심기반 마비 위기, 국민생활안전 위기를 포괄할 수 있는 법률을 제정하고, 이를 기반으로 관련 법률을 일관성 있게 정리하고 체계화해야 한다. 국가위기관리에 관한 기존의 법률을 개정하거나 새로운 법률을 제정하는 경우 기본 이념과 기준 틀을 제시할 수 있도록 법체계를 정비하는 것이 바람직하다.

둘째, 위기관리의 행정 및 조직의 체계화가 이루어져야 한다. 위기관리의 효율적이고 효과적인 수행을 위해서는 국가 사회 전반의 위기관리의 기준과 새로운 틀을 제시하는 한편, 사회 구성 요소에 대해 위기관리정책을 집행할 수 있는 행정 체계를 구축하는 것이 필요하다. 정부는 위기관리에 관한 주요 정책의 심의 및 기획·조정, 위기 사태 선포 시 통합된 위기관리 기능을 수행하기 위한 국가위기관리위원회(가칭)를 두는 것이 필요하다. 위기관리의 종합적 기능을 수행하고 각 정부 및 공공 기관을 통할하며 민간사회까지 아우를 수 있기 위해서는 대통령 소속 하에 위기관리 행정 체계를 설치하는 것이 바람직하다.

셋째, 위기관리를 위한 교육·훈련·연습 체계를 제도화해야 한다. 재난이 발생하는 경우, 재난피해자를 제외한 일반 시민들은 다음의 역할에 대해 생각해 봐야 한다. 첫째, 누구든지 언제 어디서나 일어날 수 있는 재난에 노출되어 있는 예비피해자가 될 수 있다. 둘째, 재난 현장의 방관자가 될 수 있다. 셋째, 재난을 당한 사람들을 구호하는 구호자의 입장이 될 수 있다. 넷째, 재난관리를 하는 재난관리 책임자가 될 수 있다. 따라서 시민은 평소에 재난에 대비해서 교육과 훈련을 받아야 한다. 교육과 훈련은 재난관리의 모든 단계에서 그 중요성이 크지만, 실제로는 잘 이루어지지 않고 있거나 소홀히 다루어지고 있는 실정이다.

넷째, 위기에 대비하기 위한 경보 체계를 구축해야 한다. 위기로 인해 안전에 피해가 발생할 것이 예상되는 경우, 위기관리 기관으로 하여금 필요한 조치를 취하도록 위기 경보를 발령하게 된다. 위기 경보의 발령에 따라 위기관리 기관별 조치 사항의 이행 실태를 점검하고, 위기관리 기관의 출동 또는 물자 및 지정된 장비·인력의 동원 등 필요한 조치를 취할 수 있어야 한다.

다섯째, 위기 사태를 선포하기 위한 제도가 체계화되어야 한다. 위기로 인해 국민과 국가의 안전에 중대한 영향을 미치거나 위기의 효과적인 수습 및 복구를 위하여 특별한 조치가 필요하다고 인정되는 경우, 위기 유형별로 위기 사태를 선포할 수 있어야 한다.

여섯째, 위기관리의 선진화와 고도화를 이루기 위한 평가 제도를 체계적으로 정비해야 한다. 위기관리 기관의 정책 및 활동에 관해 평가함으로써, 위기관리의 효과성을 확보해야 한다. 평가의 기본 대상은 ① 위기를 예방하기 위한 정책의 수립·집행 및 조치 사항, ② 위기의 발생에 따른 대응 조치와 이에 필요한 사전 대비 활동 유무, ③ 위기 발생으로 인한 피해복구 및 안정화 대책 마련, ④ 위기 유형별 정책 및 관리 체계, 위기관리 규정의 마련 등이다. 위기관리 집행 능력을 향상시키기 위해서는 체계적인 사후 평가 시스템을 구축해야 한다. 사려 깊은 평가는 위기관리의 실행 능력을 향상시키는 데 필수적이다.

위기관리의 법제화에서는 그동안 경시되었거나 누락되었던 사항을 검토하고 향후 국가 사회적인 필요 사항들을 규정해야 한다. 첫째, 위기관리의 효율화를 위한 전문인력의 양성 및 확보가 필요하다. 안보 위기는 물론 재난 위기와 핵심 기반 마비 위기, 생활안전 위기, 신종 위기를 관리하는 데 필요한 전문성을 확보한 인력을 양성해야 한다. 전문인력을 양성하는 방법으로 국가가 직접 방재교육 전문 기관을 설립하여 하는 방안도 있지만, 각 지역별 여건과 학문적 심화를 위하여 국공립대학교에 전문대학원을 설치하거나 정부가 인정하는 기관을 교육 기관으로 지정하거나 협약을 통해 위기관리 전문인력 양성기관으로서 기능을 수행하게 할 수 있다. 오늘날 끝없이 변화하고 있는 국가위기관리의 환경 변화로 인해 각종 다양한 위기에 대응할 수 있는 종합적 대처 능력을 지닌 위기관리 전문인력을 양성·개발하고, 위기관리 전문인력의 활동 여건을 개선하기 위해서도 필요하다. 특히, 공공 및 민간 부문의 조직별로 자체 위기를 관리할 수 있도록 하기 위한 위기관리 전문인력 양성 프로그램을 마련하는 것이 요구된다.

둘째, 다부처에서 다루는 다양한 종류의 위기를 체계적으로 관리하기 위한 표준화 방안을 마련하는 것이 필요하다. 효율적인 국가위기관리 기능 수행과 국가위기에 대한 국민의 이해 증진, 국가위기관리의 정확성, 합리성 및 국제성 제고를 위하여 과학·기술·경제 활동 분야 등에서 국제적 표준을 고려하여 용어·측정 단위·계량 단위 등을 표준화 하는 것이 필요하다.

셋째, 위기관리의 고도화와 선진화를 위해서는 국가위기관리에 필요한 연구 및 개발 역량을 발전시켜야 한다. 위기관리와 관련된 좋은 제도나 계획 및 장비를 가지고 있는 일본이나 미국도 처음에는 우리와 마찬가지로 각종 위기로부터 큰 피해를 겪었고, 대응·복구 과정에서 많은 문제점을 지니고 있었다. 우리나라와 차이가 있다면, 이러한 문제점을 해결하기 위해 많은 전문인력과 예산을 투입해서 각종 재난을 꾸준히 체계적으로 연구하고 분석하여 문제점을 발견하고 개선 방안을 마련해 왔다는 점이다. 이러한 노력을 통해 예방 효과를 높이고 대형 재난이나 위기 발생 시 혼란과 무질서를 줄이는 것이 재난관리나 위기관리의 접근 방식이다. 우리나라에서 위기관리의 가장 근본은 이러한 기초 조사를 통해서 관련 자료를 축적하고 분석하는 것이다. 위기 발생의 정확한 원인의 진단과 분석, 교훈의 도출을 위해 위기 발생 시에 관련된 다양한 학문 분야별 전문가들을 공동으로 파견하여 각종 위기 사례에 대한 전문가의 연구와 분석, 관련 자료의 수집·정리·보관이 함께 이루어져야 한다. 위기 유형 중 빈번하게 발생하는 위기의 원인 분석과 개선 방안, 관련된 자료의 종합 DB 구축, 기술 지원 등의 사업을 추진하기 위한 방안을 마련해야 한다.

넷째, 위기관리를 활성화하고 민간 분야를 포함하여 국가적인 관심과 노력을 유도하기 위해서는 관련 산업을 진흥시켜야 한다. 위기관리의 선진화와 고도화는 곧 민간 자율에 의한 위기관리가 이루어질 때에 가능하다. 선진 위기관리 국가가 되기 위해서는 무엇보다도 먼저 위기관리와 시장(market)을 연계해야 한다. 시장의 수요가 있을 때 비로소 위기관리 전문가 육성이 이루어질 수 있고, 이를 기반으로 중앙정부, 지방정부, 기업들이 위기관리를 보다 체계적으로 수행할 수 있게 된다.

다섯째, 위기관리의 효과성을 확보하기 위해서는 정부와 시민사회가 연계되어야 한다. 위기관리의 3대 주체라고 하면 중앙정부, 지방정부, 시민사회 영역을 들 수 있다. 위기관리에 있어서 시민사회 영역의 시민단체는 비록 주도적인 역할을 수행하고 있지는 않지만 중앙정부나 지방정부 못지않게 중요하다. 위기관리에 있어서 민간부문의 활동은 그 가치를 평가할 수 없을 정도로 귀중한 역할을 수행한다. 이러한 민간 영역에는 건설회사, 민간 기업, 자원봉사자, NGO 등이 포함된다. 특히, NGO는 대부분 모든 지역의 재난관리 네트워크에서 중심 활동가로 활동하고 있다. 따라서 중앙정부와 지방정부는 위기로부터 국민과 국가의 안전을 확보하고, 이재민을 돕고 위기관리의 경제 · 사회적 중요성 등을 확산시키기 위해 위기관리 관련 단체의 설립 및 운영을 지원하는 것이 바람직하다.

여섯째, 위기관리의 국제적 협조 체제를 구축하는 것이 필요하다. 오늘날에는 국가 간 상호 교류가 활발하여 특정 지역에서 발생한 문제가 국지적 현상으로 종결되기보다는 국제적 현상으로 확산될 개연성이 크다. 예를 들면, 사스(SARS), AI, MERS 등의 감염병은 특정 지역에서 발생하여 전 세계로 퍼져나가 세계 관광시장을 위축시킨 사례들이다. 향후 유사한 위기 상황이 발생하더라도 초기 대응과 적절하고 신속한 조치로 피해를 최소화할 수 있는 장치를 도입할 필요가 있다. 국제적인 파급효과를 지닌 위기의 경우에는 세계 시민의 인권과 안전을 보장하기 위해 위기관리에 대한 단계별 국제 표준 설정, 우선조치 사항에 대한 국제적 합의, 국가 상호 간 긴밀한 의사소통 등에 대해 국제기구를 중심으로 위기관리시스템을 구축해야 한다.

일곱째, 선진화된 위기관리를 위해서는 위기관리 문화를 형성 · 유지 · 발전시켜야 한다. 위기를 극복하는 실행 주체는 결국 위기를 극복할 수 있다는 자신감과 의욕을 지닌 구성원들이다. 전통적 군사 안보 위기든, 재난 위기든, 핵심기반마비 위기든지 간에 해당 위기를 극복하려는 국민과 위기관리를 책임지는 구성원이 위기 극복의 문화를 지니고 있다면 위기관리의 성공 가능성이 높아진다. 정부는 위기관리 문화를 형성하기 위해 위기관리에 대한 국민의 이해와 지식의 수준을 높이는 정책을 펴는 한편, 국민생활과 기업 운영 측면은 물론 국가사회 전반에 걸쳐 위기관리가 광범위하게 적용될 수 있도록 노력해야 한다. 그리고 이를 효과적으로 달성하기 위해 조사 연구 및 시책의 개발, 관련 사업의 추진 및 지원 등을 수행하는 것이 바람직하다.

여덟째, 오늘날 위기 유형 중의 하나는 사회적 갈등으로부터 발생하는 경우가 많다. 2003년 화물연대 파업으로 인한 국가 물류 수송 시스템의 마비, 부안사태로 인한 공공질서의 마비, 철도노조 파업으로 인한 교통 시스템의 마비 등이 그것이다. 이는 결국 우리 사회시스템의 내부 역량이 사회적 갈등을 관리하거나 해결하지 못하고, 오히려 조장하거나 방치하는 것으로부터 연유한다고 볼 수 있다. 따라서 위기를 효과적으로 예방하고 효율적으로 관리하기 위해 정부기관 및 민간부문의 위기관리를 담당하는 공무원 및 민간인의 갈등관리와 협상 능력을 높일 수 있는 방안을 마련해야 한다. 향후 우리 사회가 첨단화되고 고도화될수록 사회구성원에 의해 사회시스템의 기반을 마비시키는 현상이 점점 더 증가할 것이기 때문이다.

아홉째, 장기적으로 안전을 확보하기 위한 차원에서 학교 교육 및 평생 학습을 통한 위기관리 교육 방안을 마련하는 것이 필요하다. 국가는 초·중·고등학교 및 대학의 학생에게 위기관리 교육을 실시함으로써 안전한 사회를 만들 수 있다. 위기관리 책임기관이나 유관기관은 해당 기관의 구성원을 대상으로 위기관리 교육을 실시해야 한다.

참고문헌

국내 문헌

강홍렬 · 장종인 외(2006). 『일상의 안전을 위한 미래의 사회시스템: 지식정보사회의 위험관리』. 서울: 정보통신정책연구원.

강희숙(1993). 국민학교 어린이의 보행자 교통안전교육에 관한 연구: 교통안전 지식, 태도 및 실천을 중심으로. 『한국보건교육학회지』, 10(1): 61-71.

경기도(2006). 『선진적 식품안전관리 정책 개발 연구』.

경찰청(2007). 『어린이보호구역 정기보고』.

곽노성(2002a). 국가 식품안전관리기구의 개편방향에 대한 정책적 제언. 『보건복지포럼』, 9: 37-46.

______(2002b). 식품안전관리 강화를 위한 정부 조직개편 방안. 『보건복지포럼』, 12: 95-103.

교육인적자원부(2003). 『학교식중독사고 통계(최근 5년)』.

교통과학연구원(2005). 『어린이 교통사고 특성 및 안전정책 국제비교』.

교통안전공단(2005). 『2004년도 교통사고 증감 원인 분석 및 대책 연구』.

국가위기관리기본지침(2004).

국가정보원(2005). 『미국의 국가비상대응계획(NRP: National Response Plan)』. 국가정보원.

국가통계포털(http://www.kosis.kr).

국회사무처 법제실(2004). 『식품관리체계의 문제점 및 개선방안』.

국회사무처 예산정책국(2003). 『교통사고 취약구간 정비 사업에 대한 평가와 개선과제』.

권건주(2005). 지방정부 재난관리조직의 효율화 방안: 삼척시 사례를 중심으로. 『한국위기관리논집』, 1(2): 79－92.
______(2012). 한국 지방정부 재난관리체제 실태분석 및 개선방안: 시 · 군 · 구를 중심으로. 『한국위기관리논집』, 8(5): 15－32.
권재익(2002). 어린이 안전학교 실태와 안전제도 개선방안. 어린이 안전 대 토론회. 『어린이 안전환경 조성을 위한 토론회 자료집』. 1－77.
김강녕(2002). 『새로운 형태의 위기에 대한 효율적인 통제 및 비상기획위원회 기능강화 방안』. 서울: 비상기획위원회.
김경호(2010). 지방자치단체 재난관리체계의 단계별 개선방안에 관한 연구: 대구광역시 사례를 중심으로. 『한국행정논집』, 22(1): 151－180.
김근영(2004). 국가위기관리 전문성 향상을 위한 공무원 교육제도 개선 방안. 강남대학교.
김대환(1998). 돌진적 성장이 낳은 이중 위험사회. 『계간 사상』, 10(3): 26－45.
김동건 · 이준구 · 박태규 · 오연천(1986). 『재정과 경제복지』. 서울: 박영사.
김두철(2005). 『위험관리 · 위기관리』. 서울: 형설출판사.
김무겸(2012). 국가위기관리체계에 대한 메타거버넌스적 고찰: 2010－2011년 구제역 확산사례를 중심으로. 『한국위기관리논집』, 8(5): 53－82.
김민주(2014). 『재앙을 예고하는 300번의 징후와 29번의 경고 하인리히 법칙』. 서울: 미래의 창.
김선영(2003). 우리 동네 보건소: 가정 안전사고로부터 아이들 지키기. 『대한보건협회 건강생활』, 10: 31.
김열수(2005). 『21세기 국가위기관리체제론: 한국 및 외국의 사례 비교연구』. 서울: 오름.
______(2007). 한국에서의 새로운 테러 주체의 등장 가능성: 유럽의 자생적 테러 주체와의 비교를 중심으로. 『한국위기관리논집』, 3(1): 1－12.
김영욱(2002). 『위기관리의 이해: 공중 관계와 위기관리 커뮤니케이션』. 서울: 책과길.
______(2003). 『PR 커뮤니케이션: 체계, 수사, 비판이론의 통합』. 서울: 이화여자대학교출판부.
______(2004a). 위기관리 모델과 커뮤니케이션: PR 커뮤니케이션 측면의 기본적인 이해. 『방재연구』, 6(4): 79－95.
______(2004b). 위기관리의 새로운 접근: 국민과 함께 하는 커뮤니케이션 측면의 위기관리. 『방재연구』, 6(3): 78－82.
김영욱 · 박소훈 · 차희원(2004). 한국인의 집단주의 성향과 귀인 성향, 그리고 위기 커뮤니케이션 수용 간의 관련성: 국가위기로서의 IMF 상황을 중심으로. 『한국언론학보』, 48(4): 271－298.
김영치(1998). 위험사회와 건강의 새 지평. 『계간 사상』, 10(3): 222－246.

김영호(2008). 9·11 이후 다자적 대테러 협력의 형성과 향후 전망. 『대테러정책 연구논총』, 5: 2-42.
김영훈(1995). 『규제행정의 이론과 실제』. 서울: 선학사.
김용석(2001). 평화공존시대의 비상대비과제와 국가동원의 중요성. 『세미나논문집』. 서울: 비상기획위원회.
______(2005). 우리나라의 전통적 안보위기관리 발전방안. 『한국위기관리논집』, 1(2): 1-14.
김응수(2009). 탈냉전 이후 초국가적 테러리즘의 확산과 군사적 대응. 『국가위기관리학회보』, 1: 149-163.
______(2010). 테러리스트의 인터넷 활용성 증대와 대응과제. 『한국위기관리논집』, 6(2): 76-90.
김정헌(2009). 지방정부의 위기관리를 위한 행정PR적 대응 분석. 『한국사회와 행정연구』, 20(3): 199-224.
김종하(2002). 21세기에 대두되는 안보적 위협. 『국방저널』, 345: 76-79.
김지윤·성민정(2009). 언론보도에 반영된 조직의 위기관리 전략 분석: GS칼텍스 개인정보 유출 사건을 중심으로. 『언론과학연구』, 9(3): 37-69.
김태영(2011). 안전사회 구현을 위한 지방재정의 강화방안. 『지방행정』, 691: 30-33.
김현택 외(2003). 『심리학-인간의 이해』. 서울: 학지사.
김형렬(2000). 『정책학』(개정판). 서울: 법문사.
______(2003). 정책은 철학이다. 『한국정책논집』, 3: 1-20.
김혜금(2002). 보육시설에서의 유아 안전교육 프로그램 개발을 위한 기초 연구. 『동남보건대학논문집』, 20(2): 293-309.
______(2006). 가정내 안전사고 예방을 위한 부모교육 프로그램 요구. 『대한가정학회지』, 44(1): 87-99.
김호준(2000). 중국의 위기관리정책. 『대한정치학회보』, 8(2): 319- 333.
김희정(2004). 국가정책 위기커뮤니케이션 사례 연구. 서강대학교 영상대학원 광고홍보학석사학위논문.
네모토 마사쯔구(2015). 지방자치단체 재난관리 체계와 사회적 경제조직의 역할: 일본 재해대책 기본법 개정과 스기나미구(杉並區) 사례를 중심으로. 『한국위기관리논집』, 11(2): 49-69.
노진철(2015). 국가위기관리의 실패와 그 구조적 원인: 세월호 참사를 중심으로. 『한국위기관리논집』, 11(3): 1-17.
두산동아(2000). 『동아 새국어사전』.
류상일·안혜원(2007). 네트워크를 통한 효율적 재난대응체계 구축 : 한국과 일본의 재난 사례를 중심으로. 『한국콘텐츠학회논문지』, 7(2): 170－179.
문상연(2000). 학교급식 위생관리의 발전방향. 『지방행정』, 561: 139－151.
문현철(2008). 국가재난관리체제에 있어서 중앙정부와 지방자치단체의 역할에 대한 법적 고찰. 『한국위기관리논집』, 4(1): 84－104.
민방위기본법[일부개정 2008.2.29 법률 8855호].
민방위 훈련. http://www.safekorea.kr; http://www.safekorea.kr/dmtd/main/CvdfMain.jsp?q_menuid=M_NST_SVC_03;
박동균(2010). 다중이용시설 테러에 대비한 지방자치단체의 위기관리 전략. 『한국지방자치연구』, 11(4): 165－185.
박동균 · 박창근 · 송철호 · 오재호(2009). 『지방자치단체의 재난대응론』. 서울: 대영문화사.
박동균 · 양기근 · 류상일(2012). 지방자치단체 재난관리체계의 현황과 개선방안. 『한국지방자치연구』, 13(4): 131－154.
박동균 · 양기근 · 류상일 · 강용석(2012). 유럽 지방자치단체의 재난관리 시스템: 영국과 독일 사례의 특징과 시사점. 『한국치안행정논집』, 8(4): 55－76.
박동균 · 이재호(2003). SARS의 대응사례를 통해 본 중국 위기관리행정의 문제점. 『한국행정논집』, 15(3): 729－751.
박상현 · 임영희(2005). 대전 · 충남지역 학교급식의 위생관리 실태조사. 『대한지역사회영양학회지』, 10(2): 234－242.
박영준(2005). 『국가위기관리의 이해』. 서울: NSC보고서.
박원탁(2007). 미 · 일의 대테러에 따른 우리의 방안. 『대테러정책 연구논총』, 4: 71－92.
박윤흔(1993). 『비상대비 관계법령의 체계적 정비방안』. 서울: 비상기획위원회.
박재훈(2011). 『기업의 사고와 위기관리 119』. 서울: 커뮤니케이션북스.
박준석(2008). 뉴테러리즘 대응전략의 산 · 학 · 관 · 연 상호 협력방안. 『대테러정책 연구논총』, 5: 196－223.
박지영(2015). 초대형 재난 위험사회의 대비. 『국토』, 406(8): 6－13.
박지환 · 김윤희(2014). 지방자치단체의 재난관리 담당 공무원 대상 교육훈련 현황 및 문제점. 『한국콘텐츠학회논문지』, 14(11): 702－712.
박하용(2015). 국민안전처 출범에 따른 지자체 재난관리 실태점검 제도개선 방안: 2014년도 지자체 재난관리 실태점검 결과를 중심으로. 『한국방재학회지』, 15(2): 114－123.
박해육(2002). 신공공관리에 대한 비판적 고찰. 『경기연구』, 7.
배득종(1996). 『신 재무행정: 좋은 예산을 찾아서』. 서울: 박영사.
배순영 · 백병성(2005). 『소비자안전체감지수 개발 기초연구』. 재정경제부 · 한국소비자보호원.

배영자(2003). 『국가안보 및 위기관리와 과학기술: 9·11테러에 대한 미국 과학기술계의 대응과 국토안보(Homeland Security)에서 과학기술의 역할』. 서울: 과학기술정책연구원.

백진숙(2008). Coombs의 관점으로 본 성희롱(sexual harassment) 사건에 대한 정치인의 위기 커뮤니케이션 전략. 『한국위기관리논집』, 4(2): 32-42.

______(2009). Benoit의 관점에서 본 '미디어법'에 대한 정당의 위기관리 커뮤니케이션. 『한국위기관리논집』, 5(2): 72-82.

볼프강 조프스키 저, 이한우 옮김(2007). 『안전의 원칙: 위험사회, 자유냐 안전이냐』. 경기도: 도서출판 푸른 숲.

비상대비자원 관리법[일부개정 2008.2.29 법률 8876호].

서재호·이승종(2012). 지역주민의 사회안전 및 사회위험 인식 영향요인에 대한 탐색적 연구: 광역자치단체를 중심으로. 『한국위기관리논집』, 8(3): 1-20.

서재호·정지범(2010). 불확실성 하에서 재난관리의 보편성과 특수성간 상호제약에 대한 연구: 숭례문 소실 사례를 중심으로. 『한국위기관리논집』, 6(4): 67-82.

서정민(2010). 해외진출 국민의 테러피해 증가요인에 관한 고찰: 중동지역을 중심으로. 『대테러정책 연구논총』, 7: 73-142.

소병희(1993). 『공공선택의 정치경제학』. 서울: 박영사.

송하성(1999). 공공재의 과다공급과 비효율의 최소화방안. 『재정논집』, 13(2): 139-170.

______(2000). 공공재 과잉공급이론과 관료기구의 팽창. 『공공정책연구』, 7: 153-177.

식품의약품안전청(2007). 『어린이 먹거리 안전 종합대책: 안전한 식품, 바른 영양, 건강한 어린이』.

신경림·김정선·신수진(2004). 안전사고 예방프로그램이 저소득층 여성노인의 안전사고에 대한 지식, 태도 및 예방행위에 미치는 효과. 『한국노년학회』, 24(4): 53-67.

신동주·김명순(1999). 아동 안전을 위한 국내·외 아동놀이시설물 및 놀이용품의 안전보호제도에 관한 연구. 『아동학회지』, 20(1): 177-197.

신명희·백진숙·곽선혜(2013). 지방자치단체의 위기 유형화 및 대응전략에 관한 연구: 수원시, 성남시, 고양시, 용인시를 중심으로. 『한국위기관리논집』, 9(3): 157-176.

신의권(2007). 각국의 테러대응책과 우리나라의 테러방지법. 『대테러정책 연구논총』, 4: 32-68.

심은순(2004). 초등학생의 안전의식 및 실천정도와 안전사고 발생실태, 『한국보건간호학회지』, 18(2): 258-275.

심준섭(2004). 불확실성과 정책오차의 이중성(duality of policy errors): 신용카드사 규제정책을 중심으로. 『한국행정학보』, 38(6): 131-153.

안영섭(2005). 한국, 테러안전지대 아니다: 미국이나 영국 못지않게 국가의 최우선 과제를 테러방지에 두어야 할 것. 『북한』, 405: 84－91.
안철현(2005). 국가 위기관리 개념의 변화와 위기관리 체계의 구축방향. 『비상기획보』, 73: 14－28.
______(2005). 국가핵심기반 위기: IT기반사회에서의 신종위기. 『IT기반사회에서의 신종 핵심기반 재난과 위기관리시스템(제1차 위기관리 이론과 실천 학술회의 발표논문집)』, 2005.7.22: 1－14.
______(2008). 공공기관의 PR 특성과 위기관리 현황 연구: 우수성 연구(Excellence Study)의 적용. 『한국위기관리논집』, 4(1): 35－49.
______(2009). 재난 분야의 정부 부문 위기관리 거버넌스 체계. 『현대사회에서의 국가위기관리와 인간안보(2009년도 국가위기관리학회 동계학술대회 자료집)』. 128－146.
양현모 · 문재원 · 이상태(2009). 유럽의 위기관리 거버넌스체제. 정지범 편저. 『국가종합위기관리』. 서울: 법문사.
여차민(2010). 재난관리사업의 특별회계 설치에 관한 연구: 하천정비사업의 사례. 『한국지방자치학회보』, 22(4): 241－264.
오금호(2007). 재난복구시 재난관리 주체의 의사결정에 대한 비대칭정보 적용의 문제. 『한국위기관리논집』, 3(1): 75－86.
월간조선(2002). 10월호(조선일보사, 2002).
위금숙 · 백민호 · 권건주 · 양기근(2009). 『한국의 재난현장 대응체계: 문제점과 향후 과제』. 서울: 대영문화사.
유정(2011). 트라우마 생존자의 정보처리: 내러티브 면담의 응집성과 담화처리 모형. 연세대학교 박사학위논문.
유현정 · 이재은 · 노진철 · 김겸훈(2009). 『재난을 바라보는 다섯가지 시선』. 서울: 대영문화사.
육군본부(2003). 『지휘관 및 참모업무』. 육군본부.
______(2004). 『교육훈련관리』. 육군본부.
윤동근(2015). 초대형 재난에 대비한 시민안전 제고방안. 『국토』, 406(8): 48－52.
윤미연 · 이인숙(2006). 포항지역 학교급식의 안전성을 위한 학교 급식 조리실의 기본 시설 · 설비 조사. 『대한영양사협회 학술지』, 12(3): 264－276.
윤영민(2007). 수용자의 관점에서 본 위기 커뮤니케이션 전략: 공중은 조직의 위기 커뮤니케이션 전략을 어떻게 평가하고 있는가? 『한국언론학보』, 51(5): 424－442.
윤태영(2010). 영국의 대테러리즘 위기관리 체계와 전략. 『한국위기관리논집』, 6(1): 82－100.
이경훈(2009). 국내 다중이용시설의 테러예방설계를 위한 기초연구. 『대테러정책 연구논총』, 6: 179－219.

이경훈 · 김창훈(2009). 다중이용시설의 테러예방을 위한 건축물 보안통제(building security control) 디자인의 실태와 지방자치단체의 역할. 『한국위기관리논집』, 5(1): 44-58.

이대성 · 김종오(2007). 테러리즘에 관한 규범학적 이해와 접근. 『법학연구』, 28: 391-419.

이도형(2000). 『지방자치의 하부구조: 연방제형 자치, 서비스행정, 지역사회개발』. 서울: 한울아카데미.

이동규 · 민연경(2015). 세월호 참사 이후, 재난 안전인식이 정부신뢰에 영향을 미치는가?: 한국리서치의 재난안전 국민인식 옴니버스 조사결과를 중심으로. 『한국위기관리논집』, 11(3): 19-38.

이동수(2000). 신공공관리의 논리와 한계에 관한 고찰. 『사회과학논총(계명대)』, 19(2).

이동윤(2009). 국내 정치와 지역 거버넌스 :동남아의 테러방지를 위한 지역협력 사례를 중심으로. 『국제정치논총』, 49(1): 329-351.

이명석(2001). 신자유주의, 신공공관리론 그리고 행정개혁. 『사회과학(성균관대)』, 52.

이순동(2006). 위기 커뮤니케이션과 제3자 효과에 관한 연구. 『홍보학연구』, 10(1): 162-190.

이영은(2006). 충청북도지역 학교급식의 위생교육 운영현황 및 조리종사원의 실천수준 평가. 『대한영양사협회 학술지』, 12(1): 68-81.

이영환(2003). 『정보경제학』. 서울: 율곡출판사.

이용필 · 전인영 · 백종천 · 정태동(1992). 『위기관리론: 이론과 사례』. 서울: 인간사랑.

이우권(2000). 신공공관리론의 행정학적 적용가능성. 『전북행정학보』, 14(2).

이은득(2004). 한국 위기관리체제의 발전방향. 『교수논총(국방대)』, 38: 303-326.

이은숙 · 김정남(2003). 도시지역 어린이집 및 유치원 어린이의 안전사고 발생 실태. 『한국보건간호학회지』, 17(1): 96-112.

이장국(2007). 안전에 대한 용어적 및 어원적 연구. 『한국안전학회지』, 22(2): 28-35.

이재열(2005). 『21세기 한국 메가트렌드 시리즈 Ⅲ: 한국사회의 위험구조 변화』. 서울: 정보통신정책연구원.

이재윤(2001). 전시 수도권 민심 혼란과 주민의 저항의식 제고방안. 『비상대비연구논총』, 제28집. 국무총리비상기획위원회.

이재은(1998). 위기관리 정책에 관한 연구: 개념, 영역, 정책결정을 중심으로. 『한국행정논집』, 10(1): 113-130.

______(2000a). 공공정책대상영역에 관한 실증적 분석: 한국 위기관리정책 사례. 『현대사회와 행정』, 9: 129-151.

______(2000b). 한국의 위기관리정책에 관한 연구: 집행구조의 다조직적 관계 분석을 중심으로. 연세대학교 대학원 행정학박사학위논문.

______(2004a). 재난관리시스템 개편과정 쟁점 분석 및 향후 방향. 『행정논총(서울대)』, 42(2): 147−169.
______(2004b). 재난관리와 국가핵심기반 보호체계 구축방안. 『한국정책논집』, 4: 77−90.
______(2005a). 『21세기 한국 메가트렌드 시리즈 III: 자연재난과 방재시스템』. 서울: 정보통신정책연구원.
______(2005b). 신종재난과 재난관리시스템. IT기반 사회에서의 신종 핵심기반 재난과 위기관리시스템. 『제1차 위기관리 이론과 실천 학술회의 발표논문집』, 2005.7.22: 15−46.
______(2006). 포괄적 안보 개념 하에서의 국가 위기관리 법제화 방안 연구. 『한국위기관리논집』, 2(2): 19−35.
______(2007). 재난관리에서의 민 · 관 · 군 협력체계 구축 방안: Jennings 접근법을 중심으로. 『한국위기관리논집』, 3(1): 62−74.
______(2009). 국가위기관리차원에서의 대테러정책의 발전방향. 『대테러정책 연구논총』, 6: 117−149.
______(2011a). 『안전사회 구현을 위한 지방정부의 역할』, 691: 18−21.
______(2011b). 재난관리 역량 강화와 재난관리서비스의 공공재적 특성. 『한국위기관리논집』, 7(6): 1−16.
______(2012). 『위기관리학』(제1판). 서울: 대영문화사.
______(2014). 국가재난법제의 정비와 실효성 확보 방안. 『한국위기관리논집』, 10(12): 1−20.
______(2015a). 사회내장형 위기관리시스템을 구축해야 합니다. 『국토』, 406(8): 55−59.
______(2015b). 한국 사회의 구조적 불안전과 위기관리시스템의 제도적 정비 방안: 세월호 참사와 메르스 사태의 교훈을 중심으로. 『인권과 정의』, 452: 36−54.
이재은 · 김겸훈 · 류상일(2005). 미래사회의 환경변화와 재난관리시스템 발전전략: 국가핵심기반 위기를 중심으로. 『현대사회와 행정』, 15(3): 53−83.
이재은 · 양기근(2004). 재난관리의 효과성 제고 방안: 시민참여와 거버넌스. 『현대사회와 행정』, 14(3): 53−81.
이재은 · 양기근 · 이주호 외(2012). 『재해구호복지론』. 서울: 대영문화사.
이재은 외(2006). 『재난관리론』. 서울: 대영문화사.
이재은 · 유현정 · 안철현 · 정병윤(2007). 국가 위기관리 정책의 영역별 상대적 중요도 분석: AHP 기법을 이용한 우선순위 측정을 중심으로. 『현대사회와 행정』, 17(3): 277−299.
이재은 · 이우권(2014). 한국의 복합재난 대응과 위기관리체계 발전 방향. 『한국위기관리논집』, 10(9): 15−31.

이정균(2010). 지방자치단체 위기관리정책에 관한 공무원과 주민 인식 비교연구. 『한국위기관리논집』, 6(3): 1－29.
이종열 · 이종영 · 최진식 · 정지범(2014). 『재난관리론』. 서울: 대영문화사.
이종원(2007). 테러리즘의 도덕적 정당성에 관한 고찰. 『철학탐구』, 22: 203－229.
이주호(2010). 지방정부 재난관리 예산결정과정의 기대－불일치 연구. 『한국위기관리논집』, 6(4): 29－46.
______(2015). 주민생활 안전을 위한 주민중심의 지역만들기 정책 개선방안. 『한국위기관리논집』, 11(2): 299－321.
이주호 · 변성수 · 이재은(2010). 국가위기관리연습 통합모델 구축 방향: AHP 분석을 중심으로. 『한국위기관리논집』, 6(1): 139－158.
이지현 · 고유경 · 박기환 · 류경(2007). 서울지역 학교급식 위생관리 수행수준 평가. 『대한지역사회영양학회지』, 12(3): 310－321.
이창용(2007). 『뉴테러리즘과 국가위기관리』. 서울: 대영문화사.
이철원 · 배병철(2009). 사이버테러 동향 및 대응방안. 『한국위기관리논집』, 5(2): 119－135.
이태윤(2009). 초국가적 위협 국제테러리즘에 관한 연구: 핵테러의 발생가능성: 현황 · 전망 · 대안. 『국가위기관리연구』, 3(2): 1－35.
이현우 역(2001). 『위기관리 커뮤니케이션』. W. T. Coombs(1999). *Ongoing Communication*. 서울: 커뮤니케이션북스.
이호동(2011). 지방자치단체의 위기관리 역량강화 방안: 일본의 지방위기관리체계 사례분석과 시사점. 『한국위기관리논집』, 7(3): 25－48.
이호동 · 문현철 · 이종열 · 위평량(2009). 『재난관리 법과 예산 · 기금 구조』. 서울: 대영문화사.
이호용(2009). 효율적인 국가 대테러조직의 위상과 기능. 『대테러정책연구논총』, 6: 1－29.
임승빈(2013). 『지방자치론』(제6판). 서울: 법문사.
자연재해대책법.
재난관리법.
재난대응 안전한국 훈련. http://skx.nema.go.kr/
http://skx.nema.go.kr/plan/schedule01.asp, http://skx.nema.go.kr/plan/field.asp
재난 및 안전관리 기본법[일부개정 2008.2.29 법률 8856호].
전봉경(2015). 영국: 초대형 재해에 대비한 국가비상사무국 운영. 『국토』, 87(8): 93－95.
정기혜(2001a). 우리나라 식품안전관리의 현황과 발전방안. 『보건복지포럼』, 2: 74－81.
______(2001b). 우리나라 식품안전관리체계 확립을 위한 현안과제. 『보건복지포럼』, 7:

5－14.
정명은(2015). 지방정부의 위험관리. 하연섭 편. 『위험사회와 국가정책』, 293－317. 서울: 박영사.
정문식(2007). 안전에 관한 기본권의 헌법상 근거와 위헌심사 기준. 『법과 정책연구』, 7(1): 217－239.
정병도(2015). 『재난관리론』. 파주: 동화기술.
정시구(2015). 경계 연결단위로 본 재난 컨트롤타워 고찰. 『한국위기관리논집』, 11(5): 1－25.
정찬권(2010). 『21세기 포괄안보시대의 국가위기관리론』. 서울: 대왕사.
정혜숙(2004). 위해요소중점관리기준(HACCP) 적용제품 사용과 학교급식의 위생적 안전성과의 관계 연구. 경상대학교 행정대학원.
정희태(2003). 북한 핵위기의 재발과 대북 위기관리: 3자회담의 성사과정과 국제협력체제 구축을 중심으로. 『통일전략』, 3(1): 233－260.
조성권(2007). 9 · 11 이후 국제테러리즘의 경향 및 전망. 『대테러정책 연구논총』, 4: 94－116.
조영갑(1995). 『한국위기관리론』. 서울: 팔복원.
______(2003). 전쟁과 재난. 『비상기획보』, 64: 21－23.
______(2004). 『테러와 전쟁』. 서울: 북코리아.
조정열(2004). 미디어크러시와 위기 커뮤니케이션: 위기 뉴스의 매체 구조. 『홍보학연구』, 8(2): 269－301.
조종묵 · 류상일 · 이재은(2011). 재난관리기관간 협력체계 구축을 위한 영역별 상대적 중요도 분석: AHp 기법을 이용한 우선순위 측정을 중심으로. 『한국위기관리논집』, 7(1): 107－124.
조호대(2004). 우리나라에 예상되는 테러리즘의 유형과 대응방안. 『사회과학연구』, 10(2): 551－577.
______(2007). 우리나라 테러방지관련법에 관한 연구. 『한국위기관리논집』, 3(1): 13－25.
조홍제(2009). 국제 테러리즘에 대한 규범문화적 대응. 『현대사회에서의 국가위기관리와 인간안보(2009년도 국가위기관리학회 동계학술대회 자료집)』. 308－320.
중앙소방학교(2002). 『재난관리론』. 서울: 중앙소방학교.
진기남 · 전정화 · 송현종(2001). 지방중소도시의 가정내 안전사고: 안전구조와 안전행동의 상대적 영향: 안전구조와 안전행동의 상대적 영향. 『보건교육 · 건강증진학회지』, 18(1): 125－135.
차희원(2002). 위기유형과 관계관리에 따른 위기 커뮤니케이션 전략 연구. 『홍보학연구』, 6(2): 189－232.

채경석(2004a). 『위기관리정책론』. 서울: 대왕사.

______(2004b). 지방정부의 재난관리체계에 대한 국가간 비교: 바람직한 재난관리체계의 모색. 『지방정부연구』, 8(4): 131-147.

최경기(2005). 학교급식의 위생수준 향상을 위해 HACCP 제도 및 Dry Kitchen 개념을 이용한 시설모델 개발. 연세대학교 석사학위논문.

최병선(1998). 『정부규제론: 규제와 규제완화의 정치경제』. 서울: 법문사.

최선우(2008). 치안서비스의 공공재적 특성과 민간경비의 활동영역. 『경찰연구논집』, 3: 61-81.

최성락(2006a). 식품 위해물질의 안전관리를 위한 정책방향. 『식품과학과 산업』, 39(2): 30-33.

______(2006b). 위해물질에 대한 사전예방 식품안전관리 정책방향. 『보건복지포럼』, 8: 6-16.

최운도(2005). 일본의 위기관리와 미 · 일 위기관리체제: 신가이드라인과 유사법제를 중심으로. 『동서연구』, 17(1): 39-60.

최정택 · 김성준(2009). 치안서비스는 순수공공재인가? 시론적 탐색. 『한국치안행정논집』, 6(1): 229-252.

최진식(2011). 안전사회 구현을 위한 예방과제. 『지방행정』, 691: 34-37.

최진태(2006a). 국제 테러유형 및 대테러정책 발전방향. 『방재연구』, 8(4): 42-59.

______(2006b). 『알 카에다와 국제테러조직』. 서울: 대영문화사.

______(2006c). 『테러리즘의 이론과 실제』. 서울: 대영문화사.

______(2010). 한국의 테러환경 변화 분석과 대응방향. 『한국위기관리논집』, 6(1): 64-81.

최현재 · 김종업(2012). 한 · 일 지방정부의 위기관리 체계에 관한 연구: 업무연속성계획(BCP)을 중심으로. 『한국위기관리논집』, 8(2): 48-71.

통계청(2003, 2004). 『사망원인 통계연보』.

통합방위법[일부개정 2008.2.29 법률 8852호].

피터 드러커, 김용국 역(1989). 『이미 시작된 21세기! 새로운 현실』. 서울: 시사영어사.

하상도(2006). 어린이 식품의 위생문제와 안전 대책. 『대한지역사회영양학회지』, 11(6): 836-842.

하연섭(1997). 『재정학의 기초』. 서울: 다산출판사.

한국관광공사(2004). SARS가 방한관광 및 세계 관광시장에 미친 영향. 『관광시장동향분석』, 1: 138-153.

한국농촌경제연구원(2005). 『선진국의 식품안전관리체계와 국내 도입방안』.

한국보건사회연구원(2005). 『의약품 안전관리 기본제도 개선 연구』.

한국소비자보호원(2005). 『건강기능식품의 표시제도의 개선방안』.

한국소비자원(2005). 『'05 식품 관련 위해정보 분석 결과』.

한남수(2003). 21세기 테러리즘의 추이와 대응관리체제의 변화에 관한 연구. 성균관대학교 행정대학원 석사학위논문.

한상암 · 정덕영(2008). 국가기관의 테러대응 기법에 관한 연구. 『한국경찰학회보』, 10(1): 359-388.

한상진(1998). 왜 위험사회인가?: 한국사회의 자기반성. 『계간 사상』, 10(3): 3-25.

합동참모본부(2004). 『합동 · 연합작전 군사용어사전』. 합동참모본부.

행정자치부(2004). 『어린이보호구역 및 지방관리 위험도로 구조개선 사업 발전방안 최종보고서』, 13.

______(2007). 『국민생활 안전관리를 위한 전략개발 및 운영방안』.

향토예비군설치법[일부개정 2007.5.11 법률 8422호].

허준영 · 이주호(2014). 미래재난 대응을 위한 재난관리체계 구축방안 연구: 재난관리 전문가 조사를 중심으로. 『한국위기관리논집』, 10(10): 173-195.

허태복(2010). 다중교통시설 테러에 대한 일반적 고찰: 지하철 분야를 중심으로. 『대테러정책 연구논총』, 7: 223-270.

허태회 · 이상호 · 길병옥(2005). 위기관리이론과 사이버안보 상화방안: 이론과 정책과제. 『국방연구』, 48(1): 29-62.

홍규덕(2004). 국가위기관리 체계의 평가와 발전방향. 『군사논단』, 40: 22-37.

화랑훈련. http://kin.naver.com/detail/

119싸이렌(2004). 국가핵심기반 위기관리시스템의 향후 전망과 과제. 『119싸이렌』, 10: 145-147.

국외 문헌

Ablah, Elizabeth, Ruth Wetta-Hall, Craig A. Molgaard, Doren D. Frederickson, Carole D. Grube, Marta K. Skalacki, Deborah J. Wolfe, & David J. Cook(2006). Evaluation of Interdisciplinary Terrorism Preparedness Programs: A Pilot Focus Group Study. *Journal of Allied Health*, 35(4): 189-197.

Adar, Eyal & Andreas Wuchner(2005). Risk Management for Critical Infrastructure Protection(CIP): Challenges, Best Practices & Tools. *Proceedings of the 2005 First IEEE International Workshop on Critical Infrastructure Protection*(IWCIP '05).

Allison, Graham T.(1971). *Essence of Decision: Explaining the Cuban Missile Crisis.*

Boston: Little, Brown and Company.

Auerswald, Philip, Lewis M. Branscomb, Todd M. La Porte, & Erwann Michel－Kerjan (2005). The Challenge of Protecting Critical Infrastructure. *Issues in Science and Technology*, Fall: 77－83.

Barton, A. H.(1963). *Social Organization Under Stress: A Sociological Review of Disaster Studies*. Washington, D.C.: NAS－NRC.

Barton, Laurence(1993). *Crisis in Organizations: Managing and Communicating in the Heat of Chaos*. Cincinnati, OH: South－Western Publishing Co.

Beck, Urlich(1992). *Risk Society: Towards a New Modernity*. London: Sage.

Benoit, W. L.(1995a). *Accounts, Excuses, Apologies: A Theory of Image Restoration Strategies*. Albany, N.Y.: State University of New York Press.

______(1995b). Sears' Repair of its Auto Service Image: Image Restoration Discourse in the Corporate Sector. *Communication Studies*, 46: 89－105.

Benoit, W. L. & Len－Rios, Maria E.(2004). Gary Condit's Image Repair Strategies: Determined denial and Differentiation. *Public Relations Review*, 30(1): 5－106.

Bloomfield, Lincoln P., Jr.(2002). Critical Infrastructure Protection. *The DISAM Journal of International Security Assistance Management*, Summer: 86－91.

Blumer, H.(1969). *Collective Behavior, Principles of Sociology*. New York: Barnes and Nobles.

Boin, Arjen & Allan McConnell(2007). Preparing for Critical Infrastructure Breakdowns: The Limits of Crisis Management and the Need for Resilience. *Journal of Contingencies and Crisis Management*, 15(1): 50－59.

Boin, Arjen, Patrick Lagadec, Erwann Michel－Kerjan, & Werner Overdijk(2003). Critical Infrastructures under Threat: Learning from the Anthrax Scare. *Journal of Contingencies and Crisis Management*, 11(3): 99－104.

Booth, Simon A.(1991). Interactive Simulation and Crisis Management Training: New Techniques for Improving Performance. Uriel Rosenthal and Bert Pijnenburg(eds.). *Crisis Management and Decision Making: Simulation Oriented Scenarios*. London: Kluwer Academic Publishers.

Brecher, Michael & Patrick James(1988). Patterns of Crisis Management. *Journal of Conflict Resolution*, 32(3).

Bruijne, Mark de & Michel van Eeten(2007). Systems that Should have Failed: Critical Infrastructure Protection in an Institutionally Fragmented Environment. *Journal of Contingencies and Crisis Management*, 15(1): 18－29.

Canton, Lucien G.(2007). *Emergency Management: Concepts and Strategies for Effective Programs*. Hoboken, N.J.: John Wiley & Sons, Inc.

Caponigro(2000). *The Crisis Counselor*. Chicago, IL: Contemporary Publishing.

Certo, Samuel C.(1989). *Principles of Modern Management: Functions and Systems*(4th ed.). Boston: Allyn and Bacon.

Charles F. Herman(ed.)(1972). *International Crisis: Insight from Behavioral Research*. New York: Free Press.

Cigler, Beverly A.(1988). Emergency Management and Public Administration. *In Crisis Management*: A Casebook, edited by Michael T. Charles, & John Choon K. Kim. Springfield, IL: Charles C. Thomas Publisher.

Clark, Robert M. & Rolf A. Deininger(2000). Protecting the Nation's Critical Infrastructure: The Vulnerability of U.S. Water Supply Systems. *Journal of Contingencies and Crisis Management*, 8(2): 73-80.

Combs, Cindy C.(1997). *Terrorism in the 21st Century*. New Jersey: Prentice Hall, Inc.

Comfort, Louise K.(2002). Rethinking Security: Organizational Fragility in Extreme Events. *Public Administration Review*, 62(September): 98-107.

Conrad, Stephen H., Rene J. LeClaire, Gerard P. O'Reilly, & Huseyin Uzunalioglu(2006). Critical National Infrastructure Reliability Modeling and Analysis. *Bell Labs Technical Journal*, 11(3): 57-71.

Coombs, W. Timothy(1995). Choosing the Right Words: The Development of Guidelines for the Selection of the "Appropriate" Crisis Response Strategies. *Management Communication Quarterly*, 8: 447-476.

______(1999). *On Going Crisis Communication: Planning, Managing and Responding*. Thousand Oaks, CA: Sage.

______(2001). Teaching the Crisis Management/Communication Course. *Public Relations Review*, 27: 89-101.

______(2007). *Ongoing Crisis Communication: Planning, Managing, and Responding* (2nd ed.). Thousand Oaks, CA: Sage Publications, Inc.

Coombs, W. T. & S. J. Holladay(2002). Helping Crisis Managers Protect Reputational Assets: Initial Tests of the Situational Crisis Communication Theory. *Management Communication Quarterly*, 16(2): 165-186.

D'Aveni, Richard A. & Ian C. MacMillan(1990). Crisis and the Content of Managerial Communications: A Study of the Focus of Attention of Top Managers in Surviving and Failing Firms. *Administrative Science Quarterly*, 35: 634-657.

Dershewitz, R. A. & E. R. Christophersen(1984). Childhood Household Safety. *American Journal of Disease of Children*, 138: 85−88.

Devroey, Dirk, Viviane Van Casteren, & Denise Walckiers(2002). The Added Value of the Registration of Home Accidents in General Practice. *Scandinavian Journal of Primary Health Care*, 20: 113−117.

Donley, Michael B. & Neal A. Pollard(2002). Homeland Security: The Difference between a Vision and a Wish. *Public Administration Review*, 62(September): 138−144.

Douglas, M. & A. Wildavsky(1982). *Risk and Culture*. Oxford: Basil Blackwell.

Downs, Anthony(1997). *An Economic Theory of Democracy*. New York: Harper & Row, 1957; 전인권 · 안도경 공역(1997). 『민주주의 경제학 이론』. 서울: 나남출판.

Drabek, Thomas E.(1985). Managing the Emergency Response. *Public Administration Review*, 45(Special Issue): 85−92.

Drucker, Peter. Young Guk Kim. Tran(1989). *21st Centry: New Reality*. Seoul: Sisayoungeo−Sa.

Durant, Robert F.(2002). Whither Environmental Security in the Post−September 11th Era? Assessing the Legal, Organizational, and Policy Challenges for the National Security State. *Public Administration Review*, 62(September): 115−123.

Dynes, Russell R.(1970). *Organized Behavior in Disaster*. Lexington, MA: D.C. Heath and Company.

Edwards, Frances L.(2014). Mitigation versus Prevention: A View from the Local Government Level. Ali Farazmand. ed. *Crisis and Emergency Management: Theory and Practice*(2nd ed.). New York: CRC Press. 675−689.

Edwards, Frances L. & Daniel C. Goodrich(2007). Organizing for Emergency Management. William L. Waugh Jr. & Kathleen Tierney. eds. *Emergency Management: Principles and Practice for Local Government*(2nd ed.). Washington, D.C.: ICMA Press. 39−55.

Farazmand, Ali(2001). Introduction: Crisis and Emergency Management. Ali Farazmand. ed. *Handbook of Crisis and Emergency Management*. New York: Marcel Dekker, Inc. 1−9.

Farrell, Alexander E., Hisham Zerriffi, & Hadi Dowlatabadi(2004). Energy Infrastructure and Security. *Annu. Rev. Environ. Resour*, 29: 421−469.

Fearn−Banks, K.(1996). *Crisis Communications: A Casebook Approach*. Mahwah, N.J.: Lawrence Erlbaum.

Frankenfeld, P. J.(1992). Technological Citizenship. *Science, Technology and Human*

Value, 17: 459–484.

Fritzon, Asa, Kristin Ljungkvist, Arjen Boin, & Mark Rhinard(2007). Protecting Europe's Critical Infrastructures: Problems and Prospects. *Journal of Contingencies and Crisis Management*, 15(1): 30–41.

Gazley, Beth & Jeffrey L. Brudney(2005). Volunteer Involvement in Local Government after September 11: The Continuing Question of Capacity. *Public Administration Review*, 52(2): 131–142.

Giddens, Anthony(1990). *The Consequence of Modernity*. Cambridge: Polity Press.

______(1991). *Modernity and Self–Identity: Self and Society in the Late Modernity Age*. Stanford, CA: Stanford University Press.

Gilbert, B. Siegel(1985). Human Resource Development for Emergency Management. *Public Administration Review*, 54(Special Issue): 107–117.

Giuffrida, Louis O.(1985). FEMA: Its Mission, Its Partner. *Public Administration Review*, 45(Special Issue, Jan.): 2.

Goerl, George Frederick(1998). Public Goods. Jay M. Shafritz(ed.). *International Encyclopedia of Public Policy and Administration*. Boulder, CO: Westview Press. 183–185.

Gould, Jon B.(2002). Playing with Fire: The Civil Liberties Implications of September 11th. *Public Administration Review*, 62(September): 74–79.

Gundel, Stephan(2005). Towards a New Typology of Crises. *Journal of Contingencies and Crisis Management*, 13(3): 106–115.

Haas, J. Eugene, Robert W. Kates, & Martyn J. Bowden(eds.)(1977). *Reconstruction Following Disaster*. Cambridge Massachusetts: MIT Press.

Haddow, George D., Jane A. Bullock, & Damon P. Coppola(2008). *Introduction to Emergency Management*(3rd ed.). Boston, MA: Elsevier Inc.

Hampson, Fen Osler, & Michael Hart(1995). *Multilateral Negotiations: Lessons from Arms Control, Trade and the Environment*. Baltimore, MD: The Johns Hopkins University Press.

Harque, M. Shamsul(2002). Government Responses to Terrorism: Critical Views of Their Impacts on People and Public Administration. *Public Administration Review*, 62 (September): 170–180.

Harrington, S. E.(2000). Rethinking Disaster Policy. *Regulation*, 23(1): 40–46.

Herek, Gregory M., Irving L. Janis, & Paul Huth(1971). Decision Making During International Crises: Is Quality of Process Related to Outcome? *Journal of Conflict*

Resolution, 31(2): 203−226.

Herman, Charles F.(1972). *International Crisis: Insight from Behavioral Research*(ed.). New York: Free Press.

______(1972). Threat, Time, and Surprise: A Simulation of International Crises. Charles F. Hermann(ed.). *International Crises: Insights from Behavioral Research*. New York: Free Press.

Hightower, Henry C. & Michel Coutu(1996). Coordinating Emergency Management: A Canadian Example. Richard T. Sylves and William L. Waugh, Jr.(eds). *Disaster Management in the U.S. and Canada: The Politics, Policymaking, Administration and Analysis of Emergency Management*. Spring−field, IL: Charles C Thomas · Publisher, Ltd.

Hy, Ronald John & William L. Waugh, Jr.(1990). The Function of Emergency Management. William L. Waugh, Jr. & Ronald John Hy(eds.). *Handbook of Emergency Management: Programs and Policies Dealing with Major Hazards and Disasters*. Westport, CT: Greenwood Press.

Ibarra, Gerard, Jerrell Stracener, & P. E. Stephen Szygenda(2005). Transportation in the Critical Infrastructure: A Holistic Approach using Systems Engineering Methodologies for Assessing Risk and Cost Impacts due to Highway Disconnects in the Movements of Goods from the Port of Houston. *PROCEEDINGS CSER 2005*, Stevens Institute of Technology, March 23−25, Hoboken, NJ, USA.

Jackson, Robert J.(1976). Crisis Management and Policy−Making: An Exploration of Theory and Research. in Richard Rose(ed.). *The Dynamics of Public Policy*. Beverly Hills, CA: Sage Publications, Inc.

John, A. Granito(1989). *Improving Crisis Decision Making*. Washington D.C.: FEMA.

Kirlin, John J. & Mary K. Kirlin(2002). Strengthening Effective Government−Citizen Connections through Greater Civic Engagement. *Public Administration Review*, 62(September): 80−85.

Klare, Michael T.(1996). Redefining Security: The New Global Schism. *Current History*, 95: 604.

Kotch, J. B., D. J. Chalmers, J. D. Langley, & S. W. Marshall(1993). Child Day Care and Home Injuries Involving Playground Equipment. *Journal of Paediatr Child Health*, 29: 222−227.

Krahmann, Elke(2008). Security: Collective Good or Commodity? *European Journal of International Relations*, 14(3): 379−404.

Kyoto University and the International Risk Governance Council(2009). Risk Governance of Maritime Global Critical Infrastructures: Straits of Malacca and Singapore Exposed to Extreme Hazards. *Pre-workshop Briefing Report*(26 May 2009).

Laflamme, L. & Petersson E. Eilert(1998). Injuries to Pre-school Children in a Home Setting: Patterns and Related Products. *Acta Paediatr*, 87: 206-211.

LaPorte, Todd R.(2007). Critical Infrastructure in the Face of a Predatory Future: Preparing for Untoward Surprise. *Journal of Contingencies and Crisis Management*, 15(1): 60-64.

Lasswell, Harold D.(1951). The Policy Orientation. Daniel Lerner & Harold D. Lasswell. *The Policy Sciences*. Stanford, CA: Stanford University Press.

Lee, Jae Eun(2009). Comprehensive Security and Crisis & Emergency Management for Protecting Critical Infrastructure. *International Journal of Contents*, 5(3): 71-78.

Lesser, Ian O. et al.(1999). *Countering the New Terrorism*. RAND Corporation.

Lindblad, B. E. & C. J. Terklson(1991). Product-related Home Accidents in Children: A Survey of 1590 Accidents. *Acta Paediatr*, 80: 1087-1091.

Lindblad, B. E., C. J. Terkelson, & H. Christen(1990). Epistemology of Domestic Burns Related to Products. *Burns*, 16: 89-91.

Lindblom, Charles E.(1977). *Politics and Markets: The World's Political-Economic Systems*. New York: Basic Books; 주성수 역(1989). 『정치와 시장: 세계의 정치경제 체계』. 서울: 인간사랑.

Lindell, Michael K., Carla Prater, & Ronald W. Perry(2007). *Introduction to Emergency Management*. N.J.: John Wiley and Sons, Inc.

Littlejohn, R. F.(1983). *Crisis Management: A Team Approach*. New York: AMA Publications.

Luhmann, Niklas(1993). *Risk: A Sociological Theory*. translated by Rhodes Barrett. Berlin · New York: Walter de Gruyter.

Maddocks, G. B., J. B. Sibert, & B. Brown(1978). A Four Week Study of Accidents to Children in South Glamorgan. *Public Health*, 92: 171-176.

Mantell, Edmund H.(2007). On the Political Economy of Binational Counter-Terrorism. *The American Economist*, 51(2): 89-100.

May, Peter J.(1985). *Recovering from Catastrophes: Federal Disaster Relief Policy and Politics*. CT: Greenwood Press.

McAuley, E., T. E. Duncan, & D. W. Russell(1992). Measuring Causal Attributions: The Revised Causal Dimension Scale(CDII). *Personality and Social Psychology Bulletin*,

18: 566-573.
McLoughlin, David(1985). A Framework for Integrated Emergency Management. *Public Administration Review*, 45(Special Issue, Jan.): 165-172.
Michel-Kerjan, Erwann(2003). New Challenges in Critical Infrastructures: A US Perspective. *Journal of Contingencies and Crisis Management*, 11(3): 132-141.
Min, Hyeung-Sik J., Walter Beyeler, Theresa Brown, Young Jun Son, & Albert T. Jones(2011). Toward Modeling and Simulation of Critical National Infrastructure Interdependencies. *IIE Tranactions*, 39: 57-71.
Mongoven, Ann(2006). The War on Disease and the War on Terror: A Dangerous Metaphorical Nexus? *Cambridge Quarterly of Healthcare Ethics*, 15: 403-416.
Morgan, David R.(1997). Structural Arrangements in Local Government: Organizing for Effective Management. John J. Gargan(ed.). *Handbook of Local Government Administration*. 129-157.
Moyano, Juan Miguel(1995). Oil Spill Contingency Planning in the Latin American Petroleum Industry: Present Situation and Future Prospects. *Spill Science & Technology Bulletin*, 2(1): 11-16.
Mushkatel, Alvin H. & Louis F. Weschler(1985). Emergency Management and the Intergovernmental System. *Public Administration Review*. 45(Special Issue, Jan.): 49-56.
National Research Council(2002). *Making the Nation Safer: The Role of Science and Technology in Countering Terrorism*. Washington, D.C.: National Academy Press.
National Security Council(2006). *Establishing the Crisis Warning System of Marine Oil Spill*. Seoul.
North, Douglass C.(1990). *Institutions, Institutional Changes and Economic Performance*. New York: Cambridge University Press.
OECD(1983). *Product Safety: Risk Management and Cost-Benefit Analysis*.
Patton, Ann(2007). Collaborative Emergency Management. William L. Waugh Jr. & Kathleen Tierney(eds.). *Emergency Management: Principles and Practice for Local Government*(2nd ed.). Washington, D.C.: International City/County Management Association.
Pauchant, Thierry C. & Ian I. Mitroff(1990). Crisis Management: Managing Paradox in a Chaotic World. *Technological Forecasting and Social Change*, 38(2): 117-134.
Perl, Raphael(2006). Trends in Terrorism: 2006. *CRS Report for Congress*, July 21.
Perrow, Charles(1999). *Normal Accidents: Living with High-Risk Technologies*. Princeton:

Princeton Univ. Press.

Perry, Ronald W.(1985). *Comprehensive Emergency Management: Evacuating Threatened Populations*. CT: JAI Press, Inc.

Petak, William J.(1985). Emergency Management: A Challenge for Public Administration. *Public Administration Review*, 45(Special Issue, Jan.): 3－7.

Peters, B. Guy & John Pierre(1998). Governance without Government? Rethinking Public Administration. *Journal of Public Administration Research and Theory*, 2: 223－243.

Phillips, Brenda D. & David M. Neal(2007). Recovery. William L. Waugh Jr. & Kathleen Tierney(eds.). *Emergency Management: Principles and Practice for Local Government*(2nd ed.). Washington, D.C.: ICMA Press.

Pickett, John H. & Barbara A. Block(1991). Day－to－Day Management. In Thomas E. Drabek & Gerard J. Hoetmer(eds.). *Emergency Management: Principles and Practice for Local Government*. Washington, D.C.: International City Management Association

Portes, Alejandro(1998). Social Capital: Its Origins and Applications in Modern Sociology. *Annual Review of Sociology*, 24: 1－24.

Qiang, En Fang(2010). A Stakeholder Framework for Comparative Analyzing Oil Spill Response in China and Korea. *Proceedings of the 4th International Conference on Crisis and Emergency Management and the 2nd International Conference on Emergency Management: Technology, Application and Practice*, Oct. 15－17, 2010, Beijing, P.R. China. 90－96.

Raad, Firas, Sanjeev Khagram, & William Clark(2002). From Human Security and the Environment to Comprehensive Security and Sustainable Development. *Working Draft: for Review by the the Global Commission on Human Security in Johannesburg*, Aug 2002.

Radtke, Kurt(2003). Sino－Indian Relations: Security Dilemma, Ideological Polarization, or Cooperation Based on 'Comprehensive Security?' *Perspectives on Global Development and Technology*, 2(3－4): 499－520.

Radtke, Kurt W. & Raymond Feddema(eds.)(2000). *Comprehensive Security in Asia: Views from Asia and the West on a Changing Security Environment*. Boston: Brill Academic Publishers.

Rhodes, R. A. W.(1997). *Understanding Governance: Policy Networks, Governance, Reflexivity and Accountability*. Open University Press.

Robert, Kent(1991). *Disaster Preparedness*. UK: UNDP/UNDRO.

Robert, Wolensky & Edward Miller(1981). The Everyday Versus the Disaster Role of Local Officials. *Urban Affairs Quarterly*, 16(June): 483-504.

Robinson, James A.(1968). Crisis. *The International Encyclopedia of the Social Sciences*. New York: Macmillan Company and The Free Press. 510-514.

Ronald, W. Perry(1991). Managing Disaster Response Operations. *Emergency Management: Principles and Practice for Local Government*. Washington D.C.: International City Management Association.

Rosenthal, Uriel, Paul 't Hart, & Alexander Kouzmin(1991). The Bureau-Politics of Crisis Management. *Public Administration*, 69(2): 211-233.

Rubin, Claire B.(1991). Recovery from Disaster. In *Emergency Management: Principles and Practice for Local Government*. edited by Thomas E. Drabek, & Gerard J. Hoetmer(eds.). Washington, D.C.: International City Management Association.

Rubin, Claire B.(2007). Local Emergency Management: Origins and Evolution. William L. Waugh Jr. & Kathleen Tierney(eds.). *Emergency Management: Principles and Practice for Local Government*(2nd ed.). Washington, D.C.: ICMA Press. 25-37.

Russell R. Dynes(1970). *Organized Behavior in Disaster*. Lexington, MA: D.C. Heath and Company.

Samuel P. Huntington, 강창구 · 송태균 공역(1982). *The Soldier and The State*. 서울: 병학사.

Santella, Nicholas, Laura J. Steinberg, & Kyle Parks(2009). Decision Making for Extreme Events: Modeling Critical Infrastructure Interdependencies to Aid Mitigation and Response Planning. *Review of Policy Research*, 26(4): 409-422.

Savas, E.(1994). 『민영화의 길』. 박종화 역. 서울: 한마음사.

Schneider, Saundra K.(1995). *Flirting with Disaster: Public Management in Crisis Situations*. Armonk, N.Y.: M.E. Sharpe.

Schulman, Paul, Emery Roe, Michel van Eeten, & Mark de Bruijne(2004). High Reliability and the Management of Critical Infrastructures. *Journal of Contingencies and Crisis Management*, 12(1): 14-28.

Schwartz. Howard S.(1987). On the Psychodynamics of Organizational Disaster: The Case of the Space Shuttle Challenger. *The Columbia Journal of World Business*, 22(1): 59-67.

Serageldin, Ismail & Christriaann Grootaert(2000). Defining Social Capital: An Integrating View. Partha Dasgupta and Ismail Serageldin(eds.). *Social Capital: A Multifaceted*

Perspective. Washington, D.C.: The World Bank.

Sethi, S. Prakash(1987). Inhuman Errors and Industrial Crises. *The Columbia Journal of World Business*, 22(1): 101-110.

Settle, Allen K.(1985). Financing Disaster Mitigation, Preparedness, Response, and Recovery. *Public Administration Review*, 45(Special Issue, Jan.): 101-106.

Shaw, Martin(2001). The Development of the "Common Risk" Society. *Society*, 38(6): 7-15.

Shidax Engineering(2004). ドライ・システムの概要. CJ 푸드시스템 기술보고서.

Smart, Carolyne & Ilan Vertinsky(1977). Design for Crisis Decision Units. *Administrative Science Quarterly*, 22(4): 640-657.

Steiss, Alan Walter(2003). *Strategic Management for Public and Nonprofit Organization*. New York: Marcel Dekker, Inc.

Stiglitz, Joseph E.(1986). *Economics of the Public Sector*. New York: W. W. Norton & Company.

Stubbart, Charles I.(1987). Improving the Quality of Crisis Thinking. *The Columbia Journal of World Business*, 22(1): 89-99.

Sylves, Richard(2008). *Disaster Policy and Politics: Emergency Management and Homeland Security*. Washington, D.C.: CQ Press.

The White House(2003). *The National Strategy for the Physical Protection of Critical Infrastructures and Key Assets*.

Thomas E. Drabek(1985). Managing the Emergency Response. *Public Administration Review*, 45(Special issue): 85-86.

Turner, Mark(2002). Choosing Items from the Menu: New Public Management in Southeast Asia. *International Journal of Public Administration*, 25(3): 378-397.

UNIDO(Commission on Human Security)(2003). *Outline of the Report of the Commission on Human Security*.

Vanem Erik, Øyvind Endresen, & Rolf Skjong(2008). Cost-effectiveness Criteria for Marine Oil Spill Preventive Measures. *Reliability Engineering and System Safety*, 93: 1354-1368.

Visvaharathy, G.(1982). Product Specialty in Public Policy Toward the Elderly. *Advances in Consumer Research*, 9.

Vrijling, J. K., Pieter H. A. J. M. Van Gelder, Louis H. J. Goossens, Hessel G. Voortman, & Mahesh D. Pandey(2004). A Framework for Risk Criteria for Critical Infrastructures: Fundamentals and Case Studies in the Netherlands. *Journal of Risk*

Research, 7(6): 569−579.

Wade, Jared(2008). The Soft Target: Why Terrorists target the Private Sector. And How Modeling Helps Keep It Safe. *Risk Management*, Spotlight: 32−36.

Ware, R. E. & W. A. Linkugel(1973). They Spoke in Defense of Themselves: On the Generic Criticism of Apologia. *Quarterly Journal of Speech*, 59: 273−288.

Watson, Tim(2003). Introduction: Critical Infrastructures after 9/11. *Postcolonial Studies*, 6(1): 109−111.

Watts, Robert B.(2005). Maritime Critical Infrastructure Protection: Multi−Agency Command and Control in an Asymmetric Environment. *Homeland Security Affairs*, 1(2): Article 3(1−10).

Waugh, William L. Jr.(1994). Regionalizing Emergency Management: Counties as State and Local Government. *Public Administration Review*, 54(3): 253−258.

Waugh, William L. Jr. & Kathleen Tierney(2007). Future Directions in Emergency Management. William L. Waugh Jr. & Kathleen Tierney(eds.). *Emergency Management: Principles and Practice for Local Government*(2nd ed.). Washington, D.C.: ICMA Press. 319−333.

Webster's Third New International Dictionary(1966). Spring field, MA: G. and C. Merriam Co.

Weick, Karl E.(1987). Organizational Culture as a Source of High Reliability. *California Management Review*, 24(2): 112−127.

Weihrich, Heinz(1982). The TOWS matrix: A Tool for Situational Analysis. *Long Range Planning*, 15(2).

Weinberg, Leonard, & Paul Davis(1989). *Introduction to Political Terrorism*. New York: McGraw−Hill Publishing Company.

Weiner, B.(1986). *An Attributional Theory of Motivation and Emotion*. New York: Springer−Verlag.

Wenger, Dennis E.(1978). Community Response to Disaster: Functional and Structural Alterations. E. L. Quarantelli(ed). *Disasters: Theory and Research*. Beverly Hills, CA: Sage Publications Inc.

Wilbern, York(1984). Types and Levels of Public Morality. *Public Adminstration Review*, 44.

Wildavsky, Aaron(1988). *Searching for Safety*. New Brunswick(USA) and London(UK): Transaction Books.

Wilson, S. R., M. G. Cruz, L. J. Marshall, & N. Rao(1993). An Attributional Analysis of

Compliance-gaining Interactions. *Communication Monographs*, 60(4): 352-372.

Winslow, Frances E.(1996). *Intergovernmental Challenges and California's Approach to Disaster Management*. Richard T. Sylves & William L. Waugh, Jr.(eds).

Yoo, Hyun Jung & Jae Eun Lee(2010). Quality of Life in Taean Community after Hebei Spirit Oil Spill from the View Point of Job. *Korean Review of Crisis and Emergency Management*, 6(3): 63-85.

Zartman, I. William(1988). Alternative Attempts at Crisis Management: Concepts and Processes. Gilbert R. Winham(ed.). *New Issues in International Crisis Management*. Boulder, CO: Westview Press, Inc.

찾아보기

ㄱ

개량복구 303
개발재건 기간 306
갤럭시노트7 배터리 폭발사고 169
거버넌스 347
건물 기반 올리기 기법 260
건물 방수 260
건물의 강화 및 대피 공간 설치 261
건축물 보호 259
검피아 328
경보 148, 289
경보 기능 142
경제성장 제일주의 328
경제 안보 159
경제학 관점 74
경제 환경 124
경제 회복 312
경주 마우나오션 리조트 체육관 붕괴 사고 137
계획서 증후군 293
공격 381
공공재 102, 108
공유재 108
공항시설과 항공기 이용객에 대한 공격 187
공황 295
공황 및 무질서 296
과업연장 조직 340, 361
관료 규범 53, 77
관피아 328
교통사고 164
교통사고 재난 180
교통생활안전 위기 174
교피아 328
구미 불산누출 사건 137
구제역 137
구조 소개 299
구조적 보호시설물 건설 261
구조적 예방 기법 253
구조확장 조직 340, 361
구호(救護) 307, 387
구호물자 전달 체계 392
국가비상대비 자원관리 236
국가 안보 154
국가위기 161, 208
국가위기관리 37, 209
국가위기관리기본법 401
국가위기관리기본지침 208
국가 정체성 대상 국가핵심기반 위기 201
국가핵심기반 192

국가핵심기반 시설 192
국가핵심기반 안보 위기 164
국가핵심기반 위기 164, 191
국가핵심기반 위기 영역 191
국가핵심기반 위기 유형 199
국민 방위 155
국민생활안전 위기 164, 171
국민 안보 위기 163
국제 환경 121
국지도발 164
국지분쟁 164
국지적 무력충돌 위기 182
국토안보부(Department of Homeland Security: DHS) 136
군사 안보 159
군사 안보 위기 164
군피아 328
귀인 이론 379
금강산 관광객 피격 사망 사건 137
금피아 328
기부금 389
기존 조직 340, 361
긴급 재난구호자금 150
긴급 지원 기능(emergency support function: ESF) 371
긴급 피해 복구 기능 142, 301

ㄴ

뉴테러리즘 186
능률성 229

ㄷ

다수준우발상황분석(multi-level contingency analysis) 모형 90
다조직적 관계 340
다학문적 접근법 59
단기 복구 308
단기적인 복구 활동 303
단순 부정 382
대구 지하철 공사장 도시가스 폭발 220
대구 지하철 화재사고 139
대규모 시위 · 파업 165
대규모 화재 164
대비 146, 268
대비 기능 240
대비(preparedness) 단계 141
대량살상무기 개발 및 확산 164
대응 148, 288
대응계획 · 매뉴얼 292
대응 기능 241
대응(response) 단계 142
대테러리즘 정책 190
대피 148, 289
대피계획 278
대피소의 지정 278

ㄹ

라이프 라인 314
런던 폭탄 테러 133
릭 레스콜라(Rick Rescorla) 272

ㅁ

메르스(MERS) 123
무임승차자의 문제 103
무장 공격 187
민간부문의 응급집단 유형 99
민간부문의 조직 360
민간부문의 참여 · 자율 역량 116
민간참여형 긴급대응단 395
민방위 위기 182
민방위기본법 323
민주성 32, 230

민주주의 33

ㅂ

방화 및 약탈 188
배제불가능성 107
벡(Urlich Beck) 169
변명 381
보호 소개 299
복구 150, 302, 303
복구 기능 241
복구 노력 233
복구(recovery) 단계 143
복구 활동 77
복원 기간 305
복원(resilience) 전략 140, 142
복합 재난 127
부인 381, 382
북한의 핵보유 선언 137
분산 서비스 거부 공격(DDoS) 137
불완전한 정보 104
불확실성 113
붕괴 164
붕괴 재난 179
비경합성 107
비구조적 예방 기법 253
비상관리 220
비상대책 기간 305
비상운영계획 284
비순수공공재 109
비시장 실패 106

ㅅ

사과 381, 382
사과 이론 386
사스(SARS) 122
사적재 108
사회기반시설 314
사회 · 문화 환경 126
사회재난 36, 133, 206
사회적 · 심리적 조건 310
사회적 조건 311
사회적 형평성 30, 229
사회학 관점 50, 69
삼풍백화점 붕괴 139, 220
상향식 접근법 81
상황 82
생명의 존중 228
생태 위기 156
생활건강안전 위기 174
생활경제안전 위기 174
생활기반안전 위기 174
생활시설안전 위기 174
생활식품안전 위기 174
생활안전 위기 36
생활용품안전 위기 174
생활치안안전 위기 174
생활환경안전 위기 174
서비스 제공자 238
서울 아현동 도시가스 폭발 220
성수대교 붕괴 139, 220
세월호 참사 137
소개 148, 289
소개 기능 142, 298
소방기본법 323
수정 행위 382
순수공공재 108
순수사적재 109
숭례문 화재 137
슈나이더(Saundra K. Schneider) 53
스리마일 아일랜드 핵 발전소 사고 144
스태포드법(Stafford Act) 318
시설물 점거 188
시설 및 시스템 대상 국가핵심기반 위기 199
시장의 실패 101

식량 303
신종 위기 156
심리적 조건 311
심리학 관점 50, 66

ㅇ

아시아나 항공 조종사 노조 파업 134
안전권 35
암살 187
압력밥솥 폭발사건 169
역선택 현상 105
연방대응계획(FRP: Federal Response Plan) 284
연방위기관리청(Federal Emergency Management Agency: FEMA) 136
연방조정관 285
연습 237
연평도 포격 도발 사건 137
영토 침범 164
예방 145, 245
예방 기능 240
예방(mitigation) 단계 141
예방 소개 298
예방(anticipation) 전략 140
외부효과 102
요금제 108
요인 암살 186
우발사건관리 220
우발 상황적 위기 의사결정 344
우암상가 붕괴 139
운영 그룹 99
원상복구 303
원전마피아 328
웽거(Dennis E. Wenger) 211
위기 204
위기가 발생하고 있거나 발생한 직후의 대응(disaster response) 단계 77
위기가 발생하기 이전의 대비(pre-disaster preparedness) 단계 77
위기가 발생하기 이전의 완화/예방(pre-disaster mitigation/prevention) 단계 77
위기 경보 기능 297
위기관리 21, 37
위기관리 거버넌스 236, 348, 351
위기관리 계획 46
위기관리 교육 및 훈련 274
위기관리교육센터(EMI) 275
위기관리기관인증제(EMAP: Emergency Management Accreditation Program) 282
위기관리시스템 237
위기관리 역량 유지 232
위기관리 역량 평가 232
위기관리 역사 26
위기관리와 군 370
위기관리정책 338, 339
위기관리정책의 집행 339
위기관리 커뮤니케이션 375
위기관리 커뮤니케이션 전략 374, 386
위기관리학 33, 40, 42
위기 규범 53, 77
위기 대응 233
위기 대응 시 현장지휘 체계(ICS: Incident Command System) 285
위기대응팀 285
위기 발생 이후의 복구(post-disaster recovery) 단계 77
위기-부정 모형 75
위기운영 계획 232
위트(James L. Witt) 238
위해 요소 분석 256
위해 요소 파악 256
위험 169
위험관리 220
위험 평가 256
위협 128

위협－경직 대응 모형 75
유언비어 295
응급복구 303
응급의료 148, 289
응급의료 서비스 기능 142, 299
응급 조직 340, 362
의복 303
의연금 389
이미지 회복 이론 386
이미지 회복 전략 382
이재민 303, 388
이재민 구호 389
인간 생명에 대한 존중 29
인간 안보 159
인간의 근본적 권리 30
인간의 존엄성 30, 35, 228
인류 문명 26
인류 역사 26
인적재난 36, 133, 164, 206
인적재난 위기 178
인지학습 접근법 87
인질 납치 186, 187
일반 국민 대상 국가핵심기반 위기 201
임시가옥 303
임시가옥·식량·의복 제공 143
입지 강화 382

ㅈ

자살 폭탄 및 폭파 테러 186
자연 안보 153
자연자원 보호 263
자연재난 36, 132, 164, 205
자연재난 위기 176
자연 환경 126
자원봉사자의 역할 281
자유권 35
장기 복구 308
장기적인 복구 활동 303
재건 307
재건 기간 306
재건 소개 299
재난 165
재난관리 220
재난관리학 42
재난 및 안전관리 기본법 207, 323
재난 분석 231
재난 순환 과정 305
재난 위기 164
재난증후군 293
재산 보호 기능 148, 289
재앙(災殃) 387
재해(災害) 387
재해경감계획 258
재해구호법 388
재해구호복지 388
재활 307
전국위기관리협회(National Emergency Management Association) 282
전력망 수리 143, 303
전쟁 164
전쟁 위기 181
전통적 군사 안보(conventional military security) 개념 158
전통적 군사 안보 위기 164, 181
정당화 381
정보 안보 153
정부부문의 행정 역량 115
정부 서비스 대상 국가핵심기반 위기 202
정부 실패 106
정부정치 모형 71
정치학 관점 51, 70
정치 환경 123
제학문적 접근법 48, 59
조류 인플루엔자의 발생 137
조정 그룹 99

조정 모형 234
조직 과정 모형 71
주권 훼손 164
주민 계몽 및 홍보 264
주변국과의 갈등 · 충돌 164
주변국 군사적 위협 164
주택 재건과 가정 회복 312
중 · 광범위 172
지방정부의 역량 평가 257
지속가능한 안보 153
지식정보화사회 235
지역위기대응팀(CERT: Community Emergency Response Team) 281
지진 178
지휘 · 통제 294
직업생활안전 위기 174
질서유지 기능 142, 301
집행 79
집행과정 접근법 91
집행구조 접근법 94

ㅊ

차별화 382
책임 전가 382
책임 회피 382
챌린저호 폭발 89
천안함 침몰 사건 137
초국가주의 126
초월 382
촉매자 239
총체적 위기관리 모형 144, 239
추락 164
충주호 유람선 침몰 220
충청도 폭설 139
취약계층안전 위기 174
취약성 128
취약성 분석 256
침몰 164

ㅋ

컵 젤리를 먹던 중 기도가 막혀 뇌 손상을 입은 아동 169
쿠바 미사일 위기 71

ㅌ

탐색 · 구조 기능 142, 300
태풍 164, 176
테러 165
테러리즘 164, 182, 184
통합위기관리시스템(Integrated Emergency Management System: IEMS) 144, 223, 231
틸리 스미스(Tilly Smith) 275

ㅍ

판교 환풍구 붕괴 사고 137
포괄적 안보 23, 156, 159
포괄적 안보(comprehensive security) 개념 158
폭동 165
폭발 164
폭발 재난 179
폭탄 공격 187
폭풍 164, 176
피해 감소 382
피해평가 그룹 99

ㅎ

하이재킹 187
하향식 접근법 80
학교생활안전 위기 174
합리적 행위자 모형 71

항공기 납치 및 폭파 테러리즘 186, 187
항공기의 공중폭파 187
해일 164, 177
해피아 328
행동수정 381
행정제도 접근법 84
행정학 관점 52, 76
허리케인 카트리나 336
허베이 스피리트호 유류 유출 사고 137
현장지휘 체계(ICS: Incident Command System) 294
협소범위 172
호우 164, 177
홍수 164, 177
홍수조절법(Flood Control Act) 265
화물연대 파업 134, 137
화재 재난 178
환경 복원 313
환경 안보 159
환경오염 사고 164
환경오염 재난 179
환경 위기 156
환경의 불확실성 135
환경-탐색 모형 75
환심사기 381
효과성 32, 229
효순이, 미선이 사건 137
효율성 31
훈련 237
희생양(scapegoat) 찾기 63
희생자 탐색·구조 148, 289
힐리스 운동화를 타던 아동의 사망사건 169

3·11 열차테러 133
9·11 테러 133, 157
CERN(Community Emergency Response Network) 390
CERT(Community Emergency Response Team) 394
Check In System 391
Crisisonomy 41, 42
DAT(Disaster Action Team) 394
Disaster Research Center(DRC) 53
Disastronomy 41, 42
ERU(Emergency Response Unit) 394
MERS 사태 137
NGO 356
NVNAD 391
NVOAD 391
SARS 발생 13

이재은(李在恩)

충북대학교 행정학과 교수
충북대학교 국가위기관리연구소 소장

- 연세대학교 독어독문학과 및 행정학과 졸업(문학사, 행정학사)
- 연세대학교 대학원 졸업(행정학석사, 행정학박사)
- 현 위기관리 이론과 실천 대표
- 현 International Society for Crisis & Emergency Management(ISCEM) 공동회장
- 현 이재민사랑본부 공동대표
- 현 청주충북환경운동연합 공동대표
- 현 풀꿈환경재단 이사장
- 전 국가위기관리학회 초대회장 역임
- 전 한국정책포럼 회장 역임
- 전 청와대 NSC 자문위원 역임
- 전 대통령실 국가위기관리 정책자문위원 역임
- 전 국가정보원 대테러 정책자문위원 역임
- 전 희망제작소 재난관리연구소 소장 역임
- 행정자치부, 소방방재청, 식품의약품안전처, 행정안전부 등 정책자문위원
- 재난관리론(2006, 공저) 등 저서 16권 및 학술논문 146편

제2판
위기관리학

펴낸날 제1판 제1쇄 2012년 2월 20일
제2판 제1쇄 2018년 8월 31일
지은이 이재은
펴낸이 임춘환
펴낸곳 도서출판 대영문화사
주소 서울특별시 용산구 청파로 61길 5(청파동 1가) 제일빌딩 2층(㊙04308)
등록 1975년 12월 26일 제3-16호
전화 (02)716-3883, (02)714-3062
팩스 (02)703-3839
홈페이지 http://www.dymbook.co.kr

ISBN 978-89-7644-717-3
값 25,000원